深圳教育年鉴

SHENZHEN EDUCATION YEARBOOK

总第4卷

深圳市教育局 编

创于1897
商务印书馆
The Commercial Press

SHENZHEN EDUCATION YEARBOOK

《深圳教育年鉴》编纂委员会

《深圳教育年鉴》编辑部

SHENZHEN EDUCATION YEARBOOK

编辑说明

一、《深圳教育年鉴》是由深圳市教育局编纂的资料性工具书，按年度连续出版。《深圳教育年鉴2019》为首卷，由商务印书馆出版，2022卷为第四卷。

二、《深圳教育年鉴2022》以马克思列宁主义、毛泽东思想、邓小平理论、“三个代表”重要思想、科学发展观、习近平新时代中国特色社会主义思想为指导，坚持辩证唯物主义和历史唯物主义立场、观点和方法，客观记载2021年深圳市教育事业发展情况。

三、《深圳教育年鉴2022》设数说教育、图见教育、特载、年度报告、大事记、总述、各级各类教育、区域教育、学校选介、人物选介和荣誉名录、媒体聚“教”、文件选编、教育统计等共13个类目。

四、《深圳教育年鉴2022》采用分类编辑法。主体内容包含类目、分目、条目三级结构层次，部分分目下设子分目，以条目为主要载体。不同层次的标题通过字体、字号和版式加以区分；条目标题统一用黑鱼尾括号【 】标示。为便于检索，卷首设中英文目录，卷末设主题索引。

五、《深圳教育年鉴2022》记述时限为2021年1月1日至2021年12月31日。

六、《深圳教育年鉴2022》所收录内容均由各级教育行政部门和各级各类学校专人提供，并经部门和单位主要负责人审核。

目　录

人物选介和荣誉名录 Introduction of Selected People and Honor List ……329

媒体聚“教”Media Focus on Education……420

Contents

数说教育（2021）

Education in Numbers (2021)

- 各级各类学校：2766所
  - 公办学校：1457所
  - 民办学校：1309所
- 各级各类学校毕业生：56.48万人
  - 公办学校毕业生：35.7万人
  - 民办学校毕业生：20.78万人
- 各级各类学校招生：69.32万人
  - 公办学校招生：46.36万人
  - 民办学校招生：22.96万人
- 各级各类学校在校生：256.21万人
  - 公办学校在校生：167.91万人
  - 民办学校在校生：88.3万人
- 各级各类学校教职工：25.18万人
  - 公办学校教职工：16.01万人
  - 民办学校教职工：9.17万人

◆ 各级各类学校专任教师：16.62万人

公办学校专任教师：11.07万人

民办学校专任教师：5.55万人

◆ 中小学、幼儿园非户籍生：124.07万人

◆ 义务教育阶段进城务工人员随迁子女就读人数：64.96万人

（深圳市教育局　供）

图见教育（2021）

Education in Pictures (2021)

2021年1月9日，深圳技术大学聚龙学院（创新创业学院）正式揭牌成立

（深圳技术大学　供）

2021年1月12日，国内首个真实场景基因测序实训中心在广东新安职业学院建成投用

（汤倩　摄）

2021年1月12日，深圳首个名师教育资源公益服务电视平台“福田教育频道”上线

（福田区教育局　供）

2021年1月14日，深圳市教育局获深圳市“年度致敬大奖”

（深圳市教育局　供）

2021年1月20日，深圳市教育局2020年高中教育教学工作会议召开

（深圳市教育局　供）

2021年1月20日，深圳市普通高中新课程新教材实施国家级示范区建设工作推进会召开

（深圳市教育局　供）

2021年2月3日，2021年深圳市教育工作会议召开

（深圳市教育局　供）

2021年2月10日，香港培侨书院深圳龙华信义学校签约暨启动仪式以视频连线方式在深圳、香港共同举行。香港特别行政区行政长官林郑月娥、香港中联办副主任何靖、深圳市委书记王伟中等出席活动

（深圳市教育局　供）

2021年2月25日，深圳市教育系统首批中小学校长赴港高端研修班25名学员以优异成绩毕业并获得香港教育大学教育硕士学位

（深圳市教育局　供）

2021年3月18—19日，深圳市教育局2021年度全市中小学德育工作会议在市中小学德育基地召开

（深圳市教育局　供）

2021年3月23日，深圳市教育局第三期“优秀中学校长培养工程”培训班开班

（深圳市教育局　供）

2021年3月31日，深圳市教育局参加广东省基础教育高质量发展视频座谈会

（深圳市教育局　供）

2021年4月15日，深圳中学获北京大学博雅人才共育基地授牌

（深圳中学　供）

2021年4月19日，教育部　广东省人民政府推进深圳职业教育高端发展　争创世界一流新闻发布会举行

（深圳市教育局　供）

GDI高职高专排行TOP1000榜（2021）

排名	院校	职场竞争力指数	教育竞争力指数	品牌竞争力指数	二次评估指数	综合指数	所在地区	备注
1	深圳职业技术学院	100.00	100.00	100.00	100.00	100.00	广东	
2	金华职业技术学院	87.96	84.70	90.77	96.93	88.87	浙江	
3	广东轻工职业技术学院	88.10	81.60	91.46	95.45	87.77	广东	
4	重庆电子工程职业学院	86.36	81.83	92.16	95.16	87.54	重庆	
5	无锡职业技术学院	86.02	81.26	91.00	96.62	87.19	江苏	
6	重庆工业职业技术学院	85.51	82.84	89.58	94.68	86.97	重庆	
7	深圳信息职业技术学院	86.68	80.58	90.70	94.59	86.74	广东	
8	温州职业技术学院	87.65	80.54	88.48	94.08	86.34	浙江	
9	四川建筑职业技术学院	86.39	79.09	91.59	93.26	86.16	四川	
10	黄河水利职业技术学院	85.29	80.90	89.59	94.02	86.14	河南	
11	长沙民政职业技术学院	83.65	75.57	96.72	94.09	85.66	湖南	
12	顺德职业技术学院	85.11	78.11	91.36	94.39	85.62	广东	
13	浙江金融职业学院	85.59	77.36	89.97	95.95	85.36	浙江	
14	武汉职业技术学院	85.25	75.22	94.50	93.73	85.32	湖北	
15	常州信息职业技术学院	84.06	79.60	88.98	94.25	85.26	江苏	

2021年4月21日，广州日报数据和数字化研究院（GDI智库）发布“GDI高职高专排行TOP1000榜（2021）”，深圳职业技术学院以综合指数100分位居榜首

（深圳职业技术学院　供）

2021年4月23日，湾区中德教育与经济协同发展示范基地揭牌

（深圳市教育局　供）

2021年5月10日，由哈尔滨工业大学（深圳）、中山大学、华南理工大学、香港科技大学、澳门大学共同发起的粤港澳高校工科联盟在深圳正式成立，并召开第一次联盟常任委员会会议暨新工科建设与发展研讨会

［哈尔滨工业大学（深圳）　供］

2021年5月14日，首届全球儿童发展与家庭教育论坛正式启动

（深圳市教育局　供）

2021年5月25日，教育部基础教育课程教材发展中心调研深圳外国语学校（集团）湾区学校多元融合课程建设

（深圳外国语学校　供）

2021年5月25日，深圳市教育局局长陈秋明、香港特别行政区政府教育局局长杨润雄共同主持召开深港教育局长联席会议，就促进两地教育合作发展进行交流

（深圳市教育局　供）

2021年5月26日，深圳市教育局联合西丽街道采用“音乐+党史”形式在市中小学艺术基地举办主题音乐党课

（深圳市教育局　供）

2021年6月9日，深圳市教育局派驻西丽街道疫情处置专项工作组见面会暨防疫物资捐赠仪式举行

（深圳市教育局　供）

2021年6月15日，深圳市政府召开全市校园安全工作专题会议。副市长、市公安局局长刘国周，副市长郑红波出席会议并讲话

（深圳市教育局　供）

2021年7月4日，深圳市教育局党组专题学习习近平总书记在庆祝中国共产党成立100周年大会上重要讲话精神

（深圳市教育局　供）

2021年7月8日，深圳大学与福田区人民政府合作共建深圳国际金融科技研究院签约仪式在福田区委二楼会议厅举行

（福田区教育局　供）

2021年7月12日，深圳市教育领域项目建设指挥部第一次会议召开，首次公布全市教育领域项目推进情况

（深圳市教育局　供）

2021年7月22日，深圳市教育局召开学前教育工作会议

（深圳市教育局　供）

2021年7月25日，深圳市教育局召集部分校外培训机构负责人进行座谈

（深圳市教育局　供）

2021年8月16日，深圳市2021年秋季学期开学工作部署电视电话会议召开

（深圳市教育局　供）

2021年8月19—20日，2021年深圳市校（园）长、书记暑期学习会举行，学习会主题是“学党史　践初心　办好人民满意的教育”

（深圳市教育局　供）

2021年8月21日，天津大学佐治亚理工深圳学院正式招收首届学生

（深圳市教育局　供）

2021年8月27日，中山大学（深圳校区）参加环太平洋大学联盟2021年校长年会

［中山大学（深圳校区） 供］

2021年8月27日，2021年深圳市基础教育系统"年度教师"评选总决赛在福田区华强职业技术学校北校区举行，育新学校杨宏英等5名教师获评"年度教师"

（深圳市教育局 供）

2021年9月1日，深圳市云端学校举行揭牌仪式和开学典礼

（深圳市教育局　供）

2021年9月8日，深圳市庆祝第37个教师节大会举行

（深圳市教育局　供）

2021年9月14日，深圳市教育局举办学习贯彻习近平总书记“七一”重要讲话精神专题辅导会

（深圳市教育局　供）

2021年9月17日，深圳市教育局关工委在深圳市民中心召开关工委领导成员调整暨工作推进会

（深圳市教育局　供）

2021年9月26日，教育部党组书记、部长怀进鹏到深圳职业技术学院调研教育工作。深圳市委书记王伟中陪同调研

（周晓安　摄）

2021年10月14—15日，深圳职业技术学院在第七届中国"互联网+"双创大赛全国总决赛中获4金2银，获奖总数和金奖数列全国高职院校第一

（深圳职业技术学院　供）

2021年10月26日，深圳小学建校110周年庆典暨深圳市教育发展基金会“百年深小”专项基金“华园奖”教工类颁奖典礼举行

（深圳小学　供）

2021年11月13日，第二届清华大学港澳会讲举办

（清华大学深圳国际研究生院　供）

2021年11月19日，深圳开放大学启动"深 i 学"全民终身学习平台建设项目

（深圳开放大学　供）

2021年11月27日，"大湾区与粤东地区职业教育均衡发展研究中心"揭牌仪式在陆丰市教育局教师发展中心举行

（广东新安职业技术学院　供）

2021年11月29日，光明区获评广东省学校“三全育人”体制机制建设实验区

（光明区教育局　供）

2021年12月4日，深圳市“基于教学改革、融合信息技术的新型教与学模式”实验校授牌仪式举行

（深圳市教育局　供）

2021年12月8日，《深圳的光荣与使命》（初中读本）首发式举行

（深圳市教育局　供）

2021年12月8日，推进中巴职业教育合作对话仪式举行

（深圳信息职业技术学院　供）

2021年12月11日，清华大学深圳国际研究生院举办“二十载　正芳华”20周年院庆晚会

（清华大学深圳国际研究生院　供）

2021年12月12日，《君子》雕像揭幕仪式在清华大学深圳国际研究生院举行

（清华大学深圳国际研究生院　供）

2021年12月15日，2021年深圳市义务教育阶段学校课后服务经验交流活动在光明区中山大学深圳附属学校举行

（深圳市教育局　供）

2021年12月25日，深圳市学校规划与建设专家咨询委员会成立大会举行

（深圳市教育局　供）

深圳市2021年教育工作思路

深圳市教育局

一、总体思路

以习近平新时代中国特色社会主义思想为指导，深入学习贯彻党的十九大和十九届二中、三中、四中、五中全会精神，深入贯彻习近平总书记出席深圳经济特区建立40周年庆祝大会和视察广东、深圳重要讲话重要指示精神，贯彻落实全国、全省2021年教育工作会议精神和市委六届十八次全会精神，以推动教育先行示范为主线，抓住综合改革契机，补短板、提质量、推改革，出台一批顶层设计文件，增加一批优质学位，争取一批先行先试政策，启动实施一批教育改革工程，为实施“十四五”规划开好局、起好步，以优异成绩庆祝建党100周年。

二、工作要点

（一）持续加强教育系统党的建设

1. 扎实推进习近平新时代中国特色社会主义思想和习近平总书记出席深圳经济特区建立40周年庆祝大会和视察广东、深圳重要讲话重要指示精神的宣传学习。

2. 编写《深圳的光荣与使命》系列教材。充分利用新中国建设伟大成就，特别是深圳改革开放伟大成就的“活教材”，加强师生理想信念教育、社会主义核心价值观教育和爱国主义教育。

3. 以庆祝建党100周年为契机，组织开展“百幅党史照片庆百年”等系列主题宣传教育活动。

4. 开展党建工作“示范高校、标杆院系、样板支部”建设，在中小学开展“党建示范学校”培育创建活动。

5. 深入落实全面从严治党要求。深入推进中小学校党组织领导下的校长负责制。加强师德师风建设和监管、督查力度。

6. 完善直属学校财务决策流程等管理制度，加强对重点环节、关键领域的监管。

（二）加快出台教育先行示范系列文件

出台《深圳教育先行示范规划纲要（2021—2035年）》《深圳教育发展“十四五”规划》以及《深圳创建国家基础教育综合改革示范区建设方案（2021—2025年）》《深圳高等教育先行示范行动方案（2021—2025年）》《深圳民办教育先行示范行动方案

（2021—2025 年）》。落实任务分工，制定时间表、绘制路线图。

（三）打响思政教育改革创新攻坚战

1. 出台《深圳市思政课改革创新实施意见》，完善党政领导干部讲思政课常态化机制。推进“思政课程 + 课程思政”建设，创新思政教研机制，打造新时代思政系列精品课程，首批建设 10 所“思政示范学校”。配齐建强专职思政教师，实施培优计划，建设一批思政名师工作室。统筹建设一批党建教育、爱国主义教育和青少年思政教育与实践基地。

2. 出台深圳市中小学教材管理文件，成立深圳市中小学教材审定委员会，加强对地方和校本课程教材（含读物）的审查。

3. 出台《深圳市学生心理健康教育与服务体系建设实施意见》，建立学生心理健康教育和服务长效机制，组织开展“心理健康教育月”系列活动。

（四）打响基础教育学位保障攻坚战

1. 开展学位建设专项督导，2021 年新改扩建公办中小学学位 10.37 万个，新增幼儿园学位 2.5 万个。

2. 推动建立学位建设联合审查制度落实机制。

3. 巩固“5080”攻坚工程成果，健全公办园管理和保障体系，建立普惠性民办园奖励性补助标准与办学品质挂钩联动机制。制定幼儿园课程建设指导意见，培育一批科学保教优质特色项目和优质特色园。实施学前教育集团化办学和学区化治理。

4. 做好义务教育消除大班额和控辍保学工作。召开全市义务教育工作会议，引导各区完善积分入学政策，研究并制订新一期我市义务教育课程计划。出台《深圳市中小学学区化集团化办学实施意见》，引入更多国内名校落地深圳办学。

5. 确立深圳市普通高中特色办学评价指标体系，开展特色高中评审。研究制定新建公办高中、综合高中办学指引。出台《深圳市普通高中自主招生管理办法》。以普通高中新课程新教材实施国家级示范区建设为依托，打造新课程新教材实施的“深圳样板”。

6. 出台《深圳市促进特殊教育公平融合发展行动方案》，制定特殊教育第三期提升计划，推动市、区特殊教育资源中心建设，召开全市融合教育工作经验交流会议。

（五）打响民办教育规范提质攻坚战

1. 积极推进民办中小学管理体制改革。建设民办中小学综合管理平台，完善管理机制。制定并实施民办中小学财务管理办法，加强民办中小学年检。开展义务教育阶段民办学校办学水平评估和质量监测。

2. 实施优质民办学校培育行动、特色课程培育计划。积极推进深汕特别合作区等区民办教育园区建设。健全民办中小学校长和教师入职管理。优化民办学校内部治理运行机制。

3. 探索民办学校多元融合课程建设。

（六）启动实施学生综合素质提升工程

1. 开展未成年人思想道德年度测评和文明校园创建工作，培育一批中小学德育示范校、校园文化精品学校和书香校园。

2. 推进义务教育阶段学校每天开设 1 节体育课、学生每天校内锻炼 1 小时。严格执行学生体质健康合格标准。探索构建完善大、中、小、幼相衔接的学校体育课程体系。

3. 研究制定《新时代深圳学校美育工作实施意见》，研制中小学生美育课程、评价体系，打造“美育之城”。

4. 研究制定《深圳市大中小学劳动教育实施意见》，将劳动素养纳入学生综合素质评价体系，推动建设 25 ~ 30 个（覆盖每区 2 ~ 3 所）校内外劳动教育实践基地。出台《深圳市中小学生研学实践教育工作实施方案》，建设综合实践基地。

5. 完善学生综合素质评价，实施《深圳市初中学生综合素质评价方案（试行）》《深圳市中小学生减负工作实施方案》《深圳市义务教育阶段学校课后服务实施意见》。

（七）启动实施未来教育探路工程

1. 加快建设深圳云端学校，实施云端课程、课堂、教材和教学资源建设行动。

2. 深度建设智慧校园，推进建设未来教育体验中心、高新技术体验中心、跨学科创新实验室和数字化学科教室，首批建设 10 所混合式学习试点学校。

3. 探索“人工智能 +”新型课程教学，探索联合上课机制，打造“教学共同体”。提升教师信息化素养，建设 10 个示范性智慧学习空间、10个人工智能转型改革创新标杆项目。

4. 成立未来教育研究中心，举办未来教育高峰论坛，加强未来教育研究。

（八）启动实施创新教育工程

1. 出台《中小学科技创新教育五年行动计划》。探索建设一批“课程改革先锋学校”。鼓励学校创新形式开展拔尖创新人才培养。开展科普学分制试点。建设中小学科创竞赛信息化管理平台。

2. 推动建设全新机制的创新创业学院，以学院为依托，组建“一流企业+一流中学+一流高校”合作联盟。研究出台中小学科技创新教育实践基地建设标准与管理办法，建设50个校外科技实践基地。

3. 建立全市高校创新人才教育辐射平台。建立大学通识教育中心。建立健全学生学业导师制度，探索“本硕博”贯通培养机制。开展未来技术学院建设及专项招生试点，鼓励国家重点技术攻关单位吸纳优秀学生参与实际项目研究。

（九）启动实施教育评价深化改革工程

1. 成立市教育评价改革领导小组，积极申报国家教育评价改革试验区。

2. 出台《深圳市推进教育评价改革工作方案》。逐步健全各级各类学校办学质量评价体系。探索完善教师绩效评价指标体系。完善以“五育并举”为核心的学生综合素质评价体系。

3. 做好2020年度政府履行教育职责评价迎评工作。出台《关于加强深圳市义务教育质量监测结果应用的指导意见》，加强质量监测结果应用。

4. 落实《深圳市普通高中体育与健康等科目学业水平考试实施办法》，加快完善初、高中学业水平考试等措施。

（十）启动实施国家职业教育创新发展高地建设工程

1. 召开部省共同推进深圳职业教育高端发展、争创世界一流启动大会。积极创建广东省高水平中职学校（专业群），加快建设中、高职职业教育集团。加快推进高职“双高计划”建设。支持深圳信息职业技术学院建立职业教育微电子人才培养示范基地。

2. 加快推进产教融合型企业培育、示范性特色产业学院建设。推动建设粤港澳大湾区特色职业教育园区。加快建设深汕职业教育园区。

3. 推动联合国教科文组织发展中国家职业教育创新中心、世界职业院校与应用技术大学联盟秘书处、粤港澳大湾区中德教育与经济协同发展示范基地等职教高端平台建设。

（十一）启动实施高等教育卓越工程

1. 推进高水平大学建设，争取深圳大学、南方科技大学列入国家“双一流”建设高校，香港中文大学（深圳）等5所高校纳入第三轮广东省高水平大学建设计划。

2. 争取中科院深圳理工大学获批设立。加快筹建海洋大学、师范大学。加快深圳创新创意设计学院和音乐学院建设，推动深圳音乐学院首批招生。加快推进清华大学深圳国际研究生院规划建设。

3. 加快创建一流本科专业和一流课程，深化“新工科”“新医科”“新文科”等建设。实施高校学科专业“强链补链计划”，加快打造优势和特色学科专业。瞄准人工智能、生命健康、空天科技等前沿领域，加快布局一批新兴专业。加快建设国家示范性微电子学院。探索建立健全高校学科专业动态调整机制，加快建设紧缺专业。

4. 探索实施“深圳本土支柱产业+深圳本土高校一流学科+世界一流学科”的中外合作办学计划。推进深圳大学帕森斯设计学院筹建。高质量、高标准办好天津大学佐治亚理工深圳学院、哈尔滨工业大学（深圳）国际设计学院。

5. 支持高校与企业合作设立产业学院、教学点、实验室和创新基地。鼓励高校、企业、科研机构和行业组织等联合成立产教融合联盟。

（十二）启动实施终身教育服务能力提升工程

1. 协助推进家庭教育立法，制定家庭教育指导大纲，打造家庭教育大讲坛等一批家庭教育品牌活动。

2. 编制《深圳市老年教育发展规划》，完善深圳老年大学办学体系，推动深圳开放大学转型发展。

3. 加快推进“学习型城市”建设，探索构建市、区、社区综合学习中心，开展“学习型街道”创建和评估活动，做好“2021年深圳市全民终身学习活动周”工作。

4. 推进学历教育、继续教育与职业培训融通，支持建设20个社区学院和20个行业培训学院。

5. 建设终身教育平台，推进终身教育教学资源库共建共享，探索建立个人学习账户和学分累计认证转换制度。

（十三）启动实施教育开放示范工程

1. 加强深港教育交流合作。探索构建高校、职业院校“四互”合作机制（教授互聘、课程互修、学分互认、文凭互授），积极推动共建粤港澳大湾区职教培训中心。支持深圳高水平高职院校扩大港澳招生规模。

2. 继续办好深港校长论坛、深港姊妹学校经典美文诵读比赛等品牌活动。推动成立包含九大子联盟的粤港澳大湾区学生艺体联盟。深入推进粤港澳姊妹学校（园）缔结计划。推动深港校（园）长教师和学生开展常态化交流。保障符合条件的港澳子弟在深入学。

3. 研究制定关于日语、俄语等小语种教学管理政策，深化小语种教学试点工作。完善国际理解教育。探索实施“一带一路”教育行动、深圳教育品牌“走出去”行动，探索组建深圳国际职业教育集团。

（十四）启动实施高水平师资队伍建设工程

1. 开展师德师风涵养行动，修订深圳市教师师德考核管理规定，完善学生、家长参与的教师师德评价机制，打造一批师德师风建设示范单位。

2. 开展教师专业素质提升行动，优化高端教育人才引进机制，出台基础教育“高精尖缺”人才专项政策。持续推进名师、名班主任、教育科研专家、督学等培育和工作室建设。

3. 开展教师管理体制机制创新行动，完善校长职级制管理办法及相关配套政策，深化中小学校长职级制改革。深化教师职称制度改革，试行民办中小学教师及公办中小学临时性教学岗位教师职称评审。制定深圳高校人员总量管理改革方案，探索建立灵活多样、与国际接轨的薪酬分配制度。加强职业教育“双师型”队伍建设，支持高职院校建设高水平教师培训基地，深入推进“1+X”证书制度试点工作。健全民办学校教师培训培养、评优评先保障机制，加大民办学校教师培训力度。推动制定教师优待政策。

4. 优化教师招聘制度，推进符合条件的港澳籍人士参加教师资格认定和参与教师招聘。

（十五）启动实施智慧教育建设工程

1. 积极推进“‘基于教学改革、融合信息技术的新型教与学模式’国家级信息化教学实验区”建设，出台工作方案，确定区、校级实验项目并开展实验工作。

2. 优化“深圳教育空中课堂”，升级数字化资源平台，选优秀教师备优质课程，推广共享优质备课资源。建设一批促进学生跨学科思维和创新能力提升的新型云端精品课程。开展数字教材平台的设计工作。

3. 建立健全信息化人才队伍培养和认证体系。实施云端教师培养和智慧教育评价队伍建设计划。出台云端教学研究工作室建设意见，培养高水平云端教学人才梯队。打造一批信息化专家、专业能手工作室。

（十六）积极推动综合授权改革项目实施

1. 推动落实教育类综合授权改革事项，向部、厅提请制定扩大高校办学自主权具体支持清单。

2. 抢抓新的综合授权改革机遇，在扩大高校办学自主权、激发中小学办学活力等方面争取更多教育改革先行先试项目落地。

3. 在“破五唯”教育评价改革、招生考试制度改革等重点领域、关键环节深化改革。积极争取创建国家基础教育综合改革示范区。

（十七）大力推进教育治理能力现代化

1. 加快推动《职业教育条例》《学前教育条例》《教育督导条例》（修订）等立法工作，启动高等教育、特殊教育、专门教育、外籍人员子女学校管理等领域的立法工作。落实全省教育系统“法治建设年”各项工作，强化学校章程建设，深入开展普法教育，全面推进依法行政、依法治教、依法治校。

2. 完善教育权责清单，提高政务服务信息化水平。制定出台《深圳市关于深化教育督导体制机制改革的实施意见》。加大联合执法力度，切实加强对教育培训机构的监管。

3. 研究制定《深圳市学生资助资金管理办法》，健全家庭经济困难学生精准化资助与服务机制。

4. 扎实做好援疆、援藏支教人才选派工作。做好建档立卡贫困生招生培养工作。完成深圳市新一轮“乡村振兴”教育合作交流任务。

（十八）进一步筑牢教育系统安全防线

1. 毫不松懈做好校园疫情防控工作，严格落实校园疫情防控措施，认真做好新学期学生返校工作，确保学校顺利开学。

2. 加强平安校园建设，完善校园安防体系，强化应急准备与响应，提高防范与应急处突能力。建立学校安全标准化体系和信息化管理平台，强化分级管控和隐患排查整治，强化综合治理。推进新一轮学校及学生“双险”工作。开展校园安全宣传教育和应急避险训练，构建具有深圳特色的中小学公共安全教育模式。

3. 建立教育领域防范化解重大风险工作机制，制定《防范化解教育领域重大风险专项工作方案》，确保教育系统安全稳定。

深圳市2021年教育工作总结

深圳市教育局

2021 年，在市委、市政府的正确领导下，全市教育系统以习近平新时代中国特色社会主义思想为指导，紧紧围绕市委、市政府中心工作，主动担当、开拓进取，大力推进教育先行示范，圆满完成全年各项工作任务，实现了深圳教育“十四五”的良好开局。

一、教育系统党的领导全面加强

在全市教育系统深入开展党史学习教育，开展各类党史专题学习 1 万余场次。精心组织开展庆祝建党 100 周年系列庆祝活动 3000 余场次。深入开展“我为群众办实事”实践活动，实施 348 个重点民生项目，取得较好成效。开展全市高校党建和思政工作专题调研，加强合作办学高校党建工作。夯实大中小学党建基础，高校立项 11 个省级党建标杆院系和样板支部，5 所中小学获评省级党建工作示范校，成立学前教育联合党委，向民办中小学选派党组织书记或“第一书记”204 名。建立三级讲授思政课机制，市领导到高校讲授党史主题思政课实现制度化。充分利用深圳改革开放生动实践和伟大成就，编写发布《深圳的光荣与使命》特色思政教材。“深圳教育”公众号粉丝量超 300 万，推出“最潮中国观、看我圳少年”宣传活动，全网阅读量超 11 亿，走出新时代青少年思政教育新路径。

二、教育履职考核和改革先行先试成绩突出

在广东省对各地政府 2020 年度履行教育职责考核中，我市得分居珠三角片区第一；珠三角区县前 10 名中，我市占 7 个。部省签署《深化教育综合改革重点工作备忘》，支持深圳教育深化改革、先行先试。作为全省唯一城市，成为教育部“基础教育综合改革实验区”“智慧教育示范区”。集团化办学推动优质教育“遍地开花”、率先建的职业教育产教深度融合模式被国家发改委列入“深圳经验”全国推广，课后服务、优化作业设计被教育部作为经验全国推广。

三、学位建设跑出“加速度”

教育领域项目年度累计完成固定资产投资 422 亿元，超额完成全年目标任务。“百万基础教育学位建设计划”进展顺利，2021 年新改扩建中小学校、幼儿园 151 所，新增 13.1 万个基础教育学位，再创历史新高。全市普高录取率达 67%。高规格组建深圳市学校规划与建设专家咨询委员会，努力打造精品校园。会同市政数局搭建学位建设信息化平台，数据支撑学位建设作用初步显现。

四、基础教育优质发展步入“快车道”

2021 年 11 月，深圳市教育局出台基础教育综合改革实施方案，内容包含 20 条：强化党的领导核心作用、健全超大城市基础教育学位保障长效机制、推进学前教育优质普惠发展、推进义务教育优质均衡发展、推进高中教育优质特色发展、推进民办教育规范提质、健全中小幼一体化大德育体系、加强体教融合、建设美育之城、创新落实劳动教育、全面落实“双减”要求、深化课程与教学改革、大力发展创新教育、构建家校社协同育人体系、构建智慧教育教学与管理新样态、加强教育对外开放与交流合作、构建教育经费保障体系、构建校长教师发展体系、构建教育教学研究体系、构建监测评价督导体系等。建立“名园（长）+”学前教育集团发展模式，成立52个学前教育集团，培育201所“家门口的优质幼儿园”；创新推进“四位一体”学区化治理模式，实现全市幼儿园学区化治理全覆盖。引入广东实验中学、东北师大附中等名校来深办学，18个教育集团入选省级优质教育集团培育对象。深圳市云端学校正式启用，成为国内第一所“互联网+”平台型实体学校。第62届国际数学奥林匹克竞赛中我国获6枚金牌，其中深圳学生获2枚。加强“小眼镜”“小胖墩”防治，中小学生体质健康抽测优良率超57%，比上年增加6个百分点。加强体教融合，联合市文化广电旅游体育局出台《深圳市关于深化体教融合促进青少年健康发展的实施方案》，印发《关于进一步推进中小学校体育场馆向社会开放的通知》，共开放公办中小学366所，占比58%，惠及19万人次。在广东省第七届中小学生艺术展演活动中，我市获得83个一等奖，位居全省第一。起草《深圳市学生心理健康教育与服务体系建设方案》，建立了全面普查、联防联控、一对一帮扶机制。

五、高等教育质量快速提升

7所高校纳入广东省第三轮高水平大学建设计划，深圳技术大学入选特色高校提升计划。市属高校新增10个博士学位授权点，其中深圳大学新增博士点数量位居全国高校第一。市属高校累计19个学科进入ESI学科排名世界前1%。南科大、深大在2022年泰晤士高等教育世界大学排名中分别位居内地高校第9位和第17位。海洋大学、创新创意设计学院、理工大学和音乐学院等高校筹建工作加紧推进。全市高校新增8位“两院”院士，全职“两院”院士总数达49人，占全市的64%。全新机制的创新创业学院启动拔尖人才培养。

六、职业教育争创世界一流激活新动力

教育部、广东省政府共建深圳职业教育创新发展高地工作顺利推进。积极推动深圳职业技术学院、深圳信息职业技术学院高职升本，推动2所院校建设中—高职教育集团，推进8所学校建设省高水平中职学校。2021年全国职业院校技能大赛中，我市共获奖11项，高居全省前列。高职院校在第七届中国国际“互联网+”大学生“双创”大赛中获国赛4金、4银，位居全国前列。

七、师资队伍建设水平进一步提升

修订《深圳市深化中小学教师职称制度改革实施方案》，进一步完善中小学教师职称政策体系。建成9所区级教师发展中心，教师培养力度进一步加大。实施第二轮“苗圃工程”“卓越园长培养工程”“幼有善育”鹏城论坛，构建学前教育教师（园长）培养新模式。完成全市基础教育系统“名师工程”第五批名校长、名教师及培养对象评定，评选出首批特级正校长、一级正校长，校长教师队伍分类分层培养机制进一步健全。在2021年省教育教学成果奖（基础教育）评选中获特等奖6项，占40%，数量和占比均为全省第一。在第三届省中小学青年教师教学能力大赛中获17个一等奖第一名，占全省的40%。

八、“双减”工作取得阶段性成效

在全省率先设立市教育局校外教育培训监管处，建立社区四人小组联合执法新模式，全面禁止非法定时间学科类校外培训，同时保障了整体平稳有序，工作经验被教育部官网等报道。发挥学校主阵地作用，分年级、分学科系统设计作业样例1548个，建立学校作业管理日常检查制度，切实减轻学生作业负担；开发4382个在线教学资源包，有效减轻中小学教师备课负担、提升课堂教学质量。举办11期“双减”背景下的“家庭教育大讲坛”，在深圳广电集团2021年收视率排名前十的直播类节目中，“家庭教育大讲坛”占6场。

九、教育开放与合作深入推进

召开深港教育局长联席会议，健全深港教育定期沟通机制。市、校签署办学备忘录，在深合作共建香港大学（深圳）；引进优质资源建成深圳香港培侨书院龙华信义学校并招生；与香港职业训练局合作共建“粤港澳特色职业教育园区”；深港澳姊妹学校达346对，组织1万名深港少年“一对一”结对开展携手同学行动，推动深港澳青少年交流常态化、机制化。南方科技大学伦敦国王学院医学院获教育部批准设立，深圳大学、深圳北理莫斯科大学成功承办教育部“2021年海上丝绸之路国际产学研用合作会议”分会场会议。举办2021年“一带一路”职业教育国际研讨会。与帮扶受援地建立449对校际“一对一”结对帮扶关系，高质量完成教育帮扶任务。

十、教育治理能力进一步提升

加快推进学前教育、职业教育立法，《深圳经济特区学前教育条例（草案）》即将提交市人大常委会表决。进一步完善中小学法治副校长工作机制，探索建立“检察官进校园”制度。筑牢校园疫情防控网，在我市“5·21”“6·14”疫情期间，采取最严格防控措施，实现了“健康三考”“平安三考”。深入开展校园安全专项整顿，实现专职保安配备、校园封闭式管理、“护学岗”设置、一键报警装置“四个100%”。开展校园食堂管理专项整治行动，试点开展学校大宗食材集采集配。高质量完成全省“厕所革命”改造任务，公共厕所环境指数测评排名稳步提升。

努力办好人民满意的教育

——深圳教育改革发展成果展示（2021年）

一、履行教育职责考核成绩突出

■2021年6月，广东省对各地政府2020年履行教育职责考核结果公布，我市得分居珠三角片区第一。

■珠三角县区政府履职教育考核得分前10名中，深圳占7个。

二、2021年高考成绩勇冠南粤

■我市考生考入清北89人，占全省的30.16%，遥遥领先于全省排名第二的城市。

■纯文理类考生高优率达到39.36%，比去年增加2.92%；本科率达到79.95%，比去年增加4.35%，位于全省前列。

■高分学生数量位于全省前列。全省屏蔽生30人中，我市屏蔽生5人，占16.7%，全省最多。全省物理类前100名学生中，我市占25%；历史类前100名学生中，我市占18%。物理类前200名学生中，我市占24%；历史类前200名学生中，我市占19%。物理类前500名学生中，我市占25%；历史类前500名学生中，我市占18.2%。物理类前1000名学生中，我市占22.5%；历史类前1000名学生中，我市占19.3%。

三、教育改革先行先试深入推进

■2020年以来，我市先后成为首批教育部“基础教育综合改革实验区”、国家级信息化教学实验区、智慧教育示范区、普通高中新课程新教材实施国家级示范区、国家产教融合试点城市。

■集团化办学推动优质教育“遍地开花”，率先建立的职业教育产教深度融合模式被国家发展改革委列入“深圳经验”全国推广。

中华人民共和国国家发展和改革委员会
National Development and Reform Commission

热门搜索：油价　产业结构调整指导目

请输入关键字

首页　机构设置　新闻动态　政务公开　政务服务

首页 > 机构设置 > 机关司局 > 政研室 > 重要工作

每周改革快讯（7月26日至8月1日）

发布时间：2021/08/13　来源：政研室　[打印]　微博　微信

7月30日，中共中央政治局召开会议，分析研究当前经济形势，部署下半年经济工作。中共中央总书记习近平主持会议。

7月28日，国务院总理李克强主持召开国务院常务会议，部署进一步改革完善中央财政科研经费管理，给予科研人员更大经费管理自主权；确定稳定生猪产能的措施，促进保供稳价，增强猪肉安全供应保障能力。

7月26日，国家发展改革委印发《关于进一步完善分时电价机制的通知》，部署各地进一步完善分时电价机制，服务以新能源为主体的新型电力系统建设，促进能源绿色低碳发展。

近日，国家发展改革委发布《关于推广借鉴深圳经济特区创新举措和经验做法的通知》，在总结深圳经济特区已复制推广经验的基础上，进一步梳理形成了党的十八大以来深圳经济特区5方面47条创新举措和经验做法，鼓励各地结合实际学习借鉴。

近日，国务院国资委组织开展国有重点企业管理标杆创建行动，公布了管理标杆企业、标杆项目和标杆模式名单，促进国有企业不断强化管理体系和管理能力建设，推动与世界一流对标、加快向世界一流迈进。

近日，人民银行等13家单位联合发布《进一步完善北京民营和小微企业金融服务体制机制行动方案（2021-2023年）》，推出25条具体措施提升辖内金融机构服务民营小微企业的能力，激励金融机构“敢贷、愿贷、能贷、会贷”。

7月30日，江西省召开国资国企改革创新工作推进会，要求各地各部门抓住改革创新不放松，加快完善中国特色现代企业制度，积极稳妥深化混合所有制改革，提速健全市场化经营机制，持续强化企业创新“赋能”等。

■深圳云端学校于2021年9月正式启用，成为国内第一所“总部校区+N所入驻学校”的平台型学校，探索智能时代学校教育新样态。

四、学位建设跑出“加速度”

■开展大规模学校建设计划，2020至2025年新增百万个基础教育学位，其中新增公办义务教育学位74万个，在现有公办义务教育学位存量基础上增加83.5%；新增幼儿园学位14.5万个，在现有学前教育学位存量基础上增加26.6%；新增公办高中学位11.8万个，在现有公办高中学位存量基础上增加117.1%。

■2021年全年建成146所中小学幼儿园（公办普高9所，义务教育学校65所，幼儿园72所），新增13万个基础教育学位；新开工建设150所中小学幼儿园（公办普高22所，义务教育学校68所，幼儿园60所）。

■2021年中考，深圳市公办普高录取率达47.37%，比大规模学校建设前（2019年）提高3.62个百分点；四大名校扩招1300人，市民教育获得感明显提升。

五、解决好群众急难愁盼的“关心事”

■在全国率先全面推行课后服务，财政按每生每学年1000元予以保障，被教育部评为全国义务教育课后服务典型案例单位，受邀在教育部新闻通气会上分享“深圳经验”。

■全市96%的公民办义务教育学校提供了午餐午休服务，全力保障学生在校内吃好睡好。

■开启“官方带娃”模式，确定25所试点学校开展丰富多彩的暑期托管服务。

■扎实推进“双减”政策落地，全面控制作业总量和时长，推出“作业样例”促进作业减负增效。

■全面规范校外培训机构培训行为，开展全覆盖联合执法“一月会战”，全市共检查机构10087家，依法关停培训机构1042家，其中关停学科类机构479家，学科类培训机构压减比例达到40.3%。全市证照不齐学科类培训机构已实现动态清零。

六、基础教育优质发展呈现“新格局”

■全市公办园在园儿童数占比从2019年的不足4%跃升至2021年的53%，普惠园（含公办）在园幼儿占比达87%。成立30个优质学前教育集团，促进165所新办园高起点快速发展。

■在全市推进建设60个基础教育集团，目标为义务教育学校集团化办学全覆盖；积极探索校长教师轮岗交流和大学区制改革，推动义务教育优质均衡发展。

■在2020、2021年国际“互联网+”大学生创新创业大赛萌芽赛道（中学组）中共获最高奖“创新潜力奖”6个，获“最具人气奖”2个，成为全国萌芽赛道累计获得金奖数最多的城市。

■在第62届国际数学奥林匹克竞赛上我国获6枚金牌，其中深圳学生获得2枚。

七、高等教育发展驶入“快车道”

■南方科技大学、深圳大学累计13个学科进入ESI学科排名世界前1%，在2022年泰晤士高等教育世界大学排名中分别位居内地高校第9位和第17位。

■全市高校共有全职两院院士42人，占全市的58.3%；高校市级以上高层次人才约5700人，占全市的27.03%，高校成为全市高层次人才的“蓄水池”。

■2021年深圳高校新增10个博士点，其中深圳大学实际完全新增博士点数量领先全国高校。

八、激活职业教育争创世界一流“新动力”

■教育部、广东省人民政府联合发布《关于推进深圳职业教育高端发展 争创世界一流的实施意见》，支持深圳打造全国职业教育创新高地。

■深圳职业技术学院、深圳信息职业技术学院入选国家“双高”建设计划，深圳职业技术学院被国务院领导赞誉“办学水平一点也不输德国”。

■2021年全省职业院校技能大赛中，我市获一等奖180个，成绩全省领先。“汽修女孩”古慧晶三次登上央视，视频点击量超5亿。

九、高素质教师队伍建设成效显著

■优秀人才成批次持续流入，2020年校招的5000多名教师中研究生以上学历占81%，“双一流”A类高校毕业生占31.2%。

■全市教师队伍整体呈年轻化、学历高、职称高、来源广等特点，全市高中教师34.63%具有研究生以上学历，比例全国最高。

■“优秀校长培养工程”“名师工程”等培养计划不断扩大，“年度教师”评选在全国引起广泛关注。

十、教育教学研究成果丰硕

■2021年广东省基础教育类教育教学成果奖15项特等奖中，深圳获得6项，获特等奖数量和占比均为全省城市之首。

2021年深圳市教育改革与发展报告

深圳市教育局

2021年，全市教育系统以习近平新时代中国特色社会主义思想为指导，在做好校园疫情防控的基础上，全面开启教育发展“十四五”规划落地实施，教育经费投入持续稳步增长，教育事业发展再上新台阶。2022年，我市将落实全国、全省和全市教育工作会议精神，积极推动我市各级各类教育高质量发展，为深圳建设中国特色社会主义先行示范区作出更大贡献。

一、深圳市教育发展基本概况

（一）全市教育经费投入情况

1. 全市教育经费投入总体情况

2021年，全市教育经费投入持续增长，为教育发展“十四五”开局提供了有力保障和支撑。2021年，全市教育经费总投入达到1383.02亿元，比2020年的1188.67亿元增加194.35亿元，增长16.35%。其中，公共财政预算安排的教育经费1107.06亿元，比2020年的980.28亿元增加126.78亿元，增长12.93%。见表1。

表1　2021年全市教育经费投入情况

教育经费投入来源	2020年总投入（亿元）	2021年总投入（亿元）	2021年比2020年	
			增长金额（亿元）	增长比率（%）
全市教育经费总投入	1188.67	1383.02	194.35	16.35
一、国家财政性教育经费	1022.47	1142.97	120.50	11.79
1.公共财政预算安排的教育经费	980.28	1107.06	126.78	12.93
（1）公共财政教育经费	856.99	951.71	94.72	11.05
①教育事业费	599.98	629.30	29.32	4.89
②基本建设经费	206.02	255.82	49.80	24.17
③教育费附加	50.99	66.59	15.60	30.59

（续表）

教育经费投入来源	2020年总投入（亿元）	2021年总投入（亿元）	2021年比2020年	
			增长金额（亿元）	增长比率（%）
（2）其他公共财政预算安排的教育经费	123.28	155.35	32.07	26.01
①科研经费	16.11	30.71	14.60	90.63
②其他	107.17	124.64	17.47	16.30
2.政府性基金预算安排的教育经费	32.28	35.81	3.53	10.94
其中：彩票公益金	0.82	0.59	−0.23	−28.05
3.企业办学中的企业拨款	0.00	0.00	0.00	0.00
4.校办产业和社会服务收入用于教育的经费	0.01	0.03	0.02	200.00
5.其他属于国家财政性教育经费	9.91	0.07	−9.84	−99.29
二、民办学校中举办者投入	3.87	3.69	−0.18	−4.65
三、捐赠收入	1.58	1.78	0.20	12.66
其中：港澳台及海外捐赠	0.00	0.00	0.00	0.00
四、事业收入	150.68	221.55	70.87	47.03
其中：学费	129.93	188.17	58.24	44.82
五、其他教育经费	10.07	13.03	2.96	29.39
附：公共财政预算安排的基本建设总经费	206.81	256.15	49.34	23.86

数据来源：深圳市教育局发展规划与财务处

2.“两个比例”和“三个增长”情况

2021年，我市根据《教育法》相关规定，切实落实“两个比例”、“三个增长”的相关要求，具体情况如下：

（1）“两个比例”情况

2021年，我市国家财政性教育经费占地方生产总值比例为3.73%，比上年增长0.06个百分点；我市一般公共预算教育经费占一般公共预算支出的比例为20.82%，比上年增长0.31个百分点。见表2。

（2）“三个增长”情况

第一，2021年，全市财政经常性收入为3838.92亿元，比上年增长14.48%；一般公共预算教育经费951.70亿元，比上年增长

表2　2021年深圳市教育经费“两个比例”落实情况

省（区、市、县）	国家财政性教育经费占地方生产总值的比例			一般公共预算教育经费占一般公共预算支出的比例		
	2020年（%）	2021年（%）	增减（百分点）	2020年（%）	2021年（%）	增减（百分点）
深圳市	3.67	3.73	0.06	20.51	20.82	0.31
深圳市本级				14.12	14.44	0.32
罗湖区	2.41	2.67	0.26	42.36	27.53	−14.83
福田区	2.12	1.74	−0.38	34.86	26.98	−7.88
南山区	1.34	1.19	−0.15	26.13	26.16	0.03
宝安区	3.25	3.34	0.09	24.51	25.22	0.71
龙岗区	3.13	3.59	0.46	35.74	36.55	0.81
盐田区	2.77	2.42	−0.35	24.84	21.43	−3.41
龙华区	3.01	3.01	0.00	23.67	26.60	2.93
坪山区	5.16	6.28	1.12	18.87	26.41	7.54
光明区	3.25	4.11	0.86	21.03	26.23	5.20
大鹏新区	2.87	3.86	0.99	12.46	18.43	5.97

数据来源：深圳市教育局发展规划与财务处

表3　2021年一般公共预算教育经费与财政经常性收入增长情况

区域	一般公共预算教育经费			财政经常性收入			一般公共预算教育经费增长高于财政经常性收入增长（百分点）
	2020年（千元）	2021年（千元）	增长（%）	2020年（千元）	2021年（千元）	增长（%）	
深圳市	85698429.25	95170051.24	11.05	335338350	383892190	14.48	−3.43
深圳市本级	27626685.10	29657340.63	7.35	204253800	242165150	18.56	−11.21
罗湖区	4778061.33	5044363.84	5.57	7959162	9118927	14.57	−9.00
福田区	7971588.51	7994276.72	0.28	14714120	17120670	16.36	−16.08
南山区	7454969.50	7698173.83	3.26	18788812	19391950	3.21	0.05
宝安区	10310509.39	11401846.67	10.58	25445540	27213240	6.95	3.63
龙岗区	12756274.05	13915305.67	9.09	24686060	26927270	9.08	0.01
盐田区	1483900.68	1453487.58	−2.05	3241440	3301370	1.85	−3.90
龙华区	6812501.48	7775391.99	14.13	18601766.35	16776948.89	−9.81	23.94
坪山区	2570061.47	4169191.94	62.22	4627620	5986260	29.36	32.86
光明区	3119597.27	4784584.61	53.37	5511400	5511400	0.00	53.37
大鹏新区	814280.48	1276087.76	56.71	1984286.56	1989098	0.24	56.47

数据来源：深圳市教育局发展规划与财务处

11.05%；一般公共预算教育经费增长低于财政经常性收入增长3.43个百分点。见表3。

第二，2021年，我市普通高校的生均一般公共预算教育事业费支出比上年有所增长，增幅为1.34%；中等职业学校、普通高中、普通初中、普通小学和幼儿园的生均一般公共预算教育事业费支出则均比上年有所降低，其中降幅最大的是普通初中，达到4.65%。见表4。

第三，2021年，我市普通高校、中等职业学校、普通高中、普通初中和普通小学的生均一般公共预算公用经费均比上年有所增长，其中增幅最大的是普通高校，达到14.86%；幼儿园的生均一般公共预算公用经费比上年有所减少，降幅为2.29%。见表5。

表4　2021年生均一般公共预算教育事业费支出增长情况

学校类型	2020年（元/生）	2021年（元/生）	比上年增长（%）
普通高等学校	80670.66	81748.21	1.34
中等职业学校	38091.43	37322.08	−2.02
普通高中	46419.29	44694.24	−3.72
普通初中	34539.77	32931.97	−4.65
普通小学	26832.25	26388.55	−1.65
幼儿园	27704.34	27261.85	−1.60

数据来源：深圳市教育局发展规划与财务处

表5　2021年生均一般公共预算公用经费支出增长情况

学校类型	2020年（元/生）	2021年（元/生）	比上年增长（%）
普通高等学校	39713.49	45616.57	14.86
中等职业学校	13518.55	14877.45	10.05
普通高中	12352.82	13236.22	7.15
普通初中	9411.17	10033.01	6.61
普通小学	7553.99	8363.14	10.71
幼儿园	10004.03	9775.06	−2.29

数据来源：深圳市教育局发展规划与财务处

表6　2021年深圳市各级各类学校总数与在校生总数

年度	学校数/所	在校生数/人	教职工数/人
2020	2713	2421574	232841
2021	2766	2562113	251874
2021年比2020年增加	53	140539	19033

数据来源:《深圳市教育事业统计手册(2016—2021年)》: 第8–9、14–15和16–17页

表7　2021年深圳市全日制普通高等教育学校数与在校生数

年度	学校数/所	在校生数/人			
		合计	研究生	本科	专科
2020	14	136184	26198	51624	58362
2021	14	145181	28702	56943	59536
2021年比2020年增加	0	8997	2504	5319	1174

数据来源：深圳市教育局编《深圳市教育事业统计手册(2016—2021年)》: 第8–9、14–15页

表8　2021年深圳市中等职业教育学校数与在校生数

年度	学校数/所	在校生数/人
2020	26	81860
2021	26	86053
2021年比2020年增加	0	4193

数据来源：深圳市教育局编《深圳市教育事业统计手册(2016—2021年)》: 第8–9、14–15页

表9　2021年深圳市普通高中学校数与在校生数

年度	学校数/所	在校生数/人
2020	88	150289
2021	105	169533
2021年比2020年增加	17	19244

数据来源：深圳市教育局编《深圳市教育事业统计手册(2016—2021年)》: 第8–9、14–15页

表10　2021年深圳市义务教育阶段学校数与在校生数

年度	小学		初中	
	学校数/所	在校生数/人	学校数/所	在校生数/人
2020	347	1091179	347	367341
2021	343	1133041	370	393641
2021年比2020年增加	−4	41862	23	26300

数据来源：深圳市教育局编《深圳市教育事业统计手册(2016—2021年)》: 第8–9、14–15页

(二)全市各级各类教育事业发展情况

1. 全市教育规模

2021年，全市教育规模进一步扩大，各级各类学校共有2766所(含幼儿园1896所)，比2020年全市新增53所，增长1.95%。其中，公办学校1457所，比2020年增长5.96%；民办学校1309所，比2020年下降2.17%。2021年，各级各类学校在校生256.21万人，比2020年增加14.05万人，增长5.80%；各级各类学校教职工25.19万人，比2020年增加1.9万人，增长8.17%。见表6。

2. 高等教育规模

2021年，全市共有普通高等学校14所；在校生共计145181人，比2020年增加8997人，增长6.6%。见表7。

3. 中等职业教育规模

2021年，全市中等职业教育学校26所，在校生数为86053人，比2020年增加4193人，增长5.12%。其中，中等职业学校在校生数40186人，比2020年增加1052人，增长2.69%；技工院校在校生数45867人，比2020年增加3141人，增长7.35%。见表8。

4. 普通高中规模

2021年，全市普通高中105所(其中高级中学36所、完全中学24所、十二年一贯制学校45所)，比2020年增加17所；在校生数169533人，比2020年增加19244人，增长12.80%。见表9。

5. 义务教育规模

如表10所示，2021年，全市共有义务教育阶段学校713所，其

中小学343所，初中370所（初级中学55所、九年一贯制学校315所）；义务教育阶段学校在校生数1526682人，小学在校生数1133041人，初中在校生数393641人。

6. 学前教育规模

2021年，全市共有幼儿园1896所，比2020年增加幼儿园15所；共有在园儿童数597569人，比2020年增加37895人，增长6.77%。见表11。

7. 民办教育规模

2021年，全市民办学校共有1309所，占全部学校的47.32%；共有在校生882995人，占全部在校生的34.46%。与2020年相比，各级各类民办学校减少29所，降低2.17%；在校生数增加18075人，增长2.09%。见表12。

8. 教师队伍规模

2021年，全市各级各类学校教职工数进一步增长，共有251874人（其中专任教师数为166197人），比上年增加19033人，增长8.17%。其中，特殊教育学校教职工增长率继续保持最高，达到37.45%。见表13。

表11　2021年深圳市学前教育幼儿园数与在园儿童数

年度	幼儿园数/所	在园儿童数/人
2020	1881	559674
2021	1896	597569
2021年比2020年增加	15	37895

数据来源：深圳市教育局编《深圳市教育事业统计手册（2016—2021年）》：第8-9、14-15页

表12　2021年深圳市民办学校数与在校生数

年度	学校数/所	在校生数/人
2020	1338	864920
2021	1309	882995
2021年比2020年增加数	-29	18075

数据来源：深圳市教育局编《深圳市教育事业统计手册（2016—2021年）》：第22-23、28-29页

表13　2021年深圳市各级各类学校专任教师情况

各级各类学校		年份			
		2020年	2021年	2021年比2020年	
				增加数/人	增长率/%
普通高等学校		8047	8426	379	4.71
成人高等学校		201	228	27	13.43
中等职业教育		4488	4771	283	6.31
普通高中		12791	14344	1553	12.14
义务教育阶段	普通初中	28763	31526	2763	9.61
	普通小学	60900	63640	2740	4.50
学前教育		40348	42408	2060	5.11
特殊教育学校		522	828	306	58.62
专门学校		26	26	0	0.00
各类学校总计		156086	166197	10111	6.48

数据来源：深圳市教育局编《深圳市教育事业统计手册（2016—2021年）》：第30-31页

二、2022年深圳教育高质量发展思路

2022年，深圳教育将坚持以习近平新时代中国特色社会主义思想为指导，认真贯彻党的十九大和历次全会精神，落实全国、全省和全市教育工作会议精神，牢记先行示范区教育工作“幼有善育、学有优教”定位，以教育评价改革为牵引，以完善“四个体系”为支撑，积极推动我市各级各类教育高质量发展，为深圳建设中国特色社会主义先行示范区作出更大贡献。

（一）加强党对教育工作的全面领导

1. 用习近平新时代中国特色社会主义思想铸魂育人

把深入学习贯彻习近平新时代中国特色社会主义思想作为首要政治任务，组织带领广大师生深刻领会“两个确立”的决定性意义，在全市教育系统增强“四个意识”、坚定“四个自信”、做到“两个维护”。巩固拓展党史学习教育成

果，完善“我为群众办实事”长效机制。

2. 全面推进党建创优提质增效

出台基层党组织建设三年行动计划重点任务清单。全面加强高校基层党组织建设，推动中外合作办学高校党建“提质增效”，加快落实中小学党组织领导的校长负责制，推动民办学校党建“达标创优”。推进教育党建“标准+质量+示范”建设，深入开展理想信念教育和廉政警示教育，落实“一把手”讲廉政专题党课制度。加强内审机制建设，深化教育乱收费、中小学有偿补课和教师违规收受礼品及礼金专项治理工作。

3. 积极构建思政教育新格局

出台深化新时代学校思想政治教育改革创新的若干措施，建立健全思政教育工作新机制。大力推动中小学思政教育队伍专职化、专业化，高校按要求配齐专职思政课教师。编写小学、高中版《深圳的光荣与使命》思政读本，开发“走读深圳”系列课程、线路。持续推出“圳少年”系列宣传活动。常态化落实三级讲授思政课机制，加快打造大中小学一体化思政教育联盟，建设中小学思政教育研究中心。

（二）构建基础教育高质量发展新格局

1. 全力推进大规模学校建设

全面落实百万学位建设攻坚计划，2022 年新改扩建中小学校、幼儿园 178 所，龙岗、坪山、光明 3 所高中园全面竣工并投入使用，新增基础教育学位 20 万个。推动建立学位建设联合审查制度，开展学位配套建设专项督导检查。

2. 推动学前教育普惠优质发展

支持国有企事业单位、高校创办公办幼儿园。出台公办园岗位设置、保教人员管理、师资队伍建设和薪酬体系等系列文件。深入推动学前教育集团化学区化管理，创建“国家学前教育普及普惠区”。出台幼儿园课程指导意见和幼儿园课程指引，建设地方课程资源库。

3. 推动义务教育优质均衡发展

出台推进公办中小学集团化办学实施方案、全面深化区域内义务教育学校校长教师交流轮岗的指导意见。积极创建“全国义务教育优质均衡发展区”，深入开展全国新型教与学模式实验区和智慧教育示范区创建工作。加快建设云端学校，出台中小学科技创新教育行动计划，开展科普学分制试点工作。启动第三期特殊教育提升计划，加强市、区特殊教育资源中心建设。成立专门教育指导委员会，加强专门学校建设。

4. 推动高中教育多元特色发展

落实教育部《普通高中学校办学质量评价指南》。落实《深圳市普通高中特色学校建设实施方案》，培育、评审、认定一批特色高中。加快建设教育部普通高中新课程新教材实施国家级示范区，打造“深圳样板”。加强普职融通，探索推进职高和普高课程互选、学分互修、资源互通。

5. 加强民办学校规范管理

开展民办学校分类登记试点，深入推进“公参民”学校规范治理。完善民办学校综合信息监管系统，加大民办中小学教师培训力度。探索校外机构监管、学前教育普及普惠和民办教育规范提质等信息化治理路径，依法依规开展校外培训机构审批登记。

（三）推动高等教育高水平特色化发展

1. 加快高校“双一流”建设

制定深圳市高水平大学建设方案，支持深圳大学创建高水平综合性大学，支持南方科技大学创建世界一流研究型大学，支持深圳技术大学建设一流应用技术型大学，支持市内其他高校高水平特色化发展。围绕市委市政府“四链协同”重点工作，制定实施加快高等学校学科专业建设实施意见，启动学科专业“强链补链”计划，重点建设一批“高峰”学科。

2. 加快大学城空间规划及新高校筹建工作

对接西丽湖国际科教城建设方案，完善大学城空间规划，加大学生及教师公寓保障力度。成立海洋大学筹建工作专班，加快推进规划建设工作，实现年内开工。开工建设理工大学、创新创意设计学院、音乐学院，加快推进办学筹备各项工作。加强高校固定资产投资统筹，积极推进高校新基建。

3. 深化高校办学体制改革

推进深圳零一学院、科创学院建设，探索建立健全管理体制和运营机制，探索建立拔尖创新人才培养新模式。推动西丽湖科教城片区 5 所大学实现学分互认、课程互修、师资互聘、资源共享。制定实施高校高层次人才科研启动经费管理办法，建立健全高校部门预算管理制度。组织高校参与国家工程硕士博士培养改革试点。探索开展高校办学绩效评价。积极推动大科学装置、大科研平台与高校融合发展，完善高校科研平台开放共享机制，推动高校承接国家重大项目、龙头企业卡脖子项目，联合开展重大科研攻关。

（四）加快建设职业教育创新发展高地

1. 加强职业教育发展统筹

召开全市职业教育大会，出台深圳市推进职业教育高质量发展实施意见，高质量推进落实部省共建职业教育创新高地各项任务。

2. 加快完善职业教育体系

持续推进高职院校“双高”建设，推动两所高职院校升本。加快建设中－高职教育集团，大力推动高水平中职学校建设，大力发展中国特色“学徒制”。规范管理校外公共实训基地。推动高职院校对接元平学校开设特殊职业教育专业。加强职业院校校长和“双师型”教师队伍培养培训。

3. 提高终身教育水平

办好深圳开放大学。深入推进“粤菜师傅”“广东技工”“南粤家政”工程。建强“深i学”全民终身学习平台，打造“人工智能＋灵活教育”先锋阵地。规范成人教育培训机构管理，持续推进学习型城市建设。

（五）创新推进“五育并举”与“双减”

1. 深入推进“五育并举”

编制发布《深圳市小学生文明礼仪守则绘本》，建立全市中小学德育管理平台，创建、评审一批德育示范校，探索开展“德育巡礼”活动。出台加强和改进新时代学校体育工作实施意见，构建班、校、区、市四级竞赛体系，持续促进学校和社会体育场馆双向开放。打造美育之城，大力创建艺术教育特色学校和中华优秀文化传承学校，建设艺术特色人才培养基地学校。落实《关于进一步加强大中小学劳动教育的实施意见》，创建一批劳动教育示范学校，加快建设中小学生劳动教育基地和综合实践基地。出台《深圳市学生心理健康教育与服务体系建设实施意见》，按要求配齐配强专职心理教师，建设集治疗、康复、学习、生活于一体的学生心理教育基地。

2. 持续打好“双减”攻坚战

出台《进一步减轻义务教育阶段学生作业负担和校外培训负担的若干措施》。常态化开展联合执法检查，加大对隐形变异培训行为的查处力度。扎实做好学科类培训机构资金监管和服务类别鉴定工作。出台义务教育阶段学校减负提质实施方案，完善义务教育阶段学生作业研究、布置与管理机制，全面提升课后服务质量。推进“双减”背景下考试改革，完善初中学考制度及高中录取政策。

（六）积极构建教育开放新格局

1. 推进粤港澳教育深度合作

加快建设粤港澳大湾区国际教育示范区，积极推进香港大学（深圳）筹建，深化粤港澳大湾区职业教育合作。办好第11届深港校长论坛和2022年粤港澳姊妹学校中华经典美文诵读比赛等活动。推动成立深港澳学校体育、艺术联盟，深化深港澳青年常态化交流。

2. 积极推进教育对外开放

积极搭建教育开放交流平台，扩大“一带一路”教育合作“朋友圈”。推动联合国教科文组织“职业教育数字化”教席等国际教育组织建设。推动有关高校加强国际组织人才培养，扩大职业学校参与国际合作路径。支持深圳教育“走出去”，讲好中国故事。

3. 高质量开展教育帮扶

高质量完成东西部教育协作和对口援疆援藏工作，全口径融入式开展省内基础教育帮扶。大力开展教育信息化帮扶，深化职业教育帮扶，全方位提升受援地教育发展水平。

（七）加大教育先行示范保障力度

1. 加快推动教育改革和立法工作

制定出台深圳教育发展“十四五”规划、教育部基础教育综合改革实验区建设实施方案。落实2021年部省联席会议工作备忘，出台深化新时代教育评价改革实施方案，积极推动第二批综改试点项目申报。加快推动学前教育、职业教育、高等教育等立法。积极发挥学校规划与建设专家咨询委员会作用，加快组建高等教育、职业教育、基础教育三个专家咨询委员会。加快教育经费保障体系、校长教师发展体系、教育教学研究体系和监测评价督导体系等四个体系建设。

2. 持续加强安全稳定工作

以迎接党的二十大召开为主线，全面排查各类隐患，建立台账、落实责任，确保教育系统安全。制定学校安全管理责任清单，完善校园安全管控体系，强化校园及周边治安综合治理，强化智慧型平安校园建设。深入推进中小学安全教育课程开发，多形式开展安全教育。持续深入开展学校食堂管理专项整治，建设食堂智慧管理平台。

3. 慎终如始做好校园疫情防控工作

不折不扣落实国家和省市新冠肺炎疫情防控工作要求，进一步压实“四方责任”，扎实做好常态化校园疫情防控工作。常态化开展应急处置演练和自查自改。定期开展疫情防控督导检查，加快推进3~11岁人群疫苗接种和学生常见病防控工作。

（深圳市教育科学研究院：贾建国
深圳市龙华区龙飞小学：王敬芬）

2021年深圳市中等职业教育改革与发展报告

深圳市教育局

2021年，职业教育受到空前重视。3月24日，国务院常务会议通过《中华人民共和国职业教育法（修订草案）》，并决定将草案提请全国人大常委会审议。4月12—13日，党中央、国务院召开新中国成立以来首次“全国职业教育大会”，习近平总书记对职业教育工作作出重要指示，李克强总理作出批示，孙春兰副总理出席会议并讲话。10月12日，中共中央办公厅、国务院办公厅印发《关于推动现代职业教育高质量发展的意见》。财政部、教育部、人社部等多部门也出台多个关于职业教育提质培优、专业目录修订、提高教师素质、建设规划教材等方面的重要职教文件。深圳市认真贯彻党和国家有关方针政策，立足新发展阶段，贯彻新发展理念，构建新发展格局，努力向高端发展，争创世界一流，以优异成绩向中国共产党成立100周年献礼。

一、深圳中等职业教育改革与发展的现状和成绩

（一）中等职业教育权重

2021年，深圳市有高中阶段教育在校生255268人，其中中等职业学校在校生85736人，普通高中学校在校生169532人，职普比为3.4∶6.6。招生95082人，其中中等职业学校30531人，普通高中学校招生64551人。与前三年相比，中等职业学校在校生占比、招生占比均略有下降，主要原因是，近几年我市新建一批普通高中，普通高中学生数量增长快于中等职业学校学生数量的增长。见表1。

表1　2018—2021年高中阶段教育职普比

年份	招生职普比		在校生职普比	
	深圳	全国	深圳	全国
2018	35.69∶64.31	41.27∶58.73	36.71∶63.29	39.53∶60.47
2019	36.40∶63.60	41.70∶58.30	36.77∶63.23	39.46∶60.54
2020	32.78∶67.22	42.38∶57.62	35.26∶64.74	39.96∶60.04
2021	32.11∶67.89	35.08∶64.92	34.00∶66.00	33.49∶66.51

（二）中等职业教育学校规模

2021年，深圳有中等职业学校28所，占全市高中阶段学校数的21.05%（全市有普通高中学校105所）。其中，教育部门主管的中等职业学校有17所（含两所非独立法人中等职业学校），市属公办学校7所，区属公办学校8所，民办学校2所；人社部门主管的中等职业学校有11所，公办学校2所，民办学校9所。全市有国家中等职业教育改革发展示范学校5所，国家级重点中等职业学校8所（其中技工学校3所），省级以上重点校14所（其中技工学校4所）。广东省高水平中职学校建设项目学校8所。深圳市第二职业技术学校被教育部列为国家级优质中职学校和国家级中职学校优质专业建设单位。为了简化行文，教育系统主管的中等职业学校下文简称中职学校，人社部门主管的中等职业学校下文简称技工院校。

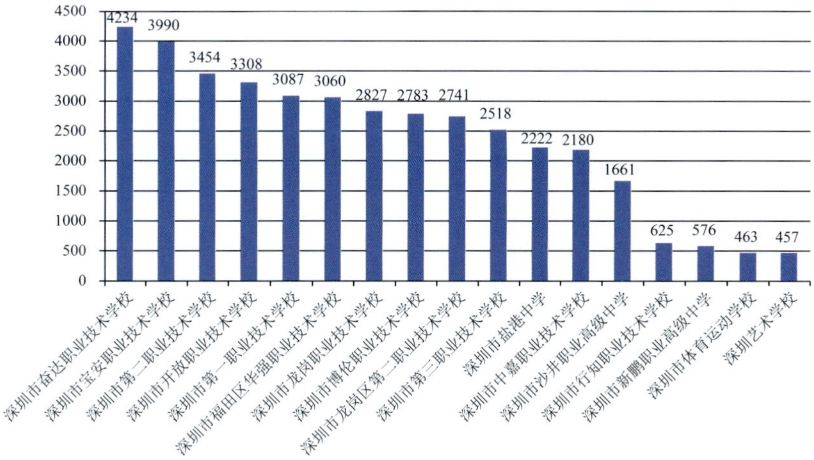

图 1　2021 年深圳市中职学校在校生人数（人）

注：数据来自图中各学校

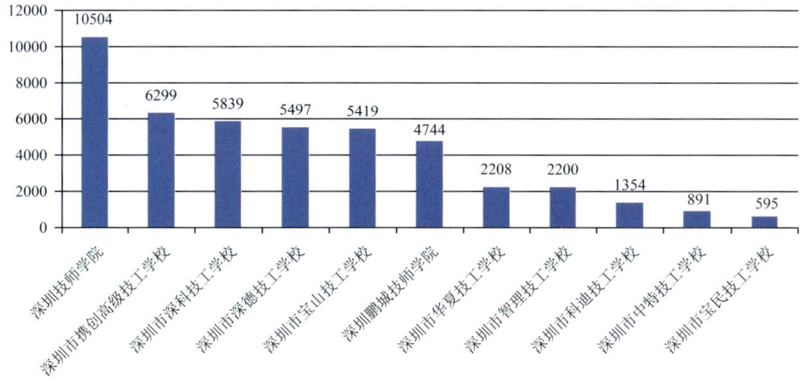

图 2　2021 年深圳市技工院校在校生人数（人）

注：数据来自图中各学校

28 所中等职业学校在校生 85736 人，比 2020 年增加 3876 人，增幅 4.74%。教育部门主管的 17 所中职学校在校生 40186 人，比 2020 年增加 1052 人，增幅 2.69%；校均 2364 人，比 2020 年增加 62 人。深圳市奋达职业技术学校在校生最多，有 4234 人。少于 1200 人的学校有 4 所，都是体育、艺术、美术类学校和非独立法人学校。见图 1。

2021 年中职学校招录 14145 人，其中应届初中毕业生 14015 人，占 99.08%，有 11 所学校 100% 招录的是应届初中毕业生。招录非全日制学生的学校只有 1 所，而且只招录了 37 人。11 所技工院校，在校生 45550 人，比 2020 年增加 2824 人，增幅 6.61%；校均 4141 人，比 2020 年增加 257 人。有 3 所技工学校在校生超过 5000 人。2021 年，11 所技工院校招录 16386 人，其中应届初高中毕业生 15477 人，占 94.45%，有 8 所技工院校 100% 招录的是应届毕业生。各技工院校在校生人数见图 2。

（三）专业建设

按照新修订的职业院校《职业教育专业目录（2021 年）》，2021 年全市中职学校开设专业 61 个，招生专业 53 个。电子与信息大类 11 个专业、文化艺术类 9 个专业、装备制造大类有 8 个专业、财经商贸大类 7 个专业、交通运输大类 4 个专业、教育与体育 4 个专业。新增专业 5 个：建筑装饰技术、药品食品检验、汽车服务与营销、网络信息安全、首饰设计与制作。

2021 年全市技工院校开设专业 83 个，招生专业 75 个。开设学校较多的专业有电子商务（10 所）、汽车维修（10 所）、幼儿教育（10 所）、计算机网络应用（6 所）、新能源汽车检测与维修（5 所）、计算机动画制作（5 所）、护理（5 所）、烹饪（中式烹饪 4 所、中西式面点 4 所）、工业机器人应用与维护（4 所）等。

（四）教学资源

17 所中职学校占地面积 1232848 平方米（含非产权用地），比 2020 年减少 63500 平方米；建筑面积 1221840 平方米，比 2020 年增加 90591 平方米；固定资产总值 275606 万元，其中教学、实习仪器设备资产值合计 100954 万元，比 2020 年增加 4415 万元；纸质图书 1318401 册，比 2020 年增加 11254 册；计算机 28896 台，比 2020 年减少 728 台；校内实践教学工位 27410 个，比 2020 年增加 2769 个。多数指标均向好发展，而且都高于国家标准。占地面积在 70000 平方米以上的学校有 8 所，建筑面积在 70000 平方米以上的学校有 7 所。有 11 所学校计算机数量在 1000 台以上（其中 2000 台以上的学校有 7 所，比上一年增加 2 所）。生均教学资源见表 2。

表2　　2020—2021年深圳市中职学校生均教学资源

年度	生均占地面积（m^2）	生均校舍建筑面积（m^2）	生均教学仪器设备值（元）	生均实训实习工位数（个）	生均纸质图书（册）	生均计算机（台）	生师比
2021年	30.68	30.40	25121.68	0.68	32.81	0.72	13.39：1
2020年	33.13	28.90	24700	0.63	33.40	0.76	13.55：1
2021年增加值	−2.45	1.50	421.68	0.05	−0.59	−0.04	−0.16
增加率（%）	−7.40	5.19	1.71	7.94	−1.77	−5.27	−1.18
国家标准	33	20	3000	–	30	0.15	≤20：1
超过国家标准数值	−2.32	10.40	22121.68	–	2.81	0.57	+6.61
超过国家标准比例（%）	−7.03	52	737.39	–	9.37	380	33.05

全市技工院校占地面积合计817422平方米，生均17.95平方米，比2020年减少3.50平方米。建筑面积合计943322平方米，生均20.71平方米，比2020年增加1.52平方米。固定资产总值207137万元（其中教学、实习仪器设备资产值合计72139万元，生均1.58万元，比2020年减少0.6万元）。纸质图书合计665513册，生均14.61册，比2020年减少2.28册。计算机合计19351台，每百名学生42.48台，比2020年减少0.72台。深圳技师学院办学条件较好，各项指标都符合技师学院设置标准，深圳鹏城技师学院占地面积69322平方米，未达到10万平方米的设置标准，深圳市携创高级技工学校教学资源符合设置标准，其余8所技工学校有6所建筑面积未达到生均20平方米的设置标准，有两所技工学校占地面积不达标。

（五）师资队伍

2021年，全市中等职业学校教职工6863人，专任教师4737人，生师比18.10：1。专业、实习指导教师2589人，占专任教师的54.65%。“双师型”教师1762人，占专业教师的68.06%。副高及以上职称970人，占专任教师的20.48%。硕士研究生及以上1049人，占专任教师的22.15%。在2021年广东省第二届职业技能大赛中，深圳市中等职业学校获得6金2银2铜2优胜奖的优异成绩。在2021年广东省新职业技术技能大赛中，深圳市中等职业学校获得2银2铜8优胜的成绩。

2021年，全市中职学校有教职工3992人，专任教师3002人，占教职工总数的75.20%。专业、实习指导课教师1451人，占专任教师总数的48.34%。“双师型”教师1108人，占专业教师的76.37%。有9所学校专业、实习指导课教师占专任教师比例未达到50%的要求。专任教师中，本科及以上学历2799人（占93.24%），中级及以上职称1675人（占55.80%），与2020年相比，教师整体素质明显提升。见表3。

2021年，中职学校有国家“万人计划”教学名师1名、国家和省级工作室主持人3名、全国技术能手7名（其中新增3位）。2021年有7位教师获得“广东省技术能手”称号，有6位教师入选2020—2021年度深圳市“技能菁英”。在2021年全国职业院校技能大赛教学能力比赛中，我市荣获一等奖1项、二

表3　　2020—2021年深圳市中职学校专任教师学历和职称结构

年份	专任教师	研究生及以上人数	本科人数	专科及以下人数	高级职称人数	中级职称人数	初级及无职称人数
2021年	3002	675	2124	87	662	1013	1211
2020年	2888	651	2122	115	662	977	1249
2021年增加值	114	24	2	−28	–	36	−38
增幅（%）	3.95	3.69	0.10	−24.35	–	3.69	−3.05

等奖 2 项、三等奖 3 项，在五个计划单列市中成绩名列第二，这是此项全国赛事 12 年来深圳最好排名，深圳市被全国大赛组委会授予“最佳进步奖”。在第三届广东省中职青年教师教学能力大赛中，我市荣获一等奖 3 项、二等奖 4 项、三等奖 3 项。在第八届广东省中小学班主任专业能力大赛中，我市一位教师获“最美中职班主任”殊荣，一个名班主任工作室获广东省中职名班主任工作室建设组一等奖。一位中职学校教师入选 2021 年深圳市“年度教师”。

2021 年，全市技工院校教职工 3973 人。专任教师 1735 人，占教职工总数的 43.67%。技术理论课教师和实习指导教师 1138 人，占专任教师的 65.59%。有 7 所学校未达到技术理论课教师和实习指导教师占专任教师的比例高于 70% 的要求。“双师型”教师 654 人，占 57.47%。专任教师本科及以上学历 1639 人（占 94.47%）。专任教师中级及以上职称 761 人（占 43.87%）。公办学校师资力量较强，深圳技师学院有国务院特殊津贴获得者 3 人，“全国技术能手” 20 人、“广东省技术能手” 26 人、“鹏城工匠” 3 人，2021 年 1 位老师荣获第四届“南粤技术能手”奖，1 位老师被评为 2021 年度深圳市“鹏城工匠”。2021 年全国智能楼宇及空调系统职业技能竞赛之智能楼宇管理员赛项，1 位老师获职工组一等奖。深圳市宝山技工学校有全国技术能手 2 人，粤菜技能大师 2 人、深圳市“技能菁英” 2 人。技工院校 6 位教师入选 2020—2021 年度深圳市“技能菁英”。

（六）培养质量

2021 年深圳中职学校在校生文化课合格率 92.96%（2020 年 95.24%），专业技能合格率 93.87%（2020 年 94.58%），体质测评合格率为 88.19%（2020 年 83.94%），毕业率 100%，资格证书获取率 72.62%（2020 年 72.59%）。学生在校体验普遍较好，各项指标满意度不低于 95%。见表 4。

广东省 2020—2021 学年职业院校技能大赛（中职组），深圳代表队获奖 259 项（一等奖 70 项、二等奖 103 项、三等奖 86 项），一等奖总数、获奖总数位居全省第三。2021 年全国职业院校技能大赛改革试点赛深圳中职学校选手获二等奖 1 项。2021 年全国行业职业技能竞赛“电子商务师”项目全国总决赛，一位学生获得学生组一等奖（第二名）。2021 年深圳市技能大赛“动画绘制”比赛，一位学生获第 4 名，被授予“深圳市技术能手”称号。2021 年第十四届全国运动会，深圳市职业学校参赛选手有 4 个项目获得团体第一名，有 10 个项目获得前三名，11 人次获金牌，7 人次获银牌，9 人次获铜牌。深圳市第二职业技术学校学生古慧晶 2021 年荣获广东省职业院校技能大赛中职组汽车机电与维修赛项一等奖，引起 5 亿多人关注，中央电视台、《人民日报》等众多媒体采访，成为中等职业教育国家奖学金获奖学生中的 100 名优秀代表之一，被《人民日报》通报表彰。

2021 年，深圳技师学院 1 位同学参加 Microsoft 等公司举办的 MOS 世界锦标赛，获得 EXCEL2016 组全球冠军；1 位同学参加 2021 年全国大学生英语翻译大赛获得高职高专组一等奖；学校在第七届中国高等职业院校健美操锦标赛中获得啦啦操规定动作一等奖；在第四届广东省技工院校科技小发明小制作比赛中获得 3 个一等奖、4 个二等奖，是获奖数量最多、一等奖数量最多的学校。深圳鹏城技师学院在广东省新职业技术技能大赛中，获得 2 银 1 铜 3 优胜的成绩；一位同学参加全国汽车流通行业职业技能竞赛全国总决赛仓储管理员（汽车配件进销存）决赛获学生组一等奖；一位同学参加广东省第二届职业技能大赛车身修理赛项获得金牌；一位同学参加 2021 年全国智能楼宇及空调系统职业技能竞赛之智能楼宇管

表4　2021年中职学生在校学习满意度情况

调查项目	受访人数	非常满意人数	比较满意人数	一般满意人数	不满意人数	满意度（%）
理论学习满意度	16745	10311	3972	1886	557	96.67
专业学习满意度	16745	10460	3848	1958	479	97.14
实习实训满意度	15186	10067	3121	1575	417	97.25
校园文化满意度	16645	10892	3312	1925	516	96.90
社团活动满意度	16645	10872	3330	1891	552	96.68
生活满意度	18710	12337	3809	1801	763	95.92
校园安全满意度	18710	13132	3508	1642	429	97.71
毕业生学校满意度	9573	6603	2154	675	141	98.53

理员赛项决赛获学生组一等奖。

（七）就业质量

2021 届深圳中职学校毕业生 12049 人，就业 11921 人，就业率 98.94%。其中，升入高一级学校 10304 人，占毕业生的 85.52%，比 2020 届增加 4.25%；329 人被本科院校录取，比 2020 届增加 125 人。直接就业 1617 人，占毕业生的 13.42%，其中对口就业率达 64.83%（2020 届 87.44%）。取得职业资格证书 8750 人，占毕业生的 72.62%。直接就业的毕业生有 609 人到国家机关和企事业单位就业（占 37.66%），比 2020 届减少 10.31%；501 人合法从事个体经营（占 30.99%），507 人通过其他方式就业（占 31.35%）；1290 人在本地就业，占直接就业人数的 79.78%；从事第三产业 1491 人，占直接就业人数的 92.21%；签订 1 年及以内劳动合同的有 1214 人，占 75.08%。2021 届毕业生平均月薪 2409 元，比 2020 届减少 281 元，减幅 10.45%。享有五险一金的人数最多，有 1084 人，占 67.04%。2021 届毕业生就业满意度达 96.6%。

2021 年全市 11 所技工院校有毕业生 10635 人，高级工以上学生占 42%，毕业生就业率达 98% 以上，每年有 30% 以上的高级工毕业生进入比亚迪、华大基因等龙头企业及其生态链企业就业。深圳技师学院 2021 届毕业生 2035 人，截至 2021 年 12 月 16 日，毕业去向落实率为 98.7%。2021 届毕业生平均月收入为 5550.6 元，起薪高于广东省高职院校毕业生初次就业平均月薪近千元，也高于全国非“双一流”本科院校毕业生初次就业平均月薪。毕业生的工作与专业相关度为 66.6%。直接创业的毕业生占比 3.3%。本校 2016—2018 届毕业生毕业三年后的平均月收入分别为 7808 元、8065 元、8271 元，持续上升。2018—2021 届毕业生的就业满意度分别为 74.3%、71.1%、83.6%、86.4%。2021 届毕业生对母校的总体满意度为 92.0%，用人单位对本校毕业生的总体满意度为 97.8%，用人单位未来愿意继续招聘本校毕业生的意愿为 100%。（数据来源：深圳技师学院《2021 年毕业生就业质量年度报告》）

深圳鹏城技师学院 2021 届总毕业生人数为 1174 人，截至 2021 年 12 月 9 日，毕业生的累计毕业去向落实率为 98.0%。主要就业于 300 人及以下（56%）规模的中小型用人单位，有 92.2% 在深圳市就业。有 3.9% 的人自主创业。毕业生对就业指导服务工作的总体满意度为 92%。毕业生的工作与专业相关度为 68%。毕业生的就业满意度为 88%。毕业生对母校的总体满意度为 94%。用人单位对本校就业工作的满意度为 97%。（资料来源：该校《毕业生就业质量年度报告 2021 年》）

（八）服务能力

2021 年深圳中职学校积极开展社会服务，举办校内职业培训班 171 个，培训 5966 人次，累计培训 11777 学时，培训收入 150 万元；开展送教上门和企业培训 82 次，培训 5370 人次，累计培训 1804 学时；提供技术咨询 22 次；组织社区服务 38 次。通过多种形式对新疆喀什地区、黑龙江哈尔滨市、江西赣州、广西百色和河池市、云南昭通市以及省内有关地区开展帮扶 225 次，捐赠钱物折合人民币 737184 元。深圳市第三职业技术学校积极搭建转岗再就业服务平台，与 160 家企事业单位紧密合作，成立 10 家家政就业基地，开展再就业技能培训，每年教育帮扶 3000 多人。深圳市第一职业技术学校与欣旺达公司合作开办现代学徒制试点班，精准帮扶 15 名学徒。深圳市第二职业技术学校免费为深汕合作区四镇贫困户、退役军人、未就业年轻人等群体提供职业技能培训。深圳市福田区华强职业技术学校积极实施“粤菜师傅”工程，为华强高职专业学院 314 名云南籍学生举办为期两周的广式点心制作培训。

深圳技师学院在全国首创“新型学徒制”智力扶贫模式，常态化做好技能扶贫工作，2020 至 2021 年度积极完成人社部定点西藏、新疆、广西、江西帮扶支教任务。鹏城技师学院对口帮扶广西百色，一位建档立卡百色壮族扶贫生参加深圳市第十一届职工技术创新运动会暨 2021 年深圳技能大赛获汽车维修钣金工职业技能竞赛冠军；承办广西“粤菜师傅”扶贫培训班，实现 100% 就业，一位学员参加 2021 年深圳技能大赛“粤菜师傅”中式烹调职业技能竞赛获个人金奖；与龙岗区退役军人事务局合作在全省首创“粤菜师傅 + 退役军人培训”模式，合作开展“粤菜师傅”培训，创新采用“理论 + 实操 + 展示”一体化教学模式，取得良好培训效果。深圳市携创高级技工学校实施“雨露直通车”技能帮扶项目，累计培训贵州、甘肃、江西、陕西、广西等“老少边穷”地区贫困学生逾万人。深圳市宝山技工学校累计为省内贫困劳动力开展“粤菜师傅”培训 400 多人次。深德技工学校与广西凤山县开展对口助学帮扶工作，为凤山县边远山区学校、困难学生送上帮扶资金、物资共 4 万元。

二、重要举措

（一）党建引领把方向，学习工作两不误

2021 年，我市加强党对职业教育的全面领导。一是压实党建主体责任，突出党的政治引领和价值引领，全面加强党对学校工作的领导，全面加强学校基层党组织建设和党员队伍建设，开展规范化、标准化建设工作。二是开展“不忘初心一百年，牢记使命再出发”主题活动，把思想政治建设与党建活动深度结合，把“课程思政”与学校党建工作结合起来。倡导学校书记、校长带头上党课，通过线下面对面教学和现场直播的方式，授课对象覆盖全校师生。三是深入开展党史学习教育，将学习党史同推动工作相结合。利用“学习强国”“深圳智慧党建”“共产党员”等平台组织系统学习活动，开展“学党史、强信念、跟党走”风采大赛。深圳市教育学会职业教育专业委员会在国庆假期期间举办“学四史，铭初心，跟党走”知识竞赛，不少参赛者是中等职业学校教师。全市中职学校有党支部 101 个、正式党员 1347 人、预备党员 29 人，各级组织先后开展 916 次集体活动，有 43097 人次参加，各项指标都比 2020 年有较大提升。广大党员在教育教学一线、疫情防控一线、教育帮扶等方面都发挥了先锋模范作用。

（二）顶层设计促改革，学校优质高端化

《教育部 广东省人民政府关于推进深圳职业教育高端发展 争创世界一流的实施意见》提出，要通过“建设一流职业学校、一流专业群、一流师资队伍，瞄准‘高精尖缺’，打造人才培养高地”。我市按照要求狠抓落实，正在抓紧研制《深圳经济特区职业教育条例》，抓紧修订《深圳市职业教育校外公共实训基地认定和管理办法》，完善职业教育立法，保障职业教育改革创新发展。技工院校升格行动取得重大进展，2 月 1 日，广东省教育厅发布《关于省高等学校设置评议委员会评议结果的公示》，拟将深圳技师学院纳入高等学校序列，并更名为“深圳技师职业学院”。9 月 22 日，深圳鹏城技师学院揭牌。筹划由两所公办高职院校分别牵头组建“深圳西部职业教育集团”和“深圳东部职业教育集团”，以破解深圳中职学校发展定位不清、中高职衔接不畅、职教本科缺位等问题。实施现代职业教育质量提升计划，推进高水平中职学校建设，改善薄弱中职学校办学条件，加大奖补资金支持力度，加强实训基地建设及设备更新，满足专业教学需要。支持骨干教师参加国家级、省级业务培训、“1+X”证书培训和企业实践，提高教师教育教学水平，优化教师队伍人员结构。支持中职学校创建省级重点中职学校，深圳市第三职业技术学校被评为省级重点中职学校。12 月 10—16 日，市人力资源保障局、市总工会、市教育局联合主办以“肩负时代使命，传承工匠精神”为主题的首届“深圳工匠活动周”，在全社会营造崇尚技能、尊重人才的氛围，传递深圳打造高技能人才培养创新区的信心和决心。

（三）财政投入助发展，应助尽助全覆盖

2021 年，深圳市职业教育财政投入 67.59 亿元，其中中等职业教育财政投入 34.09 亿元，比上一年增加 0.24 亿元。2021 年公办中等职业学校生均拨款标准为 1.7 万元，国家级示范校生均拨款标准为 1.87 万元，技工院校生均拨款标准调整为 2 万元。深圳市大力推进中等职业教育免费，紧缺专业助学金“助优”与国家助学金“扶困”资助相结合，全面实施“按需申请、应助尽助”的中等职业教育资助政策。2021 年免学费 14.46 万人次，财政投入 2.48 亿元；2.96 万人次享受国家助学金，财政投入 3045.07 万元；114 人享受 2020—2021 学年度中等职业教育国家奖学金，财政投入 68.4 万元。2021 年评选出 10 名技艺精湛、贡献突出的“鹏城工匠”，每人奖励 50 万元。2020—2021 年度评选出 100 名深圳市“技能菁英”，每人资助 20 万元赴国（境）内外研修培训，还安排近千万元财政资金用于组织开展职业院校技能大赛和中等职业学校“文明风采”活动。

（四）德艺兼修育工匠，主题教育抓得紧

推动思政课程建设和课程思政建设。培育和践行社会主义核心价值观，抓牢抓实思政课堂、团课课堂等常规教育。利用校内外德育基地和重要节日对学生进行革命传统教育、集体主义和爱国主义教育、诚信感恩教育和生命安全教育。引导学生深刻感悟中国共产党的领导和中国特色社会主义制度的优势，增强“四个意识”，坚定“四个自信”，做到“两个维护”。支持学生开展丰富多彩的社团活动，推动学生社团良性、规范、常规化运作，据不完全统计，全市中职学校有学生社团521个，社团成员17632人，平均每个社团34人，平均每校有社团成员1037人。4月14日，我市率先召开2021年深圳市中等职业学校“少年工匠心向党 青春奋进新时代”主题教育活动推进会，要求教师“永远跟党走，培养栋梁才”、学生“永远跟党走，成为栋梁才”。10月22日，召开主题教育活动年度工作推进会，成果丰硕，省教育厅评出“少年工匠心向党 青春奋进新时代”主题教育活动暨2021年文明风采活动获奖作品和案例，我市获一等奖65个，二等奖141个，三等奖140个，有8个活动案例被评为优秀案例，77位教师被评为“优秀指导教师”，5所学校获“优秀组织奖”。选出一批作品和案例报送全国活动组委会。

（五）培养引进相结合，以竞赛促教促研

我市着力打造一支师德高尚、业务精湛、结构合理的职业教育教师队伍。一是认真落实公办学校教师编制，根据在校生数量，参照中等职业学校设置标准，足额配备专任教师，打破现有教师编制和用工制，推行教职工全员聘用制和岗位管理制度，建立专职与兼职教师相结合的用人制度。二是以建设“双师型”教师队伍为重点，打造教学创新团队，实施团队“一新一师”“一师一企”计划，选派专业带头人辅导新入职教师，面向新教师开展全过程培养。三是以省、市、校三级名班主任工作室为平台加强班主任队伍建设，抓好新班主任岗前培训、骨干班主任传帮带、优秀班主任开展德育课题研究等有层次的班主任专业化成长科研活动。四是加强骨干教师培训，2021年全市组织606人次中等职业学校专任教师参加国家级培训，458人次参加省级培训，5467人次参加市级培训，1219人次参加区级培训，8428人次参加校级培训。五是发挥技能大赛引领作用，提升教师业务能力，组织中职学校参加广东省、深圳市举办的职业院校各类技能大赛，将大赛项目引入课堂教学，将职业岗位标准与课程标准对接，将新技术、新工艺、新规范、典型生产案例纳入教学内容，完善“岗课赛证”综合育人机制。2021年广东省教育教学成果奖评选，深圳市中等职业学校获得一等奖2项。

（六）产教融合四方抓，校企合作再创新

我市加快国家产教融合试点城市建设，积极探索更加适应市场需求的职业教育办学模式，深化“引企入教”改革，强化校企“双元”育人，开展订单式人才培养。一是政校行企加强沟通，共商融合大计。2021年，深圳市委办公厅牵头，会同市发改、教育、人社、科创、工信、财政等6家主管单位以及南山区、龙岗区，针对产教融合“合而不深”、校企合作“校热企冷”等问题，现场调研部分职业院校和代表性企业，与职业院校、企业负责人开展座谈，与毕业生代表进行访谈，认真梳理分析各方反映的问题，提出相应工作建议。二是加紧培育51家产教融合型试点企业，落实有关支持政策，到2025年，培育100家以上产教融合型试点企业。三是打造平台服务产业，深圳市17所中职学校有6所学校联合行业企业牵头成立职业教育集团，深度参与职业教育集团的学校有15所，参与率达88%以上，集团企业成员单位有180多家。四是加强职业教育校外公共实训基地建设和校内专业实训基地建设，做好实习实训有关工作，2021年10月25日印发《深圳市教育局关于加强职业院校学生实习相关制度建设的通知》（深教函〔2021〕83号），要求加强学生实习实训管理，为学生提供优质实习岗位，提升就业创业能力，减轻企业和学生的经济负担，“实训－实习－就业”零距离对接，实现学校、企业、学生多方共赢。

三、主要问题

（一）标准化建设任重道远

对照国家现行《技师学院设置标准（试行）》《技工学校设置标准（试行）》《高级技工学校设置标准（试行）》《中等职业学校设置标准》可以发现，各项指标都达标的学校屈指可数。受多种因素影响，我市有相当一部分学校生均校园占地面积、生均建筑面积、生均纸质图书、专业实习指导课教师、副高级及以上职称教师占比、兼职教师比例等指标不达标，影响学校教学质量的提高，更影响高水平职业学校建设。

（二）校企合作有待深入

中等职业学校与企业合作的形式比较单一，多数是学校定向为企业输送实习生，企业根据学生实习情况择优录用毕业生。共同参与职业学校技能人才培养全过程的不多，共同开发课程和教材、共同开发数字化教学资源、共同研发技术等深层次的合作更少。一方面，多数学校缺少对企业发展的支撑能力，难以给企业发展赋能；另一方面，合作机制不完善，“组合式”激励校企合作的政策难落实，造成不少企业缺乏校企合作的内驱力，缺乏校企合作的意愿。

（三）队伍建设尚需加强

2019年以来，全国高职连续三年扩招100万人，受此影响，深圳市各中职学校毕业生都以高考为主要出路，不少学校偏重语文、数学、英语教学，这在师资上也有所体现。按规定，中职学校专业、实习指导课教师应该占50%以上，但是全市中职学校平均比例只有36.91%，比例在50%以下的学校也有9所。全市中职学校兼职教师只有94人，远没有达到20%的要求。技工学校要求技术理论实习指导教师要占专任教师的70%，实际上全市11所技工院校平均比例只有65.59%，有7所学校不达标。中职学校要求副高级及以上职称教师应占20%以上，实际上有9所学校不达标。青年教师高级职称和高技能人才数量偏少，必然影响“岗课赛证”育人模式的实施，影响技能教学、实践教学质量，影响职业学校办出水平、办出特色。

（四）社会服务能力有待提高

深圳有将近200万家企业，高新技术产业和现代服务业产值占全市GDP的80%以上，2021年全市中等职业学校毕业生只有23000多人，升学就有10000多人，毕业后直接就业的学生不足13000人，难以为产业发展提供服务。大多数公办中职学校偏重学历教育，技工院校也是主要从事学制教育，较少学校利用专业资源参与非学历培训，各校社会服务的形式主要是教育帮扶，能够做到学历教育与职业培训并重的学校比较少见。

四、政策建议

（一）提升市级统筹协调能力

一是尽快出台《深圳经济特区职业教育条例》，对现行职业教育、技工教育、社区教育、开放教育的管理体制进行综合调整。二是依托东部职业教育集团、西部职业教育集团，对全市中职学校教育教学资源进行优化配置和整合共享，重点是优化专业设置，中高本贯通培养技能人才。三是成立深圳市跨部门的职业技能训练指导中心，统筹管理全市高技能人才培训基地、技能大师工作室，统筹世界技能大赛、国家级省级技能大赛选手选拔和集训，争取有关赛项成绩取得新突破。四是建立权威的全市统一的人才供需信息发布平台，提供年度各行各业人才需求数据、各职业院校年度质量报告、校企合作需求信息。

（二）实施办学条件达标工程

教育部要求实施“中职学校办学条件达标工程”，全面核查中职学校基本办学条件，实现2023年学校教学条件基本达标。我们要发挥标准在职业教育质量提升中的基础性作用，把职业教育标准化建设作为校长学习培训的重要内容和学校年度考核的重要指标，推动学校高水平发展。建议市政府召集有关部门集中研究，对照有关学校设置标准，逐一排查，分析各校存在的问题，提出整改的可行性方案，做到“一校一案”，确保2023年达标。继续完善中等职业教育质量年度报告指标，要求学校提供详细数据，规范填报各种表格，确保信息真实可靠。民办技工院校要向两所技师学院学习，规范专业名称，提供毕业生就业质量年度报告。

（三）加大教师队伍建设力度

一是以“双师”素质为导向改革中等职业学校新教师准入制度，认真落实《国家职业教育改革实施方案》，不再片面强调高学历。二是积极争取政策支持，适度增加编制数，确保教师队伍建设水平与广东省高水平中职学校建设同频共振；三是启动市级职业院校教师教学创新团队培育计划，每年遴选一批校企联合组建的结构化专业教学团队。四是把企业实践纳入职业院校教师继续教育学时，支持校企共建一批教师培养培训示范基地和教师企业实践示范基地。五是加大政府统筹，建立校企人员双向交流协作共同体，建立校企人员双向流动和相互兼职常态运行机制，拓宽从行业企业选拔优秀教师的渠道。

（四）校企深度合作再添动能

一是加强制度建设，推进产教融合型标杆城市建设，在校企合作层面对国有资产管理、企业社会责任、学生合法权益、分类规范引导以及市场机制引入后的容错纠错机制进行法律层面的清晰界定。二是建立跨企业培训中心，开展主要面向小微企业的人力资源、生产管理、职业技能、技术应用、市场营销等方面的培训。三是政、校、行、企共建集约、高效、共建、共享的“产教融合园”，将专业建在产业链和需求链上，并打造成为普通中小学生的劳动教育基地、职业体验中心。四是完善职业教育校外公共实训基地、产教融合型企业认证、评价和支持政策，扩大财政经费的使用范围，减少企业申报环节和补贴流程，优化校企合作双方设备申请、购买、使用、监管等方面的程序。五是重点支持和鼓励知名企业、大型企业参与1+X证书制度试点工作，参与制定职业标准，开发专业技能等级证书，参与“三教”改革，校企共编活页式、工作手册式新型教材，共建职业教育资源库和在线教育资源，共同培养专业教师。

（五）拓展职业学校社会服务领域

一是把实施“圆梦计划”“粤菜师傅”“广东技工”“南粤家政”与扩大生源结合起来，允许深圳的中等职业学校紧缺专业、重点专业招录深圳对口帮扶省市的初中毕业生，只要学生毕业后能在深圳工作一定年限，可以学费全免，在校期间每月给予生活费补贴。二是要求中等职业学校都设立专门机构负责职业培训，每年按计划开展职业培训，培训业绩作为评价学校年度工作的重要指标。三是要求中等职业学校面向进城务工人员、退役军人、残疾人开展职业培训，年度培训规模不得少于本校学历（学制）教育在校生人数的两倍。四是把教师开展社会培训、技术研发与服务等社会服务纳入教师工作量，计算入教师继续教育学时。五是要求中等职业学校按照《大中小学劳动教育指导纲要（试行）》要求，联合社会力量，共建共享稳定的劳动实践基地、校外实习实训基地，主动为本校学生和普通中小学学生服务。

（深圳市教育科学研究院：罗理广
深圳市第一职业技术学校：孙婷婷）

2021年深圳市高等职业教育改革与发展报告

深圳市教育局

2021年，是职业教育具有里程碑意义的一年，3月24日，国务院常务会议通过《中华人民共和国职业教育法（修订草案）》，并决定将草案提请全国人大常委会审议。4月12日至13日，党中央、国务院召开新中国成立以来首次“全国职业教育大会”，习近平总书记对职业教育工作作出重要指示，李克强总理作出批示，孙春兰副总理出席会议并讲话。10月，中共中央办公厅、国务院办公厅印发《关于推动现代职业教育高质量发展的意见》。12月，第十三届全国人大常委会第三十二次会议对《中华人民共和国职业教育法（修订草案二次审议稿）》进行审议。各部委也相继出台一批重要文件，比如，3月17日印发《教育部关于印发〈职业教育专业目录（2021年）〉的通知》（教职成〔2021〕2号）；6月24日印发《人力资源社会保障部 财政部 国务院国资委 中华全国总工会 全国工商联关于印发〈关于全面推行中国特色企业新型学徒制 加强技能人才培养的指导意见〉的通知》（人社部发〔2021〕39号）；6月30日印发《人力资源社会保障部关于印发“技能中国行动”实施方案的通知》（人社部发〔2021〕48号）；8月4日印发《教育部 财政部关于实施职业院校教师素质提高计划（2021—2025年）的通知》（教师函〔2021〕6号）；11月23日印发《人力资源社会保障部关于公布〈国家职业资格目录（2021年版）〉的公告》；12月15日印发《人力资源社会保障部 教育部 发展改革委 财政部关于印发“十四五”职业技能培训规划的通知》（人社部发〔2021〕102号），为我市高等职业教育改革与发展提供了强有力的政策支持。

一、高等职业教育改革与发展的现状和成绩

（一）教育规模

2021年，深圳市有三所高职院校，在校生65222人，比2020年减少1110人。全日制在校生58404人，比2020年增加42人，增幅0.72%；非全日制在校生6818人，比2020年减少1152人，减幅14.45%。其中，深圳职业技术

学院（以下简称深职院）有在校生36112人，在全国高职院校中排名第二，仅次于广西城市职业大学。深圳信息职业技术学院（以下简称深信院）有在校生21954人。广东新安职业技术学院（以下简称新安学院）有在校生7156人。

（二）专业建设

按照2021年教育部颁布的高等职业教育专科专业目录统计，2021年全市三所高职院校招生专业不重复计算有121个，深职院有招生专业79个，深信院有招生专业55个，新安学院有招生专业35个。其中，深职院立项15个世界一流重点建设专业群，支持通信技术、电子信息2个专业群建设高水平（世界一流）专业群（国家“双高”专业群）；支持人工智能、机电一体化等8个专业群建设国际先进专业群；支持数字媒体艺术设计、建筑设计等N个专业群建设区域特色专业群，形成“2+8+N”专业群格局，另外，学校在建第三批广东省一类品牌专业2个、二类品牌3个；验收广东省一流重点建设专业12个。2021年，学校新增专业2个。深信院现有国家“双高计划”项目重点建设专业群2个、国家骨干校重点专业4个、中央财政支持高职院校提升专业服务产业发展能力项目专业2个、国家级现代学徒制试点专业4个、国家级专业类示范专业点2个、国家创新发展行动计划骨干专业9个、省级示范性专业4个、省级品牌专业16个、省级重点专业5个、省一流校高水平建设专业6个、省高水平专业群5个。2021年，学校新增专业5个。新安学院2021年继续优化和调整专业结构，新增健康管理、云计算技术应用等10个专业。有计算机应用技术专业群、建筑室内设计专业群和药品生物技术专业群等三个校级高水平专业群。

（三）教学资源

2021年，三所高职院校占地面积4026008平方米，比2020年增加1001395平方米；生均占地面积61.73平方米，比2020年增加16.13平方米，增幅35.37%。建筑面积1501969平方米，比2020年增加214341平方米；生均建筑面积23.03平方米，比2020年增加3.62平方米，增幅18.65%。固定资产总值640165万元，其中教学、实习仪器设备资产总值204976万元，比2020年增加52319万元，增幅34.27%。纸质图书4746934册，比2020年增加169934册，增幅3.71%。计算机36142台，比2020年增加408台，增幅1.14%。其他资源见表1。

（四）师资队伍

2021年，全市高职院校有教职工4322人，其中专任教师2614人，比2020年增加177人，增幅7.26%。专业、实习指导课教师1688人，比2020年减少235人，占专任教师的64.58%，减幅12.22%。专任教师中，硕士研究生及以上2178人，占83.32%，比2020年增加3.84%。副高及以上职称1121人，占42.88%，比2020年减少6.94%。其中，深职院有专任教师1457人，规模在全国高职院校排名第二。副高及以上职称728人，占专任教师总数的49.97%。有博士556人。国家“万人计划”教学名师1名、国家级教学名师3名、全国技术能手5名；“珠江学者”5名、国家特支计划教师1名、省特支计划教学名师4名、省级教学名师10名、省级技术能手6名；“鹏城学者”4名、国家级领军人才3名。有教育部首批黄大年式教师团队1个，国家级教学团队4个，省级优秀教学团队11个；柔性引进诺贝尔奖团队1个、长江学者与杰青团队3个，建

表1　2020—2021学年深圳高职院校资源表

序号	指标	单位	深职院	深信院	新安学院
1	生师比	—	15.61	11.49	20.11
2	双师素质专任教师比例	%	88.02	87.43	33.91
3	高级专业技术职务专任教师比例	%	49.96	36.84	21.46
4	教学计划内课程总数	门	2711	1546	461
	其中：线上开设课程数	门	710	3330	376
	线上课程课均学生数	人	102	488	185
5	校园网主干最大宽带	Mbps	100000	80000	1000
6	校园网出口带宽	Mbps	14500	4300	190
7	生均校内实践教学工位数	个/生	1.06	1.63	0.96
8	生均教学科研仪器设备值	元/生	35107.60	49599.64	4194.43

数据来源：深圳市三所高职院校的高等职业教育质量年度报告（2022年）“资源表”

立了广东省高职“双师型”名教师工作室1个、广东省技能大师工作室1个。专业、实习指导教师中具有双师素质的比例为88.02%。深信院有专任教师923人，副高及以上职称339人，占专任教师总数的36.69%。有博士409人。国家“万人计划”教学名师1人、现有广东省教学名师4人、“特支计划”教学名师3人、“珠江学者”9人、“鹏城学者”9人、高层次技能兼职教师12人。有国家级教学团队2个。专业、实习指导教师中具有双师素质的比例为87.43%。新安学院有专任教师233人，副高及以上职称54人，占专任教师总数的23.18%。有兼职兼课教师81人、行业导师38人。培育“新安优秀青年教师”15人、“新安名师”8人、“新安首席教师”2人，教师教学创新团队7个。全校专业、实习指导教师中具有双师素质的比例为33.91%。

（五）培养质量

根据各校“学生问卷调查反馈表”数据汇总分析得知，与2020年相比，2021年，8个满意度指标升降各半，反映课堂内的指标都提升了，反映课堂外的指标都下降了。其中教书育人满意度两个指标一升一降，课堂育人满意度有提升，课外育人满意度略有下降；课堂教学满意度三个指标满意度都提升了；管理和服务工作满意度三个指标满意度都下降了。见表2。

社团数量和参加社团学生的比例都有提高，全市高职院校有学生社团383个，比2020年增加6个。有35288人参加社团组织，比2020年增加1983人。

深圳高职院校在全国重要赛项中取得优异成绩，深职院在第七届中国国际“互联网+”大学生创新创业大赛中获一等奖4项，是全国获金奖最多的高职院校；在2021年国际基因工程机器大赛（iGEM）中荣获金奖及两项最佳单项奖；在全国首届职业技能大赛中，酒店接待项目荣获银牌，花艺项目荣获铜牌；学校桥牌队荣获2021年首届中国大学生智力运动会女子组团体赛全国第一名；学校龙狮队荣获第十三届中国大学生舞龙舞狮锦标赛传统南狮第一名；学校游泳队参加2021年广东省大学生游泳锦标赛，勇夺9项冠军，获得金牌榜及团体总分两项第一；学校武术队荣获2021年广东省首届学生武术公开赛丙组金牌数和团体总分双料第一。深信院学生参加政府部门主办的各项全国技能竞赛获奖238项，4个作品获华为2021GDE全球开发者大赛RPA赛道个人优秀开发者作品奖。新安学院2020—2021学年获得省级技能竞赛奖项27项。

（六）就业质量

深圳高职院校2021年毕业生12878人，比2020年减少33人，就业学生12580人，比2020年增加216人，截至2021年9月，就业率97.69%，比2020年增加1.92%。三所学校就业率均在97%以上。三所学校2021届毕业生月收入均比2020届有提高。深职院毕业学生6737人，就业学生6602人，毕业生平均月收入高达5930元，在全国高职院校应届毕业生薪酬排行榜中名列第十二。三所学校母校满意度都在90%以上，两所公办学校在98%以上。雇主满意度在93%以上，深信院高达98.47%。受疫情影响，自主创业比例均比2020届减少，在1.45%–2.47%之间。毕业三年职位晋升比例，两所公办学校在91%以上，民办学校只有42%。

表2　深圳市高职院校在校生满意度问卷调查情况

满意度类别	满意度指标	单位	2020年	2021年
教书育人满意度	（1）课堂育人满意度	%	96.68	98.83
	（2）课外育人满意度	%	96.58	95.14
课程教学满意度	（3）思想政治课满意度	%	94.66	96.86
	（4）公共基础课（不含思想政治课）满意度	%	95.57	96.61
	（5）专业课教学满意度	%	93.78	96.37
管理和服务工作满意度	（6）学生工作满意度	%	96.97	91.03
	（7）教学管理满意度	%	96.46	91.64
	（8）后勤服务满意度	%	92.84	87.73

数据来源：深圳市三所高职院校的高等职业教育质量年度报告（2021年、2022年）的“学生反馈表”有关数据分析填列

表3　　深圳市高职院校2021年计分卡

序号	指标	单位	深职院		深信院		新安学院	
			2020年	2021年	2020年	2021年	2020年	2021年
1	就业率	%	96.56	98.00	96.43	97.05	90.57	98.43
2	毕业生本省就业比例	%	97.60	97.80	85.45	99.40	88.70	92.62
3	平均月收入	元	5515.00	5930.00	4153.98	4616.63	3624.96	3929.71
4	理工农医类专业相关度	%	64.73	65.00	96.00	92.00	69.46	62.42
5	母校满意度	%	97.00	98.00	98.58	98.64	86.40	90.38
6	自主创业比例	%	3.10	1.70	5.03	2.47	3.49	1.45
7	雇主满意度	%	95.00	95.00	99.95	98.47	96.43	93.18
8	毕业三年职位晋升比例	%	91.20	91.43	99.00	99.00	42.11	42.00

数据来源：深圳市三所高职院校的高等职业教育质量年度报告（2022年）“计分卡”

见表3。

在校友会2021中国最好高职院校排名（Ⅱ类）中，深职院和深信院分别名列第一和第三。深信院毕业去向落实率为97.05%，其中994人被本科院校录取，升学率约为20.69%，录取人数创历史新高。学校2021年7月被全国高校就业协会评为“全国高校毕业生就业创业工作典型案例学校”。新安学院2021届有59人参军，19人自主创业，梁嘉恒同学创办深圳市残悦咨询服务中心。

（七）服务能力

1. 为地方经济社会发展提供技术技能人才，对区域产业发展贡献度逐步提升

深圳高职院校2021届已就业的12580名毕业生中，留在深圳本地就业的，占79.40%。到规模以下企业等基层服务5575人，占44.32%，人数比2020年增加3.57%；到规模以上企业就业4384人，占34.85%，人数比2020年减少15.85%，但是到500强企业就业的有1716人，人数比2020年增加21.02%。

2. 与政府、行业协会、知名企业等开展产学研深度合作，共建产业学院与技术研发中心，共同开展技术创新

横向技术服务到款额7761.35万元，比上年减少14.67%，横向技术服务产生的经济效益21844.83万元，比上年大幅增长56.21%。纵向科研经费到款额11368.88万元，比上年增加15.31%，技术交易到款额4239.05万元，比上年增长147.99%。专利成果转化数量、专利成果转化到款额也都有大幅增长。2021年发明专利授权量深职院91项、深信院48项，在全国高职院校分别名列第五和第二十七。深职院纵向科研经费到款额在全国高职院校中名列第一。

3. 设立培训中心，面向政府、企业及行业开展各类型、各层次非学历培训

非学历培训项目数443个，非学历培训时间1437572.5学时，比上年大幅增长2245.33%，非学历培训到账经费2840.95万元，比上年减少5.40%。公益性培训服务264905.64学时，比上年大幅增长408.26%。详见表4。

表4　　深圳市高职院校2020—2021年服务贡献表

	指标	单位	2020年	2021年	增幅（%）
1	全日制在校生人数	人	51115	54702	7.02
	毕业生人数	人	12911	12878	−0.26
	其中：就业人数	人	12364	12580	1.75

（续表）

	指标	单位	2020年	2021年	增幅（%）
	毕业生就业去向：	—			
	A类：留在当地就业人数	人	9844	9988	1.46
	B类：到西部地区和东北地区就业人数	人	22	30	36.36
	C类：到规模以下企业等基层服务人数	人	5383	5575	3.57
	D类：到规模以上企业就业人数		5210	4384	−15.85
	其中：到500强企业就业人数	人	1418	1716	21.02
2	横向技术服务到款额	万元	9096.15	7761.35	−14.67
	横向技术服务产生的经济效益	万元	13984.43	21844.83	56.21
3	纵向科研经费到款额	万元	9859.11	11368.88	15.31
4	技术交易到款额	万元	1709.39	4239.05	147.99
5	专利成果转化数量	项	8	36	350.00
6	专利成果转化到款额	万元	11.40	922.66	7993.51
7	非学历培训项目数	项	407	443	8.85
8	非学历培训时间	学时	61295	1437572.50	2245.33
9	非学历培训到账经费	万元	3003.11	2840.95	−5.40
10	公益性培训服务	学时	52120	264905.64	408.26

数据来源：深圳市三所高职院校的高等职业教育质量年度报告（2022年）“服务贡献表”

4. 对口支援西藏、喀什等地职业院校，助推欠发达地区职业院校转型升级

深职院重点对口支援西藏职业技术学院、喀什职业技术学院等14所全国职业院校，助推欠发达地区职业院校转型升级，培训师生3000余人。与辽宁科技大学签署“联合培养研究生协议”，26名教师被辽宁科技大学聘为硕士生导师。年度横向技术服务到款额4524.87万元，年度技术交易到款额为1667.03万元。全年累计开展技能培训4.8万人次，组织技能鉴定与资格认证考试12万人次。开发师资培训课程44门，培训各类师资3500人，培训规模达17800人/日。2020—2021学年，面向云南省原建档立卡贫困家庭学生开设9个专业试点招生，实际录取520人。与和平县建立基础教育结对帮扶关系，学校派出3名干部和6个团队驻点帮镇扶村。深信院2021年获批职业院校教师素质提高计划培训项目（国培）4项，新强师工程中等职业学校教师能力提升工程培训项目（省培）2项。新安学院与陆丰市教育局签订《协同推进大湾区与粤东地区职业教育均衡发展研究中心战略合作框架协议》，确定12所高中阶段学校作为协同发展结对学校。

（八）与国（境）外合作

深职院通过成立联合国教科文组织全球职教创新中心、设立世界职业院校和技术大学联盟教师专业发展委员会、举办“一带一路”职业教育国际研讨会等。本学年，学校共招收港澳台新生43人。招收来自23个国家的外国来华留学生120人。学校与澳大利亚新南威尔士州TAFE北悉尼学院、澳大利亚联邦大学、美国西雅图城市大学合作举办了国际商务、金融管理、物流管理和软件技术等4个中外合作办学项目。面向“一带一路”沿线及非洲国家开展职业技能及专业技术人员培训148人次。学校职业教育创新案例被《联合国教科文组织职业教育创新框架》收录，在联合国教科文公共平台发布。学校与香港专业教育学院黄克竞分校合办电机工程高级文凭（电气服务）专业，招收香港学生，毕业生获得深港两地毕业资格。与香港职业训练局合作

共同建设粤港澳大湾区特色职教园区，双方已签署合作框架协议、《粤港澳青年学生实习实训基地建设框架协议》，共同成立“粤港澳大湾区青年学生交流联盟”。2020—2021学年学校申报港澳“万人计划”2项并获得批准，迄今学校已累计申报获批36个项目，累计800余名香港师生参与有关项目。学校与17个“一带一路”沿线国家57所院校机构建立交流合作关系。深信院携手深圳大学共同申报教育部“国际中文+ICT技术”教育实践与研究基地，面向深圳大学56名留学生开展技术培训，组织ICT专业汉语考试。与韩国永进专门大学签署合作协议，采取“1.5+1.5”培养模式，开办中韩班。2020年与印尼坤甸共同希望语言学院达成合作意向，2021年秋季为该校开设“图像处理Photoshop”在线直播课程，派出学校专业教师为该校大三和大四中文专业40名本科生授课。新安学院陆续与4个国家和地区的9所院校和机构建立了长期稳定的合作关系。2021年，教育国际交流部在读学生为107人。

（九）影响力

高职院校“国际影响表”有8项指标。与2020年相比，“全日制国（境）外留学生人数（一年以上）”“非全日制国（境）外人员培训量”“专任教师赴国（境）外指导和开展培训时间”“开发并被国（境）外采用的课程标准数”都有显著增加。见表5。

本学年，深职院荣获“金平果”中国高职学校综合竞争力排行榜第一名（连续6年第一名）；连续第五年在“GDI高职高专排行TOP1000榜”中位列榜首。学校获得“全国文明校园”荣誉称号（全省唯一高校），荣获广东省精准扶贫工作突出贡献集体和个人表彰；“志愿者之校”建设获评“灯塔工程”广东青年大学生思想引领精品项目。王静霞老师主编的《单片机应用技术（C语言版）》第4版荣获全国教材建设奖特等奖。学校入选广东省深化新时代教育评价改革试点校单位。与新时代中国职业教育研究院共同承办中国职业技术教育学会、中国发展研究基金会、教育部职业技术教育中心研究所联合主办2021年“一带一路”职业教育国际研讨会。中国－中东欧国家高校联合会第七次会议启动十个联合会共同体，学校成为其应用技术学科建设共同体牵头院校，是中方牵头院校中唯一的高等职业学校。7月，承办由中国职业技术教育学会主办的第五届“说专业说课程说专业群”研讨会。深信院本学年荣获“金平果”中国高职学校综合竞争力排行榜第十四名（去年第二十一名）；在广州日报数据和数字化研究院（GDI智库）“GDI高职高专排行TOP1000榜（2021）”排名第七名（去年第六名）。学校教育改革项目建设取得显著成效，本年度学校国家级、省级教育改革重大项目共计306项，其中国家级项目163项，省部级143项。新安学院在2021年中国管理科学研究院《中国大学评价》课题组发布的“中国高职高专综合实力排行榜”中，学校排第689位，首次进入千校排名榜单。学校承办中国职业技术教育学党建工作委员会

表5　　2020—2021年深圳市高职院校国际影响表

序号	指标	单位	2020年	2021年	增加值	增幅（%）
1	全日制国（境）外留学生人数（一年以上）	人	151	166	15	9.93
2	非全日制国（境）外人员培训量	人/日	39400	81777	42377	107.56
3	在校生服务“走出去”企业国（境）外实习时间	人/日	21038	14460	−6578	−31.27
4	专任教师赴国（境）外指导和开展培训时间	人/日	1276	2969	1693	132.68
5	在国（境）外专业性组织担任职务的专任教师人数	人	43	39	−4	−9.30
6	开发并被国（境）外采用的专业教学标准数	个	15	13	−2	−13.33
	开发并被国（境）外采用的课程标准数	个	146	180	34	23.29
7	国（境）外技能大赛获奖数量	项	26	8	−18	−69.23
8	国际合作科研平台数	个	0	1	1	—

数据来源：深圳市三所高职院校的高等职业教育质量年度报告（2022年）“国际影响表”

2021 年职业院校“我来讲党课”微视频比赛活动以及 2021 年度课题评审工作，提高了学校的知名度。从招生情况也可以看出影响力越来越大，深职院 2021 年春季“3+ 证书”高考投档分数线比 5 所本科院校投档分数线高出 55 分。见表 6。

表6　2021年春季“3+证书”高考5所公办本科院校与深职院投档分数对比表

录取批次	院校名称	计划数	投档人数	投档最低分	投档最低排位
本科批次	韶关学院	60	96	261	17269
本科批次	韩山师范学院	80	212	260	17589
本科批次	岭南师范学院	55	118	260	17774
本科批次	嘉应学院	40	60	260	17675
本科批次	广东技术师范大学	80	211	261	17420
专科批次	深圳职业技术学院	1726	1726	317	5493

数据来源：有关学校对外公布的 2021 年春季“3+ 证书”高考招录信息

二、重要举措

（一）党建引领，把握正确方向

教育系统将学习党史同推动工作相结合。举行了党委理论学习中心组（扩大）学习会暨贯彻习近平总书记在庆祝中国共产党成立 100 周年大会上重要讲话精神专题研讨班。深职院开展百名书记说党建、百家企（行）业党建共建、百个精品微党课、百名大学生讲思政课、百场宣传教育献礼等“五个一百”活动，校党委被深圳市委组织部确定为“深圳市非公有制企业和社会组织党建工作示范点”，并被评为“深圳市先进党组织”。广东省社会科学研究基地“深职院世界政党研究中心”正式揭牌。学校组织开展以“永远跟党走 奋进新时代”为主题的暑期社会实践活动，共发动 719 支团队，近 7000 名学生参与。中国职业技术教育学会党建工作委员会民办院校秘书处和党建协同创新研究院落户新安学院。

（二）顶层设计，经费投入充足

重视顶层设计，抓紧研制《深圳经济特区职业教育条例》，修订《深圳市职业教育校外公共实训基地认定和管理办法》，完善职业教育立法，突破热点难点问题；加大财政投入，保障职业教育改革创新发展。见表 7。

表7　2021年深圳市高职院校教育资源情况

序号	指标	单位	深职院	深信院	新安学院
1	年生均财政拨款水平	元	36034.95	58054.57	898.31
	其中：年生均财政专项经费	元	13507.38	25218.37	898.31
2	教职员工额定编制数	人	3041	1480	0
	在岗教职员工总数	人	2519	1486	343
	其中：专任教师总数	人	1457	923	233
3	企业提供的校内实践教学设备值	万元	2366.68	1797.86	0
4	生均企业实习经费补贴	元	2606.05	1595.23	2258.94
	其中：生均财政专项补贴	元	2606.05	1595.23	2258.94
5	生均企业实习责任保险补贴	元	25.00	76.93	26.54
	其中：生均财政专项补贴	元	0	76.93	0
6	企业兼职教师年课时总量	课时	105673	77626	7568
	年支付企业兼职教师课酬	元	5833122.00	9899280.35	741800.00
	其中：财政专项补贴	元	5536431.00	9899280.35	0

数据来源：深圳市三所高职院校的高等职业教育质量年度报告（2022 年）“落实政策表”

2020 年，深圳市职业教育财政投入 67.59 亿元，其中高等职业教育 33.50 亿元。公办学校办学经费 90% 以上是财政投入。2020 年度，深圳职业技术院校学校办学经费总收入为 227144.57 万元，财政投入占 88.82%。深信院办学经费收入总额为 107835.23 万元，财政投入占 90.06%。这两所公办学校分别位居全国高职院校 2021 年预算经费 TOP100 第一名、第二名。

（三）“双师”助力，社团活动丰富

2021 年，深职院强调技术与文化融合、教育与生活融合。积极推进文明校园建设，研制了《深职院全国文明校园建设巩固提升工作实施方案》。继续推动校内外 10 所书院建设工作，以“一站式”学生社区建设为依托，构建学生社区“书院—学院”组团格局，实现了书院和学生社区“党群服务中心”在校园的全覆盖。2020—2021 学年，学校实施以“男健壮，女健美；活力校园，幸福深职”为目标的“双健”计划。承办了 2021 年全国高职院校心理健康教育学术年会。经济学院 2018 级法律事务 1 班团支部获评 2020—2021 学年全国高校活力团支部。马克思主义学院杜芳和汪婧老师指导的传播学院陈瑶团队，荣获第五届全国高校大学生讲思政课大赛全国高职院校组一等奖。深信院启动“体商育人”模式，着力培育学生的“五种能力”，即意志力、战斗力、协作力、专注力以及行动力，补足师生身心之钙，着力培养学生自信，提升学生素养，增强学生综合能力。学校构建了一支具有“双师”素质和“双师”结构（校内辅导员和“行企”辅导员）的辅导员队伍，有效排解学生学习、社交、就业方面的困惑。新安学院全面开展“四尚”（尚德、尚美、尚行、尚能）校本德育和“新安十诫”学生行为养成管理，努力形成优良的校风和学风。学校持续实施“456”立德树人工程，“4”是指学生教育工作实施四大工程，“5”是指学生管理工作完善五个体系，“6”是指学生发展服务建设六个中心。

（四）深化改革，打造培养模式

深职院认真落实国家职业教育改革实施方案，积极开展“1+X”证书试点工作，持续推进“六融合”（产教融合、职普融合、理实融合、教育与生活融合、技术与文化融合、人工智能与教学融合）人才培养模式；先后组建霍夫曼先进材料研究院、智能科学与工程研究院、智能制造技术研究院等 12 个特色鲜明的高端应用研发创新平台，增强应用技术研发和成果转化能力；2021 年 1 月，深职院“专业教学标准 1.0 版”正式发布；“创新思维”被评为全国高校就业创业金课，是全国高职院校唯一一门入选课程。深信院实施“一中心、三全程、四融合”人才培养模式改革，以学生全面发展、个性成才为中心，将价值塑造、创新能力、项目实践贯穿人才培养全过程，打造产教科融合、岗课证融合、智能信息技术与教育教学融合、技术技能与文化融合。不断强化办学特色，强化对接地方支柱产业的产教研实力；不断完善校企合作管理制度，建立“1+6”工作委员会机制、与成员单位的“三会两办”制度，共同构建“业务 + 管理”的校企合作制度体系。2021 年全校共建设国家级精品资源共享课程 7 门、省级精品资源共享课程 30 门、省级精品在线开放课程 12 门、省级思想政治理论优质建设课程 2 门；2021 年度全省高等职业教育“创新强校工程”考核排名第三名（2020 年第六名）。新安学院制订《广东新安职业技术学院创建民办品牌高职院校实施方案》，实施党建与思政品牌、校园与文化品牌、教学质量与社会服务品牌、教师队伍品牌、学生素质教育品牌、国际交流品牌、学校治理标准化品牌以及社会评价品牌等“八大品牌”工程；“广东新安职业教育服务标准化试点”项目成功获批为“国家社会管理和公共服务综合标准化试点”；学校获得广东省教育厅复函支持牵头组建职教集团；2021 年度全省高等职业教育“创新强校工程”考核排名第四十四，在全省 25 所民办高职院校中排名第四。

三、面临的困难与挑战

（一）高职扩招给高职院校的办学带来新压力

经过三年扩招，高职院校容量趋向饱和；受土地紧缺、教师编制影响，生均资源难以长期保持优秀水平；高职扩招学生除学生角色、孩子角色外，还多了父母角色、职工角色，学校需要针对不同生源加强管理和教学，才能保障教学质量；高职院校双一流建设要与高职扩招同步推进，两者兼顾。

（二）产业升级对技术技能人才培养层次提出高要求

深圳产业稳步迈向价值链高端，对技术技能人才的需求也向高层次迈进，从产业需求来看，提升技术技能人才培养层次刻不容缓，但是深圳目前还没有本科层次的职业教育学校，深职院、深信院申报升格办学还没有落实。

（三）数字化转型让生产服务一线技术技能人才面临新挑战

数字化转型的深入开展，促使企业大大提高了对普通从业人员的素质要求。然而，当前职业学校不少专业在课程设置、课程内容等方面还难以适应数字经济领域的相关要求，导致企业技能需求与劳动力技能供给难以匹配，产生较大的“技能缺口”。

（四）科技成果应用速度加快凸显高职院校应用研究能力不足

教师教学任务繁重，真正从事科技研发的时间与精力比较少，难以形成稳定明确的研发方向，难以就某一领域进行持续研究，难以形成相应的技术研发积累。教师实践经验较为缺乏，研发能力相对较弱，导致解决实际技术问题的能力偏低；受职称考评等因素影响，教师和科研人员更加关注课题研究、论文发表，对科研成果的转化态度不够重视。高职院校普遍缺乏科技研发的领军人才，难以形成紧密型研发团队从而开展技术攻关、承接重大科技项目；高职院校科技成果转移转化管理仍显粗放。

（五）高素质复合型技术技能人才培养和企业技术迭代升级让师资队伍面临新挑战

第一，深圳公办高职院校非常重视教师学历，专任教师以全日制博士硕士为主，他们普遍具有较强的理论功底，但实践能力欠缺。第二，学校扩招造成生师比不断攀高，生源呈现多样性和复杂性，不少教师感到缺乏相应的管理能力。第三，生源多样性与教学数字化转型要求教师需要把握学生的不同需求，制定个性化的培养方案，充分运用现代化信息化教学手段，实施差异化教学，确保教育教学质量。

（六）推进人力资源供给侧结构性改革迫切需要深化产教融合

当前受体制机制等多种因素影响，人才培养供给侧和产业需求侧在结构、质量、水平上还不能完全适应，“两张皮”问题依然存在。校企资源互通机制缺失，缺乏完善的政策制度支持；产教组织结构松散，无有效的交互平台，缺乏互利共赢的契合点；人才培养目标与企业岗位的实际需求存在一定程度的背离。

（七）民办高职学校发展较快但是与两所公办高职学校相比还有较大差距

两所公办高职学校已经是全国一流，在深职院帮扶下新安学院这两年发展迅速，取得不少成绩，但是问题仍然比较突出。一是办学空间不足，严重制约学校的发展。二是经费投入不足，学校主要依靠学费收入维持办学运作。三是教师的薪酬待遇较低，教师队伍不稳定。四是与公办学校相比，吸引力、服务能力、影响力都有待提高，比如质量年报指标“国际影响表”八项指标多年来数据都是空白。

（八）打造世界一流职业教育对加快职业教育国际化提出新要求

我市高职院校紧紧围绕优质资源引进来、助力产业走出去、国际影响力提升三方面开展国际化工作，积极推广职业教育“深圳标准”、推动中国职教“走出去”，取得了不少成绩。但是也存在一些问题，比如，缺乏深层次交流合作项目；“中文+职业技能”课程比较少，英文授课专业课程不多见；与“走出去”企业联合培养学生比较难落地；国际化师资数量与能力匮乏，缺少高水平优秀专家；缺乏具有国际化能力的本土教师。

四、政策建议

（一）高度重视高职扩招后的教学管理

一是加强教学管理，严格把控教学过程，针对不同生源采取不同教学方式。二是规范教学标准，严把“出口”关，“宽进严出”，明确学生毕业的学业能力水平要求，确保学生毕业就能就业、就业就能上岗、上岗就能熟练操作。三是增加教学资源投入，加强扩招专业建设，提高教学资源的共享程度，争取更多优质企业参与专业人才培养。四是强化学校内部诊改、政府督导管理、外部第三方评估，对高职专业学院加强常规指导和定期督导，提炼推广先进办学经验和典型案例，提升高职专业学院办学水平。

（二）积极参与本科层次职业教育试点

一是大力支持深职院、深信院办成职业本科学校。二是两所公办高职院校要对标《本科层次职业教育专业设置管理办法（试行）》（教职成厅〔2021〕1号）、《本科层次职业学校设置标准（试行）》（教发〔2021〕1号）提出的各项建设要求，尽快达标。三是两所公办高职院校要认真研究教育部颁发的职业本科专业简介和专业教学标准，熟悉职业本科教学的标准体系，加强师资队伍建设，重视开展学校负责人、二级学院负责人、专业带头人的业务培训，为实施本科层次职业教育做好充分准备。

（三）加快职业教育数字化智能化转型

一是政府部门积极推动数字技术与职业教育的深度融合，努力构建数字化职业教育生态。二是学校要把专业升级作为学校的责任和使命，各校要把实现专业数字化改造作为当前的核心任务和重要抓手。三是校企合作增设数字化新专业，各校要与更多的区域行业头部企业、“灯塔工厂”联合组建特色产业学院，同时增设一批市场紧缺的数字技术技能人才培养专业。四是推进课程智能化改造工作，以精品在线课程资源建设为重要抓手，建设智能化的教学平台、教学资源、课程标准。五是贯通培养技术技能人才，横向打通专业壁垒实现跨专业选修，纵向着眼中高本一体化设计，实现初中高级技术技能人才贯通培养。

（四）增强高职院校应用研发能力

一是搭建科技研发平台，打造技术研发与服务相融合的协同创新团队，与企业共建技术应用中心，与产业园区共建产业发展联盟，与龙头企业共建企业研究院，与中小微企业共建研发中心，成立混合所有制独立法人实体产业研究院。二是建设科技成果转移转化平台，促进科技成果转移转化和核心技术产业化，为校企进行科技成果需求对接提供信息，为区域产业技术需求提供定向研发、定向科技成果转化等服务。三是创新配套支持和激励制度，支持学校引进国内外知名、具有企业从业经历的科技研发领军人才；鼓励教师组建紧密型的科技研发平台、实体化的产业研究院或科技服务公司；积极培育校级科技创新团队，设立专项基金支持课题研究、人员培养与学术交流；允许教师科研业绩按一定比例折抵为教学课时量；科技研发成果奖励重点向科技成果转移转化倾斜；实行合法的更为灵活的项目经费报销制度、经费包干制度，优化经费报账流程，节约报账时间。四是学校建立健全教师个人和部门的科研业绩评价方案，将科研经费到款额、专利许可或转让金额、成果采纳等成果转移转化指标纳入教师个人业绩成果和部门年度考核中。

（五）重视高职院校“双师型”教师队伍建设

一是制定反映高职教育特点的职称评定标准，对教师按“教学为主型”“教学科研并重型”与“科研与社会服务型”等进行分类评价、考核、评定。二是优化教师来源结构，不唯学历唯能力，面向产业界引进一批相关专业领域内具有企业工作经验的能工巧匠、大国工匠和传统技艺传承人，面向“高精尖缺”技术领域，引进一批活跃在国际国内应用研究与技术前沿的大师级专家学者。三是支持教师到企业实践，鼓励教师考取职业资格证书或专业技能等级证书。四是完善教师职务聘任制度，实行教师资格证书和专业合格证书相结合制度，择优聘用。五是重视兼职教师队伍建设，聘请一批行业企业和科研机构的知名专家学者、专业技术人员、能工巧匠担任兼职教师。六是加大激励力度，鼓励广大教师积极参加广东省青年教师教学能力大赛、全国职业院校技能大赛教学能力比赛，在竞赛中快速成长。

（六）深入推进产教融合

一是全面深入推进国家产教融合试点城市建设工作，落实责任，定期督查推进，推动产教融合试点城市建设向纵深发展。二是继续培育产教融合型企业，对首批纳入深圳市产教融合型企业建设储备库的51家企业加强指导，按时开展评估验收，及时总结创建经验，完善申报评审制度，尽快开展第二批、第三批申报企业辅导工作。三是支持高职院校与支柱产业、战略性新兴产业、未来产业的头部企业共建特色产业学院、跨界学习中心、产科联盟等多种形式的产教融合实践载体，丰富校企合作模式，培养高技能人才、推动职业教育高质量发展。四是建立深圳市产教融合公共服务平台，为产教融合、校企合作提供服务，最大限度降低校企双方合作的制度性交易成本，推动教育链、人才链、产业链、创新链有效衔接与深度融合。

（七）提高职业教育国际影响力

一是学校对国际化高度重视，成立独立的国际化工作机构，与党办、校办、外事办并列，做到有编制、有分工、有计划、有时间表、有路线图、有考核，有激励机制。二是对照学校质量年度报告“国际影响表”各项指标，逐一比对全国做得最好的高职院校，找差距、看不足，补短板，确保各项指标数据逐年稳中有升。三是政府设立专项资金，支持高职院校加大海外人才引进和外籍教师聘任力度，实现师资来源国际化。四是支持高职院校“走出去”，选择专业特色相近的国外高水平大学长期合作，共建技术研发中心、技能培训中心，共同研发专业教学标准、课程标准，共同开发“中文+职业技能”课程。五是加大对入选各级各类人才计划的优秀教师出国访问交流的资助，支持教师出国讲学，参加高水平国际学术会议，加入国际专业性组织。六是打造全球职业教育创新中心，支持国际职业教育组织和机构落户深圳，牵头制定和推广职业教育国际认证的“深圳协议”，积极主办承办大型高水平国际学术会议，在创业教育、数字教育和绿色教育等方面作出更大贡献。

（深圳市教育科学研究院：罗理广
深圳市南山中英文学校：董淑玲）

大事记（2021）

Chronicles (2021)

1月

1 月 1 日　罗湖区学府中学、海滨实验小学被中共深圳市委、深圳市人民政府命名为“深圳市文明校园”。

1 月 4 日　深圳市美术学校与清华大学美术学院正式签约，成为广东省唯一清华美院生源基地实验学校。

1 月 5 日　《罗湖区教育发展“十四五”规划》审议通过。

1 月 7 日　龙华区获批“深圳基础教育全国首个博士后创新实践基地”。

1 月 8 日　大鹏中心小学获评“广东省红领巾示范校”。

1 月 9 日　深圳技术大学聚龙学院（创新创业学院）正式揭牌成立。

1 月 10 日　光明区召开全区基础教育改革发展大会。

1 月 11 日　深圳职业技术学院发布《专业教学标准 1.0 版》。

1 月 12 日　深圳市委教育工委书记、市教育局党组书记、局长陈秋明一行先后到崛起实验中学、新安中学（集团）高中部调研校园疫情防控工作，并与宝安区委副书记、区长王立德座谈。

同日　中国科学院院士、南方科技大学校长薛其坤调研南科大附中。

国内首个真实场景基因测序实训室在广东新安职业学院建成投用。

福田区教育科学研究院与深圳市天威视讯合作签约仪式暨“福田教育频道”上线仪式举行。“福田教育频道”为深圳首个名师教育资源公益服务电视平台。

罗湖区与深圳中学签署战略合作协议。

1 月 15 日　教育部体卫艺司副司长、一级巡视员刘培俊率领国务院联防联控机制 2021 年春节期间疫情防控专项督查组一行，到深圳外国语学校（集团）初中部督查疫情防控工作。

1 月 19 日　光明区教育局与深圳市第二幼儿园等 6 所市属公办园合作办学暨光明区第一幼教集团揭牌仪式举行。

深圳职业技术学院与大疆创新科技有限公司签署校企战略合作框架协议。

1 月 20 日　中共深圳市委机构编制委员会正式批复，同意成立深圳技术大学附属中学。

同日　深圳市教育科学研究院召开 2020 届高中教育教学工作会议暨全市普通高中新课程新教材实施国家级示范区建设工作推进会。

龙华区基础教育改革发展大会召开，印发《龙华区公办义务教育和学前教育学位建设实施方案（2020—2025 年）》。

1 月 21 日　清华大学深圳国际研究生院人文社会科学部成立。

1 月 25 日　育才四小被教育部认定为“全国青少年校园足球特色学校”。

1 月 26 日　深圳市教育局印发《深圳市中小幼教师继续教育学分管理暂行办法》。

同日　中国计算机学会公示 2020 年“CCF 终身成就奖”评选

结果，深圳大学陈国良院士获该荣誉。

1 月 29 日　龙岗区举行打造“粤港澳国际教育示范区”启动仪式。

1 月　深圳中学与美国普林斯顿国际数理学校结为友好学校。

光明区教育局获评“光明区 2020 年度提案办理先进单位”。

2月

2 月 2 日　人大附中深圳学校（九年一贯部）二期项目封顶。

2 月 3 日　深圳市教育局召开 2021 年全市教育工作会议。

同日　深圳市福田区荔园外国语教育集团成立仪式在荔园外国语小学天骄校区举行。

“心系特困生，节前送温暖”——盐田区 2021 年资助金发放仪式在区教育科学研究院举行。

2 月 5 日　龙岗职业技术学校和龙岗第二职业技术学校成功入选“广东省高水平中职学校拟建设培育单位”名单。

2 月 9 日　坪山区教育局与深圳实验幼儿园、莲花二村幼儿园 2 所省一级市直属公办园举行合作办学签约仪式。

2 月 10 日　深圳市入选教育部 2020 年度“智慧教育示范区”创建项目名单。

同日　罗湖区启动“停课不停学”在线教学工作。出台《延期开学期间开展在线教学工作方案》等 3 个指导意见。

《盐田区公办义务教育和幼儿园学位建设实施方案（2020—2025 年）》出台，明确盐田区“十四五”期间学位建设任务清单。

2 月 18 日　第四批“广东省财经素养教育实践研究课题学校”公示，深圳市有 13 所学校入选，总数全省第一。

同日　光明区 2021 年首期“普法强师工程”培训班正式开课。

2 月 20 日　龙华区印发《深圳市龙华区学生体质健康提升行动计划（2021—2023）》。

2 月 22 日　盐田区教育科学研究院附属田东小学揭牌仪式举行。

同日　宝安区委书记姚任与宝安中学（集团）高一学生同上“开学第一课”（思政课）。

深圳市大鹏新区云山栖幼儿园正式开园，新增优质公办幼儿园学位 270 个。

2 月 23 日　广东省教育厅印发《关于认定 2020 年广东省“绿色学校”的通知》，大鹏新区 10 所学校上榜，认定率 77%。

2 月 24 日　坪山区召开全区中小学体育工作示范区建设暨课后服务工作部署会议。解读《坪山区中小学体育工作示范区建设暨“每天一节体育课”实施方案》和《坪山区义务教育阶段学校课后服务实施方案》，在全市率先探索义务教育学校“每天一节体育课”和课后服务试点。

2 月 27 日　福田区教育科学研究院举行党建引领中小学思政课“5 个 100 工程”工作坊主持人授牌仪式暨首期培训活动。

2 月　南方科技大学杨学明院士团队科研成果入选“2020 年度中国科学十大进展”。

南山外国语学校（集团）深汕高级中学正式开工建设。

龙岗区召开基础教育改革发展大会。

光明区发布《光明区义务教育阶段学校课后服务实施方案》。

3月

3 月 1 日　北京大学附中深圳南山分校获评第一批“全省基础教育党建工作示范校”。

3 月 2 日　世界知识产权组织（WIPO）公布全球 2020 年 PCT 专利申请情况。在全球教育机构中，深圳大学以 252 件位居中国第一、全球第三，仅次于加利福尼亚大学和麻省理工学院。

3 月 3 日　福田区 2021 年教育工作会议召开。

3 月 9 日　龙岗区教育局组织召开全系统党史学习教育动员大会。

同日　大鹏新区推出《中学生生态旅游志愿服务指引》。

3 月 10 日　宝安区教育系统召开党史学习教育动员大会。

光明区成立公办幼儿园联合党支部。

3 月 12 日　福田区委教育工委召开全区教育系统党史学习教育动员会。

同日　南山小学建校 100 周年纪念活动启动仪式举行。

3 月 13 日　首期“光明教育大讲堂”开讲。

3 月 15 日　深圳职业技术学院深汕校区建设项目被列入广东省重点建设项目。

同日 深圳市第一职业技术学校联合腾讯公司举行校企战略合作签约仪式。

光明区教育局组织开展幼儿园幼儿膳食营养专项督导。

3月16日 盐田区教育系统党史学习动员大会召开。

同日 龙华区首批“心理健康（家庭教育）特色教研工作室”授牌仪式举行。

“广东新安职业教育服务标准化试点”项目成功获批国家标准化管理委员会第七批社会管理和公共服务综合标准化试点项目，学校实现国家级项目“零的突破”。

3月17日 宝安区在全市首创的基础教育改革发展工作专班实体化运作模式正式落地，15个单位驻点宝安区教育局办公。

3月18日 以“勿忘国耻，振兴中华”为主题的第二十届“中英街‘3·18’警示日”主题教育校园专场活动在云海学校举行。

同日 宝安区委教育工作委员会党校成立。

3月19日 广东省教育厅公布第一批省高职院校高水平专业群立项名单，深圳信息职业技术学院数字媒体技术、环境工程技术、金融服务与管理、电子商务和商务英语等5个专业群获批立项建设。

同日 龙岗区南澳中心幼儿园完成改扩建，新增学位105个。

3月20日 深圳开放大学揭牌仪式举行。

3月23日 深圳市教育局召开深圳市民办中小学教育工作推进会。

3月25日 盐田区教育局成立少年国学院、少年数学院、少年创新院、少年体育院、少年艺术院、少年国际素养院六大少年院。

3月27日 罗湖区以“构建高质量教育体系的现实挑战与发展使命”为主题，举办“教育高质量发展论坛”，发布并解读《罗湖区基础教育高质量发展三年行动计划》。

同日 深圳职业技术学院集成电路学院正式挂牌成立。

3月30日 福田区外国语学校联盟“外语特色与国际化建设”项目启动仪式暨教学研讨活动在福田区教育科学研究院举行。

3月31日 深圳市教育局线上参加“广东省基础教育高质量发展”视频座谈会。

同日 南山区教育科学研究院举行首批名师工作室总结大会，62名优秀工作室主持人获表彰。

龙华区教育系统举行“红色礼赞·先锋力量”第一书记工作现场报告活动。

光明区28所公办学校全部开展课后服务工作，实现义务教育阶段公办学校课后服务全覆盖。

3月 深圳市教育局组织深一模命题、考试、评卷、分析工作。

教育部印发《教育部办公厅关于公布2020年度国家级和省级一流本科专业建设点名单的通知》（教高厅函〔2021〕7号），深圳大学新增经济学、金融学、英语、网络与新媒体、生物科学、生物技术、材料科学与工程、临床医学、市场营销、会计学、人力资源管理11个国家级一流本科专业建设点，新增哲学、法学、教育技术学、新闻学、高分子材料与工程、环境工程、电子商务7个省级一流本科专业建设点。

盐田区面向全国选聘高层次人才15名，均为省级骨干教师或省级名师。

南山外国语学校（集团）深汕西中心学校率先试点课后服务，开设拓展课程14门、特色课程6门，学生参与率100%、教师参与率84.4%。

4月

4月1日 盐田区印发《盐田区民办教育机构外籍教师管理指引》，规范盐田区民办教育机构外教聘请及管理工作。

光明区开设“菜单式”家庭教育系列线上课程，启动“2021年度国防教育”系列活动。

4月2日 坪山区义务教育阶段学校课后服务工作现场会在坪山实验学校举行。

4月5日 《人民日报》《南方日报》等主流媒体报道中山大学高考招生改革措施和大一新生集中在广州南校园培养一年的消息。

4月7日 深圳职业技术学院召开干部大会，任命许建领为深职院校长、党委副书记。

同日 盐田区教育局召开2021年中小学德育工作会议。

4月8日 《龙华区教育系统学校党建干部队伍建设“夯基提质工程”实施方案》出台。

同日 大鹏新区公办义务教育学校课后延时服务全覆盖。

4月11日 央视《新闻联播》以“职业教育增强适应性　服务高质量发展”为题报道深圳职业技术

学院深化职业教育改革创新的典型经验。

4月12日　清华大学深圳国际研究生院创新管理研究院成立。

同日　大鹏新区特殊教育“青蓝工程”师徒结对仪式举行。

4月12—13日　广东省党政代表团赴广西考察对接东西部协作工作。光明区东周小学教师巫晓纯作为深圳支教教师代表受到广东省委书记李希等领导接见。

4月13日　教育部教育督导局局长田祖荫率队到南山区道尔顿新华公学、前海港湾学校、育才二中等学校调研教育督导工作。

同日　盐田区义务教育阶段学校课后服务工作现场会在田心小学召开。

4月14日　宝安区“薪火计划”初中道德与法治骨干教师素养提升项目开班仪式举行。

4月15—29日　深圳福田“课堂变革新生态”全国展示活动名师工作室、工作坊专场活动举行，在线人数逾50万。

4月16日　深圳职业技术学院揭牌成立完美世界数字创意产业学院。

同日　深圳信息职业技术学院获批为深圳市社会培训评价组织，获得电工（初级、中级）和室内装饰设计师（高级）两个职业评价资格。

福田区举办“学前教育高质量发展路径探索高峰论坛”，福田区学前教育专家委员会正式成立。

4月17日　“2020—2021年度广东省职业院校学生专业技能大赛”财金综合技能赛项在深圳市福田区华强职业技术学校举行。

4月18日　深圳大学城图书馆获评“2020年度全国图书馆参考咨询联盟先进单位”。

4月19日　教育部、广东省人民政府“推进深圳职业教育高端发展、争创世界一流”新闻发布会在深圳市人民政府新闻发布厅举行。

同日　教育部职业教育与成人教育司司长陈子季一行到博伦职校考察调研。

光明区出台《光明区关于加快推进“幼有善育”三年行动方案（2021—2023）》和《光明区关于加快推进“学有优教”三年行动方案（2021—2023）》。

4月21日　罗湖区委书记罗育德率队到桂园中学、罗湖高级中学检查2021年春季学生返校复学及疫情防控准备工作。

4月23日　深圳信息职业技术学院与宝安区人民政府、德国乌尔姆TFU科技园、德国史太白经济促进基金会四方联合共建的“湾区中德教育与经济协同发展示范基地”在深圳市宝安区正式揭牌。

龙华区教育局与贵州毕节金海湖新区教育主管部门签订“积极教育联盟”合作协议。

光明少年文学院正式成立。

4月24日　深圳市召开庆祝“五一”国际劳动节暨表彰大会。

4月25日　“福田区基础教育创新发展大会暨‘十四五’教育规划发展论坛”在福田区外国语高级中学举行，近500人参会。

4月26日　龙岗区教育局下属事业单位——深圳市龙岗区教师发展中心加挂深圳市龙岗区教育科学研究院牌子。

4月27日　深圳信息职业技术学院开始对口帮扶甘肃培黎职业学院。

4月28日　深圳市“‘百校’庆‘百年’红领巾火炬接力”活动南山首站在蛇口育才教育集团太子湾学校开幕。

同日　深圳职业技术学院迎来校庆日并挂牌成立国际时尚设计学院。

4月29日　深圳职业技术学院与深圳市龙华区政府共建的“大浪时尚学院”在大浪时尚小镇揭牌。

同日　宝安区创建“全国书法教育示范区”推进会暨中小学书法教育教研活动在石岩湖学校举行。

4月　深圳市教育科学研究院组织深二模命题、考试、评卷、分析工作。

美国斯坦福大学发布全球前2%顶尖科学家榜单（World's Top 2% Scientists 2020）。深圳大学谢和平院士、李清泉教授、张学记教授等29名学者入选“终身科学影响力排行榜”，入选学者数量居中国入选机构第40位。深圳大学共有17个学院（部）111名学者入选“2019年度科学影响力排行榜”，入选学者数量居中国入选机构第30位。教育部国际司公布高校国别和区域研究备案中心动态调整结果，深圳大学“港澳及国际问题研究中心”“印度研究中心（试点）”获批为教育部国别和区域研究备案中心。

福田区成立特殊教育资源中心。

龙岗区教育局举行“龙岗区卓越校（园）长培养工程”首期开班仪式。

光明区委教育工委制订《光明区新时代学校思想政治理论课改革实施方案》。

5月

5月7日 宝安区委副书记、区长王立德到宝安中学（集团）、宝安区教育局调研，现场研究解决市民关心的教育问题。

5月10日 “红色南山，德育地图”活动在南头中学启动，南山区50名校长、500名学生、100名教师和家长参与活动。

5月12日 龙岗区教育局召开全区学前教育工作会议。

同日 龙华区教育局与广东省教育厅国际教育交流中心（粤教国际）签署战略合作协议。

5月13日 光明区举行基础教育系统首批“名师工作室”授牌仪式。

5月14日 首届“全球儿童发展与家庭教育论坛”在深圳市福田区开幕。

同日 深圳市教育局召开“‘基于教学改革、融合信息技术的新型教与学模式’实验区”授牌工作会议，教育部、广东省教育厅有关领导为深圳市及各区授牌。

5月15日 由北京师范大学、伦敦大学学院共同发起的“2021年首届全球儿童发展与家庭教育论坛”第三论坛在新安中学（集团）高中部举行。

5月19日 深圳市事业单位登记管理局核准天津大学佐治亚理工深圳学院登记设立为独立法人事业单位。

5月20日 深圳中学获评“清华大学基础学科拔尖创新人才大学中学衔接培养基地”。

同日 宝安区教育局成立宝安区思政教师党史专题宣讲团。

宝安智慧教育中心启用仪式在区教育局举行。

盐田区乐群实验小学举行建校100周年庆祝大会，献礼中国共产党建党100周年。区委书记陈清，区委副书记、区长邓飞波出席活动。

5月25日 教育部基础教育课程教材发展中心领导调研深圳外国语学校（集团）湾区学校多元融合课程建设情况。

同日 广东省学位委员会下发《广东省学位委员会关于调整省博士硕士学位授予立项建设单位的通知》（粤学位函〔2013〕3号），批准深圳技术大学成为硕士学位授予立项建设单位。

大鹏新区组织开展“招生政策进社区”主题宣讲活动。

5月26日 高等教育评价专业机构软科正式发布2021“软科世界一流学科排名”，深圳大学共24个学科上榜。

同日 深圳市大鹏新区青少年心理发展中心揭牌，大鹏新区教育和卫生健康局关心下一代工作委员会成立。

5月27日 光明区举行“科学城之声”新闻发布会——“我为群众办实事”之教育专场活动，全面解读光明区学位建设、招生政策及中国科学院深圳理工大学附属实验高级中学办学特色。

5月28日 在宝安区下十围小学中考隔离考点，107名中考考生和169名学业考试考生顺利完成考试。区委常委、常务副区长蔡英权到隔离考点慰问工作人员。央视《新闻直播间》对设立隔离考点决策部署及保障工作给予高度评价。

同日 龙华区印发《深圳市龙华区学前教育提质行动计划（2021—2023年）》。

大鹏新区完成国家义务教育质量检测工作。

5月29日 清华大学—汉诺威大学资源与环境硕士双学位项目合作协议签约仪式举行。

5月31日 深圳市市长覃伟中到深圳中学视察指导，副市长郑红波、市政府秘书长高圣元、市政府办公厅副主任时煌平、市教育局局长陈秋明、市国家保密局局长胡钢、市工业和信息化局局长余锡权、市公安局副局长林长平等参加调研。

同日 盐田区副区长莫熙玲到盐港小学和明珠幼儿园开展“六一”儿童节慰问活动，检查校园疫情防控工作落实情况。

5月 深圳信息职业技术学院联合知名高校与名企在校内建设“深信创新港”。

深圳中学天文台竣工暨首届航天周开幕。深圳首条进入校园的通学定制巴士在深圳中学举行开线仪式。

南山区入选“全国儿童青少年综合防控近视试点区”。

中国教育学会、东北师范大学教育学部与宝安区人民政府联合共建的“教育现代化实验区学校课程发展”合作项目正式启动。宝安区在全市首创中小学党史学习教育室全覆盖，并获“学习强国”平台报道。宝安区40万名中小学师生同上党史主题活动课。宝安区完成2020年度民办学校综合专项检查。

光明区制订《光明区公办义务教育和幼儿园学位建设实施方案（2020—2025年）》。

深圳职业技术学院深汕校区建设列入深圳市2021年重大项目。

深圳市育新学校牵头研制的《关于制定〈深圳经济特区专门教育条例〉的议案》在深圳市人大正式立案，专门教育立法工作取得里程碑式进展。

6月

6月1日 深圳大学城图书馆成为全国首批通过核定获得进口出版物免征进口环节增值税资格的3家公共图书馆之一。

6月4日 广东省委副书记、深圳市委书记王伟中，市委副书记、市长覃伟中率队到深圳外国语学校（集团）龙华高中部就统筹做好高考准备和疫情防控进行调研检查。王伟中对考点准备工作给予充分肯定。

6月7日 龙岗区1.03万名学生参加高考。共设10个考点428间考场，其中29间考场为备用隔离考场。

6月9日 全球高等教育研究机构QS（Quacquarelli Symonds）发布“2022年世界大学排名”。深圳大学连续三年上榜，世界排名稳定在601~650，在中国内地高校中排名第39名。

同日 国际LUMA StarT峰会庆典在线上举行，盐田区3个项目式学习案例入围全球前十。

6月11日 广东省发布2020年全省地市、区政府履行教育职责评价结果。深圳市得分90.85分，评价等级为“优秀”，在珠三角9个地市中排名第一。

同日 南山区人民政府以95.49分获广东省政府履行教育职责评价第一名，成为全省唯一“三连冠”县（区）。

盐田区人民政府2020年履行教育职责评价名列全省第四，考核等级为“优秀”。

6月12日 罗湖区教育局联合辖区4所公办高中学校开展以“助力学生成长——罗湖推动教育高质量发展 打造优质高中学校样本”为主题的专场发布活动。

6月14日 深圳市义务教育阶段政府免费课本选用工作会议召开。

6月23日 光明区委教育工委举行“光荣在党50年”纪念章颁发仪式。

同日 “中山大学”号在位于上海长兴岛的江南造船厂成功交付。

6月27日 深圳市第二职业技术学校“汽修女孩”古慧晶登上热搜，其相关视频全网点击量超5亿人次，被网友称为“又美又飒的职业教育形象代言人”。

6月28日 深圳市中考结束。此次中考为改革方案实施元年，深圳市全面落实调整考试科目及时长、考试日程安排、录取分值、指标生最低控制线等改革内容。

6月29日 南方科技大学附中与新加坡华侨中学签订友好学校合作协议。

福田区委教育工委“庆祝中国共产党成立100周年暨‘两优一先’表彰大会”在新沙小学召开。

光明区委教育工委举行“‘建党百年，赶超奔跑’教师朗诵大赛”总决赛。

6月 深圳市规划和自然资源局深汕管理局签发深圳职业技术学院深汕校区预选址复函，深汕校区拟建设用地面积53.24公顷。该项目列入2021年广东省重点建设项目、深圳市“十四五”规划重点项目、深圳市2021年重大项目。

深圳中学刘碧漪等4名学生入选“2021年北京大学全球精英人才A计划”。

7月

7月1日 深汕特别合作区首家公益组织——深圳市深汕教育基金会揭牌运作，动员爱心企业筹集3000万元原始资金。

7月6日 大鹏新区与深圳实验幼儿园合作办园签约仪式举行。

7月7日 龙岗区教育局与市直属优质幼儿园——彩田幼儿园、滨苑幼儿园举行合作办学签约仪式。

同日 深圳市第一职业技术学校首期“现代学徒制试点班毕业典礼暨就业典礼”在欣旺达电子股份有限公司举行，14名学徒顺利毕业。

7月8日 深圳市福田区人民政府与深圳大学合作共建深圳国际金融科技研究院签约仪式在福田区委举行。

7月12日 南山区所有公办中小学向本校学生开放户外体育场

地设施；72 所中小学面向社会公益开放体育场地。

7 月 15 日 深圳开放大学与香港岭南大学签署《深圳开放大学—岭南大学合作备忘录》和《全日制研究生“周末班”联合培养项目合作协议》。

7 月 16 日 光明区人民政府与南方科技大学举行基础教育合作办学框架协议签约仪式，正式建立战略合作伙伴关系。

同日 大鹏新区试点开展小学生暑期托管服务。

7 月 19 日至 8 月 20 日 盐田区云海学校、庚子革命首义中山纪念学校和海涛小学作为试点校开展暑期托管工作。

7 月 20 日 盐田区教育科学研究院幼儿园、盐田区梅沙幼儿园星星海分园获批区一级幼儿园。

7 月 21 日 龙华区出台《深圳市龙华区幼儿园建设标准提升指引》。

7 月 22 日 深圳信息职业技术学院圆满完成 5 年的对口帮扶河源市和平县塘角村任务，驻村工作队返校。

7 月 22—23 日 南方科技大学附中参加新加坡华侨中学举办的“亚洲青年华语论坛”并获好评。

7 月 23 日 2021 年宝安区教育系统“年度教师”现场评选活动举行，5 名教师获评 2021 年度宝安区“年度教师”。

7 月 24 日 中华诗词学会在深圳举行“中华诗词学会诗教委员会成立仪式暨中华诗教深圳示范区建设”项目启动会，国务院原副总理马凯出席活动。

7 月 26 日 教育部发布 2020 年学位授权审核结果。南方科技大学新增 3 个一级学科博士点；深圳大学新增 7 个一级学科博士点，深圳大学新增博士点总数位列全国第一。

同日 光明区人民政府与深圳大学举行基础教育合作办学框架协议签约仪式。

7 月 26 日至 8 月 20 日 南山实验教育集团南头小学、蛇口育才教育集团育才二小、南方科技大学教育集团（南山）第二实验学校等 3 所学校试点开展暑期校内托管服务。

7 月 29 日 美籍华裔数学家丘成桐先生同意开办深圳中学“丘成桐少年班”并担任顾问。

7 月 30 日 广东省人民政府办公厅印发《关于印发高等教育“冲一流、补短板、强特色”提升计划实施方案（2021—2025 年）的通知》。深圳大学、南方科技大学、香港中文大学（深圳）、哈尔滨工业大学（深圳）、深圳北理莫斯科大学、清华大学深圳国际研究生院、北京大学深圳研究生院等 8 所高校入选广东省第三轮“高水平大学建设计划”，深圳技术大学入选“特色高校提升计划”。

7 月 《深圳教育年鉴 2020》由商务印书馆出版发行。

教育部官网公布 2020 年学位授权审核结果。深圳大学新增数学、物理学、化学、生物学、管理科学与工程、电子信息、土木水利 7 个博士点，实际完全新增博士点总数位列全国第一（不含已有二级升一级）。新增资源与环境、生物与医药、能源与动力、翻译、公共卫生等 5 个专业学位硕士点，专业学位硕士点数量达 27 个。

深圳信息职业技术学院课程库双语改造工程完成。共 1.8 万多门次课程全部进行英文改造，并设计英文成绩单模板及在读证明模板。

深圳市福田区人民政府与香港大学正式签订合作协议。

盐田区印发《盐田区公办中小学 2021 年度教师交流实施方案》，完成区内教师交流轮岗 62 人。

宝安区教育局携手腾讯教育共建“智慧教育”新平台，打造教育数字化转型先行区。宝安中学（集团）实验学校、新安中学（集团）第一实验学校、塘尾万里学校、松岗实验学校开展暑期托管试点工作。

光明区教育局发布《光明区关于加快推进“幼有善育”三年行动方案（2021—2023）》。

8月

8 月 1 日 南山区科技第三幼儿园被教育部确定为“2020 年全国足球特色幼儿园示范园”（试点园）。

8 月 3 日 香港中文大学（深圳）音乐学院［深圳音乐学院（筹）］正式揭牌成立。叶小钢教授任首任院长。

同日 教育部职业教育与成人教育司发布《关于公布职业教育示范性虚拟仿真实训基地培育项目名单的通知》，深圳信息职业技术学院项目“5G 全场景全业务职业教育示范性虚拟仿真实训基地”成功入选职业教育示范性虚拟仿真实训基地培育项目。

8月9日 南山区首地幼儿园被广东省教育厅确定为“2021年广东省儿童青少年近视防控示范校”。

8月15日 广东省高考录取工作结束。深圳市本科上线率73.89%，优投线（原一本）上线率32.22%，专科上线率96.09%。“双一流”院校录取考生5391人，录取率继续保持全省领先。

8月17日 香港中文大学（深圳）举行医学院成立暨创院院长任命仪式，郑仲煊教授担任创院院长。

8月18日 国家自然科学基金委员会公布2021年度基金项目评审结果，清华大学深圳国际研究生院教师刘碧录获国家自然科学基金杰出青年科学基金项目资助。

8月20日 深圳信息职业技术学院“广东省激光智能制造装备与精密加工工程技术研究中心”获省科技厅认定成立。

同日 龙华区获评“广东省中小学三全育人体制机制建设实验区”。

8月21日 深圳科学高中五园小学、深圳科学高中五和学校挂牌成立，形成“一校四部”发展格局。

8月23日 龙岗区召开2021年秋季学期开学工作部署会，传达国家、省、市秋季学期开学工作会议及“双减”系列文件精神。

同日 天津大学佐治亚理工深圳学院秋季学期开学。

8月24日 光明区人民政府与深圳技术大学举行基础教育合作办学框架协议签约仪式。

8月25日 盐田区被广东省教育厅认定为“广东省学前教育高质量发展实验区（第一批）幼儿园与小学科学衔接项目实验区”。

同日 龙岗区教育局组织召开“2021年龙岗教育新学年媒体通气会”，通报2021年龙岗教育上半年取得的成绩及新学年推出的“六大教育礼包”。

8月27日 2021年深圳市基础教育系统“年度教师”评选总决赛在福田区华强职业技术学校北校区举行，杨宏英、韩青、刘倩、郑良凯、卢天宇等5名教师获评深圳市基础教育系统“年度教师”。

同日 北京大学汇丰商学院与剑桥大学嘉治商学院签署协议，正式在深圳启动剑桥大学全球高级管理人员工商管理硕士项目和北京大学“中国学”硕士项目合作。

8月31日 深圳市市长覃伟中一行到深圳外国语学校（集团）初中部检查防疫及开学准备工作。

同日 大鹏新区东岸幼儿园正式开园，新增优质公办幼儿园学位270个。

8月 深圳市教育科学研究院完成4382个深圳市中小学上学期在线教学资源包，涵盖小、初、高共45个学科。

欧洲人文和自然科学院（Academia Europaea）公布2021年新当选院士名单。共229名学者当选，深圳大学医学部蔡志明教授入选。

深圳中学坪山创新学校揭牌仪式举行。

宝安区共审核9494份民办学校教师从教津贴申报资料，向9460名教师发放从教津贴共1.41亿元。启动民办学校专任教师免费体检工作。顺利完成原民办学校优智实验学校到期收回工作，转为公办学校（更名为龙腾小学）。

坪山区“第二批重大项目集中开工暨百亿工程创优计划”启动仪式在深圳实验学校高中园项目现场举行。

光明区将全区中小学校、幼儿园划分为12个督学责任区，聘任12名专职责任督学（中小学、幼儿园各6名）专职督导全区中小学校、幼儿园教育教学管理等工作，在全市率先实现学校、幼儿园责任督学专职化。光明区依托深圳市开放大学“深i学”平台建设光明版块，推进“乐学光明”平台建设。在深圳市教育局举办的“首届美育教师教学基本功比赛”中光明区获“优秀组织奖”，李嘉怡获幼儿园组美术一等奖、许恋获小学组舞蹈一等奖、田辉获中学组书法一等奖、吴江南获高中组美术一等奖。

9月

9月1日 深圳信息职业技术学院与喀什职业技术学院签署教育对口协作帮扶协议。

同日 深圳科学高中龙岗分校校区建成并投入使用。

全国第一所培智类高中——深圳市第二特殊教育学校借址深圳市育新学校顺利开学，深圳市委教育工委书记、市教育局局长陈秋明视察开学工作。

广东实验中学深圳学校举行首届荣誉学生开学典礼。深圳市委教育工委书记、市教育局局长陈秋明，副局长赵立、邱成瑜，广东实验中学党委书记、校长全汉炎等出席活动。广东实验中学深圳学校小初学部首届起始年级正式开学。

深圳市云端学校举行开学典礼。

深圳教育云资源平台（https://zy.szedu.cn）资源包升级优化，共提供4382个包括教学微视频、教学设计和授课PPT，涵盖小学、初中、高中共45个学科的中小学在线教学资源包，提供系列化在线教学资源服务。

罗湖区首批建设的2所高科技预制学校（红桂中学西校区、莲南小学北校区）开学，新增学位2160个。

盐田区委书记陈清，区人大常委会主任乔智，区政协主席乔宏彬分组带队到辖区中小学及幼儿园检查疫情防控和教育教学工作。

盐田区盐港幼儿园、梅沙幼儿园星星海分园、东海第一幼儿园3所公办园揭牌仪式在盐港幼儿园举行。

宝安区海乐实验学校、西乡实验学校、文山小学、湖东小学、湖光学校等6所新学校顺利开学，新增公办义务教育学位2.31万个。

宝安区和一学校等10所新校招生开办。宝安区通过新建和改扩建多种渠道新增公办义务教育学位2.92万个。

龙华区举行5所新校集中揭牌仪式。

中国科学院深圳理工大学附属实验高级中学、玉律学校、深圳市教育科学研究院实验学校（光明）、华夏中学、东周小学、深圳市教育科学研究院实验小学（光明）、华南师范大学附属光明星河小学迎接改扩建后首批新生。

深圳技术大学附属中学首次开学典礼举行。

深汕特别合作区四镇中小学小一、初一正式启用深圳市现行教材教辅版本，其他年级继续沿用原有教材版本。

9月2日 泰晤士高等教育世界大学排名网站发布2022年度世界大学排名，深圳大学进入世界排名前400名，在内地高校排名中位居第17位。

9月3日 深圳市委教育工委书记、市教育局局长陈秋明率队到光明区调研学校建设、校园安全和疫情防控工作。

同日 南方科技大学党委书记李凤亮出席南科大附中2021年秋季学期开学暨开校一周年庆典。

光明区举行“2021年光明区中小学生国防知识竞赛”。

大鹏新区率先实现课后延时服务公民办中小学全覆盖。

9月6日 深港高层会晤暨深港合作会议在深圳举行。在香港特别行政区行政长官林郑月娥、深圳市委书记王伟中和香港特别行政区政务司司长李家超、深圳市市长覃伟中共同见证下，深圳市副市长郑红波与香港大学副校长宫鹏签署《深圳市人民政府　香港大学关于在深合作办学备忘录》，在深合作共建香港大学（深圳）（暂定名）。

同日 龙华区教育局举行深圳香港培侨书院龙华信义学校开学典礼，市委书记王伟中出席活动并致辞。

龙华区印发《龙华区促进教育优质均衡发展三年行动计划》。

9月7日 南山区教育局出台《关于加强义务教育学校作业管理的10条意见》。

同日 龙华区选派48名骨干教师组建优秀支教团队赴紫金县委托办学，委托办学学校揭牌和深圳龙华紫金实验学校新校落成仪式顺利举行。

9月8日 教育部公布“第二批国家级教师教学创新团队立项建设单位”名单，深圳信息职业技术学院集成电路技术专业教师教学创新团队入选立项建设名单。

同日 深圳市举行庆祝第37个教师节大会。

光明区举行“庆祝第37个教师节表彰大会暨教育系统庆祝建党100周年主题艺术党课”活动。

9月9日 福田区召开庆祝第37个教师节大会，表彰获市级荣誉的62名教育工作者和6所学校及3908名获区级荣誉的教育工作者。

同日 盐田区举行庆祝第37个教师节大会，对7个教育工作先进单位、47名满30年教龄教师、577名区教育工作先进个人进行表彰。

宝安区召开庆祝第37个教师节座谈会。

龙华区举行“九月颂歌　师道传承”——庆祝第37个教师节活动。

9月10日 罗湖区召开庆祝第37个教师节大会，表彰20个教育先进单位、1647名教育先进个人及208名满30年教龄的教师。

龙岗区教育局印发《龙岗区“幸福家园　学有优教”行动方案（2021—2025）》和《龙岗区“卓越学校”培育行动方案（2021—

2025）》。

南山外国语学校（集团）深汕幼儿园正式开园。该园为合作共建幼儿园，是首所以深圳标准建设的幼儿园，共开设教学班12个，提供学位360个。

9月13日 中国科学院深圳理工大学（筹）明珠校区投入试运行，首批学生正式入驻。

9月14日 盐田区副区长周建军带队到盐田高级中学、云海学校和盐港幼儿园检查校园疫情防控工作。

9月15—17日 盐田区教育局对全区15所义务教育阶段学校开展规范化办学检查。

9月16日 深圳信息职业技术学院与市住建局、市建筑产业化协会签订战略合作协议。

同日 福田区委教育工委举办的庆祝建党100周年“知史爱党·知史爱国”党史知识竞赛决赛在明德实验学校举行。

9月17日 全国首个“华大基因+”产业学院揭牌仪式在广东新安职业技术学院举行。

“南山教育”微信公众号发布南山辖区内经市、区教育局设立备案的首批学科类校外培训机构“白名单”。其中，经区教育局备案的学科类校外培训机构26家、经市教育局设立备案的学科类校外培训机构35家。

同日 龙华区印发《龙华区学前教育“未来教育家”培养工程方案》。

9月22日 盐田区教育科学研究院组织召开“盐田区‘双减’背景下变革教学方式、落实减负提质专题研讨会”。

9月24日 深圳市教育局举行全市体育工作大会。

同日 清华大学深圳国际研究生院“清华大学深圳国际研究生院艺术与人文科普孵化基地”入选“广东省人文社会科学普及基地”。

罗湖区区长刘智勇以“传承特区基因 不负青春韶华”为题，为罗湖中学学生代表上思政课。

龙华区8所新建公办幼儿园集中揭牌。

深圳大学城图书馆获评“深圳市科普基地”。

9月25日 香港中文大学（深圳）发起创立深圳国际工业与应用数学中心。

9月26日 教育部党组书记、教育部部长怀进鹏到深圳职业技术学院调研。深圳市委书记王伟中参加调研活动。

9月28日 深圳信息职业技术学院与百色职业学院续签对口帮扶协议。

同日 深圳市教育局决定将龙岗坪地高中园交由深圳高级中学（集团）承办。

罗湖辖区内深圳中学新校区竣工交付暨揭牌仪式举行，提供学位3700余个。

龙华区出台《深圳市龙华区基础教育系统“名师工程”实施方案（2021年修订）》。

9月29日 深圳市首个中学校园心理健康志愿服务U站——深圳市罗湖中学阳光驿站启动成立。

同日 龙华区启动“双减”联合执法检查行动。

9月30日 教育部公布现代学徒制第三批试点验收结果，深圳信息职业技术学院通过验收。

同日 龙华区实现民办学校工会组建全覆盖。

9月 深圳市教育局评定50所学校为“馆校结合科技教育基地学校”。

盐田区完成新增1900余个公办学位建设任务，建成盐田区外国语学校、盐田区外国语小学、盐港小学综合楼，腾挪和新增公办义务教育学位768个；建成并开办盐港幼儿园、梅沙幼儿园星星海分园、东海第一幼儿园，新增公办幼儿园学位1170个。盐田区“厕所革命”测评成绩在全市教育系统中排名第一。梅沙双语学校高中部开学。

宝安区开展民办学校拟任校长考核工作。

深圳科学高中龙岗分校正式开学。至此，学校形成“一校四部”。

东北师范大学附属中学深圳学校、深圳技术大学附属中学、东北师范大学深圳坪山实验学校、深圳中学坪山创新学校等7校7园开学迎新，提供公办学位1.68万个。

深汕高中园（市投区建）项目开工。总建筑面积42万平方米，共建设4所高中，规划开设教学班228个，提供学位1.14万个。

10月

10月11日 龙华区委教育工委在全市率先实现向民办学校党组织派驻第一书记工作全覆盖。

10月11—15日 盐田区委教育工委副书记、纪工委书记潘海辉带队前往广西凌云县、乐业县开展推进东西部协作工作调研座谈及对口帮扶送教活动。

10 月 12 日 深圳职业技术学院与香港希玛国际眼科医疗集团正式签订战略合作协议，共同成立“深圳职业技术学院·希玛眼视光学院”。

10 月 13 日 中央电视台新闻频道《朝闻天下》节目以“各地开展主题队日活动 传承红色基因”为题，报道福田区荔园教育集团“庆祝中国少年先锋队建队 72 周年”主题队日活动。

同日 深圳市教育科学研究院组织召开深圳市民办职业教育高质量发展研讨会。

深圳职业技术学院与喀什大学签署“十四五”期间对口支援框架协议。

深圳开放大学老年大学挂牌成立“深圳老年大学市养老护理院分校”，创新探索“养教一体化”新型老年教育模式。

盐田区教育局成立校外教育培训监管工作小组，部署检查全区“双减”工作。

10 月 14 日 “冯大学广东省名校长工作室”在南山区松坪学校揭牌。

同日 龙华区“学前教育学区联盟中心园”授牌仪式举行。

10 月 15 日 中共中央政治局常委、国务院总理李克强一行到访北京大学深圳研究生院国际法学院 2016 届校友宋超创办的北辰青年办公室，现场考察并指导工作。

同日 盐田区委教育纪工委在田东中学举办廉洁从业专题教育培训班。

龙华区举行“闪亮的日子”第五届中小学班主任节闭幕式。

光明区委教育工委启动驻派民办学校专职书记全面轮岗工作。

10 月 16 日 深圳市主任督学会议在罗湖区召开。

10 月 18—19 日 中国教育科学研究院举办“全国教育综合改革实验区‘劳动教育与综合实践活动’成果展示研讨会”，深圳市南山区展示劳动教育经验和成果。

10 月 19 日 第三届盐田区中小学“我最喜爱的班主任”风采大赛在盐田区外国语小学举行。

10 月 20 日 深圳市教育科学研究院举办深圳市中小学生命教育与心理健康教育论坛。

10 月 26 日 深圳小学举行建校 110 周年纪念活动。

同日 深圳职业技术学院与海普瑞药业集团共建的深圳首个生物医药特色产业学院——深圳职业技术学院·海普瑞生物医药学院揭牌成立。

10 月 27 日 翠园中学足球队在“2021 年深圳市中小学生校园足球比赛”上获高中组冠军，实现“三连冠”。

10 月 28 日 盐田区召开校外培训机构规范治理工作会议。

10 月 29 日 深圳职业技术学院与 SEG 瑞士教育集团合作共建的深圳职业技术学院蒙特勒酒店管理学院正式揭牌成立。

10 月 29—31 日 光明区第十四届中小学生田径运动会举行。

10 月 30—31 日 “深大杯”世界名校国际象棋邀请赛在 chess.com 平台举行。北京大学、剑桥大学、哈佛大学、莫斯科国立大学、牛津大学和深圳大学六支队伍参赛，深圳大学代表队获一等奖。

10 月 深圳市教育科学研究院组织认定 322 人为 2020 年度深圳市中小学“明日科创之星”。

“惟改革者进，惟创新者强——福田教育高质量发展学位建设巡礼”在深圳市民中心专场展出。

在“2021 年深圳市中小学体育与健康学科青年教师教学能力大赛”上，光明区长圳学校周钦文获初中组一等奖。在“深圳市 2021 年中小学生艺术展演”活动中，光明区选送的作品共获一等奖 20 个、二等奖 26 个、三等奖 21 个。

11月

11 月 6 日 深圳市教育局组织举办“2021 世界机器人大赛—青少年机器人设计大赛 Robo Genius—火星智造赛”深圳选拔赛。

同日 深圳中心书城举办“说古道今·博采众长”第九届深圳高校青年学子辩论邀请赛总决赛。

11 月 8 日 《龙华区龙华云校行动计划（2021—2023 年）》印发。

同日 龙华区教育局与广西罗城仫佬族自治县教育局签订“积极教育联盟”合作协议。

11 月 9 日 龙岗区首批 9 个幼儿教育集团集中揭牌，开启“集团化办园”新模式。

同日 共青团深圳市光明区第一届教育工作委员会成立。

11 月 10 日 广东省社会科学研究基地“深圳职业技术学院世界政党研究中心”在深职院正式

揭牌。

同日 深圳大学附中代表队在“深圳市中小学生游泳比赛”中打破100米蝶泳、200米混合泳两项市记录。

大鹏新区第九届中小学生田径运动会落幕。

11月11日 教育部发文函复广东省人民政府，同意设立南方科技大学伦敦国王学院医学院。广东省省长马兴瑞于11月30日批示：“这是一件大好事。一定要把此事办成办好。”

11月12日 由广东省教育厅指导、广东省教育研究院主办，深圳市教育科学研究院等承办的“南方教研大讲堂”第二十场——“传承经典，以美育人——中小学美术课程教学”主题研讨活动在深圳市龙岗区华中师范大学附属龙园学校开讲。面向全国直播，当天收视达40余万人次。

同日 深圳市明德实验教育集团挂牌成立。

深圳市第七高级中学贺沙莎获“第三届广东省中小学青年教师教学能力大赛”（高中物理组）一等奖。

11月15日 深圳市关于“优化作业设计 提高作业质量”的经验入选教育部“双减”典型案例。

同日 坪山区教育局与深圳市梅林一村幼儿园在坪山区紫竹幼儿园举行合作办园签约仪式。

11月16日 2021年度全球“高被引科学家”（Highly Cited Researchers）名单发布。深圳大学共有8人入选，分别为计算机与软件学院梁中明（Victor C. M. Leung）、于非，医学部黄鹏，材料学院杨楚罗，微纳光电子学研究院张晗、时玉萌、张豫鹏。其中，张晗同时入选材料科学和物理科学“高被引科学家”名单（按2人次计算）。清华大学深圳国际研究生院共有8位教师入选，分别为材料研究院成会明（兼聘）、康飞宇、李宝华、贺艳兵、周光敏、吕伟、彭乐乐，以及环境与生态研究院郑博。其中，康飞宇同时在材料科学和化学两个领域被评为“高被引科学家”。

同日 深圳市共发放生源地信用助学贷款715人次，贷款金额770.6万元。

龙华区被确定为“广东省深化新时代教育评价改革试点区”。

龙华区人民政府与北京师范大学签署共建“科技与教育双向融合实验区”框架合作协议。

龙华区举办教育系统“百校画平安 万卷绘龙华”绘画作品征集活动优秀作品展。

11月19日 “2021年深圳市全民终身学习活动周”开幕式在盐田区举行。

同日 深圳开放大学携手平安智慧城市启动“‘深i学’全民终身学习平台”建设项目。

深圳高级中学与龙岗区政府签订合作办学协议。

11月19—20日 2021年“一带一路”职业教育国际研讨会以线上线下相结合的形式在北京、深圳两地连线开启。该研讨会以“开放·合作·共赢——共同构建人类技能共同体”为主题，来自36个国家和地区政府部门、院校机构、行业企业的800余人参与活动。

11月21日 宝安区获评全市首个“全国规范化家长学校实践活动实验区”。

同日 罗湖区中小学第四届“大创客节”开幕。

11月22日 光明区陈清乐等3名学生上榜“2021年深圳市‘新时代好少年’”。

11月23日 深圳信息职业技术学院与赣州职业技术学院签署教育对口协作协议。

同日 光明区举行家庭教育工作现场会暨讲师团培训活动，揭牌成立光明区家庭教育指导服务中心。

大鹏新区举行“深圳图书馆青少年阅读基地”启动仪式。

龙华区教育局与茂名市化州市教育局签订“积极教育联盟”合作协议。

11月24—25日 由广东省教育厅与深圳市教育局主办、广东省教育研究院与深圳市教育科学研究院承办的“2021年广东省普通高中新课程新教材实施国家示范区示范校建设”研讨交流活动在深圳举行。

11月25日 南山区幼教集团揭牌仪式在南山区委举行。

同日 天津大学佐治亚理工深圳学院永久校区建设项目可行性研究报告获市发改委批准，总建设面积19.04万平方米，总投资17.34亿元。

11月26—27日 南方科技大学附中与新加坡华侨中学联合主办“计算科学论坛”活动。

11月27日 广东新安职业技术学院董事长、党委书记王磊代表学校与陆丰市教育局签订《协同推进“大湾区与粤东地区职业教育均衡发展研究中心”战略合作框架协议》，并为“大湾区与粤东地区职业教育均衡发展研究中心”揭牌。

11 月 28—29 日　龙华区举办首届劳动艺术节。

11 月 29 日　深圳市教育局督查组到大鹏新区开展“双减”专项督导检查。

同日　光明区教育局举行 6 个幼教集团集中揭牌仪式。

11 月 30 日　龙华区举行“龙腾计划 3.0”签约仪式和“FEI 模式 3.0”暨创未来教育基金启动大会。

深圳职业技术学院与爱尔眼科医院集团签订战略合作协议，并为深职院·爱尔眼科深东教学医院、深圳职业技术学院双师型教师工作站、爱尔眼科兼职教师流动站揭牌。

大鹏新区“品味书香，阅见大鹏”校园读书系列公益活动启动。

11 月　由深圳市教育局主办、深圳市教育科学研究院承办的第 62 期“深圳教育论坛”举行。深圳市教育科学研究院编写的《深圳教育发展年度报告（2019）》由海天出版社出版发行。

南方科技大学新增 10 个博士、硕士学位授权点。南方科技大学伦敦国王学院医学院获批设立。中国科学院、中国工程院公布 2021 年院士增选结果名单。南方科技大学夏克青当选中国科学院院士，徐政和当选中国工程院外籍院士，杰曼诺夫当选中国科学院外籍院士。

深圳信息职业技术学院与华为签署全面战略合作协议共建“华为 ICT 国际人才交流中心”，与龙华区政府签约共建深圳市电子信息产业技术研究院。

深圳中学与龙岗区人民政府签署战略框架合作协议。深圳中学新校区图书馆获评深圳“2021 最美校园图书馆”。

南山区教育局与西藏林芝市察隅县教育局签署两地学校“手拉手”框架协议。

龙岗区教育局召开首批 10 所卓越学校培育启动大会。

光明区获评“广东省‘三全育人’体制机制试验区”，并作为全市唯一区（县）代表参加“广东省大中小学‘三全育人’成果展”。光明区举办“青少年儿童友好活动月”之“阅见深圳，悦读光明——深圳光明学前教育读书月”活动。

12月

12 月 1 日　基于教育管理公共服务平台的深圳市学位建设“一网统管”专题上线。

南山区举办乡村振兴三地教师跟岗培训班，广西资源、龙胜，广东连平 30 名校长和骨干教师参加为期 12 天的跟岗培训。

盐田区教育局获评“2021 年国家义务教育质量监测实施优秀组织单位”。

12 月 3 日　深圳市教育局举办“集团化办学　学区化治理”研讨会，罗湖区在会上介绍学区化治理系列创新举措。

同日　第四届“福田好少年”颁奖仪式在福田区新沙小学举行，30 名学生获评“福田好少年”。

深圳外国语学校（集团）举办首届“12·3”校庆日年度表彰大会。

12 月 4—5 日　“深圳学生创客节（2021）暨第 37 届深圳市青少年科技创新大赛”主场活动在腾讯滨海大厦举办。

12 月 5 日　龙华区举行“中小学教师培养协同创新战略合作协议签约暨中小学教师发展协同与研究中心”揭牌仪式。

12 月 6 日　在“深圳学生创客节（2021）暨第 37 届深圳市青少年科技创新大赛”上，深圳市中小学科普教育学分制光明区试点工作启动。

12 月 7 日　龙华区举行“广东省 2021 年教育教学成果奖”特等奖“汉字德育”成果推介会。

12 月 7—8 日　清华大学深圳国际研究生院与江门“双碳”实验室签订意向合作协议。

12 月 8 日　深圳市教育局举行《深圳的光荣与使命·初中读本》首发式。

同日　深圳信息职业技术学院与巴基斯坦旁遮普省技术教育和职业培训局、拉合尔阿拉玛·伊克巴尔省立技术学院、巴基斯坦青年基金会、北京唐风汉语教育科技有限公司五方签署中巴职业技术双学历联合教育框架协议，以 CCTE（汉语 + 商务文化 + 技能 + 就业）模式开展中巴双学历职业技术技能人才联合培养项目。巴基斯坦驻华大使馆政务参赞阿哈迈德·汗先生见证项目签约仪式。

深圳信息职业技术学院同巴基斯坦旁遮普省技术教育和职业培训局、拉合尔阿拉玛·伊克巴尔省立技术学院、塔克西拉省立技术学院、费萨拉巴德农业大学以及广东建设职业技术学院、甘肃培黎职业学院、甘肃山丹培黎学校联合举行中巴现代双学历技术教育联合示范项目启动仪式暨推进中巴职业教育合作对话仪式。巴基斯坦驻华大使馆政务参赞阿哈迈德·汗出席活动。

盐田区盐港幼儿园、盐田区谦诚幼儿园、盐田区小红帽艺术幼儿园获批区一级幼儿园。

12 月 9 日　深圳市育新学校承办以“同根同源·筑梦湾区”为主题的深港澳中学生联合开展国情研学实践教育活动。

同日　北京大学深圳研究生院以城市规划与设计学院为第一单位申请的“陆表系统与人地关系重点实验室”获批自然资源部重点实验室。

12 月 10 日　深圳市教育局“‘基于教学改革、融合信息技术的新型教与学模式’实验校”授牌工作会议暨“智慧教育示范区”工作启动会召开，会上为 100 所实验校授牌。教育部科学技术与信息化司副司长舒华出席活动并致辞。

同日　盐田区召开“谁执法谁普法”履职报告评议会。

盐田区实验幼儿园倚山分园、梅沙幼儿园、教科院幼儿园、盐港幼儿园、金港中英文幼儿园获深圳市教育局“家门口的优质幼儿园”培育资格。

深圳大学城举办第 16 届综合运动会。

12 月 11 日　罗湖区召开学位建设专题会，审议通过《深圳市罗湖区公办义务教育和幼儿园学位建设实施方案（2020—2025 年）》。区长刘智勇主持会议。

12 月 12 日　清华大学深圳国际研究生院 20 周年院庆大会举行。清华大学校长邱勇，副校长、教务长、国际研究生院院长杨斌，深圳市人民政府副市长郑红波，深圳市教育局局长陈秋明等出席大会。

同日　《君子》雕像揭幕仪式在清华大学深圳国际研究生院举行。

12 月 13 日　深圳市教育局成立高中园筹备工作领导小组。

12 月 14 日　香港中文大学（深圳）与龙岗区人民政府签订合作共建附属医院协议，确定龙岗区人民医院作为香港中文大学（深圳）附属第二医院。同时与龙岗区人民政府签订合作办学协议，共同建设香港中文大学（深圳）附属学校。

同日　广东省教育厅公布“第二批省高职院校高水平专业群立项”名单，深圳信息职业技术学院微电子技术、云计算技术应用和智能控制技术等 3 个专业群获批立项建设。

12 月 15 日　深圳市义务教育阶段课后服务经验交流会在光明区中山大学深圳附属学校召开。

同日　香港中文大学（深圳）与香港中文大学签署战略合作框架协议。

宝安区教育局组织召开全区“随班就读”学校校长融合教育政策专题培训会。

在深圳报业集团、深圳新闻网主办的新闻工作总结表彰大会上，光明区教育局获评“2021 年度深圳网络答政成效示范单位”。

大鹏新区教育和卫生健康局在第四届“圳能量”——深圳网络盛典上获评“2021 年度‘我为群众办实事’深圳基层工作创新单位”。

12 月 16 日　中国科学技术馆、深圳市教育科学研究院、深圳市科学馆共建“馆校结合科技教育基地学校”工作会议召开，评定深圳市 50 所学校为“馆校结合科技教育基地学校”。

同日　“2021 年粤港澳姊妹学校签约仪式暨粤港澳姊妹学校经典美文诵读比赛（深圳）颁奖典礼”在深圳市中小学艺术教育基地举行。

香港中文大学（深圳）第一届荣誉院士头衔分别授予香港中文大学原校长刘遵义教授、鸿荣源集团董事长赖海民先生、正中集团董事长邓学勤先生以及前岁宝集团董事局主席杨祥波先生。

龙岗区外国语学校（集团）入选“省级优质基础教育集团培育对象”名单。

龙岗区首批 2 个民办教育集团——龙岭教育集团、百外教育集团揭牌成立。

12 月 17 日　深圳市副市长郑红波出席“深圳大学附中建校 35 周年教育教学成果展”并致辞。

同日　深圳亚迪学校入围“深圳市科创教育特色学校年度奖”。

12 月 18 日　宝安区“薪火计划”初中历史及信息技术骨干教师素养提升项目结业典礼举行。

12 月 20 日　光明区特殊教育学校过渡校区正式启用。

12 月 21 日　深圳市教育科学研究院举办“大湾区基础教育创新发展论坛”。

12 月 22 日　研祥智能科技股份有限公司与深圳职业技术学院共建的工业互联网研究院揭牌成立。

同日　深圳信息职业技术学

院被深圳市人力资源和社会保障局授予“深圳市就业创业指导站”称号。

12 月 23 日 光明区举行 7 个“学前教育学区联盟”授牌仪式。

12 月 25 日 深圳市学校规划与建设专家咨询委员会成立大会举行，市长覃伟中出席会议并讲话。

12 月 25—27 日 2021 年全国硕士研究生招生考试顺利举行。全市考生 4.8 万人分别在深圳大学、南方科技大学及全市 49 个国家教育考试标准化考点参加考试。

12 月 26 日 盐田区高中“青马工程”培训班首期结业暨第二期开班仪式在盐田高级中学举行。

12 月 27 日 广东省委常委、副省长王曦一行深圳考察。出席深圳创建职业教育创新发展高地座谈会，并对深圳职业技术学院人才培养、产教融合、应用研发等有关情况进行调研指导。深圳市副市长郑红波主持座谈会。省教育厅二级巡视员吴艳玲，省科技厅副厅长杨军，市教育局局长、党组书记陈秋明等陪同调研。

同日 罗湖区在“第六届深圳教育改革创新论坛暨颁奖典礼”上获“最受欢迎教育实事年度奖”等 11 项大奖。

盐田区举行首批“中小学名班主任工作室”集中挂牌仪式。

12 月 27—30 日 深圳市首次以机考方式组考普通高中音乐、美术、信息技术和通用技术科目学业水平考试，5.6 万名考生参加考试。

12 月 29 日 福田区外国语教育集团正式成立。

12 月 30 日 宝安区“第二届德育示范校评估总结会暨第五届班主任节闭幕式”在海韵学校举行。

同日 龙华区举办“奋斗路·致百年——庆祝龙华新区成立十周年暨行政区成立五周年美育教育成果展演”活动。

深圳高级中学高中园主体结构封顶。

12 月 31 日 深圳市教育局发布《深圳市基础教育特聘岗位评聘实施办法》。

同日 深圳市教育局印发《深圳市贯彻落实新时代教育督导体制机制改革实施方案》。

南方科技大学附属中学正式发布校训——美德、真理、进步（Virtue，Truth，Advance）。

深圳市海普瑞药业集团股份有限公司与深圳职业技术学院共建的生物医药研究院揭牌仪式举行。

12 月 南方科技大学第二实验学校获评“广东省中小学教师信息技术应用能力提升工程 2.0 省级试点校‘整校推进’优秀单位”。

盐田区“中小学德育评价项目”入选广东省教育厅“2021 年深化新时代教育评价改革试点项目”。东海第一幼儿园完成验收。盐田区教育局开展为期 5 天的“安全教育进校园”活动和盐田区教育系统安全管理人员培训活动。盐田区教育领域超额完成固定资产投资任务，完成投资 6.2 亿元，全市排名第三。

宝安区在深圳市教育局首次举行的校长职级评审中，3 人获评深圳市特级正校长、6 人获评深圳市一级正校长。宝安区 15 名青年教师代表深圳市参加全省中小学青年教师教学能力大赛并全部获奖，其中一等奖 11 个，获奖总数占全省一等奖总数 6.6%，位列全省各县（区）第一。宝安区完成 2021 年度民办教师职称评聘工作，1198 名民办学校教师获评职称，其中高级职称 3 人、一级职称 131 人。宝安中学集团、新安中学集团、宝安幼教集团成功入选首批 72 个“省级优质基础教育集团培育对象”名单。宝安区接受市教育督导室对宝安区基础教育学位建设及教育优质发展专项督查。

华中师范大学龙岗附属中学（集团）揭牌。

“深圳光明教育”微信公众号获评“深圳市年度最具影响力政务新媒体平台”。在“第七届深圳教育改革大奖”评选中，光明区教育局获“年度最受欢迎教育实事奖”。

总 述

Overview

市委教育工作委员会工作

【党建工作】2021年，中共深圳市委教育工作委员会引导各级党组织重点学习贯彻习近平总书记重要讲话精神，把“第一议题”学习常态化、制度化。健全党员领导干部带头学、示范学体制机制，坚持在读原著、学原文、悟原理上持续下功夫。加强教育系统基层党建顶层设计。制订深圳市教育系统贯彻落实《广东省加强党的基层组织建设三年行动计划（2021—2023年）》实施方案。精心组织开展建党100周年系列庆祝活动。组织市委教育工委各直属党组织、各学校师生通过多种方式收听、收看庆祝中国共产党成立100周年大会直播，组织教育系统各级党组织通过召开座谈会、读书会、分享会、研讨会等形式认真学习贯彻习近平总书记在庆祝建党100周年大会上的重要讲话精神，开展庆祝建党100周年主题朗诵、演讲、歌唱比赛、师生讲党史活动。开展“两优一先”推荐评选。组织教育系统先进代表参加全国、省、市“两优一先”表彰评选，教育系统共有2人、2个单位获省级“两优一先”表彰，10人、8个单位获市级“两优一先”表彰。开展全市教育系统“两优一先”表彰评选活动。确定表彰100名优秀共产党员，100名优秀党务工作者和50个先进基层党组织。推动基层党的建设提质增效。积极做好市“两代表一委员”推荐选举，召开市委教育工委代表会议，选举产生24名工委代表出席市第七次代表大会，党代会期间参与教育工委代表团随团服务工作。打造党建“示范”品牌。积极创建基础教育党建示范校，全市5所学校获评省级“基础教育党建工作示范校”。组织开展高校党建特色品牌建设调研，推动高校党建“一校一品牌”建设，立项11个省级及以上党建标杆院系和样板支部。夯实民办教育机构党建。开展民办中小学党建工作调研，召开“两新”组织党建座谈会，完善向民办中小学选派党组织书记机制，选派党组织书记或第一书记97名。高效开展高校党建工作。组织深圳大学、南方科技大学、深圳技术大学、香港中文大学（深圳）等10所高校组织工作部门主要负责人开展学习贯彻《中国共产党普通高等学校基层组织工作条例》专题座谈会，与市委组织部联合开展全市高校党建和思政工作专题调研。举办2021年第一期“两新”组织党务干部培训班，组织19个市委教育工委社会组织联合党委直属党支部参加为期两天的培训。积极推进党内规范性文件备案工作。在2020年党内规范性文件备案工作3家试点单位基础上，增加南方科技大学党委等20家单位作为深化拓展基层党组织规范性文件备案试点单位。印发《中共深圳市委教育工作委员会关于深化拓展基层党组织规范性文件备案试点工作方案》，成立由主要负责人担任组长的党内规范性文件备案工作领导小组，组建工作专班，开展备案审查工作。推进学校思想政治工作。加强思政教育统筹谋划和顶层设计，推动出台《深化新时代学校思政教育改革创新的若干措施》。积极推进市委常委到高校上思政课，高校领导班子成员给学生讲授思政课，市、区两级教育行政部门领导到中小学讲授思政课、中小学党组织书记校长带头讲授思政“第一课”。建成首批“思政示范学校”。实施“金课”行动，组建大中小学思政课程与教学指导委员会。组织开展“同上一节党史课”中小学思政课一体化教学比赛。开展学校思政工作调研，形成《深圳市学校思政课建设情况调研报告》。推进“思政课程＋课程思政”建设，将各区、部分高校和直属学校作为学校思政工作改革创新试点。创新思政教研机制，打造首批习近平新时代中国特色社会主义思想精品课程、示范课堂、示范活动和教学案例。研制思政校本课程开发指南。设立思政教育专项课题。推动党史学习教育走深走实。第一时间成立教育系统党史学习教育领导小组，组织召开全市教育系统党史学习教育动员大会和全市中小学党史学习教育工作推进会。印发《深圳市教育系统开展党史学习教育实施方案》，从全市教育系统抽调精干力量组建专班，全脱产开展党史学习教育工作。成立4个巡回指导组，由局领导任组长，形成“六个一”工作机制和“十个一”工作标准。通过建立统一台账、每天更新进度和明确到日、细化到人等方式，强化巡回指导组督促推动作用。组织开展的“童心向党·党的故事我来讲”“建党百年·师说党史”“百幅照片庆建党百年”等活动影响广泛。“学百年党史，做时代新人”主题征文活动收到师生作品9000多篇，129人次在省教育厅评选中获奖。依托35家思政教育基地和青少年活动中心等阵地开展各类活动600多场。组织开展党史主题党日、团日、队日活动，通过阅读党史书籍、观看红色经典电影、革命题材历史剧等，推动党史教育走入组织生活。将“我为群众办实事”实践活动作为党史学习教育重要内容，印发实施方案，机关干部进校园、进工地、改作风、解难题成为常态，解决市民群众“急难愁盼”问题。推动落实“1+3+5+10+N”办实事体系相关项目，将各区教育行政部门和各直属学校等38家单位348个重点民生项目纳入台账管理。广泛宣传教育系统党史学习教育成效。在“学习强国”平台发表教育工委系统原创文章73篇，其中10篇在全国平台发表；在省教育系统党史学习教育简报刊发39篇，其中4篇为专刊；在市党史学习教育简报刊发13篇，其中5篇为专刊；编写教育系统党史学习教育简报18期。夯实学校党建基础，在全市高校立项11个省级党建标杆院系和样板支部，5所中小学获评省级党建工作示范校，向民办中小学选派党组织书记或第一书记204名，覆盖率达78%。建立讲授思政课三级制度体系，编写发布深圳特色思政教材，建设102个学生思政教育基地。

【纪检监察】2021年，中共深圳市委教育工作委员会深化市教育局党组与派驻组共同研究纪检工作机制，及时处理协办线索，保障监督执纪工作无缝对接。开展私车公养专项整治。全面摸查各单位公务车辆和公务油卡使用及管理情况，建立基础信息台账，对排查发现的9个单位存在的13个疑似问题进行核查，核实1件并及时督促整改。开展教育乱收费问题专项治理。在市教育局门户网站设立线索收集专栏，将教育乱收费问题作为党史学

2021年8月19日，深圳市委教育工委召开2021年深圳市教育系统全面从严治党工作会议暨纪律教育学习月动员部署会　（深圳市教育局　供）

习教育“我为群众办实事”实践活动重要内容。开展中小学有偿补课和教师违规收受礼品礼金问题专项整治工作。成立领导小组和工作专班，全面部署，开展自查自纠、警示教育和抽查检查。强化“阳光招生”监管。完善招生监管机制，特别是对中考自主招生及深圳外国语学校小升初招生各环节加强监督。完善跟踪督办机制。闭环办理信访件40件，及时跟进办理进度，确保线索得到有效处置。做好换届纪律监督工作。常态化、全方位强化干部监督管理。充分运用执纪监督“第一种形态”，针对日常监督发现的问题，局领导对直属学校领导进行谈话提醒。保持反腐败斗争高压态势。深化“三重一大”事项前置审查机制。召开全市教育系统全面从严治党工作会议暨纪律教育学习月动员部署会，主要负责人讲授党风廉政专题党课，增强教育系统党员领导干部廉洁自律意识。举办党风廉政建设专题讲座。特邀市纪委监委政策法规研究室负责人授课，增强教育系统党员领导干部拒腐防变能力，约3300人参加活动。

【**教育改革**】2021年，中共深圳市委教育工作委员会统筹推进出台教育先行示范系列文件。牵头推进出台《深圳市“教育部基础教育综合改革实验区”行动方案（2021—2025年）》；起草《深圳市教育发展“十四五”规划》，经市政府七届二十一次常务会议审议通过；统筹推进《深圳市教育先行示范规划纲要（2021—2035年）》《深圳市高等教育先行示范行动方案（2021—2025年）》报批送审。推进“四个体系”和“四个咨询委员会”相关文件制订。统筹推进教育经费保障体系、校长教师发展体系、教育教学研究体系和教育监测评价督导体系相关文件制订；统筹推进基础教育战略咨询委员会、职业教育战略咨询委员会、高等教育战略咨询委员会及学校设计专家咨询委员会相关文件制订。牵头推进综合改革第二批授权事项清单涉教育事项。积极争取教育部对深圳教育改革的支持，通过调研座谈等方式积极对接市委改革办，推进云端学校建设、2~3岁婴幼儿照护服务、建立健全拔尖创新人才培养机制等改革事项纳入第二批授权事项清单。积极推进其他教育改革事项。编撰2020年以来深圳教育改革亮点汇编，总结提炼推进教育高质量发展改革的经验做法。

【**教育帮扶**】2021年，中共深圳市委教育工作委员会继续组织开展教育帮扶工作。截至2021年9月，深圳市累计与7个省（自治区）13个市建立教育帮扶关系。积极推进全国范围内对口支援新疆等4省（自治区）6市3县工作。招收云南昭通市建档立卡贫困户学生到深圳接受中职教育，开展与陕西延安市、黑龙江省哈尔滨市教育合作交流工作。实施教育部“组团式”援疆支教工作和中组部第十批干部人才援疆计划，组织安排44名支教教师赴新疆开展支教工作。通过与新疆喀什地区开展教师人才培训、“千校手拉手”和深喀青少年夏令营等工作，全面支援民族地区教育发展。组织选派4名教育管理干部担任林芝市八一中学校长、副校长及中层干部，助力林芝市打造重点中学。持续做好深圳市结对帮扶的南宁、桂林、百色、河池四地市22个县教育帮扶工作。截至9月，全市累计派出206名支教教师赴广西四地市开展支教工作，各区教育部门累计安排153所学校与对口县学校建立“一对一”结对关系，累计为广西四地市培训校长、骨干教师1843人次，各项教育帮扶工作稳步推进。积极推进全省范围内帮扶肇庆、汕头、河源、汕尾4市，与肇庆、汕头、河源和汕尾等市建立结对帮扶关系，同时做好汕头市潮南区仙城镇乡村振兴等工作。组织安排36所中小学与潮州市潮安区、汕尾市海丰县和陆丰市36所中小学建立“一对一”结对关系，签订为期3年的结对协议。实施“三区”人才支持计划教师专项计划，每年组织安排100名优秀骨干教师赴河源、汕尾两地开展支教工作，每学期接收河源、汕尾两地市共100名教师到深圳各中小学开展跟岗活动。全方位与汕头、河源、汕尾、肇庆建立结对帮扶关系，通过安排学校结对、教育人才培养、教研队伍建设、教育信息技术应用能力提升和推动教育集团化办学提升受援地区教育水平。

【**统战工作**】2021年，中共深圳市委教育工作委员会做好与民盟、民进市委会和市知联会对口联系工作。积极开展统战调研工作，全面梳理教育系统党外教育骨干情况，加强对党外知识分子的思想政治引领。针对高校海外高层次人才聚集特点，坚持思想引领、文化融入，开展讲好“爱国奋斗”故事和国情党史教育工作，增进留学归国人员对中国共产党的认同和对中国特色社会主义的“四个自信”。

【妇女儿童工作】2021年，中共深圳市委教育妇工委联合机关工会在市教育局机关开展“心向党行，邂逅芳菲”三八妇女节庆祝活动。做好“三八红旗手（集体）”和“巾帼文明岗”推荐申报工作。教育妇工委推荐的韦茜、朱丹、温燕逖、周婉怡、郑晓雯等5人获评“深圳市三八红旗手”；深圳大学艺术学部、深圳市第二实验学校高三年级获评“深圳市三八红旗集体”。积极推进中小学性别平等教育工作。对试点学校开展培训、案例征集活动，着手编制全市中小学性别平等教育指导大纲。

【共青团少先队工作】2021年，中共深圳市委教育工作委员会加强组织领导，持续完善“党建带团建、团建带队建”工作体系。将学校团工作情况纳入市委教育工委党建督导范围，实地检查学校党建情况时一并检查学校共青团少先队工作台账。印发通知，编制公文模板6件。推动初中、小学规范成立少工委，中学全面成立中学团校。推动市教育局与团市委建立定期会商机制，局领导层面每季度进行一次会商，处级干部每两个月进行一次会商，如有必要随时进行会商。促进活动共推、平台共建、信息互通，市教育局与团市委联合印发文件9件。深化学校共青团改革。推动局人事部门将优秀团干部、队干部纳入市基础教育“名师工程”参评范围。年内，有2名共青团、少先队导师获评深圳市基础教育系统“名师工程”名教师；4名共青团、少先队导师获评深圳市基础教育系统“名师工程”骨干教师。开展2021年度深圳市团队工作研究课题立项工作。在《2021年深圳市中小学德育工作要点》中增加学校团队工作有关要求，将中小学团队工作融入中小学德育工作格局。深入开展“青年大学习”“红领巾爱学习”等线上学习活动。在2021年广东省中学团校“百佳微团课”评选活动中，深圳入选作品11件，连续两年入选作品数量全省第一。

【创文工作】2021年，中共深圳市委教育工作委员会印发《2021年全市教育系统创建全国文明城市和文明典范城市工作实施方案》，成立全市教育系统创建全国文明城市、文明典范城市工作领导小组，由局主要负责人任组长。成立5个工作组，对23个全国文明城市创建示范点开展检查；先后两次派出10个实地检查小组，采取访谈师生、查阅资料、实地查看等方式对各高校、市局直属学校各校区（幼儿园）进行全覆盖检查，形成全国文明城市创建学校点位实地检查发现问题及整改建议清单。

（深圳市委教育工作委员会）

机关党委（人事处）工作

【机关党建】2021年，深圳市教育局机关党委（人事处）将党史学习教育作为提升组织力的重要抓手。局党组带头通过“第一议题”、党组理论学习中心组、读书班、暑期学习会等形式，先学一步、深学一层。局党组进行“第一议题”学习28次。局领导到支部、社区、企业、学校讲“七一”专题党课，局机关举办党史学习专题辅导8次，各党组织开展专题学习200余次，实现全方位学、全过程学、全覆盖学。以“机关＋社区”“机关＋学校”等形式开展结对共建，与西丽街道联合开展主题音乐党课活动。把“我为群众办实事”实践活动作为党史学习教育的重要内容，瞄准人民群众在教育领域的“急难愁盼”问题，形成“3+5+10+N”体系，包括3项市级民生项目、5项市领导牵头项目、10项局级重点项目、N项教育系统民生项目，机关干部进校园、进工地、改作风、解难题成为常态。在中小学学位供给、心理健康、课后服务、“双减”等方面积极施策，赢得社会广泛好评。推进党史进校园。落实“立德树人”根本任务，贴近青少年学生实际开展党史进校园活动，将党史教育融入思政课程、嵌入校园文化、汇入社会实践、走入组织生活，实现党史学习教育与办学治校、日常教学融会贯通。10月22日，市委书记王伟中到南方科技大学，结合党史学习教育，围绕“以实现中华民族伟大复兴为己任，在鹏城大地用奋斗书写激扬青春”主题，为600多名师生代表讲思想政治理论课。完成“两个维护”十项机制专项巡察工作。将专项巡察作为政治任务，成立迎接专项巡察工作领导小组和工作专班，组织各处室、单位进行对照梳理，查漏补缺、立行立改，圆满完成迎检工作。

2021 年 6 月 24 日，深圳市教育局召开党史学习教育工作会，市委党史学习教育第十一巡回指导组到会指导　　（深圳市教育局　供）

【干部队伍建设】2021 年，深圳市教育局机关党委（人事处）选人用人提速增质。有序推进干部选拔任用。全面盘点局机关和直属单位（学校）干部队伍“家底”，加强干部选拔任用工作规划，用好公务员职务与职级并行政策。2021 年，共提拔干部 48 人。包括：机关 1 名副局长、1 名处长、10 名副处长、18 名二级至四级调研员，8 名一级至三级主任科员部；直属事业单位（学校）2 名管理五级，6 名管理六级，2 名管理八级。轮岗交流制度化、常态化。草拟市教育局直属单位轮岗交流制度文件，加大干部轮岗交流力度。机关各处室、直属学校之间交流干部 10 名，调入干部 4 名，交流至区任职 2 名，促进优势互补与共同发展，激发队伍活力。

【人事制度改革】2021 年，深圳市教育局机关党委（人事处）建立健全校长教师队伍建设体系。研究制订《深圳市校长教师发展体系建设实施方案》，完成征求意见工作。创新人才引进机制，推进体制管理规范化。选优配强校长队伍，完善教师成长路径，不断推进全市校长、教师队伍规模、结构、素质协调发展，构建科学合理的校长、教师发展体系。完善教师招聘办法。扩大学校招聘自主权，创新招聘办法，优化招聘环境，取得良好引才效果和社会效应。进一步拓宽招聘范围，探索体、艺、教融合，为引才育才提供良好的招聘制度环境。克服疫情影响，全市提供 1028 个教师岗位面向社会公开招聘，已完成笔试。中小学教师职称改革不断深化。与市人力资源保障局联合修订《深圳市深化中小学教师职称制度改革实施方案》，已通过市政府常务会议审议。将校长（含副校长）、民办学校教师、公办学校临时性岗位人员、校外教育机构教师等群体纳入职称评审范围，完善职称评审覆盖面和惠及面。中小学校长职级制改革更加完善。积极推进完善中小学校长职级制配套待遇制度，明确校长职级与专业技术岗位等级对应关系并据此兑现“两贴”、保健等各项待遇。启动特级、一级校长职级评定工作，拓宽校长职级发展通道。评选产生深圳市首批特级正校长 19 名。积极筹备一级正校长评选工作。“区管校聘”改革深入推进。督促指导各区深入落实“区管校聘”制度，统筹管理编制、完善岗位设置、创新评价机制、健全岗位聘用，优化资源配置。起草《关于全面深化区域内义务教育学校校长教师交流轮岗的指导意见》，进入征求意见阶段。刚性、柔性交流相结合，以引导、激励为主抓手，多途径推进轮岗交流工作。

【教师队伍建设】2021 年，深圳市教育局在全市中小学、幼儿园实施师德师风“负面清单”管理制度，组织全市各区各校参加教育部教师思想政治和师德师风建设经验交流暨师德专题教育启动部署会。会同市人民检察院、市公安局、市人社局印发《实施教职员工入职查询与定期查询违法犯罪记录制度的通知》，会同市公安局开展四轮全员查询、两期入职查询，两次召开会议要求各区各校依法依规对存在相关记录的教职员工进行妥善处理。校领导能力持续提升。不断完善优化“优秀中学校长培养工程”“校长领导力提升工程”“深圳市公民办优秀中小学校长递进培养工程”“校（园）长暑期学习会”，后备干部、副校长、校长分类分层培养机制优化完善。完成第三批60名优秀中学校长培养工程培训工作。推荐75名优秀学校管理骨干参加东北师范大学和香港教育大学教育硕士、教育博士研究生学习，前期推荐参加学习的25名学员顺利毕业，取得硕士学位。教师信息技术能力提升。制订《深圳市中小学教师信息技术应用能力提升工程2.0实施方案》，推进全市公民办中小学幼儿园教师信息技术应用能力提升工程2.0实施。加强组织领导、条件保障、进度督促。全市专任教师完成25学时网络研修，10.15万人参训，全市完成进度93.54%。市、区级教师发展中心建设认定完成。推进市、区级教师发展中心建设，组织专家现场认定验收。市级教师发展中心完成建设，拟申请省教育厅验收；9所区级教师发展中心通过验收认定并发文。省教育厅于10月15日发布全省市县级教师发展中心建设进展情况通报，深圳市级1所、区级9所教师发展中心"完成情况"指标全部显示"已完成"。此项省级重点工作指标超额完成。深港教师交流合作不断加强。与香港教育大学合作，先后组织3期校长培训班，共75名深圳校领导赴港培训，参加教育硕士课程学习。联合香港教育大学，在暑期为全市413名中小学教师开设融合教育和英语教育网络培训课程。进一步推进粤港澳大湾区教育资源共享。利用高校教育资源，助力深圳教师优质发展。名优教师和高学历教师快速成长。有广东省新一轮中小学名教师、名校（园）长工作室主持人53人，省中小学"百千万人才培养工程"名校长、名教师、名班主任培养学员47人。完成全市基础教育系统"名师工程"第五批名校长、名教师及培养对象评定，共有市级名校长、名教师、教科研专家259人，骨干教师、教科研骨干和教坛新秀416人，吸纳培养学员4000名。截至9月，全市基础教育领域具有博士学位的教师（含教研员）397人，集聚效应初步显现，工作取得良好成效，助力基础教育高质量发展。南山区1名博士教师获评深圳市基础教育"年度教师"。人才引进、培养环境不断优化。起草《深圳市基础教育特聘岗位评聘实施办法（征求意见稿）》，制订基础教育"高精尖缺"人才引进激励政策，多次组织召开校（园）长、教师代表座谈会，提出修改意见和建议。争取市人社局支持，将市教科院高级职称职数比例提高至80%，支持教科院新调入一批副高及以上职称的优秀教研人员，为全市教科研培工作奠定人才基础。

［深圳市教育局机关党委（人事处）］

政策法规

【教育立法】2021年，深圳市教育局围绕教育改革发展和教育治理关键领域，推动教育立法工作。《深圳经济特区学前教育条例》列入2021年市人大常委会拟提交审议项目，市人大会同市教育局开展条例立法调研、文本起草等工作，条例通过人大常委会二审。《深圳经济特区职业教育条例》《深圳经济特区教育督导条例》《深圳经济特区外籍人员子女学校管理条例》列入市政府2021年度立法预备项目，《深圳经济特区高等教育促进条例》列入市政府2021年度立法调研项目，各项立法工作按计划推进。

【中央法治督察迎检】2021年，深圳市教育局做好中央法治督察迎检工作。认真贯彻落实中央、省、市法治政府建设要求，围绕学习宣传贯彻习近平法治思想和中央全面依法治国工作会议精神主线，全面梳理法治政府建设情况，紧扣中央法治督察要点，从严、从实、从细制订迎检措施，全面开展自查。完善和充实两个"清单"，找准亮点、整改问题，配合做好前期督导工作和中央实地督察等各阶段督察任务。

【重大行政决策事项制定】2021年，深圳市教育局牵头开展2021年度重大行政决策事项制定工作。根据市法治政府建设考核要求，在征求各处室意见基础上，形成2021年度重大行政决策事项目录。具体为制定进一步完善深圳市中小学校和幼儿园学生资助有关政策（同时列为听证目录）、非深圳市户籍就业人员随迁子女参加中考有关政策、深圳市大中小学劳动教育有关政策，印发通知并在局门户网站公布。督促、指导各业务处室开展2021年度重大行政决策制定相关工作，确保年度内完成任务。

【法律审查和公平竞争审查】2021年，深圳市教育局修订公平竞争审查工作程序。全面落实公平竞争审查制度相关文件精神，防止出台排除、限制竞争政策措施。修订出台

《深圳市教育局公平竞争审查工作程序》，原公平竞争审查制度同时废止。做好行政决策和合同法律审查、公平竞争审查工作。根据市政府令第305号、深教〔2019〕113号和深教〔2021〕31号等规定的要求，会同局法律顾问做好行政决策、合同等法律审查和公平竞争审查，并依法出具审查意见。全年依法出具合同审查意见89份、规范性文件合法性审查意见32份、其他法律意见30多份。

【行政执法和诉讼复议】2021年，深圳市教育局严格依法开展行政执法工作。统筹相关业务处室开展行政执法工作，将行政执法案件信息及时录入“双公示”平台，并同步到广东省行政执法信息公示平台数据采集系统。做好行政诉讼复议工作。2021年，该局有行政诉讼案件2宗，依法配合人民法院审判活动，按照规定出庭应诉、答辩；有行政复议案件4宗，按时向市行政复议办提交答复书和相关证据材料。（深圳市教育局政策法规处）

教育改革

【第二批综合改革试点项目申报】2021年，深圳市教育局积极申报第二批综合改革试点项目。以习近平新时代中国特色社会主义思想为指导，积极贯彻落实市委、市政府“双区”建设工作部署，认真梳理综合改革试点授权事项，加快谋划推进实施方案中扩大在深高等学校办学自主权、加快引进境外优质教育资源开展高水平中外合作办学等改革授权事项。围绕教育改革热点、难点问题，积极向广东省、教育部争取政策支持和改革授权。将“支持深圳探索扩大在深高校办学自主权”“支持深圳引进境外优质教育资源，开展高水平中外合作办学”“支持深圳高等职业学校开展本科层次试点改革”“放宽外籍人员子女学校举办者市场准入”四项改革报市委改革办，争取纳入综改试点第二批“清单”。通过突破体制机制障碍，以改革促进教育公平，提升教育质量，为城市发展和民生幸福提供重要支持。

【重点改革项目】2021年，深圳市教育局规划实施重点改革项目。围绕全市教育工作部署和重点规划，研究确定将“建设国家级信息化教学实验区”等作为2021年度重点改革项目，纳入市委全面深化改革委员会年度工作要点。严格落实改革督查要求，推进项目按时按质完成，及时归纳阶段性成果、存在的问题和下一步计划。推进制订贯彻落实首批国家营商环境创新试点改革事项实施方案。

【教育先行示范】2021年，深圳市教育局统筹推进教育先行示范。贯彻落实国家、省、市先行示范系列文件精神，统筹协调教育先行示范建设工作。推进制定“1+1+4”文件，梳理总结2020—2021年深圳市加快创建一流大学和一流学科、发展现代职业教育、启动首批民办中小学分类登记试点等19项先行示范工作要点及进展情况。

【教育履职和改革】2021年，在广东省对各地政府2020年度履行教育职责考核中，深圳市得分居珠三角片区第一；珠三角片区48个区县前10名中，深圳市占7个。深圳被评为教育部“基础教育综合改革实验区”“智慧教育示范区”。集团化办学推动优质教育“遍地开花”、率先建立的职业教育产教深度融合模式被国家发改委列入“深圳经验”全国推广。免费为义务教育阶段学生提供课后服务，被教育部作为全国典型案例推广，受邀在教育部新闻通气会上分享“深圳经验”。深圳市关于优化作业设计提高作业质量的经验入选教育部推广第二批学校落实“双减”典型案例。（深圳市教育局）

教育宣传

【建党百年正能量弘扬】2021年，深圳市教育局弘扬建党百年正能量。围绕“党史学习教育进校园”“党的光辉照我心·小小演说家”“党史微课堂”“‘响’唱一首歌、师生‘圳’献礼”“百幅照片说百年”等系列宣教活动做好宣传报道；在《南方日报》《晶报》推出教育系统党建特刊30余版；在《中国教育报》专版刊发“深圳：赓续特区精神 筑牢人生之基”报道。“深圳教育”公众号推送“党史微课堂”系列推文，结合时事热点开展爱党爱国宣传教育，读者点赞留言，反响热烈。

【教育先行示范主旋律唱响】2021年，深圳市教育局唱响深圳教育先行示范主旋律。聚焦“十四五”

规划开局之年、深圳教育改革发展"三大攻坚战"和"九大工程"，围绕基础教育学位建设、教育信息化国家级示范区、中小学课后延时服务、暑期托管惠民活动、职业教育争创世界一流、学前教育普惠发展、落实"双减"政策规范校外培训机构、作业"减负提质"与教育评价改革等，结合市第七次党代会、深圳"两会"等重要节点，开展专题专版宣传10余次。组织摄制深圳教育形象宣传片，及时宣传报道各级各类教育发展有力举措和进展成效，增进家长和社会公众对深圳教育的理解和支持。国家、省、市媒体相关正面报道合计263篇次。

【平安暖心"三考"氛围营造】2021年，深圳市教育局营造平安暖心"三考"好氛围。通过全媒体矩阵开展高考、中考防疫和考务组织大型直播及宣传报道，市、区、校三级微信公众号同题联动，各类宣传报道累计50余篇次，传递正能量，广受考生、家长和媒体好评。组织宣传宝安区下十围小学隔离考点精准防疫、暖心服务考生感人事例，央视新闻频道、《中国教育报》等国家级媒体予以采访报道。

【深圳教育故事宣传】2021年，深圳市教育局挖掘典型人物，讲好深圳教育故事。联合《南方都市报》策划推出"最潮中国观、看我圳少年"及"大国有工匠、看我圳少年"系列短视频，传递深圳学子爱党爱国、奋进向上的正能量，展现职教少年敢拼敢闯、弘扬"工匠精神"的青春故事。推出网络新媒体"出圈"作品10余篇，200多家全国各地各类媒体和网络平台转发，网友点赞评论数达千万人次。其中"二职汽修女孩"话题阅读量超2亿，"00后深圳职校女孩设计衣服获国奖"话题阅读量近9000万，分别获《人民日报》、新华网、央视新闻、共青团中央等数十家央媒报道。

【第37个教师节专题宣传】2021年，深圳市教育局守正创新，做好第37个教师节专题宣传工作。多媒体融合传播，策划深圳首趟教师节"老师，我想您了"主题地铁专列、"城市，因教育而美好"系列灯箱海报、全城主要地标亮灯致敬教师、"深圳市年度教师"宣传等活动，营造尊师重教氛围。其中，"致敬教师"灯光秀视频点击量超680万，传播广泛，受众频频点赞转发；教师节主题专列吸引市民驻足打卡，《南方日报》《深圳特区报》等数十家省、市媒体予以宣传报道。

【政务新媒体影响力提升】2021年，深圳市教育局持续提升政务新媒体影响力。抢占政务新媒体宣传阵地，"深圳教育"微信公众号1—10月累计推送文章809篇，累计阅读量2207.54万，推文平均每篇阅读量近3万。影响力居全国各大城市同类新媒体、深圳政务新媒体排行榜前列。校园疫情防控新闻发布会、中小学招生十问十答、深圳中小学在线教学资源包上线、深圳中小学教师招聘等24篇推文阅读量在10万+以上，单篇最高阅读量超85万。及时发布台风预警等重要信息，做好安全教育、环保教育等科普知识宣传推广工作。局政务网站改版升级，研发语音智能搜索、学校电子地图、教育统计数据可视化等便民功能。

【教育舆论环境净化】2021年，深

2021年9月10日，深圳市教育局在宝安区红树林外国语小学召开庆祝第37个教师节座谈会　（深圳市教育局　供）

圳市教育局净化教育舆论大环境。6月，会同市委网信办共同梳理、排查一批较常发布不实信息、曲解教育政策、炒作学位房和升学率、录取率的自媒体。联合约谈36家重点自媒体负责人，依法依规就规范涉教育类网络信息传播秩序提出明确要求。积极争取市委宣传部支持，协调各大媒体落实教育部关于严禁炒作高考“屏蔽生”和升学率有关要求，为素质教育实施营造良好的舆论氛围。

【教育新闻发布】2021年，深圳市教育局及时做好新闻发布工作。围绕职业教育高地建设、校园疫情防控、中高考组考、招生入学等教育热点问题，协助召开教育部、省、市政府涉教育主题新闻发布会4场次，协调组织“深圳政府在线”访谈1次、媒体通气会1次，回应家长和公众关切，传达市委、市政府和教育部门推进教育民生工程、落实“我为群众办实事”的坚定决心和务实举措，取得良好社会反响。

【教育舆情全链条治理】2021年，深圳市教育局强化教育舆情全链条治理。统筹协调处置市网络舆情应对统一指挥平台推送的舆情270条（纳入绩效考核舆情44条，提醒关注舆情226条），舆情处置率100%。加强市、区联动，及时组织各区、各处室开展重要节点舆情风险梳理研判，并开展督办跟进工作，做到早发现、早预防、早处置。组织撰写舆情周报40期、舆情专报23份，做到工作日每周两份报告，一报舆情研判情况、二报舆情处置情况。提请成立市高考舆情工作专班，会同市委网信办制订实施“三考”舆情工作专项方案。在中高考及特别防护期期间，协同网信、公安等部门强化舆情监测、预警、应对处置全链条管理，未出现重大舆情。联合市市场监管局、市工商局、市公安局等部门成立校外培训机构维稳应急工作小组，严格落实“双减”政策要求，加强沟通调解、风险排查、维稳处突等工作。及时组织回应衡水中学来深办学、教师节家委会组织送礼、教育综合改革实验区等热点舆情，促使相关舆情迅速回落平息。

（深圳市教育局）

发展规划与财务管理

【基础教育学位建设】2021年，深圳市教育局落实市人民政府办公厅《2021年经济社会发展提质增效“十大计划”》任务部署，制订《深圳市实施2021年度大规模学校建设计划工作方案》，提出年度目标：新开工建设学校150所，建成投入使用学校146所，新增各类学位约13万个。其中，公办普通高中9所，新增学位1.65万个；公办义务教育学校65所，新增学位8.8万个；幼儿园72所，新增学位2.5万个。目标任务细化分解到市建筑工务署和各区，设定季度工作目标，限时推进。建立学校建设投资完成情况月报及例会制度。2021年度，编报5期教育领域项目推进情况简报，及时汇报各项目工作进展情况；提请召开2次全市基础教育改革发展工作专班会议、1次高中建设总指挥部会议、4次教育领域项目指挥部会议，收集解决需协调问题，确保按期保质完成任务。各建设项目进展平稳顺利。新开工建设学校125所（完成83%），新建成学校128所（完成88%），新增各类学位11.97万个（完成92%）。根据全市分解的指标任务，教育领域项目全年计划投资398亿元。截至10月30日，累计完成投资263亿元（完成66%），其中计划新建成的65所义务教育学校、9所普通高中均已提前完成全年投资任务。

【学位建设转移支付】2021年，深圳市教育局为减轻各区学位建设资金增支压力，与市财政局多次协商各区学位建设转移支付补助事项。结合深圳市公办义务教育新增学位生均建设成本，确定5万元/学位的补助标准，激励各区高质量、高水平完成学位建设任务，支持基础教育“量质双升”均衡化发展。待市政府审议批准后，实际补助金额将按照各区实际完成学位建设数计算。

【经费保障方案编制】2021年，深圳市教育局落实市领导关于完善深圳教育经费保障体系要求，梳理形成全市教育经费保障现状研究报告，剖析深圳市基础教育投入不均衡、高等教育经费统筹机制不健全等问题。对标先行示范要求，提出构建全链条教育经费保障体系，包括保障充足、分担合理的经费投入体系，结构科学、支出有力的经费使用体系，覆盖全面、协同有效的经费监管体系。围绕三大体系共提出20条具体措施，推动实现保增长、扩来源、优结构、增效益。

【高中学校招生计划编制】2021年，深圳市教育局在充分考虑各高中阶段学校建设规模、办学水平、办学条件和历年招生数量的基础上，编制下达全市2021年高中阶段学校招生计划。2021年，市属高中学校安排招生计划加上省（部）属中职学校面向深圳招生计划，普高及职高总体学位可满足2021年符合全市中考划线录取条件的考生入读高中的需求。2021年，通过新改扩建高中等方式，实现高中学位大幅增量扩优，全市安排高中招生计划9.5万人，普高招生计划6.45万人、较上年增加8261人，其中公办普高招生计划增加5400人。2021年，符合全市中考划线录取条件的考生9.59万人，普高录取率67%，较上年增加5个百分点。

【教师待遇优化提标】2021年，深圳市教育局建议提高高三补课费、高中晚自习值班费标准。为提高深圳市高中教学核心竞争力，经调研了解各区校情况，研究提出“高三补课费、高中晚自习值班费分别提高至150元/课时、300元/晚”的建议，并发文征求市财政和市人社部门意见。建议提高中考命题、阅卷费标准。为保障中考工作高效、有序开展，就“将中考命题及评卷费标准提高至450元/人/天”的建议与市财政和市人社部门达成一致。根据市政府最新要求，两项提标事项均待市财政局审核后报市政府审议。

【学位建设信息化平台搭建】2021年，深圳市教育局充分发挥大数据在学位规划建设中的先导作用，会同市政数局搭建市政府管理服务指挥中心教育服务专题（学位建设项目）信息化平台。整合全市基础教育学校、学生、教师以及全市人口、各学段教育适龄人口、国土空间、住房等多渠道、多层次数据，立体化、可视化、动态化综合展示全市现有学校、2020—2025年所有学位建设项目（包括已建成、在建和规划建设）等重点大数据分析场景，实现学校规划与学位建设全市“一张图”。截至年底，相关场景设计已经完成。

【“厕所革命”】2021年，深圳市教育局全面摸底排查全市中小学厕所基本情况，积极推进全市教育系统“厕所革命”。着力提升学校厕所管理，逐步建立起“建管合一”卫生厕所工作机制。实施《深圳市“厕所革命”三年行动计划（2017—2019）》，按月通报各区、各直属学校厕所测评情况，并督促各区、各学校加快学校厕所升级改造，成绩不合格学校取消参加各级文明校园、书香校园等系列评选资格。截至9月，338所学校完成厕改，33所学校尚未完成。

【财务统计审计】2021年，深圳市教育局加强财务管理，科学编制部门预算。按照要求批复并公开直属系统28个二级预算单位2021年部门预算，科学谋划2022年局系统部门预算。组织局机关各处室、直属单位（学校）按照市委、市政府重大战略工作部署编制预算项目，并配合做好项目申报工作。协调市财政落实资金安排，保障重点项目支出，落实“教育先行示范”工作部署。做好局机关日常财务核算工作，落实预算绩效管理，制订项目绩效目标，审核支出合理性。坚持将绩效理念和方法深度融入预算编制、执行、监督全过程，全面开展绩效自评工作，加强绩效考核评估。狠抓支出进度，每月通报各直属单位（学校）、机关各处室预算执行情况，督促加快预算执行。组织教育统计相关工作。完成2020学年度教育事业统计工作，编印《深圳市教育事业统计手册》。开展2020年度教育经费统计工作，强化统计数据核查与分析功能，为教育决策提供数据支撑。落实教育审计及整改。积极配合审计署、市审计局开展八项审计项目，包括市委、市政府主要领导任期经济责任审计等，教育相关问题解释说明得到认可；开展两项局系统内部审计工作，包括元平特殊教育学校、信息技术中心经济责任审计项目，发现审计问题14个，并督促完成整改。（深圳市教育局发展规划与财务管理处）

学生资助

【概况】2021年，深圳市建立政府主导的学生资助政策体系，设立政府奖学与助学项目30余项。健全校内资助和社会资助制度，实现“三个全覆盖”，即从学前教育到研究生教育所有学段全覆盖、公办民办学校全覆盖、家庭经济困难学生全覆盖。

【资助效果】2021 年，深圳市做好学生资助工作。全年各级各类奖助学项目资助学生 33.88 万人次，资金投入 5.95 亿元。其中，高校资助本专科和研究生阶段学生 10.6 万人次，资金投入 2.76 亿元；中等职业学校资助学生 17.51 万人次，资金投入 2.72 亿元；普通高中资助学生 3.47 万人次，资金投入 3798.89 万元；义务教育学校资助学生 2.19 万人次，资金投入 728.8 万元；幼儿园资助学生 1130 人次，资金投入约 180 万元。教育部和人力资源社会保障部发布 2020—2021 学年度中等职业教育国家奖学金获奖学生名单的公告，深圳市萧泽雄、肖喆、廖彪、林城宏等 114 名同学获得 2020—2021 学年度中等职业教育国家奖学金，每人奖励 6000 元。（深圳市教育局）

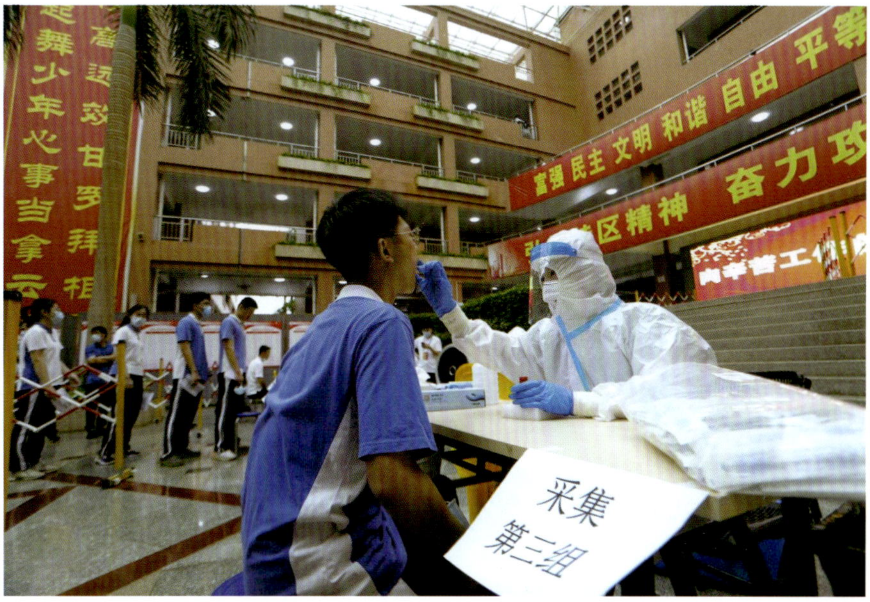

2021 年 6 月 1—3 日，深圳市招考办协调市卫健委为考生“送检上门”

（深圳市招生考试办公室 供）

招生考试

【概况】2021 年，深圳市招生考试办公室认真做好招生考试与评估工作。组织开展普通高考、中考、硕士研究生入学考试，自学考试，成人高考，普通高中学业水平考试，初中学业水平考试和教育类社会考试等八大类教育考试 39 次。全年服务各类考生总人数 146 万人次。协调启用考点 1363 场次，其中备用隔离考点 12 个；考场 2.98 万间，其中备用隔离考场 2580 间。全年未发生考试安全事故。严格落实教育部中小学招生“十项禁令”，严格执行深圳招委会“六不”“七严禁”等规定，多措并举，顺利完成各项考试组考工作，确保“阳光招生”。教育考试规模再创新高。招考制度平稳落实，出台《深圳市普通高中体育与健康等科目学业水平考试实施办法》《深圳市非深户籍就业人员随迁子女接受义务教育后参加高中阶段学校考试招生工作管理办法》。坚持“疫情防控、考试安全”两手抓、两手硬，全年组考实现疫情“零感染、零扩散”。全面提升招考服务质量，认真做好考生信访疏导和帮扶工作。全年接听电话咨询近 5 万件，发放考生报考手册 30 余万本，回复咨询 22 万余条；改进报名确认流程，实现“一站式”办结；发布招考信息和通讯 2305 条（篇）；发布考生温馨提示 100 余万条。

【党的建设】2021 年，深圳市招生考试办公室以党建为统领，充分发挥党组织战斗堡垒作用。积极开展“学党史，践初心，办好人民满意的教育”主题党日活动。开展阅读红色经典、组织参观主题展览、观看红色影视等多样化主题党日活动，礼赞党的百年华诞。严格落实党的组织生活和党员教育管理各项要求，做好党员教育管理工作。认真落实“三会一课”制度，推进“两学一做”制度化、常态化。积极组织党员参加西丽街道疫情防控志愿活动。以“七一”党的生日为契机，开展慰问老党员活动，为党龄 50 周年以上老党员及挂点联系大磡社区老党员送上组织的关怀与温暖。举行“七一”重温入党誓词活动，组织专题党课活动。

【招考制度落实】2021 年，深圳市认真落实广东省高考综合改革方案，招考制度建设取得新进展。制订《深圳市普通高中体育与健康等科目学业水平考试实施办法》，进一步推动全市高中阶段学校考试招生制度改革创新；出台《深圳市非深户籍就业人员随迁子女接受义务教育后参加高中阶段学校考试招生工作管理办法》，保障深圳市随迁子女接受高中阶段教育的权利，实现教育公平；加强中考组织管理，率先形成并落实好基于初中学业水平考试成绩、结合综合素质表现评价的高中阶段学校考试招生录取模式；深入开展外语小语种科目纳入中考改革试点以及普高自主招生改革试点等工作；完善普通高中自主招生机制建设，探索拔尖创新人才选拔培养方式。

【招考精准防疫】2021 年，深圳市招生考试办公室面对“5·21”“6·14”疫情，全力以赴，经受住疫情考验，全面落实“不因疫情影响考试、不因考试引发传播疫情”要求，筑牢考生、教师“健康线”。多方协调在市第三人民医院医疗救治场所设考场。其中：高考设隔离考点 1 个、隔离考场 138 个；中考设隔离考点 9 个、隔离考场 436 个。指导下十围封控区设立中考考点。全年组考工作做到疫情“零感染，零扩散”。坚持“疫情防控、考试安全”两手抓、两手硬。各级党委、政府领导高度重视，亲自挂帅，成立疫情防控专班，亲自部署、巡查指导。市领导多次召开会议，对疫情防控、考务安全、舆情管控等进行全面统筹协调。市招考办牵头制订《深圳市“高考”新冠肺炎疫情防控工作方案》，出台《深圳市 2021 年普通高考防疫工作指引》《深圳市 2021 年中考防疫工作指引》，规范各类考试疫情防控工作；严格落实健康监测、考前 7 天核酸检测以及新冠疫苗接种百分百全覆盖；对不同状态的考生科学分类，设置不同类别隔离考点与医疗救治场所，周密安排考生转运工作，做到闭环管理；强化防疫措施，确保考试安全。会同卫健、疾控部门制订全面、精准组考防疫方案，落实各项标准和要求；每个考点配备防疫副主考，负责现场指导考点考场防疫、检疫等事宜。

2021 年 6 月 22 日，深圳市教育局召开 2021 年全市中考及初二学业水平考试工作调度会暨近期教育重点工作部署会，对中考及初二学考疫情防控及考务工作做相关部署（深圳市教育局　供）

【招考服务质量提升】2021 年，深圳市招生考试办公室坚持“以考生为本”的工作理念，进一步优化服务举措，不断提高考生和社会对招考工作的满意度。积极做好考试招生政策宣传解读和咨询服务。围绕新中考政策和高考综合改革方案的重点、关键点，创新宣传方式，分层次、多形式开展政策宣传解读。配合做好新旧高考衔接工作。科学策划“一图读懂”指引，引导学校和考生及社会各界准确把握、正确理解新中考、新高考综合改革内容和相关要求。提前部署，精心谋划，做好高考服务保障工作。精心组织普通高中适应性测试，让考生提前了解新高考试卷结构、试题风格和志愿填报方法，全过程检测新高考组考能力。对可能存在的风险点提前预估和研判，进一步优化工作流程、完善工作预案、规避工作风险，稳步推进新高考改革服务保障工作。借助信息化手段，推进国家教育考试身份验证系统升级工作。

（深圳市招生考试办公室）

社会力量办学

【民办义务教育阶段学位补贴】2021 年，深圳市民办义务教育学位补贴覆盖率大幅提高。惠及学生人数逐年增长，覆盖面不断扩大，秋季学期发放人数达 48 万人。其中，小一和初一覆盖率达 99.3%。全年财政投入逾 35 亿元，教育公平进一步凸显。

【民办学校招生规范】2021年，深圳市不断加强民办学校招生管理。认真落实国家、省中小学招生政策，严格审核招生计划，落实统一招生平台、与公办学校同步招生要求。印发《深圳市教育局关于做好2021年民办义务教育学校跨区招生有关工作的通知》《2021年深圳市民办义务教育学校招生电脑随机摇号录取实施细则》等文件，规范民办学校跨区招生、招收直升生和摇号录取。民办学校招生进一步规范，工作平稳有序。

【跨境学童复学复课保障】2021年，深圳市教育局认真做好跨境学童复学复课保障工作。牵头制订印发《居住在香港跨境到深圳上学的学童返校复课疫情防控方案》；与其他相关部门通力配合，制订印发《疫情防控期间深圳跨境到香港学校就学学生的服务保障总体工作方案》，保障2021—2022学年从深圳跨境到香港上学的学童1.7万人复课复学，采取一系列措施为跨境学童课业提供支持。

（深圳市教育局社会力量办学管理处）

合作办学

【湾区教育融合】2021年，深圳市教育局促进湾区教育融合，积极引进香港优质资源来深办学。支持香港培侨书院与深圳市信义教育集团有限公司合作，双方在深圳北站片区建设粤港澳大湾区第一所深港教育融合基础教育学校——深圳香港培侨书院龙华信义学校。6月，新增29对深港澳姊妹学校，深港澳姊妹学校总数达310对，居全国之首。举办深圳市教育系统“手牵手 向前走”——深港少年携手同学行动，制订《深港少年携手同学行动2021—2022年度实施方案》。9月30日，启动仪式在福田区北环中学举行。

【在深高校办学自主权扩大】2021年2月，教育部和广东省人民政府共同印发《共同深化教育综合改革重点工作备忘（2020—2021年）》，就支持深圳扩大办学自主权提出具体举措。包括支持深圳新建高校加强学科建设，按照有关程序、条件申请有关学位授权；支持深圳探索设立小规模、专业特色鲜明的都市型高校；支持深圳已有博士学位授权高校加强学科建设，按照有关程序、条件申请学位授权自主审核单位。在安排高校推荐优秀应届本科毕业生免试攻读研究生名额方面对深圳有关高校给予统筹支持。11月，广东省人民政府办公厅和教育部办公厅再次共同印发《教育部 广东省人民政府共同深化教育综合改革重点工作备忘（2021—2022年）》。支持深圳探索扩大在深高校办学自主权，统筹支持深圳有关高校增加推免名额，支持深圳市引进境外一流高等教育资源。

【广东省高水平大学建设】2021年7月，深圳大学、南方科技大学、香港中文大学（深圳）、深圳北理莫斯科大学、哈尔滨工业大学（深圳）、清华大学深圳国际研究生院、北京大学深圳研究生院7所高校入选广东省第三轮高水平大学建设计划，深圳技术大学入选“特色高校提升计划”。

【南方科技大学伦敦国王学院医学院获批设立】2021年1月，南方科技大学收到教育部评议意见，与伦敦国王学院医学院合作办学。6月、8月和11月，学校向教育部提交两轮整改材料和一次补充材料。9月，南科大与伦敦国王学院同南科大第一附属医院（深圳市人民医院）、南科大第二附属医院（深圳市第三人民医院）、南科大附属精神卫生中心（深圳市康宁医院）进行临床教学谈判磋商并分别签署协议，推进联合医学院学科建设和人才培养。9月30日，南科大与国王学院就联合医学院临床医学专业向英国医学总会（GMC）提交临床医学学位第三阶段认证申请。11月11日，教育部签发《关于同意设立南方科技大学伦敦国王学院医学院的函》，批准设立联合医学院。该学院是南科大首个中外合作办学机构。

【深圳音乐学院正式挂牌成立】2021年2月，深圳市规划与自然资源局龙岗管理局批复音乐学院项目用地预审与选址意见书，批复用地面积7.38万平方米，其中建设用地面积6.67万平方米。5月，聘任叶小钢教授担任首任深圳音乐学院院长。8月，音乐学院正式挂牌成立，并招收首批8名音乐表演专业本科生。12月，市发展改革委员会正式批复音乐学院项目可行性研究报告，批复建设面积12.97万平方米、总投资15.99亿元。

【哈尔滨工业大学（深圳）国际设计学院建设】2021年，哈尔滨工业大学（深圳）组织国际设计学院召开联合管理委员会全体会议。会议选举新一届委员会委员，哈尔滨工业大学校长韩杰才当选委员会主任，并围绕招生方案、人才培养模式、内部管理体系等内容展开讨论并达成共识，指导国际设计学院对招生工作进行论证。哈尔滨工业大学同意将国际设计学院建筑学、设计学硕士招生计划列入 2022 年哈尔滨工业大学硕士生招生简章。韩杰才赴深调研期间，经会议同意国际设计学院于 2022 年同时招收本科生和硕士生。支持国际设计学院向广东省教育厅提交法人变更申请。7 月 21 日，韩杰才任哈尔滨工业大学校长，成为学校法定代表人，哈尔滨工业大学（深圳）国际设计学院法定代表人对应申请变更为韩杰才。

【天津大学佐治亚理工深圳学院建设】2021 年 7 月，天津大学佐治亚理工深圳学院过渡校区搬迁至深圳市南山区国际创新谷，建筑面积 1.2 万平方米，可容纳 400 人，办学条件提升，办学规模进一步扩大。2021 年秋季学期，开启全面办学，在原有电子与计算机工程硕士专业办学基础上，新增开设计算机科学、分析学（大数据分析）和环境工程硕士 3 个专业，在校学生 208 人。加快推进永久校区规划建设。11 月，永久校区建设项目可行性研究报告获市发展改革委员会批复，按照 3000 人规模建设，总建设面积 19 万平方米，总投资 17.34 亿元，入选深圳市近零碳排放区第一批试点项目。

【深圳前海中英研究院设立】2021 年 7 月，经深圳市委机构编制委员会批准，北京大学汇丰商学院和剑桥大学嘉治商学院联合设立深圳前海中英研究院，作为北京大学深圳研究生院分支机构，推进双方在深开展商学和管理学领域教育科研合作交流。已开设管理学、科技政策专业双学位硕士项目，面向国内创新创业型企业高层管理人员开展高端培训、举办北大汇丰—剑桥嘉治全球创新创业大赛，为深圳经济社会发展提供高水平决策咨询。

【海洋大学筹建】2021 年 1 月，深圳市教育局会同南方科技大学和相关单位，研制《海洋大学筹建方案》。依托南科大海洋科学与工程系，整合深圳大学、清华大学深圳国际研究生院等全市高校海洋学科资源，借鉴国内外一流海洋大学建设发展经验，筹建海洋大学。9 月，市政府致函省教育厅，申请将海洋大学纳入广东省高校设置“十四五”规划。（深圳市教育局）

德育与体育卫生艺术教育

【德育工作】2021 年，深圳市教育局推进中小学校德育工作。组织召开“2021 年度全市中小学德育工作会议暨德育干部培训会”。加强班主任队伍建设。指导教师王怀玉成功申报“第四批省级名班主任工作室主持人”。推荐 6 名班主任入选“百千万人才培养工程”省级名班主任培养学员。举办“第八届深圳市班主任专业能力大赛”补充赛事和选拔赛。加强学校生态文明建设。联合市城市管理和综合执法局共同开展“蒲公英校园”创建活动，培训“蒲公英”教师 137 名，参与创建学校 124 所，实现“蒲公英校园”各区全覆盖。举办第二届“生态文明我最美”活动，评选并申报“第二批省级绿色学校”84 所。根据《广东省教育厅关于开展中小学中职学校思政课优质课程建设工作的通知》要求，经全市评选，推荐 23 项课程申报“省级优质课”。组织全国第二批“一校一案”落实德育工作指南典型案例评选，向全市征集优秀案例 39 个，经专家评审向省教育厅报送优秀案例 3 个。调研起草《深圳市中小学生研学实践教育工作实施方案》和《深圳市大中小学劳动教育实施意见》。其中《深圳市中小学生研学实践教育工作实施方案》原则通过，正在加快推进。初步完成深圳市中小学综合实践基地和劳动教育基地选址工作。

【义务教育课后服务深圳经验获教育部推广】2021 年，深圳市以满足学生、家长多元需求为导向，在春季开学后分批、稳步推进义务教育阶段学校课后服务工作。出实招破解“四点半家长接送”难题，率先发布《深圳市义务教育阶段学校课后服务实施意见》，教育部遴选确定首批 23 个义务教育课后服务典型案例单位，深圳成为全国唯一入选计划单列市、广东省唯一入选城市，深圳课后服务创新举措和典型经验在全国推广。秋季开学后，全面实施课后服务工作。做到“一校一案”“一生一表”“一师一表”，实现公办、民办义务教育学校全覆盖、有需求学生全覆盖，全市学生参与率达 93.34%。

【未成年人思想道德建设】2021 年，深圳市教育局结合庆祝中国共产党成立 100 周年系列活动和党史学习教育活动，开展各项主题教育活动，推进未成年人思想道德建设工作。联合市文明办创建国家级文明校园先进学校 6 个、省级先进学校 16 个。全面指导和推进“三全育人”示范区申报和评审，福田区和光明区获评“广东省‘三全育人’示范区”，光明区向全省介绍经验。开展主题为“百年薪火，青年传承”的 2021 深圳市成人礼系列活动。评选“优秀学生”468 人、“特区模范少年”331 人，树立优秀青少年学生形象。推进禁毒教育，实现全国青少年毒品预防教育数字化平台接入率、学生注册率、学习完成率“三个 100%”目标。

【承办“广东省班主任专业能力大赛”】2021 年，深圳市教育局周密部署，高标准承办“广东省班主任专业能力大赛”，组织全市班主任选手全力备赛。赛事承办实现多项创新。首次设计赛事专属标识，首次采用现场报分方式，首次进行赛事现场图文直播，首次进行多校协同承办等。大赛网络直播浏览量逾 200 万，为全省班主任呈现了一场精彩盛会。经过 3 天角逐，深圳市教师获 12 个单项一等奖、4 个综合一等奖，深圳市综合一等奖获奖数量列全省第一。

【艺体自主招生】2021 年，深圳市教育局多方协调，全面推进艺体自主招生工作再上新台阶。深圳高级中学通过自主招生招收的 2019 届毕业生俞李妍入选中国游泳队，代表国家参加奥运会。深圳市第二实验学校篮球队获得“广东省中学生篮球锦标赛”高中女子组冠军、初中女子组冠军。深圳学子参加“2021 年广东省中学生田径冠军赛”获 20 块奖牌，参加“2021 年广东省中小学生春季羽毛球锦标赛”获 46 块奖牌，参加“2021 年广东省中学生乒乓球锦标赛”获 8 块奖牌，参加“2021 年广东省小学生乒乓球锦标赛”获 6 块奖牌，参加“2021 年广东省中学生跆拳道锦标赛”获 7 块奖牌，参加“2021 年广东省中学生游泳锦标赛”获 39 块奖牌。

【新冠疫情防控】2021 年，深圳市教育局加强新冠疫情防控工作。严密防控“5·21”“6·14”疫情。提前做好开学疫情防控工作。在疾控机构指导下，督促涉疫学校落实落细各项防疫要求。全面掌握全市学校（含幼儿园）因疫情停课、涉疫学校、涉疫师生员工准确数据，及时统计报送，为校园疫情防控决策提供依据。参与“三考”疫情防控工作，配合出台相关文件，与市卫健委沟通，提供专业支撑，保障“三考”顺利，做到“应考尽考”。督促指导大专院校师生和中小学、幼儿园教职员工接种新冠疫苗，做到“应接尽接”。12~17 岁学生全程接种率达 99.5%。提高 3~11 岁学生人群疫苗接种覆盖率。

【心理健康体系建设】2021 年，深圳市教育局心理健康体系建设进一步加强。加快修改和完善《深圳市学生心理健康教育与服务体系建设实施意见》。开展“深圳市中小学生心理健康活动月”活动，全市 600 余个校领导、心理教师参加启动仪式，开展丰富多彩的心理健康教育活动。

2021 年 9 月 22 日，深圳市教育局在市民中心召开全市中小学心理健康教育工作会议

（深圳市教育局　供）

高质量开展“家庭教育大讲堂”活动，并纳入深圳市民生实事，完成10期“家庭教育大讲堂”活动。

【体育质效提升】2021年，深圳市教育局推进体育质效提升工作。深入调研“每天开设1节体育课”的可行性。组织开展8项体育比赛活动。开展市级乒乓球、桥牌、定向越野、围棋、象棋、国际象棋、足球班级赛及校园足球夏令营活动。400多所学校、4000多名学生参加比赛。提升中小学生体质测试合格率、优良率。调研体质测试优质学校，总结福田区迎接省教育厅体质抽测工作经验，做好学校体育工作大会筹备工作。全市中小学生体质健康水平持续提升，抽测工作深圳优良率逾57%。

【学校卫生健康工作】2021年，深圳市教育局重视加强学校卫生健康工作。努力完成卫生民生实事工作任务。配合近视防控中心和市脊柱健康中心完成近视筛查和脊柱侧弯筛查工作。指导学校不定期开展爱国卫生运动和传染病防治工作。

【艺术教育】2021年，深圳市教育局推动艺术教育进一步发展。加快研制中小学生美育评价机制。完善中小学生艺术素质测评，探索将艺术纳入中考改革科学性方案。成功举办“2021年全市中小学生艺术展演”活动，庆祝中国共产党建党100周年。发挥特色学校创建示范引领作用，推动美育教师队伍建设与教学改革。顺利开展“深圳市首届美育教师教学基本功比赛”，抓好美育教师源头培养，提高美育教师教育教学能力。

【“首届全球儿童发展与家庭教育论坛”】2021年，深圳市教育局、深圳市福田区人民政府共同主办的“首届全球儿童发展与家庭教育论坛”在深圳广电集团1800演播大厅举行。论坛以“多元融合、协同与可持续：时代变化中的全球儿童发展与家庭教育”为主题，英国国际贸易部教育部负责人Geoff Gladding、北京师范大学副校长王守军、深圳市人民政府党组成员杨胜军、伦敦大学学院教育学院院长Sue Rogers、中国国际经济交流中心副理事长张大卫、中国家庭教育学会副会长傅国亮等出席会议并讲话，向世界传递家庭教育深圳声音。（深圳市教育局德育与体育卫生艺术教育处）

学校安全管理

【学校安全督查检查】2021年，深圳市教育局做好学校安全督查检查，构建安全责任体系。按照“管行业必须管安全”要求，完善市、区、校三级责任体系，层层签订安全生产责任书，压实校园安全责任。建立局领导挂点督查机制，局领导挂点区局，定期组织督查组分赴挂点区和学校进行安全专项检查，督促相关单位压实安全责任。健全安全责任联合督查机制。通过重要节点组织安全专项检查，联合公安等职能部门通过不定期开展飞行检查等方式，筑牢校园安全防线。

【校园安全机制建设】2021年，深圳市教育局加强校园安全机制建设，完善教育系统风险清单管理。制订《深圳市教育系统事故灾难风险评估工作方案》，加强校园安全隐患排查整治。全面梳理学校存在的安全风险点、危险源，全市3261所学校统一纳入“深圳市安全综合管理信息系统”。1~10月，共排查学校安全隐患1.99万项，整改1.96万项，整改率98%。在“深圳市安全管理综合信息系统”纳入计分的26个政府职能部门中得分排名第一。

【学校食品安全管理】2021年，深圳市教育局做好学校食品安全管理工作，全面实施学校食堂“明厨亮灶”和“提A”工程。全市所有学校、幼儿园食堂均实施“明厨亮灶”，A级食堂比例再创新高。截至8月31日，全市A级学校食堂2191家，其中公办学校食堂A级率达100%。深入实施学校食堂“阳光采购”，启动学校大宗食材集采集配工作。积极推动全市首批237所学校（幼儿园）加入米、面粉、油和学生乳制品大宗食材集采集配试点，实现食材价格下降、安全可靠。

【午餐午休管理】2021年，深圳市教育局继续推进学生午餐午休管理工作。全市共有825个义务教育阶段学校（校区）提供校内午餐午休服务，服务学生78.8万人。基本实现全市有需求学生在校内午餐午休，得到社会高度肯定。

【学生交通安全保障】2021年，深圳市教育局切实做好学生交通安全保障工作，严把校车许可审批关。全市在用校车全部符合2012年国标及国家专用校车安全标准，100%安装GPS。加强校车运行安全监管。联合开展全市校车安全管理工作专项检查整治行动，常态化开展校车驾驶员安全培训。全市全年未发生导致学生伤亡的校车交通安全事故。开展校园周边交通拥堵和非法车辆整治。印发《深圳市系统防范化解道路交通安全风险工作指引》，加大“黑校车”查处力度。全面推进“家校警”交通安全护航队工作。全市参与“家校警”交通安全护航队的学校共有825所。1—10月，家长义工共计出动108万人次。扎实开展交通安全教育。“深圳市中小学生交通安全专项教育”入选2021年深圳市十大“安全生产月”安全民生实事，被新华网、人民网等央媒正面报道。

【**学校安保防控建设**】2021年，深圳市教育局强化学校安保防控建设。联合公安部门开展校园及周边治安安全大检查，及时整改安全隐患。建立校园周边联防机制。定期联合城管部门开展校园周边乱摆卖专项整治行动，强化校园周边200米严管区域管理。开展校园安全防范专项调研，启动校门“家长接送区”建设工作。完善校园安防技术建设。继续实施中小学幼儿园安全防范建设三年行动计划，完成防冲撞设施设备、“一键式”紧急报警装置、视频监控系统、监控系统平台建设并正常运行。“一键式”紧急报警装置全部与公安部门联网。

【**学校消防安全管理**】2021年，深圳市教育局开展学校消防安全管理工作。联合深圳市消防救援支队开展“2021年消防安全管理标准化学校”创建工作。宣传贯彻《广东省消防工作若干规定》，印发《深圳市教育系统消防安全宣传进学校实施方案》，开展多种形式的消防安全宣传教育活动。

【**实验室危化品管理**】2021年，深圳市教育局建立实验室危化品风险管控机制。印发《深圳市教育局关于开展校园实验室危险化学品安全管理专项检查的通知》，集中系统梳理和整治学校风险点、危险源，积极构建安全风险管控和隐患排查治理双重预防机制。摸排全市学校危化品实验室1792个，联合应急管理局共出动检查人员850余人（次），整改相关隐患2556项，整改率100%。

【**学生安全教育**】2021年，深圳市教育局立足课堂开展学生安全教育。全市学校将安全教育纳入学校教学安排，通过“道德与法治”课程、主题班会、国旗下讲话、专题讲座等，系统开展安全主题教育。举办第26个“全国中小学生安全教育日”主题活动；联合市海事局开展“2021年水上交通安全知识进校园”活动；联合市公安交警局开展2021年广东省秋季“交通安全第一课”暨“广东少年警队”（深圳）授旗仪式活动等。

【**扫黑除恶专项斗争**】2021年，深圳市教育局常态化开展扫黑除恶专项斗争。开展扫黑除恶专项斗争转入常态化工作研究，加强教育乱象治理，做好向省教育厅、市委政法委日常整顿情况报送工作。构建校园欺凌群防群治机制。印发《深圳市教育局关于进一步加强防治校园欺凌专项治理工作的通知》，通过市委政法委将防治校园欺凌纳入深圳市党政13个部门工作职责，作为政府11个部门年度工作考核指标；完成5起网上举报或来信投诉疑似校园欺凌事件核查、办理、处置工作。做好校园“扫黄打非”工作。印发《深圳市教育局转发关于开展2021年“绿书签行动”系列宣传活动的通知》等文件，开展丰富多彩的校园文化“10个1”活动；联合市“扫黄打非”领导小组办公室开展“扫黄打非”督导和调研；建成“扫黄打非”工作站，规范活动和网络日常管理。加强反诈骗宣传。结合学校特点因地制宜开展反诈骗宣传教育活动，发挥家长学校和家委会作用，“小手拉大手”，共同构建反诈网络。（深圳市教育局学校安全管理处）

教育督导

【**政府履行教育职责评价**】2021年，广东省公布政府教育履职评价结果，深圳市在2020年珠三角地区9市中排名第一，相关工作情况在市政府常务会议上通报。深圳市教育局认真组织开展2020年省对市政府履职评价存在问题的整改工作。迎接2021年省对市政府教育工作履职评价，整合各相关材料并高质量按时上报。

【**基础教育学位建设及教育优质发展专项督查**】2021年，深圳市教育局做好基础教育学位建设及教育优质发展专项督查。将各区（新区）基础教育学位建设情况、基础教育优质发展情况、学前教育“5080”工程达标情况等作为督查重点，联合市委督查室、市政府督查室开展2021年基础教育学位建设及教育优质发展专项督查工作。

【教育监测督导评价体系构建】 2021年，深圳市教育局全面启动构建全市教育监测督导评价体系，推动深圳市教育高质量发展。牵头成立工作专班，多次讨论修订，完成《深圳市教育监测评价督导体系建设实施方案》编制，征求各部门意见，按程序上报市政府审议。

【义务教育质量监测】 2021年，深圳市教育局指导各区认真做好义务教育质量监测工作。全市10个区（新区）圆满完成国家义务教育质量监测工作，共计236所学校、7223名教师、9542名学生和5839名家长参与监测。与教育部基础教育质量监测协同创新中心合作，开展全市义务教育监测数据深度挖掘工作。

【“五项管理”经常性督导及“双减”督导】 2021年，深圳市教育局做好“五项管理”经常性督导及“双减”督导工作。将学校延时服务纳入责任督学日常工作范围，开展“五项管理”督导检查及“双减”督导，确保全面落实教育部“五项管理”及“双减”督导工作要求。

【“双减”工作初见成效】 2021年，深圳市在广东省率先设立市教育局校外教育培训监管处，建立社区四人小组联合执法新模式，依法关停学科类校外培训机构781家，压减比例达91%，全市证照不齐学科类培训机构实现动态清零。系统设计义务教育阶段除小学一、二年级外各年级共12个学科1548个作业设计样例，指导教师控制作业时长。建立学校作业管理日常检查制度，全面加强作业管理。为中小学教师开发4382个在线教学资源包，减轻教师备课负担。举办多期“双减”背景下的家庭教育“大讲坛”，增强家长对“双减”政策理解和认同，深受社会好评。

【各级各类教育评估】 2021年，深圳市教育局做好各级各类教育评估工作。开展全市18个“学习型街道”督导评估。完善义务教育阶段民办学校办学水平评估指标体系，开展10所义务教育民办学校办学水平评估。圆满完成200余所幼儿园办园行为督导评估工作。指导各区积极创建“学前教育普及普惠区”。（深圳市教育局教育督导处）

教育科研

【概况】 2021年，深圳市教育科学研究院加强教育科研工作。从严实施作业管理，切实推进作业“减负提质”。推出《关于加强义务教育学校作业管理的通知》等作业管理配套文件；出台《深圳市义务教育学科书面作业设计指引》，编制调查问卷；研发1932个上学期义务教育学科作业设计样例，强化作业样例引领，全面压减作业总量和时长。开展深圳市2021年中小学在线教学资源包建设工作。市教科院组织45个学科专家和名师为全市中小学教师开发4382个在线教学资源包，内含教学微视频、教学设计方案及授课PPT，整体提高教师课堂教学起点，减轻教师备课负担，促进不同区域教师教学优质均衡发展。推进普通高中新课程新教材实施国家级示范区深圳市学科示范基地建设工作。研制《深圳市普通高中新课程新教材实施国家级示范区示范校及学科示范基地管理办法》《深圳市普通高中新课程新教材学科教学指南》；遴选12个第二批学科示范基地；组织开展示范区示范校及学科示范基地建设规划系列研讨会，涉及10个示范校、首批与第二批共28个学科示范基地，示范校、学科示范基地组织20余场区域新课程新教材教研活动；承办2021年广东省普通高中新课程新教材实施国家级示范区校建设研讨交流活动，设置2个主会场和14个学科展示分会场。推动科技创新育人工作。推进深圳市中小学科普教育学分制试点工作；开展2020年度深圳市中小学“明日科创之星”认定工作，共计认定322人；遴选深圳中学等13所学校作为首批“深圳市中学生科技创新教育基地学校（高中）创建单位”；举办“深圳学生创客节（2021）暨第37届深圳市青少年科技创新大赛”活动；开展第七届中国国际“互联网+”大学生创新创业大赛萌芽赛道项目培育工作，深圳市共19个项目参与省赛，有9个项目进入省赛前16名、4个项目获得省赛“创新潜力奖”，全国总决赛中深圳市第三高级中学、深圳市第二实验学校参赛项目均获“创新潜力奖”，深圳市第三高级中学参赛项目获“最具人气奖”、获得总票数约2万票、名列全国第一；遴选50所“馆校结合科技教育基地学校”；开展第二批100所中小学创客实践室、中小学优秀社团终项评估及第三批创客实践室建设工作。基础教学成果奖培育成效显著。开展一系列基础教育教学成果奖培育活动，在年内“广东省基础教育教学成果奖”评审中，深圳市获6个特等奖、11个一等奖和20个二等奖，获奖数量居全省第一。

【党的建设】2021年，深圳市教育科学研究院加强党的建设。深入开展党史学习教育和革命传统教育，落实“十个一”党建工作任务。召开党总支委员会、党员大会开展专题学习研讨共60次，邀请专家学者讲党课2次，开展各类主题党日活动5次，组织各支部召开党史学习教育专题组织生活会，开展“七一”专题党课活动。拍摄“使命在肩，奋斗有我”党建微视频，获得“庆祝建党百年微视频大赛”三等奖。“一对一”挂点联系西丽社区，走访慰问困难党员、老党员8户，结对帮扶社区困难群众2户，开展社区防疫宣传志愿服务2次，选派优秀干部参加3个月的社区疫情防控工作。

【重点工作推进】2021年，深圳市教育科学研究院参与制订《深圳教育先行示范规划纲要（2021—2035年）》，对标全市2035年远景目标，谋划深圳教育至2035年发展目标、实施路径；完成《深圳教育发展“十四五”规划》编制工作；起草高校课程思政教学指南；参与制订《深圳市教育局关于加强义务教育学校作业管理的通知》，编制《深圳市义务教育学校学科书面作业设计指引》，录制深圳云课堂、提供义务教育阶段道德与法治学科作业设计模板；探索“人工智能+”新型课程教学，下发《关于征集深圳市中小学“人工智能+”新型课堂教学优秀案例的通知》，完成以人工智能教育为主题的创客实践室建设方案制订，推进小语种教、学、评一体化智能学习空间建设试点工作、人工智能赋能作业批改项目、以人工智能教育为主题的创客实践室建设项目和“人工智能+”新型课程教学课例展示活动；研究出台中小学科技创新教育实践基地建设标准与管理办法，评选40~50个中小学科技创新教育实践基地；启动基础教育质量评价与监测体系研究，完善以“五育并举”为核心的学生综合素质评价体系；积极配合市教育局高等教育处探索拔尖创新人才培养新模式。

【教育政策研究与制定】2021年，深圳市教育科学研究院参与完成市教育局重大教育政策研究与制定10余项。参与制定《深圳市“教育部基础教育综合实验区”行动方案》《思政课改革创新实施意见》《深圳市教育督导体制机制改革实施意见》《深圳市基础教育教研体系建设实施方案》《中小学科技创新教育五年行动计划（2021—2025）》《关于加强义务教育学校作业管理的通知》《深圳市义务教育学校学科书面作业设计指引》《深圳市义务教育阶段学校作业指引》《思政校本课程开发指南》《深圳市学生心理健康教育与服务体系建设实施意见》《深圳市关于推进公办中小学集团化办学的实施方案》

2021年7月24日，中华诗词学会诗教委员会成立仪式暨“中华诗教深圳示范区”建设项目启动仪式在深圳市龙华高级中学教育集团高中部举行

（深圳市教育局　供）

《义务教育阶段学校每天一节体育课实施意见》《深圳市大中小学劳动教育实施意见》等。谋划14个重大教育政策研究课题，包括“未来五年基础教育学位建设配套保障实施方案”“深圳经济特区中小学校条例”“深圳市中小学课堂教学变革实施方案”等前瞻性研究。

【教科培工作】2021年，深圳市教育科学研究院积极落实中共中央办公厅、国务院办公厅《关于进一步减轻义务教育阶段学生作业负担和校外培训负担的意见》，为深圳市义务教育学校12个学科提供每天书面作业设计样例，供教师设计书面作业时参照，有效实现“减负提质”，推动全市义务教育优质均衡、先行示范。稳步推进高考、中考相关工作。研究新中考、新高考新方案，做好学生综合素质评价研究，做好高考备考工作，有序组织高一、高二、高三年级考试命题、考试、评卷调研分析工作，共举办分析会20场、撰写试卷分析报告20篇。完成面向学生的48节名师课堂高考指导和面向一线老师的16节高考备考讲座，满足教师和学生备考需要。举办高考模拟试题命题比赛，召开2021年高中教学工作会议。有序推进中考工作。认真组织深圳市2021年初中学业水平命题、阅卷工作和深圳市2021年初中理化生实验操作考核，顺利推进深圳市理科实验教学指导意见出台工作，完成《深圳市中考数据深度分析报告（2016—2021年）》。各类教研活动百花齐放。完成深圳市义务教育阶段免费教材教辅选用工作；筹备组织中华诗词学会诗教委员会成立仪式暨“中华诗教深圳示范区”建设项目启动会；组织2021年深圳市中小学青年教师教学能力大赛；推动“四个一百”进校园活动、深圳市首届思政课改革创新系列优秀成果思政“金课”评选活动；开展“党在我心中”微视频评比活动，全市共征集优秀音乐作品180余个、美术作品150余个；编写《深圳的光荣与使命》系列教材；开展基于国家义务教育质量监测数据的民办教育质量状况调研。职业与生涯教育硕果累累。在“2021年职业院校技能大赛”省赛中，深圳市共获259个奖项，其中一等奖70个、二等奖103个、三等奖86个，获奖数量排名居全省各代表队第一；完成第一阶段深圳市学生生涯发展平台建设工作；编写深圳市中小学学生《生涯发展》学生用书、2021年度《国际教育动态》各12本。完善教师继续教育管理工作。完成市级教师发展中心考核认定工作；完成2021年全市中小幼教师继续教育课程征集与评审工作，通过242门课程；举办第62、63期“深圳教育论坛”；完成普通高中新高考专题培训、直属学校新任职教师、民办学校骨干教师培训等10项培训。完成全国教育科学规划课题、2021年广东省教育教学成果奖、深圳市教育科学“十四五”规划2021年度课题等12项课题申报评审工作；开展多项国家、省、市级规划课题研究工作。积极开展中小学课程建设、职业生涯规划、教师队伍建设等多个专题探索，发挥研究引领作用。持续加强自身建设，努力配齐配足教研人员。完成3批次教研员选调工作，共选调教研员18名；完成第一批4名博士选聘工作。

【教育平台及体系建设】2021年，深圳市教育科学研究院加强教育平台及体系建设。落实市长覃伟中提出的“四个体系”建设任务，认真开展“四个体系”建设。组织教科研人员开展基础教育教研体系建设研究。组建3个团队，全力配合发财处、人事处和督导处开展教育经费保障体系、校长教师发展体系和评价体系建设。推动广东省基础教育教研基地项目建设，积极创建“国家基础教育综合改革示范区”。贯彻落实广东省教育厅关于开展2021年度广东省基础教育教研基地项目启动活动培训要求，全面深化新时代教师队伍建设改革和教育教学改革有关部署，开展系列活动，推动广东省基础教育教研基地项目建设。

【“两书”“两刊”编辑出版】2021年，深圳市教育科学研究院组织编辑出版“两书”“两刊”。其中，“两书”：一是组织撰写《深圳教育年鉴2021》。该年鉴由商务印书馆出版发行，由深圳市教育局编，陈秋明任编纂委员会主任、李桂娟任主编、潘希武任副主编、张素蓉任执行主编，并荣获广东省人民政府地方志办公室组织评选的全省优秀等级年鉴二等奖；二是组织撰写《深圳教育发展年度报告（2020）》（原《深圳教育蓝皮书》），该年度报告由海天出版社出版发行，由深圳市教育科学研究院编，李桂娟任主编、潘希武任副主编、张素蓉任执行主编。“两刊”：一是编辑、审稿、查重、校对、印刷、分发与邮寄《深圳教育研究》（季刊）1—4 期；二是专题研究、校对、印刷、分发与邮寄《教育观察》（季刊）1—4 期。

（深圳市教育科学研究院）

2021 年 5 月 14 日，深圳市教育局召开"基于教学改革、融合信息技术的新型教与学模式"实验区授牌工作会议，教育部、广东省教育厅有关领导对深圳市及各区授牌　（深圳市教育信息技术中心　供）

教育信息化

【概况】2021 年，深圳市教育信息技术中心（深圳市教育装备中心）全面统筹部署教育部"基于教学改革、融合信息技术的新型教与学模式实验区"和"智慧教育示范区"各项工作，服务国家"互联网 +"、大数据、人工智能等重大战略。以建设中国特色社会主义先行示范区、服务深圳教育高质量发展为目标，坚持服务教育理念，树立信息化思维，发扬创新精神，全面推进各项重点工作并取得重要进展，相关工作得到教育部有关领导肯定和表扬。

【教育部"基于教学改革、融合信息技术的新型教与学模式"实验区建设】2021 年 1 月 25 日，深圳市教育局印发《深圳市教育局"基于教学改革、融合信息技术的新型教与学模式"实验区实施方案》，明确市级统筹、区域协同实验区整市推进工作思路，打造市、区、校三级实验体，以云端学校为抓手探索未来教育新形态、新模式，系统开展综合实验。2—5 月，出台 8 个配套政策和指导文件，明确 11 个区级实验区实验项目。9 月 30 日，确定 100 所实验校，并开展校级实验，建立一整套实验工作与保障机制，营造市、区、校一体化发展工作新局面。10—11 月，经教育局党组审议通过，明确实验校三年工作经费共 7800 万元。11 月，实验区专题网站上线运行，展示各区、校工作进展和实验成果，并由广东省报送参与"第四届全国基础教育信息化应用展"。12 月 10 日，实验区工作推进会上对 100 所实验校进行授牌，全面启动校级实验项目。深圳市级案例"夯实信息化工作'六大机制'，树立市域统筹区校协同一体化发展的深圳样板"入选教育部 2021 年度"信息技术与教育教学深度融合示范案例"名单。

【国家级"智慧教育示范区"建设】2021 年 2 月，教育部发布《关于公布 2020 年度"智慧教育示范区"创建项目名单的通知》，深圳成功入选。深圳市教育局紧抓机遇，加强顶层设计和系统规划，制订"智慧教育示范区"实施方案和 2021 年工作计划，聚焦目标任务，协同推进各项重点工程，不断丰富智慧教育公共服务体系，夯实智慧教育新型基础设施。加大教育"新基建"投入，在教育信息化"十四五"规划中实施新型教育基础设施建设工程。提出智慧教育基础环境提升项目、智能化校园建设项目、网络信息安全保障项目、校园管理 BIM/CIM 项目。实施人工智能改革创新标杆工程，引领新改扩建学校智能化水平整体提升。编制《深圳市普通中小学校设备设施选配指引（人工智能方向）》《深圳市初中理科实验教学与测评装备标准》等标准规范，升级人工智能设施装备，孵化智能校园。实施数字资源公共服务工程，升级数字资源生态环境。上半年市教育局组织学科专家和名师为全市中小学老师开发 4382 个包括教学微视频、教学设计和授课 PPT 的中小学在线教学资源包，涵盖小学、初中、高中共 45 个学科。与行业知名高校合作，引入智囊外脑，进行专家指导推进。12 月 10 日，智慧教育示范区工作启动会召开，深圳"智慧教育示范区"立足先行示范，锚定智慧前沿，衔接"实验区"，全面启动。教育部科学技术与信息化司副司长舒华对深圳的智慧教育工作给与充分肯定。

【云端学校教学服务保障】2021 年，深圳市教育信息技术中心着力做好云端学校教学服务保障工作。充分发挥教育云前期建设成效作用，基于深圳教育云平台部署云端学校应用系统，初步构建以教育城域网为主、5G 专网为辅的双网覆盖网络体系，实现入驻校网络和平台应用情况实时监测，有力支撑和保障深圳市云端学校常态化教学开展。编制《深圳市云端学校网络保障方案》《关于做好云端学校网络保障工作的通知》《深圳市云端学校入驻校网络建设和管理规范（试行）》等，建立云端学校网络保障协同机制；联合云端学校筹备组，提前对相关入驻学校有线网络进行摸底、检测和排查，优化市局直属入驻校网络结构和配置，指导各区和区属入驻校优化网络环境，汇聚各参与云端学校试点课室网络链路，部署“智慧大脑”管理平台，实现对各入驻校有线网络实时监测；构建 5G 定制网，组建覆盖云端学校主场校和各入驻校相关课室专属网络，同时组建团队主动服务，对主场校和各入驻校提供为期 1 个月的现场驻点网络技术保障服务；开展“5G+ 互动教育”云端学校常态化应用实践研究，探索 5G 在教育领域的应用新模式、新方法，打造“5G+ 教育”常态化应用突出案例。9 月 1 日，深圳教育云资源平台升级优化，云端学校顺利开学。

2021 年 9 月 1 日，深圳教育云资源平台升级优化

（深圳市教育信息技术中心　供）

【深圳教育公共管理服务平台应用】2021 年，深圳教育公共管理服务平台进入大规模应用阶段。科技防疫作用显著。打通与市政务数据管理局、市卫生健康委等的大数据联系，运用平台统一数据，精准掌握师生健康情况；通过比对分析实时掌握全市约 250 万名师生员工的“粤康码”、48 小时核酸检测和新冠疫苗接种情况，在招考等重要教育场景获得广泛应用，在教育局业务管理工作方面发挥积极作用。以部门实际工作为抓手，滚动推进教育管理重点业务应用建设，教师专业评价、教师面试资格审核秒批服务、师生健康数据监测、教育综合督导、学校信息管理、学生数据管理、民办中小学信息管理、学前信息管理、教培信息管理、科普教育学分制管理等管理应用均使用平台统一门户、统一身份认证、单点登录、开放开发、信息交换、统一大数据和一体化运维等功能。基于信息平台的学生成长过程性评价工作扎实推进。深圳市初中学生综合素质评价信息管理平台，面向深圳市所有公办与民办学校初中学生、家长、教师提供全量服务，系统运行平稳。12 月，基于公共管理服务平台的深圳学位建设“一网统管”专题上线。

【师生信息化素养和科技创新能力提升】2021 年，深圳市广泛开展中小学科创教育与信息化应用活动，师生信息化素养和科技创新能力进一步提升。深圳市中小学科创教育与信息化应用活动平台共承载多达 55 项各类师生科创活动，涉及平台教师 1.7 万人、学生 4291 人，作品共计 3.1 万件，其中学生作品 1.4 万件、教师作品 1.7 万件。实现各类应用活动在线报名、作品上传、网络评审、分析统计等“一站式”管理。以信息化手段提升各类应用活动管理组织效率和评审评优科学性，形成科创品牌，为全国基础教育信息化与教学融合树立典型示范、提供先进经验。在教师培养方面，1 月 25 日，首期“适应新型教与学模式先锋教师创新班”开班，以“五段式研修 + 导师制培养”为培养模式、以六大成果为导向，探索未来教师新形态，融合“信息化教学实验区”和“智慧教育示范区”目标任务，开展新型教与学模式应用与推广，年内已完成第一、二期培训。6—7 月，开展 2021 年深圳市教育教学信息化交流活动，全市共有 876 件作品参加评比，其中获评“全国创新作品”8 件、“全国典型作品”13 件、“全国研讨作品”1 件、

"全国典型精品课"1件。深圳市教育的优异成绩受到中央电化教育馆肯定。举办"2021年深圳市中小学实验说课"活动、"深圳市中学物理和小学科学实验教师（实验管理员）实验操作与创新技能竞赛"活动、"深圳市中小学实验精品课遴选"活动和"深圳市中学生物显微摄影大赛"，充分调动广大师生开展实验教学研究的积极性，促进教师专业素养和学生创新实践能力提升。

【教育信息化标准建设与教育装备管理】2021年，深圳市教育局推进全市教育信息化标准建设与教育装备管理。修订和完善《课堂教学行为数据交换规范》《深圳市基础教育管理信息化技术规范》，打造学生个性化学习分析数据模型，实现对学校有效数据的搜集，为全市教育系统开展信息化建设、实现信息共享和建设教育可视化系统奠定坚实基础。启动教育装备数据采集及统计工作，逐步实现以信息技术支撑的智能化教育装备统计评价体系。编制《深圳市初中理科实验教学与测评装备标准》，推进深圳市初中阶段理科实验评价考试制度改革。在秋季学期末策划深圳市教育信息化"双区"建设与应用展，以"深圳智慧教育新路径：以'双区'建设探寻教育数字化转型"为主题，以时空走廊的新颖形式展出，受到业内高度评价。

【教育网络安全管理】2021年，深圳市教育局加强教育网络安全管理。联合网络安全业务主管部门，圆满完成建党100周年重保工作。落实全市基础教育系统护网应急处置工作。在市公安部门组织开展的全市护网攻防演练和市委网信办组织开展的网络安全攻防实战演练期间，组织实施全市基础教育系统网络安全监测、检测，效果良好。开展信息安全员认证培训。4月12—16日，组织开展全市基础教育系统信息安全员第三期认证培训，市、区中小学校及幼儿园信息安全管理人员和信息技术人员150余人参训，共有131人通过国测中心组织的考试并获得认证证书。开展网络安全宣传进校园活动。10月11—17日，围绕"网络安全为人民，网络安全靠人民"主题，通过网络安全知识讲座、主题班会、网络安全云课堂、网络安全漫画及黑板报、张贴宣传海报、LED电子屏展示等多种方式开展内容丰富、形式多样的网络安全宣传教育活动，引导师生树立网络安全意识，养成文明上网好习惯。

（深圳市教育局）

2021年深圳市教育局负责人及职责分工

姓　名	职　务	分管工作
陈秋明	市委教育工委书记，市教育局党组书记、局长	主持市委教育工委、市教育局全面工作
杨　平	市委教育工委副书记，市教育局党组成员	分管市委教育工委办公室（市委教育工作领导小组办公室秘书处）、市教育局办公室、机关党委（人事处），分管教育系统意识形态和安全维稳工作
赵　立	市教育局副局长、党组成员，市委教育工委委员	分管基础教育处、市教育科学研究院、市教育信息技术中心
关　苏	市教育局党组成员、二级巡视员	分管政策法规处、社会力量办学管理处、学校安全管理处，联系深圳大运留学基金会
于　洋	市教育局副局长、党组成员	分管高等教育处（中外合作办学处），联系大学城管理办公室
陈志锋	市教育局副局长、党组成员，市委教育工委委员	分管高等教育处（中外合作办学处）、学校安全管理处、深圳大学城管理服务中心、深圳大学城图书馆，协助分管学校建设
邱成瑜	市教育局副局长、党组成员，市委教育工委委员	分管市教育局办公室、德育与体育卫生艺术教育处、市教育信息技术中心，协助分管教育改革工作
蔡茂洲	市教育局主任督学	分管职业与终身教育处、教育督导处（市政府教育督导室）
张涞临	市教育局二级巡视员	分管发展规划与财务管理处、市教育局财务核算中心（市教育事务和学生资助中心）、市教育事务综合保障中心、市教育发展基金会办公室，联系市教育国际交流协会、市教育学会、市教育发展基金会

各级各类教育

Education at Different Levels and Types

学前教育

【学前教育立法】2021年1—6月，深圳市教育局加强学前教育立法工作。多次与市人大教科文卫委召开座谈会，讨论和修改深圳经济特区学前教育条例文稿，陪同市人大常委会主任骆文智和市人大代表等到幼儿园开展调研。10月28日，市七届人大常委会第五次会议三审通过《深圳经济特区学前教育条例（草案修改二稿）》，12月提请市人大常委会全体会议表决。

【学前教育学位建设】2021年，深圳市教育局按照《中共深圳市委深圳市人民政府关于加快学位建设推进基础教育优质发展的实施意见》要求，推进学前教育学位建设。1—9月，全市新增幼儿园67所，新增学前教育学位2.13万个。

【学前教育监管体系完善】2021年，深圳市教育局出台系列配套文件，完善学前教育监管体系。拟订《深圳市公办幼儿园法人治理指导意见》，明确公办园法人、园长的职责和权利。修订《深圳市普惠性幼儿园管理办法》，优化奖补政策，健全全程监管、绩效考评、质量监测等措施机制，引导和促进普惠性民办园提高办学品质。修订《深圳市学前教育专项经费管理办法》，通过调整优化专项经费使用范围和监管机制，提高专项经费使用效益。3份文件按程序报批。推进集团化办园和学区化治理，创新学前教育治理模式。遴选出5个幼教集团向省教育厅申报“广东省优质基础教育集团”。开展首批“深圳市优质学前教育集团”遴选培育工作，围绕规划与愿景、制度与运行、共建与共享、成效与评价等四个方面培育优质学前教育集团。出台《深圳市教育局关于推进学前教育学区化治理的实施意见》，推进党建、行政、研训、督导“四位一体”学区化治理，发挥优质资源辐射带动作用。

【师资队伍培育】2021年，深圳市教育局做好师资队伍培育工作。实施第二轮“苗圃工程”。评选出251名名师（名园长）及培养对象，认定30个市级学前教育名师工作室。以名园长、名教师为“头雁”，以名园长、名教师工作室作为实践性研训基地，引领带动全市幼儿园教师提升专业素质。举办“幼有善育”鹏城论坛。创新学前教育教师研训方式，通过“名园经验+专家视角”“现场参访+合作学习”“线上收看+线下研讨”相结合的方式，开展系列论坛活动，为幼儿园教师搭建经验分享、理论引领、指向实践、提升思维的专业发展平台。实施优秀师资引进“种子工程”。与全国各地师范院校合作，引进优秀毕业生跟岗实习，提前为幼儿园储备教师资源，整体提升全市幼儿园教师学历水平。

【学前教育质量提升】2021年，深圳市教育局打造高质量幼儿园课程，提升学前教育质量。出台《深圳市幼儿园课程建设指导意见》和课程指引，开展全市幼儿园科学保教项目培育工作，建设富有特色的地方性课程体系。截至年底，全市29个省级“新课程”科学保教示范项目和19个市级“新课程”科学保教示范项目完成开题，按计划开展研究工作。培育“家门口的优质园”。组织专家研制《深圳市优质幼儿园培育工作指引》，从管理引领、师资保障、课程促进、安全健康、学习环境和家园社区协同等六个方面为幼儿园提供培育思路，指导幼儿园全面提升办学水平，为广大市民提供广覆盖优质园所，让幼儿享受到家门口的优质学前教育。全年共培育200所优质幼儿园和60所优质特色幼儿园。启动幼儿园2~3岁托班试点工作。选取42所普惠性民办幼儿园开展2~3岁托班试点工作，联合市卫健委开展托班试点幼儿园保教人员培训。出台《深圳市幼儿园托班开设与管理指南（试行）》，规范幼儿园托班日常管理。推进融合教育工作试点，做好幼儿园与小学科学衔接。选取部分区和幼儿园开展学前特殊儿童融合教育试点工作，2所试点园成功申报广东省特殊教育内涵建设示范项目中的“随班就读”示范园。学前教育处联合基础教育处制订“幼小衔接”行动方案，开展全市“幼小衔接”工作。在广东省学前教育高质量实验区申报工作中，盐田区和南山区获评“幼儿园与小学科学衔接实验区”，宝安区获评“岭南幼儿园自主游戏实验区”。深入开展学前教育宣传月活动。在局门户网站开设“砥砺十年，奠基未来”专栏，围绕学前教育故事、学前教育普及普惠和幼儿园科学保教三个方面展现优秀作品和事迹案例，全面、系统宣传展示全市学前教育改革发展10年来的重大成果。

【幼儿园招生】2021年，深圳市教育局认真做好幼儿园招生工作。要求各区（新区）完善招生机制，提前摸排隐患，制订应急预案，做好重大不稳定因素和各类隐患化解工作。召开全市招生工作部署会议和市属幼儿园招生工作会议，分析研判可能出现的招生问题，提前制订应对措施。印发全市幼儿园招生工作通知，明确招生原则、招生程序和招生工作要求等，确保2021年全市幼儿园秋季招生工作平稳、有序。（深圳市教育局学前教育处）

基础教育

【概况】2021年，深圳市基础教育优质发展步入快车道。“百万基础教育学位建设计划”开局顺利，2021年新开工建设学校143所，建成学校140所，全年新增13.1万个基础教育学位，再创历史新高。全市公办园在园儿童数占比51.6%，普惠园（含公办）在园幼儿占比87.9%。公办普高录取率48%，较大规模学校建设前提高3.6个百分点。组建深圳市学校规划与建设专家咨询委员会，邀请4位院士和50位知名专家担任委员，打造精品校园。建立“名园（长）+”学前教育集团发展模式，在全市推进建设60个基础教育集团，18个集团入选省级优质教育集团培育对象，推动基础教育实现高位均衡。未成年人思想道德建设工作名列广东第一。中小学生体质优良率超过57%，学生健康水平持续提升。2021年国际“互联网+”双创大赛“萌芽赛道”（中学组）中，我市获最高奖2个、“最具人气奖”1个，成为全国萌芽赛道累计获金奖数最多的城市。第62届国际数学奥林匹克竞赛我国获6枚金牌，其中深圳学生获得2枚金牌。

【义务教育招生】2021年，深圳市教育局积极做好义务教育招生工作。招生政策解读和宣传。5月18日，印发《深圳市教育局关于做好

6月22日，深圳召开2021年全市中考及初二学业水平考试工作调度会暨近期教育重点工作部署会，深圳市副市长郑红波参加会议并讲话，副秘书长李卓文主持会议

（深圳市教育局　供）

2021年普通中小学招生入学工作的通知》，指导全市义务教育招生工作。严格执行《深圳市非深户籍人员子女接受义务教育管理办法》。5月20日，召开2021年义务教育招生新闻通气会。5月20—31日，市教育局、市直机关工委、深圳广电集团联合举办《民心桥》节目，邀请各区（新区）教育局局长及分管招生工作负责人走进直播间进行义务教育阶段学位申请宣讲系列访谈，就家长关心的招生政策进行解读宣讲，答疑解惑。编印《深圳市2021年义务教育阶段新生招生问答》，及时回应市民关心的招生热点、难点问题。保障符合条件的适龄儿童少年入学。2021年，义务教育阶段学校招生网上报名35.05万人，实际招收符合就读条件的适龄儿童少年34.5万人，其中公办学校安排24.28万人、民办学校安排10.22万人。依据政策，妥善安排各类优待优惠政策人员子女入学。安排多名军人、消防人员、高层次人才（市级601人，区级617人）、抗疫一线医务人员子女入学。加强部门协作和联动，妥善化解招生矛盾。加强与市公安局、市卫健委、市住建局、市司法局、市人社局、市政数局、深圳警备区政治部、市网格办等单位合作，协调有关义务教育招生信息资料核验事宜，确保深圳市义务教育招生公平、公正。3月和6月，开展全市义务教育阶段学位涉稳问题和隐患摸排化解工作，实施清单管理，积极应对和化解招生矛盾，确保招生工作平稳有序。

【“控辍保学”工作】2021年1月，深圳市教育局印发《深圳市教育局关于落实做好省第二批“控辍保学”工作台账中疑似失学儿童少年情况的核查及劝返复学工作的通知》，要求各区针对第二批疑似失学儿童少年名单采取积极有效措施，做好核查及劝返复学工作。3月8日，通报全市各区“控辍保学”进展情况。10月15日，广东省“控辍保学”工作台账管理平台数据显示，深圳市疑似辍学学生7904人。经核查，实际上学（复学）5034人，核减非真实失学2865人，延缓入学5人，核查消辍工作完成进度99.94%。

【大班额和超标准班额消除工作】2021年，深圳市义务教育阶段学校消除大班额工作取得突破性进展，实现基本消除大班额任务目标。超标准班额数和比例较高，起始年级未能完全做到按标准班额招生。为有效控制班额，市教育局基础教育处利用学籍系统对各区义务教育学校班额管理进行动态监测，并建立通报机制。

【初中综合素质评价】2021年，深圳市教育局实施《深圳市初中学生综合素质评价方案（试行）》（简称“新综评”）。年内，全市442所初中学校初一、初二年级学生全部参加“新综评”活动。“新综评”系统在应用过程中不断完善和优化，53个功能优化需求已实现47个，功能优化率89%。做好初三毕业生综合素质评价（“老综评”）工作，全市380所学校（校区）10.59万名应届初中毕业生参加综评。

【教材管理】2021年，深圳市教育局基础教育处强化教材管理。根据国家教材委员会专家组意见，完成深圳市部分校本课程教材整改工作。根据《广东省教育厅关于中小学“两类教材”专项排查工作的通知》，对全市中小学外语类教材和其他学科专业类境外教材进行摸底排查。根据《关于切实做好我市免费义务教育工作的意见》精神，上报《2021年秋季—2024年春季深圳市免费课本政府采购工作实施方案》，启动第五个周期免费课本政府采购工作。根据省教育厅部署，开展中小学课程教材专项治理工作。

【义务教育学校规范化管理】2021年2月，深圳市教育局基础教育处做好义务教育学校规范化管理工作。组织市、区教育行政部门对全市中小学校开展“平板教学”深入排查和整改工作。6月，召开全市中小学“五项管理”落实推进视频会，深入解读作业、睡眠、手机、读物、体质等“五项管理”文件精神，部署进一步推进落实“五项管理”，确保有关要求全面落地见效。

【“双减”政策落实】2021年8—9月，深圳市教育局基础教育处贯彻落实“双减”政策，印发《关于加强义务教育学校作业管理的通知》和《深圳市义务教育学科书面作业设计指引》，系统谋划，综合施策；组织市、区教研力量系统设计三至九年级各学科基础性、拓展性书面作业样例和资源包，实现所有学科全覆盖、作业类型全覆盖，为各种类型学校作业布置提供科学参照，有效控制作业总量和时长；依托基础教育“双减”工作监测平台，指导并督促全市义务教育学校建立作业校内公示制度和作业总量审核、作业质量定期评价机制，全面落实作业减负与质量提升双管齐下等要求。指导小学生基本在校内能完成书面作业，初中学生在校内完成大部分书面作业。

【小语种课程开设】2021年1月，深圳市教育局基础教育处开展全市小语种课程开设情况调查摸底，形成《深圳市基础教育阶段学校小语种课程开设情况调查报告及相关工作建议》。3月，赴北京市西城外国语学校、上海市甘泉外国语学校考察学习。6月，进行中考试点规范小语种命题与阅卷工作，设立市、区两级教科院小语种教研员，统筹全市及各区小语种教学教研、评价和指导工作。

【“学区房”虚假违法广告整治】2021年2月，深圳市教育局联合市市场监督管理局、市住房和建设局启动“学区房”等虚假违法广告专项整治工作。共出动人员380人次，对155个楼盘进行现场检查，对154个户外广告进行登记、建立台账，发现涉嫌违法的“学区房”等广告45个。3月2日，“学区房”等虚假违法广告专项整治工作领导小组召开房地产广告规范整改会议，通报联合检查有关情况。市教育局和市住房建设局于7月19日、9月19日先后两次召开座谈会，对“学区房”问题进行深入调查剖析，确定工作重点，形成《关于“坚决防止以学区房等名义炒作房价”工作情况的报告》报市政府。

【普高自主招生改革】2021年，深圳市教育局基础教育处推动普高自主招生改革。会同市招考办、德体卫艺处将原公办普通高中自主招生、直升生及体育、艺术特色团队和体育、艺术术科特色班、普通高中等各类招生类型统筹纳入全市普通高中自主招生一类和二类招生计划。根据《深圳市教育局关于做好2021年普通高中学校自主招生工作的通知》要求，结合各高中学校申报情况和办学实际，经深圳市普通高中自主招生工作领导小组评审和研究决定，全年共有58所学校获得自主招生资格。促进普高多样化特色发展。在总结上年普高自主招生工作经验基础上，年内自主招生一类计划学校38所（含校区），较上年增加19所（含公办、民办）；自主招生二类计划学校49所（含校区），较上年增加8所（含公办、民办）。

【集团化办学】2021年，深圳市教育局基础教育处组织全市基础教育集团开展省级优质基础教育集团创建工作。根据《广东省教育厅关于开展广东省优质基础教育集团遴选培育工作的通知》要求，会同学前教育处组织各区、校（园）积极开展申报和推荐工作。经审核及综合评估，全市有20个中小学教育集团（含2所市局直属教育集团）和5个幼教集团符合申报条件和有关要求，省教育厅同意市教育局超限额推荐申报全部25个基础教育集团。推进义务教育优质均衡发展。7—10月，收集、汇总相关处室近五年全市义务教育优质均衡发展基本情况、成效、存在的问题及今后工作建议，形成《深圳市义务教育优质均衡发展情况报告（送审稿）》，提请局长办公会审议后报市政府。10月下旬，陪同市人大教科文卫委赴扬州、上海、杭州调研义务教育优质均衡发展情况，形成《扬州、上海、杭州义务教育优质均衡发展情况调研报告》。起草《深圳市关于推进公办中小学集团化办学的实施方案》。深入推进公办中小学集团化办学。发挥优质学校辐射带动作用，扩大优质教育资源覆盖面，满足人民群众对“学有优教”的关切，有效遏制因教育资源不均衡所引发的“择校热”，缓解因优质教育资源供给不足而引发家长焦虑情绪等现象，增强市民群众获得感和幸福感，打造民生幸福标杆。起草《深圳市高中园办学方案》。根据市领导指示精神，以集团化办学方式举办高中园，由深圳中学、深圳实验学校、深圳外国语学校和深圳市高级中学4所直属学校分别承办深汕、坪山、光明及龙岗各一个高中园，通过集团化模式管理，实现优质教育资源广覆盖、多辐射，打造国内高中教育高质量发展高地。

【高中综合素质评价】2021年，深圳市教育局基础教育处克服疫情和平台升级等影响，实现全市普高综合素质评价全覆盖。根据省教育厅部署，首次组织全市各普通高中全员（合计16.8万名学生）进行写实记录、教师评语、学生自我陈述等系列综评档案填报和补录工作。3月8—14日进行档案公示，平稳实现全市普高 3 个年级综合素质评价档案全员同步。有效组织全市 2018 级高中学生（近 5 万人）进行 2019—2020 学年下学期综评档案填报与以往学期档案补录，4 月 25 日经公示形成第一届普高毕业生总综评档案。创新形式、主动对接，做好普高综评各类业务咨询和答疑等工作。为高效对接各类应用，主动与省教育厅沟通，优化系统统计模式、加强相关联系统对接、扩大综评系统共享应用等；优化学校填报效率，创建 QQ 工作群及时回应各区、校热点、难点问题，共享常见问题手册。将相关学习和培训融合于平台和日常工作中，得到省教育厅高度肯定。

【中小学生学籍管理】2021 年，深圳市教育局基础教育处做好全市中小学生学籍管理工作。深圳市学籍管理系统共承载和管理全市 169.7 万名中小学在校生信息（义务教育阶段 152.9 万名，其中小学 113.6 万名、初中 39.3 万名、普通高中 16.8 万名）。截至 10 月 31 日，操作处理系统上各类学籍业务 11.41 万条。通过 QQ 群等平台共享和培训学籍系统操作办法、转达上级指令、发布通知等信息 30 多次，共享操作指引相关文件 10 余份，处理各类学籍业务咨询 6000 多宗，直接协助学校和家长处理各类跨省转学、信访、就学等各类特殊问题近 1000 宗。配合市招考办核验中考报名学籍信息 10 万余人，分别核发全市高中毕业证书和市教育局直属义务教育证书 4.5 万本和 0.5 万本。国家学籍系统建设和应用工作持续保持高效。6 月底前，及时完成全市 30.6 万名毕业（含小六、初三和高三）学生毕业操作，完成覆盖率领跑全省。

【高水平师资队伍建设】2021 年，深圳市教育局修订《深圳市深化中小学教师职称制度改革实施方案》，教师职评覆盖面扩大到民办学校。与知名师范大学合作建立“深圳学院”，建成 10 所市区级教师发展中心，教师培养与专业成长力度进一步加强。2021 年广东省教育教学成果奖（基础教育）评选中，深圳获特等奖 6 项，占 40%，数量和占比均为全省城市之首。第三届广东省中小学青年教师教学能力大赛中，深圳获 38 个一等奖，18 名教师参加总决赛，位居全省第一。2021 年广东省班主任专业能力大赛，深圳获综合一等奖数位居全省第一。

【云端学校筹建】2021 年，深圳市教育局统筹成立云端学校筹备工作组，协调解决学校开办相关事宜，为云端学校建设提供全方位服务保障。基础教育处积极协调学校选址、师资配置、设施设备配置等相关事宜。

【科技创新教育】2021 年 6 月，深圳市教育局开展科技创新教育工作。组织发动全市中小学参加第七届中国国际“互联网 +”大学生创新创业大赛萌芽赛道活动。初步形成《深圳市中小学科技创新教育五年行动计划（2021—2025）》。在光明区开展首批科普学分制试点工作。

【普高同等学力认定】2021 年，深圳市教育局基础教育处开展普高同等学力认定工作。根据《广东省教育厅关于规范普通高中同等学力认定工作的通知》精神，会同市招办等部门联合开发普通高中同等学力证书核验系统，并将该证书核定事项纳入市公共审批平台统一受理，实现全流程网上办理（学生或家长可通过广东省粤省事统一身份认证平台，结合手机 APP 实现证书网上申请、受理、核验和制证全流程管理）。全年共受理并发放普通高中同等学力证 23 本。

【新课程新教材实施国家级示范区建设】2021 年，深圳市教育局基础教育处开展新课程新教材实施国家级示范区建设工作。根据教育部基础教育司《关于组织普通高中新课程新教材实施国家级示范区示范校开展网络研修活动的通知》和教育部基础教育课程教材发展中心《关于组织开展普通高中新课程新教材实施国家级示范区示范校全员研修活动的通知》，印发《深圳市普通高中新课程新教材实施国家级示范区全员研修活动实施方案》。全员研修活动参加人员涵盖市教育局、市教科院及全市 10 个行政区（新区）教育行政部门、教研部门、102 所公民办高中学校教育行政部门管理人员、教研部门管理人员、普通高中学校教学管理人员、教研部门高中教研员、普通高中学科教师。

【乡村振兴战略实绩考核迎检】2021 年，深圳市教育局基础教育处按照市委实施乡村振兴战略领导小组办公室要求，紧密联系省教育厅、指导各区（新区）教育行政部门开展2021年度推进乡村振兴战略实绩考核迎检工作。报送《深圳市教育局关于2020年度乡村振兴战略工作开展情况的复函》并满分通过考核。成功推荐深圳市宝安区滨海小学教师高春艳当选“广东省乡村振兴先进个人”。

（深圳市教育局基础教育处）

高等教育

2021年8月11日，第七届中国国际“互联网+”大学生创新创业大赛广东省分赛决赛在广州大学举行 （深圳市教育局　供）

【概况】2021年，深圳市高等教育跨越式发展保持良好态势。全力创建“双一流”大学，南方科技大学、深圳大学累计16个学科进入ESI学科排名世界前1%，在2022年泰晤士高等教育世界大学排名中分别位居内地高校第9位和第17位。7所高校纳入广东省第三轮高水平大学建设计划，1所高校纳入省特色学校建设计划。2021年深圳高校新增10个博士点，数量位居各城市市属高校第一。全职两院院士达49人，高校成为全市高层次人才集中领域。

【高校疫情防控】2021年，深圳市教育局先后印发《关于做好全市高校假期疫情防控和校园安全工作的通知》《关于报送2021年寒假校园疫情防控及春季返学工作方案的通知》《关于加强高校校园疫情防控工作的通知》《关于做好全市高校2021年暑期校园疫情防控工作的通知》，指导各高校按时、准确填报密接人员情况表及疫苗接种情况统计表，推动高校落实属地责任，将疫情防控工作落实落细，确保有序开学、复学。全年全市高校疫情防控形势平稳可控。面对毕业生就业严峻形势，多次召开专题会议研究，协调相关单位组织行业企业密集开展线上线下招聘活动。全年全市高校毕业生就业率近90%。

【高等教育先行示范】2021年，深圳市教育局制订《深圳高等教育先行示范行动方案（2020—2025年）》，经市委教育工作领导小组会议审议通过，提请市政府常务会议审议。会同市人力资源局、市财政局、市委编办研究制订《深圳市新建高校教职工薪酬指导意见》，于1月8日经市政府六届二百五十次常务会议审议并原则通过。2月，教育部和广东省印发《共同深化教育综合改革重点工作备忘（2020—2021年）》，就探索扩大在深高校办学自主权提出具体支持举措。积极探索高等教育管理新模式，加强高等教育统筹管理，推动高校人事制度改革。7月，陪同市长覃伟中赴教育部汇报沟通。启动《深圳市全面深化普通高校人员总量管理改革实施意见》起草工作。

【“双一流”大学创建】2021年，深圳市教育局加快推进深圳大学、南方科技大学“双一流”创建工作。召集两校专题研究部署相关工作，指导两校制订创建“双一流”实施方案，全面加快推进各项创建工作。积极争取教育部支持。3月，赴教育部汇报沟通。教育部学位管理与研究生教育司表示，教育部正在研究评选新一轮“双一流”高校的标准，将从支持深圳建设中国特色社会主义先行示范区的角度，积极考虑支持深圳创建“双一流”大学。

【新高校筹建】2021年9月，深圳市教育局推动新高校筹建工作。以市政府名义致函广东省教育厅，申请将海洋大学、创新创意设计学院、深圳理工大学、深圳音乐学院等纳入广东省高校设置“十四五”规划。中科院深圳理工大学筹建工作全面提速。明珠校区投入试运行，光明主校区年底开工建设。创新创意设计学院和音乐学院两大“新时代十大文化设施”筹建工作全面加快。南科大和港中大（深圳）分别获批开设工业设计和音乐表演专业，招收首批本科生，分别引进关道文教授和叶小钢教授担任创院院长；永久校区完成方案设计国际竞赛，开展可行性研究报告编制工作。海洋大学和高水平师范大学深圳学院全面启动。会同南科大研究办学方案，征求意见，下一步根据各部门意见建议修改完善后报市政府审议；与北师大、华东师大洽谈设立深圳学院，探索定向培养深圳中小学急需的创新型教师，其中与华东师大的合作协议经市政府常务会议审议通过。香港大学（深圳）建设取得实质性进展，市校签署合作办学备忘录。

【高水平大学建设】2021年，深圳大学、南方科技大学、香港中文大学（深圳）、哈尔滨工业大学（深圳）、深圳北理莫斯科大学、清华大学深圳国际研究生院、北京大学深圳研究生院纳入广东省第三轮高水平大学建设计划，深圳技术大学纳入“强特色”计划。深圳大学、南科大、香港中文大学（深圳）合计16个学科进入ESI学科排名前1%。南科大和深圳大学在泰晤士高等教育2022年度世界大学排名中，分列内地高校第9和17位。深圳大学、南方科技大学分别新增7个、3个一级学科博士点，深圳大学完全新增博士点总数位列全国第一。深圳技术大学正式获批硕士学位授予立项建设单位。全市高校校园建设项目加快推进，深圳技术大学一期、南科大二期、深圳大学西丽校区二期、中山大学深圳校区等建成或基本建成投入使用。

［深圳市教育局高等教育处（中外合作办学处）］

【深圳大学城】深圳大学城占地面积1.54平方千米，有清华大学深圳国际研究生院、北京大学深圳研究生院、哈尔滨工业大学（深圳）3个办学机构。2021年，深圳大学城共有8个学科门类，包括工学、理学、管理学、经济学、哲学、文学、法学和艺术学。本科专业方向24个，硕士专业方向89个，博士专业方向57个，专业学位37个。截至年底，大学城全日制在校生1.63万人（含留学生282人），其中博士生2088人、硕士生9631人、本科生4539人。全年毕业生3358人（博士242人、硕士2579人、本科537人），新生报到5359人（博士538人、硕士3448人、本科1373人）。大学城全职教职工2911人（专任教师1163人、博士后407人、实验室技术人员409人、行政教辅人员895人），双基地教师352人，在大学城工作或领衔科研课题的院士13人。专任教师中，外籍教师108人，占专任教师比例9.29%；留学归国人员554人，占专任教师比例47.64%。

深圳大学城管理服务中心　深圳大学城管理服务中心是为管理和服务大学城而设立的市教育局直属创新机构，按照“不是大学、服务大学，不是政府、代表政府工作”的定位，推动三校稳定办学。2021年5月28日，《中共深圳市委机构编制委员会关于市教育局所属事业单位有关机构编制事项的通知》明确，深圳大学城管理办公室转型更名为深圳大学城管理服务中心，为市教育局直属公益一类事业单位，包括综合和研究部、资源和建

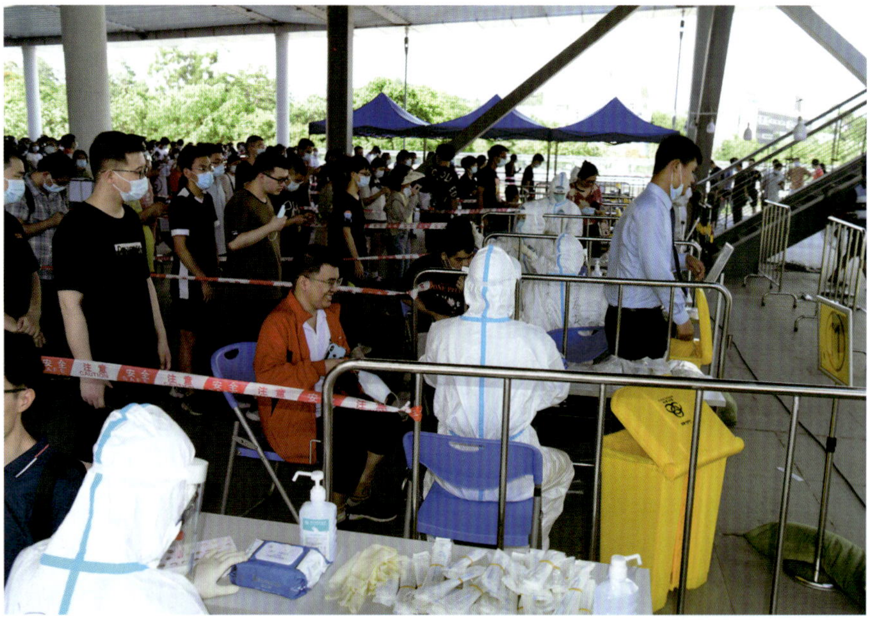

2021年6月17日，深圳大学城组织全员新冠病毒核酸检测

（深圳大学城管理中心　供）

设部、网络和安保部等3个内设机构。深圳大学城图书馆调整为市教育局直属公益一类事业单位，加挂“深圳市科技图书馆”牌子。撤销深圳大学城网络信息中心，相关职责、事业编制及人员一并划入深圳大学城管理服务中心。

大学城疫情防控 2021年，深圳大学城聚合技术与力量，疫情防控见行见效。严把园区出入关。严格执行封闭管理和“白名单”审核制度，启用访客管理系统，优化入园核查流程，出色完成出入口人员、车辆通行检查及大型活动交通管控工作。高效落实源头防控。在深圳“6·14”疫情防控期间，协调组织大学城4家单位集中接种疫苗4次，累计接种疫苗2.13万人次，师生员工做到“应接尽接”；组织全员核酸检测3次，累计检测3.62万人次，为高效抗击疫情贡献大学城力量。扎实开展爱国卫生运动。加强源头控制，抓好公寓管理和食品安全关键环节，执行“PDCA”闭环流程，紧盯服务从业人员准入、食品检测和巡查监督，大学城食品安全快检室建成并投入使用。召开各级各类疫情防控专项会议26次，组织安保、食堂、场馆、返校疫情防控演练24场，有效化解安全风险。

智慧校园平台建设 2021年，深圳大学城加强智慧校园平台建设。完成校园网升级改造项目竣工决算，信息化整体建设进程加快。成功升级新一代校园“一卡通”，安装智能门锁3311个、冷热水表5278个、电表3379个、卡码认证消费设备160台，实现食堂、超市、场馆、后勤缴费一码服务，宿舍、校园门禁一码通行，智慧后勤再上新台阶。华为大学城智慧科教园区网络样板点升级为2.0版本。信息系统技术维护水平不断提高，网络运行稳定，平均可用率99.98%；问题处理流程优化，响应时间缩短，网络舆情管控有效。配合市大数据资源管理中心在大学城设立政务网OTN骨干节点；建成大学城至龙岗节点之间的教育网光纤链路，形成环形保护线路；配合完成“未来网络试验设施（CENI）”项目和“大湾区未来网络试验与应用环境（FANet）”项目深圳核心节点建设，为科技创新提供应用支撑。

创新创业平台建设 2021年，深圳大学城加强创新创业平台建设。成功组织大学城内三校参展第23届“高交会”，首次在会展中心智慧城市馆参展，展出科研成果100余项；举办第十届大学城硕博研究生校园专场招聘会，102家企业提供岗位5570个，2860名学生到场，现场达成初步就业意向的学生占26%。大学城“名企行”走进华大基因，为华为全球开发者大会提供场地保障，努力在疫情形势下助力毕业生就业创业。

校园文化活动 2021年，深圳高校校园文化活动丰富多彩。11月6日，由共青团深圳市委员会、深圳大学城管理服务中心、深圳市学生联合会主办，深圳大学城校园文化平台、北大深研院承办，16所深圳高校协办的第二十二届“深圳读书月”——“说古道今·博采众长”第九届深圳高校青年学子辩论邀请赛总决赛在深圳中心书城南区阶梯广场举行。深圳大学获得冠军，哈尔滨工业大学（深圳）获得亚军，中国科学院深圳先进技术研究院获季军。赛事获多家媒体关注并报道。12月10日，由深圳大学城管理服务中心主办，清华深圳国际研究生院承办，深圳大学城片区各高校、联盟校共10家单位参加的大学城第十六届综合运动会开幕。此届运动会以“奋进百年路，

2021年11月6日，深圳中心书城“说古道今·博采众长”——第九届深圳高校青年学子辩论邀请赛总决赛举行 （深圳大学城管理中心 供）

引航新征程”为主题，历时56天，共完成田径、球类、游泳等八大类19个项目比赛，参赛师生1100余人，南方科技大学、哈尔滨工业大学（深圳）、北京大学深圳研究生院分获团体总分冠、亚、季军。

（深圳大学城管理办公室）

民办教育

【民办学校扶持与规范】2021年3月，深圳市教育局召开“深圳市民办中小学教育工作推进会”。市教育局党组成员关苏做“认清形势、顺势而为、乘势而上、办优质特色民办教育”主题讲话，要求全面打赢民办教育规范提质“攻坚战”。6月，聘请教育专家和专业人员组成检查组，分组分区对全市所有民办高中进行例行检查。对年检中发现的问题即时督查整改。新批设立的8所民办普通高中国际化、多元化特色鲜明，艺术素养、创新教育和航空教育等多元融合，成为深圳教育新的增长点。新增学位数1644个。4—7月，关苏带队到罗湖、盐田、宝安、龙岗、龙华、大鹏、深汕等7个区（新区、特别合作区）进行优质特色民办学校规划布局调研。在《民办教育先行示范行动方案》中进行民办学校退休教师待遇探索，并通过“两会”建议与提案呼吁及与人大代表、政协委员交流等，寻求解决办法。推动成立深圳市民办教育协会，促进民办教育优质发展。

【民办教育制度配套建设】2021年，深圳市教育局推动民办教育制度配套建设。研究制订《深圳市民办教育先行示范行动方案（2021—2025年）》，着力破解制约民办教育优质特色发展的瓶颈，推动民办学校向优质特色转型。应民办学校分类登记需要，起草《深圳市民办中小学校财务管理办法（征求意见稿）》《深圳市民办中小学校会计核算指引（征求意见稿）》《深圳市民办中小学校财务清算指引（征求意见稿）》3个规范性文件。完成制订《原有民办中小学校分类登记实施细则》。确保深圳市民办中小学分类改革平稳推进，为下一步建立非营利性和营利性民办学校差别化政策体系奠定基础，为政府精准施策提供重要支撑。修订《民办中小学教师继续教育实施办法》。全面落实国家、省对中小学教师培训的最新要求，充实培训内容，创新培训方式，激发学习动力，加快构建多元、开放、引领教师发展的民办中小学教师继续教育体系。根据深圳市国际化特色教育发展需要，为保障外籍人员子女学校优质规范发展，完成《深圳市经济特区外籍人员子女学校管理条例》初稿起草，在进一步征求意见与修改建议。

【民办学校管理平台建设】2021年，深圳市教育局初步完成“民办学校基本信息系统”管理平台建设。建立数据库，为民办学校科学管理和动态管理提供保障。建立深圳市民办中小学统一财务、资产和工薪管理系统。截至9月，3个系统全面投入学校日常财务管理，初步实现对民办学校财、物、人的实时管理。推进民办学校综合信息监管系统研发。为民办学校分类登记奠定基础，对加强政府扶持资金监管、规范民办学校财务管理和民办学校转型升级具有重要意义。

【业务培训】2021年4月，深圳市教育局按照民非、事业、企业3个类别，对各区教育局财务管理人员、各学校财务主管和会计人员进行业务培训。6月初，对全市所有民办学校财务人员和区级教育行政部门财务监管人员进行民办中小学校财务、资产及工薪管理系统操作培训。11月，对全市所有民办学校举办者、校长、德育主任和高中部分骨干班主任进行相关业务专题培训。（深圳市教育局社会力量办学管理处）

特殊教育

【概况】2021年，深圳市人民政府办公厅印发《深圳市特殊教育促进融合公平发展行动方案》，包括全面提高特殊教育普及水平、加快完善特殊教育体系、健全特殊教育经费投入机制、健全特殊教育专业支撑体系、建设专业化特殊教育教师队伍、大力推进特殊教育课程教学改革、加强融合教育组织保障等七部分25个措施。8月，市教育局等八部门印发《深圳市教育局等八部门关于建立深圳市特殊教育发展联席会议制度的通知》。深圳市特殊教育涵盖视障、听障、智力障碍、自闭症、多重残疾等，形成以一定数量特殊教育学校为骨干、以大量随班就读和特教班为主体的特殊教育格局。

【适龄残疾学生入学安置】2021年，深圳市对实名登记的义务教育阶段适龄残疾学生通过多种形式进行入学安置。义务教育阶段随班就读和普通学校附设特教班在校学生占总安置数的62.2%；义务教育阶段特殊教育学校在校学生占总安置数的20.4%；送教上门在校学生占总安置数的9.6%。扩大安置途径。将适龄残疾学生通过随班就读、特殊教育学校就读、送教上门、学前教育及康复机构等义务教育和非义务教育两大途径进行合理安置。2021年，入学安置率达100%，超过国家95%入学安置标准。

深圳市普通中小学附设特教班分布情况

序号	所属区	学校名称	投入使用时间	特教班数（个）	特教班学生数（个）	教职工总数（个）
1	龙岗区	新生小学	2016.9	1	17	6
2		龙岗区实验学校	2016.9	4	47	14
3		甘李学校	2016.9	4	40	15
4		坂田小学	2020.9	4	50	16
5		横岗中心小学	2020.9	1	12	4
6	龙华区	实验学校	2017.9	1	10	7
7		中心小学	2016.9	1	11	6
8		玉龙学校	2018.9	1	10	4
9	盐田区	海涛小学	2016.10	1	14	5
10		田东中学	2020.9	1	8	4
11	大鹏新区	大鹏第二小学	2016.9	2	10	6

【特殊教育学校建设规划布局】2021年，深圳市采用分行政区规划、分类指导、分步实施策略，推动全市特殊教育学校建设规划布局。落实特殊教育二期提升计划，全市特殊教育布局建设基本到位。其中，听视障教育以深圳元平特殊教育学校为主，面向全市招生，听视障、智力障碍高中段学习由深圳元平特殊教育学校和深圳市第二特殊学校分片区面向所属片区招生。义务教育实行重度和中度智障学生进入各区特殊教育学校或特教班学习，轻度智障学生进入普通学校随班就读的政策。截至2021年年底，全市除盐田区和大鹏新区，其余各区均已设立1所义务教育阶段特殊教育学校，市直属有2所高中段特殊教育学校（共计10所），根据区域人口基数和实名登记残疾儿童少年数设定学校班额。其中，有3所符合国家标准的特殊教育学校，分别是市直属深圳元平特殊教育学校、南山区龙苑学校、宝安区星光学校，其余处于借址办学阶段。

【分类指导规划随班就读教育学校资源教室建设】2021年，深圳市分类指导规划随班就读教育学校资源教室建设。落实国家、省随班就读工作文件精神，招收5人及以上残疾学生的普通学校设立资源教室；不足5人的，由所在区域教育行政部门统筹规划资源教室布局，辐射片区所有随班就读学生，实现共享发展。截至年底，共建设资源教室169间。

【普通中小学附设特教班片区规划】2021年，深圳市加强普通中小学附设特教班片区规划工作。采取在普通中小学设立特教班方式解决适龄残疾儿童少年入学问题。截至年底，深圳市普通中小学共设立特教班16个，并配备特殊教育各类资源。

【特殊教育师资建设】2021年，深圳市特殊教育教师主要分为特殊教育学校教师、普通学校资源教室教师、随班就读班级教师、巡回指导教师和特殊教育送教上门教师。截至年底，全市特殊教育学校教师1002人，比上年增加273人，增长率37.54%。年内，全市新增特殊教育名师工作室1个、特殊教育科研专家工作室1个、广东省名校长工作室1个。随班就读学校资源教师队伍跟随普通学校资源教室设计逐步增加，教师编制按照1∶5比例设置。各区大部分采用购买服务的方式，为残疾学生创造教学辅助资源。送教上门教师通过购买服务的方式解决。龙华区和宝安区根据上级文件精神统筹解决部分资源教师编制问题。

【特殊教育经费投入】2021年，深圳市实施从学前教育到高中阶段教育实名登记残疾学生15年免费教育。学前教育阶段残疾学生免费标准参照深圳现行学前残疾儿童保教费资助标准执行。2016年，市政府出台《深圳市人民政府关于进一步完善义务教育经费保障机制的通知》，规定特殊教育学校、义务教育阶段各类附设特教班、随班就读以及送教上门学生按照小学每生每年1.15万元、初中每生每年1.95万元的标准补助公用经费，其他项目经费由同级财政部门根据实际情况予以保障。市、区按照学校隶属关系，以人员经费按实数、公用经费按定额、专项经费按项目为原则，保障特殊教育经费投入。义务教育阶段和高中阶段特殊教育学校生均公用经费，义务教育阶段各类附设特教班学生、随班就读学生、送教上门学生涉及生均公用经费，均按照普通学校生均公用经费标准10倍拨付。学前教育阶段特殊教育生均补助标准，根据深圳市幼儿园向残疾儿童提供保教服务成本情况另行单独制定。高中阶段残疾学生免学杂费、补助标准按不低于普通中等职业学校学生免学费补助标准的1.1倍拨付。

【高中阶段特殊教育学校建设】2021年，深圳市加快发展以职业教育为主的残疾人高中阶段教育。截至年底，全市特殊教育学校高中在校学生350人。2019—2021年全市初中残疾毕业生281人，有211人继续就读高中，其中就读元平特校171人、普通高中24人、普通中职8人、技校8人。高中毕业后，2017—2021年先后有31人考入大专院校、27人考入本科院校。深圳市特殊教育高中有深圳元平特殊教育学校和深圳市第二特殊教育学校（在建）。2所学校均为市教育局直属寄宿制特殊教育综合高中，定位为以职业教育为主的残疾人高中阶段教育，接收各区完成义务教育且有意愿就读高中的残疾儿童少年。深圳统筹高中阶段残疾人教育资源，发展残疾人中等职业教育，使完成义务教育且有意愿的残疾学生均能接受适宜的中等职业教育。普通高中和中等职业学校（含技工学校，下同）要积极招收符合录取标准的残疾考生，不得因其残疾而拒绝招收，通过随班就读、举办特教班等形式扩大招收残疾学生规模。招生考试机构为残疾学生参加中考提供合理便利，为残疾学生参加普通高考或单招单考提供统筹服务。

【适龄残疾儿童少年“一人一案”】2021年，深圳市严格规范使用全国适龄残疾儿童少年安置系统，对照中小学全国学籍系统，将“一人一案”纳入全市义务教育规范办学检查内容，作为巩固适龄残疾儿童少年义务教育入学率、提高特殊教育质量的重要举措，取得成效。市教育局2021年义务教育招生问答中专门对符合就读条件的适龄残疾儿童少年如何在普通义务教育学校随班就读，深圳市实名登记的适龄残疾儿童少年如何申请特殊教育学校学位等给出详细解答；对中小学认为不能适应随班就读且存在争议的实名登记残疾学生做适学能力评估；满足每一名残疾儿童少年个性化发展需求，为每一名残疾学生提供合适的教育。

【特殊教育支持保障服务体系构建】2021年，深圳市坚持推进融合教育发展，市、区依托特殊教育学校成立特殊教育资源中心，构建特殊教育支持保障服务体系，即“市特殊教育指导中心—区特殊教育指导中心—定点资源校”三级特殊教育支持保障服务体系。资源中心依托特殊教育学校建设，主要任务是提供特殊教育教学专业服务，为普通学校随班就读提供课程、案例、咨询、宣导等服务。市残疾人教育专家委员会全面开展对适龄残疾儿童少年身体状况、接受普通教育能力和适应学校生活能力的评估，提出入学、转学建议。各区相继成立区残疾人教育专家委员会，为辖区适龄残疾儿童提供学习能力评估服务，做到“应随尽随”。

【特殊教育专业支撑体系构建】2021年，深圳市积极构建特殊教育专业支撑体系。遴选广东省特殊教育指导专家2名，广东省特殊教育资源中心委员1名，广东省特殊教育名教师2名，深圳市级特殊教育名教师1名，深圳市级特殊教育科研专家1名，深圳市级特殊教育骨干教师2名，深圳市级特殊教育教坛新秀1名；获得2021年广东省教育厅公布的特殊教育精品课程建设、内涵建设示范项目共14项，其中精品课程4门；随班就读示范区1个，优质特殊教育资源中心建设项目1个；特殊教育示范校3所，随班就读示范校5所，其他内涵建设项目3个。获得广东省教育研究院优秀融合教育资源奖项30个，其中优秀融合教育实施方案8个、融合教育主题案例7个、融合教育研究论文15篇。上半年提供500节优秀课程资源上传至深圳市中小学云课堂平台，突破深圳在国家中小学智慧云平台、各地资源平台均无符合国家课程课标的特殊教育线上资源的局面。依托龙头特校深圳元平特殊教育学校引领和辐射作用，为各区特殊教育学校输送管理人才、骨干人才，全市特殊教育质量快速提高。南山区龙苑学校，福田区竹香学校，罗湖区星园学校，光明区特殊教育学校，坪山区特殊教育学校校长、副校长均为深圳元平特殊学校输送。重视做好特殊教育师资培养工程。市、区教育部门每年安排专项经费，有计划、有针对性地组织特殊教育管理干部、特教学校教师、随班就读教师、资源教师培训，先后到重庆、北京、上海、南京、江苏、广州等特殊教育发展较好的城市学习。发挥深圳元平特殊教育学校龙头作用，形成以元平特殊教育学校为中心的特殊教育合作机制。对新招聘教师进行跟岗实训，为新教师制订成长规划。

【特殊教育内涵建设】2021 年，深圳市教育局基础教育处加强特殊教育内涵建设。组织申报广东省教育厅特殊教育精品课程建设项目，进一步深化特殊教育课程和教学改革。全市共 5 个项目获立项。会同学前教育处组织申报广东省教育厅特殊教育内涵建设示范项目，推动特殊教育公平融合高质量发展。全市共 13 个项目获立项。建立深圳市特殊教育发展联席会议制度，加强对特殊教育工作统筹协调。7 月 27 日，市人民政府办公厅印发《深圳市促进特殊教育公平融合发展行动方案》。积极推进市第二特殊教育学校筹备办学，确保按时招生。（深圳市教育局基础教育处）

职业教育与终身教育

【概况】2021 年，教育部、广东省政府联合发布《关于推进深圳职业教育高端发展 争创世界一流的实施意见》。深圳职业技术学院“双元制”产教融合育人模式得到教育部主要领导的高度评价。推进深职院、深信院建设中国特色高水平学校和专业群，推动两校牵头建设中－高职教育集团，构建纵向贯通的职业教育发展体系。2021 年全国职业院校技能大赛中，深圳获奖 11 项，位居全省前列。高职院校在第七届中国国际“互联网 +”大学生双创大赛中获国赛 4 金 4 银，位居全国前列。

【职教高地建设】2021 年，深圳市教育局召开职教高地建设新闻发布会。根据《教育部 广东省人民政府关于推进深圳职业教育高端发展 争创世界一流的实施意见》，制订工作分解计划表，分解细化 100 项任务，督查推动各项工作实施。积极筹备全市职业教育大会。成立筹备领导小组，开展职业院校、行业企业、国际国内先进经验专题调研，形成 4 份调研报告。根据调研报告，草拟《中共深圳市委 深圳市人民政府关于加快推动现代职业教育高质量发展的实施意见》。

【现代职教体系完善】2021 年，深圳市教育局不断完善现代职教体系。高职升本工作进展顺利。支持深圳职业技术学院、深圳信息职业技术学院建设中国特色高水平高职学校和专业群，申报开展本科层次职业教育试点，纳入广东省高等学校设置“十四五”规划。中职学校办学水平持续提升。指导深圳市第一职业技术学校等 8 所学校成功获评广东省高水平中等职业学校；组织深圳市第三职业技术学校做好省级重点中职学校迎评工作并获通过。职业教育集团化办学深入推进。制订《深圳市中—高职教育集团建设方案》，组建深圳职业技术学院和深圳信息职业技术学院牵头，相关中职学校参与的东、西部职业教育集团，推进中职、高职、本科层次职业教育一体化协同发展。深圳第一职业教育集团获第二批国家示范职教集团创建资格。积极探索中高本贯通培养。承接教育部职业教育“中高本贯通培养研究”课题，赴山东、浙江、江苏三省调研，形成调研报告。做好职业教育项目评优评先工作。组织推荐职业院校申报教学成果奖，评选深圳市中职学校在线教学先进学校 2 所、优秀团队 5 个、先进个人 15 名，遴选推荐省职业教育提质培优增值赋能典型案例 22 个、省职业教育示范性虚拟仿真实训基地建设项目 1 个、省中职教育教学质量与教学改革工程项目 52 项。民办职业教育发展取得新进展。落实民办职业院校教师长期从教津贴和学生实习补贴专项经费 650 万元，民办职业院校办学条件进一步改善，管理水平和办学质量进一步提升。

【产教融合】2021 年，深圳市教育局推动产教融合进一步发展。成功举办“2021 年深圳市职业院校技能大赛”（中职组）、“中等职业学校教学能力比赛”“中职学校班主任业务能力大赛”和“文明风采”活动。获“2021年全国职业院校技能大赛”（试点赛）一等奖3个、二等奖5个、三等奖3个，位居广东省前列；中职学校参加“广东省第八届中小学班主任专业能力大赛”，所有项目均获一等奖；高职院校参加“第七届中国国际‘互联网+’大学生创新创业大赛”获国赛4金4银、省赛11金1银3铜。职业教育活动周顺利举办。举办以“技能：让生活更美好”为主题的职业教育活动周，强化校企合作。支持深圳职业技术学院、深圳信息职业技术学院代表深圳参加全国职教活动周“双高计划”职业院校风采展。特色产业学院建设稳步推进。支持职业院校与行业龙头企业紧密合作建设特色产业学院。截至年底，特色产业学院包括深圳职业技术学院14家、深圳信息职业技术学院12家、广东新安职业技术学院3家。

【职教国际交流】2021年，深圳市职业教育国际交流进一步深化。深圳与埃及卢克索省职业教育合作项目进一步推进。深化中德职业教育合作，深圳信息职业技术学院与宝安区政府、德国史太白基金会、德国乌尔姆市政府合作共建“湾区中德教育与经济协同发展示范基地”。支持深圳信息职业技术学院与香港都会大学开展合作交流，促进两校学生学分转移与学分互认。职业教育参与“一带一路”建设力度加大。支持深圳职业技术学院承办以“开放·合作·共赢——共同共建人类技能共同体”为主题的职业教育国际研讨会，打造职教界“达沃斯论坛”。

【职教对口协作帮扶】2021年，深圳市扎实开展职教对口协作帮扶工作。高职院校面向云南昭通定向招收“卡户生”，录取昭通籍高职生695人，高质量完成云南昭通学生在深圳市职业院校就读工作。

【全民学习环境优化】2021年，深圳市教育局进一步优化全民学习环境。组织开展全民终身学习活动。举办深圳市全民终身学习活动周开幕式，评选“深圳市社区教育服务民生创新工作案例”30个，编制《深圳市社区教育服务民生创新工作案例》。开展“百姓学习之星”“终身学习品牌项目”评选活动。评选出2021年“深圳市百姓学习之星”10个、2021年“深圳市终身学习品牌项目”10个。张莹莹获评“全国百姓学习之星”“深圳市民讲外语”获评百姓最喜爱的“全国终身学习品牌项目”。

（深圳市教育局职业与终身教育处）

校外教育培训监管

【概况】2021年，深圳市教育局成立市校外培训机构规范治理工作专班，由市政府分管、市领导任组长，市政府副秘书长和市教育局长任副组长，市委政法委、市公安局、市科技创新委员会、市文化广电旅游体育局、市市场监管局和市民政局等部门和各区政府分管负责人为成员，组织、统筹、协调推进校外培训机构治理工作。各区参照成立相应专班。深圳市在全省率先批复设立校外教育培训监管处，并推动各区教育行政部门成立相应监管机构。周密制订《深圳市关于进一步减轻义务教育阶段学生作业负担和校外培训负担的若干措施》《深圳市校外培训机构规范治理工作方案》等系列文件，并将校外培训机构规范治理情况作为各区政府履行教育职责督导评价的重要内容。

2021年9月15日，深圳市减轻义务教育阶段学生校外培训负担联合执法检查业务培训会议召开

（深圳市教育局　供）

【四级联合执法新模式建立】2021年，深圳市教育局成立由教育行政部门、市场监管、城管和综合执法、卫健、公安、消防救援等部门组成的联合执法检查组，以“四不两直”形式开展“飞行检查”行动。发挥基层社区网格员贴近群众、熟悉社区情况的优势，以社区为单位，全市652个社区分别组建四人联合执法检查小组，包括街道综合执法部门、市场监管部门、教育行政部门和社区网格员各1人，在本社区内开展“地毯式”检查，破解违法违规校外培训机构点多、面广、隐蔽性强的难题。

【全覆盖联合执法“一月会战”】2021年，深圳市教育局组织各联合执法检查组对全市校外培训机构开展“地毯式”、全覆盖联合执法检查“一月会战”。坚决查处违规开展中小学生学科类培训行为，严肃查处培训机构违规收费、虚假宣传、价格欺诈等违法违规行为。“一月会战”期间，全市652个社区共出动执法检查人员7.8万人次，共检查机构1.01万家。依法关停培训机构1042家，其中关停学科类机构479家。对检查中新发现的583家证照不齐学科类培训机构立即关停，实现全市证照不齐学科类培训机构“动态清零”。所有学科类培训均在限定时间内开展培训活动，节假日、休息日学科类培训活动全部停止。

【校外培训机构资金监管】2021年，深圳市策划由教育部门联合人民银行、银保监、地方金融监管等部门出台《关于印发深圳市校外培训机构预收费资金管理工作指引的通知》，进一步加强校外培训机构预收费监管，该项工作正在走会签发文流程。统计汇总全市学科类校外培训机构（特别是15家大型机构）银行账户余额、实际预收费银行账户等关键信息，加强对校外培训机构现有账户预收费监管。

【“营转非”工作】2021年，深圳市教育部门联合民政、市监、税务部门印发《关于开展面向义务教育阶段学生的学科类校外培训机构统一登记为非营利性机构工作的通知》。明确部门职责，简化工作程序，积极稳妥推进，确保完成全市学科类校外培训机构“营转非”工作任务。

【中小学生校外培训服务类别鉴定】2021年，深圳市教育局委托专业机构开展中小学生校外培训服务类别鉴定工作。借助专业机构力量，提高鉴别校外培训服务类型的准确性和权威性。通过公开遴选方式，择优确定专业服务机构开展相关工作。

【信访维稳】2021年，深圳市教育局起草《深圳市校外培训行业涉稳风险应急预案（征求意见稿）》并征求各相关部门意见。妥善处理精锐、英伦树、树童英语等校外培训机构出现的教学点倒闭跑路、学员退费维权、员工劳动纠纷等问题，注意方法策略，维护社会大局稳定。

【“双减”氛围营造】2021年，深圳市教育局积极营造“双减”良好氛围。组织全市中小学开好主题班会，引导学生不参加非法机构培训，不参加非法定时间培训。举办2期“双减”背景下的家庭教育“大讲坛”，网络和电视台同步直播，共有500多万人次观看或点击，直播收视刷新深圳地区直播历史记录，增强了家长对“双减”的认同感。调查显示，“双减”后，学生体育锻炼时间明显增加，身体素质不断改善；阅读时间增加，学生和家长有更多时间进行亲子交流，亲子关系进一步密切。（深圳市教育局校外教育培训监管处）

2021年8月26日，深圳市召开“双减”工作专题会议

（深圳市教育局　供）

区域教育

Regional Education

福田教育

【概况】2021 年，福田区有各类学校（校区）共计 288 所，其中中小学 119 所、幼儿园 169 所，学生总数约 24 万人，专任教师 1.8 万人，教职工共 2.4 万人。全区 100% 学校达到省、市级规范化标准，普高、职高均为“广东省国家级示范高中”。自 2020 年起，清华大学经济管理深圳研究院等 4 个项目相继落地，福田区拥有从幼儿园到大学完整的教育体系。福田区师资力量雄厚，有全国模范教师 6 名、全国优秀教师 33 名、特级教师 56 名、国家级骨干教师 47 名。在近 5 年全市正高级教师职称评审中，福田区共有 22 名教师通过评审，位居全市第一。32 名校长被认定为深圳市二级正校长，全市占比第一；3 名校长被评定为深圳市特级正校长，全市占比第一。福田区在“2021 中国公平教育百佳县市”榜单中位列全国第二。（聂　晶）

【党建团建】2021 年，福田区委教育工委积极开展党建团建工作。精心组织开展“百年征程担使命 百年荣光守初心”献礼建党 100 周年 12 项系列活动。开展党建引领中小学思政课“5 个 100 工程”（建设 100 个思政课工作坊、培养 100 个思政课旗手教师、研究 100 个思

排位	县市	所属地区		总评分(100)
1	西湖区	浙江省	杭州市	96.45
2	福田区	广东省	深圳市	96.17
3	虎丘区	江苏省	苏州市	96.03
4	禅城区	广东省	佛山市	95.93
5	秀峰区	广西壮族自治区	桂林市	95.88
6	拱墅区	浙江省	杭州市	95.64
7	罗湖区	广东省	深圳市	95.46
8	思明区	福建省	厦门市	95.07
9	历下区	山东省	济南市	95.02
10	上城区	浙江省	杭州市	94.97
11	桥西区	河北省	石家庄市	94.85
12	雨花区	湖南省	长沙市	94.63
13	鹿城区	浙江省	温州市	94.58
14	秦淮区	江苏省	南京市	94.53
15	木兰县	黑龙江省	哈尔滨市	94.47
16	包河区	安徽省	合肥市	94.42
17	赫章县	贵州省	毕节市	94.36
18	永善县	云南省	昭通市	94.22
19	西和县	甘肃省	陇南市	94.18
20	城步苗族自治县	湖南省	邵阳市	94.13

2021 年 9 月，“2021 中国公平教育百佳县市”榜单发布，福田区位列全国第二（福田区教育局　供）

政课小课题、评选100堂思政优质课、培育100门思政校本课程）活动，积极探索党史学习与思政课建设深度融合路径；创设“百校创建百面党史文化墙”，创新党史学习教育新途径；举办党史知识竞赛，创新设计“随身学、随时赛”模式；举行“唱支歌儿给党听”教职工合唱比赛，营造庆祝氛围；召开区教育系统庆祝中国共产党成立100周年暨“两优一先”表彰大会，激励全系统各级党组织和广大党员干部牢记初心使命、奋勇担当作为，打造符合“首善之区”定位的高质量教育，向建党100周年献礼。全力打造党建引领思政教育新范式。健全区、局、校领导讲思政课三级机制，区委书记黄伟为全区3500名高一学子上思政课，反响热烈；工委班子为2000余名师生讲思政课11场次；党建引领思政教育“5个100工程”获评2021年深圳“以人民为中心——党建引领基层治理”立德树人十大优秀项目；打造“国旗下书记校长讲思政”活动品牌，累计开展活动500余场次。

【福田教育系统疫情防控】2021年，福田区委教育工委强化教育系统疫情防控工作。落实校园常态化疫情防控措施。严格执行国家和省、市、区新冠疫情防控工作要求，从严、从紧抓好校园疫情防控工作。坚持落实“五个一”常态管理，出色完成教职员工及初中生疫苗接种任务，持续推进3~11岁适宜学生疫苗接种工作。制订体育中考、中考英语听说、高考等疫情防控工作方案和应急预案，对辖区5536名高考考生、2.72万名中考及学考考生、4500名考务人员进行核酸检测，确保“三考”顺利进行。下沉社区积极参与抗疫志愿服务。福田教育系统志愿者两批次共计83人接到任务后，第一时间积极响应主动下沉社区，为疫情防控贡献福田教育力量。加强常见传染病防治工作。联合区疾控中心组织校园传染病防控培训，指导中小学水痘、疱疹性咽峡炎、流感、结核病等校园常见传染病处置工作，继续抓紧抓牢各个防控环节，优化各项防控措施，严防校园发生聚集性疫情。积极开展学校常见病监测与干预。开展近视防控宣传月活动，协同卫健部门开展福田区儿童青少年视力筛查工作、学生营养健康主题活动、青少年健康与发展项目、中医药和健康文化进校园试点学校建设等工作，组织、指导41所中小学申报“深圳市健康促进学校”。

【学位建设】2021年，福田区委教育工委加大学位建设力度。提前谋划，合力推进。福田区重大项目教育分指挥部办公室负责牵头协调全区教育类重大项目各项工作，全年牵头组织召开会议累计11次，研究议题73项，协调辖区教育项目296个。有效推进福田区教育类项目建设，加强教育用地规划及实施工作，积极推进学位建设保障。积极实施“大规模学校建设计划”。全年建成23个新建和改扩建学校项目，合计新增各类基础教育学位9270个。其中：建成义务教育学校12所，新增学位6840个；建成幼儿园11所（包括8所计划外开工并建成的高科技预制幼儿园），新增学位2430个。积极推进特教中职项目。推动设置义务教育阶段独立标准化综合性特殊教育学校，谋划中等职业学校扩建提质建设。（陈　锐）

【学前教育】2021年，福田区学前教育各项工作取得新成效。超额完成规定的990个幼儿园学位建设计划，创新科技手段充分开发闲置用地建设高科技预制幼儿园。全年新设立公办幼儿园9所、民办幼儿

2021年4月16日，福田区学前教育专家委员会成立（福田区教育局　供）

园 2 所，提供学位 2520 个，公办幼儿园覆盖率及学位供给量逐年上升，逐步满足“入园近、入好园”需求。截至 12 月，福田区共有幼儿园 169 所，其中公办幼儿园 82 所、民办幼儿园 87 所。公办幼儿园在园儿童数占比 51.7%；公办幼儿园和普惠性民办幼儿园在园儿童数占比 85.4%。全区幼儿园 100% 达到市规范化幼儿园标准。其中省、市一级优质园 100 所，占应评估幼儿园的 63.7%，位居全市前列。制订《福田区学前教育集团化办学和学区化治理实施方案》，全区共培育创建 10 个优质学前教育集团，组建 17 个学区，促进公民办幼儿园优质、均衡发展。成立福田区学前教育专家委员会，引进 14 位国内外一流专家加入福田学前教育专家智库。创新开展普惠性民办幼儿园托班试点，深圳市基建幼儿园等 5 所具备条件的普惠性民办幼儿园先行先试招收 2~3 岁幼儿。培育 15 所深圳市 2021 年度“家门口的优质幼儿园”，27 所幼儿园获评“广东省健康促进幼儿园”。

【“五育”并举】2021 年，福田区坚持“五育”并举，强化学生理想信念教育。在各中小学广泛开展党史学习教育系列活动，落实思想政治课程，推出“5+1”思政建设创新项目，即“5 个 100 工程”和“国旗下校长讲思政”特色课程，推动中小学思政教育创新提质。坚持以美育人。积极推进艺术特色课程建设，发挥名师工作室主持人辐射引领作用，成立艺术特色研学共同体，通过“馆校互联合作”共建学校教育基地，4 所学校入选“广东省中小学第三批中华优秀文化传承学校”和“广东省中小学第五批艺术教育特色学校”。以“校园足球”特色体育校本课程开发和课堂教学为龙头、以青年教师技能比武、大课间活动设置、特色操评比为抓手、以各学校特色体育项目为亮点，开展特色体育工作。全面加强劳动教育。印发《福田区教育局关于全面加强新时代中小学劳动教育的实施意见》，组织学生参与校内劳动和家务劳动，探索建设校内劳动实践基地，形成“一校一劳动”实践特色。升级改造福田区劳技中心，构建“生活实践”“民间工艺”“STEM 教育”等五大板块 30 多个门类专业课程体系。8 月，福田区获评“广东省首批中小学‘三全育人’体制机制建设实验区”，园岭小学德育案例成功入选 2021 年“教育部‘一校一案’落实《中小学德育工作指南》典型案例”。

【心理健康教育】2021 年，福田区教育局高度重视学生心理健康教育。组织开展 96 所学校（校区）问卷调研工作，实地调研 12 所学校，评选出 10 所区级“心理健康特色校”，推选 5 所优秀学校参评市级“心理健康特色校”。通过问卷和实地调研，精准掌握各学校心理工作理念和制度、教师配备、课程开设等方面情况，形成调研报告，为谋划下一步学生心理健康重点工作提供参考。开展第三届“心理健康教育活动月”活动。通过“声音温暖心灵”“构建和谐人际关系”体验、心理情景剧评比等十大重点活动，普及心理健康教育知识，形成学校、家庭和社会共同关注青少年心理健康的良好氛围。重视中高考心理疏导。通过开展精准摸查、教研活动、微课录制、健康讲座和开通心理辅导专线等，引导家长关注毕业班学生状态，共同做好考生服务和心理疏导。构建以一线教师为主的初级防护网、心理辅导室和以区青少年心理发展中心为主的中级防护网、以专科医院为主的高级防护网，专业精准施策。对一般问题学生、有心理障碍学生及高危学生全方位实时动态掌握，制订“一人一策”辅导方案，做到及早预防、及时疏导、快速干预、有效控制，避免或减少儿童青少年群体因心理危机引发的伤害事件发生。

【民办教育】2021 年，福田区教育局多措并举促进民办学校高端发展。截至年底，全区民办学校共 13 所，在校学生 1.75 万人，教职工 2.29 万人，其中专任教师 1495 人。全区学校 100% 达到市规范化标准，其中省、市一级学校 12 所。不断加大财政投入。全年合计发放长期从教津贴、奖教奖学津贴、教职工体检费 2121.86 万元。规范招生工作程序。民办学校与公办学校实施统一招生平台、同步招生措施，组织民办学校招生人员培训，保障招生工作顺利进行。6 月，成立民办学校年检工作小组，对全区民办学校进行全覆盖实地检查，指导民办学校提高办学水平，规范民办学校办学行为。加强民办教师继续教育培训工作，提升师资水平，适应民办教育高端化、国际化需求。落实国家规定的课程计划，鼓励和提倡民办学校充分利用灵活办学机制，构建科学合理、特色鲜明的课程体系。耀华实验学校积极打造信息学教育新样态，为国家培养创新型拔尖人才，2021年成立“李翔博士信息学教学研究工作室”。云顶学校实施云顶“优才计划”，形成兴趣特长发展、多元成才培养模式。（吕　薇）

【教育服务民生】2021年，福田区委教育工委积极开展教育服务民生工作。探索开展暑期托管服务。优选2所学校开展暑期托管试点工作，统筹公益资源和发挥学校教师特长，面向全区学生提供两期高质量服务，开设体育、劳动和爱国主义教育等课程，取得良好社会效益，学生家长满意度较高。学校体育场馆对外开放。共有70所学校提供体育场馆对外开放服务，全部实现微信公众号一键预约，基本实现“朝一暮二”“应开尽开”开放要求，为市民运动、生活提供便利，得到市委、市政府和辖区居民高度认可。全面提升午餐午休品质。开展食堂工作人员食品安全操作规范培训，强化从业人员食品安全意识；开展自营食堂试点工作，大幅提高师生饭菜品质；所有学校食堂100%为“明厨亮灶”，公办学校100%配备营养师、100%提供营养餐，为学生提供放心健康营养餐食。创新方式改善学生午休条件，1/3的学生实现“躺休”。提供多彩课后延时服务。全区接受课后服务学生共13.92万人、占比90%，共计开设自主学习类、校本课程和社团类、社会实践类课程7321门，倾力打造“一校一案，各有特色”福田课后服务品牌，提高学生综合素养，解决家长后顾之忧。

【“双减”工作】2021年，福田区委教育工委切实做好“双减”工作，有效减轻义务教育阶段学生过重作业负担和校外培训负担。完善作业管理机制。统筹规划作业总量，控制书面作业时间，全面减轻学生作业负担。从严治理校外培训机构。组织协调10个执法检查小组，开展“地毯式”、全覆盖联合执法检查。出动执法检查人员328人次，检查培训机构595家，依法关停培训机构98家，全区证照不齐学科类培训机构“动态清零”，全面规范校外培训机构办学行为。（陈　锐）

【特殊教育】2021年，福田区积极贯彻落实上级特殊教育提升计划相关要求，充分发挥特殊学校骨干作用，稳步推进全区特殊教育发展，不断提高适龄特殊儿童少年就学率，特殊教育全面稳步发展。成立特殊教育资源中心，为全区资源教室提供培训、评估等专业支持，构建融合教育支持体系。拟订融合教育发展计划，编制《普通学校特殊学生个别化教育指南》，并确定百花小学、天健小学为首批个别化教育试点校。持续优化特殊教育办学条件和无障碍环境建设。结合特殊儿童需求，确定竹香学校建设工程景观、色系等设计方案，优化无障碍环境建设。检查学校资源教室建设和运行情况，对不达标学校下发限期整改通知书，并督促其按时完成资源教室建设。继续做好特殊儿童入学安置工作。为64名无法随班就读的重度残疾学生提供“送教上门”服务，并定期回访，根据家长反馈意见及时协商服务机构老师调整课程，满足重度残疾学生就学需求，确保适龄残疾儿童少年入学率达95%。提供专业个案指导。根据义务教育阶段学校提交的随班就读巡回指导申请，委派教师对相应学校提供专业化、系统性随班就读学生个案咨询、正向行为支持，面向家长、教师开展融合教育理论宣导等专业讲座及研讨，已完成宣讲培训16场、个案指导30余个。举办“融·美”中小学生美术作品展。为迎接“全

2021年4月，福田区特殊教育资源中心成立　（福田区教育局　供）

国助残日”，福田区教育局联合福田区残联、福田区公共文化体育发展中心联合举办福田区中小学生“融·美”美术作品展。展览活动在福田区文化馆举办，评选展出学生和福田区残联人士作品共70幅。

【职业教育】2021年，福田区教育局多举措开展职业教育。组织开展校企人员双向交流活动。加强与大疆、腾讯等企业交流合作，探索校企人员双向交流合作机制，开展企业送课、送讲座入校活动。落实1145名2021届学生下企业实习实训工作，严格执行实习管理制度。高质量承办省技能大赛。4月，华强职校成功承办“广东省职业院校技能大赛”（中职组）财金综合技能项目大赛，展现学校高水平办赛能力，得到一致好评。高质量推进“1+X”证书工作。完成第四批试点“1+X”证书制度职业技能等级标准解读培训，全年新申报四批次共13个职业技能证书。加大“双师型”教师培养力度。组织教师参加“双师型”教师专业技能培训，提升教师专业技能水平。打造校企实训基地。2021年，新增校企实训基地2家。华强职校与53家企业签订校企合作协议，获评“产教融合典范职业学校”。

【高等教育】2021年，福田区面向国际、立足高端，结合区域发展定位，探索富有福田特色的“高精尖、无围墙”都市型高等教育发展路径。1月13日，深圳高等金融研究院在福田区正式运营。6月25日、29日，深圳国际金融科技研究院、香港大学经管学院（深圳）相继签约落户。清华大学经济管理深圳研究院即将正式运营，联合清华大学深圳国际研究生院成功举办“SDG创新挑战赛”，邀请福田区中小学教师观摩比赛。福田区“高精尖、无围墙”特色都市型高等教育生态圈基本形成，为深圳与北京、香港、澳门等多地教学融合、产研融合、人才互通、经济发展提供强力支撑。

【师资建设】2021年，福田区实施“教者从优，优者从教”政策，确保教师队伍建设高起点。福田区教师队伍结构呈现学历高、起点高、业务能力强的特点，招聘的教师硕士、博士占比及部属师范院校、“双一流”学校和海外名校毕业生占比均为90%以上。多渠道引进优秀教育人才。面向秋季应届毕业生招聘教师600人、社会招聘教师82人。通过高端人才选聘、随军家属定向招聘等2个批次招聘教师8人、市内外选调教师3个批次共60人，多措并举充实教师队伍、优化教师队伍结构。组织新教师成长支持培训。面向2019年入职的230名教师、2020年入职的634名教师、2021年新入职的458名教师开设新教师成长支持课程，快速提升新教师专业水平。继续实施“未来校长”培养工程。“未来校长”培养工程第二次集中研修跟岗研修在上海举行，31名校长参与研修学习。通过集中研修、名校现场剖析、沙龙研讨等形式，助力福田区培养一批“未来校长”。组织校长任职资格培训班。通过主题讲座、网络研修、市内挂职跟岗、省外考察等形式，针对性提升新任职校领导行政能力、履职水平和专业素养，培养校领导共计50人次，深化校领导队伍建设，打造优秀校长团队。推荐教师参与培养工程及研修项目。获评特级教师4人、“南粤优秀教师”11人、“南粤优秀教育工作者”1人、省名师工作室主持人6人、“百千万人才培养工程”省级学员6人，28人获得省级荣誉、130人获得市级荣誉，6人参选第二期深圳市中小学校长赴港高端研修班。（吴兴兵）

【课堂革命·福田表达】2021年，福田区教育局继续深化“课堂革命·福田表达”。聚焦“双减”背景下的课堂变革新生态，持续举办名师工作室专场、党建引领思政课“5个100工程”小学思政课教学专场、传统城中村新品牌学校专场、教科院附属学校校长专场、阅读经典传承文化专场等6场大型教学展示活动，每场在线参与人数约50万人。

【未来教育】2021年，福田区教育局重视抓好未来教育。打造全市首个名校名师教育资源公益服务电视平台“福田教育频道”。1月，“福田教育频道”正式上线天威有线电视，开设教育头条、在线教育、福田名师、福田名校、电影教育等版块。打造福田区教育新闻主阵地，报道福田区教育特色重大新闻，策划推出《校长讲校徽》《美丽校园行》等新闻节目，展示福田区各中小学办学特色，全方位展示福田区教育先行示范成果。制作各类名师特色精品课程视频，为学生提供便捷、多样的学习渠道。“福田教育频道”成为福田教师与广大学生、家长互动交流的重要通道，是福田区优质教育资源均衡化、开放化、公益化的重要窗口和福田区教育迈向现代化的重要举措。福田教育率先示范，积极开展“5G+智慧教育”应用实验。在福田区外国语高级中学、福田区第二实验学校、福田区教科院附小3所学校试点打造5G智慧课堂，建设新型学习中心，充分利用5G技术背景下教育资源获取的便利性、即时性、共享性特点，对学校进行重构，利用5G融合大数据、物联网、云计算、人工智能等现代技术，推动福田教育高速发展。（李创军）

【教育帮扶】2021年，福田区教育局积极落实教育帮扶任务，帮助脱贫人口增收创收。组织全系统100余所学校通过脱贫地区农副产品网络销售平台、“福和直通车”小程序等渠道采购对口帮扶地区农副产品价值1900余万元，居全区各单位之首。精选骨干赴外支教帮扶。全年共组织98人次前往新疆喀什、广西罗城环江等地开展支教帮扶工作，积极承担社会责任，促进区域经济和社会发展。积极开展校际交流活动。福田区10余所中小学与帮扶地学校开展线上线下等各种教育交流活动共计20余次，学校间互通有无、相互学习、同谋发展、携手共进。精心安排跟岗培训。2021年，新疆喀什、广西南宁等地共108人次到福田区跟岗交流学习。支教帮扶屡获赞誉。陈森庆获评“广东省消费扶贫工作突出个人”，福田区教育局获评“广东省脱贫攻坚先进集体”。（陈胜远）

【教育督导】2021年，福田区教育督导室认真开展教育督导工作。着力监督与指导并举、常规与创新并进，汇编国家、部委教育文件，建立县域义务教育质量评价机制，做好“县域义务教育优质均衡区”创建工作。构建学校（幼儿园）办学质量评价体系。以落实“双减”专项督导和质量监测结果应用为抓手，福田区国家义务教育质量监测在广东省监测项目基础上继续扩大样本量至50所样本校、每校90名学生，增加个性化问卷调查参与人数，构建全面、科学、多元的学生发展质量评价体系，持续打造“督学沙龙”和“督学面对面”品牌活动。织密监测督导网络。在教育督导实践中不断完善、擦亮“首善教育”品牌，助力福田区获评“2021中国公平教育百佳县市”全国第二名。

【校园安全管理】2021年，福田区教育局高度重视校园安全管理工作，层层压实管理责任。“三创新”推动午餐午休提质增效。全市首创食堂自营新模式保障“舌尖上的安全”，印发指导方案在福强小学等3所学校开展义务教育阶段食堂自营试点工作；创新方式改善午休条件，牵头研发折叠式午休设施，完善后选取试点学校进行安装，提升午休服务质量，1/3午休学生实现“躺休”；全市首创课间餐推广，全力保障学生营养，被市纪委、市教育局列为课间餐推广唯一试点区，学校搭台、家委会决策，公开透明、集采集配、物美价廉，学生和家长均满意。抓牢抓细隐患排查整治。加强部门联动明确任务分工，压实责任实现校园安全防控网格化、精细化、智慧化；常态化全面排查织密安全网，共发现各类安全隐患5081项并100%完成整改；构建校园安全协同联动机制，多部门联动对学校周边交通安全隐患等召开20余次调研会议，解决华新小学、上沙中学等6所学校周边交通拥堵问题，护航师生、家长交通安全。安全宣传教育活动和培训全覆盖、全参与。“福田区校园安全教育平台”参与人数比例及完成率均居全市前列；联合区反恐办开展“百校千员，共筑平安”反恐应急演练大练兵活动，增强反恐防范意识，提升应急处置能力。（李创军）

【教育宣传】2021年，福田区教育局强化教育宣传工作。坚持党的全面领导，进一步加强党的创新理论武装，切实担当起新时代宣传思想工作的使命，加强舆论阵地建设，全系统意识形态领域保持健康向上、向好态势。强化宣传队伍力量，形成运作成熟、流程规范、反馈高效的福教宣传体系。年内，“福田教育”在市、区政府网及官方微信发布信息800余条，被《人民日报》、新华网、《中国教育报》《深圳特区报》等各级媒体报道转载信息共1万余条。高质量运营“福田教育”官方微信，多篇作品获省、市、区宣传部门转发，总阅读量300万+，日平均阅读量8000+，8月位列“深圳微信传播数据排行榜”全市第8名，“福田教育”影响力、公信力和舆论引导能力进一步增强。借力“福田教育频道”媒体平台，树立良好教育形象，原创文章335篇，阅读量76万+；完善舆情工作机制，每日编发《福田教育舆情早报》，强化对网评、跟帖、博客等网上舆情跟踪监控，及时做好舆情信息收集、研判和上报工作，提高风险识别能力和舆情处置引导水平。全年共处理市、区舆情转办件273则，均在第一时间办结，及时平息和化解社会舆论；3月、5月、8月位列“问政深圳红榜”前10名。2021年，福田区教育局舆情应对工作效果良好，获评“深圳市网络问政答政成效示范单位”。（谭妙蓉）

【集团化办学】2021年，福田区教育局加大集团化办学力度。按照区委、区政府打造“民生幸福标杆”战略部署，根据“十四五”发展规划要求，制订《福田区中小学集团化办学三年行动计划》，形成机制、强化措施，深化集团化办学改革，推动区域教育再上新台阶。2021年，新成立福田区荔园外国语教育集团、深圳明德实验学校（集团）、福田区外国语教育集团等3个教育集团。红岭中学（红岭教育集团）、荔园小学（荔园教育集团）、福田区实验教育集团等基础教育集团被评为“首批省级优质基础教育集团培育对象”，实现教育规模和质量“双提升”。（杨春锋）

罗湖教育

【概况】2021年，罗湖区共有办学单位226个，其中中小学校81所、幼儿园145所。中小学校中，公办学校61所（不含校区），民办学校20所（含国有民办7所）；小学校45所（公办39所，民办6所），初中学校12所（均为公办），九年一贯制学校17所（公办5所，民办12所），完全中学2所（均为民办），高中学校3所（均为公办），职业学校1所，特殊教育学校1所。全区幼儿园社区覆盖率82.5%。公办幼儿园62所，民办幼儿园82所；等级园110所（省一级16所，市一级55所，区一级39所），无等级园35所；普惠园122所，占全区幼儿园84.1%。2021—2022学年第一学期，罗湖区有中小学在校生13.89万人，其中小学9.64万人（公办学校7.03万人，民办学校1.61万人），初中3.28万人（公办学校2.93万人，民办学校3591人），高中9705人（公办学校8262人，民办学校1443人）。在园儿童3.8万人。其中公办园在园儿童1.95万人，占比51.46%；深圳户籍在园儿童2.51万人，占比66.09%。公办中小学教职工7557人。其中，在编教职工6277人；本科学历4603人，硕士研究生学历1239人，博士研究生学历25人，博士后6人。民办学校教职工2086人，其中专任教师1464人。专任教师中，本科学历1026人、占比70.08%，研究生及以上学历82人、占比5.6%。幼儿园共有教职工6770人。其中专任教师3375人，保育员1358人，保健人员267人。专任教师中大专及以上学历占比96%。坚持科学谋划。高质量编制《罗湖区“十四五”教育发展规划》和《罗湖区基础教育高质量发展三年行动计划》，举办“罗湖教育高质量发展论坛”，提出区域教育高质量发展新思路，明确素质教育先行区、智慧教育创新区、教师发展示范区、教育治理样板区“四强区”建设新路径。翠竹外国语实验学校思政课教师韩青获评“深圳市年度教师”。全区教师获评“南粤优秀教师”9人、“特级教师”5人，获评深圳市名校长2人、名教师19人、骨干教师20人、教坛新秀11人、教育科研专家3人、教育科研骨干11人，获评广东省名师工作室主持人5人，入选“百千万人才培养工程”学员4人，均居于全市前列；受表彰区级先进单位20个，功勋园丁10名，幼儿园年度教师提名奖5名、杰出贡献奖5名，中小学先进个人1108名。持续加大财政投入，全力保障学位供给。罗湖区被评为“2021年中国公平教育百佳县市”第七名。严格落实免试就近入学、积分入学政策，全部实行均衡编班，大班额现象逐步缓解。成立“三位一体”工作小组，加强实际居住信息核查。在各街道设立10个教育咨询服务点，主动深入社区接受群众咨询。出台《罗湖区关于进一步深化中小学教育集团化办学的若干措施》，实行教育集团党委领导下的总校长负责制。新成立莲南教育集团、教科院幼教集团、罗湖实验幼教集团等3个教育集团。文锦中学更名为“深圳市翠园文锦中学”，翠园教育集团总校长郭玉竹兼任翠园文锦中学校长，探索联盟型集团紧密化发展方向。罗湖区学校与香港、澳门缔结姊妹学校91对，“项目引领的粤港澳姊妹学校合作模式研究”立项为全国教育科学“十四五”规划2021年度教育部专项课题。国庆节前夕，全区23所学校与香港跨境学童线上深情合唱爱国歌曲。服务跨境学童。为3100名跨境学童提供线下考场，为1190名跨境学童提供暖心课程，为100名跨境学童组建合唱团。融合教育有温度，教育帮扶精准发力。

【党建工作】2021年，罗湖区坚持党对教育工作的全面领导，党建工作寓于教育教学实践。坚持教育优先发展战略，围绕“幼有善育、学有优教”目标推进教育综合改革。理想信念教育不断强化。“党史进校园”有声有色，“思政金课”入脑入心，开发思政课程资源库，推出家长精美微课200余节，打造“十所党建示范校、百个精品党课、百堂党史思政课”，开展“千名党员述心声、万个家庭学党史”线上知识竞赛活动。聚焦群众“急难愁盼”问题，实施课后服务、学位建设、服务跨境学童等重点民生项目，开展“机关党建+四服务”，让党史学习教育落地生根。2021年，罗湖教育党建工作入选《中国教师报》“全国区域教育党建十大样本”；“课后服务亮实招，为民办事解难题”获评2021年“深圳党建引领基层治理立德树人十大优秀项目”；翠竹外国语实验学校被教育部、共青团中央、全国少工委评为“全国优秀少先队集体”；教育系统集体及个人获得省、市、区“两优一先”表彰共18项。

【创新教育】2021年，罗湖区教育局持续推进创新教育实践。不断巩固校园安全防线。创新推行校园“1分钟自救3分钟互救”应急队伍建设，创建心理老师与班主任工作联盟，开设全市教育系统唯一24小时心理热线。推动文明城市创建。组建10个校园创建工作片区，深入开展“厕所革命”，成立整治专项小组，完成校园厕所改造37所，全面推动8所薄弱民办学校公厕整体改造提升工程。将劳动教育融入日常。深化“1+N”和“标准化”督导模式，形成“专职督学+视导员+兼职督学”工作机制和“互联网+督导”挂牌督导特色，实现“督”与“导”双向并重，《责任督学挂牌督导的“罗湖经验”》刊登于《中国教育报》。成立罗湖区教育质量监测中心。编制《罗湖区义务教育教学绩效发展性评价实施办法》，发布《罗湖区全面深化教育质量监测工作的指导意见》，建立“1+N+1”区域教育质量监测评价体系。数字化“思乐课堂”研究课题被批准立项为广东省2021年度教育科学规划重点课题，全区15所实验校、32名骨干深度参与课题研究，数字化“思乐课堂”教学模式改革在全区各中小学全面铺开。全市率先开展“小幼衔接”工作，设立30所小幼衔接试点校。深入推进幼儿园学区化治理模式。印发《罗湖区学前教育学区化治理实施方案》，建立“区、学区、幼儿园”三级管理网络，实现全区145所幼儿园学区化治理100%覆盖。新一代罗湖教育云平台上线，兼容罗湖教育应用网全量迁移，累计提供84+应用模块供师生使用。罗湖未来学校建成投入使用，探索构建未来教育模式，为智慧教育先行示范提供“罗湖范式”。举办系列家庭教育讲座，参与学习家长累计15.6万人。翠北实验小学持续举办“父母夜校”，为万名家长普及家庭教育基本理念，打造育人共同体。

2021年11月12日，“幼有善育”鹏城论坛第三期“看见儿童”的一日生活班级活动现场
（罗湖区教育局　供）

【“双减”工作】2021年，罗湖区

教育系统贯彻落实中共中央办公厅、国务院办公厅《关于进一步减轻义务教育阶段学生作业负担和校外培训负担的意见》、教育部办公厅《关于加强义务教育学校作业管理的通知》等文件精神，大力开展“双减”背景下的教育教学工作。印发《关于加强义务教育学校作业与考试管理的若干措施》《关于进一步加强和改进初中学科学校作业管理的实施方案》，明确“八要八不要”，配套推出19个覆盖中小学学科作业的管理实施方案，全面、细致部署中小学作业管理工作。课堂“提质增效”。印发《罗湖区义务教育阶段课堂教学提质增效实施方案》，聚焦课堂效率，从源头上减轻作业负担。罗湖区《“一核四维”构建教学新秩序》治理经验于11月17日被《中国教师报》专题报道。落实“五项管理”。印发《罗湖区教育局“五项管理”六位一体工作方案》，全区义务教育学校落实“一项一策，一校一案”。全区义务教育学校100%推行作业管理制度，100%建立作业公示制度；100%执行学生手机不得带入课堂规定，100%不用手机布置作业；100%执行小学上课不早于8:20，中学上课不早于8:00；100%杜绝擅自征订和购买课外读物，100%对校园推荐图书进行清理。全区所有义务教育阶段学校实现课后服务全覆盖，学生参与率近九成、受益学生10万余人，相关做法被省教育厅作为首批唯一优秀典型案例在全省推广，并经《人民教育》杂志向全国推介。莲南小学、东昌小学、大望学校、教科院附属学校等4所学校率先开展小学生暑期托管服务，获得社会好评。

【教学研究】2021年，罗湖区教育局全方位加强教学研究。

教学改革　研制课堂教学标准与指引。研制《义务教育小学阶段总体学科教学常规标准》与《罗湖区学校教研活动暨教师集体备课管理标准》。探索学科课堂教学基本式。深化数字化“思乐课堂”改革。组织开展2021年“深圳市罗湖区‘思乐杯’小学教师教学能力大赛”，小学9个学科共418名青年教师参赛。参加市级“青年教师教学能力大赛”，获一等奖5个、二等奖7个。推进中小学作业创新。提高教师课堂教学素养。2021年“全省青年教师教学能力大赛”中，罗湖区教师获得一等奖（第一名）及二等奖；2021年“‘希望之星’英语风采大会全国盛典”上，罗湖区教师获全国总决赛青年组冠军；2021年省“初中数学教学核心片段展示”活动中，罗湖区教师17人获奖（深圳占比60.7%）；2021年“广东省班主任技能大赛”中，2名教师获得代表广东省出征国赛的资格；2021年“深圳市高考命题比赛”中，罗湖区获4个一等奖，一等奖获奖人数列全市第一；2021年“广东省高中地理高考模拟命题比赛”中，罗湖区代表队获得一等奖。

教研科研　完善区域教研制度建设。学科教研员到学校为高三学生面授课程，编撰《2021高考试题分析暨2022高三教学建议》，分学科开发高三复习区本学材。系统开展特色教研活动。定期开展校际联合、师教雅集、诗词研讨、“小初衔接”、英语文化节、蹲点教研等特色教研活动以及“蹲点教研”暨“教师发展论坛”活动。完善学科网站平台建设。推动“数字化‘思乐课堂’的构建和区域性推进研究”，被立项为2021年广东省教育教学科研重点规划课题，研究成果在全国、省、市、区推介35次，举办全国示范课例活动15次、深圳市示范课例活动20次。指导实施拔尖创新人才培育计划。翠园中学对标北大、清华等“双一流”高校和“强基计划”培养学生创新能力；罗湖外语学校开办创新实验班、开辟创新实验基地，培养和提升学生科研素养；美术特色学校从高一开始成立“青苗班”，强基保优。在中国国际“互联网+”大学生创新大赛萌芽赛道中，有31人获包括2个金奖在内的国家级金、银奖，在全国青少年信息学奥林匹克联赛中有7人获省级一、二、三等奖。开展教育教学成果培育活动。培育优秀教改成果5项，其中3项获市级优秀教学实践类成果一等奖，2项获二等奖。培育教育教学成果奖。获1项省级优秀教学成果一等奖，2项国家级、省级优秀教学成果奖。在科学研究方面，获省级教科规划课题立项4项，获市级教科规划课题立项34项。

素质教育　完善“大德育”体系。成立未成年人思想道德研究中心，围绕建党100周年组织开展主题活动150余场。将文明城市创建、“厕所革命”、劳动教育、法制教育、生态文明教育等有机整合，丰富学校德育内容。推进科技教育。建立学生创客指导中心、学校创客实践基地、人工智能实践室，开展创客课程实施服务。举办第四届“大创客节”活动，线上线下累计超过4000人次参赛。积极推进项目式学习和STEAM教育活动。品质发展校园体育。以“阳光体育”活动为载体，开齐体育课程，落实每天运动1小时，让每名学生掌握1~2项运动技能。以体育中考和体质监测为抓手，体育中考成绩和体质健康水平均有所提升。华丽小学“悦动圈”和“慧眼工程”成效显著，学生体质健康优良率64.43%，同比上年提高10个百分点。以校园足球为突破口，发展传统特色项目，积极参与各级各类大赛，成绩亮眼。罗湖区被教育部评选为全省唯一、全国仅有4个的“校园足球优秀满天星训练营”；螺岭外国语实验学校获“广东省小学生游泳比赛”乙组团体冠军；莲南小学教师罗攀获“全运会”男子毽球双人组冠军；景贝小学、南湖小学、莲南小学被评为“广东省校园篮球推广学校”。优质推进美育工作。将美育融入教育教学、校园活动、课后服务中；开展艺术展演等活动，从“一生一艺”向“一生多艺”迈进。加强学校艺术特色创建及美育教师队伍建设。碧波小学、草埔小学被评为“广东省文化传承学校”“广东省艺术特色学校”。在“深圳市首届美育教师基本功比赛”中，17人获得一等奖。在“广东省首届美育教师教学基本功比赛”中，12人获得一等奖，名列全市第一。探索开展劳动教育。举办“罗湖区第一届小学生劳动技能大赛”，全区近400名学生参赛。建立家、校、社“三位一体”的劳动教育协同实施机制，逐步形成具有区域特色的劳动课程。积极探索劳动教育新路径，洪湖小学与洪湖公园共建劳动实践基地，拓宽学生劳动教育课程空间。

【教育改革】2021年，罗湖区积极推进教育改革。3月27日，邀请10位国内教育领域知名专家共聚一堂，在全市率先举办“罗湖教育高质量发展论坛”。该论坛以“构建高质量教育体系的现实挑战与发展使命”为主题，知名专家就高质量教育体系的时代要求、罗湖基础教育高质量发展的使命与路径等问题建言献策。罗湖区教育局局长殷刚就罗湖区基础教育高质量发展的思考在论坛上作专题汇报。发布《罗湖区基础教育高质量发展三年行动计划》（下文简称《三年行动计划》）。提出以高标准促进学前教育优质普惠发展、高水平推进义务教育优质均衡发展、高品质推动高中教育优质特色发展为目标，以资源支撑更加有力、师资队伍更加优质、育人方式更加科学、学校办学活力显著增强、学生综合素养明显提升、教育教学质量全面提高为具体要求，确定加强党的领导、落实全面育人、深化课堂变革、激发办学活力、加强师资建设、强化资源支撑6个方面20项行动计划和62个具体项目。明确项目任务分工加强统一领导。成立由殷刚任组长、局领导班子成员全员参与的高质量发展领导小组，成立由区委教育纪工委书记马莉任主任、教育局办公室主任刘维志和教科院李富贵博士任执行主任的领导小组办公室，负责组织协调各行动小组组织实施重点项目。区教育局组建6个行动小组，每个行动小组由一名局领导挂帅，教育局相关科室和教科院参与。根据科室职能，按照“罗湖区基础教育高质量发展三年行动计划任务分解表”，62个项目分别归口到行动小组，并明确项目负责

2021年3月27日，“罗湖教育高质量发展论坛”在罗湖会堂举办

（罗湖区教育局　供）

人和责任科室。聚焦关键项目落实“双减”政策。为落实“双减”政策和“五项管理”规定，聚焦课堂教学改革，切实提升学校育人质量，形成良好教育生态，罗湖区出台《义务教育阶段课堂教学提质增效实施方案》(下文简称《实施方案》)。该《实施方案》以提高课堂学习质量为核心，以抓实“六项”教学常规为基础，以开展“五项”专题活动为重点，以推进“四项”技术提升为支撑，以落实“三项”教学常规评价为主线，以抓好“两项”模式构建为重点，按照“一核四维多元”的组织架构成立4个计划落实小组，分别负责具体工作组织实施。聚焦重点项目实施专项督导检查。督促检查各学校落实《三年行动计划》和《实施方案》重点项目工作情况，深入学校一线，采取听取汇报、互动交流、师生访谈、课堂观察、教学常规检查等方式，对随机确定的9所学校进行《三年行动计划》重点项目专项检查。区教育局组织义务教育阶段68所学校分6个小组集中汇报交流，教育局领导班子成员分小组参加会议并提出具体要求。

【教育经费投入】2021年，罗湖区一般公共预算教育经费50.44亿元，占全区一般公共预算支出27.53%。其中，民办学校专项经费1.62亿元、民办学前教育专项经费0.88亿元。全区按市统一标准全面实行生均拨款制度。小学每生每年5200元，初中每生每年6800元，高中每生每年7300元(含寄宿生公用补助300元/人)，职业学校每生每年1.7万元(含寄宿生公用补助300元/人)。

【教育督导】2021年，罗湖区教育督导室加强教育督导工作。认真制订迎评方案，协调各科室做好自评自查，牵头落实14轮指标解读、材料审核等工作。做好样本校满意度调查培训，高效完成2.01万人次调查工作。顺利完成深圳市“双减”、基础教育学位建设及教育优质发展专项督查工作。落实常态督导，开准“减负”提质“处方”。深化“1+N”和“标准化”督导模式，常态化召开教育行政督导联席会议，中小学督学2200人次，常态督导13项，针对“双减”、心理健康教育等薄弱环节提出整改建议，切实纾困提质。聚焦幼儿园民转公实际，实施分层分类督导。学前督学1233人次，对全区145所幼儿园开展督导，促进区域教育质量均衡发展。完善监测体系建设，全面落实监测应用。成立罗湖区教育质量监测中心，形成督政、督学、监测评估“三位一体”格局。建立“1+N+1”监测评价体系，“零事故、零失误”完成国家质量监测，获评“2021年国家义务教育质量监测实施优秀组织单位”。开展2019年国家义务教育监测结果应用专项调研和二次解读研讨，高效落实结果应用和整改。分层抽样39所幼儿园，牵头建立义务教育教学绩效考核综合评价模型，研制《罗湖区义务教育高质量发展评价指标体系》等，全面助推落实“双减”和“五项管理”、科学保教。“中国督导”公众号、《中国教育报》《南方都市报》《广东教育(综合)》、“学习强国”平台等对罗湖督学工作、监测评价督导体系建设、“四位一体”经验与做法进行广泛报道。

【集团化办学】2021年，罗湖区教育局继续推进集团化办学。截至年底，全区共有8个中小学集团和5个幼教集团，教育集团共计13个。其中：中小学教育集团公办学校成员校共36所，覆盖率53%；学前教育依托5个幼教集团成立10个学区进行学区化管理，100%覆盖全区幼儿园。罗湖区中小学教育集团均为联盟模式，构建集团化八大共同体教育格局，打造联盟式集团“罗湖范例”。罗湖区集团化办学呈现四个成效：教育资源更优质均衡，名校集团优质学位覆盖率近50%，2021年罗湖区被评为“2021中国公平教育百佳县市”榜第七名；名师队伍更加发展壮大，通过名师引领、集团共培，已培育省、市、区学科名师69名、教科研专家15名；学生综合素质更加全面，集团构建具有学校特色的课程体系，培育一批优秀校本课程，满足学生多样化发展需求，中小学生参加各类竞赛成绩突出，获得国家级奖项100余项；办学质量显著提高，各高中教育集团充分发挥基础教育带头示范作用，深化普通高中新课程改革，文、理科高考总分高分段人数保持高位稳定，办学成绩节节攀升。翠园、教工幼教集团获评“深圳市教育改革创新论坛集团化办学典范”，螺岭、教工、清秀集团成功入选“广东省优质基础教育集团培育项目”。

【“幼小衔接”工作】2021年，罗湖区教育局积极做好“幼小衔接”工作。树立衔接意识，由小到幼明确主体；坚持科学导向，由点及面开展实验；坚持系统推进，由校到家形成合力。在全市率先行动，由小学主动衔接，幼儿园协同配合，开展小幼科学衔接试点工作。全区首批30所“小幼衔接”试点校、试点园调整一年级课程安排，减缓教学进度，以游戏化、生活化、综合化方式实施适应期教育，幼儿园将“小幼衔接”工作渗透在幼儿园三年教育之中，融入幼儿生活各个环节，共同为幼儿搭建成长适应阶梯。

【新品质学校培育】2021年，罗湖区教育局积极培育新品质学校。出台培育新品质学校方案，印发《罗湖区教育局关于成立培育新品质学校工作领导小组的通知》，制订《罗湖区教育局关于培育新品质学校包干党组成员工作职责》，建立推进策略及工作机制。确定首批5所培育对象学校，由1名局领导和1个对接科室包干到校，明确“罗湖区教育局培育新品质学校各科室对接工作一览表”和“罗湖区教育局培育新品质学校推进任务表”，建立工作台账，稳步推进新品质学校培育工作。

【特殊教育】2021年，罗湖区教育局重视做好特殊教育工作。全面落实残疾学生“一人一案”。建立学籍档案，坚决执行随班就读学生生均经费按照普通生均经费10倍下拨至学校的政策，招收5人以上残疾学生的普通学校配置建设资源教室，通过政府购买服务形式外聘特教机构专业人员作为学校资源教师，积极落实残疾学生随班就读工作。2020—2021学年全区6~15周岁残疾儿童共有418人，当年秋季学期安置在普通学校随班就读学生226人、在特殊学校就读学生101人、接受“送教上门”学生37人，共安置学生364人；在学前教育机构和康复等其他机构学生37人，申请延缓入学学生7人，2020—2021学年残疾儿童少年入学率97.3%，达到国家、省、市相关要求。2020—2021学年，罗湖区随班就读残疾学生人数5人以上学校共17所，均按照文件要求设立特殊教育资源教室并配齐配足资源和教师。

【家庭教育讲座】2021年9—12月，罗湖区教育局开展未成年人关爱季家庭教育系列讲座活动。通过“现场讲座+视频直播”形式，开展主题为“向美而生”系列家庭教育讲座，邀请尹烨、南兆旭、王秋英、王人平、赵志祥等专家做客罗湖，与家长一起探讨自然之美、生命之美、文学之美、艺术之美、教育之美，累计参与学习家长20.6万人。

【学前教育】2021年，罗湖区学前教育工作继续加强。推动普惠性幼儿园建设。年内，续约15所到期民办普惠性幼儿园，全区公办园和民办普惠性幼儿园共122所，在园儿童3.29万人，占全区在园儿童总数3.8万人的86.58%。继续加大财政投入，支持学前教育发展。对60所民办普惠性幼儿园拨付奖励性补助2012万元，对3.56万人次儿童拨付健康成长补贴和保教费资助5347.425万元，对4086名保教人员拨付长期从教津贴、学历奖励和体检经费6851.71万元。制订普及普惠高质量发展路径和措施。出台《罗湖区推进学前教育高质量发展实施方案》和《深圳市罗湖区创建国家学前教育普及普惠区实施方案》，新增罗湖区教科院、罗湖区实验2个幼教集团，引进8所市属优质公办幼儿园团队管理10所区属新公办幼儿园，全市首创举办公办幼儿园三年发展规划汇报会；创新措施做好宣传工作，根据疫情防控需要首次通过网络直播举办第五届幼儿园“年度教师”评选活动，在“罗湖教育”微信公众号开设“罗湖特色园”与“一周一园秀”宣传栏目。

【民办教育】2021年3月30日，罗湖区教育局积极推动区政府办公室印发《关于推进民办教育高质量发展的实施意见》，着力打造规范、特色、高质量的民办学校。全面贯彻落实中央和省关于规范民办义务教育发展有关文件精神，加强全区民办义务教育学校规范管理，开展系列规范民办学校办学行为工作。按照计划平稳回收一所承办协议到期的国有民办学校，为此后同类学校回收工作起到示范作用。制订符合罗湖区实际的罗湖区义务教育阶段招生办法，将民办学校招生纳入统一管理，执行公民办招生“统一平台、统一时间、统一标准”政策。落实民办学校“惠民”政策，对约2万名学生发放学生补贴7002.6万元，其中1.88万名学生发放学位补贴6945.8万元、730名学生发放“双免”补贴56.8万元，对853名教师发放长期从教津贴598.59万元。组织20所民办学校1297名教师到罗湖区中医院进行免费健康体检，保障教师身心健康发展。完成满30年教龄教师审核工作，对11名满30年教龄的民办学校教师进行表彰，提升民办学校教师职业获得感。

【高考成绩】2021年，罗湖区高考成绩稳步提升。全区有高考考生2712人、职高考生90人。其中，纯文化类（物理类、历史类）考生2165人、艺体类考生549人。全区纯文化类考生特控线上线率41.14%、纯文化类考生本科上线率88.59%，连续三年稳步提升。其中，物理类省排名前1000名共2人、历史类省排名前1000名共5人。被清华大学录取1人。

【“大创客”行动】2021年，罗湖区积极构建“科技教育”生态体系，开展“大创客”行动。建立学生创客指导中心，持续开展14个类别创客课程实施服务，培训师生上万人次。建立12个区级学校创客实践基地，在全区有26个市级优秀学生社团和23间市优秀创客实践室的基础上，再建成10间人工智能实践室，启动“科技教育名师工作室”项目7个。翠园中学连续两年4个作品入围中国国际“互联网+”大学生创新创业大赛萌芽赛道广东省10强和全国60强，其中2个作品获“创新潜力奖”金奖、2个作品获“创新潜力奖”银奖。推进项目式学习和STEAM创新教育活动。先后举办4期项目式学习课程达标培训，举办2期PBL教师赛事和首届学生PBL赛事。“罗湖区区域推进‘大创客’行动”和“罗湖区中小学项目式学习区域推进行动”分别获评“深圳市十大科技创新教育示范项目”和“科技创新教育年度示范项目”。罗湖区中小学第四届“大创客节”系列活动在翠园实验中学等7个学校举办，共设置学校科技成果展（50个）、企业科技体验活动（13个）、学生创新能力体验赛（15项）、青少年科技创新大赛（4项）、学生电子作品赛（4项）、古典智力道具赛（4项）、四模（4项）、无人机（4项）、人工智能（8项）、创意制作（5项）、VR方程式赛车和项目式学习挑战赛等12个类别共50个赛项，全区线上线下累计4000余人次参加各类比赛，赛前线上辅导近5万人次。赛事促进罗湖区科技教育普及，推动罗湖科技创新教育再上新台阶。

【艺术教育】2021年，罗湖区艺术教育成效显著。在“广东省首届美育教师基本功大赛”上，罗湖区获广东省赛全能一等奖5个、单项奖5个，位居深圳市榜首；举办“第五届罗湖区中小学生艺术展演”，参与学校61所、参与师生约4000人、参评节目289个，其中获广东省一等奖5个、深圳市一等奖12个、二等奖21个；疫情特殊时期，音乐学科研发在线教学资源包36个，其中33个入选深圳教育云平台、3个在深圳卫视腾讯课堂展播、3个入选深圳市教科院“国之乐”空中速递系列展播活动；在2021年百年党庆活动中，3个节目获“深圳市音乐党史”评审一等奖、1个节目入围教育部主办的迎冬奥“第二届中外人文交流小使者器乐展”；开展“第四届‘音乐课堂+’教学成果展”，参展班级79个、节目116个，参与师生5000多人次；举办“第四届罗湖区校园音乐节”，开展“百年岁月，经典留声”主题系列活动，用音乐语言庆祝中国共产党百岁生日；举办“颂百年花开——美术教师美术作品创作展”，在深圳市美术学校和深圳艺廊多次展出，罗湖10余名教师创作的作品入选“深圳市建党百年作品展”，在关山月美术馆、大鹏美术馆展出。组织青年教师进行单元课程设计，“烽火岁月”“和平年代”“群星灿烂”“神州大地之旅”等单元课设计获得好评。在“广东省首届美育基本功大赛”中，罗湖区4名教师均获省一等奖；在“深圳市美术教师基本功大赛”中，罗湖区获小学组第二、第三名。利用美术教师研训基地开展中国画创作、纸艺、创客、篆刻等专业技能培训10场，300余人次参加培训。开展“第七届自主鉴赏嘉年华”活动，将美术、音乐、舞蹈、戏剧、影视等融入其中，重视做好传统文化根植和对中华优秀传统文化的深度挖掘工作。

【教育信息化】2021年，罗湖区推动实施教育信息化。积极推进“广东省‘人人通’”试点区建设，为80所中小学校和140所幼儿园注册开通“企业微信”。为每名教师提供100G（全区2500T）云端空间，全区教师空间开通数量1.68万个，学生空间开通数量13.98万个，家长空间开通数量22.97万个，学校空间开通数量81个，班级空间开通数量6649个。先后完成89个系统功能模块应用并上线，形成集“管教学研评联”于一体的新型智慧教育云平台。组建区校应用服务团队，为线上线下教学提供支持保障。承办“广东省‘人人通’网络学习空间应用”推广培训活动，全省各地教育局信息化分管领导、省信息化中心校校长等近200人参加活动。申报成为深圳市“教育部基于教学改革、融合信息技术的新型教与学模式”实验区，与14所实验校共同围绕“教育数据采集与应用”实验方向开展应用实践。推进“新时期高质量数字化‘思乐课堂’理论构建和区域应用推进”省重点课题研究，全区有26所实验校、67个子课题和247个小课题共同推进相关课题应用实践。推进“教师信息技术应用能力提升2.0工程”。组织全区80所中小学、135所幼儿园先后完成“一划两案”编撰；组织遴选市、区研训团队成员120人；组织遴选市能力提升工程2.0试点校7所；组织6753名中小学和2283名幼儿园教师参加教师能力提升工程2.0网上研修学习；组织编录“罗湖智慧教育云平台”网上研修课程30多节并向省平台提交19节；召开全区能力提升工程2.0推进会、区级研训团队和学校管理团队培训会、学校整校推进工作部署会。举办10场“能力提升工程2.0校本研修观摩”活动，全区上万人次教师在线观看系列活动。

【校园基础建设】2021年，罗湖区强化校园基础建设。落实《深圳市罗湖区公办义务教育和幼儿园学位建设实施方案（2020—2025年）》，成立罗湖区教育领域项目指挥部，建立区政府领导挂点服务学位建设项目机制，各部门协同合作加快推进学位建设。聚焦学位紧缺重点片区，多点布局推进新改扩建工程，创新巧用科技手段，新老学校基础建设齐头并进。2021年，建成义务教育学校4所，新增学位4290个；建成幼儿园2所，新增学位720个；推进市第十九高级中学新建工程年内开工，加快推进罗湖外语学校全寄宿制高中新建工程前期工作。圆满完成2021年度新增公办学位任务。创建美丽校园。全年完成75所学校及幼儿园急需修缮项目工作，消除安全隐患，改善办学条件。

【教师队伍建设】2021年，罗湖区进一步加强教师队伍建设，积极引进高层次教育人才。引入深圳中学优秀教育人才郭玉竹任罗湖区教科院院长、翠园教育集团总校长，兼任翠园文锦中学校长；引进羽毛球奥运冠军于洋，推动校园羽毛球项目发展。

校长队伍管理　全面实施“领鹰工程”，组织152名优秀新晋校长、校级领导和中青年干部参加系统培训。开办头鹰（新晋校长）、雄鹰（校级领导）、雏鹰（优秀中青年干部）3个培训班，采用三级培养、重点突出、协同发力方式，针对培养对象特点设计培训课程体系，进行有目的、有计划、有保障、有结果的系统培养，形成“一人一档案”，全面提升教育管理者的素质水平，为罗湖区教育人才管理提供参考依据。开展校长职级评定工作，2名校长获评特级正校长、4名校长获评一级正校长。

师资队伍建设　2021年进行面向毕业生赴外招聘、面向社会公开招聘、面向全国选聘优秀教师、面向市内选调优秀教师等相关招选聘，共计招选聘教师682人，补足教师缺口，优化队伍结构。保障教职工待遇。优化《深圳市罗湖区幼儿园保教人员长期从教津贴及学历奖励暂行办法》，取消大专、增加博士研究生学历奖补，顺应高质量发展对人才的需求。创新罗湖区基础教育系统幼儿园“年度教师”表彰活动形式。2021年第五届“年度教师”表彰活动创新采用现场直播形式，30余万人次实时收看，产生较大社会影响。组织全区52所区属公办园召开三年发展规划汇报会，邀请一批重量级专家、名园长把脉问诊、出谋划策，提升园长规划管理能力。

教师培训　举办13场信息技术应用能力提升2.0线上培训，1.42万名教师参加培训。举办通识和学科培训177场，1.7万人次参加培训；开展美术、体育、音乐特色培训共28场。开展1600个课程共计3200学时校本培训。举办“校长学习会”和“教师发展论坛”活动。遵循“以提升学科核心素养为导向，以提高课堂学习质量为目标”的指导思想，开展区、校际联合蹲点教研暨教师发展论坛活动，全年共举办论坛活动10期。开展新教师培训。对2021年入职的253名新教师进行岗前培训、岗中培训；对2020年入职的500余名新教师进行基本功考核验收，合格者颁发“青年教师教学基本功合格证书”，并将此证书作为评选“教坛新秀”的必备条件，新教师培养与“名师工程”梯级培养系列建立无缝对接联系。开展心理健康教育培训。举办2期“中小学心理健康教育C证培训班”，共320名教师参加培训；举办1期“中小学心理健康教育B证培训班”，160名教师参加培训；举办“心理健康专职教师培训班”，对中小学心理健康专职教师进行3次专项培训，每次3天。对幼儿园教师进行培训。完成594名新手教师培训，完成35期共3662人次新秀教师系列培训，完成12期720人次骨干教师系列培训，完成2期200人保育员专项培训，完成公办园建设专项培训。对民办教师进行培训。量身定制“罗湖区2021年民办中小学教育教学领导力培训”，共举办9个专题讲座，民办教师1079人报名参加培训，共完成学时1.94万个。

师德师风建设　推动学校加强教师师德档案管理，举办“师德评议会”，完善师德量化考核制度，建立教师违反师德、学术不端、教学不端等失信惩戒机制。在“年度教师”、评优评先、学年考核等评选时实行师德有效投诉“一票否决制”。组织各学校开展师德师风自查，实施师德师风“负面清单”管理制度。借助国家教育行政学院组织的“厚植爱国情怀　涵育高尚师德，加强新时代教师队伍建设”专题网络培训，组织开展师德师风网络培训。组织各学校学习《新时代中小学教师职业行为十项准则》等文件，全体教职工填写“师德师风承诺书”。

【名优教师和名校长培育】2021年，罗湖区名优教师和名校长培育卓有成效。郭玉竹、欧阳普全、俞式清、黄海青、翁宏国5名教师被评为特级教师；吕永生、艾彬、廖志辉、陈苏、黄立谨、徐平、仪佳齐、张燕玲、卢世忠9名教师被评为“南粤优秀教师”。在深圳市基础教育系统“名师工程”第五批名校长、名教师培养对象评选中，冯永、汤学儒2名校长被评为市名校长，王传贤等19名教师被评为市名教师，江秋华等19名教师被评为市骨干教师，李玉子等11名教师被评为市教坛新秀；陈小波、丁光辉、赵永华3人被评为深圳市教科研专家，朱艳等11人被评为深圳市教科研骨干，获评人数均居于深圳前列；韩青获评“深圳市年度教师”。成立深圳市名校长工作室2个、深圳市名师工作室19个、深圳市教科研专家工作室3个；44个区级名师工作室完成“名师工作室校本培训课程体系”开发和建设，形成优质校本培训精品课程20门；批准立项56个名师工作室专项课题；推动开发“云上——罗湖区在线精品师训课程”，实现继续教育网络培训全覆盖。53门继续教育课程全网直播+录播，深受罗湖教师好评。

【廉政建设】2021年，罗湖区教育局成立廉政建设监督科，进一步加强廉政建设。强化审计监督。完成2020年8所学校经济责任审计，完成2021年29所公办幼儿园财务收支审计，完成59所公办学校2020—2021年食堂管理经费专项审计；对接上级审计机关组织的对区教育局机关及区属学校、幼儿园审计事项共6项。出台《罗湖区教育系统内部审计结果运用办法》，督促各单位规范管理、防范廉政风险。创新廉政教育形式。精准构建“局—校—家—社会”廉洁共同体，2021年罗湖区教育系统“纪律教育学习月”活动被罗湖区纪委监委选为优秀范例并予以推广。开展廉政专题党课及“廉洁教育百人团”廉政宣讲、师德师风暨廉洁从教专题培训、青少年廉洁养成系列活动等；规范学校家委会运作，印发致家长的一封廉洁倡议书；面向合作企业推出“一信一卡一承诺”。打造廉政基地。创建教育系统第一个网上“廉政教育基地”，借助罗湖智慧教育云平台向区教育系统所有教职员工推送廉政教育信息，实现精准教育、线上线下相结合随时随地可学习的目的。

【教育帮扶】2021年，罗湖区教育局开展校际结对教育帮扶工作。罗湖区学校与广西壮族自治区学校结对18所，与广东省陆丰市学校结对26所，与新疆维吾尔自治区喀什地区学校结对31所。为帮扶学校输送特区教育管理理念和教育教学模式，直接惠及学生7.5万人。实施教育优才培训项目。开展各类培训学习203场次，接收广西教育系统干部到罗湖区跟岗培训1517人次，校际接收跟岗学习64批608人次，有效提升结对帮扶地区教育队伍综合能力。开展名师支教行动。全年罗湖区教育系统共选派在职在编教师27人分6个批次赴新疆、西藏、广西和广东省内地区开展精准扶贫支教工作，助力打赢脱贫攻坚战。带动陆丰市碣石镇新西村全村358户贫困户全部脱贫。

【校园安全管理】2021年，罗湖区教育局强化校园安全管理。全面落实校园安全管理工作责任制，定期分析安全风险，适时开展专项督导检查，排查整治安全隐患，筑牢校园安全基础。创新推行校园“1分钟自救3分钟互救”应急队伍建设，实现中小学专职保安员配备率、学校封闭化管理率、“一键式”紧急报警和视频监控系统达标率、学校“护学岗”设置率“4个100%”目标。开展校园安全应急演练。举行消防安全、校车安全、校园反恐、防震减灾等专项教育15次，开展应急演练专题培训6次。常态化疫情防控有序有力。出台《罗湖区教育局关于加强落实教育系统疫情防控的10条措施》。落实“四个一”健康管理，圆满完成高考期间疫情防控任务。推进教职工及适龄学生新冠疫苗“应接尽接”工作。12~17岁学生疫苗接种任务完成速度、3~11岁学生第一剂疫苗接种速度均居全市前列。心理健康教育扎实推进。召开学生心理健康教育专题工作会议4次，并多次在全体校（园）长会议上部署强调心理健康教育工作。制订《罗湖区中小学心理健康教育工作指引》，编印《罗湖区中小学心理危机干预手册》，危机干预培训全覆盖。成立“班主任心理教育能力提升工作室”，创建心理教师与班主任工作联盟，提升班主任在心理健康方面的工作能力。全覆盖开展学生心理健康“三级排查”专项活动，建立学生心理危机预警库，实现早发现、早干预。强化区中小学心理辅导中心职能，开设深圳市教育系统唯一24小时心理热线，用好“罗湖心理”公众号，举办“聊聊家庭教育中的心理学”等心理教育讲座，为学校师生及家长提供心理支持资源。做好考试前后、假期前后关键时期心理干预工作。成立罗湖区中高考心理辅导讲师团，有计划开展为期3个月的中高考考前心理辅导活动，全面覆盖20所学校、200个班级、近万名罗湖学子，为学生大考构建“心堡垒”。与公安、卫健、政法、街道、社区形成联动，建立联席会议制度。成立区教育局心理健康教育工作督导小组，对全区学校心理健康教育和心理危机预防干预工作进行强力督导，有效促进学校心理健康教育工作。

【学校体育】2021年，罗湖区教育局扎实做好学校体育工作。运用信息技术打造体育数字化平台。利用罗湖智慧云平台与AI人工智能技术，与悦动圈融合，创新体育家庭作业，使体育锻炼智能化、系统化、融合化，促进“罗湖区中小学生校外体育锻炼一小时”有效落实，效果显著。4月，全国“AI科技环境下的生态体育”研讨会在锦田小学召开。开发“罗湖区体育中考成绩分析系统”，并引进“国家体质健康标准评价系统”，通过大数据分析，逐步提升罗湖区体育中考成绩和学生身心健康水平。推进“大体育”行动，促进学生身心健康。完成体育中考和学生体质健康测试，强化体育中考工作。2021年，全区体育中考成绩平均93.8分，罗湖区“国家学生体质健康标准”测试数据优良率45.79%、合格率95.32%。提升教师专业素养，培养体育名优教师。2021年，组织体育教师专业培训41次。5月20日，举办“罗湖区入职三年的体育教师技能比赛”和新教师基本功“过关”考核活动。10月，组织“罗湖区青年体育教师教学能力大赛”，提升青年教师课堂教学能力。

【学生竞技体育】2021年，罗湖区教育局重视抓好学生体育竞赛工作，打造学校体育品牌。举办罗湖区学校体育节。年内，举办罗湖区中小学生田径、乒乓球、健美操啦啦操、游泳、棋类、羽毛球及小学生篮球和中学生篮球八大学生体育竞赛。协助区文体局开展篮球、羽毛球、网球、射箭、足球、田径、广播操、乒乓球和帆船等学生和职工体育比赛。2021年，全区中小学篮球比赛共组建队伍98支，田径运动会参赛人员1500人，棋类比赛1350人，游泳比赛490人。罗湖外语初中学校、景贝小学、水库小学、鹏兴实验学校和百仕达二期幼儿园、鹏兴幼儿园、百仕达小学等7所学校获评“全国足球特色校”；南湖、景贝、红岭和莲南小学获评“广东省校园篮球推广学校”；翠园初级中学获评“广东省学生体育艺术联合会田径协会训练基地”；莲南小学、景贝小学获评2016—2020年度“深圳市群众体育先进单位”。罗湖区中小学生在市级及以上比赛多个项目中实现历史性突破。2021年，8个项目获全国第一、8个项目获全省第一名、6个项目获全市前三名。3月，布心小学获得“深圳市象棋比赛”小学组团体第一名，滨河实验和布心中学获中学组第三名和第八名。4月，红岭小学林语芊获高尔夫C组全国冠军；翠园初中获“深圳市中小学生校园足球班级比赛”冠军。5月，罗湖外语初中学校获“广东省中小学生羽毛球锦标赛”初中团体、男女双打和男单3个冠军；景贝小学刘子桐获“广东省游泳锦标赛”3枚金牌；布心小学在“首届全国小学生足球赛”上获亚军；景贝小学运动健儿获“广东省轮滑冰球比赛”亚军。7月，罗湖外语初中学校在“广东省中学生篮球锦标赛”上获第五名，教师王凯泽、白振岳获评“广东省优秀教练员”；罗湖外语学校在“广东省中学生羽毛球锦标赛”中获女双银牌、男双铜牌，团体第六。9月，莲南小学教师罗攀获“第十四届全国运动会”毽球冠军；百仕达小学获“深圳市第十届运动会”女子篮球第二名。10月，罗湖帆船项目在“深圳市第十届运动会”上获团体总分第二名；螺岭小学获“广东省游泳锦标赛”团体第一名。11月，罗湖外语初中学校获“深圳市中小学生篮球比赛”初中组第一名，景贝小学获小学男子组篮球第三名；螺岭外国语实验学校在“全国少儿啦啦操精英赛”（深圳站）上获4枚金牌、1枚银牌，松泉实验学校获1枚金牌，景贝小学获2枚铜牌。12月，罗湖外语实验学校毛恩和在“广东省中小学生冬季游泳锦标赛”上获2枚金牌、1枚银牌，黄熳妮获1枚银牌和2个第四名；华丽小学、翠园文锦中学和松泉实验学校在“中国中小学生操舞锦标赛”上获得4个冠军、1个亚军、2个第三名。

（罗湖区教育局）

南山教育

【概况】2021年，南山区有区属各类教育机构（不含驻区高校、深大附中、蛇口国际学校等非区属学校）497所（处）。其中，幼儿园226所，中小学102所（按校址），中等职业学校1所，教育培训机构57个，社区学院1所，街道社区教育中心8处，社区市民学校102所。各级各类在校在籍学生（含在园幼儿）23.34万人（未含市民学校和培训机构人数）。其中，在园幼儿6.03万人，中小学生17.31万人（含博伦职校）。教职工近2万人，其中专任教师8425人。年内，南山区教育投入78亿元，集中力量、全力攻坚，解决官龙学校、南山小学等历史遗留问题；新建和改扩建中小学、幼儿园12所，新增学位7345个，有效解决大校额、大班额问题。新成立9个幼教集团，扩大优质学前教育资源覆盖面，南外等6个基础教育集团被列为首批省级优质基础教育集团培育对象。政府履行教育职责评价以95.49的高分位居全省（区县）第一，成为全省唯一“三连冠”区（县）。注重教师素质提升。出台新入职教师培养指导意见，开展全学科、全学段教师培训，举办“培训赋能，提升素质”业务培训。在广东省、深圳市青年教师教学能力比赛活动中获4个学科第一名、24个一等奖，创历史最佳成绩。承办第八届广东省中小学班主任专业能力大赛。连续6年有教师获评“深圳市年度教师”。持续加强“双减”工作。出台中小学作业管理指导意见，强化校外培训机构治理，发布学科类校外培训机构“白名单”。入选“全国儿童青少年近视防控试点区”（全省仅2个区）；“五项管理”经验在全国教育工作视频会上展示；课后服务实现公民办学校全覆盖，经验获《中国教育报》宣传推广。育才中学获评“深圳市高中新课程新教材实施国家级示范区示范校”。学生综合素养全面发展。2人获评“最美南粤少年”，11人获评“最美鹏城少年”，4人获评“深圳校园十佳文学少年”。特殊教育和职业教育取得新突破。特殊儿童入学率95%以上，龙苑学校被广东省教育厅命名为“广东省教育示范学校”。博伦职校入选首批“广东省高水平中职建设单位”，获“全国行业职业技能竞赛”宝石琢磨工职业技能竞赛学生组团体总分第一名。筑牢校园疫情防控线。全体教职工及中学生第一、第二剂疫苗“应接尽接”率达100%，教职工第三剂疫苗接种率达97%以上。推动文明校园创建常态化，4所学校获评省、市级“文明校园”。巩固拓展教育脱贫攻坚成果，获评“深圳市脱贫攻坚工作突出贡献集体”。

【教育督导】2021年，南山区充分发挥教育督导对各项工作的促进作用。重视政府履行教育职责评价工作。区政府常务会议专题研究政府履行教育职责迎评与整改，实施人事统计及学籍统计平台规范化管理，准备迎评整改材料。12月，完成2021年政府履行教育职责评价迎评、档案材料网上申报、满意度调查工作。在广东省122个县（区）政府履行教育职责评价中以95.49的高分获得全省第一，考核等级为“优秀”，成为全省唯一“三连冠”县（区），获深圳市教育局通报表扬和南山区委嘉奖。持续深入推进义务教育优质均衡发展。建立联动机制，多方统筹，协调推进，狠抓整改，解决大班额、大校额问题以及公民办学校教师福利、校外体育运动面积不足等问题。在广东省人民政府教育督导室《关于2019年全省县域义务教育基本均衡和优质均衡规定指标校际间差异系数情况的通报》中，南山区成为全省唯一优质均衡发展督导评估资源配置七项指标（包括小学、初中）差异系数全部达标区域。教育部教育督导局局长田祖荫到南山区调研，充分肯定南山区“五项管理”、优质均衡区创建工作，对南山区编印的《让每一所学校都优质——深圳市南山区创建全国义务教育优质均衡发展区案例集》给予高度评价。组织国家义务教育质量监测工作。20个样本学校圆满完成国家义务教育质量监测工作。各专职责任督学开学初在全区90多所义务教育学校开展2021年“国家义务教育质量监测”专项督导，南山区获“广东省质量监测工作优秀组织奖”。调整南山区人民政府教育督导委员单位，新增6个区教育督导委成员单位，教育督导委成员单位共38个。制订《南山区中小学责任督学挂牌督导报告制度》《南山区责任督学挂牌督导问责整改制度》等。实施一年两次党建和心理教育专项督导。完成25所幼儿园督导评估，7所公办学校、1所民办学校通过“深圳市义务教育学校办学水平评估”，3所学校通过“广东省义务教育标准化学校评估”；编印《南山区教育发展督导评估报告——教育督导评估年度绿皮书（2021）》和《初心致远　使命敦行——2021年深圳市南山区责任督学挂牌督导报告集》。加强督学队伍建设。开启督学队伍梯度培训计划，采用线上、线下融合式培训，提升专业素养。依托国家教育行政学院网络平台组织南山区督学网络培训，全区共336名专职（责任区）督学参加培训。完成9所幼儿园区一级评估（复评）、8所公（民）办学校“深圳市义务教育阶段办学水平评估”。完成“深圳市学位建设及教育高质量发展专项督查”迎评工作。落实“双减”“五项管理”督导。开展“每月一主题”主题督导，督查发现创建义务教育优质均衡发展区问题300余项、义务教育质量监测整改问题80余项，下达整改通知42份。南山区在全国中小学“五项管理”落实推进视频会议上交流经验。11月，深圳市教育局第九督查组对南山区“双减”工作进行专项督查。督查组认为：“南山区教育局在‘双减’工作中，领导重视，协调多方共同治理；全面落实，多措并举，效果明显。”举办督学沙龙分享会、跨区督学总结交流会，首次发布《南山责任督学宣言》。区人民政府教育督导委员会办公室表彰南山区优秀责任督学5名、中小学及幼儿园优秀责任区督学30名、优秀学校（幼儿园）督学35名。

【**教育经费投入及管理**】2021年，南山区加大教育经费投入及管理力度。全年教育系统投入各项财政资金78.34亿元，比上年增长8.06%，占全区公共财政支出19.47%。教育经费用于保障各校（园）教育教学正常运行基本支出及项目支出，公办校（园）财政拨款按生均标准予以核拨。项目支出除用于生均项目以外，主要有学前扶持经费2.84亿元、新开办和转型公办幼儿园装修改造及运营经费1.63亿元、民办扶持经费1.57亿元、“四点半学校”活动经费1.38亿元、新建和扩建学校配套经费1.46亿元、午餐午休管理经费8081.76万元、增人增资经费5000万元、校舍安全改造经费3077万元、班主任工作经费3285.25万元，“厕所革命”经费709.67万元。完成内部控制评价报告编制、整体绩效评价和3个重点项目绩效评价等。检查转型公办园预决算、会计核算、招投标、资产管理等；对民办学校、民办幼儿园资金实行三方监管，对其年度财务审计报告予以审核公示；专项检查公办学校、幼儿园项目招投标、食堂收费及验收等，并提出整改意见。

【**教育基建**】2021年，南山区推动新建和改扩建学校教育基建工作。教育基建投入资金13亿元，新增义务教育学位4230个、学前教育学位2100个。开展校舍安全排查工作，完成82个校园暑期修缮项目检查。全面完成区属学校“厕所革命”改造任务。深大附属外国语小学、深大附属外国语中学、南外文华学校、南外科苑学校、麒麟中学、珠光小学改扩建以及沙河小学、南头城学校拆除重建等9所学校建设项目竣工交付使用。协调有关部门和单位推动桃花源学校（高中）、第三十高中等2所高中，智城幼儿园、深圳湾一幼等5所幼儿园及官龙学校、海岸学校等16所义务教育学校建设项目前期工作。

【校园安全管理】2021年，南山区教育局强化校园安全管理。全面实行安全管理“一岗双责”制度，落实安全管理主体责任。组织办学单位签订“校园安全管理责任书”“消防安全承诺书”；开展消防、危化品专项排查及整治行动，出动人员3167人次，排查及整改隐患1842处；联合市交通运输局南山管理局加强校车及交通专项排查整治行动，对76所学校周边开展交通安全隐患整治，整治安全隐患298处。加强自然灾害防范和应对处置，修订《南山区教育局防台风预案》《南山区教育局“三防”检查制度》等，配合区“三防”办落实台风“圆规”临时避难所开放工作，全区37个学校开放临时避难所，共2.2万人入校避险。联合交警部门开展“家校警”护航行动，成立96支“家校警”护航队，依托家长、学校、交警三方力量保障学生交通安全；定期开展校园安全联防组大检查，完善校园安全隐患排查机制；发挥联防组群防群治作用，全区教育系统32个联防组每季度开展联防组安全大检查，各办学单位把安全管理工作情况记录在《南山区校园安全巡查日志》中，形成连贯排查台账；联合区城管部门定期开展校园周边乱摆卖、超门店经营、乱堆放、占道经营等专项整治行动，进一步提升校园周边环境；联合公安、应急等部门落实教育部校园安全专项整顿工作部署，完成校园安防建设“四个100%”（中小学与城市幼儿园专职保安员配备率100%，中小学封闭化管理100%，中小学与城市幼儿园“一键式”紧急报警、视频监控系统达标率100%，城市“护学岗”设置率100%）。加强应急演练，全区教育系统组织开展自然灾害、事故灾害、公共卫生、社会安全等应急演练活动3次，推荐37所中小学、74所幼儿园为“广东省校园应急避险和安全防范疏散演练达标单位”。强化网络信息安全管理，实行网络信息安全“零报告”制度，组织全区学校网络信息安全检查和应急演练，发现32家单位存在高危风险漏洞520个；加强重点防护期网络信息安全保障，实行“7×24小时”值班制度，印发巡检报告95份，完成38所学校和教育局机房改造；强化安全宣传教育，组织师生及家长参加“开学安全教育第一课”“交通安全第一课”“中小学消防公开课网络直播”等课程和深圳市学校安全教育平台专题学习；在“5·12”全国防灾减灾日、“11·9”消防安全宣传月、“12·2”全国交通安全日利用宣传专栏、张贴宣传海报、LED显示屏等方式开展“消防三提示”（提示火灾危险性；提示逃生路线、安全出口位置，逃生、自救方法；提示场所内简易防护面罩、手电筒等设施器材位置和使用方法）和“一懂三会”（懂火灾危险性，会报警、会灭火、会逃生）等宣传活动；开展专项安全教育活动，组织开展水上交通安全知识进校园、预防学生溺水专项治理、森林防火宣传教育、燃气安全宣传教育等专项安全教育活动，进一步增强师生安全防范意识和技能。年内，全区校园总体安全形势保持稳定。南山实验集团园丁学校、文理实验集团文理一小、南山第二外国语集团学府一小等5所校园获评“深圳市‘家校警’交通安全护航标兵校”“深圳市消防标准化信息化示范学校”。

【校园常态化疫情防控】2021年，南山区教育局落实校园常态化新冠疫情防控措施，筑牢校园疫情防控线。39个督查组定期分组包片开展督导检查，各个学校、幼儿园落实校园疫情防控各项要求，实现学校教育教学工作有序开展。及时组织师生进行新冠肺炎疫苗接种，成立疫苗接种工作领导小组，制订工作方案，组织学校开展线上培训，接种工作有序进行。8月12—14日，集中开展12~17岁学生疫苗接种工作；11月上旬，集中开展3~11岁学生新冠疫苗集中接种工作。年内，全区教职工及中学生第一、第二剂新冠疫苗“应接尽接”率100%，教职工第三剂疫苗接种率97%以上。强化“三考”（中考、高考、成人考试）期间防控管理，区委、区政府成立平安高考专班、高考试卷安全专班、高考舆情管控专班、高考疫情防控专班4个专班。区教育局组织16个职能部门、42所涉考初中学校落实考试安全、考生管理服务和疫情防控各项工作要求，实行考生、涉考人员、同住人员核酸检测100%覆盖。加强对隔离考生考试和转运工作管理。博伦职校在3天内紧急完成中考考点全部准备工作，教育、卫健、交管、交警、社区等多部门联动，实行“一人一策”，为36名（含3名外区滞留隔离考生）密接及次密接考生提供心理教师、送考教师、医务人员、转运车辆、先导“铁骑”等“五对一”全程服务，按照工作流程表精准把握各环节，圆满完成防疫转运工作和考务组织工作。

【“双减”工作】2021年，南山区持续加强减轻义务教育阶段学生作业负担和校外培训负担“双减”工作。出台中小学作业管理指导意见，强化校外培训机构治理。“动态清零”义务教育阶段学科类校外培训机构。9月13日，成立南山区校外培训机构整治规范工作专班，下设8个联合执法检查组，成立南山区校外教育培训监管小组。加强宣传引导。各中小学通过班会等渠道，向学生宣传“双减”政策，进行风险警示教育；通过“给全体中小学生和家长的一封信”形式，引导学生和家长树立正确教育观念，并通过“南山教育”公众号和编印《南山区“双减”工作简报》加强“双减”工作宣传；在广东省率先公布首批学科类校外培训机构“白名单”，引导培训机构诚信经营，引导家长理性培训；发布国庆、寒假培训提醒。加强执法检查。8个联合执法检查组自9月17日起开展联合执法检查，按照省、市要求，第一时间停止审批新的学科类校外培训机构及面向学龄前儿童校外培训机构，并与每家机构负责人逐一进行谈话，劝导良性退出。义务教育阶段学科类培训机构压减比例100%，实现“动态清零”。对全区义务教育学段78所小学和46所初中学校学生家长开展“双减”“五项管理”及“课后服务”调查，形成《南山区“双减”“五项管理”“课后服务”工作的家长问卷分析》，针对各学校存在的问题下发整改通知。

【教师队伍建设】2021年，南山区教师队伍建设进一步加强。全区教育系统（包括民办）有教职工2万人，其中在编教师8515人（专任教师8425人）。中小学（含博伦职校）专任教师1.16万人，幼儿园专任教师4972人；高级职称教师1411人，占教师总数16.9%。全年有73名教师获得市级及以上表彰。其中，深中南山创新学校教师孙立春获“广东省五一劳动奖章”，博伦职业技术学校教师肖娟、南山实验教育集团南头小学教师邓玉琳获“深圳市五一劳动奖章”，蛇口育才教育集团育才四小教师赵莹等5人获评“广东省特级教师”，博伦职校教师张日威获评“广东省最美班主任”，南山区教育科学研究院教师杨东升等12人获评“南粤优秀教师”，大磡小学陈凯获评“广东省优秀少先队辅导员”。在“广东省首届美育教师教学基本功比赛”中，海德学校教师雷美婷、前海时代第二幼儿园教师熊筱浠、南海玫瑰幼儿园教师张佳、深中南山创新学校教师张华文等获教学基本功一等奖，海滨实验小学教师郑伟强获音乐学科小学组一等奖，龙苑学校教师戚馨匀获教学基本功比赛特教组音乐一等奖。在“第三届广东省中小学青年教师能力大赛”中，7名教师获一等奖，其中5人获第一名（南山外国语学校科华学校教师赵晓琳、育才中学教师欧妙芳分别获初中化学、高中综合实践学科一等奖；育才二小教师何敏儿、海滨实验小学教师郑伟强、华侨城中学教师吴雪芬、南山外国语学校高级中学教师周舟、蛇口蓓蕾幼儿园教师王鑫分别获小学英语、小学音乐、初中综合实践、高中英语、学前教育学科第一名）；在中央电教馆举办的“第十二届基于网络的教师实践社区云端研讨会”上，南头小学南山外国语学校教师张思婧获评优秀课例。在“广东省教育‘双融双创’2021年教师教育教学信息化交流”活动中，第二外国语学校（集团）海德学校教师田苗苗获微课一等奖；承办“第八届广东省中小学班主任专业能力大赛”并获得9个单项一等奖及小学、初中、中职组综合一等奖，高中组二等奖；在“深圳市中小学班主任专业能力大赛”补充赛中包揽小学、初中、高中全组别冠军。年内，南山区教育系统持续加强教师招录、培训、资格认定、职称评定、轮岗交流、名师工作室建设等，进一步提高教师综合素质，优化教师结构。

教师招聘 年内，南山区面向应届毕业生招聘1017人，实际录用871人，招聘人数再创历史新高。秋季招聘工作中，对6所部属师范院校加大宣传、对点沟通。招聘考生中，毕业于师范类院校的314人，占41%；毕业于“双一流”院校的262人，占30%；毕

业于境外 QS 前 100 院校的 142 人，占 16%；毕业于音乐、体育、美术、特殊教育等专业院校的 75 人，占 9%；其他院校 33 人，占 4%。具有师范类院校教育背景的 405 人，占 46.5%；研究生及以上学历 782 人，占 90%。面向社会公开招聘在编教师 136 人，其中研究生及以上学历占 25.7%，市内非在编教师占 90.4%。面向市内外和区选调 40 周岁以下、全日制本科及以上学历骨干教师 11 名，均为取得区级赛课类一等奖及以上或市赛课类二等奖及以上的优质教育人才。

教师培训　出台《南山区教育系统新入职教师培养指导意见》，规范新岗教师培养制度。实施教师梯级培训计划，创建“促进新岗教师自主发展的区校协同模式”；理顺和完善区校之间机制关系和运行方式，强化区校协同，搭建全方位培养培训平台；落实“一校一策”和“一人一案”，建立新入职教师成长档案，动态跟踪青年教师成长，精准开展全学科、全学段教师培训。全区 87 所公办中小学校级培养方案均完成审核备案并正式实施。开展新岗教师培训，培训学时 6.26 万个。幼儿园教师线上培训参训 2275 人，总学时 5.59 万个；线下参训教师 400 人，完成培训学时 7200 个。

教师资格认定及注册　年内，南山区组织教师资格认定笔试 2 次，报名考生 2.92 万人，报名人数再创新高；开展认定工作 3 批次，共 3762 人通过资格认定（初中及以下 2332 人、高中 1430 人）。全年收到教师资格注册申请 1361 份，区级审核通过 1104 人。全区公办中、小、幼在职教师资格证首次定期注册工作完成 98% 以上。

中小学教师职称评聘　稳步推进中小学教师职称评聘工作。7 月，区教育局印发《关于进一步规范中小学教师职称评聘工作的通知》，进一步规范职称评聘程序、评审条件及职数设置。11 月，印发《南山区教育系统正高级教师专业技术三级岗位管理工作指引（试行）》，就正高级教师专业技术岗位管理作出明确规定。根据 2021 年全系统岗位设置，全面完成上学年职称评聘工作，参评总人数 1229 人，层级内晋升总数 1443 人，通过深圳市正高级教师评审 3 人。

教师轮岗与交流　选拔第四届精英教师（中小学、幼儿园学科名师）20 名，开展区内交流帮扶；选派 19 名精英教师交流到民办学校任教，强化民办学校扶持力度；选派 10 名精英教师到民办学校担任“第一书记”，实现“党建 + 教学”双重示范引领。搭建师资富余和教师紧缺学校交流平台，推进“区管校聘”教师交流轮岗机制，结合各校编制和岗位情况选派 49 名在编教师在区内交流。

【名师工作室建设】2021 年，南山区成立“南山区名辅导员工作室”5 个。开展“班主任有约”区级教研活动 19 期，普及科研和竞赛思维，组织科研能力及心理技术学习班主任培训，1500 余名班主任参加培训。加强班主任校本教研工作。开设“了解学生，走进学生的心里”专栏连载 44 期，“南山教育”公众号“校傲江湖”栏目推出各类优秀班主任事迹 80 余篇，并形成学生心理健康教育经验成果，以《“行政 + 专业”促进学生健康成长的南山探索》为题，在全市作经验分享。建设智慧班主任平台，各类优质班主任学习资源逾 580 件，总点击量 26 万次，成为南山区优秀班主任交流互动、资源共享平台和对外展示窗口。各级名班主任工作室 19 个（省级 1 个、市级 6 个、区级 12 个），领衔班主任 155 名。

【学前教育】2021 年，南山区积极创建“国家学前教育普及普惠区”，推动学前教育高质量发展。年内，全区有幼儿园 226 所，其中公办园 87 所、民办普惠园 97 所、民办非普惠园 42 所。有在园儿童 6.03 万名。其中：公办园在园儿童 3.04 万名，占在园儿童 50.4%；民办园在园儿童 2.99 万名（其中民办普惠园 2.05 万名、民办非普惠园 9452 名），占在园儿童 49.6%；普惠性幼儿园在园儿童（含公办）占在园儿童 84%。有学前教育教职工 1.04 万名，其中公办园 4713 名、民办园 5654 名；专职幼儿教师 4972 名。大专及以上学历专任教师占 98%。

推进园所建设　年内，全区有 63 所民转公幼儿园，“5080”（公办园 50%、普惠园 80%）目标全面完成；出台《南山区学前教育集团化办学实施方案》，利用优质公办园、区属公办教育集团等优势教育资源组建 9 个幼教集团；研究制订扶持普惠性幼儿园措施，将普惠性幼儿园奖励性补助经费用于改善办学条件和提高教师待遇，对基础条件较差部分改造类幼儿园提供专项资金扶持，指导督促园舍建设；鼓励社会力量创办特色幼儿园，引入国际知名品牌、国际院校通过合作办学或输入管理等方式扩大特色学位供给，满足学前教育多样化需求。实施“幼儿园与小学科学衔接”攻坚工程，发布《南山区关于推进幼儿园与小学科学衔接项目实施方案》，秋季开学后组织 6 所结队校园开展试点工作；推进“学前特殊儿童融合教育”关爱工程，启动三年随班就读融合教育工作试点；探索“托幼服务一体化”民心工程，鼓励有条件的幼儿园利用既有资源或通过新建、改建、扩建等方式开设托班招收 2~3 岁的幼儿，提供托班服务的幼儿园近 10 所；开展民转公幼儿园升级改造行动，分批推进幼儿园办学条件升级，82 家民转公幼儿园进行安全维修及相关工程改造，专项经费支出 6700 余万元。

强化师德师风建设 制订《南山区幼儿园教师师德师风考核工作方案》，开展“南山师德大家评”活动，将幼儿园教师师德师风考核工作常态化。加大培训力度，提高教师素质。开展分级、分类、多种主题培训，举行基于互联网的众筹教研，创建南山区“多元·网络·自主”“DNA”模式，组建教师成长共同体和“网络学习型社群”，以同伴互助方式支持专业成长。

培育特色课程 建立南山区幼儿园课程资源库，推广先进课程建设经验，指导各类幼儿园科学编制园本化课程，实现科学保教和科学育儿。鼓励各园立足实情开拓创新，教育幼儿园、大新幼儿园、御景峰幼儿园、蓓蕾幼儿园、西丽幼儿园、机关幼儿园、爱文幼儿园分别探索出党建系列课程、清单目标管理课程、森林课程、体能奔跑无边界学习课程、大脑探索智慧课程、气象电子系统课程、双语教学课程等。

“幼儿膳食安心行动” 区教育局联合区卫健、食药、市场监管部门，重点对幼儿膳食营养、伙食质量、陪餐监督及伙食费收支情况等进行监管。6 月 1 日起，全区幼儿园在幼儿园醒目位置每日通过视频等形式展示当日幼儿两餐两点食品实样及制作过程，接受社会监督。

学区化治理 根据市教育局《关于推进学前教育学区化治理的实施意见》要求，探索建立适宜的管理运行机制。结合幼教集团资源及街道分布情况，将全区幼儿园划分成 18 个学区，每个街道分 2~3 个学区，实行党建、行政、教研、培训、督导、评价“六位一体”的现代学前教育治理模式，推进学前教育学区化治理。

推进特色项目建设 年内，南山区持续推进特色项目建设。南山区科技第三幼儿园、南山区前海时代第二幼儿园被教育部认定为“全国足球特色幼儿园示范园”。南方科技大学附属幼儿园被全国幼儿教师职业技能大赛组委会评为“全国幼儿园教师职业技能大赛先进单位”；首地幼儿园被认定为“广东省儿童青少年近视防控示范校”；机关幼儿园、麒麟花园幼儿园、新桃源幼儿园、南头古城幼儿园、华侨城世界花园幼儿园等获评“深圳市家门口的优质幼儿园”；教育幼儿园、龙海第一幼儿园、大新幼儿园等获评“深圳市卫生保健优秀幼儿园”；西丽幼儿园获“全国广播体操工间操云比赛”活动咪咕圈圈视频赛团体赛全国产（行）业工会单位专区一等奖；桃源卓雅幼儿园获“深圳市第十六届‘沙沙讲故事’评选”活动（亲子组）总决赛二等奖、“深圳市第十六届‘沙沙讲故事’我讲书中的故事比赛”亲子组（南山专场）特等奖，绿海名都幼儿园获“深圳市第十六

2021 年 11 月 25 日，南山区首批 9 个幼教集团成立 （南山区教育局 供）

届‘沙沙讲故事’团体赛”（南山专场）二等奖。在“深圳教育改革创新大奖”评选活动中，纯水岸幼儿园、大新幼儿园、西丽幼儿园、新桃源第一幼儿园、香山里幼儿园分别获“最受关注新锐园年度奖”“阅读特色园年度奖”“体育特色园年度奖”和“科创特色教育园年度奖”；天鹅湖幼儿园、深大诺德幼儿园、科技第二幼儿园、前海阳光棕榈幼儿园、崇文幼儿园、瑞河耶纳幼儿园获评年度“最受家长欢迎幼儿园”。大新幼儿园、南海玫瑰幼儿园等2所幼儿园获评“深圳市儿童友好幼儿园”，机关幼儿园、西丽幼儿园等2所幼儿园获评“深圳市环保教育先进单位”。

【中小学教育】2021年，南山区持续推动义务教育优质均衡发展。积极化解超标准班额、大校额难题，推动解决学校运动场馆面积不足等问题，为优质均衡区创建工作奠定良好基础。教育部教育督导局局长田祖荫到南山区调研，充分肯定南山区“五项管理”和优质均衡区创建工作，对《让每一所学校都优质——深圳市南山区创建全国义务教育优质均衡发展区案例集》给予高度评价。南山区是全省唯一一个连续两年小学、初中校际间差异系数均达标的区级单位。年内，南山区有普通中小学102所（按校址，含博伦职校）。其中，普通中学17所（公办高中3所，公办初中13所、民办1所），普通小学50所（公办46所、民办4所），一贯制（九年、十二年）学校32所（公办24所、民办8所），完全中学2所，职业高中1所。有中小学专任教师1.15万人，中小学在校学生17.31万人（小学生11.68万人、初中生4.23万人、高中生1.11万人、职业高中2783人）。5月，南山区政府与法兰克福足球俱乐部战略合作框架协议达成，合作项目正式开始。9月1日开始，77所学校体育场馆面向社会开放工作全面启动，完成所有中小学预约上线系统。2021年，西丽学校、前海小学、前海学校、学府一小等4所学校获评“全国校园足球特色学校”；育才中学、育才二中、南海小学等3所学校获评“广东省校园排球推广学校”；育才中学获评“广东省校园游泳推广学校”。在“2021年广东省中学生乒乓球锦标赛”中，麒麟中学张清蕊、张婉沁获初中组女子双打银牌、团体总分二等奖；在“第三十六届广东省青少年科技创新大赛”中，南头小学李林熹获二等奖。南山美术教师在广东省教育厅举办的“首届美育教师教学基本功比赛”中获小学组一等奖第一名。南头小学何野绚、育才学校罗晗萌等获评“广东省优秀少先队员”。白芒小学被评为“全国生态文明教育特色学校”。

【义务教育招生】2021年，南山区贯彻落实《深圳市教育局关于做好2021年普通中小学招生入学工作的通知》等文件精神，挖掘公办学位供给潜力，统筹公办、民办学位使用，保障符合条件的户籍、非深户籍适龄儿童少年接受义务教育的权利。按照小学45人/班、初中50人/班国家标准班额招生。解决义务教育阶段入学需求3.7万人，解决人才、军人等政策优待人员子女入学400人，保障所有符合入学条件的学位申请人“一个不落”有书读。梳理研判热点片区学位供需趋势。主动倾听群众意见，解决群众“急难愁盼”问题。因地制宜科学分配学区学位资源，对热点、难点问题不回避，对7所学校学区进行调整划定，在2个学位（学段）供需热点片区提前借址办学。以全市招生系统服务器迁移为契机，高标准推进服务器、数据资源布设，优化提升群众“零接触、云审核”入学报名操作便捷度，规范招生入学秩序。主动接受人大代表、政协委员监督，全面推动区属公办学校招生入学“三公开”（积分标准公开、积分结果公开、学位安排公开）。成立招生入学咨询接待专班，组建咨询服务大厅窗口组、电话接听组、外场现场组、内场专业应答组、信访问题接待组等5个功能小组，全年接待现场咨询和接听回复电话咨询。

【学生考试】2021年，南山区组织普通高考、中考文化考试、高中学业水平考试、高考英语听说考试、中考体育考试、全市中考体育游泳考试、中考英语听说考试（含模拟考）、初二学业水平考试等各类各级考试10余场次，参考学生8万人次，安排考场1520个、考务人员5600人次。体育中考项目全部实施高清移动摄像设备同步摄像并联网深圳市招生办直播。各项考试考生人数、考点数、考场数均创历史新高。特殊类型招生录取控制线（重点率）上线比例52.79%，本科率97.25%（其中纯文化94.09%）。育才中学有2名学生通过排球、游泳特长加分被清华大学预录取，1名美术生列广东省第一名。全区11名学生被牛津大学、伦敦大学等世界一流名校录取。

【学校艺体活动】2021年，南山区持续开展学校艺体活动。举办体育赛事9项，组织中小学幼儿园音乐活动专场展演12场次，推选多个优秀作品参加深圳市评选。在“深圳市艺术展演比赛”中获一等奖12个；在“广东省首届美育大赛”中1人获一等奖（第一名）。教师艺术团在深圳市“百歌颂中华”歌咏大赛中获银奖，获南山区“唱支赞歌给党听 南山最强音”合唱比赛金奖（第一名）。组织参加“第二十五届全国中小学生绘画书法作品比赛”，获一等奖101个。育才四小和育才学校获评“全国青少年校园足球特色学校”，文华学校获评“全国青少年校园冰雪体育传统特色学校”。新增“广东省校园排球推广学校”“广东省中小学中华优秀传统文化传承学校”“广东省校园篮球推广学校”“广东省绿色学校”“广东省中小学艺术教育特色学校”等传统特色学校11所。

【德育工作】2021年，南山区全面落实教育部《中小学德育工作指南》，贯彻深圳市委、市政府《关于全面落实立德树人根本任务的实施意见》和《深圳市基础教育先行示范行动方案（2021—2025）》等文件要求，发挥智慧德育服务平台作用。完善德育评价机制。对已获评“深圳市中小学德育优秀特色项目”的南山区智慧德育平台改版升级，通过学期、月度优秀项目评选引导各学校形成各自特色品牌。该平台上传各类德育项目3万件，并通过平台定期评选“南山区智慧德育优秀学校”及“南山区智慧德育先进个人”，充分发挥其评价、管理、监督、服务和共享功能，相关经验获《中国教育报》宣传报道。规范少先队组织和中学共青团组织各种仪式教育，结合重要时间节点深化爱国主义教育。在深圳湾体育中心举行南山区少先队鼓号队检阅大赛，现场直播点击量达136万次。与广州市天河区开展“山河对话”，聚焦“关注学生成长需求，助力学生自主成长”，分享区域德育工作经验。主题班会课教研活动获《人民日报》宣传报道。确立“爱国担当，健康成长”年度德育工作主题，探索“行政＋专业”工作模式，区域德育总体工作框架基本形成。南山区构建德育新模式经验在中国教科院论坛上分享，并获评“深圳教育改革创新卓越奖”。举办“最美南粤少年”评选、南山区18岁成人礼、“手拉手向前走”深港学子结对、垃圾分类“绿色学校”创建等活动及“爱国主义教育”系列行动。开展“蒲公英”讲师培训。启动文明城市创建暨未成年思想道德建设工作。开展中小学生态文明“公园课程”实践研究，健全学校、家庭、社会协同育人机制。依托德育“六大行动”（方圆行动、培根行动、红星行动、灯塔行动、地图行动、摇篮行动），启动“红色南山，德育地图”活动，开辟学生“四史”学习新路径，650名教师、家长、学生代表以南山区中小学“四史”学习教育基地为地图，以行走闯关形式接受学习教育。开展法制、国家安全教育系列活动，提前完成禁毒教育“青骄第二课堂”“三个100%”学习目标。创新打造“关工”（关心下一代工作）品牌，推动网上“关工”建设。创建并完善“三库一体系一平台”（人才库、课程库、资源库、荣誉体系、小程序平台）项目，推进主题教育活动。设计关爱课程百余节，精心挖掘优质资源、关心服务学生家长，取得良好效果，被教育部关工委授予“全国教育系统关心下一代工作先进集体”荣誉称号。推动文明城市创建常态化。成立7个“创文”工作片区，实现“创文”工作与日常德育工作深度融合。在“全国文明城市”创建活动中，各学校参与率100%，创建“省级文明校园”1个、“市级文明校园”3个、“区级文明校园”87个，“创文”绩效考核连续两年全区第一，3所学校获评“深圳市‘家校警’护航标兵学校”，2所学校获评“深圳市消防标准化管理示范学校”，2所学校获评“国家级节约型公共机构示范单位”，3人获评“广东省‘最美南粤少年’”，18人获评“深圳市‘最美南粤少年’”，11人获评“最美鹏城少年”，4人获评“深圳校园十佳文学少年”。

【职业教育】2021年，南山区职业教育继续发展。深圳市博伦职业技术学校为“首批广东省高水平中职学校建设单位”，重点打造首饰设计与制作、物联网技术应用2个高水平专业群。设有珠宝部、经管部、信息部、传媒部等4个专业部，有首饰设计与制作、宝玉石加工与检测、会计事务、电子商务、食品安全与检测技术、计算机应用、物联网技术应用、工业机器人技术应用、艺术设计与制作、音乐表演、影像与影视技术等11个专业。其中，宝玉石鉴定与检测专业为“首批广东省中等职业学校示范专业”和“广东省重点专业”，首饰设计与制作专业和工业机器人技术应用专业为“广东省‘双精准’示范专业”。宝玉石加工与检测、物联网技术应用、工业机器人技术应用、电子商务和会计事务5个专业被确定为“1+X”证书试点专业。博伦职校有教职工255人，其中专任教师201人，在校生2773人。通过三二分段升学62人，对口单独招生升学18人，参加职教高考759人，上线759人，上线率100%；参加普通高考64人，本科上线41人，本科上线率64.06 %、专科上线率100%。2021年，博伦职校承办“深圳市职业院校技能大赛”工业机器人技术应用赛项，举办2021年南山职教集团理事会常务理事单位年会暨第二届“校企合作、产教融合”论坛。深圳市大疆创新科技有限公司、深圳市优必选科技股份有限公司等8个校外公共实训基地成为首批南山区中职教育校外公共实训基地。2021年，在“全国行业职业技能竞赛宝石琢磨工职业技能竞赛”中，博伦职校代表队5名参赛选手全部获奖。其中，珠宝部谭杰文、罗予晞获学生组2个一等奖（共4个一等奖），杨泽敏、黄喻欣、黄子恒获学生组3个二等奖（共10个二等奖），博伦职校代表队以总分第一获全国院校团体一等奖。在“广东省职业院校技能大赛”中获一等奖6项、二等奖13项、三等奖21项；在全国行业职业技能竞赛“海康微影杯”第二届全国设备点检管理职业技能竞赛中，阮雄风以第一名的成绩获全国一等奖，被授予“全国技术能手”称号；在“第八届广东省中小学班主任能力大赛”中，肖娟名班主任工作室以第一名的成绩获“广东省中职名班主任工作室团队赛”一等奖，获“广东省‘最美班主任’”称号，黎建婷获业务组比赛一等奖；在深圳市中职学校“文明风采”活动中学校报送作品54件，37个获奖，其中一等奖4个、二等奖12个、三等奖21个，获深圳市中职学校“文明风采”活动优秀组织奖；在共青团深圳市委主办的“百剧庆百年”红色剧目比赛中获一等奖，学校话剧社原创作品《青春之歌》获“深圳市新编短剧”特等奖。

【成人教育】2021年，南山区加强自学考试与成人高考、社区（社会）教育等成人教育工作。自学考试与成人高考。年内，承办成人自学考试考务工作3次，自学考试报名59348人（1月13942人、4月20151人、10月19855人）；承办成人高考考务1次，成人高考报名1.83万人；承办硕士研究生招生考试考务1次，硕士研究生招生考试报名9785人。社区教育。持续推进老年教育工作。研究制订《南山区老年教育发展三年行动计划（2021—2023年）》，区委组织部、区教育局联合开展长青老龄教育督导工作，聘请14名退休教师（校长）为兼职督学。课程设置涵盖人文社科、美术、声乐、器乐、舞蹈、体育、保健等，积极发展社区教育。组织举办“2021年南山区全民终身学习活动周暨学习交流分享会”，营造“人人皆学”“处处能学”“时时可学”学习氛围。南头街道星海名城社区长青老龄大学推荐的殷晓阳和区科学技术协会推荐的“南山博士论坛”项目分别获评2021年深圳市“百姓学习之星”和“终身学习品牌项目”。11月24日，“2021年南山区全民终身学习活动周开幕式暨学习交流分享会”在深圳人才公园求贤阁举行。在学习交流分享会环节，邀请学者、专家分别进行主题分享，与现场来宾开展学习交流互动，共同探讨新时代如何推动全民终身学习、加快“学习型社会”建设。组织街道参加2021年深圳市社区教育服务民生创新工作优秀案例报送，南头街道“红星灿烂照田厦　戎装情怀暖民生”、粤海街道蔚蓝海岸幸福花朵阅读中心“致力阅读推广播种幸福之花”均获一等奖，西丽街道曙光社区“建设‘学习型+服务型’老年教育，盘活社区资源，激活基层治理”获二等奖，沙河街道香山社区“教育为先导，文化兴社区，服务为居民”获三等奖。

【特殊教育】2021年，南山区不断完善特殊教育支撑体系。成立南山区特殊教育资源中心，统筹全区特殊教育资源分配，并对全区融合教育实施业务指导。派出6名经验丰富的特教教师分别前往南外（集团）科华学校、香山里小学和前海港湾小学，开展绘本阅读活动，进行融合教育宣导；加快特殊教育资源教室建设，新建资源教室13个，全区资源教室数量38个；健全专职资源教师配置，在全市范围内率先将资源教室教师编制在全区内统筹使用，提高资源教师队伍专业性；组建专业团队进校巡回指导；推行“海鸥”教师培训计划，提升特教教师专业素养。创建示范项目取得新突破。南山区获评“广东省随班就读示范区”“广东省优质特殊教育资源中心”（全市唯一）、“广东省特殊教育示范校”（龙苑学校），获“广东省特殊教育内涵建设示范项目”1项、“广东省精品课程建设项目”1项。在“广东融合教育优质资源征集”活动中，南山区资源教师获一等奖3个（全市4个）、二等奖3个、三等奖5个。在南山区举办的“广东省随班就读示范区示范校（园）建设交流研讨现场会”上，南山区介绍随班就读示范区示范校（园）建设经验。年内，南山区有特殊教育学校1所（龙苑学校），在籍学生205人，其中小学134人、初中71人；教职工115人，其中专职教师81人；特殊儿童入学率95%以上。

【民办教育】2021年，南山区促进民办教育发展，加强民办教育管理。新审批设立九年一贯制民办学校1所（南山区爱文学校）。规范组织民办学校招生工作。落实深圳市以居住证作为主要入学依据的非深圳户籍人员子女接受义务教育政策，实行公办、民办学校统一招生平台、同步面向社会招生，禁止提前招生、平台外招生，消除大班额问题。规范招生宣传，实行免试入学。深圳市为明学校（原北大附中深圳南山分校）、南山中英文学校完成电脑随机摇号录取。落实民办教育扶持政策。向全区民办学校符合免费义务教育条件的学生发放学位补贴。春季学期为1.33万名学生发放学位补贴4930.7万元，占义务教育阶段民办学校学生数92.2%；秋季学期向1.23万名符合条件的学生发放学位补贴4554.2万元，占义务教育阶段民办学校学生数94.57%。组织民办学校教师申报长期从教津贴。春季学期向999名专任教师发放长期从教津贴1036.44万元；秋季学期向950名专任教师发放长期从教津贴995.34万元。协调支持义务教育民办学校课后服务全覆盖，拨付经费521万元；组织部署民办学校教师健康体检工作，拨付经费116.75万元；支持民办教师继续教育学习，拨付经费51.74万元；对部分民办学校予以年度人才安居住房补租和配租10套。年内，南山区有民办中小学13所（含1所中外合作办学学校）、民办幼儿园139所、其他民办教育机构57所；有民办中小学教职工1935人，其中专任教师1283人、民办幼儿园教职工5654人；民办中小学在籍在校生［含中外合作办学深圳（南山）中加学校］1.45万人，民办幼儿园在园幼儿2.99万人。

【教育改革与科研】2021年，南山区全面加强教育改革与科研工作。“随班就读示范区建设”等4个特殊教育项目获省级立项，6个教育集团被列为“首批省级优质基础教育集团培育对象”，新成立9个幼教集团，获评“教育部基于教学改革、融合信息技术的新型教与学模式实验区”。教育科学研究院设有课程与教学部、教师研训部、教育理论部、德体卫艺部、教育技术与创新部和办公室等6个部室，有各级各类科研人员50名。年内，育才中学获评“深圳市高中新课程新教材实施国家级示范区示范校”，南外获评高中英语等4个学科“学科示范基地”，博伦职校入选“首批省高水平中职建设单位”。在“第二十五届全国中小学生书画作品大赛”中获一等奖101个。全区普通高中学校共培育精品特色课程40门，新开特色课程16门，获国家级金奖2项、省级金牌（或冠军、一等奖）10项、亚军3项、市优秀课程4门。《区域教育治理》杂志刊发《破解基础教育的创新人才培养密码——深圳市南山区构筑科创教育新范式》，深度解读南山区科创教育经验做法。《中国教育报》以《让探究精神成为儿童的生命底色》为题，专题报道南方科技大学教育集团第二实验学校课程改革成果；以《开展精品教育　塑造精彩人生》为题，专题报道深圳市南山外国语学校（集团）高级中学实施“精品教育”，打造新时代精品高中办学情况；以《教育就是让学生成为更好的自己——深圳道尔顿新华公学创新融合型基础教育5年实践路径初探》为题，专题报道道尔顿新华公学创新融合型基础教育探索。推进心理健康教育。教科院引进2名心理专职教研员，全区专职心理教师由上年的120余名增加到144名，实现公办、民办中小学专职心理教师配备全覆盖。专职心理教师硕士及以上学历占62.8%，国家二级心理咨询师占46.6%。聘请大量兼职心理教师，开设心理课，并开展心理筛查、心理咨询、心理档案建设等系列工作，将心理教育、家庭教育、德育等工作紧密融合，形成系列化、课程化。开展教师线上线下混融培训。完成2021年686名新岗教师为期17天的新岗教师"纽扣计划"培训（通识课程）和第一批南山区乡村振兴三地教师跟岗帮扶培训；开发完成教师专业发展管理平台，试行教师专业发展过程数据化管理。推动课后服务和体育场地向社会开放。召开全区学校课后服务工作现场会，启动民办学校课后服务工作。自7月份开始，暑期全区72所中小学、6所高等院校（3所大学和大学城）体育场地陆续向社会人员和本校学生开放，并实现一键预约。9月1日，完成所有中小学预约上线系统开发，符合开放条件的77所学校体育场地全部向社会开放，该做法在《中国教育报》宣传推广。开展暑期托管试点。组织南科大第二实验学校、南头小学、育才二小等3所学校于7月26日至8月20日开展两期暑期托管服务，为300名小学生提供暑期托管服务。推进智慧教育建设。印发《南山区教育信息化"十四五"发展规划——技术赋能教育　创建智慧教育城区》《南山区中小学推进人工智能教育的指导意见》等指导性文件5份。"积极推进智慧教育建设，落实'基于教学改革、融合信息技术的新型教与学模式'实验区建设任务，加强创新人才培养"被列入"南山区2021年质量强区工作重点项目"，南山区被命名为"深圳市'教育部基于教学改革、融合信息技术的新型教与学模式'实验区"。加强创新课程体系建设。开设6门"小院士"培养创客课程，组织6所学校200余名学生选课学习，制订"小院士"校外导师方案，组织参加中科先进院全国科普周启动仪式，组织学生参加"院士讲堂"活动。学生小课题研究实现中小学全覆盖，45个项目入选"2021年深圳市中小学生研究性学习优秀成果展"。普及人工智能教育。开展人工智能普及教学活动，全区推出12节人工智能教学公开课，3名教师代表南山区向全市推出3堂人工智能教学示范课。承办"2021年全国中小学信息技术创新实践大赛"（NOC）校园No.1多元智能竞技在线决赛和"2021年第十九届深圳市中小学生网络夏令营"校园No.1基本学力考级，组织8场校园No.1分月专题挑战赛，研发升级4个学力竞技软件和5个实物产品。

【新型教与学模式探索】2021年，南山区积极探索"基于教学改革、融合信息技术的新型教与学模式"。提出"扎根课堂　培养教师　变革教学"目标，推进5个教育信息化融合创新应用项目，带动60多所学校参与探索，逐步形成技术赋能教育融合创新教学模式。3月，出台《南山区中小学推进人工智能教育的指导意见》，在全市率先提出中小学人工智能普及教育，举办"政企校"三方人工智能教育交流会，开展全区人工智能教育优质课评选活动。积极申报"'基于教学改革、融合信息技术的新型教与学模式'实验区"和指导学校申报实验校。南山区被深圳市教育局评定为"'基于教学改革、融合信息技术的新型教与学模式'实验区"，华侨城中学等13所学校被评为实验校。组织开展"信息技术融合学科教学"专题研讨活动。举办全区"思维发展型课堂"专题教学研讨会、"基于国家课程项目式学习"联盟校专题研讨活动、中小学"基于大数据的循证课例研究同课异构"展示活动，开展"基于教学改革、融合信息技术的新型教与学模式"案例评选活动，南山区中小学创新人才培养等4个项目被广东省教育厅评为"广东省基础教育成果培育对象"，基于大数据的区域教育教学评价与质量监测等8个项目被广东省教育厅评为"广东省基础教育信息化融合创新示范培育推广项目建设成效优秀项目"。

【教育交流与合作】2021年，南山区制订《关于加强中小学中外人文交流与国际合作的指导意见》《南山区公办基础教育合作办学工作指引（试行）》等文件，推动对外交流合作、公办基础教育合作办学。采用公开招标方式为公办中小学引进外籍教师，全年引进外籍教师123人，实际到岗90人。继续开展"留学生文化使者进校园"活动。深圳大学国际交流学院17名优秀留学生到南山区22所集团及学校担任"校园国际文化使者"，开展活动130次，参加学生上万人次。开展国际交流。南山区教育系统接待法国、芬兰等考察交流团2批次，与国外开展线上交流5批次。组织学校缔结港澳姊妹校，新增深港姊妹校3所。组织参加“2021粤港澳姊妹学校经典美文诵读比赛”，南山区第二外国语学校（集团）学府二小获“2021粤港澳姊妹学校经典美文诵读比赛”（深圳）第三名。推进深港青少年交流，举办南山区“手牵手　向前走——深港青少年携手成长计划暨世界儿童日”主题活动。推动蛇口东滨外籍人员子女学校项目建设。完成重点产业项目遴选，相关地块于11月9日正式挂牌，12月8日招商局蛇口工业区控股股份有限公司及爱圣（深圳）国际教育有限公司与深圳交易集团有限公司（深圳公共资源交易中心）签订《成交确认书》，区政府及区教育局分别签署蛇口东滨外籍人员子女学校监管协议及监管补充协议。

【教育扶贫和人才帮扶】2021年，南山区加强教育扶贫和人才帮扶工作。区教育局与广西资源县、龙胜县签署《“十四五”教育帮扶框架协议》，推进教育精准扶贫工作和跨区域教育联盟工作。采取“集团+”跨区域教育联盟、33所校际结对、29名优秀教师支教、三地30名教师跟岗培训和云平台课程培训等方式，提升对口教育帮扶单位广东河源市连平县、汕头市澄海区，广西桂林市龙胜县、资源县四地教育教学质量及办学水平，超额完成“圳帮扶数据录入平台”“832平台”等消费帮扶任务，有效巩固拓展脱贫攻坚成果。区教育局获评“深圳市脱贫攻坚工作突出贡献集体”，全区教育系统38人获评“深圳市脱贫攻坚工作突出贡献先进个人”。加大教育人才帮扶力度。向各受援地区选派优秀支教教师及驻村干部50人，其中广西龙胜18人、广东河源13人、新疆18人、西藏1人，支教教师在受援地区积极开展示范引领，促进受援地区教育水平提升，18名援疆教师均获评“深圳市教育援疆工作先进个人”。（巴春蕾）

【新岗班主任专业能力大赛】2021年5月22日，由南山区总工会、南山区教育局主办，南山实验教育集团前海港湾学校协办的“南山区2021年新岗班主任专业能力大赛”在南山实验教育集团前海港湾学校举行。大赛分为两个阶段：第一阶段为校内选拔，全区共824名年限在5年以内新岗班主任参加校级选拔赛，推选出118名选手参加区级初赛；第二阶段为全区总决赛，从4月初至5月22日，历时一个多月，从初赛选手中选拔出51名选手参加决赛。决赛分小学组、初中组、高中（中职）组3个组别，设“主题班会（集体活动）设计”“成长故事叙述”“班级特色发展规划”3个比赛项目。经过激烈的角逐，香山里小学教师孙琪祺、南山二外集团海岸小学教师曹惠、龙苑学校教师谢婷婷、文理实验学校（集团）文理学校教师李雪、南山实验教育集团前海港湾学校教师郑梓颖、园丁学校教师刘少芳获小学组特等奖；南山实验教育集团麒麟中学教师肖宇婷、蛇口学校教师尚佳丽、文理实验学校（集团）文理学校教师郑安妮、深中南山创新学校教师陈华倩获初中组特等奖；华侨城中学教师罗紫轩获高中组特等奖。

【小学英语新岗教师教学基本功比赛】2021年4月20—21日，由南山区教育科学研究院主办的“南山区小学英语学科新岗教师教学基本功比赛”在香山里小学举行。全区各学校112名教师参赛，比赛分为教学设计和模拟上课两个环节。经记分统计和评委裁定，道尔顿公学李嘉慧等22人获一等奖；白芒小

2021年5月14日，教育部“基于教育改革、融合信息技术的新型教与学模式”实验区授牌工作会议在南山区召开　（南山区教育局　供）

学王洁等 36 人获二等奖；香山里小学江靖婷等 53 人获三等奖。

【首批 9 个幼教集团成立】2021 年 11 月 25 日，南山区首批 9 个幼教集团成立揭牌仪式在区委大楼荔香居会议室举行。南山区委常委、区委（政府）办公室主任李威，深圳市教育局学前教育处处长王巍等为幼教集团揭牌。南山区教育局局长杨珺在成立仪式上表示："成立南山区幼教集团将推动全区学前教育体制机制改革，扩大优质学前教育资源覆盖面，这是南山区进一步深化教育综合改革，推动教育高质量发展的重要举措，也标志着南山区在集团化办学创新实践和学前教育改革发展中又迈出了坚定的一步。"9 个幼教集团分别为蓓蕾幼教集团、教育幼教集团、机关幼教集团、西丽幼教集团、大新幼教集团、育才幼教集团、科技幼教集团、麒麟幼教集团、首地幼教集团。9 个幼教集团共有幼儿园 52 所。

【科技第三幼儿园获评"全国足球特色幼儿园示范园"（试点园）】2021 年 8 月 1 日，南山区科技第三幼儿园获评教育部"全国足球特色幼儿园示范园"（试点园）。南山区科技第三幼儿园以培养幼儿足球兴趣为主，在尊重幼儿身心发展规律的基础上，采用足球游戏形式，开展丰富有趣的足球活动。在足球活动中，幼儿身体素质得到提升，促进了幼儿全面发展。

【南方科技大学附属幼儿园获评"全国幼儿园教师职业技能大赛先进单位"】2021 年 6 月 22 日，南方科技大学附属幼儿园被全国幼儿教师职业技能大赛组委会评为"全国幼儿园教师职业技能大赛先进单位"。南方科技大学附属幼儿园办园宗旨是"坚持非营利办学，从事学前教育工作，为学龄前儿童提供保育和教育服务，培养有道德、有素质、有能力的合格公民。"通过比赛，搭建分享、交流、进步平台，促进教师完善自我、提升自我、超越自我，增加教师专业交流，提升幼儿教师职业素养，做新时代优秀幼儿教师。

【"红色南山，德育地图"活动】2021 年 5 月 15 日，"红色南山，德育地图"活动启动仪式在南头中学举行，650 名教师、家长、学生代表参加活动。"红色南山，德育地图"活动以南山区中小学"四史"学习教育基地南头古城、中山公园、党建公园、人才公园串联起的红色路线为地图，学生通过解密"时空密报"，将自己置身于不同历史发展时期发生在深圳以及南山的有代表性的红色故事中，接受来自不同时空的情景考验。通过"密码破译""情境推理""任务挑战"等方式，激活红色基因"密钥"，收集具有该历史时代精神的"红色火炬"，并将所有火炬汇聚到人才公园，共同点亮"红色南山星光墙"装置。这是以"四史"学习教育为内容，以传承红色精神、接力革命火炬为目标的新型沉浸式逻辑推理闯关德育活动，是南山德育又一新尝试。

【"劳动教育进社区"暑期活动】2021 年 7 月，南山区关工委、南山区教科院、南山区教育局关工委三部门联合发布《关于开展"劳动教育进社区"暑期活动的通知》。开展"劳动教育进社区"暑期活动，旨在整合社区资源，丰富学生暑期生活，提升学生劳动技能，培养学生良好劳动习惯，弘扬中华民族劳动精神。此次活动面向南山区各街道社区一到九年级中小学生，从 7 月 8 日开始至 8 月 15 日结束，贯穿暑期。活动选题有"身边的劳动者""劳动最光荣""劳动最美丽""假期劳动生活"等，涵盖劳动实践、劳动主题写作、劳动主题绘画和劳动主题演讲，共有千余支队伍报名，参赛学生 1500 人次，征集作品 5000 份。在"劳动教育进社区"活动过程中，学生根据劳动选题，学习劳动知识，参加劳动实践，进行参赛作品构思和制作，实现学校、家庭和社会三方共同参与劳动教育活动，有效推动南山区新时代劳动教育发展和落实。

【高中英语美文诵读比赛】2021 年 3 月 23 日，由南山区教育局主办的"南山区高中英语美文诵读比赛"在博伦职业技术学校举行。南山区南头中学、育才中学、华侨城中学、南外高级中学、北京师范大学附属中学、北大附中南山分校、博伦职业技术学校等 7 所高中学校代表队参赛。经角逐，育才中学和北师大附中获一等奖，育才中学和南头中学获最佳表演奖，华侨城中学和博伦职校获最具创意奖，北师大附中获最具感染力奖，南山外国语学校获最佳艺术效果奖，北大附中获最佳语音奖。

【“全国青少年人工智能教育成果展示大赛”获9个奖项】2021年，南山区9支参赛队在“2020—2021学年少年硅谷——全国青少年人工智能教育成果展示大赛”中获一等奖3个、二等奖4个、三等奖2个。其中，南山外国语学校（集团）“神逸”队获“智享生活”一等奖，蛇口育才教育集团育才二中“疾风队”获“智能驾驶”一等奖，同乐学校“同乐队”获“智能驾驶”一等奖；南山区第二实验学校队、南山实验教育集团麒麟小学队、南山区第二外国语学校（集团）学府一小“方程式战队”、南山区外国语学校（集团）高新中学“神韵队”获“智能驾驶”二等奖；南山区园丁学校“臻美臻善队”、南山区外国语学校（集团）高新中学“神华队”获“智能驾驶”三等奖。

【育才一小获评“全国青少年校园足球特色学校”】2021年5月，蛇口育才教育集团育才一小在2019年、2020年全国青少年校园足球工作年度总结活动中获评“2020全国青少年校园足球特色学校”。深圳育才一小于2015年被评为“全国首批足球特色学校”，每年举办“校长杯”足球赛，每个年级每周有一节足球课；每个年级都有足球梯队，由专业足球教练带领，帮助学生发展足球特长，注重培养学生全面发展。多名毕业生通过足球特长考上清华大学、南京航空航天大学、华南理工大学、同济大学等国内重点高校。

【“人工智能教育推进交流会”召开】2021年3月18日，南山区在华侨城中学深圳湾部召开“人工智能教育推进交流会”。南山区企服中心副主任刘煜旻、南山区教育科学研究院院长余耀贤、教科院教育技术与创新部全体成员、各公、民办中小学分管校负责人、信息中心主任和部分教师代表，以及腾讯、大疆创新、优必选、商汤科技、强脑科技、越疆科技等6家人工智能领域高科技企业代表参与活动。会上发布《南山区推进人工智能教育的指导意见》，包括《南山区中小学人工智能课程纲要》和《南山区中小学人工智能普及教学安排与要求》2个附件，并公布南山区22所首批“人工智能试点校”名单。《意见》提出通过培养一支人工智能教师队伍、构建一套人工智能课程体系、落实普及人工智能课程教学、探索人工智能与教育融合应用，最终实现构建南山区中小学“人工智能+教育”生态体系，将南山区打造成为全国最具影响力的“人工智能教育示范区”的目标。《要求》提出从2021年春季学期开始，南山区将正式开展中小学人工智能普及教学，将人工智能教学安排在小学五年级、初中一年级、高中必修课中，保障每学期5个课时的学习。会上，6家人工智能领域高科技公司分别展示、解读人工智能教育普及与提升解决方案。会后，各校代表参观考察6家公司实物展示台。

【“中小学幼儿园教师信息技术应用能力提升工程2.0推进会”召开】2021年5月18日，南山区教育科学研究院在深圳市博伦职业技术学校召开“中小学幼儿园教师信息技术应用能力提升工程2.0推进会”。南山区93所中小学和220所幼儿园管理团队与指导团队代表共518人参加会议。广东省信息技术能力提升工程办公室副主任汪和生、深圳市教育科学研究院教师继续教育管理办公室主任熊冠恒分别作广东省能力提升工程2.0政策解读和深圳市能力提升工程2.0工作指引解读。推进会上，向2020年南山区能力提升工程2.0第一阶段优秀区级研训团队成员和南山区能力提升工程2.0区级研训团队成员代表颁发荣誉证书和聘书，并宣布博伦职业技术学校、大新幼儿园等25所中小学、幼儿园为南山区能力提升工程2.0试点校（园）。

【劳动教育经验在全国推广】2021年10月18—19日，在全国教育综合改革实验区“劳动教育与综合实践活动”成果展示研讨会上，南山区教科院教研员张丽虹作“区域整体推进中小学劳动教育的南山探索”主题报告。报告分别从劳动教育面临的缺乏顶层设计、缺乏课程、缺乏师资队伍、缺乏实践场地、缺乏科学评价、缺乏劳动资源几个方面，分析中小学开展劳动教育的困境。面对困境与挑战，南山区从制订区域推进政策、开展地方劳动课程建设、进行“理论+实践”劳动教师队伍培训、建设“校内+校外”劳动空间、研制评价指标等，形成劳动资源共建共享“南山模式”。南山区香山里小学何海银在会上作“‘五育并举’视角下小学劳动教育的创新与实践”主题分享。报告介绍，香山里小学以“创新者课程体系”为核心，把拓展课程校本化、项目化，全体教师参与课程设计，带领学生在真实问题、真实场景和真实挑战中培养和提升素养，以“三色雷市集”为载体，提供商品交易、剧场展演、项目挑战和作品拍卖等场景，实现内容、实施、评价和成果上的创新和探索。南山外国语学校（集团）滨海小学教师谢雅沛展示“早餐店职业初体验”说课。南山区劳动教育经验得到与会专家肯定，中国教科院课程所所长郝志军认为，南山区劳动教育的实施路径和构建的“垂直共建、水平共享”模式值得推广和借鉴。

盐田教育

【概况】2021年，盐田区有办学单位49个。其中，中小学校18所（公办16所，民办2所），职业中学1所（公办），幼儿园31所（公办15所，民办16所）。在校学生3.18万人。其中，幼儿园在园儿童7604人（公办4382人，民办3222人），中小学在校学生2.42万人（公办2.37万人，民办542人）。全区共有公办、民办教职员工3288人。其中，公办中小学教职工1732人、民办学校教职工282人、幼儿园教职工1274人。专任教师2375人。其中，公办学校专任教师1642人，民办学校专任教师182人，幼儿园专任教师551人。全区有省级及以上名优教师108人、特级教师16名，区级及以上名师487人，公办学校专任教师研究生及以上学历590人，高级及以上职称教师414人（正高级教师5人）。

【党史学习教育进校园】2021年，盐田区教育局扎实开展党史学习教育进校园活动。围绕党史学习教育开展“三会一课”、主题党日等活动，实现教育系统32个党支部、824名党员党史学习教育全覆盖。开展庆祝建党100周年系列活动。组织乐群实验小学百年校庆“向党的百年华诞献礼”“红色家书”“四史”知识竞赛、“童心向党”美术展等活动50余场。以书记述职为抓手，有效提升基层党建规范化、标准化。设立联合党支部，派驻第一书记将民办校园纳入管理，夯实校园党建基础。将意识形态工作纳入干部、校（园）长年度考核。与校（园）长签订意识形态工作责任书，制订《深圳市盐田区民办教育机构外籍教师管理指引》，加强对民办学校外教背景审核和管理考核。坚决贯彻落实“三重一大”制度，排查涉及教育系统的人、财、物管理9类共43个风险点，完善廉政风险防控体系；举办廉洁从业专题教育培训班，邀请市纪委监委派驻第十一纪检监察组进行专题授课；利用学法考试、廉政在线学习，开展党章党规党纪和宪法等法律法规在线学习、在线测试，编印《盐田区教育系统廉洁从教警示读本》，牢固筑起思想道德和党纪国法两道防线。第二期“青马工程”培训班如期举行，成立中学团校，推出特色团课，盐港中学和盐田区外国语学校分别被评为省、市示范团校；推动成立社区少工委，区教科院附属田东小学、田心小学、乐群实验小学获评“深圳市‘红领巾示范校’创建学校”，形成党、团、队共同发展新局面。

【教育品质提升】2021年，盐田区教育品质进一步提升。盐田高级中学重本率跃升至67%，盐港中学普高重本率57.8%，高考“三线”上线率稳居全市前列，首次出现2个全链条“本土”培养的学生考取北京大学。盐田高级中学获评“深圳市首批中学生科技创新教育特色学校”。中考成绩延续均分超总分75%的高位水平。四年级、八年级学生在国家义务教育质量监测中达到良好及以上等级比例超过全市均值，全省领先。创立六大少年院，建构“五育并举”育人体系，在全市作经验分享。实施《盐田区教育现代化区域创新试验区方案》，组织参与教育现代化试验区联席会议，成立“全国新样态学校研究中心（深圳）”，深入推进“广东省首批学前教育高质量发展实验区”建设，“行政—教研—家校园—督导”之“四位一体”幼小衔接“盐田模式”基本成型。扎实推进“双减”工作，深化“课堂革命”，有效促进各学校课堂提质增效。全面压减作业总量，优化学业质量监测平台，学科类培训机构实现压减率、“营转非”、预收费资金监管“三个100%”。开办盐港、星星海、东海第一幼儿园3所公办园，完成外国语小学、盐港小学、中山纪念学校综合楼工程建设，新增公办学位1938个，继续保持符合条件适龄儿童少年100%入读公办学校。强化教师、教研、校长3支队伍建设，全年招聘优秀应届毕业生73

名，选聘获省级及以上荣誉优秀教师18名。

【学前教育】2021年，盐田区学前教育获得新发展。年内，新开办盐港、星星海、东海第一幼儿园3所公办园，增加学位1170个。幼儿园与小学科学衔接入选“广东省首批学前教育高质量发展实验区”建设项目。承办“深圳市2021年‘幼有善育’鹏城论坛·‘看见儿童’幼小衔接”第六期，当日104万人线上观看直播。“行政—教研—家校园—督导”之“四位一体”幼小衔接“盐田模式”基本成型。

【义务教育】2021年，盐田区教育局强化义务教育工作。通过挖潜扩容、动态调整、片区调剂等举措，总体实现义务教育供需紧平衡，化解学位涉稳风险，继续保持符合条件的申请人100%入读义务教育阶段办公学校目标。中考持续高位稳定。全区中考总均分467分，继续保持平均得分率超75%的较高水平。其中，总分最高分587分，550分（得分率约90%）以上127人、490分（得分率约80%）以上602人。以上两个分数段学生总数占比42%，高分段学生比例全市领先。四年级、八年级学生在国家义务教育质量监测中达到良好及以上等级比例超过全市均值，全省领先。

【高中教育】2021年，盐田区高中教育成绩稳步提升。全区有1050人参加高考，其中682人达到特殊类型招生控制线，录取率65%；1008人达本科控制线，录取率96%。其中，盐田高级中学易婧、李文衎（均为物理类）被北京大学录取。盐田高级中学近3年重本率增幅持续超过10%。盐港中学2021年特殊类型录取率、本科率分别达57.8%、87.8%，较上年分别增加6.8%和1.8%。年内，全区民办高中毕业生共获1010个海外名校录取通知书（奖学金总额3000余万元人民币），其中全球综合大学TOP10录取通知书累计10个，美国综合大学TOP10录取通知书累计4个。

【社区教育】2021年，盐田区继续加强社区教育工作。承办“2021年深圳市全民终身学习活动周”开幕式，全市各区教育系统共计150余人参加开幕式活动，现场设置9个教学课程、24个社区教育成果展览专区。组织指导海山街道通过“深圳市学习型街道”评估验收。“送课上门”，服务辖区企业，助力“产业兴盐”。举办以企业员工心理健康为主题的系列专题讲座和心理减压活动，累计4000余人次参加活动。

【特殊教育】2021年，盐田区扎实做好特殊教育工作。全区有中小学特殊学生共98人。其中，义务教育阶段特殊学生92人，高中阶段特殊学生6人。义务教育阶段特殊学生中，“随班就读”生共57人，其中盐田户籍41人、非盐田户籍16人；区特教班盐田户籍生共20人，其中海涛小学特教班12人、田东中学特教班8人。“送教上门”盐田户籍生共10人，其中海涛小学送教7人、田东中学送教3人。通过普通学校就读、特殊教育学校就读、特教班就读、“送教上门”等多种方式，落实“一人一案”，残疾儿童少年义务教育入学（安置）率达100%。实施个性化“送教上门”累计1755次。为特教班学生提供午餐午休服务，完善特教班特色课程；开设展能课程，实现医教结合。落实特殊教育津贴，全年投入经费364.22万元。

【“双减”工作落实】2021年，盐田区认真贯彻落实省、市“双减”工作要求。召开中小学“双减”背景下变革教学方式、落实减负提质专题研讨会，“双减”同时实现“双增”。即利用四点半课后服务增加校内服务时间供给，创设六大少年院，填补和压减校外培训机构“空档”，让有需求的学生均获得学习机会，增加特色知识学习，初步实现由“育分”到“育人”的转变。实施《盐田区落实“双减”政策推动义务教育阶段学校“提质减负”的行动策略》，深化“课堂革命”，有效促进各学校课堂提质增效。全面压减作业总量，优化学业质量监测平台，小学、初中实施“631”“811”等第制多维评价，切实实现减压。有序关停辖区内培训机构11家，剥离义务教育学科类培训业务机构7家，实现压减率、“营转非”、预收费资金监管“三个100%”。将“五项管理”“校外培训机构整治”等纳入政府履职评价指标、区责任督学常态化督导，“双减”成效显著。

【教育高质量发展】2021年，盐田区教育局创新构建六大少年院体系，推进教育高质量发展。成立少年国学院、数学院、创新院、体育院、艺术院、国际素养院，印发实施《盐田区六大少年院工作推动方案》，开发“英才培养课程”，通过各级各类比赛、小课题探究、夏令营集训等推动课程落地。国学院成立诗教联盟学校，优化经典诵读品牌；体育院依托市运会和区“体彩杯”，开展校园足球、篮球联赛；艺术院以“创意戏剧节”为抓手，举办全区中小学生才艺大赛，在学科育人与课程研发中实现共同进步；数学院引进西南大学原校长宋乃庆领衔的“数学文化”项目，首批 100 名区“数学小院士”在教科院附属田东小学开班，该校获评“全国数学文化实验校”，成为广东省唯一入选学校；创新院在“2021 年全国中小学信息技术创新与实践大赛”等赛事中近 20 人次夺得国家级奖项；艺术院在“广东省第七届中小学生艺术展演”活动中获一等奖，联合中国音乐文学学会等机构联合举办“美育中国・校园万里行（深圳篇）”启动仪式；国际素养院在“首届大湾区青少年模拟联合国大会决赛”中获 2 项冠军；体育院为省、市体工队提供十余名优秀运动尖子。印发《盐田区中小学德育工作评价方案》，盐田区中小学德育评价项目入选“广东省教育厅 2021 年深化新时代教育评价改革试点项目”。六大少年院统筹校、区优质资源，推进“立德树人”创新实践活动，实现“德智体美劳”全面发展。盐田区教育局“构建六大少年院体系，推进教育高质量发展”项目分别获评《南方日报》2021 年度“深圳教育改革创新卓越奖”和《南方都市报》2021 年度“最受欢迎教育实事年度奖”。

【“教育现代化区域创新试验区”建设】2021 年，盐田区深入实施《盐田区教育现代化区域创新试验区方案》，推进“教育现代化区域创新试验区”建设。组织参与教育现代化试验区联席会议，全年编印《盐田教育现代化区域创新试验区工作简报》8 期，搭建交流学习平台，总结推广“教育现代化区域创新试验区”建设成果。

【课堂革命“盐田范本”】2021 年，盐田区积极打造课堂革命“盐田范本”。开展全学段“美好盐田”项目式学习活动，从案例设计到案例评选再到成果展评，形成全流程闭环式学习模式。成立盐田区项目式学习研究中心，集聚各方面资源，构建顾问团队、专家咨询团队及专业研究团队，擦亮项目式学习品牌。深入推进区域学习方式变革，在全国范围推广课堂革命“盐田范本”。开展信息化融合的跨学科项目式学习实践，探索学生跨学科思维与创新能力提升。其中，4 个案例获“广东省中小学项目式学习”一等奖（全市仅 9 个）；云海学校获评“深圳市首批云端学校入驻校”；8 所学校获评“深圳市‘基于教学改革、融合信息技术的新型教与学模式’实验校”。

2021 年 3 月 25 日，盐田区六大少年院揭牌仪式举行（盐田区教育局 供）

【课后服务】2021 年，盐田区积极推进课后服务工作。出台《盐田区义务教育阶段课后服务实施方案》，课后服务做到“全覆盖”“‘常规 + 特色’课程设置”“艺体劳动增时增量”“质量”4 个坚持。云海学校利用辖区华大基因科学家资源，开展“与众步桐”亲子体验马拉松热力赛、“科学家进校园”、“研学华大基因库”等特色活动。各校除确保按照要求开足开齐体育课、保证“体育活动一小时”落实到位外，还充分挖掘学校教师资源、场地资源和课后服务资源，为课后服务提供艺体“自助餐”。田心小学为学生精心安排传统文化类、艺术表演类、科技创新类、运动健身类等版块课程，包括书法、武术、民乐、羽毛球、篮球、篆刻、跆拳道等38项内容供选择。建立盐田区课后服务信息管理平台，严格第三方社会机构准入资格审核和管理。建立校外专家、学校教师、家长、学生共同参与的多元评价体系，定期对课后服务项目和质量开展督导检查，形成绩效评估制度和末位淘汰制度。全区课后服务学校覆盖率100%。2021年秋季学期参与课后服务学生2.02万人、教师1395人，参与率分别为97.16%和92.57%。市教育局给予“认识有高度、部署很精细、评价有创新、组织领导有力”的积极评价。实现家长满意、教师认同、学生喜欢“三方共赢”目标。

【暑期托管试点】2021年，盐田区开展暑期托管试点工作。将“基本托管+素质拓展”课程打包整合成“一日优先”课程，按照70元/天（8个半小时、含午餐午休）标准收取费用，对困难家庭学生免收费用。实行授课教师及相关工作人员安全培训、核酸检测、健康监测、疫苗接种“4个100%”全覆盖，并上好托管“安全第一课”。海涛小学、庚子革命首义中山纪念学校和云海学校3所试点学校共111名学生参加首期托管，开设声乐、舞蹈、绘画等拓展性课程，篮球、跳绳等体育课程受到学生热捧。

【校园安全管理】2021年，盐田区完善“日常检查+区教育局督查+多部门联动执法检查”校园安全管理机制，强化校园安全管理。落实领导责任、组织机构、制度建设、经费保障“四个到位”，各校园建立集人防、物防、技防于一体的校园防控体系，配足配齐安保人员，积极开展安全教育及应急演练活动。全区932名教师共上安全教育课9066节，3.32万名学生完成30.34万次在线安全知识学习。全年开展26次应急疏散演练，参与演练学生合计1.32万人次；排查出紫外线、充电桩、用电安全隐患762项，完成整改752项，跟踪落实9项。梅沙幼儿园获评“2021年深圳市消防安全管理标准化学校”，庚子革命首义中山纪念学校获评“2021年深圳市‘家校警’交通安全护航标兵学校”。

2021年12月10日，盐田区教育局获2021年盐田区“谁执法谁普法”履职评议活动第一名
（盐田区档案馆 供）

【法治建设】2021年，盐田区教育局印发实施《盐田区教育系统“法治建设年”工作方案》，系统推进教育系统法治建设。发挥教育局党组理论学习中心组带头作用，坚持党组会、办公会、工委会、各党支部“三会一课”学法制度。完善法律顾问制度，坚持依法行政，严格遵循法定程序开展义务教育“大学区制”调整。加强法治教育，深入推进“八五”普法工作，组织开展《中华人民共和国宪法》《中华人民共和国民法典》等宣传活动。扎实开展涉毒问题日常监测与毒品预防教育工作，各学校积极参加“宪法晨读”“第六届学宪法讲宪法”活动；邀请司法专家走进区实验学校、田东中学举办《中华人民共和国民法典》专题讲座。区教育局在2021年盐田区国家机关“谁执法谁普法”履职评议活动中获得第一名。

【招生考试管理】2021年，盐田区教育局进一步优化招生考试管理。成立招生工作专责小组，科学制订义务教育和学前教育招生政策；深入摸排2021年秋季幼儿园、中小学适龄儿童和少年网格数据，合理制订招生计划。印发温馨提示、招生指南2万余份，并同步在“盐田区政府在线”、新媒体平台发布；招生期间解答家长来电、来访咨询3400余人次，回复信访件160余件，有效化解学位涉稳风险。全年共组织高等教育自学考试、成人高考、高考、中考、学业水平考试等16类考试，参考人员、考务人员分别累计4.67万人次和4250人次，各类考试组织管理和服务工作“零差错、零疏漏、零投诉”。

【**教育督导**】2021年，盐田区教育局加强教育督导工作。统筹完成2021年区政府履行教育职责评价工作，完成义务教育优质均衡发展区自查，迎接市公办学位建设及教育优质发展专项督查。适时调整教育督导委员会成员，调整后成员单位共29家。完成16所幼儿园质量监测评估、3所区一级幼儿园等级评估、2021年国家义务教育质量监测组织工作。联合区卫健、公安、市监、交警和街道等相关部门开展春秋季学期开学返校专项检查。累计出动检查人员123人次，对全区学校（含幼儿园）、校外培训机构和校外托管机构开展校园管理、校园安全、环境设施、人员管理、宣传教育、应急处置六方面检查，确保开学安全。围绕“五项管理”“双减”等教育热点，组织18所中小学6位挂牌督学到学校开展经常性督导工作72人次。

【**教师队伍建设**】2021年，盐田区教育局教师队伍建设工作进一步加强。全年共组织5场招聘活动，招聘重点院校优秀应届毕业生73名（其中硕士58名，占比80%），面向全国选聘高层次人才15名（均为省级骨干教师或省级名师），面向社会招聘优秀教师20名。刘汉文获评特级正校长（全市仅18名），29人获评市级名校（园）长、名师，16人获评市级教科研专家、骨干，1人获评省级名师工作室主持人。盐田区外国语学校杨艳获评区“年度教师”，盐田区实验学校杨显江和海涛小学彭秀清获区“年度教师”提名。2021年度全区教师获市级及以上奖励133人次，其中国家级8人次、省级20人次、市级105人次。盐田区教师发展中心通过市教育局评定，完成第九轮人事制度改革和年度职称评审工作。

【**教育教学科研**】2021年，盐田区教育局积极组织开展教育教学科研工作。组织完成67个2019年度市、区规划课题（市级13个、区级54个）结题鉴定工作；组织开展84个2020年度市、区规划课题（市级18个、区级66个）中期督查；97个市、区规划课题（市级24个、区级73个）获得立项。获得“广东省教育教学成果奖”（基础教育）一等奖1个、二等奖2个，“深圳市第四届教育教学科研优秀成果奖”（教学实践类）一等奖2个、二等奖3个；在深圳新一轮教育科研专家、骨干评审中，盐田区2人获评教育科研专家、5人获评教育科研骨干。形成以“程序化沙龙式课题申报、个性化菜单式自主开题、项目化联动式中期督查、整体化分层式结题验收”为特点的科研课题管理“盐田模式”，为全体教师专业成长搭建平台，促进盐田区教育品质提升。

【**扶贫支教**】2021年，盐田区教育局扎实做好扶贫支教工作。对口扶贫支教河源市东源县船塘镇老围村，该村如期实现“两个出列”“三个确保”“一个力争”，获评中央组织部“组织创新性示范村”；区教育局派驻河源市东源县船塘镇老围村扶贫工作队获评“深圳市脱贫攻坚突出贡献集体”，邹铭获评“深圳市优秀共产党员”和“广东省脱贫攻坚突出贡献个人”。与广西百色市乐业县、凌云县结对中小学在线上积极开展教育教学活动，派出优秀教师送教送学，接待乐业、凌云两县24名校长及骨干教师到盐田中小学跟岗学习。落实乡村振兴工作。区教育局领导带队赴贵州织金、广东汕尾和广西乐业、凌云等地考察结对帮扶学校情况，选派王广宇到海丰县小漠镇担任驻镇干部，助力当地乡村振兴。

【**学校建设和学位供给**】2021年，盐田区教育局加强学校建设，保障学位供给。顺利完成深圳市大规模学校建设任务，开办盐港、星星海、东海第一幼儿园3所公办园；完成外国语小学、盐港小学、中山纪念学校综合楼工程，新增公办学位1938个；挖潜扩容，动态调整，片区调剂，全力保障符合条件的适龄儿童少年100%入读公办学校，有效化解学位涉稳风险。协调推进在建4个新建学校（幼儿园）项目建设进度；启动第三十一高级中学建设；统筹推动田东中学和机关幼儿园拆除重建工作。（许　评）

宝安教育

【概况】2021年，宝安区共有办学单位584个，其中幼儿园417所（公办187所，民办230所），中小学161所（公办95所，民办66所），职业学校4所（公办2所，民办2所），特殊教育学校和综合实践活动基地各1所（个）。全区共有在校学生52.55万人，其中幼儿园13.68万人、义务教育阶段34.66万人、普通高中3.09万人、职业高中1.07万人，特殊教育学校360人。全区共有教职工4.72万人，其中专任教师3.24万人。专任教师中，研究生及以上学历3196人（博士10人），本科学历1.99万人；正高级职称22人，高级职称1847人。全年全区教育财政投入预算132.85亿元。2021年，在区委、区政府坚强领导下，区教育局以习近平新时代中国特色社会主义思想为指导，对标“双区”建设要求，抢抓“双区”建设机遇，扎实落实疫情防控，全面深化“立德树人”，围绕“幼有善育，学有优教”目标，持续推进高质量发展，各项工作取得显著成效。

【党建工作】2021年，宝安区委教育工委持续加强教育系统党建工作。制订宝安区委教育工委基层党建三年行动计划，绘制未来党建工作发展蓝图。定期召开政治和意识形态安全工作会议，及时研判和化解各类风险隐患，筑牢意识形态安全防线。成立区委教育工委党校，举办领导干部、校（园）长专题讲座和培训。从市委讲师团、区退役军人事务局、区委党校特聘讲师，与教育系统选拔讲师组成工委党校讲师团，成员共32人，开展“送课进校”活动110场次，实现区教育系统党员干部教育培训全覆盖。开展“双百”行动，创建100个党员名师工作室，打造100个“党建+”特色示范项目，评选首批6所区级“党建工作示范校”。其中，松岗中学党委获评“广东省先进基层党组织”，以点带面引领教育系统党建质量全面提升。

【党史学习教育】2021年，宝安区委教育工委将党史学习教育作为全年重点工作，多措并举推进党史学习教育在宝安区教育系统走深、走实、全覆盖。党史学习教育践行“我为群众办实事”，全年完成“我为群众办实事”重点项“4+10+246”个（4个区重点、10个局重点、246个基层重点项目）。创新性打造党史学习教育进校园“1+3”新样态（创新1个阵地，全覆盖成立党史学习教育室，推出互动式思政课、立体式活动课、沉浸式实践课三大主题课程）。组建思政课教师党史专题宣讲团全覆盖校内宣讲，推进思政课与党史学习教育有机融合。广泛开展“从小学党史 永远跟党走”主题教育活动，参与师生40余万人次。在全市首创中小学党史学习教育室全覆盖。立足课本深入挖掘“四史”学习素材，红燕学习社小小红色讲解员等系列创新举措获“学习强国”、《中国教育报》等学习平台和媒体宣传报道。4所学校参评市级“党史学习教育示范校”。

【学位建设】2021年，宝安区学位建设创历史佳绩。区教育局提请区委、区政府成立由区委书记、区长任双组长的宝安区基础教育改革发展领导小组，下设工作专班，全力推进学位建设。出台加快学位建设工作措施文件，分步实施学位攻坚任务。在全市首创工作专班制度化、实体化运作模式。工作专班15个主要成员单位派驻业务骨干在区教育局驻点办公，建立“面对面”沟通模式。通过分解责任、倒排工期、挂图作战等措施加快工作进度。9月，海乐实验学校、西乡实验学校等6所新校投入使用，宝安中学（集团）外国语学校完成整体改造。通过新建、回收纳统等方式，全年新增公办义务教育学位2.31万个，为历年之最。全年开工建设学校（幼儿园）21所，集中立项25个义务教育学校、4个公办幼儿园建设项目。明确15宗规划未建设教育用地落实意见，为实现“十四五”学位建设目标提供用地基础及保障。

【学前教育】2021年，宝安区推进幼儿园提质促优，学前教育普惠发展。精准把握全区幼儿园发展新格局、新形势，不断完善和优化公办幼儿园管理机制，成立幼儿教育管理中心，实现人员配置、教学教研以及队伍建设集约高效管理。在全区开展幼儿园办学经验交流“大比武”，组织实地观摩，挑选优秀代表登台分享办园理念和三年规划，不断“亮相”“吸收”，融会贯通，缩小办园差距。积极开展“民转公”幼儿园专项督导检查工作，实现145所“民转公”幼儿园检查全覆盖，提高幼儿园办园水平。“广东省学前教育高质量发展实验区岭南幼儿园自主游戏项目”获广东省教育厅立项（全市唯一）。继续落实各项普惠措施。向 8472 名保教人员发放长期从教津贴 7930.71 万元；向 2099 名保教人员发放学历提升补贴 942.75 万元。联合区政务数据管理局大数据平台，以儿童成长补贴发放为改革试点，实现全区在园儿童成长补贴“秒批”和发放。批复设立民办幼儿园 3 所，新增民办学前学位 840 个。14 所民办幼儿园重新核准规模，共计新增学前教育学位 1200 个。在 9 所幼儿园开展托班试点工作，满足 2~3 岁幼儿入托需求。

【义务教育】2021 年，宝安区优质教育资源覆盖面持续扩大，实现义务教育优质均衡发展。宝安区总体学位供需基本平衡。义务教育公办学校录取人数 4.16 万人，占比 53%，超过民办学校录取率。全年完成学位补贴审核 33.1 万人次，发放补贴经费 13 亿元；符合“两免”补贴 0.9 万人次，发放补贴经费 734 万元。实施“一校一案”策略，通过控制招生、合理分流、扩班等措施，积极化解、消除大班额。全区义务教育学校超标准化学校班额班数比上年大幅下降。成立宝安区特殊教育资源中心，构建“1（资源中心）+6（学区分中心）+N（随班就读学校）”随班就读支撑体系。在全市首创特教教师编制动态管理模式，加快建设随班就读资源教室。成立集团化办学工作专班，梳理总结集团化办学现状，加强集团化办学顶层设计，起草集团化办学实施方案等“1+N”系列文件，持续深化集团化办学。2021 年，宝安中学（集团）、新安中学（集团）、幼教集团等获评“广东省优质基础教育集团”，集团学校示范引领作用进一步增强。

【职业教育和高等教育】2021 年，宝安区积极推动职业教育和高等教育建设发展。认真总结职教集团优秀办学成绩和办学经验，优化集团化治理结构和运行机制。持续推进职业教育“双元”育人模式，推进“企业校区”和“引企入校”建设，深化校企合作。以省、市、区推进“粤菜师傅”“广东技工”“南粤家政”三项工程为契机，打造职教集团二校区“粤菜师傅”品牌。深入推进“广东技工”工程，积极开展“现代学徒制”“企业新型学徒制”项目。大力促进高等教育引进和建设。推动凤凰岭地块、屋山水库地块和宝达石场地块纳入深圳市高校布局规划，为引进高校提供用地保障。深圳创新创意设计学院二期土地整备工作有序推进，配合推进深圳创新创意设计学院建设。主动对接深圳职业技术学院、南方科技大学等院校，配合打造凤凰岭应用科教城。

【民办教育】2021 年，宝安区全面做好民办教育规范转型工作。以问题为导向，点面结合，针对民办学校管理难点、重点、痛点，精准设置“30 条具体指标”，对民办中小学校进行全覆盖办学行为检查。以年检促规范、以规范促转型，提升民办教育办学质量和水平。该模式获评《南方日报》“2021 深圳教育改革创新示范项目”。保障民办教师待遇。完成年度民办教师职称评聘，1331 名教师获评职称；为 9460 名民办教师发放从教津贴，发放金额 1.41 亿元；出台民办学校工资指导价；为民办教师提供免费体检。从专业、待遇、健康等方面全方位善待教师，提升教师幸福感和职业认同感。2021 年，原民办学校优智实验学校平稳转制为公办学校，更名为“龙腾小学”，为宝安区义务教育“民转公”积累经验。

【“双减”政策落实】2021 年，宝安区积极落实“双减”政策。停止审批新的面向义务教育阶段学生、普通高中学生的学科类校外培训机构。通过引导缩减办学范围、终止办学等途径，将原有备案学科类校外培训机构数量压减 90%。积极推进备案校外培训机构“营转非”工作。做好校外培训机构预收费资金监管，将备案校外培训机构全部纳入预收费资金监管范围。成立区减轻义务教育阶段学生校外培训负担联合执法检查工作专班和校外培训机构规范整治工作专班，持续推动校外培训机构规范整治工作。组织多部门开展联合执法检查。成立社区四人执法小组，建立工作台账，对 5307 家校外培训机构全覆盖检查。强化学校育人主阵地作用。印发《深圳市宝安区义务教育阶段学校“双减”负面清单》《宝安区小学“好作业”设计与实施建议（试行）》等文件，加强作业和考试管理，将“双减”督导融入学校视导工作，有效减轻学生作业负担。出台《宝安区义务教育阶段学校课后服务实施方案》，优化课后服务管理，促进减负提质。2021 年，宝安区公办和民办学校 100% 开展课后服务活动，95.37% 以上公办学校学生参加课后服务，88.4% 的课后服务项目由校内教师承担。学生、家长满意度为 95.1%。

【教育科研】2021 年，宝安区教育系统教育科研成效显著。获“广东省 2021 年教育教学成果奖”一等奖 1 个、二等奖 2 个。宝安区教育科学研究院获得“2021 年广东省基础教育县（市、区）教研基地项目”立项（全省 26 个，深圳市 2 个）；宝安区教育科学研究院初中教学研究部与宝安中学（集团）初中部联合申报，获得“2021 年广东省基础教育校（园）本教研基地项目”立项（全省 30 个，深圳市 2 个）。新安中学（集团）高中部获评“深圳市普通高中新课程新教材实施国家级示范区首批示范校”。全区创建“深圳高中新课程新教材实施国家级示范区首批学科示范基地”4 个。5 月，中国教育学会、东北师大教育学部与深圳市宝安区人民政府联合共建教育现代化实验区“学校课程发展”合作项目正式启动，专家蹲点学校调研，推进宝安区教育现代化，推动教育先行示范区建设。

【思政课与家校协同育人】2021 年，宝安区创新打造思政课与家校协同育人教育模式。2 月，区领导深入学校听思政课，并主持召开思政课教师座谈会，研究加强思政课建设。持续开展“思政课，宝安这样上”主题教研活动，38 万名学子“同上一堂思政课”，引起广泛关注。积极推进“党史学习教育进校园”，促进思政教育与党史学习教育有机融合。做强育人阵地，统筹开展共青团、少先队建设。做强德育队伍，制订班主任队伍建设行动计划和 5 年实施方案。持续开展德育示范校评估。加强学生心理健康教育和心理危机干预，在初三、高三年级全覆盖开展心理健康团体辅导。强化家校协同育人，承办“2021 年首届全球儿童发展与家庭教育论坛”第三分论坛。

2021 年，宝安区各戏曲学校在第十二届广东省少儿戏曲小梅花比赛中获 39 个金奖、1 个银奖　（宝安区教育局　供）

【“五育并举”推进素质教育】2021 年，宝安区“五育并举”推进素质教育。进一步深化体育、艺术学科教育综合改革，全面提升学校体育、美育水平。着力打造“一校一品”“一校多品”格局。戏曲、校园足球、书法、舞蹈等项目已成为全国品牌。第八届“和平杯”京剧小票友邀请赛复赛，广东地区入选决赛的 6 名选手全部来自宝安区。“宝安戏曲娃”累计获 249 项全国“小梅花”等国家级金奖，位居全国区属第一。创建全国足球学校 16 所、全国校园篮球学校 4 所、全国少儿戏曲小梅花基地学校 46 所、全国书法示范校 7 所、广东省书法特色教学与创作实践基地 10 个。2021 年，宝安区各戏曲学校在“第 12 届广东省少儿戏曲‘小梅花’比赛”中获 39 个金奖、1 个银奖；在“第 25 届全国少儿戏曲‘小梅花’比赛”中获 20 个金奖；在“第 12 届全国‘国戏杯’”比赛中宝安区 26 个队伍进入决赛，获 13 枚金牌、8 枚银牌、5 枚铜牌；在“第八届全国‘和平杯’京剧小票友决赛”中获 2 枚金牌、7 枚银牌、18 枚铜牌。宝安学子参加“深圳市艺术展演”，获美术类一等奖 42 个；获书法、篆刻类一等奖 9 个。学生“创客节”优秀作品参加省赛，获一等奖 4 项、二等奖 6 项、三等奖 5 项。4 间创客实践室获评市级“优秀创客实践室”。首届新高考、中考成绩实现新突破。普通文化类考生中达特殊类型招生录取线（相当于往年高分优先投档线）2091人，上线率33.06%，比上年提高3.62%；达本科线4795人，本科率75.81%，比上年提高5.7%，整体达线实现稳中有升。新中考成绩优异，特尖生成绩突出。2人进入全市前十，590分以上9人，名列全市各区前茅。中高分段人数名列全市各区之首，各学科A+率、A以上率、B+以上率均超市均率，公办学校成绩远超市平均水平。

【教师队伍建设】2021年，宝安区强化教师队伍建设。完成722名2021年优秀应届毕业生招聘和入职工作。继续实施"雏鹰""新秀""薪火"三大教师培养计划。评选区级名校（园）长25名，区级教科院专家33名，区级名教师224名，区级名班主任15名，区级中青年骨干教师185名，区级教坛新秀13名。认定教育系统首批100名党员名校（园）长、名师工作室主持人。开展学校中层领导干部履职述职工作，全面掌握学校干部队伍情况、学校领导班子履职情况，为队伍建设和干部任用提供依据。分别组织开展公办和民办学校校长任职资格培训班、青年干部培训班，为宝安教育培养和储备管理人才。完善评优评先制度，积极开展校长职级认定与评定工作。组织开展"年度教师"评选，评选2021年宝安区教育系统"年度教师"5名，其中宝安中学（集团）高中部教师郑良凯获评2021年深圳市"年度教师"。青年教师参加"第三届广东省中小学青年教师教学能力大赛"获一等奖11个，一等奖获奖人数占全省一等奖总数6.6%、占深圳市一等奖总数32.3%，位居全省各县（区）第一。

【智慧教育】2021年，宝安区编制《宝安教育信息化"十四五"行动计划》，提出宝安教育信息化整体发展思路"1248"模型，高规格建成并启用宝安智慧教育中心、宝安教育网络与大数据中心，实现教育大数据统一汇聚、统一调度、统一治理、统一展现。实现全区公办学校5G基站信号全覆盖，在全市和全国基础教育率先实现"5G+"智慧教育六大应用场景落地。宝安智慧教育建设获中央电教馆高度肯定。2021年，宝安区被广东省教育厅评为"学校网络安全示范区"，被广东省、教育部评为"网络学习空间应用普及活动优秀区域"，被中央电教馆评为"智能研修平台应用试点区域"。

【教育国际化】2021年，宝安区印发《宝安教育国际化行动计划（2020—2025）》，不断提升宝安区教育国际化水平。完成对10所教育国际化特色学校授牌、挂牌工作。积极开展校长国际化素养提升系列培训，参训校级领导及中层干部900余人次。举办"国际未来商业菁英生涯规划模拟挑战赛""模拟联合国全球胜任力特色项目"活动，促进学生核心国际素养提升。利用海外高端教育资源和信息化技术平台，开展中德艺术对话学科交流、中德学生共读名著、"德国专家大讲堂"儿童阅读能力培训等系列活动。

【教育督导】2021年，宝安区加强教育督导工作。精准实施新教师培养、国家义务教育质量监测结果运用、民转公幼儿园专项督导工作。制订《宝安区中小学新教师培养专项督导方案》和指标体系，对全区90所学校开展专项督导，形成全区性报告并以区教育局名义印发，组织7个新教师培养工作先进单位在校（园）长工作会议上作经验介绍；根据2018—2020年连续三年国家义务教育质量监测结果，对存在薄弱学科的25所学校5个学科实施精准督导，落实"国家义务教育质量监测首批结果运用实验区"相关实践；制订《宝安区民办转公办幼儿园专项督导工作方案》和指标体系，对全区145所民转公幼儿园进行专项督导，对民转公专项资金使用情况、办园条件改善情况、党建工作、管理水平、保教质量提升等方面实施督导，对48所优秀幼儿园进行表彰。完成第九届督学培训，参训督学近300人。积极开展中小学校"双减""五项管理"专题挂牌督导。联合区职训中心在全市率先开展区级社区教育督导复评项目。全年共组织10个社区参加"宝安区学习型示范社区"督导复评，组织4个街道参加首批"深圳市学习型街道"督导评估。指导有关街道和社区深挖创建内涵，整合文化资源，打造社区教育特色品牌，掀起全民终身学习热潮。

【疫情防控】2021年，宝安区教育系统持续抓好常态化疫情防控工作。局领导班子60余次召开校园疫情防控工作会议，适时对校园疫情防控进行详细部署和周密安

2021 年 6 月 26 日，央视新闻报道宝安区下十围小学中考隔离考点开考情况
（宝安区教育局　供）

排。春节期间动员师生留深过年，近 80% 的师生响应号召留深过年。督促各级各类学校严格落实常态化防疫措施。全面动员教职工接种新冠疫苗，全区 4.7 万名教职工基本做到三剂次疫苗“应接尽接”。稳妥、有序做好 3~11 周岁、12~17 周岁符合条件的学生新冠疫苗接种工作，超额完成疫苗接种任务。6 月 26—28 日，在封控区内下十围小学增设中考隔离考点，安排封控区内 107 名中考考生、169 名学考考生参加考试；增设宝安职教集团第一校区隔离考点，安排封控区外居家隔离的 34 名中考考生、62 名学考考生参加考试。得到社会各界关注和好评，被中央电视台、《人民日报》、新华网、环球网、《中国教育报》和“学习强国”等媒体及学习平台宣传报道。

【校园安全管理】2021 年，宝安区教育局持续加强校园安全管理工作。积极传达上级有关文件精神和工作要求，压实学校主体责任，周密部署校园安全工作，强化检查督办。积极开展交通安全、防溺水、反诈骗、防灾减灾等专项宣传和教育工作。组织开展消防、地震、反恐防爆等主题应急疏散演练 1068 次。联合交警大队、街道办等单位出动 6800 余人次开展道路交通、校车、电动车专项整治，对 500 余所学校、幼儿园周边道路及设备设施进行安全隐患排查，整改隐患 439 处。联合区公安机关对校园安防人员开展背景摸排，及时消除校内不稳定因素。联合区卫健、市监等部门，全面开展食品安全专项整治。组织专业力量开展消防安全和危化品专项检查。在校安会综合协调下，检查学校、幼儿园 482 所，排查整改各类隐患 108 处。全面升级全区 584 所学校 623 个校园门卫室“一键报警”系统，强化上放学高峰时段巡查，守护校园和师生安全。（吴永冬）

龙岗教育

【概况】2021 年，龙岗区辖属各类办学单位 692 家。其中，幼儿园 489 所、小学 72 所、中学 18 所、九年一贯制学校 99 所、12 年一贯制学校 9 所、中等职业学校 2 所、特殊教育学校 1 所、教师发展中心 1 所、实践基地 1 个。在校学生 55.14 万人。其中，幼儿园 15.58 万人、小学 26.79 万人、初中 8.9 万人、特殊教育 401 人、高中 3.27 万人、中专 5566 人。教职工总数 5.47 万人。其中，幼儿园 2.36 万人、中小学 3 万人、职业教育 716 人、特殊教育 83 人、其他直属单位 320 人。有正高级教师 35 名、省特级教师 59 名。全年教育财政总投入 133.84 亿元。年内，龙岗区教育系统聚焦“幼有善育，学有优教”战略定位，统筹推进校园疫情防控和教育教学工作。14 个新建、改扩建项目建设按计划推进，建成后可新增公办义务教育学位 1.87 万个；9 月 22 日，市委《信息快报》头条刊登《龙岗区全力推进学位建设实现增量增幅全市双第一》报道。深中龙初改扩建等 6 个项目纳入高品质校园建设实施计划。执行“阳光招生”政策，学位建设与挖潜扩班并举，完成 9 万余名学生招录工作，全区学位总体供需呈“紧平衡”状态。全面启动课后延时服务，其中小学生参与率 94%、初中生参与率 97%；假期托管及校内文体设施开放，82 所学校体育设施免费对外开放；做好校内午餐午休服务，惠及学生 17.5 万人。连续 4 年获评“深圳年度网络问政成效示范单位”。

【教师队伍建设】2021 年，龙岗区教育局加大 2021 届优秀应届毕业生招聘力度，累计招聘 997 人，其中研究生及以上学历占比逾 80%。

引进全国知名校长、宁波效实中学校长裘建浩等高端教育人才23名。与华东师范大学、北京师范大学合作，启动“卓越校（园）长”培养，第一批“卓越正校长领航班”培养对象31人、“卓越副校长启航班”培养对象25人、“卓越园长星火班”培养对象45人。教师发展多项指标位列全市前列。14名教师获评“南粤优秀教师”，5名教师获评省特级教师，5名教师获评正高级教师；6名教师获评新一轮省名校长、名教师工作室主持人；3名校长获评首届深圳市特级正校长；75人获评深圳市第五批名校长、名教师、骨干教师、教坛新秀；32名教师获市教学能力大赛一等奖；6名教师获省教学能力大赛一等奖，其中4人获一等奖第一名。卢天宇获评2021年深圳市“年度教师”。

【校园安全管理】2021年，龙岗区教育局统筹推进依法行政、依法治校。选派9批近300人次参加市、区防疫工作，打赢“5·21”“6·14”疫情阻击战，顺利完成高考、中考、学考工作；教职员工、学生新冠疫苗“应接尽接”完成率达100%。联合开展校园安防、周边环境、校车、消防等专项检查整改。实施校园安保工程，所有中小学均配备专业保安，校园报警器、视频监控覆盖率达100%。成立“学生行为矫正中心”“学生心理健康教育中心”“家校社三结合教育服务中心”，持续加强心理健康教育。全区校园安全工作形势平稳可控，未发生致人死亡安全生产责任事故。

【教育质量提升】2021年，龙岗区教育局健全“局领导—校长—教师”思政课机制，深入开展党史学习教育和爱国主义教育。落实“立德树人”根本任务，深化课程教学改革，教育质量稳步提升。高考本科上线5562人，增幅14.4%，上线率69.1%；省专及以上上线8047人，上线率近100%。高中学业水平合格性考试各学科达C率86%，超省平均水平11%。中考主要质量指标持续攀升，数学、理化等文化学科满分人数创新高，达275人；均分突破500分学校共6所，数量全市各区最多。

2021年2月18日，龙岗区教育改革发展大会召开 （龙岗区教育局 供）

【综合素养培育】2021年，龙岗区教育局创建省、市级“绿色学校”134所。龙岗学子获“2021年世界机器人大赛”金牌4枚，2人入选国家U15女子足球队，4个项目入围“全国青少年科技创新大赛”，1项活动被评为“广东省青少年科技创新大赛”十佳科技活动，龙岗二职2020届毕业生汤慕涵夺得东京奥运会自由泳接力赛冠军。

【党建引领教育发展】2021年，龙岗区委教育工委以党建引领教育发展。深入学习贯彻习近平新时代中国特色社会主义思想，全年开展“第一议题”学习41次，邀请专家辅导学习3场，班子成员到中小学上思政课7场。创建“龙岗教育党建”微信公众号，发布党建专题推文91篇，其中16篇被“龙岗先锋”转载。坚持“学教、学思、学践”相结合，开展“党史学习进校园”重点活动31项，4所学校被评为市“党史学习教育示范校”，23名师生在省主题征文赛中获奖，龙岗区教师合唱团在省“党史主题歌咏比赛”中获金奖。结合学校班子换届，完善72个学校党组织领导架构，选派76名公办学校党组织书记到党建薄弱民办学校担任“第一书记”，918名党员教师到民办学校开展支教帮扶。评选表彰教育系统“两优一先”个人和单位共249个，颁发“光荣在党50年”纪念章19枚，走访慰问党员群众348人，选举产生龙岗教育系统党代表26名。召开党建调研座谈会4场，指导学校党组织探索党建引领教育

2021 年 1 月 29 日，龙岗区打造“粤港澳湾区国际教育示范区”启动仪式举行
（龙岗区教育局 供）

发展新路径。龙高集团实行“党建 + 卓越品牌”模式；华师附中开展“融合型”党建；上外附属学校构建“功能型党小组”；平湖中心学校打造“家校党群服务平台”。开展“师德强基”八大行动和“纪律学习教育”十项行动，举办师德专题教育活动 1200 多场次、“师德大讲堂”活动 931 场次。开展“青少年生命安全教育”“万千教师进家庭大家访”和“学位建设攻坚”等 5 个“我为群众办实事”重点项目，分 3 个批次累计发动 3647 名教师志愿者参与社区“假期课堂”“安生行动”志愿服务。

【德育工作】2021 年，龙岗区全面贯彻落实“立德树人”根本任务，积极探索新形势下德育工作新途径和新方法，不断提高德育工作针对性和实效性。提升德育团队水平。举办区级班主任专业能力大赛，以赛促培，加强区级、市级名班主任工作室辐射带动作用。优化德育“三课”建设。优化区域德育课程、课题、课堂建设，推动各中小学校形成德育课程“一校一案”“一校一品”，宣传横岗高级中学等 13 所德育特色校工作亮点，打造示范样板。开展德育活动。与公安、司法、环保部门等保持联动，加强合作，抓好各类主题班会课、队会课，强化德育学科渗透。加强家庭教育指导。遴选第四批家庭教育专业执行讲师培养对象 66 名，新建 20 所“幸福家长学校”，统筹举办家庭教育课 632 场次，受益家长 250 万人次。加强心理健康教育。健全危机干预制度，建立区级危机个案月度上报与动态管理机制。深化生命教育。完善家、校、社协同，引进公益项目“平安少年”，试点为 25 所学校、10 所幼儿园提供家庭教育和心理服务。加强部门联动，完善对危机个案的“学校—医院—社区—社会”协同心理关爱服务。

【高考成绩】2021 年，龙岗区高考各批次上线人数和上线率再创新高，各项指标实现连续 14 年正增长。实参高考人数 8051 人，本科上线人数 5562 人，较上年增加 699 人，增幅 14.4%；本科上线率 69.1%，提升 4.5 个百分点。省专及以上上线 8047 人，增加 537 人，增幅 7.2%，省专上线率 99.95%。文化类高分考生人数持续快速增长，年均增幅 10% 以上。公办、民办学校齐头并进。公办学校特优、本科人数持续增长，民办学校特优、本科、省专上线连年大增，“高进优出”“低进高出”现象凸显，教育培养能力持续提升。2021 年广东省普通高中学业水平测试合格性考试，高三年级各学科达 C 率 86%、超广东省平均水平 11%，各学科合格率 99.2%、超广东省平均水平 1.2%；高二年级各学科达 C 率 82.3%、超广东省平均水平 7.3%，各学科合格率 99%、超广东省平均水平 1%。

【教育合作】2021 年，龙岗区推进教育合作。深化与驻区高校基础教育合作。与香港中文大学（深圳）签订基础教育合作办学协议，组建港中大（深圳）附属学校教育集团，集团总校长到岗工作。港中大（深圳）拟在华美地块引进社会力量举办港人子弟学校。与北理莫斯科大学的战略合作框架协议完成意见征集，拟提请区政府常务会审议。龙城高级中学教育集团、龙岗区外国语学校集团先后与港中大（深圳）签订项目合作与人才培养协议。开展深港教育交流。举行“手牵手向前走——深港青少年携手成长计划”启动仪式。平安里学校与香港东华三院港九电器商联合小学在线共上诗词鉴赏课；区外国语学校与香港救世军卜维廉中学连线，共同庆祝新中国成立72周年。区外国语学校（集团）如意小学与香港圣公会圣多马小学缔结为姊妹学校。推进国际化、创新型人才培养。龙城高级中学成立小语种教研基地，评选小语种工作室，推进市级小语种教学改革试验区创建工作。区教师发展中心与港中大（深圳）教育发展中心合作，联合对区域中小学教师开展“菜单式”培训。港中大（深圳）教育发展研究中心研究师资培养方案及路径，积极筹办国际教育创新研讨会。

【教育督导】2021年，龙岗区教育局继续加强教育督导工作。推动区政府开展“全国义务教育优质均衡发展区”和“全国学前教育普及普惠区”创建，推进2021年基础教育学位建设与教育优质发展专项督导、“双减”工作专项督导检查、区政府履行教育职责评价等三项考核，其中政府履职评价考核连续3年获得“优秀”等次。全年责任督学1280人次，开展挂牌督导8次、学科专项督导25次，覆盖率100%。督学全年40学时培训任务完成率100%。完成两批次督学工作室终期考核与成果展示汇报，评选出12个优秀督学工作室。教育督导科研课题立项100余个，全年57个课题结题。评选出30名区优秀督学、2名市优秀督学。学校（幼儿园）对责任督学满意率逾95%。19所义务教育阶段民办学校通过办学水平评估。6所新开办学校创建成为“广东省义务教育标准化学校”。480所幼儿园完成第一周期办园行为督导评估，68所幼儿园通过等级及规范化认定，新增区级幼儿园10所、规范化幼儿园3所。新增18个“学习型社区”，全区“学习型社区”100%覆盖。4个街道创建成为“学习型街道”。完成第二轮全国义务教育质量监测工作，强化质量监测结果应用。2021年，龙岗区教育局第5次获评“国家义务教育质量监测实施优秀组织单位”。

【依法治校】2021年，龙岗区教育局坚持依法治校。组织2021年新开办的6所学校制定学校章程，贯彻落实“一校一法律顾问”制度。全区学校100%制定章程、100%落实“一校一法律顾问”制度。开展5次学校规范办学督导检查，推动学校依法治校管理水平不断提高。

【基础教育改革发展】2021年，龙岗区召开全区基础教育改革发展大会，进一步推进教育改革发展。出台《龙岗教育发展“十四五”规划》《关于加快学位建设推动基础教育高质量发展的实施意见》《龙岗区“幸福家园　学有优教”行动方案（2021—2025）》《龙岗区进一步推进集团化办学的实施方案》等文件。成立区校外培训机构规范治理工作专班，全面铺开校外培训机构监管和治理。优质教育资源落户进展顺利。先后与深圳中学、深圳高级中学、深圳科学高中签署合作办学协议。区领导带队调研坂田南学校建设，区教育局、区建筑工务署、区规划和自然资源局加快坂田南学校规划建设；区教育局与深圳中学就坂田南学校合作协议达成共识。与南科大签署合作办学协议，南科大正式提交以原深圳外国语学校校长汤佳宏为组长的学校筹备组名单。12月31日，南科大教育基金会与远洋集团子公司签署捐赠协议。草拟与深圳市中瑞教育基金会合作探索多元办学体制改革试点协议，征求区相关部门意见，报分管区领导审议后提请区政府常务会审议。新一轮集团化办学稳步推进。完成首批2个民办教育集团、9个幼教集团组建。按照“成熟一个，组建一个”原则，优化重组龙城高中、龙岗区外国语学校2个教育集团。12月16日，龙岗区外国语学校（集团）获评首批“广东省优质基础教育集团培育对象”。组建港中大附属学校集团、华中师范大学龙岗附属中学（集团）。探索学区化治理改革。印发《龙岗区进一步推进学区化治理的实施方案》，明确学区化治理基本原则、实施步骤和保障机制。

【教育经费投入】2021年，龙岗区进一步加大教育经费投入力度。全年全区财政性教育经费投入161.45亿元，其中全区安排城市教育费附加8.7亿元。教育经费保障措施。强化预算管理，提高预算编制的科学性、准确性，实现学校预算科目统一、公用经费标准统一、项目支出范围统一。推进教育均衡化优质发展。促进基本公共服务均等化，促进教育公平和提高教育质量，保障教育经费投入。按照市相关文件要求，执行小学5200元/生/年、初中6800元/生/年、高中7000元/生/年公办中小学“大公用”

生均拨款标准。完善义务教育公办学校设施设备标准化建设。遵循“教育教学设备设施配置、校园安全隐患整治、新开办学校经费保障等优先安排”原则，科学、合理安排教育设施设备配套资金，消除校际间配置差异，实现标准化配置。民办教育以“优质发展”为中心，狠抓规范办学与质量提升，促进教育公平。按照小学学位补贴7000元/生/年、初中学位补贴9000元/生/年标准，全年共发放学位补贴10.85亿元。稳定民办学校教师队伍。调动教师工作积极性，提高教育整体水平，全年向全区民办学校教师发放长期从教津贴1.04亿元。落实在园儿童健康成长补贴发放，2020—2021学年在园儿童健康成长补贴共发放2.14亿元。落实发放幼儿园保教人员长期从教津贴，2020—2021学年幼儿园保教人员长期从教津贴共发放9657.72万元。继续加大对创新办学体制改革经费的投入。4所政府资助学校由财政给予专项资助经费保障，2021年政府资助经费投入2.22亿元。全面推进课后延时服务，保障课后延时服务经费投入。

【竞技体育发展】2021年，龙岗区竞技体育获得较大发展。年内，教师获“广东省第十届中小学体育与健康教学展示课”活动一等奖2个、二等奖1个。体育教师陈晓萌获“2021年广东省中小幼青年教师教学能力大赛”教育组高中体育学科一等奖第一名；初中体育与健康教师李富琪获教育组初中体育与健康学科二等奖第一名。龙岗学子获全国冠军1项、省冠军9项、市冠军11项。篮球赛事。如意小学女子篮球队获“广东省中小学生篮球锦标赛”冠军、“深圳市中小学生篮球比赛”冠军、“体彩杯”篮球赛冠军；龙城高级中学获“广东省三人篮球赛”男子甲组冠军、男子乙组冠军；平冈中学获“第十届深圳市运动会”男子篮球冠军；龙城高级中学、平冈中学分获“深圳市中学生篮球赛”亚军、季军。排球赛事。布吉中学女子排球队获“广东省中学生排球锦标赛”冠军、“深圳市中学生排球赛”和“第十届深圳市运动会”冠军。足球赛事。平冈中学女足获“广东省‘省长杯’比赛”季军；园山实验学校女足获“广东省青少年足球赛”丙组冠军；龙岗区少年足球队获“第十届深圳市运动会”团体总分第一名；布吉高级中学男足获“深圳市中学生班级联赛”冠军。田径赛事。平安里学校获“广东省中学生田径锦标赛”乙组团体总分第一名、“广东省中学生田径冠军赛”乙组团体总分一等奖，并获“深圳市中小学生田径运动会”男子团体总分、女子团体总分、团体总分三项第一。健美操、啦啦操赛事。平冈中学健美操队获“中国中学生冠军赛暨2020年世界中学生运动会测试赛”冠军；平冈中学健美操队、啦啦操队分获“广东省中学生比赛”冠军、“深圳市中学生比赛”冠军。新亚洲学校女足队员王媛媛、欧阳玉环入选U15女子国家少年队；廖钰婷入选2021校园足球初中乙组国家队。

【科技教育】2021年，龙岗区强化科技教育。教育系统完成科技作品5000余项、获市级及以上奖项500余个、申报国家专利30余个。举办“2021年全国科技活动周”龙岗区启动仪式，连续13年组织龙岗全区各中小学在此期间开展校园科技节活动，全区20余万名中小学生参加活动。联合区科协开展“科普大篷车”进校园活动，参加活动师生3.5万人次。疫情期间，举办线上科普知识竞赛，组织科技辅导员研制科普知识竞赛试题100余套，开展节约粮食科普知识线上竞赛活动，全区100余所学校4万余名中小学生参加问答活动。线上组织院士、专家进校园活动200余场，全区中小学生10余万人次参与活动。龙城小学等4所学校发明作品在德国纽伦堡国际发明展、塞尔维亚特斯拉发明节中获金奖；获世界机器人大赛首枚金牌，获一等奖4个、二等奖1个，包揽初中组冠、亚、季军；2个科技实践活动获评“广东省青少年科技创新大赛”科技实践活动“十佳”，是全省唯一连续5年获得该奖项的区县，3个项目获得省一等奖、4个项目入围“全国青少年科技创新大赛”；获“三维编程”广东省赛一等奖5个、二等奖3个。四联小学获评“广东省青少年科学教育特色学校”；兰著学校等多所学校获评市、区“科普教育基地”；119名学生获评“深圳市明日科创之星”，占比超全市1/3。

【课程建设】2021年，龙岗区加强课程建设，积极构建区域性开放、共享、多元教师培训课程资源库（三平台：直播学习平台、在线课程超市、龙岗星辰；四课：微课、慕课、直播课、面授课）。举办首届龙岗区教师发展课程博览会，247名教师直播249门课程，全国36万人次观看；举办第一届“龙岗星辰”短视频微课大赛，“龙岗星辰”云集1000多集优秀短视频课程，首创国内教师TED模式，8场论坛累计点击人次26万。新增3个幼儿园继续教育培训课程体系；通过各类优质课例模型研发，引导广大教师回归教材、回归课标，提升课堂教学质量，完成深圳市小学语文统编教材一年级上册在线教学资源包建设共计92课时，完善龙岗区小学英语基于单元主题拓展阅读资源集，开发龙岗区小学英语单元整体教学1A—6B教学文本再构，为教师提供有效学习支架。积极探索课堂教学“应教”涉及学科基本理解、学科核心素养培养的关键环节和重要节点，“尽教”优化教与学方式、提高教学有效性和学生体验，龙城初级中学“三高、三动、三量”课堂、龙岭初级中学“项目式学习”课堂优化教学设计，通过问题链给予学生思考、探究及实践合作时间。

【课题研究】2021年，龙岗区进一步重视加强课题研究工作。规范区级教育规划课题管理，邀请专家对476份区规划课题进行中期检查、等级评定；深入学校指导课题开题研究、成果提炼等40余场次；组织区外专家评审出2021年度区级立项课题687项，立项率46%；邀请区外专家严格鉴定2020年度立项的区级规划课题结题材料，共666项课题通过结题；指导幼儿园开展区级及以上各级课题（项目）研究110余项；在全市“2021年度教育科学规划课题立项评审”中，龙岗区共51项课题获批立项（成果培育4项、重点资助3项、博士课题2项、“三区”课题专项2项、一般资助16项、单位资助24项），立项数量和质量在全市各区名列第一；组织教师申报广东省教育厅组织的教育研究规划课题4项获批立项，“强师工程”项目课题8项获批立项，在全市各区名列前茅。在市教育局组织的新一轮教育科研专家和骨干评审中，共21名教师获评深圳市教育科研专家和骨干，专家和骨干总数及骨干数量全市第一；41人获评第二轮学前教育“苗圃工程”名师及培养对象；在“2021年深圳市教育教学科研优秀成果奖”评审中龙岗区14项成果获奖，在“2021年广东省教学成果奖”评审中龙岗区5项成果获奖，获奖数量在全市各区名列前茅。《龙岗教学研究》改版为《龙岗教育》，获广东省委宣传部备案和登记证号，年内出刊两期。

【民办教育】2021年，龙岗区规范与扶持并重，推动民办教育优质特色发展。深入实施《龙岗区加快民办中小学三年行动计划》，推动民办学校优质特色发展。推进民办学校集团化办学，成立深圳市龙岭教育集团及深圳市百外教育集团。向义务教育民办学校14.6万名学生发放学位补贴，发放补贴金额10.8亿元。向民办学校5602名教师发放长期从教津贴，组织民办学校教师进行免费体检。对71所民办中小学进行2020年度检查工作，年检合格66所、基本合格4所。开展校舍安全隐患整治，共39所学校82栋校舍完成加固工作。推进学校“厕所革命”，共36所民办学校实施“厕所革命”。培育评选出5所区级优质民办学校。对民办中小学校长、教师2020—2021学年度工作进行考核。

【师资管理】2021年，龙岗区做好师资管理工作。教育系统预核编制1.26万名，正式下达1.25万名；为新开办的华南师范大学附属平湖学校、香港中文大学（深圳）附属道远学校核定编制、配备校长和师资队伍。全年成功引进知名校长1人，高端教育人才18人；通过面向社会公开选聘、赴重点师范大学招聘应届生，共招聘1000余名优秀人才补充公办中小学教师队伍；促进各校均衡发展，全年全区交流调配教师300余人，促进优秀师资向新开办学校和扩大办学规模的学校倾斜；鼓励引导优秀教师到农村从教，通过政策支持、制度保障，全年共有82名优秀教师、干部在新疆等地支援帮扶（新疆15名、西藏2名、广西42人、河源3人、汕尾20人）；完成公民办帮扶教师732人，发挥优秀教师辐射带动能力，共同提高教育教学质量。年内，全区14名教师获评“南粤优秀教师”，5名教师获评“省特级教师”；获评市“年度教师”1人，市级“教育先进单位”11个、“教育先进个人”85人；区级表彰“尊师重教先进单位”145个、“尊师重教先进个人”102人、“教育系统先进单位”85个、“教育先进个人”1550人、“校园抗疫先进个人”63人；马锐雄、唐文红、孙伟琼等3名校长晋升为深圳市公办中小学特级正校长。2021年，龙岗区教育局健全“三名”工作室管理模式。修订出台工作室经费使用标准；对125个工作室在线专项培训，2100人次参训；评定新一轮工作室79个；遴选并建立49个“新教师学科工作室培养基地”；6名教师获评新一轮省名校长、名教师工作室主持人。

【师资培训】2021年，龙岗区大力加强师资培训工作。“双线”完成1189个培训项目，参训人次29万人共128万学时。首推“卓越校（园）长培养工程”，获评区“2021年优秀人才工作重点项目”；“双向研修”导师制革新特色干部培训机制，导师学员深度研讨72次、跟岗200余次；依托市、区教师专业发展基地学校及平台，开展“成长DNA—终身研修与终身发展”等10学时师德师风专项培训；完成“水语文　美课堂之诗歌篇”等61场中小学专业科目培训；完成以“信息技术提升2.0”为主题的2.6万名龙岗区中小学教师暑假继续教育周全员线上培训；1.6万名公民办中小幼教师参加信息技术提升工程2.0网络研修。增评第二批10所教师专业发展基地校，总数增至56所，覆盖全区各学科、各街道；龙城高级中学、区实验学校、五和小学3所学校获评“广东省中小学教师校本研修示范校”，龙岗是全市获评省级校本研修示范最多的校区；编著出版14万字《魅力PUSH——教师专业发展基地学校建设之龙岗模式》专著；组织5批公民办园长、中小学教师赴珠海、广州学习培训；遴选“家校共建”单位65所，培训家长650余场次20万人次；创建“1+2”新教师岗前培训体系；建立新教师学科培养基地49个；3人获评省名教师工作室主持人，75人获评市基础教育系统“名师工程”第五批名校长、名教师及培养对象；4名教师获选“百千万人才培养工程”省级培养学员；评定区工作室79个。

【特殊教育】2021年，龙岗区全面保障特殊儿童受教育权利，促进特殊教育优质均衡发展。加强教育安置，促进融合发展。龙岗区6~15岁适龄残疾儿童少年共1231人，其中随班就读（含特教班）占比六成。甘李学校随班就读工作突出，获评“广东省融合教育示范学校”。12月，成功举办“广东省2021年随班就读示范校建设工作交流会”龙岗分会场活动；加强支持保障，优化融合环境。区教育局联合区残联等八部门建立龙岗区特殊教育发展联席会议制度，加强政策衔接和工作对接，推动部门沟通与协作。在教师评优评先表彰中，为随班就读教师单设一个序列进行专项评比，激发随班就读教师工作积极性；加强课程建设，提高融合质量。随班就读学校以配套教材建设和校本课程建设为主要内容。区特殊教育学校研发融合绘本资源包、融合教育主题班会资源包特色课程，支持各随班就读学校开展有效教学，提高教学质量。四联小学资源教室立足学生创作和实操，开设马克瓶、吊饰等艺术作品课，激发学生潜能；加强教师培养，建设融合梯队。区特教资源中心建设依托区特校建设特殊教育教师培训基地，开设特教通用课程，对区内特教教师进行培训，开展随班就读课题研究，持续开展说课、讲课、案例分析、教育故事演讲、教学论文评比等项目随班就读教师教学技能大赛。

【未来教育探索】2021年，龙岗区积极探索未来教育。启动教育新基建建设。完成7所全光网学校建设；推动完成教育系统154个站点5G基站建设，确保5G信号覆盖到校。推进教育环网建设。全区210所公民办学校及公办幼儿园完成全部设备进场，实施光纤接入和教育数据中心配套设备升级工作。创建智慧教育示范点。全面推进“信息技术应用能力提升工程2.0”，9所学校获评深圳市试点学校。12所学校入围市级“‘基于教学改革、融合信息技术的新型教与学模式’实验校”，先后3次组织试点学校编制实施方案。拟搭建学校综合服务平台、基础应用系统、教师专业发展系统、教育教学资源库系统、学生学业发展系统5个项目。推进云端学校建设。9月1日，深圳市副市长郑红波出席“深圳市云端学校揭牌仪式和开学典礼”，龙高集团宝龙外国语学校成为全市13所入驻学校之一，着力探索建设智能教学环境，打破传统学校有形边界和物理空间。12月25日，举办“龙岗首届教师发展课程博览会”，面向全国直播各类优质课程249门（涵盖学校管理、班主任专业技能、信息技术运用以及各学科教学等），观看直播人数累计达25.8万。

【校园安全管理】2021年，龙岗区教育局严格落实校园安全管理责任制。严格落实安全监管责任，丰富安全教育形式，充实安全教育内容，强化交通（校车）、消防、食品、防溺水、防踩踏和应急逃生演练等专题安全教育。全面排查校车每月安全运营情况，春秋两季开学前对全区480余辆校车进行全覆盖查验，每月组织开展“三员”安全培训。组织全区学校抓好食品安全各项工作。组织学校食堂从业人员参加直播培训，下载“食安快线通用版”在线培训，保障校园食品安全。校园重点部位和重点人员管控工作实现全覆盖。完成所有教职员工、保安人员、后勤人员、临聘人员共5.25万人信息摸排工作，完成658所学校、幼儿园“一键报警”电话开通调试，针对公安机关重点关注的538家1305处安全隐患逐项跟踪整改。制订下发《龙岗区校园门口上放学高峰期安全保卫工作指引》，指导全区学校组建以学校安保力量、护学岗人员、属地派出所、交警中队警力为主的校园安全保卫团队，守护师生安全。

【学前教育】2021年，龙岗区围绕“推进学前教育优质普惠发展”任务目标，主动担当、开拓进取，稳步提升学前教育水平。推进幼儿园学位建设。共新增幼儿园学位8890个。截至年底，龙岗区共运行各级各类幼儿园489所，在园儿童15.58万人。其中：公办幼儿园245所，在园儿童占比51.19%；公办幼儿园和普惠性民办幼儿园412所，在园儿童占比87.45%。持续巩固“5080”攻坚成果。根据《龙岗区“幸福家园　学有优教”行动方案》，编制出台《学前教育提质行动方案（2021—2025）》，全面提升学前教育质量，整体提升全区幼儿园发展品质。加强幼儿园规范管理，修订出台《龙岗区公办幼儿园管理制度汇编（2021版）》；认定普惠性民办幼儿园4所，向全区164所普惠性民办幼儿园发放奖补经费共6295.3万元，提升幼儿园软硬件。做好在园儿童健康成长补贴申报与发放工作，向全区14.4万名在园儿童发放健康成长补贴2.14亿元。贯彻保教人员长期从教津贴政策。向全区幼儿园保教人员发放长期从教津贴9657.72万元，共计1.84万人次。推进优质园集团化与学区化管理。出台《龙岗区推进幼儿教育集团建设的实施方案》，成立第一批9个幼教集团；印发《龙岗区学前教育学区化治理工作实施方案》，组建42个学区，建立“区教育局—街道教育办—学区”三级治理模式。与深圳市彩田幼儿园、深圳市滨苑幼儿园签署合作办园协议，引进市属优质园龙岗合作办学。建立和完善“龙岗区学前管理系统”，利用现代化信息技术开展对全区幼儿园的日常管理。

【学位建设】2021年，龙岗区持续抓好学位建设工作。聚焦民生需求，抓住工作关键，积极探索学校（幼儿园）项目“高起点规划、高标准建设”，全力打造精品校园。“十三五”学校建设成绩显著。9月22日，市委、市政府《信息快报》头条刊登《龙岗区全力推进学位建设实现增量增幅全市双第一》报道。全力推进13所公办幼儿园装修改造工作，总建筑面积3.8万平方米，计划新增优质公办幼儿园学位4050个。2021年，14个公办义务教育学校项目（新建4所，改扩建10所）顺利实施，建成后新增学位1.87万个。高中学校项目建设取得重大进展。广东实验中学深圳学校高中部、深圳科学高中龙岗分校高中部顺利开学，全年新增公办高中学位3750个；坪地高中园、平湖中学高中部扩建进入施工阶段；三十三、二十九和坪地高中园综合高中前期工作有序推进。科学谋划项目库。2023—2025年拟实施项目共56个（新建学校35所，改扩建学校21所），前期工作积极推进，建成后可新增学位11.04万个。

【职业教育领跑行动】2021年，龙岗区实施职业教育领跑行动，高水平建设中职学校。龙岗中专、龙岗二职分别召开“广东省高水平中职学校建设工作会议”，成立建设办公室。龙岗中专召开“工业机器人应用”专业论证会，拟新开设3个紧缺专业。龙岗二职赴赣州举办“粤赣职教帮扶电子商务专项培训班”，进行为期5天的“送教培训”。推进校企合作。11月17日，在龙岗中专举行“岗区校企对接活动”（第六场），与航嘉驰源、先进微电子、兆驰股份、光详科技、麦克维尔、世标检测6家重点企业深入洽谈实训基地建设事宜。11月25日，龙岗二职走访横岗新视代眼科医院，拓展校企合作领域。实施“粤菜师傅”工程，全年培训逾300人次。组织师生参加技能大赛。龙岗中专教师获“广东省青年教师技能大赛”一等奖。龙岗二职教师获“全国行业职业技能竞赛”二等奖、“广东省技能竞赛”一等奖第一名，2名教师获评“广东省技术能手”。龙岗二职学生获“全国电子商务师”总决赛一等奖第二名。龙岗中专学生获“深圳市技能大赛”3项第一名、8项第二名。

【卓越学校培育】2021年11月11日，龙岗区在龙城高中举行“卓越学校培育启动大会”。通过方案论证、现场汇报、专家评审，遴选首批10所“卓越学校培育试点校”。各卓越学校培育对象在专家团队指导下，推进重点培育项目。其中，龙城高中制订卓越培育任务清单，以“名师引领、骨干示范、全员发展”优秀学科团队为支点，通过“荣誉、拓展、实验”三大课程体系促进学生优质多元发展；紧密型集团办学优化生源结构，贯通培养路径，努力使龙城高级中学跃进全市高中“第一方阵”。龙岗区外国语学校以“美好教育”品牌建设为引领，以教学质量升级等25个重点项目为抓手，以创新人才九年一贯培养为特色，争做湾区基础教育先行示范校领跑者。深圳中学龙岗学校以拔尖人才培养为抓手，依托深中共同体深化与全国顶级中学联盟交流及合作，打造全国有影响力的卓越学校。港中大（深圳）附属学校以培养“完整人”为目标，全面推进“1+N”成长导师制、“大学与中学大手拉小手”“学长团”计划，通过“博文”“约礼”课程体系建设，打造具有港中大（深圳）基因的卓越学校。

（龙岗区教育局）

龙华教育

【概况】2021年，龙华区有办学单位346个。其中，公办中小学校65所（含3所市直属、1所特殊教育学校），民办学校34所，幼儿园247所（公办129所、民办118所）。在校学生、幼儿29.6万人。其中，幼儿园在园儿童8.48万人（公办4.57万人、民办3.91万人），中小学生21.14万人（公办12.67万人、民办8.47万人）。全区学校、幼儿园专任教师1.81万人。其中，公办教师6389人，公办第三方聘用教师1271人，民办教师4901人，幼儿园教师5577人。全区正高级教师65人，特级教师66人，享受国务院特殊津贴专家3人，公办学校研究生及以上学历2397人。2021年，龙华区教育局圆满完成各项工作。强化党建引领。创新设立党建指导员，遴选100余名优秀党员对200多家民办校园及校外培训机构开展定向党建指导；全市率先实施“夯基提质工程”，出台“第一书记行动计划”，开启全覆盖、组团式、专业化“龙华探索”模式；以建党100周年为契机，统筹群团开展活动25场，反响强烈；常态化讲授“思政第一课”。推进学位建设。建成义务教育阶段学校6所，新改扩建高中学校3所、幼儿园16所，新增各类学位2.4万个；全国第一所以深港教育融合为办学特色的深圳香港培侨书院龙华信义学校顺利开办。加强人才培养。全年招聘应届毕业生共1711人；获批全省唯一区县级教育系统博士后创新实践基地，成立全国首个教育系统博士精英团。持续对口帮扶。全市首创“全口径、组团式、融入式”对口帮扶委托办学新模式，选派48名骨干教师组建龙华教育“张桂梅支教团队”赴紫金支教；被广东省委、省政府授予“广东省脱贫攻坚先进集体”称号。加强学前教育提质工作。全市率先实行学区化管理，率先推出在园儿童成长补贴“免申即享”改革，推动创建“全国学前教育普及普惠区”。严格落实“双减”工作。实现作业时间控制达标“三个100%”；实现全区公民办义务教育阶段学校课后服务工作全覆盖；实施学生体质健康提升行动计划，学生体质健康优良率、及格率从上年倒数第一跃升至全市第一。深化教育改革。获评教育部“普通高中指向核心素养的深度学习教学改进项目先行示范区”；在全市唯一入选为“广东省深化新时代教育评价改革”9个试点区。促进教育合作。与北京师范大学签署科技与教育双向融合实验共建框架合作协议，与华南师范大学签署中小学教师培养协同创新战略合作协议，与广东省教育厅国际教育交流中心签署战略合作协议等。

（吴　军）

【教师队伍建设】2021年，龙华区进一步加强教师队伍建设。招聘在编教师2026人，含赴外定点招聘应届毕业生1711人。其中，A类“双一流”高校毕业生730人、部属师范院校毕业生311人、世界排名前100高校毕业生165人，合计占比70.5%；研究生及以上学历1267人（含博士32人），占比

74.1%；面向社会公开招聘优秀教师157人，面向全国选聘优秀教师158人，其中正高级教师20人、享受国务院特殊津贴专家1人、特级教师15人、省骨干教师76人、博士4人。修订《深圳市龙华区教育系统特聘岗位评聘及青年人才引进实施办法（试行）》，实现人才引进从"人选岗"向"岗选人"转变。首次面向港澳台教师开放特聘岗位申请，营造良好人才环境。（丁阿婧）

【学位建设】2021年1月，龙华区基础教育改革发展大会召开。明确龙华未来5年教育事业发展方向，计划到2025年基本形成深圳新中心基础教育发展高地和大湾区基础教育高地。区教育局牵头编制《龙华区公办义务教育和学前教育学位建设实施方案（2020—2025年）》和《深圳市龙华区委区政府关于落实〈中共深圳市委深圳市人民政府关于加快学位建设推进基础教育优质发展的实施意见〉的任务分解一览表》，明确"十四五"期间龙华要新改扩建公办义务教育学校57所、幼儿园75所，计划新增公办义务教育学位9.7万个、幼儿园学位2.4万个。2021年，新建义务教育阶段学校6所，新增义务教育学位1.38万个；新改扩建高中学段学校3所，新增高中学位5250个；新改扩建幼儿园16所，新增学位4950个。（戴契皇）

【大浪时尚学院筹建】2021年6月，龙华区与深圳职业技术学院达成合作办学意向，区教育局牵头组建大浪时尚学院筹建工作专班。组织专家到深职院开展调研，明确大浪时尚学院建设分两步走：第一步为组织深职院大三年级学生到大浪时尚小镇企业开展顶岗实习工作；第二步为推进整建制二级学院建设及探索中高职一体化办学模式，确定学院选址建设范围，并争取市级层面支持，逐步推动学院筹办步入正轨。（谢云杏）

9月1日上午，2021年龙华区新校集中揭牌仪式在深圳市格致中学举行，区委书记王卫现场宣布5所新校启用。区领导刘蕾、韩荡、李志东出席活动
（龙华区教育局 供）

【深港教育融合特色学校开办】2021年2月10日，深圳香港培侨书院龙华信义学校签约暨启动仪式在深圳市委、市政府和香港特区政府等相关部门见证下正式举行，标志着以深港教育融合为办学特色的高端品牌民办学校正式落户龙华。龙华区委、区政府加速推进学校建设，该校于5月25日举行一期建设封顶仪式，于9月6日正式开办。从一期工程建设完工到学校顺利开学用时仅3个月。（谢云杏）

【积极教育研究与实践】2021年，龙华区推动积极教育研究与实践活动。11月24—26日，以"乘积极联盟协作东风，谋区域教育优质发展"为主题的"2021·积极教育研究联盟高峰论坛暨教育信息化与课程融合教学研讨"活动在紫金县中山实验学校举行。4个省份、8个联盟理事单位围绕积极教育与区域教育发展新趋势、新理念进行交流探讨，共话区域教育高质量发展。11月24日，新加入联盟成员单位广西壮族自治区河池市罗城仫佬族自治县教育局、广东省茂名市化州市教育局与联盟发起单位龙华区教育局举行签约仪式，积极教育研究联盟影响力不断扩大。（丁阿婧）

【学区化治理】2021年，龙华区作为"深圳市学前教育学区化治理试验区"，积极推动学区化治理。建立行政统筹，督导推动行政、教研、培训、督导"四位一体"学

区化治理体制。龙华区教育局印发《深圳市龙华区教育局关于开展学前教育学区化治理工作的通知》，综合幼儿园地理位置、优质资源分布等因素，合理配置辖区学前教育资源，调整划分16个学区联盟，覆盖全区247所公民办幼儿园。根据街道、学区、办园性质等为每所幼儿园设置园所代码，提高管理效能。为每个学区遴选1所优质公办园作为中心园，在全市率先授牌16个学区联盟中心园，并为中心园拨付480万元专项经费，配备专兼职人员，推动学区内公民办幼儿园资源共享、管理共融、师资共育、文化共建、课程共研，促进学前教育优质均衡发展。（徐　洋）

【课程基地园建设】2021年，龙华区“借外力、树标杆”，引入优质学前课程，挖掘龙华本土课程潜力，推进课程基地园建设。组织开展“课程路演”活动，邀请PACE课程（哈佛大学陈思教授团队）、幸福树课程（广州大学叶平枝教授团队）、“4I”体验课程（龙华区远恒佳教育集团）等课程团队，选取有意愿、有条件园所成为课程实践基地园。通过专家指导、教研团队引领，开展多种课程基地园交流活动，使园长、教研员从实践到理论进一步理解课程框架结构和推进路径。全区51所幼儿园签订课程协议，成为课程实验基地园。其中，共生课程基地园18所，“4I”体验课程、幸福树课程基地园各13所，PACE课程基地园7所。（魏瞳瞳）

【“双减”工作】2021年，龙华区教育局制订《龙华区义务教育阶段学科作业设计与实施整体推进工作方案》《关于“双减”背景下改进龙华区中小学校作业设计和实施的意见》，积极探索作业设计和实施策略，创新作业形式，强化作业评价和育人功能，减轻学生负担。协调市场监管、街道等相关部门单位开展联合执法检查，采取“四人小组”形式对全区56个社区开展“地毯式”全覆盖检查整治。全年累计出动1.44万人次对全区1606家各类校外培训机构进行多次检查，关停学科类校外培训机构67家、非学科类校外培训机构137家，责令50家非学科类校外培训机构限期整改。（叶晓琳　谢云杏）

【学校体育场馆开放】2021年，龙华区积极推进学校体育场馆开放，满足市民就近健身需求，盘活学校场地资源。区教育局面向公办学校发布体育场馆开放情况调查表格，重点调查公办学校体育场馆开放现状、困难及建议等，结合实际确定第一批面向社会开放体育场馆20所试点学校名单。组织召开区属公办学校体育场馆对外开放预约系统操作培训会议、专题会议8场，邀请区文体部门、专业机构对试点学校体育场馆对外开放线上预约系统进行专业指导，市民于9月1日起在“i深圳”APP预约入场，累计服务市民约3000人次。（翁球真）

【终身教育发展】2021年11月，龙华区以“庆建党百年华诞，谱终身学习新篇”为主题，举办“2021年全民终身学习周”活动。“全民终身学习周”活动形式多样、内容丰富，在社区内营造全民学习氛围，“全民学习，终身学习”理念深入人心。积极响应深圳市建设高水平“学习型城市”号召，组织各街道参与“深圳市学习型街道”创建工作。经督导验收检查，龙华街道、观澜街道获评“深圳市学习型街道”。（谢云杏）

2021年9月6日，深圳香港培侨书院龙华信义学校开学
（龙华区教育局　供）

【区域教育测评体系构建】2021 年，龙华区构建区域教育测评体系，优化学业质量监测平台，改进学业质量监测内容。推进“深度监测”。建立全市首个智能体质监测平台，采集全区近 20 万名学生体质健康数据，实现区域体质健康数据统一管理与应用；与重庆教育评估院合作，实施 PISA FOR SCHOOLS 测试项目，发布 PISA FOR SCHOOLS 测评报告；建立监测结果解读与应用机制，立项 20 项区级监测结果应用专项课题。该项目在全市唯一入选为“广东省深化新时代教育评价改革”9 个试点区，增值评价项目获评“广东省教育评价改革试点项目”。

【未来教育新模式探索】2021 年，龙华区积极探索未来教育新模式。深入开展“大作业·深学习”课堂教学改革研究。义务教育阶段主要与广州大学谢翌教授团队合作开展“素养导向的课堂教学改革研究”，开展课堂教学现状调研、“大作业观”理论体系构建和实施方案制订；高中阶段主要依托教育部基础教育课程教材发展中心“深度学习教学改进项目”开展研究。开展“云校 +”跨域研学工作。从区属中小学中遴选 25 个“云校 +”主题学习空间，覆盖龙华区 6 个街道，涵盖全学段、全类型学校，便于各学校基于主题学习空间实现跨域联动，构建未来教育共同体。12 月，开启第一期试点工作，参与试点家长满意度 93.5%、学生满意度 93.4%，90% 以上学生和家长认为该活动能缓解学习焦虑，愿意参与活动替代原有校外培训。“云校 +”主题学习空间在寒假期间支持全区学生进行双线混融式跨域研学，形成具有龙华特色的未来教育实践创新模式。　（魏曈曈）

【学生体质健康提升专项行动】2021 年，龙华区印发《深圳市龙华区学生体质健康提升行动计划（2021—2023）》，全区所有公民办学校落实义务教育阶段每天 1 节体育课，高中教育阶段每周 3 节体育课。开展 2021 年龙华区中小学生体质健康水平抽测工作，不断加强体测数据结果管理与应用，“一校一策”，并针对不同年级薄弱项目开展专项训练。通过各项督导，不断督促学校配足、配齐体育教师和体育器材。2021 年，龙华学生体质健康测试优良率 59%、合格率 98%，远超广东省标准要求（优良率 45% 以上，合格率 95% 以上）。学生体质健康水平由上年全市最末位跃升至全市第一。　（杨欣欣）

【基础教育课程改革实验区和先行示范区建设】2021 年，龙华区与教育部基础教育课程教材发展中心、课程教材发展研究所共建“基础教育课程改革实验区”，获批“广东省基础教育课程改革先行示范区”。承担广东省教育厅委托研制“广东省基础教育课程改革实施方案”“广东省中小学学科教学指南（小学）”“广东省中小学创新学习空间建设指南”的任务，面向教育高质量发展构建以“筑基”“拓基”“强基”为框架的区域课程谱系。开发覆盖小学全学科（7 个学科 +1 门综合课程）大单元主题学习任务群 300 多个，培育孵化“细说社会主义核心价值观”、6 门小学“科学 +”系列、10 门“科技 +”拓基课程。高中阶段教育全面推进深度学习教学改革，获评教育部基础教育课程教材发展中心“‘指向核心素养的深度学习教学改进项目’全国示范区”（全国 4 个：北京海淀区、北京西城区、上海杨浦区、深圳龙华区）。6 月，《中国教育报》刊发《龙华区思政课成果“思政教育‘五化’融合育新人”》。全区 11 所学校获批“教育部基础教育课程教材发展中心课程改革项目校”和“教育部基础教育课程教材发展中心课程改革基地校”；23 所学校成为“普通高中‘双新’示范学校”“STEAM 教育课程教学改革项目学校”。　（魏曈曈）

【“夯基提质工程”实施】2021 年，龙华区出台《龙华区教育系统学校党建干部队伍建设“夯基提质工程”实施方案》。在各公民办学校基层党委及党总支增选副书记 1 名，纳入校领导班子管理；在成立党委学校增设党委办公室，配备党建中层正职、副职各 1 名；其他各公民办学校配备党建副主任 1 名。选拔 20 余名副书记、90 余名党建中层干部，形成以党组织书记、副书记、党建中层干部为主，党务干事、党员干部等其他 N 类从事党建相关工作人员为辅的“3+N”党建干部梯队新模式。

【“第一书记”派驻全覆盖】2021 年，龙华区不断完善“第一书记”派驻工作机制，实现“第一书记”派驻全覆盖。逐步厘清派驻工作选拔任用、培训管理、派驻帮扶、考核评价、多维保障五大机制，研究出台“第一书记”行动计划，首次系统化明确“第一书记”工作指导思想、发展目标、主要措施和组织保障，并被纳入2021年度龙华区重点工作。7月开始，选拔30名优秀党员干部到30所民办学校担任“第一书记”，实现向民办学校党组织派驻“第一书记”全覆盖，开启组团式、专业化“第一书记3.0时代”。“第一书记”派驻工作被新华社专稿报道，阅读量逾150万。（陈　静）

【“委托办学”新模式】2021年，龙华区在全市首创“全口径、组团式、融入式”对口帮扶“委托办学”新模式。紫金县2所学校由龙华区全权托管，构建理念共融、资源共享、人才共育区域间教育交流协作新机制，打造积极教育研究联盟教研成果推广试验场。选派48名骨干教师组建龙华教育“张桂梅支教团队”到紫金挂职、支教。6月，区教育局被广东省委、省政府授予“广东省脱贫攻坚先进集体”称号。（丁阿婧）

【幼儿园足球运动“新标榜”】2021年，龙华区落实“学前教育提质行动计划”“学生体质健康水平提质计划”，将优质足球课程资源引进幼儿园，打造幼儿园足球运动“新标杆”。根据幼儿年龄特征及其身心发展规律，开发普及性幼儿足球活动和游戏，组织开展“龙华区幼儿园足球嘉年华”活动。全区有80多家幼儿园开设幼儿足球课程，参加足球活动在园幼儿达1.5万人，幼儿园数量和幼儿数量均位居全市前列，打造幼儿足球教育“龙华标杆”。开展“幼儿园体育教师培训”“幼儿园体育活动观摩”等师资培训，成立幼儿园体育教师联盟和幼儿教师足球队，推动幼儿体育运动发展。

【“第三届粤港澳青少年教育与发展论坛”举办】2021年12月12日，龙华区教育局联合华南师范大学港澳青少年教育研究中心、华南师范大学教育科学学院在龙华区外国语学校举办“第三届粤港澳青少年教育与发展论坛”。区教科院院长袁再旺，及香港、澳门等大湾区专家、学者、中小学校长150余人参加活动，多名专家学者作学术报告和主题分享。

坪山教育

【概况】2021年，坪山区大、中、小、幼学校（园）及培训机构共158所（家）。其中，学校（园）127所、培训机构31家（7家停办）。幼儿园76所，其中公办38所、民办38所；中小学校48所，其中区属45所、市属3所。区属公办学校26所（小学13所，初中3所，九年一贯制8所，高中1所，特殊教育1所），民办19所（小学5所，九年一贯制10所，十二年一贯制2所，高中2所）；市属学校3所［深圳高级中学（集团）东校区、东北师范大学附属中学深圳学校（高中）、深圳技术大学附属中学（高中）］。职业技术学校2所（深圳第一职业技术学校坪山校区、奋达职业技术学校），大学1所（深圳技术大学）。全区共有学生9.6万人（不含3所市属学校）。其中，在园儿童2.32万人，小学生4.44万人，初中生1.44万人，高中生5633人，特殊教育学生35人，职校生1904人，大学生6443人。全区共有教职工1.01万人。其中，幼儿园教职工3352人，中小学教职工5704人，职校教职工151人，大学教职工932人。全年财政性教育投入57.23亿元（含基建32.16亿元），较上年财政投入增长15.92亿元，增长38.53%，占地区生产总值6.28%。其中，一般公共预算教育经费41.69亿元（含基建20.37亿元），较上年财政投入增长15.99亿元，增长62.22%。

【教育基础设施建设】2021年，坪山区加强教育基础设施建设。新建成并开办秀新、育秀、松韵、紫竹、启思、沙湖碧桂园和富润乐庭7所幼儿园，新增学位2340个。新建成并开办东北师范大学深圳坪山实验学校、深圳中学坪山创新学校、东部湾区实验学校、东纵小学、日新小学5所义务教育学校，新增学位1.08万个。新建成并投入使用东北师范大学附属中学深圳学校、深圳技术大学附属中学2所高中，新增高中学位3600个。全面完成市大规模学校建设计划，在市、区“基础教育保障”考核中获得满分；全区教育领域项目固定资产投资任务超额完成，完成率排名在全市前列。

【校园安全管理】2021年，坪山区加强校园安全管理，各学校（园）校园安全形势稳定。全区有条件的学校食堂量化指标均达A级。其中，

2021 年，坪山区各学校（园）开展庆祝建党 100 周年系列活动
（坪山区教育局　供）

公办学校食堂 50 家、民办学校食堂 41 家完成年度“提 A”任务，学校食堂管理更加规范，餐食品质显著提升。天峦湖幼儿园、第一幼教集团第二幼儿园、锦龙小学等 3 所学校获评“深圳市 2021 年消防安全管理标准化学校”。区教育局编印《坪山区学校安全工作管理规范（试行）》，涵盖治安防范、交通安全管理、消防电气、校舍建筑安全管理、食品安全管理、危化品管理、防灾减灾管理等学校日常安全管理需要落实事项，以及对安全管理落实不到位责任追究等内容。聘请专业机构对全区中小学校、幼儿园重要建筑物基本信息、使用情况、破坏情况等抗震性能基础数据进行排查，对学校（园）食堂进行监管，确保师生安全。

【教育督导】2021 年，坪山区围绕市、区教育重点工作，坚持督政、督学、评价监测“三位一体”，加大督政力度、深化督导效能、优化督导制度，全方位开展教育督导工作。完成“2021 年政府履行教育职责”迎评工作，完成全市“基础教育学位建设”及“教育优质发展”专项督查和“双减”政策落实专项督查迎检工作，推进“义务教育优质均衡区”和“学前教育普及普惠区”创建。全年累计组织开展八轮经常性督导，完成标准化学校督导评估 1 所、义务教育阶段学校办学水平评估 2 所、办园行为督评 73 所（第一周期），完成区一级等级评估 6 所，创建“学习型街道”2 个。选聘 76 名区挂牌督导类督学，开展督学培训和督学年度考核。组织完成 2021 年国家义务教育质量监测工作，召开监测结果解读分析会，加强监测结果应用。

【学前教育】2021 年，坪山区学前教育进一步发展。共有幼儿园 76 所，其中公办幼儿园 38 所、民办幼儿园 38 所。幼儿园学位 2.53 万个。其中，公办 1.38 万个、民办 1.16 万个，公办学位占比 54%。在园儿童 2.32 万人。其中，公办 1.21 万人、民办 1.11 万人，公办在园儿童数占比 52.07%。年内，新增公办幼儿园 7 所，新增公办学位 2340 个；全区公办园在园儿童数占比超 52%，普惠性幼儿园在园儿童数占比 92%。该区共有 5 所公办园由市直属幼儿园承办。

【基础教育】2021 年，坪山区共有中小学 48 所，其中区属 45 所、市属 3 所。区属公办学校 26 所（小学 13 所，初中 3 所，九年一贯制学校 8 所，高中 1 所，特殊教育学校 1 所），民办学校 19 所（小学 5 所，九年一贯制学校 10 所，十二年一贯制学校 2 所，高中 2 所）；市属 3 所为深圳高级中学（集团）东校区（十二年一贯制）、东北师范大学附属中学深圳学校（高中）、深圳技术大学附属中学（高中）。在校中小学生 6.45 万人（不含 3 所市属学校学生，公办 4.44 万人、民办 2 万余人）。其中，小学生 4.44 万人（公办 3 万余人，民办 1.44 万人）、初中生 1.44 万人（公办 1.14 万人，民办 3018 人）、高中生 5633 人（公办 2968 人，民办 2665 人）、特殊教育学生 35 人。

【特殊教育】2021 年，坪山区特殊教育学校办学规模 9 个班，在校学生 35 人，专任教师 11 人，开设教学班 4 个（一年级、二年级、三年级和八年级）。学校设置唱游律动室、感觉统合训练室、情绪宣泄室、图书室、午休室等教学和功能场所。1 月，坪山区特殊教育学校挂牌成立坪山区特殊教育资源中心。坪山区特殊教育学校为坪山区教育局直属九年一贯制培智类特殊教育学校。

【社区教育】2021 年，坪山区持续开展社区教育工作，广泛开展全民终身学习活动。在区教育局统筹指导下，坪山街道、龙田街道完成“深圳市学习型街道”申报和创建，在深圳市公布的第二批“深圳市学习型街道”名单中，坪山街道和龙田街道均高分通过“深圳市学习型街道”创建评估。持续推进“学在坪山”品牌公益课程项目，课程覆盖全区6个街道，累计服务群众约1万人次。开展“第五届坪山区全民终身学习活动周成果展”活动，评选出全区10名“百姓学习之星”和2个“终身学习品牌项目”。

【高等教育】2021年，坪山区有深圳技术大学1所高等教育学校。深圳技术大学为广东省和深圳市高起点、高水平、高标准建设的本科层次公办普通高等学校。有在校学生6443人，全职聘用教职工932人（专任教师416人）。专任教师中：教授85人（含22名特聘教授），占比20.4%；副教授及高级讲师112人，占比26.9%；博士学位专业教师279人，占比83%。截至年底，学校共设立中德智能制造学院、大数据与互联网学院、新材料与新能源学院、城市交通与物流学院、健康与环境工程学院、工程物理学院、药学院、创意设计学院、商学院、外国语学院10个学院30个专业，涵盖工学、理学、管理学、艺术学、文学5个学科门类，与德国、瑞士、荷兰、法国、英国等64个国家的高校、科研院所合作签约，并与210家国内外著名企业确立战略合作关系。

【职业教育】2021年，深圳市第一职业技术学校坪山校区（过渡校区）有在校学生517人，教职工66人。开设机器人应用与维护、楼宇智能化设备安装与运行、药品食品检验共3个专业。永久校区按照广东省中等职业教育改革发展示范学校标准进行建设。深圳市奋达职业技术学校坪山校区为经深圳市教育局批准的全日制中等职业技术学校，隶属于深圳市奋达教育集团，2016年由市教育局批复成立，位于坪山区龙田街道，建筑面积2.22万平方米。截至年底，在校学生1387人，教职工85人，开设有专业班（软件开发、UI设计、电子商务）、高考班和留学班。

【教育科研与创新】2021年，坪山区教育科研与创新取得新成绩。截至年底，全区基础教育科研领域获评全国校园足球、篮球、网球特色学校15所；获省级“基础教育优秀教学成果奖”一等奖2项，获评“德育示范校”2所、“现代教育技术实验学校”4所、“科研基地实验学校”2所、“中小学艺术教育特色学校”1所、“特色课程基地校”3所、“教师发展基地校”4所、“研学旅行实验学校”1所、“生涯教育项目研究行动学校”1所、“校园足球推广学校”8所；获评市级“德育示范学校”11所、“智慧教育学校”4所、“教育云试点学校”2所、“综合素养实验校”3所、“教育科研基地校”2所、“书香校园”5所、“体育传统（含1项高水平）项目”20项、“校园足球特色学校”11所、“创意教育示范学校”1所、“好课程学校课程体系”1项、“生涯教育项目研究行动学校”1所、“生涯教育试点学校”3所；区级“STREAM试验校”10所、“人工智能试点校”3所、“生涯教育实验校”14所、“幼儿生涯教育试点园”10所、“无围墙学校”科普基地18个。2021年，新增区级人工智能课程实验项目10项、跨学科融合课程94项，区级教育科学规划课题150项，市教育科学规划课题27项，获“广东省教学成果奖”二等奖2项、“深圳市教育科研成果奖”一等奖2项，培育“深圳市名师工程”科研专家工作室主持人1人、深圳市科研骨干9人。

【教师队伍建设】2021年，坪山区教师队伍建设进一步加强。全区有幼儿园教职工3352人。其中，公办1785人，民办1567人；专任教师1492人（公办793人，民办699人）。全区中小学教职工5704人。其中，公办3881人，民办1823人；专任教师4327人（公办3029人，民办1298人）。全区在编教师2472人。其中：硕士研究生学历697人，高级职称310人（含正高级职称10人）；全国优秀教师（班主任）1人，特级教师15人（含自主培养5人）；各级各类名师406人，其中省级名师1人、省名师工作室主持人顾问1人、中小学“百千万人才培养工程”省级培养学员1人、市级名师及培养对象22人、市级名班主任2人、市级科研专家及骨干10人、“聚龙名师”15人、区级名师116人、区级名师培养对象238人。2021年，招聘应届毕业生294人，其中博士研究生1人、硕士研究生122人；面向全国选聘名优教师5名（2名正高级教师、3名副高级教师，其中包含1名省级名师和1名省特级教师），引进名校长4名，从市内区外选调中青年骨干教师8

人，评审认证“聚龙名师”15人，提升教师队伍层次。打造“名师工程”。2021年度新评审认定市级名教师（含培养对象）23人、教育科研专家10人（含教育科研骨干），区级名师培养对象118人。截至年底，全区有区级名师116人、骨干对象164人、教坛新秀99人。

【“校园模拟道路交通安全体验区”启用】2021年，在坪山区教育局、坪山交警大队、马峦街道办联合推动下，坪山区首个“校园模拟道路交通安全体验区”于9月在坪山中心幼儿园建成启用。体验区占地面积234平方米，共设置交通安全知识墙、交通知识大讲堂、交通违规处理中心和红绿灯实景模拟路口4个功能区。全仿真道路交通系统、全过程沉浸式安全课程、全员参与“家校社共育”模式，为交通安全教育提供全新范例，受到广大师生、家长一致好评。

【教育综合竞争力提升】2021年，坪山区教育综合竞争力显著提升。6月，坪山区人民政府在广东省人民政府教育督导室公布的珠三角地区各县（市区）政府履行教育职责评价结果中，在珠三角地区9市48个县（区）中名列第五、全市第四，为深圳原特区外唯一入围前五的行政区，连续两年位居全市第四。10月，深圳市人民政府教育督导室组织专家对全市2020年“广东省义务教育标准化学校”申报学校进行包括15项核心指标和28项二级指标的复查，决定授予31所学校“广东省义务教育标准化学校”称号，坪山区新合实验学校上榜。10月和12月，坪山区马峦小学和弘金地学校通过深圳市人民政府教育督导室组织的办学水平评估，其中民办学校弘金地学校是深圳市首批参加民办学校办学水平评估的学校。

【责任督学挂牌督导】2021年，坪山区教育局共开展八轮责任督学挂牌督导。包括“五项管理”“双减”政策落实、心理健康与德育、校园安全等主题，累计约谈学校14所，整改问题351项。编印近两年国家部委教育工作文件、挂牌督导报告和督导案例汇编等学习材料。

【义务教育质量监测】2021年，坪山区积极组织实施义务教育质量监测工作。5月27—28日，完成2021年度国家义务教育质量监测（数学、体育和心理健康）。全区20个样本校参加监测，测试过程严谨、规范、有序，无违反纪律行为；测试现场环境安静、整洁，设备系统运转正常，测试数据及时上传，无意外故障发生。区教育局获评“2021年国家义务教育质量监测实施优秀组织单位”，该项荣誉由教育部基础教育质量监测中心颁布，经广东省教育厅转发公布。

【优质教育资源集聚】2021年，坪山区着力引进优质教育资源，加速优质教育资源集聚。东北师范大学附属中学深圳学校、深圳技术大学附属中学、深圳中学坪山创新学校、东北师范大学深圳坪山实验学校，以及深圳实验幼儿园、莲花二村幼儿园、梅林一村幼儿园等共同承办的5所公办幼儿园，均于9月开学，为坪山建设深圳东部教育高地提供有力支撑。

【“学习型街道”创建】2021年，坪山区开展“学习型街道”创建工作。11月22—23日和12月9—10日，深圳市教育督导评估组对坪山区坪山街道、龙田街道申报“深圳市学习型街道”创建工作进行现场评估验收考核。坪山街道、龙田街道分别以“幸福之城·健康坪山·首

2021年11月28日，深圳市坪山区教育科学研究院组织了为期3天的幼儿园教师区域教学活动能力提升培训。坪山区公办、民办幼儿园骨干教师、广西田东县挂职锻炼园长共180人参训　（坪山区教育局　供）

善街道”和“以文化人·学在龙田·学而时习·乐在龙田”为特色主题，高分通过专家评估，34项创建指标全面达标，成功创建具有坪山特色的“深圳市学习型街道”。截至年底，坪山区共有3个街道创建成为“深圳市学习型街道”，占全区街道总数50%，为坪山区创建“全市终身学习示范区”奠定坚实基础。

【“百姓学习之星”和“终身学习品牌项目”征集评选】2021年，坪山区树立“终身学习”榜样，营造全民“终身学习”氛围，开展坪山区“百姓学习之星”和“终身学习品牌项目”征集评选活动。经单位推荐、专家评审和结果公示，10名来自不同行业的“百姓学习之星”和2个惠及群众、影响较广泛的“终身学习品牌项目”从23个社区中选出，展现坪山区“终身学习”精神，推动全区“学习型城区”建设。

【深圳技术大学一期工程交付使用】2021年，深圳技术大学一期工程交付使用。深圳技术大学建设项目为深圳市政府投资项目，于2016年12月开工建设。项目共分3个地块，总用地面积59万平方米，总建筑面积95万平方米。一期工程包含6个学院、学术交流中心、图书馆、会堂、公共教学楼、体育馆、学生宿舍、食堂、校医院、地下公交首末站以及连廊平台等，校区以全新设计理念建设生态景观走廊，打造“空中大学”。2021年是深圳技术大学独立招生第三年。招生人数3000人，理科投档线560分，超出省理科一本线22分，跃居广东省第六。2019年独立招生以来，理科投档线连续3年稳居全省前十。

【“双减”政策落实】2021年，坪山区切实落实义务教育阶段“双减”政策。印发《坪山区推进义务教育阶段校内减负提质工作方案》《坪山区义务教育阶段作业管理办法》《坪山区义务教育阶段作业设计指引》等规范性文件，区域教研着重发挥专业引领作用，从课程、课堂、作业、评价等方面落实“双减”政策，推进形成课堂教学新样态、学科作业新样例、质量评价新体系、幼小衔接新形式。品质课程建设深入推进，同时开展引领性课程、普及性课程、个性化课程，有效保障减负提质达到效果。全区稳步开展课后服务工作，全面提高课后服务水平。42所义务教育阶段中小学课后服务100%全覆盖，参与学生5.5万人、参与率97%，参与教师3600多人、参与率94%，家长满意率逾98%。

【质量提升三年行动计划收官】2021年，坪山区义务教育质量提升三年行动计划进入收官之年。学生中考平均成绩跃居全市前列。在2021年新中考中，公民办平均分差距较上年缩小6.21%；各学科C率（低分率）均在4%以下，低于市平均水平。强化高中教育教学研究，更多学生考入“双一流”院校。落实“五育并举”，注重全面发展。率先在全市实施义务教育学校“每天开设一节体育课”，学生体质健康优良率连续两年全市第一；学生参加科技、艺术、文体等各级各类比赛，屡获荣誉。

【“基于教学改革、融合信息技术的新型教与学模式”实验区建设】2021年5月14日，在深圳市“基于教学改革、融合信息技术的新型教与学模式”实验区授牌工作会议上，坪山区“区域融创品质课程建设研究”实验项目被正式授牌立项。12月10日，在深圳市该项目实验校授牌工作会议暨“智慧教育示范区”工作启动会上，坪山实验学校、同心外国语学校、新合实验学校、坪山中学、中山中学、坪山中心小学、马峦小学、弘金地学校8所学校被授牌立项。坪山区以“区域融创品质课程建设研究”为主题的实验区项目建设取得阶段性重大进展。

【师德师风建设】2021年，坪山区加强师德师风建设。出台《坪山区教育系统师德师风管理规范（试行）》《关于建立健全师德师风建设长效机制的实施方案》，各校（园）结合学校实际，制订师德师风相关制度176条，完善制度173条。“以案说法”强化警示教育作用。邀请区人民检察院检察官、区司法局法律专业人员进校园为师生普法。学先进树标杆。利用校园宣传橱窗、学校公众号等多种途径对“四有”好教师进行宣传报道。　　（赵　蕾）

光明教育

【概况】2021年，光明区有区属各类教育机构155所（处）。其中，幼儿园 88 所（公办幼儿园 51 所、普惠性民办园 37 所），中小学 44 所（公办中小学 31 所、民办中小学 13 所），特殊教育学校 1 所，校外辅导机构 22 个。全区在校学生 12.27 万人。学前段学生 3.29 万人。其中，公办幼儿园在园儿童 1.7 万人，民办普惠园在园儿童 1.34 万人，民办非普惠园在园儿童 2445 人。公办园在园儿童占比 51.72%，公办园和普惠园在园儿童占比 92.56%。义务教育段学生 8.18 万人。其中，小学 6.18 万人（公办 3.76 万人、民办 2.43 万人）；初中 1.99 万人（公办 1.59 万人、民办 4026 人）。高中段学生 8048 人（公办 6630 人、民办 1418 人），特殊教育学校学生 56 人（小学 47 人、初中 9 人）。有专任教师 8335 人。其中，小学专任教师 3601 人（公办 2299 人、民办 1302 人），初中专任教师 1701 人（公办 1358 人、民办 343 人），高中专任教师 659 人（公办 561 人、民办 98 人），幼儿园专任教师 2351 人（公办 1272 人、民办 1079 人），特殊教育学校 23 人。

【党建示范引领】2021 年，光明区教育局加强党建示范引领工作。在全省率先建成基础教育党建工作示范校；率先实现公民办学校、幼儿园党组织全覆盖，民办中小学 100% 派驻专职书记并全面轮岗；率先在公办幼儿园成立联合党支部，在民办幼儿园与民办学校组建联合党支部，实现学前教育党组织全覆盖。创新实施“党支部建在年级”，发挥基层党组织战斗堡垒作用，引领教育教学工作。6 月，广东省 2020 年对市县（区）级政府履行教育职责评价结果公布，光明区获评“优秀”等级，列珠三角区域 48 个县（区）第 6 位，比上年评价结果上升 21 位。

【党风廉政建设】2021 年，光明区委教育纪工委成立，进一步加大教育系统党风廉政建设力度，全面推进落实巡视巡察工作。开展教育乱收费专项整治工作，举行纪律教育学习月活动，落实有偿补课和教师违规收受礼品礼金问题专项整治。建立师德师风“负面清单”，完善师德师风管理档案，实现师德师风考核对全区教师 100% 覆盖。创新开展学前教育“教职工队伍与师德师风”经常性督导，对全区 85 所幼儿园实现师德师风督导 100% 全覆盖。

【教育规划蓝图绘制】2021 年，光明区精心绘制教育规划蓝图。印发“十四五”教育专项规划，为未来五年光明教育发展提供行动指导。编制“幼有善育”“学有优教”三年行动方案，对标先行示范要求，努力在三年内打造民生幸福标杆。制订“美育、体育、科技创新教育提升”三年行动计划，落实新时代教育评价改革要求，努力培养“德智体美劳”全面发展建设者和接班人。

【教育对口帮扶】2021 年，光明区教育局切实做好教育对口帮扶工作。成立对口帮扶临时党支部，组织 41 所学校（幼儿园）与广西田林县、田阳区 88 所学校（幼儿园）结对帮扶。安排 37 名骨干教师深入广西田林、田阳，广东汕尾、河源和新疆、西藏等地中小学校支教，持续提升受援地教育教学水平。为受援地近 30 名校（园）长、100 名骨干教师提供全程参与结对学校教研和管理活动跟岗学习交流平台，举办“双减”教育论坛，提升与广西百色、广东汕尾和新疆喀什等地结对帮扶效果。打造“光明名师云课堂”，提供 1183 节帮扶课程，帮助田林县 23 所学校加入“云课堂”、210 余名教师参加线上研修，推进乡村振兴和教育帮扶。

【公办学位建设】2021 年，光明区以科学发展理念打造公办学位建设“光明标准”，新改扩建一批高质量、高颜值学校和幼儿园。新改扩建中国科学院深圳理工大学附属实验高级中学、华夏中学、华南师范大学附属光明星河小学等 6 所中小学，新增义务教育阶段学位 7260 个、高中学位 2100 个。集中交付中国科学院深圳理工大学附属实验高级中学、凤凰城实验学校、玉律学校等 5 所中小学。新建华南师范大学附属光明星河幼儿园、雅苑幼儿园、科语幼儿园等 3 所公办幼儿园，新增学前教育阶段学位 1080 个；创建普惠性幼儿园 2 所，新增普惠性学位 600 个。中山大学深圳附属学校午休床设计在全国引发热议，获《人民日报》、央广新闻等众多知名媒体转载报道。

【幼儿园升级改造】2021 年，光明区做好幼儿园升级改造工作。印发《光明区公办幼儿园装修设计指引》，在设计阶段融入“科技 · 生态 · 幸福”教育理念和相关办学（园）理念。投入经费近 5000 万元，完成 34 所民转公幼儿园升级改造，配足配齐一体机等现代化设施设备。印发《光明区幼儿园文化建设评比方案》，聚焦内涵建设，促进幼儿园物质文明和精神文明双提升。

【高校建设】2021年，光明区加强高校建设。高标准推进中山大学深圳校区建设。建成医学院、公共卫生学院（深圳）、智能工程学院等16个学院，共有教职人员833人、在籍学生7758人。高起点筹建中国科学院深圳理工大学。中国科学院深圳理工大学主校区动工开建，明珠校区顺利开办，建成计算机科学与控制工程、药学院等5个学院，共有在校学生469人、教师47人。

【思政教育】2021年，光明区教育局强化学校思想政治教育工作。以建党百年为契机，在全市率先落实广东省思政教育行动，开展“教育工委委员、学校书记、校长带头讲思政课”系列活动，面向全区中小学校讲授“思政第一课”800余课时。打造100堂精品思政示范课，将思政教育与课程教育、校园文化有机融合。在“思政金课”建设中，获评两项“广东省优质思政课程”，获评课程总数排名全市第一，思政教育成果获《人民日报》、央视《新闻直播间》专题推荐。

【教育减负提质】2021年，光明区积极贯彻落实“双减”政策要求，教育减负提质，营造健康教育生态。在全市率先开展课后服务，率先实现公民办全覆盖，呈现“十百千万”亮点（即接近十分满意率，百分百学校全覆盖，5000余名教师参与课后服务，8万余名学生参与课后服务），参与率98.5%，位居全市前列。5月，教育部基础教育司司长吕玉刚调研深圳市课后服务，区教育局在座谈会上介绍光明区课后服务经验举措；12月15日，“2021年深圳市义务教育阶段课后服务经验交流会”在光明区中山大学深圳附属学校召开。率先成立光明区校外培训机构整治规范工作专班，积极引导在光明区教育行政部门备案的17家学科类培训机构注销或转型。以社区为单位，组建31个由街道综合执法部门、市场监管部门、教育行政部门、社区网格员组成的“四人小组”联合执法。加强义务教育学校作业管理，学生减负、教育提质。开展光明区义务教育阶段学校“作业管理”专项督导。精准分析学情，以学定教，统筹作业总量，控制作业难度，建立作业公示制度。

【优秀人才引进】2021年，光明区加大优秀人才引进力度。出台《光明区基础教育领域人才引进及扶持办法》《光明区教育系统人才住房分配和管理方案》，对引才标准、引才程序、补贴扶持、柔性引才、配套服务等进行系统政策设计，完善教育人才引进绿色通道。2021年，面向全市公开选聘副校长2人，面向区内选拔中小学校长、副校长21人；选聘正高级、高级教师和名师等紧缺性人才29人；面向市内调入骨干教师31人；面向社会公开招录教师52人；上半年招聘2021届优秀应届毕业生103人，下半年招聘2022届优秀应届毕业生458人。

【优质教育资源引进】2021年，光明区积极引进优质教育资源。先后引进南方科技大学、深圳大学、深圳技术大学等3所深圳本土高校和市二幼等6所市属优质幼儿园到光明合作办学，引进项目数量为“十三五”时期引进项目的1.5倍。9月，光明区与深圳市教科院、中科院深圳理工大学（筹）、华南师范大学合作创办的市教科院附属学校（光明）、中科院深圳理工大学附属实验高中、华南师范大学附属星河小学实现高起点开办。

【教师队伍建设】2021年，光明区多举措加强教师队伍建设。出台《光明区高素质专业化创新型教师培养行动计划（2021—2025）》，制订《光明区中小学新教师“筑梦”计划》《光明区中小学名师三年培养方案（试行）》《光明区中小学名师工作室（微团队）管理办法（试行）》。建构中小学教师分层分类发展平台，完善学校自主研修、教研员学科研修、全区集中研修“三级递进”差异研修体系。全年开展全区分层、分类、分段、分科研训共958场，6.97万人次参加研训。加大“薪火·PICK UP”名师工程实施力度，评选出名师工作室主持人43人、博士工作室主持人9人、名师224人、名师培养对象689人。组织中小幼教师专项培训958场，累计近7万人次获益，教师队伍水平进一步提升。2021年，1名校长获评“南粤优秀教育工作者”，4名教师获评“南粤优秀教师”，1名校长获评“广东省三八红旗手”、特级教师；3名教师获评“百千万人才培养工程”省级培养学员，2名教师获“广东省中小学青年教师教学能力大赛”一等奖，1名教师获

2021 年 12 月 7 日，深圳市“中小学科普教育学分制试点区”落户光明区，为全市唯一试点区（光明区教育局　供）

“广东省中学物理和小学科学实验教师（实验管理员）实验创新项目”一等奖、创新奖，3 名教师获“广东省首届美育教师教学基本功比赛”一等奖，5 名教师在“深圳市首届美育教师教学基本功比赛”中获一等奖，1 名校长获评“深圳市十佳校长”，3 名教师获评“深圳市优秀班主任”，2 名教师获“深圳市五一劳动奖章”。

【教育内涵发展】2021 年，光明区积极落实学校（幼儿园）办学自主权，构建“一校一品”特色发展模式，促进学校内涵发展。光明区实验学校获国际生态学校绿旗荣誉学校认证（全省 2 个），华中师范大学附属光明勤诚达学校获评“全国生态文明特色学校”，凤凰学校成为国内首家“钟南山创新奖实验学校”，光明小学、玉塘玉成幼儿园等 8 所学校（幼儿园）获评“全国青少年校园足球特色学校”和“全国足球特色幼儿园示范园”，东周小学等 5 所学校获评“广东省中小学中华优秀文化传承学校”，李松蓢学校获评“广东省劳动教育特色学校”，楼村小学获评“广东省中小学第五批艺术教育特色学校”，华中师范大学附属勤诚达学校、李松蓢学校和田寮小学获“第七届深圳教育改革创新大奖”之“劳动教育特色学校年度奖”。全区中小学校共获批立项“广东省教科研规划 2021 年度课题”4 项、广东省教育厅“铸魂工程”专项课题 1 项、广东教育学会课题 6 项，获“深圳市第四届教育教学成果奖”6 个、一等奖 1 个、二等奖 5 个，9 名教师获评“深圳市教科研骨干”。

【综合素养提升】2021 年，光明区出台《光明区学校美育发展三年行动计划（2021—2023 年）》《光明区学校体育发展三年行动计划（2021—2023 年）》，积极探索光明区美育、体育工作发展新路径。在全市率先成立少年文学院、少年科学院，开展系列科技创新教育、素质拓展、人文美育等活动，不断丰富育人载体，促进青少年全面发展。光明区中小学生艺术素质测评被评为“广东省深化新时代教育评价改革试点项目”并获“广东省第七届中小学生艺术展演”优秀组织奖。

【学校食堂“提 A”】2021 年，光明区重视做好学校食堂“提 A”工作。公办学校 A 级食堂率 100%，民办学校 A 级食堂率 96%，位居全市前列。公办和民办学校、幼儿园 A 级食堂率 95%，位居全市前列。新增义务教育阶段 2 所学校（星河小学、华夏中学）均确保提供午餐午休服务。光明区成为深圳市学校食堂部分食材和学生乳制品带量集采试点区，辖区公办中小学、公办幼儿园 93% 参与食材集采。

【学前教育】2021 年，光明区学前教育创新办园体制探索。高标准配备优质师资队伍，完成学前教育供给侧结构性改革，实现“7+7”集团化办园及学区联盟治理全区覆盖历史性突破，建立“行政、教研、督导、培训”四位一体学区化治理体系。在全市率先完成学前教育学区治理机制建设，成立 7 个学前教育学区联盟，组建以幼教集团为中心的联盟体，实现学区优质资源全面覆盖，推进精细化、规范化管理，推动学前教育质量提升。

【德育工作】2021 年，光明区强化德育工作。在全市率先创建“广东省‘三全育人’体制机制建设实验区”。作为全市唯一区（县）代表参加“广东省大中小学‘三全育人’成果展”，并获《中国教育报》专版报道。在省级教育团工委书记培训班

2021 年 11 月 23 日，光明区家庭教育指导服务中心揭牌

（光明区教育局　供）

和深圳市中小学德育工作会议上分享“光明经验”。广泛开展“党史学习教育进校园”活动。开展“‘百校’庆‘百年’火炬接力”“‘建党百年赶超奔跑’教师朗诵大赛”等主题活动，线上线下吸引 30 余万人次参与活动。“匠心·德育名片”工程获“深圳教育改革创新卓越奖”。

【科技创新教育】2021 年，光明区积极开展科技创新教育。借助世界一流科学城区位优势和优质资源，统筹开发科普研学、创新发明、人工智能课程，成立 8 个科普教育基地，组建光明区科普讲师团，开展全领域科普活动。2021 年，马田小学在“第 17 届中国青少年创造力发明展”上获评“全国创新型学校”；光明学子获得德国纽伦堡国际级奖项 14 个、国家级奖项 18 个、省级奖项 50 个、市级奖项 381 个。12 月 5 日，深圳市首个“科普教育学分制试点区”落户光明。

【区属特殊教育学校成立】2021 年 9 月，光明区特殊教育学校正式成立。12 月 20 日，过渡校区启用，实现光明区特殊教育“零的突破”。残疾少年儿童义务教育入学安置率达 100%，扎实推进“我为群众办实事”实践活动见行见效。

【7 个幼教集团成立】2021 年 1 月 19 日，光明区第一幼教集团正式成立。11 月 29 日，光明区举行幼教集团集中揭牌仪式，6 个幼教集团集中成立。光明区学前教育以加速度完成供给侧结构性改革后新一轮变革，进一步发挥幼教集团优质示范及辐射带动作用，全面推进光明区幼儿园教育管理水平和保教质量整体提升。

【家庭教育】2021 年，光明区进一步推进家庭教育工作。出台《光明区中小学幼儿园家长学校建设指引（试行）》《光明区中小学教师家访工作指导意见》。组建光明区家庭教育讲师团队伍，第一期讲师团成员为全区各学校、幼儿园家长授课 200 多节，构建光明区“四段三类”家长学校课程体系。11 月 23 日，光明区家庭教育指导服务中心正式揭牌成立。

【社区教育】2021 年，光明区社区教育进一步推进。制订《光明区“乐学光明”社区教育平台建设服务方案》，确定依托深圳市开放大学“深 i 学”平台和光明区“乐学光明”社区教育版块，探索打造“互联网 + 社区教育”的“光明范式”。

【终身学习教育】2021 年，光明区做好终身学习教育工作。组织开展“全民终身学习活动周”系列活动。以“庆建党百年华诞　谱终身学习新篇”为主题，举行“全民终身学习活动周”开幕式，展示终身学习成果，表彰先进典型，着力营造人人、时时、处处学习的浓厚氛围；系统开展“乐学光明”大讲堂及全区性免费教育培训活动 122 场。各街道、各社区、各培训机构同步深入开展“终身教育免费学习周”活动，线上线下参与活动人数近万人。

【教育督导】2021 年，光明区出台《光明区教育督导“三方联动”实施办法》《光明区责任督学挂牌督导“三级反馈”实施办法》，进一步完善制度，强化教育督导结果运用。教育督导部门、行政部门、教研部门分工负责，密切联动。聘任幼儿园、中小学专职责任督学 12 人，在全市率先全面实现责任督学专职化，实现对中小学、幼儿园督导全覆盖。

制订《光明区专职责任督学管理办法（试行）》，规范督学管理。深入开展“五项管理”“课后服务”等8项专项督导及随访督导，推动教育高质量发展。（张　璐）

大鹏教育

【概况】 2021年，大鹏新区有中小学校和幼儿园34所。其中：公办幼儿园10所，民办幼儿园9所，公办幼儿园占比52.63%；公办义务教育学校10所，民办义务教育学校3所；公办高中1所，民办高中1所。全区教职工3078人，在校（园）学生2.34万人。其中：幼儿园在园儿童5471人（公办幼儿园在园儿童3165人，占比57%）；中小学在校学生1.79万人（公办中小学在校学生1.42万人、占比78.8%，其中公办小学7996人、公办初中3312人、公办高中2885人）。

【教育经费投入】 2021年，大鹏新区继续加大教育经费投入。坚持教育优先发展，教育经费投入逐年增加；严格落实两个“只增不减”，全面改善中小学校和公办园办学条件。全年教育领域财政投入逾13亿元，比上年增长超过30%。发放学位补贴2161.24万元（不含“两免一补”），惠及7505人次；发放民办义务教育“两免一补”716.74万元，惠及学生7702人次；发放民办中小学教师长期从教津贴501.12万元，惠及466人次；核拨午餐午休管理经费296.62万元、“课后服务经费”130.17万元。

【学位建设】 2021年，大鹏新区实施教育基础设施提升攻坚行动，做好教育资源配置规划，加大学位建设力度。通过新改扩建、提升现有学校、规划储备潜力学校等方式，持续增加优质学位供给。全年完成幼儿园校舍改造6000余平方米，08—13地块人才住房项目配套九年一贯制学校项目、大鹏中心小学改扩建工程、红岭教育集团大鹏校区和市第二十三高级中学等教育项目开工建设，总投资20.4亿元。累计新增义务教育学位1075个、学前教育优质学位600个，超额完成深圳市2021年度学校建设任务99%、学前教育学位建设任务122%。

【师资队伍建设】 2021年，大鹏新区狠抓师资队伍建设。全面实施“鹏城计划”名师工程，完善《深圳市大鹏新区教育系统人才引进和培养扶持办法》《深圳市大鹏新区“鹏程计划”名师评审工作规程》，构建“选精、用活、育优”专业化发展服务保障体系，增强高层次人才吸引力。截至年底，引进并认定名师25名（国家级2名、省级6名、市级17名），培养区级名师84名、骨干教师后备人才270名，新建4个区级名师工作室和1个市级名园长工作室，实现民办学校名师工作室“零的突破”。搭建“骨干教师后备人才—中青年骨干教师—学科带头人—名师工作室领衔人—市级以上名师—特级教师”专业化发展梯级平台。

【学前教育】 2021年，大鹏新区全力推进学前教育“5080”计划，将公办园建设纳入新区重大民生实事，坚持学前教育优质普惠发展。年内，云山栖幼儿园、东岸幼儿园如期开园，新增优质学位540个。截至年底，大鹏新区幼儿园共19所，其中公办园10所、占比52.6%。公办园在园儿童数占比57%，普惠性幼儿园在园儿童数占比94%，占比均位居全市前列。加快组建幼教集

团。印发《关于推进大鹏新区集团化办学的指导意见》《大鹏新区学前教育集团化办学工作方案》。组建4个学前教育幼教集团，在全市率先实现公民办幼儿园集团化办园100%覆盖，扩大优质资源覆盖面和受益面。

【基础教育】2021年，大鹏新区重视发展基础教育。提前谋划，采用历年招生年增长率、计生适龄儿童数以及毕业人数等不同维度预测和研判学位需求总数。加快学校改扩建进度，多途径增加学位供给，缓解部分片区学位压力。抽调精干力量深入社区开展招生政策主题宣讲活动。充分利用多种媒体优势，全方位、多角度加大招生政策宣传。出台《大鹏新区化解学位问题引发涉稳风险工作专责领导小组工作方案》，多方联动，全力做好招生维稳工作。2021年，新区公民办小一录取1770人，初一录取1667人，全面保障符合条件适龄儿童的就读需求。

【民办教育】2021年，大鹏新区加强民办学校管理，促进民办教育发展。围绕办学条件、财务管理、教学管理、师资管理、安全管理等10项内容进行年度检查，规范办学。及时修订《大鹏新区促进民办教育优质发展若干措施》，从提高教师长期从教津贴发放标准、提升教育装备水平、实施“阅读促进工程”、奖励教师学历达标等多方面持续加大对民办教育的扶持力度，切实促进民办学校优质发展。

【特殊教育】2021年，大鹏新区重视做好特殊教育工作。根据区域内人口基数小的特点，成立特殊教育指导中心，在大鹏第二小学设立特教班，建有葵涌中学、大鹏第二小学资源教室2个，接纳大鹏户籍残疾儿童就近接受教育和康复训练。初步形成“以随班就读为主体，资源中心、特教班为骨干，送教上门为补充”三位一体特殊教育模式，特殊儿童入学实现全覆盖、零拒绝。2021年，新区实名登记6~15周岁适龄残疾儿童少年共40人。其中，随班就读11人，特教班就读10人，接受送教上门服务8人，市元平特校就读7人，4人申请暂缓入学。特殊儿童义务教育安置率达100%，满足新区不同类型残疾儿童少年义务教育需求。

【校外培训机构专项治理】2021年，大鹏新区开展校外培训机构专项治理。通过管理监测、“双减”工作专项督导等常态化形式开展“双减”工作。成立工作专班，组建联合执法检查组，以“四不两直”形式在全区范围内开展“地毯式”、全覆盖校外培训机构联合执法检查。坚决查处违规开展中小学生学科类培训行为，严肃查处培训机构违规收费、虚假宣传、价格欺诈等违法违规行为。累计出动检查人员171人次，出动检查车辆81辆次，检查培训机构85家，责令限期整改机构4家，关停不符合办学条件的机构17家。年内，新区有证有照学科类校外培训机构1家，无证有照学科类培训机构停业或寻求转型，规范非学科类培训机构经营行为，义务教育阶段学生校外培训负担显著减轻。

【德育美育】2021年，大鹏新区坚持“立德树人”，强化德育美育，构建“德智体美劳”全面培养教育体系。葵涌中学、葵涌第二小学、大鹏第二小学华侨中学、南澳中心小学、半山海幼儿园6所学校均获评“全国青少年校园足球特色学校”，葵涌第二小学“快乐足球”社团获评“深圳市十佳学生社团”，葵涌中心小学“育英篮球社团”获评“深圳市优秀学生社团”。葵涌第二小学积极开展“非遗文化”进校园活动，获评“深圳市文明校园”；南澳中心小学积极构建阶梯式成长激励体系，获评“广东省少先队先进学校”；溪涌小学获评“广东省绿色学校”；大鹏第二小学教师获评“广东省学校美育工作专家”。截至年底，大鹏新区全年获省、市教育教学奖项200余项。

【生态文明教育】2021年，大鹏新区重视学生生态文明教育，打造生态发展与教育发展“多维度”教育生态体系。坝光自然学校和葵涌中心小学共同建设综合教育活动实践基地，以生态资源、生态环境等生态内容为主题，积极开设研学课程，打造大鹏新区“生态科普教育”名片。人大附中深圳学校高中部和人大附中深圳学校九年一贯部立足节水减排绿色发展，获评“深圳市节水型学校”。10所中小学被广东省教育厅评为“广东省绿色学校”，认定率77%。（丘美玲）

深汕教育

【概况】2021年，深汕特别合作区

推动教育事业发展。推进南外学校（集团）深汕西中心学校扩大优质学位工作，2021 年秋季学期办学规模覆盖小学段一至四年级、初中段七年级和八年级，共新增教学班 11 个，新增学生 476 人，推动南外学校（集团）深汕西中心学校入选“深圳市‘基于教学改革、融合信息技术的新型教与学模式’实验校”“深圳市‘智慧教育示范区’实验校”。加快南外学校（集团）深汕幼儿园建设、配套、人员招聘培训等相关工作。推动深汕高级中学于 2 月顺利开工，协调学校筹备组于年底入驻，筹备开展教师招聘等前期工作。推动深汕高中园项目于 9 月开工，共建设高中 4 所，提供学位 1.14 万个。协调市教育局调整学校管理权限为市管，明确深圳中学作为办学主体，深度参与深汕高中园方案设计、校园建设等相关工作。推动深职院深汕校区列入省、市重点项目。由市财政投资并分两期建设，初步计划一期办学规模 1 万人，总投资 26.7 亿元。积极对接市教育局，配合开展市青少年劳动教育基地暨中小学教师发展中心项目选址、立项等前期工作。配合开展百合外国语深汕学校征转地、“招拍挂”土地出让等工作，推进民办学校规范化办学。力争以“市投市建市管”模式投资建设深圳中学九年一贯制学校，扩大深汕优质学位供给。积极对接优质办学主体，形成包括深圳大学、南方科技大学等 30 余所学校在内的意向学校合作库。

2021 年 7 月 1 日，深圳市深汕特别合作区举行深汕教育基金会揭牌仪式
（吴嘉伦　摄）

【学位建设】2021 年，深汕特别合作区加强学位建设。深汕西中心学校进一步扩大优质学位。2021 年秋季学期，南外深汕西中心学校办学规模覆盖小学段一至四年级、初中段七年级和八年级，学生共 632 人。秋季入学新生网上预报名学生上千人次，较上年增长逾五倍。新学年共新增教学班 11 个，新增学生 476 人。9 月，南山外国语学校（集团）深汕幼儿园正式开园，建成教学班 12 个，提供学位 360 个。该园为合作区揭牌以来新建的第一所公办幼儿园，软件和硬件均按照省一级幼儿园标准配备，致力于建成“五星”（防疫、空气、食品、消防、交通）安全标杆幼儿园，开设主题探究、安全教育、节日活动、绘本阅读、体能健康等多元化课程。招聘教职工 19 人，秋季学期开设小班 2 个、中班及大班各 1 个，共招生 115 人。

【文教设施建设】2021 年，深汕特别合作区推进多个在建文教设施教育项目。南山外国语学校（集团）深汕高级中学于 2 月开工，计划 2022 年 5 月完工。推动深职院深汕校区列入省、市重点项目，由市财政投资并分两期建设。积极对接市教育局，配合开展市青少年劳动教育基地暨中小学教师发展中心项目选址、立项等前期工作。进一步改善办学条件，逐步改善鹅埠、小漠、鲘门、赤石四镇学校教学条件。

【师资建设】2021 年，深汕特别合作区加强师资建设。开展鹅埠、小漠、鲘门、赤石四镇公办学校教师招聘工作，教师人才队伍发展壮大。共聘用小学教师 67 人、幼儿园教师 6 人，占四镇公办学校教师总人数 21%。加强教师教研、培训交流工作。全年开展 9 期区内教研交流活动、2 期区际培训交流活动，加强与南山区、坪山区教师交流合作，提升四镇教师教学能力。在全市教育先进个人、单位评比工作中，该区教育领域 7 名先进个人和 1 家先进单位获得深圳市级荣誉。

【学籍系统建设】2021 年，深汕特别合作区开展学籍系统建设工作。搭建深圳市学籍管理平台，打好全区学生学籍统一管理基础；完成南外深汕西中心学校学生学籍纳入深圳市学籍系统管理工作，推动四镇学校学生学籍纳入深圳市学籍系统管理；协调开通全国学籍系统区级账号，争取实现全国、深圳市、合作区三级学籍系统互联互通。

【校园安全管理】2021年，深汕特别合作区公共事业局全面加强校园安全管理。开展校园安全隐患排查工作，共排查全区128栋校舍建筑物，其中3栋符合抗震设防要求，其余125栋校舍抗震性能不足或存疑，需要进行校舍安全鉴定。推进“4中3小”操场翻新工程、赤石中学修缮工程和小漠中学、红泉学校、元云学校围墙修缮工程，完成公办中小学150间课室、76间教师办公室、157间功能室空调配套工作，改善四镇教育设施基础薄弱旧面貌。配齐配强公办中小学、幼儿园专业安保人员力量及设备，切实保障校园安全。

【深汕教育基金会揭牌运作】2021年，深汕特别合作区动员爱心企业筹集3000万元原始资金，成立合作区首家公益组织——深汕教育基金会。拓宽教师激励渠道，会同深汕教育基金会筹备合作区教师节慰问等工作。其中，教师节慰问覆盖全区教师1100余名（包括离退休教师、在深汕教师岗位工作满一年购买服务教师），每人发放慰问金1000元，合计110万元，由深汕教育基金会负责保障，关怀、激励教师队伍。

【教育发展“十四五”规划编制】2021年，深汕特别合作区组织编制教育发展“十四五”规划，推动该区首个教育发展规划出台。坚持规划引领，对标国内外教育高质量发展样本，立足战略定位和本底优势，聚焦教育发展突出问题和薄弱环节，编制《深圳市深汕特别合作区教育发展“十四五”规划》。

【深圳市第二高级中学深汕实验学校建设】2021年2月，深圳市第二高级中学深汕实验学校开工建设，计划2022年5月完工。办学规模60个教学班，提供学位3000个。是深汕特别合作区首所投入建设的高中学校。深汕特别合作区成立区级高中学校建设领导小组和总指挥部，统筹推进项目建设，合作区公共事业局积极配合市建筑工务署推进项目征地、土地整备、林地报批等工作。

【深汕高中园建设】2021年9月，深汕高中园（市投区建）项目开工。总建筑面积42万平方米，共4所高中、228个教学班、1.14万个学位，计划2023年竣工。深汕特别合作区公共事业局持续加强与市教育局对接沟通引进市属名校办学事宜，成功引进深圳中学。深圳中学组建筹备组入驻高中园，深度参与深汕高中园方案设计、校园建设等相关工作。

【深职院深汕校区项目】2021年，深职院深汕校区选址于赤石片区科教走廊北侧，由深圳市财政投资分两期建设。初步计划一期办学规模1万人，总投资26.7亿元；二期至2035年，办学规模达1.5万人。市教育局致力于按照深圳标准高质量打造一所服务本地、辐射粤东的应用型高等院校。

【深汕教育基地发展中心建设】2021年，深汕教育基地发展中心初步选址于深汕合作区赤石镇龙山路西侧，占地面积暂定52.87公顷，主要用于教师培训、科研和青少年劳动教育等功能需求。市教育局会同深汕特别合作区就深汕教育基地发展中心事宜起草《深圳市深汕特别合作区管理委员会与深圳市教育局战略合作框架协议》，征求合作区相关部门意见，待市教育局上会明确后签订协议。（林嘉欣　邓珺倪）

学校选介

Introduction of Selected Schools

幼儿园

市直属幼儿园

【深圳幼儿园】创办于1953年，为深圳第一所公办幼儿园，广东省一级幼儿园，深圳首批优质特色示范幼儿园。位于深圳市罗湖区北环大道1038号，占地面积1600平方米，建筑面积5600平方米。园内设施齐备，有大型绘本馆、创客室、多功能会议厅、楼顶足球场，是一所适宜幼儿成长的现代化、生态园所。2021年，开设教学班12个，教职工70名。配置园长1名、副园长2名，下设教学部、后勤部、家委会等内部管理机构。有专业师资及管理团队。教师中有市教育局评估专家、罗湖区幼教督学、广东省学前教育讲师团讲师、深圳市育儿讲堂讲师，师资梯队逐步形成。坚持“尊重、理解、信任、发展”的教育理念，以“培养幼儿良好个性心理品质，为幼儿的健全人格发展奠定基础”为教育目标。积极探索幼儿园心理健康教育，培养孩子自我意识、社会适应、情绪管理、学习品质，构建心理健康教育特色课程，以实际行动助力“培根铸魂，启智润心”，实现“立德树人”教育目标。2021年，集合深幼20年幼儿心理健康教育探索历程及成果的园本课程专著《构建儿童的心灵家园》由北京师范大学出版社出版发行。获评“广东省特殊教育内涵建设示范项目”随班就读示范园。“全领域育心”课程设计、环境营造和资源配置特色体系获“广东省教育教学成果奖”一等奖。“全领域育心”课程受到华东师范大学教授、博士生导师、著名教育专家朱家雄，华南师范大学文科资深教授、国家级教学名师、学术委员会主任莫雷，原中国疾控中心儿童保健专家、研究员蒋竞雄等专家高度评价。（何可人）

【深圳实验幼儿园】为深圳市首批广东省一级幼儿园。由百花部和侨香部2个园区组成。百花部位于深圳市福田区百花五路32号，占地面积5037平方米；侨香部位于深圳市福田区安托山七路侨香村17栋，占地面积3950平方米。两部共有教学班26个，教职工160名，幼儿966名。在上级主管部门支持下向福田区、光明区、坪山区、大鹏新区6所幼儿园输出管理。输出管理园共有教职工469名，幼儿2821名。师资力量雄厚，专业优势明显。全日制硕士研究生学历110人、研究生课程毕业19人，国际心理咨询师37人。有正高级教师1人，特级教师1人，省、市名园长和名师工作室8个。注重人才培养和人才储备，30人取得园长资格证，办学至今培养园长和副园长43名。把儿童健康幸福成长放在首位，建构“三人行”园本课程，将家长纳入课程主体，家园携手培养身心健康、情感积极、习惯良好、睿智创新的幸福儿童，实现儿童、老师、家长互为师、互为友和共生共长的良好局面；推动形成家庭、幼儿园、社区密切配合、协同发力、共建共育、协同发展的良

2021 年 3 月 3 日，深圳实验幼儿园第一届花朵节开幕

（深圳实验幼儿园　供）

好教育生态。铭记“努力成为中华民族脊梁的追求”的崇高校园文化精神，坚持实施以爱国主义教育为基础的健全人格教育思想；践行“为孩子种下一生幸福种子”的办园理念；追求“办一所有幸福记忆的幼儿园”的愿景。办学成效显著。先后获评“中国西部教育顾问单位”“中国青少年科学技术普及活动指导纲要示范幼儿园”“全国生态文明教育特色学校”“广东省首批幼儿园园长培训实践基地”，获“广东省教育教学成果奖”特等奖，获得“深圳市首批优质特色示范幼儿园创建单位”“深圳市教育局学前特殊儿童融合教育试点基地”“深圳市书香幼儿园”“深圳市卫生保健优秀幼儿园”“深圳市‘热爱儿童’先进集体”“福田区 0~3 岁早期教育示范单位”等 120 余项荣誉。（林　琪）

【深圳市第一幼儿园】于 1979 年建园，为广东省一级幼儿园。园舍 2021 年重建完成，占地面积 3442 平方米，建筑面积 4596 平方米，户外活动场地面积 2200 平方米。2021 年，有教学班 11 个。教职工 66 人，其中高级职称 1 人、中级职称 14 人，37 名教师全部为本科及以上学历。以“专注教育　追求卓越”为办园宗旨，营造“以人为本，关注成长”的校园文化，打造“思维活跃有深度、表达清晰有逻辑、爱好广泛有创新”的教职工队伍，致力于培养“健康、乐群、聪慧”的儿童。先后获评“广东省热爱儿童先进集体”“广东省餐饮服务食品安全示范单位”“深圳市教育系统先进单位”“深圳市优质特色示范幼儿园”“深圳市卫生保健优秀幼儿园”“深圳市妇联系统先进党支部”“罗湖区教育教学管理先进单位”。前国家领导人朱德夫人康克清和李先念夫人林佳媚曾到园指导和慰问。2020 年，作为领衔园承担广东省学前教育“新课程”科学保教示范项目“课程背景下保教管理支持系统的研究”，有市级、区级多个课题在研。（林　密）

【深圳市第二幼儿园】于 1982 年创办，为广东省一级幼儿园。占地面积 4705 平方米，建筑面积 5612.91 平方米，户外活动场地面积 3415 平方米。2021 年，有教学班 13 个。教职工中：研究生学历 2 人，本科学历 42 人，大专学历 8 人；高级教师职称 2 人，一级教师职称 18 人；省级名园长、优秀教师、骨干教师培养对象 3 人；市级名园长、骨干园长、优秀班主任、优秀教师共 8 人；省、市学前教育专业委员会讲师团讲师 2 人；省、市儿童阅读推广人 2 人；“全省首届美育教师教学基本功幼儿园音乐类”一等奖 1 人。各岗位专业合格率 100%。坚持以《幼儿园教育指导纲要》与《3~6 岁儿童学习发展指南》为办园指导思想，围绕推进幼儿园内涵式发展、创办全国一流幼儿园的总目标，确立“支持儿童、激发教师、引领家长、促进关系、共同发展”办园宗旨，营造“团结、创新、开拓、奉献”园风，建构园本核心课程“儿童主题博物馆”，开展教科研促进教师专业发展，家园合作全面提升保教质量，培养健康快乐、全面和谐发展的幼儿，并取得良好社会效益。园本课程“儿童主题博物馆”被深圳市教科院评选为“首批面向全市推广的 20 项教科研成果”之一，并获“广东省教育教学成果奖”二等奖。先后获评“广东省幼儿园园长培训实践基地”“广东省《3~6 岁儿童学习发展指南》实验园”“广东省绿色幼

儿园”“广东省宋宜名园长工作室基地所在园”“华南师范大学网络研修与培训资源建设基地”“深圳市首批优质特色示范幼儿园”“深圳市教育系统先进单位”“深圳市卫生保健优秀幼儿园”“深圳市平安校园示范校”等。

（深圳市第二幼儿园）

【深圳市第三幼儿园】于1983年创办。隶属于深圳市教育局，广东省一级幼儿园。占地面积6221平方米，建筑面积7278平方米，户外活动场地面积1357平方米。与深圳市大型山体主题公园梅林公园和梅林水库相邻，是幼儿生活、游戏、学习和亲近大自然的健康成长乐园。由总园、分园组成。2021年，开设教学班18个，在园3~6岁幼儿634人。教职员工126人。其中：副高职称3人，中级职称26人；区级及以上名师（学科带头人）5人；本科及以上学历34人（硕士3人）。省名园长工作室1个，省名师工作室1个，市名园长工作室1个。培养出一大批园长、“十佳”校长、基础教育系统名校长、基础教育系统名师、学前“苗圃工程”名师。园本课程为幼儿园可持续发展教育课程，以“培养良好习惯、倡导热爱生活、完善健全人格、促进全面和谐发展”为办园理念；以“尊重、博爱、创新、发展”为园风；以“培养健康、自信、包容、创新儿童”为育人目标。近五年，幼儿园可持续发展教育课程建设成果辐射至国内外，立项为“广东省学前教育‘新课程’科学保教示范项目”。至2021年年底，已出版《聚焦儿童、面向未来（幼儿园可持续发展教育实践）》《亲阅读、心阅读（深圳市第三幼儿园绘本阅读教学活动实践探索）》《无法隔离的爱（庚子宝宝记忆）》3部课程论著，有165篇论文获奖或发表。先后获评“广东省绿色学校”“广东省健康促进示范单位”“广东省网络安全示范单位”“深圳市优质特色示范幼儿园”“2021年度深圳市最受家长欢迎幼儿园”“深圳市‘家门口的优质幼儿园’”，获“深圳市市民最喜爱的健康场所”一等奖等荣誉106项，是广东省、深圳市、福田区课题实验基地及深圳大学教育硕士研习基地。

（彭　欣）

【深圳市第六幼儿园】于1993年创办。直属于深圳市教育局，为广东省一级幼儿园，罗湖区学前教育第六学区中心园。有3家托管园。占地面积4112平方米，建筑面积4800.46平方米。园舍建筑外形似魔方，传承四季文化，称“魔方四季园”。魔方四季建造“先有理念，后有建筑”，是一所教育理念与建筑理念高度融合的儿童专属乐园。硬件设施设备一流。有音乐厅、美工室、图书馆、科学室等多功能室及“廊廊不同、角角不同”多元科学探索空间；12个“班班不同”的课室均有150平方米，通风采光良好；户外有616平方米绿茵足球场、大型挑战式体能玩具及沙水池、爬网、跃动圈等活动区域；竹园、兰花园、百果园、多肉花园、刺刺花园及楼顶“稚绘农耕园”是幼儿探索自然的空间。2021年，有教学班12个，在园幼儿近400人。教工68人，其中专任教师36人。专任教师中：副高职称1人，中级职称9人；本科及以上学历34人，研究生及以上学历6人；有“南粤优秀幼儿教师”“深圳市首届‘苗圃工程’骨干园长”“广东省学前教育督导评估专家”“深圳市教育督导专家库成员”等。深圳市名园长工作室1个。以课题研究为抓手，构建专业、高效的科研团队，科研成果突出。其中“幼儿园内部治理体系构建实践研究”构建科学化、民主化、特色化内部管理体系。在《幼儿园教育指导纲要》《3~6岁儿童学习与发展指南》指导下，以“幼儿为本、专业为准”为办园宗旨，以“尊重儿童的自然发展并将儿童的发展纳入符合社会需要的轨道”为价值取向，以“自然、生态、健康、和谐”为课程理念，不断发展和完善“魔方四季”课程，为幼儿终生学习、生活奠定基础。先后获评“全国幼儿园、家庭、社区三结合教育示范园”“全国足球特色园”“国内首家WELL健康建筑最高等级‘铂金级’认证学校”“广东省餐饮服务食品安全示范单位”“深圳市首批优质特色示范园”“深圳市消防安全管理标准化学校”“深圳市卫生保健优秀幼儿园”。

（贾策远）

【深圳市第八幼儿园】于1986年创办。为市属公办幼儿园，广东省一级幼儿园。位于深圳市福田区益田村。占地面积2773平方米，建筑面积3585平方米。园内外绿色环绕，环境优雅，整洁有序，办学条件优越。2021年，有教学班12个。教职工85人，其中专任教师52人。专任教师中：本科及以上学历35人；高级职称2人，中级职称14人；深圳市基础教育系统名教师1人，深圳市中青年骨干教师1人，深圳市“苗圃工程”骨干教师1人，深圳市基础教育系统名师工作室主持人2人。秉承“行稳致远、立德树人、守正创新、内涵发展”的办园理念，以“把深圳市第八幼儿园办成充满现代教育气息、适合幼儿健康成长、拥有研究型教师团队、具有教育品牌的省级示范幼儿园”为办园目标。构建以“主题教学+区域活动”为基本模式，以“科技教育、阳光体育健康教育”为特色的“支持幼儿的深度探究”园本课程，被广东省教育研究院批准为“‘新时代广东省中小学幼儿园科创和STEM教育课程教材建构与实施’教改实验学校”，出版课程专著《支架幼儿的主动探究——STEM与个别化学习》和3套探究案例集。先后获评“全国足球特色幼儿园”“广东省安全文明校园示范校”“广东省食品安全示范学校食堂”“广东省健康促进示范幼儿园”“深圳市卫生保健优秀幼儿园”“深圳市健康促进幼儿园”“深圳市优质办学幼儿园”“深圳市平安校园示范校”“深圳市消防示范校”“深圳市集体儿童保健教学基地”“深圳市餐饮服务食品安全实操培训基地”“深圳市教育先进单位”“深圳市优质特色示范幼儿园创建单位”“深圳市年度最受家长欢迎幼儿园”。（李　涛）

【深圳市第九幼儿园】于1995年5月创办，2016年7月新园在原址重建，2017年7月完成移交、10月30日正式开园。隶属于深圳市教育局，为广东省一级幼儿园。位于深圳市福田区莲花北住宅区，占地面积4523.35平方米，建筑面积4773平方米。校舍南北通透、结构合理、宽敞明亮、采光良好，绿化和户外活动场地面积大。有大型综合体能运动场、魔法蔬果园、生态园、创意馆、烹饪馆等，功能室设置齐全、优质，富有童趣。是一所师资力量雄厚、园本课程优质、园所管理先进的研究型幼儿园。教职工中有第二轮深圳市学前教育“苗圃工程”名园长工作室主持人1人，深圳市学前教育“苗圃工程”骨干园长3人、骨干教师3人、教科研骨干1人、教坛新秀1人，“深圳市先进教育工作者”“深圳市优秀教师”“福田区十佳幼教工作者”等多人。秉持“活在当下的儿童，预见未来的教育”办园理念，以“奠定孩子幸福人生，成就教师专业发展，携手家长共育栋梁”为办园宗旨，坚持走内涵发展道路，推进自然体验课程。教师参与编撰《幼儿园安全管理应用手册》《幼儿园家长工作实操指引》《幼儿园卫生保健及后勤管理实操指引》和《图说：幼儿园环境规划与创设》等多部著作，顺利完成2个市级课题结题和多项课题开题与研究，先后参与国家、省、市级20余项课题。通过彭莉名园长工作室、跟岗培训等教学研训，园所重建、文化建设经验以及课程成果辐射至国内外多个城市约3280所幼儿园，9980人次受益，获得各方赞誉。先后获评“‘中国STEM教育2029行动计划’首批STEM领航幼儿园”“广东省学前教育‘新课程’科学保教示范项目领衔园”“广东省健康促进示范幼儿园”“深圳市首批优质特色示范幼儿园”“深圳市‘家门口的优质幼儿园’培育单位”“深圳市卫生保健优秀幼儿园”“深圳市巾帼文明示范岗”“深圳市教育系统先进单位”“深圳市先进基层党组织”，获“深圳市健康促进幼儿园”金奖。（郑　颖）

【深圳市第十幼儿园】于1994年创办，原名深圳市宁水幼儿园。为市属公办幼儿园、广东省一级幼儿园。位于深圳市罗湖区沿河北路宁水花园。2019年在原址重建，2021年11月新园舍交付使用。占地面积3039.9平方米，教学规模10个班，可容纳幼儿300名。2021年，有教职工63人，其中专任教师36人。专任教师中：研究生学历1人、本科学历31人，专业合格率100%；有“南粤优秀幼儿教师”1人、“广东教育督导学会学前教育督导评估专家”1人、“广东省教育督导评估专家”1人、“广东省骨干讲师”1人、“广东省学委会骨干教师”1人、“深圳市优秀班主任”5人、“深圳市育儿讲堂讲师”4人、“深圳市优秀教师”3人、深圳市“苗圃工程”名园长1人、深圳市“苗圃工程”名教师1人、“深圳市教坛新秀”1人、“深圳市育儿讲堂讲师”4人、“深圳市优秀安全责任人”1人、“深圳市优秀安保”1人、“深圳市幼儿园卫生保健优秀个人”1人、深圳市名园长工作室主持人1人、深圳市名园长工作室成员4人、深圳市骨干教师9人、罗湖区幼儿园“年度教师”提名奖2人。坚持“营造孩子和教师和谐家园”的办园宗旨，致力于建设“和文化，家氛围”校园文化。秉承“一日生活即课程”教育理念，形成以“积极情感教育”为特色，主题探究课程与领域课程相结合的课程模式。将积极情感支持渗透于幼儿园各领域活动中，营造促进幼儿身心和谐发展的教育环境，实施全面发展教育，促进幼儿在爱与认同、交往与适应、睿智与乐学等各方面发展，逐步形成独立而健全的人格。近5年开展中国学前教育研究会“十三五”课题“3~6岁幼儿积极情绪培养策略”研究、广东省教育科学“十二五”规划课题“发展适宜性实践背景下区域学习环境的创设与运用”及“幼儿园一日生活作息结构与组织策略”研究、深圳市教育科学规划“十三五”课题“幼儿积极情绪培养策略”研究。2017年，课程成果“深圳市第十幼儿园情感教育实践研究”获“首届深圳学前教育优质资源评选”优质奖；2019年，课程成果“立足情感教育，滋养儿童生命——深圳市第十幼儿园‘情感教育’特色建设方案”获“广东省幼儿园特色建设方案”二等奖。先后获评“广东省绿色幼儿园”“广东省食品安全示范食堂”“广东省档案综合管理特级单位”“广东省‘书香幼儿园’实验基地”“2021年度深圳市最受家长欢迎的幼儿园”“深圳市‘家门口的优质幼儿园’培育单位”“深圳市首批优质特色示范园创建单位”“深圳市教育教学先进单位”“深圳市卫生保健优秀幼儿园”“深圳市优秀幼儿园”，获“深圳市办学效益奖”“深圳市优质办学奖”。（陈嘉薇）

【深圳市第十一幼儿园】于1994年3月创办。原名深圳市皇岗幼儿园，2008年更名为深圳市第十一幼儿园。为深圳市教育局直属公办幼儿园、深圳市首批优质特色示范幼儿园，广东省一级幼儿园。位于深圳市福田区福民新村。占地面积4066平方米，建筑面积3195平方米。2021年，有教学班9个，在园幼儿272人。教职工58人，其中专任教师34人。专任教师中：本科及以上学历23人（硕士研究生3人）；高级职称1人，中级职称11人；深圳市第一轮学前教育“苗圃工程”教科研专家1人，深圳市第二轮学前教育“苗圃工程”名园长1人、骨干园长1人、骨干教师1人、教坛新秀2人。教科研专家工作室1个。以“实施高品质幼儿教育”为目标，坚持“天性、生长、包容”理念，以科研为引领、走内涵发展之路，持续深入开展“基于问题的学习（PBL）在幼儿园中的应用”系列研究，获“广东省2021教育教学成果奖”，并应用于实践。建构问题导学园本课程体系，设置蕴含丰富游戏情境的户外野趣游戏场和具有操作性、情境性、智慧化的室内游戏区与专题问题式学习活动中心。坚持“以幼儿为中心”和“基于问题的学习”两大基本原则，激发儿童在探索环境和解决问题过程中积累不同领域知识与经验，培养“能自主、善沟通、会合作、具有好奇心、善于解决问题”的新时代健康儿童。获十余项省、市社会科学项目课题立项；获省、市、区各级“教育科研优秀成果奖”“深圳市健康促进幼儿园”金奖。36篇论文在各级论文比赛中获奖，其中国家级9篇；21篇论文发表于国家专业学前教育核心期刊。在各级教师技能大赛中获奖共12次，其中国家级奖项5项。出版与待出版专著6部。先后获评“深圳市教育系统先进单位”“深圳市绿色幼儿园”“深圳市卫生保健优秀幼儿园”。吸引多名国内外专家学者到园参观交流。2021年，获“广东省教育教学成果奖”基础教育类二等奖，“第七届深圳教育改革创新论坛‘家校社’协同共育”年度大奖；获评“深圳市中小学教师信息技术应用能力提升工程2.0试点校”。（深圳市第十一幼儿园）

【深圳市第十二幼儿园】于1993年创办，原名翠园幼儿园，2019年重建开园。为广东省一级幼儿园。占地面积3940平方米，建筑面积5280平方米。2021年，有教学班10个，在园幼儿360人。教职员工67人（专任教师39人）。其中：副高级职称2人，中级职称13人；硕士研究生学历4人，本科及以上学历占87.2%、大专及以上学历100%。以成为市学前教育改革发展的研发中心、实验中心、实训中心、资源中心和辐射中心为目标，致力于把幼儿园办成具有先进教育理念、勇于创新的未来幼儿园。坚持“以人为本，健康第一，全面发展，为孩子幸福人生奠基”办园思想，秉持以“大健康教育”为基础的“探索者”园本课程体系，以培养“乐天行动派，知行合一者”为目标，落实“处处是学习空间，物物是学习资源，人人是学习老师”课程理念。以“7i”探究性学习为

2021 年 12 月 12 日，深圳市第十二幼儿园参加“2021 粤港澳大湾区童话节”之“童话之声”合唱大赛，获学前组金奖　（深圳市第十二幼儿园　供）

核心教学法，贯彻“计划—工作—回顾”三部曲课程实施途径，实施“整合儿童—家庭—幼儿园—社区生态圈，扎根儿童生活世界”课程内容。园舍建筑实现与自然、与儿童、与课程三者高度融合，为幼儿自发探索、合作、游戏化学习提供环境支持。近年成功申报及承担国家级和省、市、区级科研课题 40 余项，在各级刊物发表教育教学论文、教案等 150 余篇。在省、市、区各项比赛及评优评先中先后获“广东省美育教师教学基本功比赛”一等奖、“深圳市五一劳动奖章”“深圳市首届美育教师教学基本功比赛”一等奖、“深圳市属中小幼青年教师教学能力大赛”学前教育组三等奖；获评“广东省特色建设方案”“广东省食品安全示范学校食堂”“广东省档案综合管理特级单位”“广东省健康促进示范单位”“深圳市优质特色示范幼儿园创建单位”“深圳市‘家门口的优质幼儿园’培育单位”“深圳市消防标准化学校”“深圳市健康促进幼儿园金奖单位”“深圳市健康促进幼儿园银奖单位”“深圳市学前特殊儿童融合教育试点幼儿园”；获“深圳市‘苗圃工程’名园长”、骨干园长、名教师、教坛新秀，罗湖区“年度教师”以及市、区“优秀班主任”等奖项近 400 人次。（陈果果）

【深圳市教育幼儿园】于 1996 年创办。为深圳市直属幼儿园，广东省一级幼儿园。有洪湖、深云 2 个校区，实行一体化管理。2021 年，有混龄教学班 27 个，在园幼儿 816 人。教职工 133 人。其中：正高级职称 1 人，中级职称 14 人；特级教师 1 人，名园长 1 人，名师 1 人；本科及以上学历 78 人（硕士 6 人）。省名园长工作室 1 个，市名师工作室 1 个。7 名教师被聘为深圳大学教育硕士研究生校外实践指导教师。以人为本，倡导自主管理，重视内涵发展，铸造团队文化，推动教职工专业价值自我实现。注重人才培养，潜心打造追求卓越、专业务实、敢于扬弃、积极应变的学习型团队。以“能者为师，全员育人”工作理念为指引，通过合作教学中心、线上阅读中心、班群学习中心、两园资源中心等方式共建、共研、共享，集中力量解决课程发展中的问题，形成创新—反思—实践闭环式专业发展共同体。坚持以儿童为中心理念，根植于本土文化，融合借鉴国内外各种先进思想和优秀方法，从儿童全面发展和适应未来发展需要出发，构建完整学习中心混龄走班课程。创建 20 个全园性多元领域学习中心，包含机械建构、音乐韵律、生活体验、美劳创意、语言表达、民间艺术、科学探索、戏剧表演、自然博物、社会人文、数学感官、沙水工程及体能锻炼等内容。20 个学习中心涵盖 100 种不同功能区域，有上万种学习材料，实现最大化学习资源共享。课程具有完整核心经验体系、自主研发儿童发展评价小程序，以实现跟踪每个幼儿个体连续性和完整性学习发展进程，从根本上变革儿童学习方式，实现以儿童为本的多样化和自主性学习，为儿童创设未来样式生活形态。先后获评“全国书香校园”“教育部幼儿园园长培训中心学员实践教学基地”“广东省巾帼文明岗”“深圳市先进教育单位”“深圳市卫生保健优秀幼儿园”“深圳大学师范学院教育实习基地”。教师课程获“广东省教育教学基础教育成果奖”特等奖、“广东省课程特色建设方案”一等奖。2021年，教师王美玉在“全省首届美育教师教学基本功比赛”中获幼儿园组书法类二等奖。（陈菲菲）

【深圳市彩田幼儿园】于1993年创办。前身为深圳市白沙岭幼儿园，2004年9月迁至深圳市福田区莲花支路彩田村并更名为深圳市彩田幼儿园。是由深圳市教育局举办和管理的公办幼儿园，广东省一级幼儿园。占地面积3860平方米，建筑面积3763平方米，户外活动场地面积2366平方米。有多功能会议厅、奇趣馆、木工坊、大型体能运动场、综合器械运动区、玩沙区、戏水区、饲养区、植物园区、多功能书吧等教学辅助用房和活动场地，图书室藏书1.3万册，设施设备齐全，办学条件优越。2021年，有教学班12个，在园幼儿465人。教职工82人。其中：高级职称1人，中级职称13人；“南粤优秀教师”1人，深圳市第二轮学前教育“苗圃工程”骨干园长2人、名教师2人、教科研骨干1人；本科及以上学历43人（硕士3人）。有名师工作室2个。在研省级课题1个、市级课题2个、区级课题3个。以“为孩子种下一生幸福的种子”为核心理念，打造“彩田经验课程”。作为“广东省学前教育‘新课程’科学保教示范项目‘基于信息技术与资源支持的新教师专业成长路径研究’领衔园”，通过“统一、整合、共享”概念，搭建网络资源平台，汇集“课程资源、教师培训、名师工作室、研学论坛”四大专题，探索“新”时代“新教师”专业成长“新”路径。应用信息化技术，通过“1+N”学习模式，开展“行思研学”系列专项活动，内容涵盖30个精彩专题，群内外辐射帮扶园、姊妹园、片区园500余人。重视党建工作。创建“党员示范岗”“党员之家”，开展党史专题党课、“老书记”讲党课、党员微党课等系列活动。加强后勤精细化管理，建立以“源头控制、流程控制、环境控制”为核心的安全管控机制。作为“深圳市首批融合教育试点园”，关注特殊儿童需要，打造融合资源教室，探索可供借鉴的融合教育经验。充分履行优质特色示范幼儿园的社会职责，创新帮扶模式，组织开展福田区“学前教育幼儿体育项目学习共同体”教研活动，多次面向同行开展跟岗学习、观摩研讨，引领示范，共促成长。7月7日，与龙岗区教育局举行合作办学签约仪式，对龙岗区华晖瑞禧幼儿园实施全面管理，并在课程资源、人才输出等方面提供全方位支持，实现优质资源共享。获评“深圳市首批优质特色示范幼儿园”“深圳市卫生保健优秀幼儿园”。

（深圳市彩田幼儿园）

【深圳市莲花北幼儿园】于1995年3月创办，为深圳市教育局直属公办幼儿园。位于深圳市福田区莲花北住宅区。2021年，该园在福田区“共建·共享·共赢”开放周交流活动中，接待各区园长和教师累计逾300人次，接待市直属园60名新任职教师到园观摩交流，在为期5天的开放活动中共开展研修活动25场。2021年，获评“深圳教育创新示范园”“深圳市‘家门口的优质幼儿园’培育单位”“深圳市卫生保健优秀幼儿园”，顺利通过“深圳市优质特色示范园”验收。集团园深圳市光明区美域幼儿园获评“深圳市卫生保健优秀幼儿园”“光明区文化建设优秀单位”；集团园罗湖区清泉幼儿园获评“‘家门口的优质幼儿园’培育单位”。园长史勇萍获评“广东省（2021—2023年）名园长工作室主持人”（全国共有335名园长加入史勇萍名园长工作室）、“广东省特级教师”“2021年深圳市十佳校长”等。2021年，在深圳市第二轮学前教育“苗圃工程”名师评审中，园长史勇萍、后勤园长秦谊分别获评深圳市学前教育“苗圃工程”名园长、骨干园长，教师黄燕凌、张燕云、李华、邓茂婷分别获评深圳市学前“苗圃工程”名教师、骨干教师、教坛新秀。教师课程案例成果获2021年度广东省中小学幼儿园STEM课程案例“我们的幼儿园地图和模型”二等奖；在2021年深圳市教育局直属幼儿园“中小学青年教师教学能力比赛”中获一等奖；在2021年福田区幼儿教师论文比赛中分获一等奖、三等奖和优秀奖；有多篇论文在国家级、省级等刊物上发表；与牛津大学合作进行幼儿园质量提升PETAL项目研究。（史　恩）

【深圳市华富（文天祥）幼儿园】于1993年9月创办，为深圳市教育局直属公办幼儿园。2019年12月，该园迁至深圳市福田区岗厦片区，新园命名为深圳市华富（文天祥）幼儿园。占地面积2720平方米，建筑面积3210平方米。配有美术室、音乐厅等多功能室。2021年，有教学班9个，幼儿289人。其中：大班3个班，103人；中班3个班，100人；小班3个班，86人。教职工58人，其中专任教师21人、大专及以上学历教师21人，保育员9人。各班均按照省级园标准配备人员，配置“两教一保”，师幼比1：9.6。坚守“以人为本，教书育人，和谐发展，面向未来”办学初心，“立足儿童发展”深刻思考，继续以“让入园的孩子拥有幸福而有意义的童年”为办学理念，致力于培养“自信、健康、友善、习惯好、爱学习”的儿童，促进幼儿全面发展，为未来奠基。以“爱生活·亲自然·悦成长”为课程引领，扎实推进华富课程建设。数学特色为幼儿园深耕园本课程建设几十载标志性成果，出版《回归本质的幼儿数学教育——理论与实践探析》一书。“基于园本课程建设，构建研究型教师团队”成功立项广东省教育科学规划2018年度一般非资助课题项目，“教师支持幼儿数学学习的策略研究”成功立项中国学前教育研究会“十三五”课题，“基于项目活动中幼儿探究性学习研究”成功立项深圳市学前教育“新课程”科学保教项目，“以学习数学促进幼儿认知能力发展的实践研究”成功立项深圳市教育科学规划课题。其中，以教师个人名义申报的“利用数学游戏培养幼儿思维能力”“基于园本课程的幼儿园新教师专业发展策略研究”成功立项福田区教育科研课题。多次获“深圳市政府办学效益奖”，获评“深圳市教育系统先进单位”“深圳市文明学校”“深圳市‘家门口的优质幼儿园’培育单位”。2021年，顺利通过“深圳市优质特色示范园”验收。

（叶柳倩）

【梅林一村幼儿园】 于1991年创办，隶属于深圳市教育局。位于深圳市福田区梅林街道梅林一村社区。占地面积4718平方米。是首批广东省一级公办幼儿园、教育部国培基地、香港浸会大学持续教育学院、广东省园长及骨干教师培训基地、深圳大学师范学院实习基地、广东省《3~6岁儿童学习与发展指南》实验园、广东省《幼儿园一日生活指南》实践推广园、深圳市先进教育单位、深圳市首批优质特色示范园创建单位、深圳市首批家园共育公益指导项目单位。2021年，有教学班13个，幼儿500余人。教职工84人（专任教师51人），教师合格率100%。其中，研究生学历6人、大专及以上学历100%。有正高级职称教师1人，副高级职称教师1人，中级职称教师26人，深圳市名园长1人，深圳市名园长工作室主持人1人，深圳市名师3人，深圳市“苗圃工程”骨干教师5人，“南粤优秀教师”4人，深圳市优秀班主任10人，深圳市优秀教师10人。先后被广东省教育厅、深圳市教育局批准挂牌成立广东省韩智名师工作室、深圳市姚艺名园长工作室。坚持持续推进幼儿园优质教育发展，用学习型组织理念深化幼儿园管理，以科研和课程为结合点，立足园本文化，深入构建具有特色的园本课程。2021年，获深圳市第四届教育教学科研优秀成果二等奖，并被评为2018—2021年深圳市卫生保健优秀幼儿园，有教师获2021年广东省首届教师教学基本功比赛一等奖。

（梅林一村幼儿园）

福田区幼儿园

【福田区第一幼儿园】 于1987年创办。为福田区政府投资的公办幼儿园，广东省一级幼儿园。2018年前隶属福田区妇联主管，2018年2月开始隶属福田区教育局主管。占地面积3110平方米，建筑面积3019.39平方米，户外活动场地面积1870平方米。2021年，有教学班9个，在园幼儿333名，教职工55名，师生比为1：6。教师专业合格率、大专及以上学历占比均达100%，高级教师占教师总数的65%；保育员、后勤人员持证率100%。4月19—23日，在福田区“共建·共享·共赢”幼儿园、家庭、社区协同育人开放周活动中，以“理解力课程”为主要内容面向全市同行、社区、市民开放，5天共接待省内、市属、区属同行以及市民300余人。11月27日，在“深圳市幼儿体育活动现场展示会暨福田区幼儿体育活动能力测试结果发布会”上，大班体育游戏“小小消防员”以现场和在线直播的形式面向全市展示，16万余人次线上观看。打造“跨界融合、理解本位、真实表现、深度探究”园本课程体系，致力于培养“富有爱心、承担责任、乐于创造、具有理解力”的终身学习者。先后获评“全国足球特色幼儿园”“广东省巾帼文明示范岗”“广东省绿色幼儿园”“广东省示范性食堂”“广东省全民健康生活单位”“广东省安全文明校园”“深圳市一级幼儿园”“深圳市绿色幼儿园”“深圳市爱心图书室”“深圳市安全管理工作先进单位”“深圳市餐饮卫生示范单位”“深圳市平安校园”“2018—2021深圳市卫生保健优秀幼儿园”“深圳市生活垃圾分类新风尚幼儿园”“深圳市‘家门口的优质幼儿园’培育单位”，获“深圳市办学效益奖”。（戴　袁）

【福田区第二幼儿园】创办于1995年，为福田区教育局直属公办幼儿园，广东省一级幼儿园。位于深圳市福田区彩田路2046号。2020年完成重建，占地面积3938.7平方米，建筑面积9194.14平方米。2021年，有教学班10个，在园幼儿300余人。教职工61人，其中，副高级教师3人，中级教师26人，“南粤优秀教师”2人，“深圳市优秀教师”4人，深圳“鹏城蒲公英奖十佳园长”1人，“深圳市‘苗圃工程’骨干教师”1人，“教坛新秀”2人，区教学骨干多人。8月，成立2所分园：香蜜湖分园位于香蜜湖街道香岭社区，占地面积2032.26平方米，建筑面积2709.17平方米，有教学班6个、教职工36人；爱华分园位于南园街道园西社区，占地面积1425.1平方米，建筑面积2423.1平方米，有教学班6个、教职工36人。总园及分园设施设备齐全，配有白板、电脑、照相机、投影仪、影碟机等教学辅助设备，建立现代化办公管理系统及教育信息资源库等，实现多媒体教学现代化；设有多种功能室，充分满足幼儿学习发展需求；户外活动场地宽阔，提供大型游乐设施、玩沙池、戏水池、种植园、30米直跑道、小山坡等。秉持“尊重儿童，自然生长”的办学理念，执着于“幼儿为本，素质教育，幸福童年，和谐发展”的教育追求，借鉴国内外先进教育理论，整合幼儿研究成果，形成艺术教育特色鲜明的“质优”园本课程；关注幼儿心灵成长，注重良好个性、习惯等的培养，创设多元艺术化环境。先后获评“广东省巾帼文明示范岗”“广东省食品安全示范学校”“广东省餐饮服务食品安全A级”“深圳市三八红旗先进集体”“深圳市绿色学校”“深圳市优质特色示范幼儿园”“深圳市生活垃圾分类新风尚幼儿园”“深圳市2021年消防安全管理标准化学校”，获“深圳市优质办学效益奖”、“深圳市2021年度健康促进幼儿园”银奖。（吴湘珠）

【福田区第四幼儿园】为深圳市一级幼儿园。位于深圳市福田区园岭街道南天一花园。占地面积2453平方米。园所环境优美、布局合理、设施设备完善。2021年，有教学班8个，在园幼儿262人。教职工51人，其中研究生学历1人，本科及以上学历27人，大专学历13人，学历达标率为100%。每班活动室面积120平方米，配备有幼儿玩沙池、玩水池、儿童试听图书室、音乐舞蹈室、乐高搭建室、科学实验探索区、幼儿种植园地、运动攀爬区等适宜儿童探索、体验的集约空间。2021年，率先进行新园本课程改革，将大户外自主性游戏与大室内问题式学习相融合，秉持“看见儿童、信任儿童”的理念，把时间、空间、自主权还给幼儿，给幼儿提供深入游戏和持续游戏的机会，给教师了解幼儿兴趣点和已有经验的机会。发挥幼儿创造性，支持和促进儿童学习和成长，使教育观念“以幼儿为中心”“以学习者为中心”体现在幼儿课程中。坚持创新办园思路，创设“幼儿园·家”管理文化。秉承“尊重儿童，自然生长”的教育理念，在发展“21世纪技能”要求下，结合园所实际完善空间与环境顶层设计，形成立体多元、空间集约探究式环境。9月，成立下梅分园；12月，获评“深圳市‘家门口的优质幼儿园’培育单位”，开展“深圳市优质学前教育集团创建”申报工作。（杨　菲）

【福田区第七幼儿园】于2019年3月筹办，2020年2月正式投入使用。为隶属于福田区教育局的公办幼儿园，2020年11月通过区一级幼儿园评估。占地面积3600平方米，建筑面积3234平方米。园内教学及活动设施设备齐全。室内配置美术室、阅览室、烹饪室、科学室、音乐室、音体综合室等多功能室，室外配备大型户外器械、沙水区、种植区、拓展区、积木区、安吉游戏等。配备完善的监控、安防系统，安装了电信5G网络、内部局域网，方便教职工办公与幼儿教育活动。2021年，开设教学班13个，在园幼儿524人。教职工79人，其中本科学历37人，研究生学历4人，具有大专及以上学历的教师比例达100%，所有人员持证上岗。秉持“敬畏生命、尊重天性、接纳支持、共享成长”的办园宗旨，开展儿童体育锻炼与游戏实践。以市、区两级课题“三种语言对幼儿口语发展的影响”和“幼儿园奥尔夫音乐教育策略”为抓手，加强教学研究，促进儿童健康成长。语言课题以发展幼儿听力为主，研究普通话、粤语及英语如何在幼儿一日生活中渗透和有机结合，让幼儿在多语环境中同时学习普通话、粤语、英语，并乐于运用多种语言或方言交流，培养幼儿语言学习兴趣。音乐课题主要通过对奥尔夫音乐教育体系的深入学习研究与实践探讨，丰富幼儿音乐教育内容和方法。以教师培训为基础，以课程开发为核心，制定任务与实施措施，建立具有园本特色的幼儿园奥尔夫音乐教育体系的系统研究与实践目标。每周开展户外混龄自主游戏，通过游戏释放幼儿天性。2021年，获评“福田区卫生保健优秀幼儿园”“福田区先进治安保卫组织”，园长获评“年度十佳园长”，多名教师的论文和作品在比赛中获奖。（黄　梅）

【福田区第八幼儿园】创建于2020年8月，隶属于福田区教育局。位于深圳市福田保税区绒花路288号。占地面积3182.58平方米，建筑面积3080平方米，户外活动场地面积3033平方米。2021年，有教学班10个，在园幼儿307人。教职工50人，其中：专任教师22人，本科及以上学历达100%，幼儿园教师资格证执证率达100%；保育员10人，大专及以上学历为80%（其中3人具有幼师专业及资格证），大专在读为20%，100%持有上岗证；保健人员2人，均为本科学历，并持有幼儿园保健医上岗证，其中保健医生具有主治医生中级职称。通过主题探究、STEM（科学、技术、工程、数学）课程、分享阅读以及体育课程，通过在活动中探究，孩子得以在游戏中学习。以“生活”“运动”“游戏”“学习”为一日活动最基本活动形态，强调活动综合教育作用。不同活动互动渗透、有机整合，关注幼儿兴趣、经验和需要，使幼儿成为活动主体。2021年，与北京体育大学博士团队合作，开展幼儿体育课程改革与实践。“体育教育视角下幼儿教师体育教学能力培训体系构建的实证研究——以福田区第八幼儿园为例”遴选为广东省重点课题；“基于AI赋能的幼儿园体质健康管理体系实证研究”遴选为2021年福田区教育科学“十四五”规划课题。先后获评“第六届中国幼儿教师优秀论文评选活动先进单位”“第十八届‘当代杯’全国幼儿教师职业技能大赛先进单位”“深圳市‘家门口的优质幼儿园’培育单位”“深圳市‘书香校园’”，获“少年儿童心向党·广东省少年儿童绘画大赛暨2021年度许钦松少儿创艺奖”最佳组织奖、“童画之星·2021年第二十四届全国幼儿创意美术大赛”和“全国幼儿创意美术教育成果奖”特等奖，“第七届深圳教育改革创新大奖”之“最受关注新锐（校）园年度奖”、“深圳市健康促进幼儿园”银奖、“2021年福田区融合教育故事征集”优秀组织奖。教师节目古筝演奏《渔舟唱晚》及幼儿节目《古往今来》分别被推选至福田工会春晚和福田第二届“健康云春晚”，其中幼儿节目《古往今来》获“健康云春晚”人气王节目二等奖。（何　艳）

【福田区外国语学校北校区附属幼儿园】创办于1999年，为深圳市一级幼儿园，深圳市普惠幼儿园。原为深圳市福田区红蜻蜓幼儿园，2020年8月转制为公办幼儿园，由深圳市福田区外国语学校附北校区接管。占地面积4200平方米，建筑面积3520平方米，户外活动场地面积1280平方米。2021年，有教学班12个。教职工66人（专任教师30人），其中：本科学历21人；初级职称1人，骨干教师2人，史勇萍名工作室成员4人。坚持“乐享游戏、幸福童年”的办学理念，秉承“幼儿为本、专业为准、成长为先、追求卓越”的管理方式，打造“专业、服务、幸福”的教职员工队伍。先后获评“广东省国际象棋特色幼儿园”“深圳市‘家门口的优质幼儿园’培育单位”“‘运动方舟’幼儿体能运动课程实验园”“2020—2021年度福田区托幼机构卫生保健工作先进单位”“福田区卫生保健优秀幼儿园”“福田区食品安全量化A级用餐单位”。2021年6月，被认证为

2021 年 9 月 30 日，福田区外国语学校北校区附属幼儿园开展“福娃迎国庆 童声唱红歌”活动　（福田区外国语学校北校区附属幼儿园　供）

深圳市广电公益基金会·娃公益基金联盟成员。（纽路丝）

【福田区华强职业技术学校附属幼儿园】创办于 1994 年，为深圳市一级幼儿园。占地面积 3156.7 平方米，建筑面积 2726.3 平方米，户外活动场地面积 1697 平方米。2021 年，有教学班 12 个，幼儿 410 人。教职工 62 人，其中，本科及以上学历 25 人，大专学历 15 人。坚持以“规范管理提效率、提升质量求生存、彰显特色促发展、优质服务创品牌”为指导思想，贯彻健康、全面发展理念，实行精细化管理。遵循《幼儿园工作规程》与《幼儿园教育指导纲要》要求，以《3~6 岁儿童学习与发展指南》为指引，尊重生命价值，关心生活环境，解决生活问题，沟通人际关系，传承生活文化，建构生活课程体系。在研区级课题有“足球特色体育活动在幼儿园的实践研究”。先后获评“全国首批足球特色示范园”“深圳市餐饮服务食品安全示范单位”“深圳市生活垃圾分类新风尚幼儿园”“深圳市健康促进幼儿园”“2020 年度福田区巾帼文明岗”“2020—2021 年度福田区托幼机构卫生保健工作先进单位”。（杜红艳）

【福田区景鹏小学附属幼儿园】于 2003 年 2 月由香港德宝教育机构创办，前身为深圳市黄埔雅苑德宝幼儿园；2020 年 5 月转制为公办幼儿园，举办单位为深圳市福田区景鹏小学，隶属于福田区教育局。位于深圳市福田区福中三路 3018 号。占地面积 3000 平方米，建筑面积 2551.95 平方米，户外活动场地面积 2130.61 平方米。2021 年，有教学班 9 个，幼儿 273 名，教职员工 44 名，外聘保安人员 3 名，师生比例为 1 : 5.4。教师专业合格率、大专率达 100%，本科及以上学历占比 73.6%。以“学习型社区”为设计概念，以“刺激孩子五感、培育其丰富的感性”为出发点，打造观察、触碰、感知、学习“真实”的幼儿园。活动室宽敞明亮，配有触控一体机、电脑、恒温直饮水机等设施设备；设有多功能活动室、美工室、跑道、玩沙玩水探索区、触摸音乐体验区及融合攀、爬、跳、走、钻功能的大型拓展区；配置丰富充足的操作材料、体育器材及图书；建有先进安全的监控系统、多功能音响组合广播系统等。以“幼儿为本、以爱为先”为办园理念，塑造健康友好的学习环境。先后获评“广东省健康促进示范幼儿园”“2018—2021 年度深圳市卫生保健优秀园”“2020—2021 福田区托幼机构卫生保健先进单位”“2020—2021 年度福田区托幼机构卫生保健优秀幼儿园”“2021 年福田区融合教育故事征集活动优秀组织学校”。（曾伟芬）

【福田区科技中学附属幼儿园】于 2021 年 2 月正式转为公办园，为深圳市一级幼儿园。位于深圳市福田区黄埔雅苑一期。占地面积 3000 平方米，建筑面积 2396.7 平方米，户外活动场地面积 1767 平方米。园舍布局合理，设备齐全。2021 年，开设全日制教学班 9 个，在园幼儿 308 人。教职工 45 人，其中专任教师 20 人。教职工与幼儿比例为 1 : 6.3，园长、教师、保健医生、保育员等均符合国家规定的岗位任职条件。以“理解力实践”为特色园本核心课程，致力于成就具有科学素养的学习者。坚持以《幼儿园教育指导纲要》与《3~6 岁儿童学习与发展指南》为指导思想，推进幼儿园内涵式发展，创办福田区优质幼儿园。确立“科技筑梦，创新领航”的办园理念，打造“快乐生活、幸福成长”园风，致力于培养具有科技素养的终身学习者和面向未来的世界公民。（王艳艳）

【福田区天健小学附属幼儿园】于2003年创办，为广东省一级公办幼儿园。位于市民中心附近、莲花山脚下，地理位置优越，环境资源丰富。占地面积3000平方米，建筑面积2512.12平方米。2021年，有教学班14个，在园儿童437人。教职工71人，其中专任教师29人（本科学历25人）。坚持“自然生活教育，健康幸福童年”的办园理念，秉承“尊重、关爱、专业、创新”的园所文化，积极为每位教师创设良好专业发展环境，打造一支爱学习、擅研究、乐奉献、喜创新的智慧型教师团队。2021年，2个课题获得福田区教育科学规划课题立项。珍视儿童游戏和生活独特价值，创设丰富教育环境，合理安排一日生活，支持和满足幼儿需要，培养爱运动、乐交往、喜探究、善表达的阳光儿童。围绕“互动、生态、开放”的课程理念，建构自然生活教育课程体系。先后获评“广东省健康促进示范幼儿园”“深圳市自主游戏试验园”“深圳市卫生保健优秀幼儿园”“深圳市幼儿体能运动课程实验园”，获“深圳市科创教育特色学校（园）”年度奖、“深圳市健康促进场所”银奖。

（尹惠勇）

【福田区下沙小学附属幼儿园】创办于1996年，2020年2月成为福田区首批新型公办幼儿园。位于深圳市福田区下沙村。占地面积2694.04平方米，建筑面积3029.03平方米，户外活动场地面积1577.2平方米。2021年，有教学班10个，在园儿童346人。教职工49人，其中：专任教师21人，保育员11人，学历全部达标，持证上岗率达100%。坚持“走近儿童，办有温度的教育”的办园宗旨，努力提升教育品质，培养具有“想象力、创造力、合作力、表达力”的“四力”儿童。通过专家引领，开发全面发展幼儿潜能的园本课程，促进幼儿、家长和教师共同发展。持续开展以绘本为载体的“图书漂流”“我喜爱的绘本推荐会”“绘本故事角色表演秀”“绘本故事大王比赛”“我是小书迷”“亲子绘本共读”“童声绘声电台”“图书义卖”主题教学活动，结合绘本主题开展“月满中秋童欢乐”“九九重阳节、浓浓敬老情”等传统节日类主题和礼仪教育活动，体验中国传统节日的欢乐气氛及当地传统节日习俗，对幼儿进行思想品德和优秀传统文化传承教育。“节日主题”课程园本化，着力构建“儿童幸福赋能”的园本课程体系。

（黄丽建）

【福田区美懿英皇幼儿园】创办于2007年，前身为英皇幼儿园，于2021年2月更名。为广东省一级幼儿园。位于深圳市福田区香蜜公园旁。占地面积3900平方米，建筑面积4500平方米，户外活动场地面积1700平方米。2021年，有班级11个，幼儿190名。教职工92名，其中本科学历32人，研究生学历10人。每班配备5名教师，包括1名班主任、1名外籍教师、2名副班老师、1名保育员。秉承“只想给孩子最好的”教育初心，以“办一所像大学一样的幼儿园”为办学理念，开创“5+1”办学模式，尊重孩子天赋，唤醒智慧，引导孩子回归本真。开展基于EYFS（儿童早期基础阶段教育）框架的跨学科主题探究和DSA（DRAMA+STEM+ART，戏剧+理工科+艺术）特色课程，激发孩子好奇心和创造力，培养自我导向意识。先后获评“广东省A级厨房”“深圳市优质特色示范园”“深圳市‘家门口的优质幼儿园’培育单位”，获“第七届深圳教育改革创新美育特色园”年度奖。

（张郁真）

【福田区童歌博尔幼儿园】创办于2009年7月，深圳市一级幼儿园。位于深圳市福田区香蜜湖东岸缇香名苑社区东侧。占地面积4000余平方米。2021年，有教学班11个。教职员工73名。教师专业资格持证率达100%，大专及以上学历人员占比80%以上；保育员均持证上岗。每班配备“三教一保”。教室平均面积140平方米，宽敞明亮，采光充足，配置空调、电扇、空气新风机、钢琴、多媒体互动白板等，全园无棱角设计，舒适安全。配备美术创意室、奥尔夫音乐室、蒙台梭利室、多功能演艺厅、科学实验室、多媒体教学室以及图书馆等。为福田区唯一拥有180平方米室内恒温游泳馆的幼儿园，并有3条宽6米、长50米的室内运动长廊，方便儿童体能锻炼。

（黄智杰）

罗湖区幼儿园

【罗湖区教工幼儿园】为广东省首批一级幼儿园，罗湖区教工幼教集团牵头园。占地面积3000平方米，建筑面积3024.13平方米，运动场地面积2509.4平方米。2021年，有园区2个，教学班12个，幼儿382人。教职工76人，其中：硕士研究生学历教师7人，本科学历16人，专科学历10人；高级（副高级）职称2人，中级职称4人；广东省名教师工作室主持人1人，深圳市名园长1人，深圳市督学1人，罗湖区督学8人；市学前专业委员会讲师团讲师5人，区幼教讲师团讲师4人；“南粤先进教育工作者”1人，“南粤优秀教师”2人；获“广东省首届美育教师教学基本功比赛”一等奖1人，“深圳市首届园长能力大赛”三等奖1人；罗湖区教育系统幼儿园“年度教师”1人（2021年），“年度教师”提名2人。秉承“放飞童心，享受自主”的办园理念，遵循幼儿发展规律，优化幼儿一日生活，落实园本“自主活动课程”，借鉴高瞻、瑞吉欧课程模式，构建“基础课程、特色课程、辅助活动”三大板块组成的课程框架体系。课程内容以体验、整合、生活、游戏为特点，培养幼儿做游戏主人、学习主人、生活主人、运动主人。透过从游戏中拓展思维、从探索中体验快乐、从兴趣中激发潜能、从生活中培养品格的“四从”途径，实施素质教育。通过多种材料的提供、引导、操作、体验，培养自主、勇敢、智慧、乐群的健康幼儿。先后获评“广东省新课程科学保教示范项目领衔园”“广东省平安校园示范校”；获“广东省特色课程建设”二等奖，“深圳市政府办学效益奖”；获评“深圳市《3~6岁儿童学习与发展指南》实验园”“深圳市优质特色示范园”“深圳市学前教育‘金种子工程’培养基地”“深圳市卫生保健优秀幼儿园”“深圳市学前教育协会跟岗培训基地”“罗湖区学前第八学区中心园”“罗湖区足球特色幼儿园”“罗湖区三棋特色学校”“罗湖区幼小衔接试点幼儿园”“罗湖区巾帼文明示范岗”“罗湖区教育教学管理先进单位”“罗湖区三八红旗手单位”。为罗湖区学前协会副会长单位。年内，与新疆喀什幼儿园、广西隆林幼儿园结对帮扶，取得良好帮扶效果。（李　俏）

【深圳市滨苑幼儿园】创办于1993年，深圳市教育局直属公办幼儿园，广东省一级幼儿园。共有园区2个，托管园1个。总占地面积1.08万平方米（滨苑总园3382.36平方米，龙华分园5400平方米，龙岗托管园2000平方米）。2021年，有教学班39个。教职工137人，其中：高级职称1名，中级职称14名；“广东省百千万人才培养工程”名教师培养对象1名，“深圳市基础教育系统名园长”1名，深圳市“苗圃工程”骨干园长1名，“深圳市级名师”2名，“深圳市级优秀班主任”5名，“罗湖区级优秀教师”多名。“深圳市级名园长工作室”1个。教师专业合格率达100%。坚持“以人为本、和谐发展、共同成长”的办园宗旨和“为幼儿的一生发展奠定基础”的办园理念，努力实践“内外兼修、精细管理、突出特色、专业发展”的办园思路，注重教育品质，追求服务质量，创设和谐教育环境。探索基于儿童立场和中国文化的幼儿园课程，旨在培养具有“好奇、热爱、专注、传承”的品格气质，兼备科学精神和艺术感受力，快乐生活、富于创造的中国儿童。课程建设方案获“广东省幼儿园特色建设方案交流展示”一等奖。承担国家、省、市、区级多项科研课题研究工作，其中省级课题项目2项、市级1项、区级1项。作为罗湖区学前第一学区中心园，发挥市属公办园示范引领作用，每学期有组织、有计划地对片区15所幼儿园开展园所管理、教学观摩、研讨交流活动。先后获评“广东省绿色幼儿园”“深圳市首批优质特色示范幼儿园”“深圳市文明单位”“深圳市花园式园林式单位”“深圳市教育系统先进单位”“深圳市平安校园”“深圳市卫生保健先进园”“罗湖区五星级健康园”“罗湖区先进单位”，获“深圳市政府办学效益奖”。（张　彦）

【罗湖区托幼中心】为罗湖区教育局直属公办幼儿园，罗湖区托幼幼教集团中心园，广东省一级幼儿园。位于深圳市罗湖区东门街道笋岗路1007号。建筑面积2421.3平方米，户外活动场地面积1733.3平方米。2021年，有大、中、小3个年级10个教学班，幼儿354人。教职工68人，其中：高级职称2人，中级职称4人；区级及以上名师7人；本科及以上学历34人；名园长工作室1个。秉承“尊重儿童，协同合作，创新模式，持续发展”的办园理念，培养“善思乐群好问，勇于求知探索”的学前儿童，凸显“阅享童年生活，持续关注未来”的办园特色。创建“浸润式”阅读环境，营造“书香式”文化氛围，培养幼儿阅读兴趣和习惯。以传统文化和优秀绘本为切入点，根据幼儿兴趣和发展需求，持续深入开展主题探究活动。为幼儿创设多元化游戏区域，提供多层次活动材料，促进幼儿身心健康、和谐发展。践行“教育是面向全体幼儿”的理念，平等关爱每个幼儿。优化家园沟通方式，保证家园沟通双向性、及时性和有效性。利用新技术拓宽家园沟通渠道，利用各种资源搭建活动载体，持续推进“家庭123”“爸妈故事团”“亲子阅读”等特色活动，引导家长深度参与幼儿园活动，实现家园携手共促幼儿健康成长。先后获评“深圳市优质特色示范园”“深圳市卫生保健示范优秀幼儿园”“罗湖区四星级健康幼儿园”。（段晓红）

2021年5月，深圳天俊实业股份有限公司幼儿园大三班幼儿在木工区活动（张哲铭　摄）

【深圳天俊实业股份有限公司幼儿园】 创办于1990年。隶属于深圳天俊实业股份有限公司，为罗湖区学前第九学区中心园、深圳市一级幼儿园。占地面积1933平方米，建筑面积2535平方米，户外活动场地面积1560平方米。2021年，有教学班11个，在园儿童328人。教职工62人，其中专任教师25人，大专及以上学历教师占比100%，本科及以上学历17人。配备音乐活动室、美工活动室、科学启蒙室等功能室及A级食堂“阳光厨房”，设备设施完善。坚持“让每个幼儿得到健康和谐发展”的办园宗旨，以“追求卓越品质，创办优质幼儿园”为办园目标，构建“健康和谐，愉悦好奇”的“和悦”课程体系。以阅读为切入口，贯彻“让阅读为儿童一生的生活、学习和发展奠定基础，让幼儿得到和谐健康发展”的特色课程目标，建构阅读课程特色，形成书香园所文化。运用精粹管理，打造“看见儿童”环境，营造可供儿童自主管理的学习环境，培养儿童良好生活和学习习惯；开展多种活动，让儿童获得不同体验。先后获评“深圳市优质特色示范幼儿园”“深圳市精粹管理市级基地园”“深圳市卫生保健先进单位”“罗湖区教育先进单位”“罗湖区四星级健康幼儿园”“罗湖区教育教学管理先进单位”“罗湖区教师继续教育管理先进单位”。（刘俊霞　刘　晶）

【罗湖区清秀幼教集团】 于2018年经罗湖区教育局批准挂牌成立。该集团由广东省一级幼儿园、深圳市优质特色示范园的罗湖区清秀幼儿园发展而来。始创于1984年，隶属于罗湖区妇联；2013年12月，由罗湖区教育局归口管理。2017年7月，根据罗湖区政府对东门片区改造统一规划要求，罗湖区清秀幼儿园迁址至深圳市罗湖区文锦北路德弘天下小区临时过渡。除清秀幼儿园外，该集团下属有荣悦幼儿园、淘金山幼儿园、清秀翡翠教学点、培知幼儿园、雅乐幼儿园、庐峰翠苑幼儿园，2所新办园金岭幼儿园、金鹏幼儿园于2021年9月开园，共8所在办园和1个教学点，另有2个园所正在规划建设。2021年，共有教学班75个，在园幼儿2500人。教职工400人，其中博士在读3人，研究生学历11人，本科及以上学历教师占比80%。所有人员持证上岗，人员配备、岗位设置、人数比例符合规定。教师中，正高级职称1人，初级及以上职称9人，包括"深圳市学前教育'苗圃工程'名园长"1人、"深圳市骨干园长"1人、"深圳市教科研骨干"1人、"深圳市教坛新秀"1人、"深圳市名师工作室主持人"1人。营造"清新灵气，秀外慧中"的园所文化，以"立德树人"为根本，秉持"儿童为本、精心陪伴、持续发展"的办园理念和"给孩子最需要的快乐成长，给老师最需要的与时俱进"的办园宗旨，打造罗湖"精品教育"。探索"1+N"课程模式，全面开启公立学前教育集团化内涵式发展进程。通过系统管理、队伍建设、专业引领、资源整合、课程孵化、分类指导等路径，培养"健康、友善、主动、创新"的儿童，实现"每一个孩子都发展、每一位教师都成长、每一所园都闪亮"。获评"广东省首批'优质教育集团'培育园"。（郭　琼）

【罗湖区嘉宝田幼儿园】为广东省一级公办园。位于深圳市罗湖区宝安北路2008号。建筑面积近3000平方米，户外活动场地面积2198平方米。2021年，开办全日制教学班9个，在园儿童335名。教职工57人，其中，区级人大代表1名，"深圳市骨干园长"1名，"深圳市名教师"1名，"深圳市骨干教师"1名，"深圳市优秀班主任"2名，广东省、深圳市专委会讲师4名，罗湖区幼教讲师团讲师3名，"罗湖区优秀班主任""罗湖区优秀教师""罗湖区先进个人"若干名。坚持"实施以爱国主义教育为基础的健全人格教育"的办园目标，坚持"以共生求发展，以持续创优质"的发展理念，严格遵循精细、务实、开拓、创新作风，以园所文化建设、园本课程构建作为实现办学目标重要抓手，践行"共生、共享、共融、共长"的办园理念。实施自主研发的园本课程——共生课程，以每一名儿童发展为本，关注个体与群体、人与自然、人与社会等要素，引领幼儿共同学习、共同生活、共同成长。参与和主持各级各类课题研究14项。注重建构和彰显办园特色，园本课程实施模式——共享区域活动成为园本教育特色。先后获评"广东省巾帼文明岗"、"广东省《3~6岁儿童学习与发展指南》实验园"、"深圳市首批优质特色示范园"、深圳市和罗湖区"儿童友好型幼儿园"、"深圳市卫生保健优秀园"、"罗湖区学前教育第三学区中心园"、"罗湖区卫生保健示范优秀园所"、"罗湖区奖教奖学先进单位"、"罗湖区继续教育先进单位"。（陈秋云）

南山区幼儿园

【西丽幼儿园】创办于1992年。为隶属于南山区教育局的公立幼儿园，广东省一级幼儿园。占地面积6382.5平方米，建筑面积3492.8平方米，户外活动场地面积4365.9平方米。2021年，开设全日制教学班12个，在园幼儿447人。教职工82人，其中专任教师44人。专任教师中，本科及以上学历43人，本科率为97.7%，研究生学历7人，大专及以上学历占比100%；高级教师1人，一级教师6人，二级教师4人，三级教师1人。教师专业合格率达100%。有深圳市名园长、深圳市"苗圃工程"教科研专家、深圳市学前教育教科研专家、深圳市优秀督学、深圳市骨干教师、深圳市行业协会幼教"百花奖"骨干教师、深圳市行业协会优秀研习员；深圳市优秀班主任、优秀教师、先进教育工作者，区优秀班主任、优秀教师、先进教育工作者。先后成立深圳市卜亚玮教育科研工作室、南山区卜亚玮教科研专家工作室和张袅娜名师工作室。2021年10月，成立南山区西丽幼教集团。西丽幼儿园作为核心园先后举办崇文幼儿园、纯水岸幼儿园、远洋天著幼儿园、阅山境幼儿园，接转新桃源幼儿园、朗麓家园第一幼儿园、朗麓家园第二幼儿园、冠铭雅苑第一幼儿园，并成功转型为新型公办幼儿园。倡导"阳光、进取、求真、务实"的校园文化，凝聚专业力量，坚持科学保教；致力于培养积极乐观、阳光健康、言行友好、玩美创美、思辨乐探、和而不同的完整儿童；发展成为一所集生态化环境、品牌化课程、人文化管理、专业化队伍于一体的健康教育、特色鲜明的广东省一流幼儿园。先后获评"深圳市优质特色示范幼儿园创建单位""深圳市科学保教'新课程'示范项目领衔园单位""深圳市优秀幼儿园""深圳市绿色幼儿园""深圳市生活垃圾分类新风尚幼儿园创建单位""深圳市卫生保健优秀幼儿园""深圳市国民体质测定工作先进单位""深圳市巾帼文明示范岗"。为中国学前教育研究会会员单位、广东省教育学会学前教育专业委员会理事单位、广东省教育评估协会理事单位、深圳市教育学会学前教育专业委员会理事单位、南山区师训基地园、深圳大学和深圳职业技术学院实习基地。（罗丽莎）

【南山区蓓蕾幼儿园】为广东省首批省级幼儿园，南山区蓓蕾幼教集团核心园、南山区第一学区中心园，华南师范大学和深圳大学实习基地。占地面积3895平方米，建筑面积3006平方米。2021年，有教学班13个，在园幼儿416人。教职工81人，其中：高级职称2人（正高1人），中级职称14人；“南粤优秀教师”1人，深圳市师德标兵1人，南山区榜样教师1人；“广东省美育教师”一等奖1人，“广东省教师基本功大赛”一等奖1人；深圳市“苗圃工程”名师5人；“深圳市五一劳动奖章”获得者1人；本科及以上学历51人（博士1人）。名师工作室1个。以“快乐·自信·成功”为办园理念，以“培养强体魄、喜探索、乐沟通、爱创造、勇担当的身心全面和谐发展的幼儿”为目标，探索园本课程建设。从单向度学习阶段围绕课题“体育园本资源的开发和利用研究”到多向度学习阶段以主题探究为主要形式，形成“体育游戏”“特色项目”“日常培养”“保健锻炼”的特色课程“四板块”，并获“广东省幼儿园特色建设方案”一等奖。发展至无边界游戏阶段，打破时间、空间、方式、资源限制，相信幼儿是有能力的主动学习者，提供幼儿利用园内资源游戏机会，教师倾听与还原、回应与记录幼儿学习，师幼共同生成游戏课程，并成为“广东省学前教育‘新课程’科学保教示范项目——‘无边界学习，支持幼儿主动学习的游戏课程’领衔单位”。先后获评“广东省安全文明校园”“深圳市《3~6岁儿童学习与发展指南》实验园”“深圳市优质特色示范幼儿园”“深圳市‘家门口的优质幼儿园’”“深圳市最受幼儿喜爱幼儿园”“深圳市卫生保健优秀幼儿园”。（陈翠婷）

【南山区科技第二幼儿园】为深圳市一级公办幼儿园，南山区科技幼教集团核心园、南山区第七学区中心园。2021年，有教学班6个，在园幼儿182人，教职工43人。秉承“像树一样成长”的办学理念、“精致育人”的办学思想，以“为孩子创造一切发展可能”为办园宗旨，办园特色为“科技启慧人生”。创建园本科思课程体系，包含主题探究、PBL项目式学习（Project-based learning）、STAME教育（科学、技术、工程、艺术、数学）、农场种植、足球、运动方舟课程等，致力于创建“健康、礼貌、善思、自信”的园所文化。重点培养幼儿善于发现问题、解决问题的能力。注重培养教师专业素养，提升教师观察幼儿、理解幼儿、课程活动设计及开发等的综合能力。“幼儿园探究性活动课程研究”立项为市级示范项目，努力将幼儿园打造成为“启慧孩子、成就教师、引领家长、服务社会”的高品质教研型幼儿园。教师的《幼儿园教师观察能力的发展现状及培养对策》获“第十一届全国幼儿园‘优秀论文和优秀活动案例’征文比赛”一等奖。有“全国促进幼儿园教师专业化模范园长全国幼儿教师职业技能大赛”教育随笔类一等奖2人，“全国幼儿教师职业技能大赛”一等奖4人，“全国促进幼儿教师专业化最佳指导奖”1人，“第二十三届全国幼儿创意美术大赛组织金奖”1人，“幼儿教师职业技能大赛全国促进幼儿园教师专业化最佳指导奖”1人，“全国教育系统教学成果大赛”一等奖7人，“全国幼儿教师优秀论文评选”一等奖1人，“全国教育系统教学成果大赛”一等奖7人，“南山区年度教育教学论文比赛”一等奖1人，“南山区青年教师教学能力大赛”一等奖1人，教育案例载录“中国重要会议论文全文数据库”的作者8人。2021年，开展中国学前研究会“十四五”研究课题“3~6岁幼儿数学语言发展特点”、广东省学前教育专委会“十四五”课题“幼儿园小组活动培养4~6岁幼儿专注力的实践研究”两项课题研究。先后获评“全国教育系统教研先进单位”“全国幼儿教师职业技能大赛先进单位”“全国足球特色幼儿园”“深圳市科创教育示范园”“深圳市幼儿科技素养教育示范园”“深圳市健康促进幼儿园”“深圳市‘家门口的优质幼儿园’培育单位”“深圳市年度最受家长欢迎幼儿园”，获“全国幼儿创意美术大赛”特等奖。（郑楠仪）

【蛇口育才教育集团阳光幼儿园】创办于2004年9月。为深圳市蛇口育才教育集团自主承办的第一所幼儿园，2019年8月转型为公办幼儿园，2020年3月更名为深圳市蛇口育才教育集团阳光幼儿园，2021年11月成为南山区育才幼教集团核心园。为广东省一级幼儿园。占地面积4200平方米，建筑面积1900平方米，室外游戏场地面积2300平方米。2021年，有教学班11个，幼儿381人。教职工57人，其中：副高级职称1人，幼儿园高级教师1人，小学（幼儿园）一级教师7人；本科及以上学历33人（硕士2人）。国家级、省级课题5个。坚持“尊重、平等、和谐、发展”的办学宗旨，实施“自然、乐趣、共长”的教育。以“促进幼儿全面发展”为基础，以“艺术教育”为主线，以“传承民族传统文化”为核心。坚持用课程打开特色发展之门，用课题铺设特色发展之路，用活动搭建特色展示舞台。在幼儿多元智能、艺术教育、礼仪教育、混龄教育、德育培养等方面取得突出成果。获评广东省和深圳市“食品安全示范单位”、广东省和深圳市“华文教育实验基地”、“深圳市巾帼文明岗”、“深圳市生活垃圾分类风尚园”、“深圳市优秀卫生保健幼儿园”、“深圳市‘家门口的优质幼儿园’培育单位”、“南山区安全管理先进单位”、“南山区食品安全A级食堂”；录制的微电影《雅安　我来了》获“中国学前教育年会首届微电影大赛”金奖；“国旗下分享”“民族嘉年华”“读书月”等主题活动获“深圳幼教‘百花奖’教育成果”优质奖，“幼儿园游戏活动的支持与指导”评为“广东省学前教育‘新课程’科学保教示范项目”；多个课题分获全国“十三五”优秀课题、中央教科所“十三五”规划课题二等奖、国家自然科学基金会推广项目课题一等奖、深圳市学前教育协会优秀课题。编写园本课程教材《幼儿基本行为习惯训练》《奥尔夫音乐活动教案集锦》《特色环境集锦》《国旗下分享活动集锦》《我们的混龄故事》《我们的生态项目课程故事》等。办园经验获多家媒体宣传报道。为深圳市教育学会第七届理事会员单位。（曾兵容）

蛇口育才教育集团阳光幼儿园（2021）　　（阳光幼儿园　供）

【南山区首地幼儿园】2021年11月成为南山区首地幼教集团核心园。为广东省一级幼儿园。占地面积2700平方米，建筑面积2800平方米，活动场地面积1647平方米。2021年，开设教学班10个，幼儿305人。教职工55人，其中，本科及以上学历29人（硕士1人，博士1人），专任教师学历合格率达100%。秉承“培根养正，启智润心”的办园理念，致力于培养“爱生活、爱运动、爱探究”全面和谐发展的现代儿童。贯彻生活化、游戏化、体验性的课程理念，构建首地“三爱课程体系”。让幼儿像艺术家一样品味生活，培养其珍爱生命、主动积极、习惯良好、快乐生活；让幼儿像运动员一样享受运动，培养其热爱运动、同心协力、勇敢坚持、身心强健；让幼儿像工程师一样思考问题，培养其好奇好问、动手动脑、富有逻辑、解决问题。将STEM理念与园本课程融合，以生活真实问题为切入，让孩子学习和应用科学、技术、工程、数学等跨学科知识，在真实问题情境中操作体验，在跨学科整合式学习中建构经验，通过设计、实施、再设计、再实施，发展孩子的探究思维和创新能力。为广东省首批STEM种子幼儿园。建设高质量教师队伍。3名教师获评第二轮深圳市学前教育“苗圃工程”骨干教师和教坛新秀；陈惠玲获“第三届南山青年教师演讲大赛‘十佳’”荣誉，尹运霞获“南山区首届班主任大赛”一等奖；在两届“深圳市‘故事老师’大赛”及“原创绘本大赛”中，总冠军1人，一等奖3人，二等奖1人，4项原创绘本分获一、二、三等奖。先后有1个课题立项中研会“十四五”课题，2个课题立项深圳市教科院“十四五”课题，多个课题立项南山区课题。获“广东省优质特色创建方案”二等奖。先后获评“深圳优质特色示范园”“深圳市卫生保健优秀幼儿园”。为深圳大学教育硕士研习基地和国培基地、中科院深圳先进院STEM项目基地园。（姜月波）

【深圳大学诺德幼儿园】隶属于深圳大学附属教育集团。2011年6月由南山区教育局批准举办，2020年2月转型为公办幼儿园。占地面积2290平方米，建筑面积2480平方米，户外活动场地面积1618平方米。2021年，开设教学班9个，幼儿340人。有教职工57人，其中专任教师中30人。专任教师中：全日制本科学历占比100%（深圳大学毕业生22人，占比73%）；研究生及以上学历4人，占比13%。该园是一所由深圳大学学前教育专业“教授办园”园所。借助专家力量，依托高校办园，引入优质教育资源，打通高校与幼儿园教学、实践、就业通道，实现对实习生理论与实践的并行培养，并为毕业生提供优质就业平台。依托深圳大学丰厚教育资源，秉持以科研促教学、以教学促发展的办园思路，以成就幼儿“快乐、幸福、健康”为办园理念，在“高校+幼儿园”办园形式下，引领着一支专业素养高、教学经验丰富、科研能力强、有发展潜力的教师队伍。先后获评“广东省学前教育高质量发展‘幼小衔接’项目试点园”“深圳市首批优质特色示范园”“深圳市‘百园帮扶百园’项目帮扶园”“深圳市‘家门口的优质幼儿园’培育单位”，并被深圳市教育学会、深圳大学湾区教育研究院评为“深圳市‘年度最受家长欢迎的幼儿园’”。为深圳大学教育硕士研习基地、深圳大学本科生实习实践基地。

（深圳大学诺德幼儿园）

盐田区幼儿园

【盐田区机关幼儿园海山分园】创办于2004年9月，2020年6月转型为区属公办幼儿园，市一级幼儿园。位于深圳市盐田区云汉路。占地面积3680平方米，建筑面积322.17平方米。每个教室配备计算机、多媒体电教设备，有综合活动室、美术室、音乐室、幼儿阅览室等活动场所，功能设备齐全。2021年，有教学班15个，学位450个。教职工79人，其中：小教一级教师5人，二级教师23人；深圳市“苗圃工程”学前教育教科研骨干1人；本科及以上学历33人（全日制研究生学历2人）。坚持“让每一名儿童拥有幸福的童年”的办园宗旨，秉承“追随儿童，让生命和谐成长”的教育理念，全方位为儿童创设健康、开放、自由、尊重、丰富的活动环境。以机关园微集团《DRF儿童成长园本课程》为抓手，结合实际，深化完善，构建特色课程体系。基础课程（项目式学习）+特色课程（梦想森林自然教育、KDL体育健康游戏、游戏化音乐活动、创意美术），充分拓展园所空间，打造“把游戏还给孩子”的户外活动环境。结合艺术特色课程，开设合唱、体操、拉丁舞、啦啦操、武术、网球、篮球等幼儿体艺活动。获“中国童话节”之第十七、十八届粤港澳大湾区“童话之声”合唱比赛学前组特金奖，“2022深圳少儿武术邀请赛”一等奖，“盐田区‘体彩杯’少年

2021年12月12日，盐田区机关幼儿园海山分园参加“中国童话节”粤港澳大湾区“童话之声”合唱比赛获学前组特金奖　　（刘嘉华　摄）

儿童锦标赛武术比赛”团体金奖，代表盐田区参加“2021深圳市第十届市运会少儿体操锦标赛”获1枚金牌、4枚银牌、5枚铜牌，“你好！8号线”获“2021年度‘美好盐田’项目式学习案例”一等奖。获评“第十四届全国教师教学设计创意大赛”——“全国教师教学设计创意先进单位”、“第六届中国幼儿教师优秀论文评选活动先进单位”，获“童画之星·第二十三届全国幼儿创意美术大赛”特等奖。先后获评“中国儿童青少年体育与健康促进学校”“广东省学前教育高质量发展实验区幼儿园与小学科学衔接项目试点园”“深圳市绿色幼儿园”“深圳市首个自然教育基地实践示范校园”“深圳市盐田区婴幼儿早期教育实践点”“深圳市运动方舟幼儿体能运动课程实验园”。

（盐田区机关幼儿园海山分园）

【盐田区教科院幼儿园】创办于2020年5月。为盐田区一级公办幼儿园，区学前教育第四学区中心园。位于深圳市盐田区沙头角街道沙深路79号。占地面积4097平方米。2021年，有教学班10个，在园幼儿338名，教职工56名，师生比为1∶6，大专及以上学历教师占比达100%。有E空间、音乐厅、全息投影教室、种植区、资源库等多功能场地以及3D打印机、一体机、智慧班牌、互动桌、体感互动系统、多功能展台等智能化设备，学习时间段内可将班级开设成机械院、博物院、生活院等13个主题活动空间，全方位打造现代化、信息化、自由开放的无边界学习环境，以支持幼儿基于驱动性问题的生成学习。办园理念为“鲲化为鹏”，以“三个期待”作为园所特色发展切入点和突破口。对口帮扶贵州毕节市织金县和广西百色市乐业县2所幼儿园。先后获评“教育部重点课题‘基于STEM教育理念的跨学科学习模式区域实践研究’实验园”“中国第三届新样态实验学校”“中国STEM教育2029‘创新行动计划’课题立项单位”“广东省首批STEM种子幼儿园”“第三批省级课题幼儿园”“广东省学前教育‘新课程’幼儿园科学保教示范项目参与园”“首批中国青少年体育健康促进学校基地”“中国第十四届‘当代之星’中国儿童绘画大赛先进单位”“盐田区幼儿园国际STEM教育项目研究基地园”“深圳市广电基金会·娃公益基金‘公益爱心单位’”“第七届深圳教育改革创新大奖·年度最受家长欢迎幼儿园”“第四届深圳教育改革创新项目改革创新示范幼儿园”“第十六届深圳市盐田区‘沙沙讲故事’儿童故事大王比赛区级初赛优秀承办单位”；获“盐田区2020—2021学年度校园宣传工作先进校园奖”。获深圳卫视“家门口的好幼儿园”专题推介，项目式学习案例“珠宝设计师”在StarT项目式学习学生项目中获全球第六名，项目式学习案例“传承与创新——钱币收藏馆”获盐田区“美好盐田”一等奖、项目展评活动特等奖。多名教职工被评为骨干园长、教科研骨干、新秀教师及种子教师。坚持为幼儿提供科学保育教育。申请课题10余项，其中2项课题结题，“鲲鹏课程”被收录到《深圳教育年鉴》。（盐田区教科院幼儿园）

【盐田区实验幼儿园倚山分园】创办于2017年，2020年6月纳入盐田区实验幼儿园集团，为盐田区教育局直属公办幼儿园。位于深圳市盐田区梧桐路1968号新世界倚山花园。占地面积3282平方米，建筑面积2497平方米。2021年，办学规模为10个班、360个学位。户外活动场地宽阔，室内宽敞明亮，设施设备齐全。坚持“陪孩子走自己的路”的办园宗旨，融入实验幼儿园微集团构建的“爱生命的教育”园本课程。以蒙台梭利教育为基础，吸取精髓，改革创新，形成富有中国传统文化的顺时生活文化课程。以“让孩子成为最好的自己”为培养目标，让孩子拥有独立自主、解决问题的能力。实行混龄编班，打破班级和年龄界限，创设温暖、关爱、和睦的集体生活氛围，建立积极和谐的同伴关系。注重良好品德和行为习惯养成，多元评价欣赏孩子，全面促进幼儿身心发展。先后获评“中国青少年体育健康促进学校”“深圳市绿色幼儿园”“深圳市健康促进幼儿园”，开展广东省科学保教项目“运动游戏对幼儿基本运动技能的实验研究”“蒙台梭利课程下幼儿园STEAM教育活动有效开展的实践研究”“智能体育教学共同体研究”等科研活动。

（盐田区实验幼儿园倚山分园）

【盐田区盐港幼儿园】开办于2021年2月，为盐田区建设规模最大的区属公办幼儿园。位于深圳市盐田港后方陆域东海四街和盐田五街交会处。占地面积6340平方米，建筑面积1.39万平方米，户外活动场地面积3408平方米。园内集现代化、智能化设施设备于一体，有阅览室、美术室、音乐小剧场等各类综合活动室。教室配备空调、钢琴、多媒体、智能饮水设备、消毒柜等设施设备；玩教具适宜幼儿年龄特点，种类丰富全面。核定办学规模21个教学班，可提供学位630个。2021年，有教学班13个，幼儿378人。教职员工72人（专任教师31人），其中：研究生学历1人，本科学历21人，大专学历8人，本科及以上学历教师占比67.7%，大专及以上学历教师占比100%；副高级职称1人，中级职称2人，初级职称15人。园长董晓丽毕业于复旦大学，研究生学历，国家级家庭教育培训师，深圳市第二批学前教育“苗圃工程”骨干园长，深圳市教育督导评估专家库成员，盐田区挂牌督学，盐田区第六届人大代表，盐田区学前教育第一学区负责人。将教育理念与自然元素相融合，创设安全、适宜、温馨和富有教育内涵的环境，促进儿童全面发展。“在一起，就是最好的我们”是团队建设核心愿景。以“行自然、美融合、悦成长”为办园理念，以“自然绘就独一无二的生命色彩”为办园目标，积极建构“向海而生、依港而行”的园本课程体系，致力于培养健康灵动、理解沟通、合作包容、探究反思、审美创造的现代儿童。2021年，获评“深圳市‘家门口的优质幼儿园’培育单位”；在“第十六届‘沙沙讲故事’比赛”中亲子作品《好饿的狼和猪小镇》获区级一等奖、市级二等奖；《百年欢庆，歌舞赞之》获盐田区“请党放心，强国有我”创意戏剧节一等奖及最佳人气奖。 （盐田区盐港幼儿园）

【**盐田区明珠幼儿园**】于2000年9月建园，2012年8月被评为广东省一级幼儿园，2020年6月转型为区属公办幼儿园，隶属盐田区教育局。位于深圳市盐田区东海大道南方明珠花园，为小区配套幼儿园。占地面积3400平方米，建筑面积3584平方米，户外活动场地面积2486平方米。2021年，有教学班12个，学位420个。设施设备先进齐全、功能完善。室内有美术创意馆、科学探索馆、儿童阅读中心、STEAM玩创中心、音体室等功能室，户外有大型器械活动区、自然生态区、沙水区、建构区、涂鸦区等活动场地。布局科学合理，环境温馨有爱。秉承“润泽童年，爱育生命”的办园理念，遵循“办一所温暖有爱的新样态幼儿园”的办园目标，用心、用爱、用情从事爱的教育。先后获评“深圳市绿色幼儿园”“深圳市书香幼儿园”“深圳市优质特色示范园”“深圳市卫生保健优秀示范园”。

（盐田区明珠幼儿园）

宝安区幼儿园

【**宝安幼教集团**】于2016年1月23日揭牌成立。以兴华幼儿园为总园，联合宝安区机关幼儿园、新城幼儿园、新蕾幼儿园、机关第二幼儿园和建安新村幼儿园5所直属公办幼儿园及其分园组建而成的集群式发展联盟。秉持“幸福为上、幼儿为本、教师为重、家长为翼”的办学理念，形成“各美其美、美美与共”的集团文化。实行集群式管理、集团化发展创新管理模式，以紧密型管理为根基，以集群式联盟为核心，以生均拨款为保障，11所公办园均保留独立法人制。2021年，该集团共有52所幼儿园，开设教学班582个，在园幼儿2.04万名。教职工2805名，其中专任教师1804名，教师专业合格率达100%。有“广东省一级幼儿园”8所、“深圳市优质特色示范幼儿园”9所，是宝安区乃至深圳市的学前教育对外宣传窗口与示范基地。对标深圳“教育高质量发展”战略定位，围绕党建引领、优质队伍建设、优质资源示范辐射、优质办学品牌宣传四个中心开展工作，提升办园水平，取得较好成绩。在第七届“深圳教育改革创新论坛”创新大奖评选中获“教育创新领跑学校年度奖”；获评“广东省首批优质基础教育集团培育对象”；“集团化办学背景下的幼儿园教育质量内部监测体系建构研究——以宝安幼教集团为例”获“广东省基础教育集团化办学专项课题”立项；19所集团幼儿园被评为“深圳市2021年度‘家门口的优质幼儿园’”；全年集团园所共获区级及以上集体荣誉79项，获市、区级“十四五”各类课题立项27项。在深圳市基础教育“名师工程”第五批名园长名教师评选中，获评名园长1人、市名师及培养对象3人；在深圳市第二轮学前教育“苗圃工程”名师评选中，获评名园长3

人、骨干园长7人、教科研骨干3人、名师及培养对象20人；在宝安区基础教育系统“名师工程”第五批名园长名教师评选中，获评名园长6人、名教师及培养对象18人。4名教师获评宝安区教育系统首届“家庭教育兼职教研员”，8名教师获评新一届“家庭教育指导师”。在“2021年中小幼青年教师教学能力大赛”中，获区级初赛一等奖8人、二等奖5人、三等奖3人，获市级赛一等奖2人，获省级决赛二等奖1人。在“深圳市首届美育教师教学基本功比赛”中，黄媛华获音乐类二等奖，黄筠筠等5位教师获三等奖。

（宝安幼教集团）

【宝安区机关幼儿园】创办于1984年9月，为1982年宝安县建制后成立的第一所公办幼儿园，广东省一级幼儿园，隶属于宝安幼教集团。该园为一园六址办学，设有机关幼儿园总部、假日名居分园、幸福海岸分园、金成时代分园、第五大道分园、新安兰乔分园6个园区。园区占地总面积1.61万平方米，建筑面积1.42万平方米，户外活动场地面积8050.96平方米。2021年，共有教学班57个，在园幼儿1900名。教职工300名，其中专任教师165名，大及专以上学历占比100%，本科学历占比72%。加强内涵管理，树立“一园一优”“联系联动”的工作新理念，强化顶层设计，注重源头管理，建立“视导团队”，组织开展园所评估工作，推动各园规范化、特色化、优质化发展。完成园本“和乐课程”框架建构，确定以“让每个孩子享受快乐而有意义的童年生活”为办园使命，以“和以共生，乐以养成”为办园理念，以“身灵动、心和谐、理通达的和乐儿童”为培养目标，创设和美环境，构建教师和慧、幼儿和乐、家园和谐“和乐家园”。注重师德教育，打造“融正立德，内外兼修，知行合一”的教师队伍。制订“研修一体”的教研方案，采用“分层、定向、多维”的教研模式，开展教研活动42次，提升各阶段教师专业能力。在教学论文及各项教学技能比赛中，教师获市、区、集团特等奖和一、二、三等奖共73次。发挥园所辐射引领作用，接待本市及外地幼儿园园长、教师观摩培训351人次。注重深化体育课程探究。完成“以单元式体育活动为主线的幼儿体育课程研究”市级课题，与宝安区国家国民体质测试站合作开展幼儿体质提升活动、教师系列培训、家长讲座共6次，开展体育公开课活动32次，提升教师体育素养、家长科学育儿能力。立足幼儿生活需要，将幼儿发展与生活融为一体。组织第十一届亲子节——趣味运动会、美术作品展活动，各年级开展个人赛、团体赛、亲子线上趣味赛等运动赛事，各班开展“体育运动”主题探究；美术作品展以“嗨！我们的家”“哈！夺冠时刻”“呀！健康饮食”“哇！精彩瞬间”为主题创作，展示幼儿艺术才能。大中班开设幼儿足球运动课程，专任教师编制快乐足球游戏。先后获评“首批全国足球特色示范园”“广东省巾帼文明示范岗”“深圳市卫生保健优秀幼儿园”“深圳市教育系统先进单位”“首批深圳市优质特色示范幼儿园”“深圳市五一巾帼标兵岗”“宝安区室内外一体化课程资源特色示范园”，获“深圳市办学效益奖”。

（宝安区机关幼儿园）

【宝安区新城幼儿园】创办于1989年，隶属于宝安幼教集团，为广东省一级幼儿园。位于深圳市宝安新中心区兴华一路天健时尚空间名苑。一园七址办园，分别为新城幼儿园本部、新城幼儿园中洲分园、新安凯旋城幼儿园、新安新锦安雅园幼儿园、西乡丽景城幼儿园、新安都市茗荟幼儿园和新安熙龙湾幼儿园。7个园所总占地面积2.03万平方米，建筑面积1.9万平方米，户外活动场地面积1.84万平方米。2021年，共开设教学班70个，在园幼儿2269名，教职工334名。坚持以“一切为了孩子——满足孩子学习与发展的需要”为办园宗旨，以“以人为本，爱为核心，共同成长”为办园理念，致力于培养健康、自信、友善、习惯好、爱学习的新城儿童。在“同宗旨、同理念、同管理、同目标、同资源”五同管理下，新城幼儿园本部形成全语言教育、美术渲染的教学特色；中洲分园以数学教育、版画为特色；凯旋城幼儿园突出水墨艺术和种植课程特色；熙龙湾幼儿园发展足球教育特色。新城幼儿园领衔的深圳市学前教育科学示范保教项目“幼儿园教育活动实施策略研究”和园长简琪主持的市级课题“幼儿园中大班数学小组活动中操作材料的投放策略研究”在研。先后获评“广东省安全文明校园”“广东省示范家长学校”“广东省优秀家长学校”“广东省绿色幼儿园”“广东省巾帼文明示范岗”“深圳市教育系统先进单位”“深圳市卫生保健优秀幼儿园”“宝安区幼儿教师培训基地”，获“深圳市办学效益奖”。2021年，入选“深圳市‘家门口的优质幼儿园’培育单位”，获“2021年宝安区幼儿园阅读区环境创设评比”一等奖、“‘宝安是我家，欢度健康年’教职工微图片微视频大赛”优秀组织奖、“宝安区教职工‘逐浪大湾区，共筑教育梦’主题征文大赛”优秀组织奖、“宝安幼教集团‘童心园·稚子画’幼儿绘画征集”活动优秀组织奖，获评“宝安幼教集团先进党支部”“宝安区教育系统教职工阅读推广先进集体”。

（宝安区新城幼儿园）

【宝安区航城航星幼儿园】创办于2014年9月，前身为黄田第二幼儿园，为市一级全日制公办幼儿园。占地面积4928平方米，建筑面积4753平方米，户外活动场地面积2910平方米。2021年，开设教学班21个，在园儿童802人。教职工100人，其中：专任教师47人。专任教师中本科学历25人，大专及以上学历占比100%。秉持“呵护幼儿身心健康，促进幼儿和谐发展”的办园理念，践行“尊重、信任、理解、发展”的教育理念，用幼儿表征装点班级环境和园所走廊，利用墙面和走廊创设共享区域，园所环境更具“儿童气息”。致力于科学保教，合理安排一日活动作息时间，规范班级一日活动环节，让幼儿更自主有序。基于园所实际，在“三学课程”基础上，融合机场、榕树、古屋、池塘、天后庙等地域特色，探索与生成特色主题课程，让幼儿感受学习与生活的联系。深化教科研课题引领特色创建。探索与构建园本阅读与足球特色，举办“阅读节”和“运动节”。立项和开展1项市级课题、3项区级课题，在刊物上发表论文2篇。注重队伍建设。关注不同梯队教师需求，组建多样化学习共同体，定期分层次、分领域、分级组开展研训活动，提供各种外出学习机会，逐步形成“在工作中学习，在学习中工作”的学习氛围。结合“建党百年”，开展“学党史、颂党恩、跟党走”系列党建活动，弘扬主旋律，讲好师德故事，促进教师成长。获评“全国足球特色幼儿园”“深圳市‘家门口的优质幼儿园’培育单位”，获“深圳市第十六届‘沙沙讲故事’比赛”二等奖、“阅读区环境创设”二等奖。2021年，共有9人次获市、区级荣誉。（宝安区航城航星幼儿园）

【宝安区西乡南昌第二幼儿园】为宝安区第一批“民转公”幼儿园。以“民转公”为契机，办学规模由原来的9个教学班核定为18个教学班，幼儿由205人增加至540人，增幅为163%；教师资质由原来的专任教师持证率5%、学历达标率22%、保育员持证率11%，全部提升为100%。建筑面积5035平方米。以“像花儿一样绽放”为办园理念，以“关爱每一位孩子”为办园宗旨，培养健康、文明、智慧、自信的好儿童。转公办以来总投入729.58万元，主要用于整治安全隐患，增添幼儿所需设施设备及教玩具，翻新幼儿活动区域，改善教师办公条件等。2021年，借助社区资源开展多种形式党史学习活动，全体员工学党史、知党情、听党话、跟党走、感党恩。重视师德师风建设。打造一支讲政治、顾大局、入角色、懂感恩、能力强的团队。为教师建立师德档案，开展多种形式师德师风建设活动。组织召开“居安思危”讨论会，民主管理，群策群力。倡导“成长伙伴计划”，全园教职工迅速成长。创设“爱在南昌二幼，共享快乐成长”的园所文化。开设“向阳花课程”，以“基于童心，行于向阳”为实践智慧，尊重幼儿自己生长、自然生长、自由生长，促进幼儿全面和谐、健康发展。坚持开放管理，充分整合资源，及时了解家长需求，重视家长意见，采取多种形式增进家园联系。

（宝安区西乡南昌第二幼儿园）

【宝安区御龙居幼儿园】为2020年2月第一批“民转公”幼儿园，深圳市一级幼儿园。占地面积3000平方米，建筑面积2569平方米，户外活动场地面积1350平方米。2021年，有教学班10个，幼儿349人。教职员工47人，其中：本科学历14人，大专学历19人；中共党员2人，入党申请人15人。年内，改造校园边坡、厨房、绘本馆、美术室，更换老化电线及部分老旧空调，增加户外体育器械、教玩具、桌椅、活动区域柜等。坚持“自然育人，育自然人”的办学理念，以“以自然为本，以探究为先，创童年乐园”为办园宗旨，开展园本主题活动，如鸡蛋孵小鸡、种植水稻和蔬菜等。结合节日、节气开展“3·12”植树活动，端午包粽子、挂艾叶活动，举办建党100周年庆祝活动等；“读书月”开展“图书漂流”“亲子阅读”“故事大王”等活动。8月，成立工会，组织“员工集体生日会”“运动打卡半小时”等活动。开展疫情防控演练、员工安全培训、各项安全演练活动及幼儿安全教育，成立“家长义工护卫队”。加强师德师风建设，提高教师素质。对新教师采取岗位培训、经验交流、“以老带新”等形式，促进青年教师迅速成长；采取“走出去、请进来”方式提升教师业务水平，重点培养骨干教师，带动师资队伍建设；11人次参加家庭教育指导师、心理健康教育C证培训并获得证书。2021年，杨宏娜获评“深圳市优秀班主任”，江汉略获评“宝安区优秀安全主任”，尚雨秋获评“宝安区教坛新秀”并获“宝安区第二学区教师基本功大赛”二等奖，郑芹获评宝安区教育工会“教坛阅读之星”，陈淑芳获评“宝安区教育系统工会优秀积极分子”。幼儿园得到家长赞誉并赠予锦旗。年内，通过“宝安区‘民转公’专项督导评估”“深圳市生活垃圾分类新风尚幼儿园”评估。（宝安区御龙居幼儿园）

【宝安区白石厦幼儿园】创建于2000年8月，2020年2月转型为公办幼儿园。位于深圳市宝安区福永街道白石厦社区内，占地面积2240平方米，建筑面积2350平方米。2021年，开设教学班9个，在园幼儿315名。教职工45人，其中：专任教师20名，保育员9名，保教人员大专及以上学历占比100%，专业合格率达100%。秉承“阅享成长，快乐童年”的办园理念，以“启智尚美，尽善齐美”为办园目标。改善办园条件，优化育人环境。实施园所改造和设备更新，更换陈旧照明设备、室内外玩教具，新增双层大型玩具，改造沙水池等；保障安全及基本生活所需，改造厨房，翻新外墙及户外操场，衍生出阳光植物园“趣享小院”；对创客室、阅览室、教工餐厅、各办公室等室内环境进行改造升级，打造舒适、童趣的园所环境。规范各项管理，加强队伍建设。转公办后，对原有各项制度修订完善，规范人事、财务、工程管理。通过园本培训、课题研究、外出观摩、专家到园等方式多元化打造学习共同体，开展各项特色活动。园长刘容受邀参加宝安区教育局全区公办幼儿园办学经验分享，接待学区公办园教学主任到园跟岗学习等，搭建经验共享、共同成长平台。2021年，教师共12篇论文在各类刊物上发表并获奖。先后获评“第十八届‘当代杯’全国幼儿教师职业技能大赛先进单位”“深圳市‘家门口的优质幼儿园’”“深圳市生活垃圾分类新风尚幼儿园”。

（宝安区白石厦幼儿园）

【宝安区福永街道金贝第二幼儿园】为全日制民办幼儿园。位于深圳市宝安区福永街道凤凰社区岭北路2号。占地面积5243.73平方米，建筑面积4100平方米。园舍美观大气，场地独立完整，日照充足，各种功能用房和户外沙水区、运动区齐全。2021年，开设教学班18个，在园幼儿556人。教职员工80人，教师专业合格率达100%。以实现“幼有善育”为目标，以迎接宝安区一级复评为工作重点，立足服务，优化管理。以“创建优良的学习环境，让每一个孩子度过快乐、有意义的每一天”为办园宗旨，健全管理机构，建章立制，民主管理。重视为孩子创建良好学习和运动环境。2021年投入资金修缮园舍、更新操场，购置体育器械和操作材料，营造与教育相适应的环境。注重师德师风建设与业务学习。定期培训，外出参观学习，参与宝安区足球专项教研活动，创设多项奖励与考评方案，促进队伍专业成长及健康和谐发展。关心教职员工思想、工作和生活，逐步提高教职员工福利待遇。制订课程实施方案、目标体系，确立“立足幼儿足球项目，发展体育特色”的独特定位，配备专职体育教师，规范体育活动，制订足球特色工作计划，普及幼儿足球运动，2021年成为第一批“幼儿足球试点园”。重视家长工作，充分发挥家长学校、家委会作用，定期举行讲座、家访、家长会、开放日活动，密切家园联系，家长满意率达90%。

（宝安区福永街道金贝第二幼儿园）

【宝安区福海街道中心幼儿园】创办于2020年9月，为全日制公办幼儿园。占地面积5418.22平方米，户外活动场地面积4762平方米。2021年，开办教学班15个，在园幼儿526人。教职工85人。教师大专及以上学历占比100%，本科及以上学历占比62.8%，硕士学历1人；深圳市名师1人，宝安区名

2021 年 6 月 1 日，宝安区福海街道中心幼儿园举办“童心向党梦飞扬，花儿朵朵向党开”文艺汇演（福海街道中心幼儿园 供）

师1人，宝安区高层次人才1人。坚持社会主义办园方向，牢记“为党育人、为国育才”的使命，以“为幼儿终身发展奠基”为办园宗旨，以“珍视童年，幸福成长”为办园理念，以培养“健康乐观、勇敢自信、好奇探索、文明友爱、和谐发展的社会主义好儿童”为目标，致力于打造“幸福幼儿园”。坚持“以幼儿为本”，积极探索构建“促进幼儿身心和谐发展”的园本课程，强调课程全面、均衡、适宜。组织展开“阳光农场”“阳光运动”特色项目探索活动，初步明确特色课程发展方向。2021 年，成功立项宝安区教育科研课题3个，多篇论文、案例获得省、市、区级奖项。“神奇的自动喂水器”课程案例获“2021年广东省中小学幼儿园STEM课程案例评比”二等奖、区级评选特等奖；2篇论文获市学前教育“鹏程论坛”征文区级评选特等奖；1篇教育活动课例获区一等奖；1篇家庭教育课例获区一等奖。发挥街道中心园示范作用，先后承办多个不同场次的主题集体教研活动，园长、教师承担多个区级教师专业培训指导工作，均获好评。先后获评“广东省学前教育高质量发展实验区”之“岭南幼儿园自主游戏项目区试点园”、“深圳市‘家门口的优质幼儿园’培育单位”、“2021学年度宝安区卫生保健优秀单位”。

（宝安区福海街道中心幼儿园）

【宝安区松岗街道中心幼儿园东方华府分园】开办于2020年9月1日。为宝安区教育局下属二级事业单位，由松岗街道中心幼儿园归口管理，为松岗街道中心幼儿园4所分园之一，按照总园“文化理念一致、管理标准统一、基础课程相同、优势资源共享”的原则建园和发展。占地面积3604.82平方米，建筑面积3209.65平方米，户外活动场地面积2486.89平方米。2021年，有教学班12个，在园幼儿409人。教职工57人，其中：专任教师28人，大专及以上学历37人；深圳市教科研专家1人，深圳市“苗圃工程”骨干教师1人，宝安幼教集团“种子教师”3人。以“有温度、有高度、有力度的示范园”为办园目标，遵循“全心全意为幼儿教育提供优质服务”的办园宗旨，践行“大爱为根、幼儿为本、教工为重、专业立园、引领示范”的办园理念，积极为社区提供优质学前教育服务。加强队伍建设，提升专业水平；开展园本培训，邀请专家进园指导。园长作为深圳市教科研专家，定期开设“园长讲堂”，剖析问题，专业指导，提升队伍素质。以研促教，以教促学。开展“幼儿积木游戏教师的指导问题与策略研究”“培养中班幼儿口头语言表达能力的策略研究”2个区级课题研究，通过课题研究解决教学中的问题，提升教科研水平。12篇课题论文获《学前教育》杂志论文大赛奖项，其中一等奖2名、二等奖7名、三等奖3名。李秀娟微课程案例获评“宝安区微教研优秀课程”，并以“名师进民园”形式到“民转公”幼儿园做经验分享。举办工会活动、民主生活会、家庭沙龙、团建活动等，教职工感受集体温暖，增进集体荣誉感。2021年5月，与总园教职工组队参加宝安区“活动工会、筑梦教育”教职工跳绳比赛，获幼教A组亚军；7月，与总园教职工组队参加区教育工会“颂党恩、跟党走”幼儿园教职工歌舞大赛决赛并获一等奖。年内，获评“深圳市‘家门口的优质幼儿园'”“宝安区卫生保健优秀园”。

（宝安区松岗街道中心幼儿园东方华府分园）

【**宝安区集信名城幼儿园**】为首批宝安区“民转公”幼儿园。占地面积3343.38平方米，建筑面积2498.24平方米，户外活动场地面积2722平方米。2021年，有教学班11个，在园儿童372人。教职工48人，其中：硕士研究生学历1人，本科学历12人，大专学历23人；深圳市名园长工作室成员1人，深圳市名师工作室学员3人；党员4人，成立园党支部。立足儿童成长发展。斥资约460万元消除安全隐患，修缮校舍、场馆和大门，提升园所环境，面貌焕然一新。课程体系完善。坚持“让每个生命自由绽放”的核心价值导向，家、园、社区“三位一体”教育联动，构建“集智·运动，集趣·田园，集美·人文，集妙·艺术”的生态之旅园本探究课程。以智趣美妙方式践行“生命构成大自然，自然体验即教育”的课程理念。确立“旅”的发展主题，侧重旅行式体验、发现、探索、成长。培养身心健康、懂礼明礼、乐于探索、热爱艺术、亲近自然的新时代自然儿童。多次打磨形成《生态之旅课程实施方案》，分为单元主题融合五大领域基础性课程（预设）+“四旅”活动性课程（生成）+特色足球项目（预设和生成）。园所文化特色鲜明。基于园所现状和周边人文历史，着眼未来发展，重新打造园所文化体系。广泛调研，提炼形成“生态之旅”园所文化体系。先后获评“全国幼儿足球特色园”“深圳市一级幼儿园”“宝安区民转公幼儿园专项督导先进单位”“宝安区优秀保健园”“宝安区室内外环境一体化课程资源特色示范园”“宝安区教育系统三生教育巾帼文明岗”“宝安区幼儿园研训基地牵头园”。

（宝安区集信名城幼儿园）

【**宝安区石岩街道中心幼儿园**】创办于1990年，为宝安区教育局主管的公办幼儿园。一园五址办园。总园占地面积5496平方米，建筑面积2643平方米，户外活动场地面积4988平方米。2021年，开设教学班11个，在园幼儿406人。教职工61人（专任教师24人）。专任教师中本科学历13人，大专及以上学历教师占比达100%。秉承“以儿童发展为本”的办园理念，营造“以人为本”的校园文化，完善园所制度，强化教学科研，优化园所环境，促进儿童健康成长。完善园务管理，全面提升办园质量。倡导“以幼儿为本、为教学一线服务”的管理理念，不断健全幼儿园各项管理机制。梳理管理层级网络，完善多项管理制度，制定意外伤害事件处理流程、传染病报告与处理流程等十余项工作细则，并向分园输出管理力量和管理模式，管理工作科学有序、精细高效。优化校园环境创设，持续强化以研促教。推进室内外自主游戏开展，打破时间和空间限制，为游戏提供适宜条件。增强教师观察记录幼儿游戏行为意识，支持幼儿学习与发展。重新规划户外活动区域，投放用于观察、记录、探索的工具和书籍。开展“幼儿园户外环境资源利用与管理”主题研讨，优化户外学习环境，总结户外学习环境创设经验做法。市级课题“幼儿园户外游戏环境创设的实践研究”顺利结题。整理《幼儿园户外游戏环境创设案例集》《幼儿园户外活动场地规划指引》等6项成果资料。严抓严管卫生保健，保障幼儿身心健康。抓细抓实卫生消毒、体能锻炼、膳食管理、传染病防控等工作，按照疫情防控要求制定室内外及教玩具卫生消毒细则。利用户外场地特点丰富体育活动器械，开展“运用体育器械促进幼儿体能发展实践研究”区级课题研究，促进幼儿体能发展。严把食品安全关，丰富幼儿膳食，提升烹饪水平。针对体质特异及特殊儿童，实行“一人一档”并采取干预措施，实施个性化照顾，保障幼儿健康安全。家长对卫生保健满意度达100%，连续21年被评为“深圳市卫生保健优秀幼儿园”。2021年，获评“广东省健康促进示范幼儿园”“深圳市健康促进幼儿园”（金奖）。

（宝安区石岩街道中心幼儿园）

龙岗区幼儿园

【**龙岗区保利上城幼儿园**】开办于2014年11月，2018年8月转为公办幼儿园。深圳市一级幼儿园。位于深圳市龙岗区龙城街道余岭路与规划一路交界处。占地面积4200平方米，建筑面积3238.4平方米，户外活动场地面积2717.9平方米。固定资产350万元。有图书4487册；计算机39台，智能平板一体机15台；教室14间，每间教室均配有1台计算机和1台智能平板一体机；绘本馆、音乐室、美术室、多功能室等功能室齐备；校园网络和无线局域网全覆盖。2021年，有教学班14个，学生470人。教职工78人，其中，中级职称4人，区级以上名师（学科带头人）1人，本科及以上学历40人（硕士2人）。坚持以“向阳向暖，以爱筑梦，办一所孩子快乐游戏的梦想乐园”为办学宗旨，引导幼儿爱生活、好运动、乐学习、善交往，培养自信自主、好学好知的未来公民。构建“还原生命本真，回归儿童生活”的原生课程，以生命课程和生活课程为主线，实施探索性系列课程；以儿童发展为核心，以一日生活为载体，以环境为资源，以主题预设与活动生成相结合的形式实施课程；将室内外环境一体化、游戏一体化，生活化课程游戏化，形成“游戏化生活课程、阳光运动、阅读文化”三大办学特色。规范幼儿园办学，提升教育教学水平，促进教职工队伍快速成长，辐射帮扶周边幼儿园，成为转型托管园、片区牵头园、学区中心园。先后获评“深圳市卫生保健优秀幼儿园”“深圳市‘家门口的优质幼儿园’培育单位”“深圳市儿童友好基地”“龙岗区教育系统先进单位”“龙岗区宣传先进单位”“龙岗区托幼机构卫生保健工作先进单位”“龙岗区巾帼文明岗”；甘文敏获评“南粤优秀教师”。（杜英花）

【龙岗区布吉街道中心幼儿园】开办于1991年，是由龙岗区教育局举办的全日制公办幼儿园，广东省一级幼儿园。位于深圳市龙岗区龙岗大道一号佳兆业新都汇家园小区。占地面积3380平方米，建筑面积2439平方米，户外活动场地面积1897平方米。固定资产401.45万元。有图书6000册；计算机49台；教室9间，每间教室配有1台计算机；配有音体室、美术室、亲子绘本馆等多功能室和幼儿教育多媒体网络管理设备以及全方位、多画面、能切换的教学监控系统和闭路系统。户外有新型塑胶操场，创设木工坊、野炊区、戏水区、玩沙区等16个游戏区域。2021年，成为龙岗区第一批幼儿教育集团领航园。该教育集团共有园所3所，教学班33个，幼儿1051人。教职工163人，其中，中级职称3人，区级以上名师（学科带头人）2人，本科及以上学历52人。以“共建共享共成长，创新和谐同发展”为指导思想，以基础课程加特色课程为课程体系，以中心幼儿园原有“自由发展、主动学习”为核心的自主性园本课程为基础课程，3所幼儿园各具特色。布吉中心幼儿园以艺术为特色课程，培养幼儿艺术感受能力、审美能力和创新能力；大芬第一幼儿园以体育为特色课程，增强幼儿体魄，培养坚强、勇敢品质；东方盛世幼儿园以双语教育为特色课程，让幼儿在一日生活中习得母语和英语，培养爱表达、善表达的能力。3所园所形成“一园一特色”，铸就集团品牌。近两年先后完成区级课题“低结构材料投放适宜性的研究”和市级课题“领域关键经验在区域活动中合理运用的研究”，教师走专业化发展路线。先后获评“全国教育系统教研先进单位”“深圳市优质特色示范幼儿园创建单位”“深圳市教育系统先进单位”“深圳市卫生保健优秀幼儿园”“龙岗区教育系统先进单位”“龙岗区安全管理先进单位”“龙岗区教育系统先

2021年6月，龙岗区布吉街道中心幼儿园大班开展篮球活动

（布吉街道中心幼儿园　供）

进基层党组织”“龙岗区托幼机构卫生保健工作先进单位”，获“广东省教育学会论文评比”优秀组织奖、“龙岗区基地开放优秀专题奖”。（郑敏婵）

【龙岗区翰邻城幼儿园】开办于2012年，2018年转制为公办园，为市一级全日制公办幼儿园。位于深圳市龙岗区龙城街道万科翰邻城小区4号楼。占地面积4000平方米，建筑面积3505平方米，户外活动场地面积1703平方米。固定资产240万元。藏书5000册；教室13间，每间教室设有活动室和盥洗室；音体室、美术室、阅览室等功能室设施设备齐全；校园网络和无线局域网全覆盖。2021年，有教学班13个，幼儿434人。教职工70人，其中：专任教师31人。专任教师中，硕士研究生学历1人，本科学历19人，其余均为大专学历。秉持“以爱浸润，向阳而生”的办园思想，坚持“心中有爱、眼里有光、发现儿童、拥抱未来”的教育理念，以“办一所创新型、示范性幼儿园”为愿景，旨在培养“健康、阳光、乐群、独立、自信、勇敢”的儿童。立足园所实际，构建适合园所发展的“向日葵课程”。该课程以儿童发展为本，以“主动学习”理念为指导，充分利用、优化自然和社会教育资源，促进幼儿全面发展。课程分为基础课程、专题课程和拓展课程，涵盖幼儿生活、游戏、运动，注重提升幼儿基本经验和生活能力，发展幼儿感受美、认识美、创造美的能力，激发幼儿对科学的好奇心，培养幼儿健康阳光心态。先后获评“第十八届‘当代杯’全国幼儿教师职业技能大赛先进单位”“深圳市生活垃圾分类新风尚幼儿园创建单位”“深圳市龙岗区托幼机构卫生保健先进单位”“龙岗区在园儿童体质健康调查‘科研优秀合作单位’”，学前教育杂志社“第六届‘赋权·增能·启智’征文最佳组织奖”。教师积极参与省、市、区级征文和基本功等比赛，获奖105人次。（王美琼）

【龙岗区南湾街道中心幼儿园】开办于2015年9月，为龙岗区全日制公办幼儿园、市一级幼儿园。位于深圳市龙岗区南湾街道布澜路3号阅景花园。占地面积3628.98平方米，建筑面积3200平方米，户外活动场地面积2628.98平方米。固定资产387.69万元。有图书8199册，园内环境整洁、温馨，配套设施完备。设有多个艺术教育专用活动室，户外设有泥沙池、大型探究攀爬网等30多个活动区域。2021年10月，经龙岗区教育局批准成为龙岗区南湾街道第一教育集团中心园。分园2个，教学班13个，幼儿410人。教职工69人，其中：高级职称1人，龙岗区“优才”教科研专家1人，深圳市“苗圃工程”骨干教师2人；本科及以上学历40人；事业编制人员2人（借调），第三方雇用服务保安人员3人；以事定费71人。坚持“以幼儿为本”的理念，挖掘、拓展、整合课程资源，秉持“一日生活皆课程”的大课程观，确立园本课程——“探索性课程下的生活课程”运作流程和管理体系，教育自然融入幼儿生活。建立以年级教研组为面、以专题教研组为点、以课题教研为线的教研网络。在幼儿一日生活活动中拓展课程，形成独特的园本课程——生活课程。教师团队多次承担区教研室、区教师发展中心培训任务，累计培训1000余人次；承担南湾片区学前教育指导工作，培训园长200余人次；接待同行参观学习、培训近300余人次。先后获市、区级“先进单位”“优秀幼儿园”“优质特色示范幼儿园”等多项荣誉。教师获多个国家、省、市级奖项，并先后主持和承担省、市、区级多项教科研课题，发表国家、省、市级专业论文10余篇。（郭小丽）

龙华区幼儿园

【龙华区鹭湖外国语小学附属振鹭幼儿园】创办于2016年10月，2020年12月转型为公办幼儿园。位于深圳市龙华区观湖街道横坑水库南侧懿花园小区。占地面积1832.36平方米，建筑面积1630.82平方米。设有美术室、图书室、舞蹈室、戏水池、沙池等功能辅助用房。户外场地宽敞、安全，有功能齐全的大小型体育游乐设施，为孩子身心和谐创建丰富、舒适的成长环境。2021年，开设教学班7个，其中，小班2个、中班3个、大班2个，在园幼儿217人。教职工30人，其中专任教师14人、保健医生1人，均为本科学历。开展特色活动，促进幼儿全面发展。注重中华民族传统节日教育，培养幼儿爱国情怀，开展“‘粽’享欢乐，端午安康”“乐享中秋，情

2021年11月29日，龙华区鹭湖外国语小学附属振鹭幼儿园举办升国旗仪式
（龙华区鹭湖外国语小学附属振鹭幼儿园 供）

满振鹭”“童心爱祖国，我们共成长”等系列活动；注重家园共育工作，与家长线上线下紧密互动，有效整合资源，共促幼儿发展。开展线上家园沟通及线下面对面沟通10余次，推送育儿视频30余期。有效利用社区资源，丰富幼儿课程建设。社区入园开展公益活动3期。（魏　钰）

【龙华区伟禄雅苑幼儿园】创办于2018年，2018年10月成为龙华区普惠性幼儿园，2019年6月成为龙华区一级幼儿园，是一所政府产权花园小区配套幼儿园。位于深圳市龙华区伟禄雅苑花园小区。占地面积1800平方米，建筑面积1634.25平方米。2021年，有教学班9个，其中小班3个、中班3个、大班3个，在园幼儿300人。教职工43人，其中园长2人、保健医生2人、安全主任1人、专任教师18人，各岗位人员配备齐全，教职工与幼儿比例为1∶6.9。设有音乐活动室、创意美术室、图书阅览室、综合活动室等功能室。各类玩教具配置科学、合理，电化教学设备满足现代化高品质幼儿教育需要。户外有运动操场和环保自然的草坪，配有功能齐全的大型游乐区、玩沙池、种植园地等，为幼儿健康快乐成长提供优越环境。秉承“培育现在、成就未来，让每一位孩子强壮、茁壮、壮壮”的办园宗旨，以“服务幼儿、服务家长、服务社会”为办园目标，全体教职工以“热心、细心、耐心、真心”为服务准则，结合本园实际打造身心并重的健康体育特色，让幼儿健康快乐成长。以优质服务、优美环境、多元化教学，有效提高办园效益，以较高起点、较快步伐进入良性发展轨道，不断发挥自身特点和优势。（黄月霞）

【龙华区德风小学附属中森幼儿园】于2021年秋季学期正式开园，为小区配套公办幼儿园。位于深圳市龙华区观湖街道坂澜大道与新樟路交会处东北侧中森公园华府小区。占地面积1800平方米，建筑面积1600平方米。整体建设风格自然简洁，体现“自然、天性、探索、成长”的教育理念。适应现代化教育发展，园内配有美术室、科学室、阅读室、音体室等功能活动室，各项设施齐全，教学设备高端，充分满足孩子多元化发展需求。2021年，开设教学班6个，其中小班2个、中班2个、大班2个，入园幼儿166人，班均25人。有教职工28人，其中教师17人。教师均为本科及以上学历，中级职称2人。教职工队伍结构合理、师资过硬、素质全面。以形式丰富多样的日常活动促进幼儿发展。根据“自然育人、育自然人”的办园理念，努力实现“把生命还给自然、把童年还给孩子、把教育还给生活”的办园宗旨，积极探索和研究园本课程。以自然元素为教育资源，尊重孩子成长规律，尊重孩子生命尊严，使孩子能够成为身心全面发展、德智全面提高的自然之人、和谐之人。（高　菲）

【龙华区清湖小学附属澜园幼儿园】创办于2012年，2020年12月转型为公办园，深圳市一级幼儿园。占地面积4317平方米，建筑面积3873平方米，户外活动场地面积1960平方米。设有音体室、美工室、科学室、阅览室、生活坊等多功能室及编织区、刺绣区、皮影区、陶艺区、造纸术、雕刻区、扎染区等具有中华民族特色的活动区。2021年，有教学班12个。教职工56人，教职工专业合格率达100%。按照《幼儿园工作规程》

《幼儿园教育指导纲要（试行）》《3~6岁儿童学习与发展指南》要求，秉持“清明育人（清源正本，明德修身）”的办园理念，致力于培养初步具有中国特色社会主义核心价值观儿童。围绕中华民族优秀传统文化开展教育活动，将中国传统节日及中国美食、中国技艺、中国经典绘本等作为课程主题来源；在教学活动中根据幼儿兴趣及问题进行研讨及调整，不断开发适合幼儿的活动内容。（魏江英）

【龙华区曙光幼儿园】为深圳市一级普惠性幼儿园。占地面积3077平方米，建筑面积2064.5平方米。设施齐备、布局合理。活动室宽敞明亮、空气流通、光线充足，为幼儿创设温馨教育环境，满足幼儿生活、成长、发展需要。教学班内有触摸屏电视、钢琴等教学设备，有美工教室、幼儿阅览室、阅读展示厅、多功能厅、科学室等专用教室。2021年，有教学班10个，其中小班2个、中班4个、大班4个，在园幼儿279人。秉承“用爱养育，用心教育”的办园宗旨，不断提升保教质量，促进幼儿内在成长。注重幼儿游戏教学活动形式，鼓励幼儿自主选择游戏内容、材料和伙伴；注重从幼儿一日生活中挖掘教育价值，从一日生活中生发教育活动，引导幼儿在做中学、玩中学。拓宽多种学习培训渠道，多方位助推教师专业成长。举办教育教学、户外体育等方面的讲座培训共64次，教师外出学习15次，提升教师专业水平。整合多方资源，做好家园共育。共接待社区进园活动5次，面向家长开放8次，有效发挥社区、家庭、幼儿园共育共进合力作用。（叶洁冰）

【龙华区大和幼儿园】创办于2013年9月，为区级普惠性幼儿园。位于深圳市龙华区观湖街道大和路346号。占地面积2000平方米，建筑面积2600平方米。设施设备齐全。设有音体室、科学室、美工室、绘本室；户外设置游戏区，包括种植区、涂鸦长廊、攀爬区、大型积木建构区、木工坊。为孩子和谐发展和健康成长提供整洁、童趣的学习游戏环境。2021年，开设教学班9个，其中小班3个、中班3个、大班3个，在园幼儿311人。教职工49人，均为专科及以上学历。秉承“用爱启迪智慧，用心润泽心灵”的办园理念，践行“和谐、健康、快乐、平等”的办园宗旨和“公正、善良、感恩、勤奋、向上向善”的管理理念，为周边居民提供优质保教服务。（温晓云）

【龙华区第三外国语学校附属观城苑幼儿园】于2021年9月开园。位于深圳市龙华区观湖街道环观南路与观澜人民路交会处西侧，为小区配套幼儿园。占地面积2.7万平方米，建筑面积2745.3平方米。2021年，有教学班8个，在园幼儿290人。教职工40人，管理干部和专任教师专业合格率、本科学历率均达100%。秉承“让儿童健康快乐成长”的办园宗旨，以培养“自信乐观、内心充盈、自立自主的儿童，打造优质、专业化的师资队伍，营造有爱有温度的温馨家园”为办园目标，牢记“以儿童的利益为优先”的办园原则，倡导“在探索中学习发展，在挑战中创造生发，在合作中体验快乐，在支持中收获成长”的课程理念，打造“专业引领、开放多元、信任支持、互助合作、宽容接纳”的精神环境和“安全、舒适、温馨、儿童化、净化、美化、绿化”的物质环境。举办卫生保健、教育教学、户外体育、消防安全、家长课堂等方面讲座和教师培训25次，教师外出学习10余次；开展“看见儿童，幼有善育”“优化一日活动环节”等活动。开展“家园联动”“静听花声”“建党百年光辉路，科学筑梦新章程”和“我的中国梦”亲子运动会等活动。稳中求进，积累沉淀园所发展经验，提升教师综合能力素质。通过“凝心聚力，为爱起航”“最美相遇，最好的相约”等活动强化师资建设。增强领导班子三个思想意识：一体意识、开拓意识、服务意识，建设一支“开明、团结、廉洁、高效”的教职工团队。
（龙华区第三外国语学校附属观城苑幼儿园）

【龙华区第三外国语学校附属非凡幼儿园】于2021年开园，为龙华区教育局下属公办幼儿园。位于深圳市龙华区观湖街道观城社区环观中路18号。占地面积2662.55平方米，建筑面积5280平方米。核定办学规模15个教学班。有美工教室、幼儿阅览区、多功能厅、科学室和音乐教室等专用教室，教学班内有一体机和钢琴等现代化教学设备。2021年，有教学班6个，其中小班3个、中班2个、大班1个，幼儿139人。教职工28人，本科率为57%，各类人员学历达标率为

100%。其中，省、市、区级优秀教师1人，教育先进个人3人。秉承“让孩子在探索中发现，在实践中获取，在快乐中成长；让教职工在幸福中成就自我，在平凡中追求卓越”的办园宗旨，围绕“爱润童心，启智育德。养正于苗，顺性而育”的工作目标，积极创设高品质育人环境。完善幼儿园管理规章制度，制订三年发展规划。多层次培训提升师资实力。举办卫生保健、教育教学、户外体育、消防安全等方面讲座4次，园内培训60余次，教师外出学习6次；开展“幼有善育”和“信息技术应用能力提升工程2.0”园本课程研究。规范日常教学，进行区域、主题等课程探索，开展教师技能大赛，积极建构学习共同体，推进教育改革和课程创新。全力抗疫抓安全，实行安全管理领导责任制，明确各部门职责，定人定岗，全园教职工累计参与抗疫志愿者活动70次。家园共育齐发力。成立家委会、伙委会，开展晨会、主题展示、运动会等多种形式活动，累计线下活动15场、线上活动5场。公众号发布30余篇育儿文章，搭建家园共育桥梁，为家长提供提升育儿水平的平台。

（肖　婷）

【龙华区振能学校附属观壹城幼儿园】于2021年9月开园，为龙华区教育局下属公办幼儿园。位于深圳市龙华区观湖街道。保留原有的树木、草地、池塘等元素，利用既有林地资源为幼儿活动提供原始自然材料。占地面积3600平方米，建筑面积3203.02平方米。2021年，开设教学班9个，其中小班4个、中班3个、大班2个，在园幼儿281人。教职工38人，其中教师18人，均为本科及以上学历，幼儿园一级职称2人。年内，教育经费投入499.27万元。依托信息化构建园本课程特色。教室内有触摸屏电视、电子白板和钢琴等教学设备，有多功能厅、美术室、科学室和图书阅览室。以“给孩子的童年生活留下美好的回忆”为办园理念，打造高质量、适宜的学习和生活环境，尊重每一名儿童身心发展规律。以“中华优秀的传统文化为根基，国际先进的教育理念为羽翼”，努力培养具有国际化视野的中国儿童。加强园本培训，助推教师专业化发展。细化一日保教工作，加强基础性综合课程检查与指导，确保保教工作规范、优质。严格制订教育教学计划，积极探索素质教育新方法、新途径。开展园内教学培训共20场次，提供学习平台，注重师资建设，教师外出培训7人。注重家园沟通，家园共育，凸显家园教育合力。

（田　斌）

【龙华区诺亚舟翠岭华庭幼儿园】创办于2014年，为全日制民办小区配套幼儿园。位于深圳市龙华区民治街道新区大道3号翠岭华庭小区。占地面积700平方米，建筑面积2050平方米，户外活动场地面积477.9平方米。2021年，有全日制教学班7个，在园幼儿215人，教职工36人，教职工与幼儿比例为1∶6。园长、副园长均为本科学历，其中园长为幼儿园高级职称；专任教师16人，其中本科学历3人、大专学历13人，大专及以上学历教师占比100%；保健医生1人，保育老师8人，行政后勤人员9人，各类人员均按要求持证上岗。以《幼儿园工作规程》为准则，以《幼儿园教育指导纲要》《3~6岁儿童学习与发展指南》为引导，坚持依法治园、规范办园。以“将最宝贵的东西给予儿童”为办园核心理念，以“纳中西经典、育国际化人才、培养未来的孩子”为办园宗旨，以“海森高主动学习、4C理念（创新）以及生活即教育”为主要教育理念。坚持建构高起点教育平台，注重幼儿个性发展需求，开展综合性主题探究课程和区域探究活动，培养健康活泼、好奇探究、文明乐群、勇敢自信的未来合格公民。建立科学、民主的管理体系，创造“尊重信任、理解宽容、合作分享、求实创新”的良好园风。搭建家园互动平台，实现办公、教学现代化，为师生教学活动提供良好条件。

（吴小燕）

【龙华区实验幼教集团和风轩幼儿园】于2021年10月开园，为龙华区教育局下属公办幼儿园，由龙华区实验幼教集团管理。位于深圳市龙华区民治街道万科和风轩小区。占地面积5400平方米，建筑面积5632平方米，户外活动场地面积3600平方米。园内环境设施优良，户外活动场地宽阔，打造绿色、生态、联通、共享的适宜幼儿健康成长的园所环境。配置环形跑道、小足球场、大型连廊游戏区、绿色生态园、鱼池、水稻种植区、踏水游戏区等户外游戏区域；设置美术活动室、幼儿绘本馆、烹饪体验馆、科学探索馆、小音乐厅等专用活动室。给幼儿提供多元游戏空间，满足幼儿自主游戏与探索需求。2021年，开设教学班12个（核定办学规模18个教学班），招收幼儿340人。有教职工52人，其中：专任教师32人（均为本科及以上学历），教师资格证持证率达100%，各岗位人员均符合任职要求。秉承“让每一名儿童获得可持续发展”的办园宗旨，办一所有中国特色、特区风范的社会主义现代化幼儿园，让儿童受到现代化良好教育。根据幼儿园课程理念，创设以年级为单位的“共享区域游戏环境”，让幼儿走出班级范围边界，拓宽活动空间，实现环境资源和活动资源充分共享。围绕“共生、共享、共融、共长”的办园理念，实施以爱国主义教育为基础的健全人格教育，培养全面发展儿童。传承实验幼教集团理念和文化，举办“体育节”“书香节”“科技节”“艺术节”“社会实践周”等活动，为幼儿提供展示才能的舞台。以科技生态教育为载体，构建师幼、家园共创生态、文明环境共同体，在人与自然相融合、幼儿与环境充分互动中凸显自然生态、科技创新办园特色，打造科技生态幼儿园。让每一名孩子在融入自然、融入社会环境中和谐共生，持续发展。（程　蓉）

【龙华区华南实验学校附属万家灯火幼儿园】创办于2005年，2018年通过深圳市一级幼儿园复评，2019年12月成为龙华区第一批转型公办园。占地面积2750平方米，建筑面积2571.97平方米，室外活动场地面积1650平方米。年内，全面升级硬件设施设备。对电路进行升级改造，视频监控全覆盖；全面改造幼儿及教工洗手间，厨房全面升级为A级厨房，全新打造音体室、阅览室及教职工办公室等；推进学习环境一体化创建，补充和完善室内学习环境及设施设备，拓展室外休闲区域空间。2021年，开设教学班12个，在园幼儿427人。教职工61人，其中：研究生学历教研员1人，专任教师32人，专科及以上学历和专业率均达100%。积极打造“灯火课程”。秉承“培育幼儿、成就教师、引领家长，办社会满意的高质量幼儿园”的办园宗旨，以培养“会生活、乐探究、爱交往、有责任感和幸福感”的现代小公民为目标，以“行文化”滋润园所发展，通过“知行合一”的课程理念，使幼儿在万家灯火生活气息里温暖于知心、积极于知性、希望于知行。基于“看见儿童”系列论坛、T.E.T.（teacher effectiveness training）教师效能培训、一日生活、安全教育与健康素养培训等内容组织园本培训，助推教师教育观念转变和专业成长；举办各类教育活动，促进幼儿全面发展；完善卫生保健工作，加强营养膳食管理，促进幼儿健康成长；基于幼儿园三年发展规划，做好人才梯队培养工作，落实岗位职责，倡导和谐沟通，提升教职工主人翁意识。（李　素）

【龙华区民治中学教育集团梅陇镇幼儿园】占地面积3605平方米，建筑面积3171.23平方米，户外活动场地面积2351平方米。2021年，开设教学班17个，在园幼儿594人。教职工79人，专任教师大专及以上学历占比100%。坚持“为每一个儿童幸福成长奠基”的办学宗旨，贯彻“筑梦梅陇，飞向未来”的办园理念；以一日生活、自主游戏与学科活动为基础，以探究主题为特色课程；以培养“具有好奇、好问、好学特点的，在情感、态度、认知、技能等各方面和谐发展的新时代儿童”为核心目标，使幼儿成为健康活泼、好奇探究、文明乐群、亲近自然、爱护环境、勇敢自信、有责任感的儿童。加强教师师风师德建设。工作要求谨守职业标准，热爱幼儿，强调“爱与公平”。注重教师职业形象。从细节入手，将幼儿园文化渗透到班级文化中。作为广东省“新课程”科学保教示范项目“基于信息技术与资源支持的新教师专业成长新路径研究”参与园，积极参与申报子课题。强化服务意识，优化校园环境。细化日常管理工作，保障全园师生安全。环境不断优化，消除安全隐患，为幼儿提供优质的学习和生活环境，为长期发展奠定扎实基础。推进校园文化建设，形成高效、有情怀的管理文化。构建和谐、积极、爱岗敬业的校园氛围，打造有态度、有格局、有敬畏心的教工团队。组织开展丰富多彩的校园文化活动，形成团队凝聚力，为各具专长的教工提供不同舞台展现自我，在各种活动中传播正能量，打造“梅陇精神”。（高芳婷）

【龙华区华南实验学校附属春华四季幼儿园】创办于2008年，2020年8月转型为公办幼儿园，市一级幼儿园。占地面积3284.96平方米，建筑面积3000.57平方米。2021年，开设教学班12个，在园儿童442

人。教职工61人，其中：专任教师30人，专任教师中本科及以上学历15人。转型后投入约400万元整改安全隐患，改善园容园貌，提升办园品质。坚持在品质升级中浸润园所文化理念。变革内部管理，提升文化内涵。完善制度，规范管理。坚持依法治园、以德立园。以“幸福”为主线的园所文化推动品质内涵发展，打造优质特色幼儿园。挖掘课程资源，完善课程体系。以生态自然二十四节气为探究主线，体验自然、中国节气传统文化、民族风情以及在天、地、人之中孕育的知识和精神，提升特色教育品质；创设生态化、生命化、生活化、生长化的教育环境，构建园本“四季”课程。构建多元学习中心。创设室内外一体化多元学习中心项目场馆，儿童以个性化学习中心场馆为学习路径，坚持认为孩子们是“探索家”，幼儿园是孩子们的“畅想园”“实习场”和释放自我、分享经验的“大舞台”，完善儿童个性化成长。赋能教师团队，创建学习型组织。年内，开展政治业务培训48次、园本教研96次、教师业务培训48次，拓展多种学习培训渠道，多方位促进教师专业成长，为幼儿园可持续发展夯实人才基础。积极开展文体活动，丰富教职工文化生活；夯实党建工作，传承红色精神。家园智慧联动，创新共育生态。重视家园互动，发挥家委会、膳食委员会参与幼儿园建设的桥梁作用。拓展宣传渠道，多元高效发布。注重推送优质公众号推文、视频号，凝聚、传递幼儿园爱与文化。入选“学习强国”学习平台作品1部，入选《深圳教育》1篇，入选龙华教育视频号作品5部。（伊丽梅）

【龙华区新彩苑幼儿园】位于深圳市龙华区民治街道新区大道与宁远路交会处。占地面积2700平方米。2021年，开设教学班9个。有教职工39人，其中专任教师18人，专业合格率达100%。有深圳市名园名师工作室成员3人，龙华区幼教督学4人，中级职称教师2人，儿童行为分析师18人，深圳市“苗圃工程”教科研骨干1人。园所环境以“童趣自然，科技向善”为设计定位，设有美术陶艺空间、语言视听室、科技互动馆等功能室，旨在为幼儿学习打造自然实践中心、星空互动中心、未来体验中心、艺术文化中心“四位一体”的教育环境体系，探索建立人与自然、人与宇宙、人与未来和人与文化的和谐关系。以“唤醒每个孩子的生命自觉”为办园理念，以积极心理学为内核，尊重儿童成长规律，探究儿童创造力培养未来范式，为幼儿人格和能力发展赋能，为终身学习和终生发展奠定基础。帮助幼儿树立自我认识，调动自身潜能，激发强大动力，大胆尝试和探索，不惧失败和挫折，能动对话和创造未来世界。在课程结构上确立“人文＋科技”双轨并进路线，致力于打造一所以唤醒生命自觉为动力、促进幼儿身心健康发展、以科技特色教育为载体、保有幼儿好奇心和创造力的未来幼儿园。在“管理与课程”双线行动策略上有计划、有步骤地打造团队。从管理理念出发，培养课程体系所需的教师品质。从专业立场出发，以理念一致、行动协同、专业匹配保障课程落地。严格人才筛选，全员同步学习，增强互动，营造家人般情感氛围。（杜豪杰）

【龙华区深外龙学校附属金亨利幼儿园】为龙华区教育局下属公办幼儿园。位于深圳市龙华区民治街道民塘道与民宝路交会处金亨利瑜璟苑。占地面积3000平方米，建筑面积2500平方米。采用绿茵城堡设计风格，打造生态森林部落沉浸式体验场景。年内，对园所整体环境、幼儿室内室外学习环境进行重新布局。有宽敞、安全、多样化的室外活动场所，建有沙水体验区、生态体验区、探索体验区等；室内有音体室、创意绘本中心、未来科技体验中心、创意美术中心，包含丰富教具、玩具的各种区角设计以及现代化多媒体、AI设备等。2021年，开设教学班6个，其中小班3个、中班2个、大班1个，幼儿183人。教职工31人，其中：专任教师16人。严格按照龙华区公办园管理要求，制定相关规章制度，对教职工有严格的考核制度；组织开展各类活动，体现教师团队青春活力，增强团队凝聚力；开展师德教育，深入学习《新时代幼儿园教师职业行为十项准则》，立志坚守教育情怀，弘扬师德精神。通过日常教研、园本培训、岗前培训等，结合深圳市“幼有善育”鹏城论坛之“看见儿童”专项线上学习，以不同形式进行师资培训。借助区教科院系列精品培训项目引进名师，为教职工提供成长平台，提升教职工专业能力。（丰　玲）

【龙华区民治中学教育集团绿景公馆幼儿园】创办于2015年5月，隶属于民中集团，为深圳市一级公办幼儿园。位于深圳市龙华核心区。占地面积2100平方米，建筑面积2031平方米。设有直行跑道、足球场、大型攀爬游戏区、陶艺馆、星芒童话绘本屋、扎染体验屋等。教学班内配备互动式多媒体一体机、教学钢琴、墙面光能书写板等，设施设备齐全，满足孩子学习、活动、发展需求。2021年，开设教学班12个，其中小班4个、中班4个、大班4个，在园幼儿409人。教职工55人，其中：专任教师27人，均为专科及以上学历，持证率达100%。坚持“绘绿成景，润心育美”的办学宗旨，构建快乐、多元、孩子自主探究的学习生活环境，形成多方参与学习的和谐氛围。结合教育主题，师幼互动，共同创设温暖育人环境，让幼儿园成为幼儿生活家园、游戏乐园、探索学园。规范园务管理，加强制度建设。强化师资队伍建设，开展多种形式培训。积极开展教育教学、卫生保健、食品安全等培训共50余次，有效提升园所队伍和课程质量。开展丰富多彩的活动，促进幼儿健康快乐成长。举办“童心向党，科技筑梦”科技节、“书香润童年”读书节、“小小中国心，浓浓爱国情”艺术节和足球嘉年华、新年庙会、“春暖今夕，欢乐元宵”活动等。（徐晓宴）

【龙华区龙华第二小学附属城市明珠幼儿园】创办于2008年8月，前身是龙华区大元明珠幼儿园。2020年6月转型为公办幼儿园，为二类事业单位。位于深圳市龙华区东环二路劲力城市明珠花园。占地面积2194平方米，建筑面积2513平方米，户外活动场地面积1414平方米。2021年，有教学班10个，在园幼儿364人。教职员工50人，其中：专任教师24人，各类人员持证率达100%。秉承“明心育德，株株立强”的办园理念，围绕“快乐之心性、健康之体魄、高尚之品格”的培养目标，积极创设高品质育人环境。年内，针对教师开展技能展示和锻炼提升活动。鼓励和支持教师积极参与上级部门组织的各项活动。年内，获“第十一届全国幼儿园论文比赛”一等奖1名，获“广东教育学会论文比赛”一等奖1名、二等奖2名，获“沙沙讲故事”比赛三等奖。开学小视频在龙华区教育局视频号进行展示。开展“同悦书香，喜迎乐园”大型读书活动，全体幼儿共阅读绘本210本；排练师幼绘本剧作品10部；家庭亲子共阅读绘本1000本；亲子手工作品372件；教师阅读共计150本。举办圆桌教研会，园本培训促进教师成长。全学期共计举行圆桌教研会8次，级组小型教研会18次，园本培训2次，鹏城论坛“看见儿童”主题学习4次。组建美工、视频剪辑、摄影、舞蹈等教研小组，通过教研、培训学习促进教师成长。举行教师公开课赛课23场，搭建教育教学研讨平台，促进教师专业化发展。通过教师公开课让教师在实际操作中积累经验，在评课中获得思考，提升理论高度。通过教师公开课赛课，评出优秀课例教师7名。（霍彦君）

【龙华区光雅华龙幼儿园】为经龙华区教育局批准成立的全日制幼儿园，市一级幼儿园。占地面积6500平方米，建筑面积5467.97平方米，户外活动场地面积4500平方米。设有音体室、创意美术室、创意美工室、科学启蒙室、图书阅览室、体育活动室、综合游戏室7个功能室，有大操场、游泳池、玩沙池、30米跑道、升旗台、大型游乐设施、种植区等户外活动场所。2021年，有教学班17个，在园儿童632人。教职工88人，其中：专任教师38人，师生配比为1∶7.2。坚持“用爱养育、用心教育”的办园宗旨，重视家、园和社会三者结合，为幼儿和家长提供全方位服务。营造“爱心、健康、自信、快乐”的教育环境，以“管理人性化，教育个性化，服务亲情化”为办园思想，以“培养拥有快乐、富有爱心；至善明礼、聪慧仁爱；勇敢自信的新时代幼儿，为幼儿一生的发展奠定基础”为培养目标。在主题探究活动中倡导幼儿是幼儿园小主人，营造自主、创新和探索的教育氛围。园所幼儿代表参加“武动天下”及“聪聪围棋比赛”，分别获专项团体组第三名和第一名的好成绩。（孙金霞）

【龙华区爱乐幼儿园】位于深圳市龙华区龙华街道华达路。占地面积3285.7平方米，建筑面积5147.09平方米，户外活动场地面积1884平方米。2021年，有教学班15个。融会先进教育理念，为幼儿提供开放、自由的教育环境。通过高品质设施设备，丰富教育资源，促进儿童全面发展。开展探索性主题课程，围绕课程提供全环境支持。设置音体、美劳、科创、图书等多功能室；配置木工、科学小实验、扎染、纺织、大型建构、环保材料创作等创作区。引导幼儿共同参与、相互合作、共享成果，启发幼儿奇思妙想、大胆摸索、设计操作和创造性解决问题。以多元融合方式让幼儿掌握知识与技能，在真实世界获得学习经验，在解决实际问题过程中培养综合素养，助力幼儿成长为真正有力量的自己。（谭剑云）

【龙华区童乐荟幼儿园】创办于2020年9月，核定教学班7个。2021年，开设教学班5个，在园幼儿136人，教职工22人。本着“一切为了孩子，促进幼儿全面发展”宗旨，为幼儿提供开放、自由、快乐自主的学习空间。园舍独立，布局合理，拥有宽敞的音体室、美术室、图书室、大型游乐玩具。坚持“育之以爱、教之以情、寓教于乐”的办学理念，依法治园，以硬性制度为基础，以柔性管理为辅助，营造积极、和谐、共进教工队伍。通过日常培训和指导，帮助教工不断提升服务意识，在各自工作岗位上用情、用心履行职责，真正做到家长满意、社会认可。（李文）

【龙华区爱迪第五幼儿园】创办于2021年12月，为全日制民办幼儿园。占地面积1620平方米，建筑面积2830平方米，户外活动场地面积1080平方米。2021年，开设教学班9个，在园儿童278人。教职工39人，其中：专任教师18人，均为专科及以上学历。加大投入，不断添置和更新设备设施，改善办园条件；加强园本培训，开展园内公开课评比、园本教研、环境创设、卫生保健、消防安全、家长学校等各类培训，提升教工素养和能力；开展丰富多彩的教育活动，促进幼儿发展；开设多种家园联系渠道，通过家园联系册、家访、电访、网络交流、家长会等形式，积极搭建和谐家园关系，实现合力共育，共创温馨、快乐的教育乐园。（刁婷）

【龙华区壹成中心鸿悦幼儿园】占地面积5400.44平方米，建筑面积5571.25平方米，户外活动场地面积2565.24平方米。2021年，有教学班18个。设有30米跑道、篮球场、戏水池、绿茵骑行道及沙雕城堡。大厅中央少儿图书馆复古设计与现代几何匠心结合，光与影巧妙运用，让孩子们畅游书的海洋。有美术馆、音乐厅、体能室、创客空间等。教师专业合格率达100%，教师本科率达100%。行政管理团队专业研究能力强。其中：南京师范大学学前教育专业心理学、教育学学士2名，市督学工作室成员1名，区督学工作室主持人1名，区“铸将班”干部1名，区“航标班”干部1名，区兼职幼教督学5名。教科研人员多次参加国家级、市级、区级课题主持工作，收获宝贵经验和优异成绩。倡导阳光体育和生态阅读双项特色课程。基于幼儿发展需要，促进其拥有健康体魄和自主学习品质，动静相宜，让运动和阅读成为习惯。致力于做“有灵魂、有使命、有品位”的学前教育，营造“雅”“恭”“谦”的生活与学习氛围，让师幼成长充满幸福。秉承“鸿心萌动，悦享童年”的办园理念，构建双向园本特色课程（即阳光体育和生态阅读），培养富有中国气质、国际视野的全面可持续发展的未来栋梁。（刘亮亮）

【龙华区第二实验学校附属鸿尚幼儿园】于2020年6月正式开园，为“广东省学前教育‘新课程’科学保教示范项目”参与幼儿园。位于深圳市龙华区龙华街道壹成中心花园七区。是一所以自然教育为主线，以传统文化为传承，以“全收获”项目种植课程为特色，力求构建“隐于闹市，回归自然，和谐有爱，共生美好”的公办幼儿园。占地面积3600平方米，建筑面积3282平方米，户外活动场地面积2238平方米。2021年，有教学班12个，在园幼儿452人。教职工65人，专业持证率为100%，教师大专率为100%，本科率为70%，汇聚一批市、区级优秀教师和全日制本科毕业生及名师工作室成员。坚持走高起点、高标准、高质量、内涵发展之路，确立“儿童为本、管理为基、文化为魂”的办学理念；凝练“尚真、尚善、尚美”的园风；着力构建和谐共生的园本课程体系，借助共生文化传递“和谐、友爱、合作、共生”等价值理念。共生课程体系包括：主题课程创生、“全收获”项目种植、生活课程和幼小衔接课程4个板块。强调“与自然、与社会、与他人与自我”三个联结；倡导以儿童为本的课程观，以生活即教育为依据，强调“亲自然、自主探究、丰富经历”等学习方式，通过在课程实践过程中与孩子一起

“慢”下来，与孩子共享成长，体验人与人、人与自然之间和谐与平衡，在孩子心中播撒爱的种子。秉承“和谐有爱，共生美好”的办园宗旨，兢兢业业，敢想、敢闯，不断提升自身专业水平，用实际行动赢得孩子喜爱和家长认可。（饶旭美）

【龙华区第二实验学校附属鸿创幼儿园】为小区配套公办幼儿园。位于深圳市龙华区壹成中心鸿荣路与鸿创路之间。占地面积5433.66平方米，建筑面积5004.32平方米。2021年，有教学班18个，在园幼儿676人。教职工94人，其中，研究生及以上学历2人，本科学历46人，教师学历达标率和教师资格证持有率均为100%。以创办有“温度·诗意·故事”的幼儿园为办园愿景，矢志不渝行走内涵发展之路。从“既要契合主流，又要富于个性；课程结构清晰，体现发展需求；研发与实践互动，提升课程品质”三个维度出发，进行全盘规划与设计。以“始于自然、源于儿童、基于游戏”为原则，大胆创新，全息互动，融合共生，将园所环境与园所课程融于一体，尝试将室内外课堂一体化。在课程中坚持“本真教育，回归游戏”，致力于开发集“探索、表达、审美、创造”于一体的“创”生态课程架构体系，构筑孩子心灵和智慧充分生长的教育生态环境。（李　晖）

【龙华区创新实验学校附属华盛珑悦幼儿园】位于深圳市龙华区龙华街道鸿尚路与东环一路交会处。占地面积5400平方米，建筑面积4800平方米，户外活动场地面积3306平方米。2021年，开设教学班10个，其中小班4个班、中班4个班、大班2个，幼儿354人。教职工48人，管理干部及专任教师专业合格率、本科率达100%。以“养正求真、悦创未来”为办园理念，坚持“以儿童为中心”的办园宗旨，努力构建以“悦”为主线的园所文化，以“悦”为先，以“悦”为重，推动幼儿园内涵发展。举办丰富多彩的教育教学活动。开展“100周年献礼”爱党主题活动、“爱在中秋·浓情相伴”中秋节活动、“滋养爱国·萌发爱国情”爱国主题活动、“书香浸润童年·阅读点亮人生”读书月活动、“趣味森林大作战·健康快乐向前冲”幼儿运动会和元旦庆新年主题活动等。以生活游戏课程为主要课程，开展30余次园本教研活动。（塔　拉）

【龙华区创新实验学校附属东华明珠幼儿园】创办于2009年2月，2020年6月转型为公办幼儿园，正式更名为龙华区创新实验学校附属东华明珠幼儿园，市一级小区配套幼儿园。位于深圳市龙华区龙华街道建设路东华明珠园内。占地面积1976平方米，建筑面积2408.29平方米，户外活动场地面积1412.86平方米。设有美工馆、绘本馆、音体室等功能室，户外设有大型玩具区、种植区、沙池区、30米跑道等，班级配备电子琴、多功能一体机、节能饮水机等设施设备。2021年，开设教学班10个，幼儿336人。教职员工46人，其中：专任教师23人，持证率达100%。年内，投入80余万元对幼儿园进行改造升级。加强教职工队伍建设，凝聚团队力量。全年开展教师培训30次，举办卫生保健、消防安全等讲座20余次，教师外出学习20余次。以“共生课程”建设为抓手，通过课程环境、课程实施、课程阶段审议三步骤逐步推进幼儿园内涵发展。（闫　萍）

【龙华区松和小学附属振声幼儿园】创办于2019年9月，为龙华区第一所租赁改造类公办园。位于深圳市龙华区龙华街道上油松后山工业区内。占地面积5413.17平方米，建筑面积4369.25平方米，户外活动场地面积3795.39平方米。核准规模15个教学班，按省一级幼儿园标准建造。2021年，开设教学班14个，学生418人。教职工62人，其中：名园长1人，名师工作室1个，专业合格率达100%。该园以高起点、高标准、高质量打造，办学规模大，学位充足，场地独立。围绕“游戏、探索、创新”的课程理念，提炼“振心教育”七大课程体系。润物无声、童年有痕，通过振心课程，培养具有健康自信、好奇创新、独立合作、尚美求真品质，让幼儿获得认知世界经验，促进身心全面和谐发展。注重教师专业能力发展，在名师园长带领下积极开展课题研究，申请并立项2个课题，分别是区级课题“在多元文化背景下新办幼儿园课程的构建与实施”和市级科学保教示范项目“‘4I’体验课程的开发与应用研究”。教师论文获区级奖12人、省级奖5人、国家级奖3人；论文发表于省级刊物1篇、国家级刊物3篇。崇尚自然生态育人环境，围绕“振心育德·花开有声”的办园理念，作为三片区中心园，做好公办幼儿园引领示范作用，致力于打造具有影响力的高标准、现代化优质幼儿园，为周边社区幼儿提供优质学位。（孔令波）

【龙华区华贝尔幼儿园】创办于2020年8月。占地面积1888.8平方米，建筑面积3195.34平方米。2021年，开设教学班11个。拥有探究自然绿色长廊、户外跑道、温馨绘本馆、创意美工坊、童趣功能室及现代化幼儿活动室，每间活动室配有电脑、投影仪、多媒体一体机、电子钢琴、安全环保设施设备。坚持以“发展孩子、服务家长、成就老师”为宗旨，不断完善园所设施，优化育人环境，给予幼儿潜移默化的影响和熏陶。强化队伍建设，提高保教质量。加强教师队伍培训学习，提高教师综合素质。重视家庭教育。成立家长学校和家长委员会，通过家长教育主题讲座、家长会、家访、家长开放日、电话访问等形式与家长及时沟通联系，促进家园共育。（赖春晖）

【龙华区卓乐第二幼儿园】创办于2020年9月，为高标准建设民办园。占地面积8213.3平方米，建筑面积5662.5平方米，户外活动场地面积6078.3平方米。户外设玩水区、沙池、大型玩具、30米跑道等促进幼儿体能发展的各类体育设施；室内有音体、科创、环保创意、图书、综合游戏等功能场室。2021年，有全日制教学班11个，在园幼儿221人，教职工58人，师生比为1∶4。专任教师专业合格率占比100%，大专及以上学历占比100%，保育员均持证上岗。秉持“赋予孩子卓越快乐的一生”的办园理念，以国际视野者、终身学习者、人格健全者、体魄强健者为培养目标。科学建构“身脑心”一体发展的项目式探究课程，为课程提供全环境支持。打造多元教学环境，有阅读坊、陶艺坊、素坯坊、扎染坊、织布坊、布衣坊、环保创意坊、木工3D打印坊等，并提供丰富的操作材料及工具，幼儿在贴近生活的学习环境中开展真探究。从幼儿兴趣、需求和已有经验出发，构建“舌尖美食”“森林探险”“现代工具”“社会职业”“生活小能手”“健康运动”“家居生活”“民间艺术”共八种适宜幼儿的项目课程内容。围绕“发现问题—设计方法—解决问题—验证效果”核心思路，采取集体、小组、个别等多种形式与幼儿共同开展项目探究。鼓励幼儿认真观察、大胆操作，在解决实际问题过程中培养科学素养、创新思维和实践能力，让幼儿成为快乐学习的主人。结合各民族文化及节日开展各具特色的体验日活动，有“民族日”“中国新年会”“西餐日”“风筝日”“运动日”“戏水日”“爱国日”等。培养孩子从小具有国际视野和宽广胸怀及国际交往知识和能力，为未来踏入国际社会奠定良好基础。（黎小卉）

【龙华区清湖小学附属幼儿园】于2020年2月转型为公办园，同年9月更名为清湖小学附属幼儿园，为龙华区一级园。占地面积3759.73平方米，建筑面积5191.1平方米，户外活动场地面积2603.37平方米。园舍独立，功能室齐全。设有阅读室、科学室、美术室、音体室、生活室、综合游戏室等，以自然为主要元素打造清新雅致的教育环境。核准规模为15个教学班。2021年，在园幼儿520人，教职工74人，其中：专任教师39人（大专率、持证率均达100%），师生比为1∶7。挖掘园所优势，初步建构“清明养正”“正心、正德、正见、正行”的办园理念。年内，幼儿园改造升级，园所焕然一新。提升内涵促发展。组织教师积极参与活动案例、论文投稿，有效提升教师写作能力，全年获奖人数累计68人次。通过活动观摩、小组研讨、经验交流等方式，促进教师共同成长。开展教研活动40次，外出学习13次，邀请名园长、名教师到园培训8次。注重教科研究。完成课程总目标及阶段目标内容、课程框架图、课程实施路径以及大型活动月目标。结合幼儿需求，不断吸纳新理念，发展课程、更新课程，课程呈开放式状态。以人为本，以德为先，用爱心经营幼教事业，注重内涵发展，促进教育优质创新。2021年，获评“全国教师技能大赛‘当代杯’先进单位”“深圳市‘家门口的优质示范园’培育单位”“深圳市龙华区青少年足球协会试点园”。（胡　成）

【龙华区清湖小学附属天玑公馆幼儿园】为公办幼儿园。位于深圳市龙华区龙华街道望荣路16号天玑公馆花园内，属天玑公馆小区配套幼儿园。占地面积1800平方米，建筑面积1780平方米。以开放性、多元化、一室多用原则打造图书馆式、花园式、乐园式园所环境。围绕幼儿园课程目标发展，在学习环境创设中践行室内外学习环境一体化原则，将儿童学习与发展细化到园所每处环境，让儿童在更自然、更质朴、更广阔、更多元的环境中自然生长。室内环境充分考虑自然材质和生活化学习材料，科学合理地设置区域，满足幼儿不同领域的发展需要。核定教学班6个。2021年，推进新园筹建，打造规范化精雅幼儿园；全力开启智慧幼儿园信息化建设，打造信息化幼儿园；凝练办园思想，以幼儿、教师为主体，以环境为载体，探索园本课程开发；规划园所三年发展方向，助力提质目标达成；建立园所规章制度，为实现目标提供保障。借助“鹏城论坛，幼有善育”东风，深入研究区域环境创设，让室内环境回归儿童需要。致力于把园所打造成为随处可学的浸润式校园，建构面向全体的课程体系。关注差异，多元发展，启迪智慧，培养幼儿终身受用的良好习惯。（苏　莹）

【龙华区高峰学校附属荟港幼儿园】开办于2017年，2020年6月由区一级普惠性民办幼儿园转型为公办幼儿园，2021年5月通过区一级公办幼儿园评估。占地面积2794平方米，建筑面积2890.32平方米。教室内有触摸屏电视、电子白板、钢琴等教学设备，有美工教室、幼儿阅览室、幼儿音乐厅等专用教室。户外有操场、幼儿沙池、幼儿舞台、养殖种植区等。2021年，开设教学班15个，幼儿466人。教职工65人，其中：专任教师36人，均为专科及以上学历；保健医生3人，专科及以上学历3人。改善园所环境，提升办园品质。实施洗手间、操场、沙池改造，搭建幼儿遮阳棚和舞台。优化内部管理体系，规范运作流程。完善内部管理制度，明确职责分工，保障园所高效、务实运行。以教促学，用心教育。秉承“拥抱自然与艺术，对话世界与未来”的办学宗旨，以“主动学习”为核心，以“游戏”为主要活动形式开展教育活动。家园联动，同心，同力，同成长。通过家长会、家访、家委会、半日观摩等各项活动拉近家园关系，有效构建沟通桥梁，真正做到家园共育。关注教工团队建设。举办针对性讲座培训32次，教师外出学习4次，全方位促进教师专业成长。（李军花）

【龙华区若贝尔幼儿园】创办于2020年7月，2021年通过深圳市规范化幼儿园认定。占地面积4768平方米，户外活动场地面积3400平方米。户外有沙池、戏水池、攀爬区、大型综合玩具、跷跷板、平衡设施等多功能游乐设施；设有多功能室、架构室、美术室、绘本馆及STEAM科学室。2021年，有混龄班5个、托育班1个，在园幼儿122人。教职工35人，其中教师19人，均为专科及以上学历。坚持“遵循自然，静待成长”的办园宗旨。将中国传统文化与蒙台梭利教育理念相结合，开展以二十四节气为主题的教学活动；构建多元学习环境，开展体适能、创意美术及STEAM等课程，开展新年游园、中秋猜灯谜等多种大型活动。重视家园共育，让家长了解并参与幼儿园教育，发挥家委会、膳食委员会作用；拓展科学育儿宣传渠道，每周推送公众号文章，记录园内幼儿活动，传递教学理念，举办线上家长讲座。（罗小萍）

【龙华区爱迪第三幼儿园】创办于2020年4月，为龙华区一级民办园。位于深圳市龙华区大浪街道陶元社区陶吓村280号。占地面积1859平方米，建筑面积2480平方米。硬软件设备齐全，教室宽敞、明亮，设有音乐舞蹈室、创意美术室、图书阅览室、科学启蒙室等多功能室。2021年，开设教学班11个，其中小班3个、中班4个、大班4个，在园幼儿330人。有教职工46人，其中：专业教师22人，均为专科及以上学历；保健员2人。创建和谐幼儿园。全年举办卫生保健、应急安全、家长课堂等方面讲座、培训10余次。建立健全安全管理制度。实行安全目标责任制，落实安全责任，增强防范意识。积极排查安全隐患，做好消毒、通风、晨午检和幼儿一日安全健康观察记录工作。严格执行教师交接班制度，幼儿入园离园采用教师与家长“面对面、手拉手”模式，最大限度做好安全工作。提升办学综合能力。通过补充高质量专业化师资队伍，完善园本化师资培训机制。深化一日活动研究，提高保教质量。依据幼儿身心发展特点，为幼儿创设保教环境并制定可行性保教方法，以丰富的日常活动促进幼儿发展。（张晓凤）

【龙华区第二外国语学校附属慧美幼儿园】于2020年9月由民办园转为公办园。占地面积2535.24平方米，建筑面5003平方米，户外活动场地面积1411.9平方米。有教学、办公楼2栋，教学班内有电教一体机、投影机和钢琴等教学设备，设立非遗活动室、幼儿阅览室、音体室、科学室等专用教室。开设教学班14个，幼儿432人。教职工58人，其中：专任教师30人，均为专科及以上学历，本科率为80%。2021年，幼儿园围绕疫情防控、卫生保健、教育教学、户外体育、消防安全、心理健康等方面举办讲座培训50余次，全面提升教职工素养和能力。关注儿童一日生活教育价值，在一日生活中引导儿童学习与发展，注重培养儿童自主生活习惯、积极情绪态度、良好学习品质。成立家长委员会和膳食委员会，实现家园协力，温暖前行。"民转公"以来，幼儿园积极作为，发挥中心园辐射引领作用，召开学区园长会议2次，承担学区对外开放和教师培训3次，接待参观学习60余人次。2021年，获评"深圳市消防安全管理标准化学校"和"深圳市龙华区学前教育学区联盟中心园"。（李红英）

【龙华区同胜学校附属桂冠华庭幼儿园】创办于2007年9月，2020年8月成为首批转型为公办园的幼儿园，为市一级幼儿园。位于深圳市龙华区大浪街道华旺路旁桂冠华庭花园。占地面积1458平方米，建筑面积2046平方米，户外活动场地面积1153平方米。设有音乐室、美术室、图书室等功能室，设施设备齐全。2021年，开办教学班9个，其中小、中、大班各3个，在园儿童303人。教职工43人，其中：专任教师21人，本科学历13人，其余均为本科在读；保育员9人。整改园舍，提升办园硬件。加大园所硬件设备改造投入，对园所门卫室、大门、家长接送缓冲区、操场地面进行改造提升，优化园所环境。建构园所文化，引领内涵发展。围绕"办一所融入自然、回归本真的成长乐园"办园目标，坚持"以人为本，以爱为先，和谐发展"的办园宗旨，逐步建构园所文化，明确办园方向，提升办园品质。挖掘优质资源，建构园本课程。参与龙华"4I"本土体验课程应用研究，借鉴"飞跃童年体适能""奥尔夫音乐""生活化主题课程"等课程资源，初步梳理以"主题为主线、领域为补充"的课程模式。丰富幼儿学习材料，规范幼儿一日生活，注重保教结合，逐渐落实"一日生活皆课程"的课程观。提升教师素养，打造优质教师队伍。通过继续教育、学历提升、课程培训、沟通技能训练、园本教研等多种途径，全方位提升教职工专业技能，为幼儿及园所发展夯实人才基础。2021年9月，刘丽华参加"龙华区青年教师技能比赛"获三等奖；14名教师团体在"书报杯"全国幼儿教师教科研成果征集评选活动中代表园所取得"优秀教科研单位"荣誉，并获一、二、三等奖。携手共育，温馨相连。重视家园联动，通过家长会、家长开放日、温馨连线家园互动、亲子活动、公众号平台等方式，向家长介绍幼儿园发展动态。引领示范，优质发展。10月，被龙华区教育局评定为"大浪三学区联盟中心园"。带头开展学区治理活动，与片区内幼儿园携手共进、共谋发展，充分发挥引领示范作用。（刘丹凤）

【龙华区博爵幼儿园】创办于2017年4月，为全日制民办幼儿园。前身是龙华区上岭排幼儿园，2019年9月迁至现址办学。位于深圳市龙华区大浪街道同富邨鸿万邦科技园。建筑面积4490.7平方米，户外活动场地面积1980平方米。有多功能音体室、美工室、阅读馆、陶泥馆、科学馆、跆拳道馆、恒温游泳馆、舞蹈室、乐器室等现代化教学场所和设备设施，能较好满足儿童多种学习需求。核定班额14个。2021年，开设教学班11个（小班3个、中班4个、大班4个），在园幼儿340人。教职工47人，其中：专任教师23人（本科学历3人，其余均为专科学历），保育员11人。以保育为重点，提升保教质量。在日常生活中注重幼儿生活自理能力、自我保护意识及能力培养；在户外活动中利用绿道、车道、小公园、游泳馆等场地开展锻炼，让幼儿保持愉悦，形成健康体魄。以资源聚焦课程，完善实施途径。以"生活经验课程"为基础课程，以周边自然资源、节气为辅助课程，让儿童在自然环境中感知大自然的神奇，培养儿童敏锐的观察力、探索力，建立尊重环境、自然、生命的园本课程体系。以学习助推发展，提升专业能力。以园内培训为抓手，开展大小教研活动共50余次、园内培训30次，为儿童身心、幼儿园可持续发

龙华区博爵幼儿园开设阳光体育特色课程游泳课程（2021）
（龙华区博爵幼儿园　供）

展奠定良好基础。以活动促幼儿发展，实现家园共育。2021年5月，成功申报“深圳市幼儿园与小学科学衔接项目实验区”项目；11月，通过龙华区一级幼儿园评估验收，并获评“深圳市卫生保健优秀幼儿园”。（孙建平）

【龙华区光雅华阳幼儿园】为民办幼儿园。位于深圳市龙华区大浪街道同富邨工业区。占地面积3128平方米。室内有舞蹈室、阅览室、科学启蒙室、美术室、阅读休闲活动区等；户外有玩沙池、玩水池、种植区、涂鸦区、大型玩具区等。2021年，开设教学班8个，在园儿童205人。有教职工33人，其中专任教师24人。以“管理人性化，教育个性化，服务亲情化”为办园思想，营造“爱心、健康、自信、快乐”的教育环境，致力于打造有内涵、有品质的高端幼儿园。完善办园条件，优化育人环境；规范办园，健全制度，实行岗位责任制；以人为本，打造优质团队。在教育实践中逐步建构园本课程；规范卫生安全管理，保障幼儿健康成长；家园、社区联动开展教育工作。（李晓媚）

【龙华区观澜第二小学附属观澜汇幼儿园】位于深圳市龙华区福城街道新和社区澜汇居小区。园内环境雅致、舒适，园舍空间宽阔、风格清新，各功能室和活动室明亮宽敞、童趣盎然，满足幼儿自主学习与探索需求，保障多元化学习和发展需要。2021年，开设大、中、小共12个教学班，在园幼儿400多人。教职工60人，其中：中级职称3人，初级职称1人；龙华区兼职责任督学1人，龙华区“未来教育家”航标班成员1人；广东省名师、名园长工作室学员3人；行政人员、专任教师均为本科及以上学历，学前教育大专及以上学历教师比例、专业合格率均达100%。以人为本，健全管理架构，发挥园务会、家委会作用，建立健全规章制度。实行绩效考核人才激励机制，打造一支稳定、专业、敬业的和谐团队。全园教职工撰写论文82篇，发表论文12篇，获奖论文62篇，其中，获得一等奖8篇、二等奖26篇、三等奖25篇、优秀奖3篇；收录中国知网论文1篇。秉承“以人为本，立美育人，和谐发展，至美成长”的办学理念，努力创建孩子快乐、员工幸福、家长放心、社会认可的高品质幼儿园。以幼儿为本，立足幼儿生活，建构“至美”园本课程，以培养“纯真善良、健康积极、自主探索、合作共享”的至美儿童为培养目标。2021年，获评第十九届“当代杯”全国幼儿教师职业技能大赛“先进单位”、第四届“书报杯”全国幼儿教师教科研成果征集评选“优秀教科研单位”、“深圳市2021年度最受家长欢迎的幼儿园”；获第七届“深圳教育改革创新大奖”、龙华区“百校画平安，万卷绘龙华”绘画活动“先进集体作品奖”、龙华区“李宁杯”体操邀请赛“先进组织奖”。（骆福圣）

【龙华区恒星幼儿园】创办于2011年11月，为市一级幼儿园。占地面积4470平方米，户外活动场地面积2000多平方米。2021年，开设教学班19个，在园儿童500余人，教职员工80余人。园内环境优美，设施设备齐全。户外有30米跑道、玩沙玩水区、大型滑梯、奥尔夫音乐敲打区、绿色环保生态种植园等；室内有新奇有趣的攀爬墙、启智成长的科学墙、环境优雅的音体室、设施齐全的美工创作坊、绘本种类丰富的图书馆。秉承

"用心教育、用爱养育"的教育理念，以构建"师生共同成长幸福乐园"为办园目标，以独具特色、生动有趣的主题活动教育为特色，让幼儿在健康、语言、艺术、科学、社会交往等方面获得全面发展。传承中华礼仪，帮助幼儿建立健全人格，培养幼儿尊重、真诚、友善的优秀品质和良好行为习惯，营造宽松、平等、健康、快乐氛围。关注当前教育，着眼于孩子未来；融合世界领先教育理念，提供优质学前教育服务。（王　翠）

【龙华区福苑贝贝幼儿园】位于深圳市龙华区福城街道大水坑社区大三村。占地面积3500平方米，建筑面积2151.64平方米。园内有大型户外游戏设施设备和1000平方米种植园，花园式生活空间满足幼儿运动发展需要。2021年，创设良好硬件环境，注重校园文化建设。精心布置策划，每面墙壁都是一个有趣教学点，每个区角都记载着幼儿一日生活点点滴滴。活泼、新颖的文化氛围让幼儿在充满童趣的教育环境中快乐成长并感受家的温暖。积极联动社区和家长，丰富幼儿教育资源，努力打造具有"规范管理，寓教于乐"的优质幼儿园。（彭淑玲）

【龙华区行知学校附属兴富幼儿园】是由深圳市龙华区行知学校管理的区一级"民转公"幼儿园。位于深圳市龙华区福城街道兴富社区金湖湾鸿观科技园。占地面积2827平方米，建筑面积4212.12平方米，户外活动场地面积1807平方米。园内大型游乐设施、各类教玩具和生活设施齐全，各项设施设备均能满足幼儿需求。2021年，开设教学班9个，在园儿童282人。教职工37人，其中教师18人（本科学历11人）。秉承"快乐成长、全面发展"的教育理念，为每一个孩子全面发展提供优质教育和服务。"民转公"后，开展教师专业发展教研活动30场次、分组教研24场次；教师半日活动跟岗25人次，教师专业技能展示22人次；开展"体能大循环"园本课程研究等，以内培外训相结合的方式促进教工专业素养提升。注重家园共建，通过家长学校讲座、家长会、伙委会、家长半日观摩活动等形式加强家园联系和共建。通过丰富多彩的日常活动促进幼儿发展，开设陶艺和足球特色课程。（李　静）

【龙华区振能学校附属御龙山幼儿园】位于深圳市龙华区福前路阳基御龙山花园小区。占地面积3600平方米，建筑面积3200平方米。户外设有玩沙池、戏水池、种植园、大型玩具器械区等活动场地，为幼儿营造丰富适宜的教育环境。真实、丰富的游戏环境激发儿童直接感知、亲身体验和实际操作兴趣与探究欲，促进幼儿自然发展、灵性成长，成为更好的自己。2021年，开设教学班12个。不断强化教师学习培训，促进专业提升。组织教职工参加市、区级教育部门组织的各类教育培训活动；开辟"走出去，请进来"的学习渠道。以丰富多彩的日常活动促进幼儿发展。以《广东省幼儿园一日生活指引》《3~6岁儿童学习与发展指南》为依据，立足园所实际，践行"一日活动皆课程"的教育理念；以幼儿全面和谐发展为出发点和归宿，将幼儿教育渗透到一日生活中。深化后勤管理，提供优质服务。以创建区一级幼儿园、A级厨房、"家门口的优质幼儿园"为抓手，全面提升园所办学质量。（张乐华）

【龙华区第六幼儿园玺园分园】为政府产权公办园，隶属于龙华区第六幼儿园。位于深圳市龙华区福城街道玺园小区。占地面积441.8平方米，建筑面积540平方米。2021年，开办教学班3个。教职工12人，均为专科及以上学历，持证率100%。在共生课程教育理念下，充分利用园所优势，以混龄共享为办园特色，拓展龙华六幼"生活化"教育内涵，着力打造"精品家庭式幼儿园"，办社会满意、儿童幸福的教育。充分利用家长资源和社区资源，共同为幼儿学习和生活拓展多样化教育途径。探索以"儿童生活世界"为核心，以"生命成长"为原点，关注儿童与自我、社会、自然之间的连接，促进儿童自主成长，成就更好的自己。建设稳扎稳打的教师团队。以老带新，鼓励一对一帮扶，帮助新教师快速成长。在各类教学研讨中共同思考园本教育教学路径、区域核心经验及指引、儿童发展评价方式等问题，教师专业水平得到有效提高。"一岗多责、一岗多职"成为园所管理新常态、异地分管模式新探索。（钱泳蓁）

【龙华区荟萃幼儿园】创办于2020年4月，为民办幼儿园。占地面积6100平方米，建筑面积4796.91平方米，户外活动场地面积3796平方米。园所布局合理，环境温馨雅致，各项设施设备齐全。有多功能厅、创意美术室、图书阅览室、体育活动室、木工坊、创客室、录音棚、大型玩具区、戏水池等。核准教学班13个。2021年，开设教学班7个，在园儿童202人。教职工34人，其中：专任教师16人，大专及以上学历占比100%，专业合格率为100%；保育员持证率为100%。秉承“精心培育、科学管理、全心服务、追求卓越”的办园宗旨，重视教职工师德师风建设，积极引导家长参与园所管理和课程建设，不断提升保育教育质量，致力于打造有内涵、有品质的优质民办幼儿园。（凌玉琴）

【龙华区教科院附属学校珑门名苑幼儿园】为龙华区教育科学研究院附属学校。位于深圳市龙华区福城街道珑门名苑小区。占地面积2700平方米，建筑面积2400平方米。整体采用“简约雅致”的设计风格，将中国传统文化与现代设计巧妙融合在山水花木中。室内设有多个功能室。户外有玩沙池、戏水池、大型教玩具区域、骑行道等。2021年，开设教学班9个。有教职工47人，其中：专任教师24人（深圳市名园名师工作室成员4人，龙华区幼教督学2人，小教一级职称教师2人），高素质、专业化、创新型教师队伍为优质教育奠定坚实基础。以“幼有善育”为引领，秉持“用智慧的爱开启孩童快乐自信、健康卓越的人生”的办园宗旨，遵循《幼儿园工作规程》《幼儿园教育指导纲要》《3~6岁儿童学习与发展指南》精神，不断提升保教质量，在优质办园、教育研究、课程建设等方面努力奋进，丰富幼儿园内涵，实现培养“会学习、爱运动，讲礼仪、善交流，乐探索、敢创新”儿童的目标。坚持“教”与“育”相结合，在“教”中传授知识有高度，在“育”中培养幼儿有温度，全力创建“保教质量一流，专业素质一流”的高品质公办幼儿园。（水一涵）

【龙华区观澜幼教集团观禧幼儿园】于2021年12月正式开园，为龙华区观澜幼教集团首家园所。占地面积3200平方米，建筑面积3000平方米，户外活动场地面积1810平方米。室内设有配套教寝合一幼儿活动室、盥洗间，以及非遗创客室、绘本馆、科探奇妙世界、音乐室、多媒体活动室等各类专用教室，配备电脑、多功能复印机、传真机、打印机、投影仪、数码相机、LED等电教设备；户外设置多功能大型玩具、玩沙池、戏水池、农家乐、一米园地等。2021年，开设教学班5个，在园幼儿154人，其中小班2个、中班2个、大班1个。教职员工26人，师生比例为1∶5.9。教职工任职资格合格率和学历达标率均为100%。高素质师资队伍保障保教活动安全和顺利实施。从“内涵发展、优质教育、文化立园、课程项目、队伍建设、家园共育”六个维度出发，坚持以人本理念为要义、以素质教育为基点、以创新教育为核心、以教育科研为先导、以特色教育为龙头，建构高质量、全方位、立体化教养环境，创造性开展“主线、主旨、根本、特色、关键”五个层面工作，努力为幼儿营造“禧乐”童年。（欧从容）

【龙华区广培小学附属茗语华苑幼儿园】为转型公办幼儿园。位于深圳市龙华区观澜街道黎光社区茗语华苑小区。占地面积2700平方米，建筑面积2398.48平方米，户外活动场地面积1590平方米。2021年，有教职工36人，教师本科率为94%，持证上岗率为100%。民办转公办后，先后投入约300万元改善幼儿园软硬件环境，消除安全隐患，给幼儿营造安全、温馨、舒适的成长环境。做好发展规划，致力于给社区幼儿提供优质学位，逐步实现“幼有善育”。注重课程建设。成立课程教研组，在日常教学过程中结合中国节庆、节气、儿童生活等内容制订课程实施方案。定期组织教师开展课程故事分享活动，教师之间互相学习、互相评价；通过“请进来、走出去”的学习方式，快速促进教师专业素养提升。教师参加《幼儿教育导读》杂志社论文比赛获奖42人次，专任教师参赛率达81%；参加龙华区教科院组织的青年教师技能大赛和师德师风征文比赛，2名教师获三等奖。（袁映红）

坪山区幼儿园

【坪山区坪山中心幼儿园】创办于1987年，为广东省一级公办幼儿园。占地面积8558平方米，建筑面积8427平方米。2021年，开设教学班17个，在园幼儿604人。教职工94人，其中：高级职称8人，初级职称9人；专任教师43

人；深圳市“苗圃工程”骨干园长1人、骨干教师1人；坪山区名园长2人、名教师1人、骨干教师1人；教师专业合格率达100%，大专及以上学历占比100%。落实“立德树人”的根本任务，恪守“培养德、智、体、美全面发展的社会主义建设者和接班人”的教育目标，奉行“我们用爱的教育”的办园理念。遵循幼儿年龄特点和学习方式特点，以“至爱园本课程”为出发点，遵照精细化管理要求，为幼儿和教师创建优质学习与工作环境，创建“交通安全”“户外体育大循环”“大班年级走班式社团”“快乐足球”等特色课程。重建恳谈区，投放多种故事绘本供幼儿阅读；设置时光长廊，展示建园30余年成绩。设立3个活动操场，打造坪山区首个“校园模拟道路交通安全体验区”和“模拟小人生”“棋思妙想”“森林小屋”等27个特色户外活动区角；打造的大型玩具区，“云世界”“Love Love Park”“茁壮天地”“勇者之巅”“活力堡”等均受到幼儿喜爱。获评2018—2021年“深圳市卫生保健优秀幼儿园”；2021年11月，教师参加坪山区第八届“新教育杯”论文比赛，获一等奖2名、二等奖1名、三等奖2名；12月，通过“深圳优质特色示范园”验收，通过“深圳市健康促进幼儿园”创建评估。 （钟海银）

【坪山区坑梓中心幼儿园】创办于1993年9月，为广东省一级公办幼儿园。占地面积5400平方米，建筑面积5400平方米。环境优美，配套设施设备齐全。2021年，开设教学班16个，在园幼儿592人。有教职工86人，其中本科及以上学历47人；师资队伍专业合格率达100%。以园所“和”文化引领，秉承“爱美、和美、乐美”的办园理念，以“让我们在爱中健康成长”为办园目标，本着“和洽共融、和衷同心”的管理理念，构建和美教育生态圈。坚持教科研先导，以课题研究引领特色发展，构建坑梓中心“和合”课程体系。注重卫生保健和安全教育普及，执行健康检查制度及患病追踪制度，提升保育团队业务水平，培养幼儿良好卫生习惯。加大健康宣教力度，严格监控食品安全，有效预防传染病发生。秉承“安全第一”原则，做好安全防护。落实班级“监控全覆盖”，完善安全设施设备，注重加强安全教育，定期开展安保人员技能培训和安全应急疏散演练以及幼儿园安全隐患排查整改，增强师生安全意识和自护、应急能力。全年无安全事故发生。2021年，有1项省级立项科学保教示范项目、1项市级课题和9项区级课题在研，1项区级重大立项课题结题。以“教研培”一体化形式实施师资提升工程。借助名园长、名师工作室活动契机，以线上线下、内培外出等多样化形式同步开展教研培训，全年达100余场次、5000余人次，促进优质资源共享，增强园所辐射带动效应。2021年，园长黄雪琴被认定为“深圳市基础教育系统名师工程”名教师，1名教师获评“坪山区优秀班主任”，3名教师获评“坪山区优秀教师”，12名教师获坪山区“新教育杯”论文、优秀案例评审一等奖、二等奖、三等奖。先后获评2021年“深圳市教育工作先进单位”“深圳市卫生保健优秀幼儿园”“深圳市生活垃圾分类绿色学校”“深圳市‘家门口的优质幼儿园’培育单位”，通过“深圳市优质特色示范幼儿园”创建单位验收。 （骆嘉惠）

【坪山区第一幼教集团第一幼儿园】创办于2018年7月，为全日制新型公办幼教集团——坪山区第一幼教集团总园。位于深圳市坪山区坪山街道招商花园，孙晓昕任集团总园长。占地面积2772.95平方米，建筑面积2400.63平方米，户外活动场地面积1468.46平方米。布局规划科学合理。室内外环境净化、美化、儿童化，创设健康、宜人的活动场地。寓教于乐，提供适宜教育。校园网络和无线局域网全覆盖。2021年，有教学班12个（小、中、大3个年级），在园幼儿415人。教职工63人，其中，首届深圳市“苗圃工程”名师1人，区级骨干教师1人，区级优秀班主任3人，区级优秀教师4人，名园长、名师工作室2个。教师学历达标率、专业合格率均达100%。践行“让每个孩子健康、快乐、自信、富有个性地成长”的教育目标，倡导“精于心、简于行、缘于爱”的园所文化，努力创设良好育人环境，实施科学保教，全面促进儿童发展。以创建高质量、公益普惠性幼儿园为指导思想，因地制宜开发课程资源。以激发幼儿兴趣、满足发展需要和丰富经验为出发点，将园所、社区、城市的自然、社会、人文等资源整合融入课程内容，根据幼儿年龄特点和学习规律建立清晰的课程内容框架，体现适宜性，为教与学提供

2021 年 11 月 15 日，坪山区第一幼教集团第一幼儿园开展“尽享读书乐 书香伴我行”读书月活动　　（坪山区第一幼教集团第一幼儿园　供）

支持。培养学习型教师。以问题为抓手、以级组为枢纽、以幼儿为中心，围绕核心问题搜集、整理相关信息、资料，研读相关专业书籍和著作文选，结合班级和自身实际谈体会、提见解，实施适合本班幼儿身心发展规律与特点的课程。获评首批“坪山区生涯教育试点园”。

（周晓燕）

【坪山区第一幼教集团第三幼儿园】 创办于 2018 年 9 月，为坪山区一级公办园。占地面积 2132.31 平方米，建筑面积 866.68 平方米，户外活动场地面积 890.24 平方米。室内外环境净化、美化、儿童化，户外玩具和运动器械数量充足，满足各年龄段幼儿运动需求。配备美术室、科学室、阅览室、音体室、木工坊、食育坊等功能室。2021 年，有教学班 6 个，幼儿 205 人。教职工 31 人，其中教师 12 人、保育员 6 人。教师中，小教二级 1 人，幼教一级 2 人；本科及以上学历 13 人（硕士 1 人）。人员配备齐全，专业合格率达 100%，均持证上岗。认真贯彻《幼儿园工作规程》《幼儿园教育指导纲要》和《3~6 岁儿童学习与发展指南》精神，以“让幼儿富有个性地健康、快乐、自信成长每一天”为办园宗旨，坚持以素质教育为核心，完善办园水平，提高保教质量。坚持以研训工作为推手，助推园所高位发展。教研赋能，提高保教素养，助推园所教育质量。不断提升教师梳理反思能力，由经验主义层面向专业理论层面发展。针对精粹管理、“户外一小时求质”活动、幼儿园一日生活优化与组织、幼儿园教育活动组织与实施，通过“师徒结对，走园跟岗”“对外交流，教学相长”“专家引领，助力成长”“互动教学，现场观摩”等形式，对全体教职员工进行专业能力培训，做到“保教结合，教养并重”。注重教师专业成长与发展，为教师提供多次市内外理论讲座学习与跟岗观摩学习机会。2021 年，教师杨小芳“幼儿抗挫折能力影响因素及其培养策略研究”获得市级课题立项；园所获得 2 个区级课题立项；在区级“新教育杯”论文比赛中 3 人获一等奖，2 人获二等奖，3 人获三等奖。在深圳市“沙沙讲故事”比赛中，《森林守护者》《好喝的汤》《彩虹色的花》均获初赛一等奖、半决赛二等奖。在“坪山区美育教师基本功比赛”中，书法组参赛作品被推送至市级复赛，获市级二等奖。

（邱旭姗）

【坪山区聚龙幼儿园】 创办于 2018 年 7 月。由坪山区教育局教育集团化推进办公室举办，坪山区教育局直属管理，为全日制小区配套幼儿园。位于深圳市坪山区龙田街道竹坑社区。占地面积 2627 平方米，建筑面积 992.8 平方米，户外活动场地面积 1245.73 平方米。户外有种植区、大型玩具器械、30 米跑道、沙水区；室内摄像头全覆盖，每班配备摄像机、数码相机、一体机、电脑、播放器等电子设备，配备钢琴、空调、消毒柜、洗衣机、烤箱等教学生活设施，音乐室、美术室、综合游戏室、科学室、体育游戏室等功能室齐备。现任园长苏敏，中共党员，从事学前教育工作 25 年，是坪山区名园长、教研专家、优秀督学、优秀共产党员、苏敏名园长工作室主持人、深圳市教育学会理事。2021 年，有教学班 6 个，其中小、中、大班各 2 个教学班，幼儿 191 人。教职工 33 人，其中，园长 1 人，专任教师 12 人（教师专业合格率达 100%，本科学历占比 100%），保育员 6 人（均持证上岗），保健医生 2 人（均持证上岗），厨房4人（2名厨师，2名厨工），保安3人，保洁1人，师生比为1∶5.79。名师工作室1个。以“以人为本、育人为本、发展为本”为办园宗旨，以“真环境、真态度、真童年”为办园理念，坚持“用活教育，回归本真”的办园目标。强调可持续发展，引导幼儿园发展方向。年内，园长苏敏获评“坪山区优秀督学”，教师薛静获评“坪山区优秀教师”；教师赵志荣参加“坪山区教学能力大赛”获区级一等奖、市级三等奖；教师获“坪山区幼儿生涯教育”“三小”小论文二等奖1人，“三小”小随笔二等奖4人、三等奖5人，“三小”小案例一等奖2人、二等奖1人、三等奖1人。“幼儿园文化建设实践研究——以聚龙幼儿园文化建设为例”课题结题；获评“深圳市生活垃圾分类绿色学校”“深圳市卫生保健优秀幼儿园”。（袁　专）

【坪山区财富城幼儿园】于2020年9月开园，为深圳市坪山区教育局直接管辖单位。位于深圳市坪山区坪山街道财富城一期。占地面积4330.44平方米，建筑面积3900平方米，户外活动场地面积2970.24平方米。2021年，有教学班14个，幼儿496人。教职工72人，其中专任教师32人（教师均为大专及以上学历）。室内活动室宽敞明亮，户外操场空间充足，游戏场所安全、美观。在“儿童是富有创造力的社会行动者”儿童观背景下，初步形成“尊重孩子的成长节奏，亲历孩子的成长脚印”的教育理念与“培养终身的自主学习者”的教育目标。以“要在成事中成人，用成人促进成事”为园所师资培养目标，幼儿园与教师共享愿景与成长。（唐朵丽）

【坪山区金尊幼儿园】为由坪山区教育局委托深圳市莲花二村幼儿园全面管理的公办幼儿园。2021年，开设全日制教学班9个，在园幼儿297人。教职工45人，其中：园长2人，均具有大专及以上学历、一级教师职称；中层管理人员4人，其中研究生学历1人、专科及以上学历3人；专任教师18人，教师资格合格率达100%，大专及本科学历占比100%；保育员9人，均持证上岗；保健医生2名，均具有大专学历，持有上岗证；后勤服务人员14人，均持有从业资格证。打造以“智慧的爱”为核心的校园文化体系。塑造以理念为核心的精神文化，提出新工作理念，调整办园目标。完善以人为本的制度文化，编制《教职工手册》《教师工作指导手册》《保育工作指导手册》《新生入园指引手册》。打造以环境为重心的物质文化，将“智爱”文化融入环境，设计文化墙、智爱墙、金尊故事墙；将中国优秀传统文化与坪山本土文化融入环境，设计“《西游记》故事”“坪山十二景”“窗棂中的二十四节气”场景。形成以社会主义核心价值观为导向的行为文化，围绕童话节、艺术节、体育节、科技节四大节日，开展“活力宝贝”“自信宝贝”“书香宝贝”“智慧宝贝”争章活动。完成园本课程建构，形成涵盖目标、内容、实施与评价的“金尊课程体系”。建立师德师风档案，规范教师行为；组织共60余场园本教研培训，加速保教队伍成长；制订《金尊幼儿园梯队培养计划》，探索分层培养模式；申报并完成区级课题开题，提升教育科研水平。严保健卫生，严安全防护，严后勤保障，严财产管理，筑牢安全防线；构建家园通道，成立家长组织，建设家长学校，家园社区联动，形成教育合力。2021年，通过办学行为督导及区一级幼儿园评估，获评“深圳市‘家门口的优质儿园’培育单位”。（李银晓）

【坪山区朗悦幼儿园】创办于2016年8月，2020年8月转型为公办幼儿园，并更名为坪山区朗悦幼儿园。为小区配套民办幼儿园，深圳市一级幼儿园。位于深圳市坪山区金地朗悦花园。占地面积3280平方米，建筑面积2413.77平方米。2021年，有教学班11个（小班3个、中班4个、大班4个），幼儿367人。教职工51人，其中：专任教师23人，大专学历占比95.7%，各岗位持证上岗率达100%。配备绘本馆、美工馆、科学馆、音体室等功能室；有计算机27台，实现校园网络和无线局域网全覆盖；有2套大型游乐设施、1套LED高清大屏幕及露天专业演出音响。设施完善、环境优美。以“在阳光下自由探索”为办园理念，以“培养心中有爱、阳光自信、独立自主的孩子”为育人目标，注重内涵发展。以“项目探究”为依托，结合各项特色活动，构建“阳光文化”园本课程体系。在自主游戏、户外、主题晨会、生涯教育、中华传统文化等活动中渗透创新思维，培养幼儿开心玩、大胆想、勇敢做、自信说、学会爱的能力。打造幼儿、教师共同发展，家长陪伴参与的阳光教育。（张福娟）

【坪山区深圳技术大学幼儿园】 创办于2020年5月，由深圳市坪山区政府委托深圳技术大学管理运营。核定办园规模12个班。2021年，开设教学班11个，包括4个小班、4个中班、3个大班，在园幼儿307人。有教职工57人，其中，全日制研究生及以上学历8人，本科学历35人，专任教师本科学历占比100%，研究生学历占比27%。立足优质办园条件，依托高校先进办学思想与人文底蕴，充分挖掘平台资源，有效利用家长及社区资源，着力打造富有创新精神、国际视野的高品质幼儿园。在“健康促进润身心，成效创建驻日常”理念的指导下，关注师生身心健康，将健康理念融入日常管理、教育教学中。遵循规范化办园理念，优化教学管理水平，稳步推进高质量保教工作，于2021年4月高分通过教育部办园行为督导评估。2021年，教师在全方位、立体式培训模式下获“坪山区幼儿园青年教师教学能力大赛”一等奖、“坪山区幼儿园美育教师教学基本功比赛”书法二等奖等多项荣誉。严格按照A级食堂建设标准开展相关建设工作，于2021年4月通过市市场监督管理局审核与验收，获评“深圳市餐饮服务食品安全量化A级单位”。（郭　娟）

【坪山区沙湖碧桂园幼儿园】 创办于2020年1月，隶属于坪山区教育局。位于深圳市坪山区坪山大道以北凤凰公馆小区。占地面积4000平方米。园所绿意盎然，充满童趣，功能布局合理，空间富有设计感。以儿童为本，配备多功能活动室和教玩具，满足幼儿多元发展需要。2021年，开设教学班11个，幼儿371人。教职员工45人，其中：专任教师22名，教师资格证持证率达100%，学历达标率达100%。园长、教师、保育员、卫生保健人员、保安等各岗位人员配置齐全，均持证上岗。秉承“让孩子童年快乐，为孩子一生奠基，对民族未来负责”的办园宗旨，遵循“启智成长，快乐相伴”的教育理念，致力于让儿童在温馨和谐的教育氛围中健康茁壮成长，为儿童发展提供高质量教育。以生活化课程为核心，因地制宜，以主题为探究线索，辅以丰富活动。重视幼儿活动操作体验，突出体现生活性、生成性、启蒙性和基础性的园本课程在幼儿一日活动中的重要意义。秉承科教兴园，以园本教研为载体，采取多种教科研形式培养研究型教师，为教师发展和研究搭建交流平台。教师在发现问题、解决问题过程中萌发教育智慧，改变教育行为，提升专业化水平。构建家委会、伙委会，建言献策；开通多层面沟通渠道，教师与家长定期沟通，构建和谐家园关系。主动与社区建立良好合作关系，利用社区资源，参与社区活动。2021年12月，代表社区参加“2021年全国农村留守儿童关爱保护”百场宣讲进工地活动，为社区营造良好教育、文化氛围，扩大社会影响，赢得社区和家长赞誉。（廖艳霞）

【坪山区同育幼儿园】 于2020年8月转为公办幼儿园，为深圳市一级幼儿园。位于深圳市坪山区碧岭街道汤坑社区汤坑同裕路2号。占地面积4198.27平方米，建筑面积2130.96平方米，户外活动场地面积2067.31平方米。活动室宽敞明亮，创设多元化教育环境。音体室、美术室、图书室、科学室、体育器材室等功能室一应俱全，有电脑20台、一体机11台、打印机18台、LED屏、摄像机1台、音响设备2套、移动音响10个、幼儿图书3000余册。校园网络和无线局域网全覆盖，每间教室配有1台电脑、1台一体机、1台打印机、1个移动音响。户外有玩沙池、幼儿戏水池、木工区、种植区、30米跑道等。2021年，开设教学班10个，幼儿327人。教职工48人，其中，本科及以上学历14人（研究生学历1人），大专学历18人，专任教师大专及以上学历占比100%。以“健康、共育、快乐”三位一体课程为核心，以“育心、育行、育未来”为办园宗旨，通过一日活动和专题、体育大循环、项目学习等，让儿童在生活和行为习惯、审美习惯、思维习惯三方面得到教育，促进儿童意志和行为能力、情感能力、认知能力发展，提升儿童综合素养。以“同心、共育、善育”为办园理念，全体教职工与家长同心协力、家园共育。以儿童发展为本，尊重每个孩子个性发展特点，以幼儿养成为基础，培养幸福儿童。获评“坪山区平安校园”“坪山区安全管理先进单位”。（谭艳飞）

【坪山区育秀幼儿园】 创办于2021年9月，为隶属坪山区教育局的公办幼儿园。位于深圳市坪山区坑梓街道双秀路12号。占地面积3307平方米，建筑面积7978.45平方米。园所环境优美，体现自然、生态、和谐、童趣的特点。园内设施设备先进、齐全，设有音体活动室、科学发现室、美术活动室、体育活动室、阅览室等功能室。2021年，开设教学班6个，幼儿162人。教职工27人，专任教师本科率为83.33%，所有教职工均持证上岗。秉承“求真、向善、尚美”的办园理念，坚持以幼儿为本原则，营造让教师、幼儿有归属的感园所氛围，把传统文化、爱国主义教育融入幼儿一日生活中。坚持教师专业提升，通过案例学习、走班交流、外出学习等形式，构建教师专业提升体系。（黄　雯）

光明区幼儿园

【光明实验幼儿园】为光明区教育局与深圳实验幼儿园合作开办的全日制公办幼儿园。占地面积4000平方米，建筑面积3282.83平方米，户外活动场地面积2211.81平方米。2021年，有教学班12个，在园幼儿347人。教职工57人（专任教师27人），其中，光明区名园长1人、名教师1人、骨干教师1人。教师专业合格率达100%，大专及以上学历占比100%。秉承“为孩子种下一生幸福的种子”的办园理念，在“三人行”幸福课程基础上融合光明“科技·生态·幸福”的发展定位，实施“三人行＋生态幸福”课程，培养身心健康、情感积极、习惯良好、思维创新的幸福儿童。获评“深圳市‘家门口的优质幼儿园’培育单位”“光明区一级幼儿园”“光明区第一幼教集团核心园”“光明区第一学区联盟盟主园”“光明区文化建设评比优秀单位”“光明区第一批家长学校建设达标单位”。（秦贝宁）

【光明区美域幼儿园】创办于2012年3月，2020年7月转型为公办园。光明区教育局承办，委托深圳市“精粹管理”唯一品牌园——深圳市莲花北幼儿园管理。占地面积4680平方米，建筑面积3873.36平方米。2021年，有教学班12个，其中小、中、大班各4个班，在园幼儿375人。教职工55人，其中专任教师26人。专任教师中，本科学历16人，“南粤优秀教师”1人，市级名教师1人，市级优秀班主任1人，市级卫生保健个人优秀1人，区级优秀教师8人，区级先进工作者4人，园骨干教师10人。引入莲花北幼儿园管理模式，坚持走“为儿童提供优质教育、为教工赋能幸福成长、为社会举办品质学校”的内涵发展道路，秉承“师幼共生成长”的办园宗旨，以“办一所孩子喜欢的幼儿园”为目标，因地制宜实施“幼儿园精粹教育模式”，致力于创办一所让幼儿开心、教工舒心、家长安心、上级放心、同行认可的幼儿园。转型公办园以来，获省级荣誉：“奔跑吧·少年”优秀组织二等奖；市级荣誉：“深圳市卫生保健优秀示范园”“深圳市‘家门口的优质幼儿园’培育单位”；区级荣誉：“光明区A级厨房”“光明区卫生保健区级示范园”“光明区幼儿园文化建设优秀单位”“光明区‘科技·生态·幸福’系列示范教师发展基地”。首批通过“光明区家长学校规范化建设”验收。（谭晶洁）

【光明区新湖楼村幼儿园】创办于2021年9月，为光明区教育局与市属公办园合作开办园。位于深圳市光明区新湖街道楼村社区。建筑面积3750平方米，户外活动场地面积2580平方米。2021年，有教学班9个，在园幼儿259人，教职工46人（专任教师19人）。引入深圳市第八幼儿园优质课程资源和专业管理团队，秉承“让孩子童年快乐，为孩子一生奠基，对民族未来负责”的办园宗旨，贯彻“用‘心’教育，成就孩子唯一童年”的办园理念。采用A-STEM特色课程模式，构建以中华文化为根，以全球视野为翼，具有中国底蕴、深圳特色、儿童立场的“基础课程＋活动课程＋特色课程”课程体系。让孩子尽情探索科学与奥秘，培养孩子探索家精神。通过A-STEM课程实施，努力做到“让孩子像艺术家一样生活，像科学家一样学习，像工程师一样创新”。立足于科技、生态、幸福的发展定位，让科技创新成为孩子的生活方式，助力光明科学城建设。（卓丽莉）

【光明区科裕幼儿园】创办于2020年7月。光明区一级幼儿园，由广东省一级幼儿园、深圳市首批优质特色示范园深圳市莲花二村幼儿园实行集团化统一管理的公办幼儿园。占地面积3894.47平方米，建筑面积3509.67平方米。2021年，有教学班12个，在园幼儿385人。教职工60人，其中：硕士研究生学历3人，全日制本科学历32人，专业达标率为100%；区教科研骨干专家1名，区教科研骨干1名，区骨干教师1名，教坛新秀2名。秉持“科颗仁爱心，裕育勃生机”的办园宗旨和“启智追光、明心培根，幼教循科、裕德树人”的办园理念，围绕共情文化，致力于办成具有雅情环境、温情管理、融情团队、怡情课程、浸润仁爱、充裕生命的幸福乐园。培养具有健康体魄和仁爱之心、有责任担当、有自信、敢创新的幼儿。注重发展教育科研，成立区教科研专家工作室，有1项深圳市教育科学规划重点资助课题和2项区级课题在研；多篇教师论文及优秀教案获奖；2名教师获“光明杯”教师技能大赛一、二等奖。获评“深圳市‘家门口的优质幼儿园’培育单位”“光明区幼儿园文化建设评比优秀单位”。以该园为核心成立光明区第四幼教集团、光明区第四学区联盟，引领辐射片区内16所幼儿园协同发展、资源共享、文化互促、发展共赢。（卓瑞燕）

【光明区正大城幼儿园】于2020年9月开园。为光明区教育局与深圳市第二幼儿园合作办学的小区配套公办幼儿园，光明区一级幼儿园。位于深圳市光明区玉塘街道勤诚达正大城花园一期。占地面积3369.62平方米，建筑面积3200平方米，户外活动场地面积2048.65平方米。2021年，有教学班12个，在园幼儿400人。教职工62人，其中专任教师27人。专任教师中硕士研究生学历3人，中级教师1人，初级教师1人。有保育员12人，持证率为100%，卫生保健人员3人。遵循“让幼儿度过平安健康、快乐而有意义的幸福童年”的办园宗旨，坚持“支持儿童、激发教师、引领家长、促进关系、共同发展”的办园理念，树立“自主游戏、自信学习、自在生活、自然成长”的育人目标，建设“团结、创新、开拓、奉献”的园风和“传递正能量、展现大格局”的校园文化。初步建构园本核心课程“儿童主题博物馆”，逐步形成“用体验感受快乐学习、用艺术诠释儿童文化、用分享拓展认知经验、用发展构建童年生活”的课程文化。通过合理安排一日生活，将“儿童主题博物馆”课程融入一日生活中，引导幼儿有效学习，包括计划与决策、探索与表征、寻访与体验、回顾与反思、评量与收藏五个步骤。教师采取不同重点支持策略，支持幼儿自主游戏、学习、体验、交往。先后获评“光明区第五幼教集团核心园”“光明区家长学校”“光明区教师教育基地”。（刘建华）

【光明区天汇城幼儿园】于2020年10月正式开园，为光明区一级幼儿园。占地面积3600平方米，建筑面积3222.91平方米。2021年，开设教学班12个，在园幼儿402人。教职工58人（专任教师29人）。其中，高级教师2人，本科学历25人，教师专业合格率达100%，持证上岗率达100%。班级配备“两教一保”。以“儿童时代应该是欢乐、和平、游戏、学习和生长的时代”为办园理念，以“尊重平等，自由责任，和谐快乐”为办园宗旨，遵循儿童生长规律和天性，以儿童学习与发展为中心，提供有准备的学习环境，激发儿童内在学习动力。构建生成式主题课程模式，培养孩子完整人格，引导他们学会求知、学会做事、学会共处、学会生存。促进幼儿、教师、家长三大人群健康和谐发展。获评“第七届中国幼儿教师优秀论文评选活动先进单位”“深圳市‘家门口的优质幼儿园’培育单位”“深圳市家长学校达标单位”“深圳市食品安全A级厨房”，获“第七届中国幼儿教师优秀论文评选活动优秀组织奖”、“光明区幼儿园文化建设评比”第二名。（宁　湘）

【光明区玖龙台幼儿园】创办于2020年3月。占地面积3600平方米，建筑面积3512.81平方米。2021年，开设教学班12个，在园儿童381人，教职工61人。园所环境优美，

光明区玖龙台幼儿园幼儿参加足球活动（2021）（玖龙台幼儿园　供）

设施完善，师资精良，管理规范。在新生态园所管理结构搭建、园本课程建设等方面取得突破，为光明区“生态·幸福”教育内涵建构与模式探索输出丰富经验，形成一定示范效应。秉承“办一所有生命力的幼儿园”的办园宗旨，以“向阳生长”为办园理念，力争成为新生态特色教育试验田、区域学前教育人才孵化基地及辐射带动区域学前教育发展示范基地。践行“生态·幸福”课程理念，致力于培养向上、向善、向美的新一代儿童。持续推动理念创新、管理创新、课程创新、人才培养创新。先后培养出“广东省美育大赛”二等奖获得者1人，“光明区学前教育基本功大赛”一等奖获得者1人，“深圳市‘苗圃工程’”教科研骨干1人、骨干教师1人，“光明区‘苗圃工程’”名师8人。获评深圳大学湾区教育研究会“2021年最受关注新锐学校（园）”。（朱文静）

【光明区东明幼儿园】为光明区一级幼儿园。位于深圳市光明区双明大道与华夏一路交叉口东侧。占地面积2974.07平方米，建筑面积为3015.15平方米。硬件设施一流，环境优美。2021年，开设教学班9个，在园幼儿290人。教职工54人（专任教师22人），其中：本科学历30人；“深圳市‘苗圃工程’”骨干教师1人，“光明区‘苗圃工程’”骨干园长1人、骨干教师2人、园级名师5人。以“探索世界，自然成长”为办园理念，以园本生活化课程为主线，融合体能特色和多元化游戏特色，回归自然，回归本真。以培养“自信勇敢、独立坚强、感恩有爱、好学善思的人”为目标，营造平等尊重、善思感恩的园风和乐学多思、合作分享的学风，推动孩子在智力、社交、情感、体质、创造力以及艺术表达等方面全方位发展。先后获评“光明区幼儿园文化建设优秀单位”“光明区‘家门口的优质幼儿园’培育单位”“光明区幼儿园家长学校规范化建设单位”。（金勇燕）

【光明区嘉域幼儿园】占地面积1800.75平方米，建筑面积1602.87平方米。园内设备设施齐全。有大型体能锻炼器械、综合游戏功能室、开放式书吧，实现办公和教学标准化、现代化。2021年，有教学班7个，在园幼儿229人。教职工35人，其中：专任教师16人，均具有专科及以上学历，教师专业合格率达100%。以“让教师成为幼儿园的主人，让孩子成为幼儿园主体，让家长成为育儿的教育家”为办园宗旨，树立“生活即教育，环境即课程”的教育理念。以开放的视野、科学的态度、理性的思考实施课程。以“大自然，大社会”为幼儿园课程资源，让幼儿在直接感知、实际操作、亲身体验中获得经验，培养具有健康体格和健全人格、自信和快乐的儿童，并以此推进教育服务幼儿、服务家长、服务社区。（许　倩）

【光明区明安幼儿园】于2020年1月开园。为光明区政府创办，光明区教育科学研究院管理的小区配套区级公办幼儿园。占地面积5419.43平方米，建筑面积4831.29平方米，户外活动场地面积3990.82平方米。高质量配备软硬件设施设备。2021年，开设教学班18个，在园幼儿540个。教职工90人，其中专任教师41人（本科率78%）。秉持“扣好人生第一粒扣子”的办园思想，着力打造一所环境明雅融童趣、管理明达显和谐、内涵明心亮特色的优质示范性幼儿园。在“明心善育，安适致知”的办园理念指导下，精心培育自主、自信、自立、自强的新时代接班人。严抓师德师风建设，着力打造师德高尚、业务精良的高素质教师队伍。2021年，3人获评“深圳市‘苗圃工程’”名师及培养对象，9人获评“光明区‘苗圃工程’”名师；获“光明区教师基本功大赛”一等奖2人、二等奖1人。获批2个区级课题，参与深圳市学前教育科学保教示范项目“支架幼儿个别化学习的课程体系研究”。重视素质教育，组织开展啦啦操比赛、合唱比赛、讲故事比赛、“美育艺术节”等，为幼儿搭建舞台，培养幼儿兴趣爱好。获评“深圳市儿童友好基地（学校）”“深圳市中小学教师信息技术应用能力提升工程2.0试点校”“光明区儿童友好实践基地”。（付一洪）

【光明区新地中央幼儿园】为光明区一级幼儿园，光明区首批公办幼儿园之一。位于深圳市光明区光明大道与河心南路交会处新地中央花园。占地面积2032.02平方米，建筑面积1811.64平方米。建筑现代，环境优雅，设施设备先进，师资优良。2021年，开设教学班6个，在园幼儿180人。教职员工31人，教师均持有教师资格证，本科率达85%。多人次获评区级及以上优秀教师、优秀班主任、优秀教育工作者。秉持“以人为本，规范管理；科研兴园，特色立园”的办学思想，内涵发展，办一所让师生感到幸福、快乐的幼儿园。教师多人次在各级各类科研、学科竞赛中获一、二等奖。大二班节目《为什么》获“粤港澳大湾区童话节集体朗诵大赛”特金奖；获“奔跑吧少年”儿童青少年主题健身暨“粤运动，越健康”线上运动健身优秀组织三等奖。获评“光明区第一批‘家长学校’”。（李淑兰）

【光明区传麒山幼儿园】为深圳市一级幼儿园。占地面积 4212.06 平方米，建筑面积 4093 平方米。2021 年，开设教学班 12 个，在园儿童 360 人。教职工 57 人，其中专任教师 27 人。专任教师大专率为 100%，本科率逐年上升。秉承“让每一名幼儿得到可持续的发展”的办园宗旨，致力于打造一所有文化积淀、有课程特色、注重内涵发展的优质幼儿园。以“共生课程”为园本课程，践行“共生、共享、共融、共长”的课程理念。参与广东省科学保教示范项目“共生课程建构的研究”；为广东省教育科研课题“3~6 岁幼儿科学素养提升的多元路径探究”立项单位，深圳市教科研课题“幼儿园特色游戏课程——共享区域活动推广与应用”研究基地。先后获评“全国教育系统教研先进单位”“光明区绿色学校”“光明区卫生保健优秀园”“光明区幼儿园文化建设优秀单位”“光明区幼儿园家长学校”。（孙辉辉）

【光明区玉塘玉成幼儿园】于 2020 年 7 月转型为公办园，2020 年 10 月始正式隶属于玉律学校，为深圳市一级幼儿园。占地面积 6780 平方米，建筑面积 3848 平方米，户外活动场地面积 2932 平方米。2021 年，有教学班 17 个，其中小班 6 个、中班 5 个、大班 6 个，幼儿 526 人。教职工 88 人，其中：专任教师 37 人，保育员 18 人，师生比为 1∶6；教师专业合格率为 100%，大专及以上学历占比 95% 以上，本科及以上学历占比 64.6%。环境创设突破传统观念，融入自然生态、科技、现代教育意识，营造美观、优雅、生态园林式的环境。按照教育功能设置多个功能区和户外活动区域，区域设置体现科学性、儿童性、趣味性和教育性。以杜威实用主义思想及陈鹤琴“活教育”思想等为理论基础，课程培养目标为“灼灼璞玉，大美天成”。用爱之火照亮成长道路，以爱之水滋润幸福心田。课程内容中，教育活动分为社会生态和自然生态两大类，其中社会生态教育活动包括节庆活动、绘本故事活动、社团活动及其他大型活动；自然生态教育活动包括自然生态项目探究活动和中国传统二十四节气主题活动。园本课程以幼儿一日生活为主要生命场，分为本土文化和 STEM 两个小组进行。课程特色为“科技融合，体艺并重，协同衔接”，并衍生出“小玉娃特色课程”体系——足球课程、美育课程及科创课程。依据《光明区教育科学规划课题申报工作通知》，申报课题“幼儿园户外空间规划的设计与研究——以玉成幼儿园为例”，参与广东省科学保障示范项目“幼儿园环境创设与利用的策略研究”。获“广东省少年儿童绘画大赛”优秀组织奖，获评“全国足球特色幼儿园”“全国足球特色幼儿园示范园”“全国足球特色幼儿园示范园试点项目”“光明区幼小衔接试点基地园”“光明区年度最受家长欢迎幼儿园”“光明区教育局文化建设评比优秀单位”“深圳市‘家门口的优质幼儿园’培育单位”。（陈志燕）

大鹏新区幼儿园

【大鹏新区大鹏中心幼儿园】创办于 1985 年。由大鹏新区教育和卫生健康局直属管理的全日制公办幼儿园，广东省一级幼儿园。位于深圳市大鹏新区大鹏街道向阳路 16 号。占地面积 5220 平方米，建筑面积 3628 平方米。教室均配备多媒体教学设备，功能室齐全；活动室宽敞明亮，户外活动场地充足；校园网络和无线局域网全覆盖。固定资产 493 万元。图书 5500 余册。2021 年，有年级 3 个，教学班 10 个，幼儿 369 人。教职工 62 人，教师学历达标率为 100%，保育员均持证上岗。每个班配备 2 名学前教育专业教师和 1 名保育员，确保幼儿安全成长。配置英语、体育、美术等专职教师，为孩子兴趣培养与个性发展提供强大师资力量。秉承“走向自然，阳光成长”的办园宗旨，发挥大鹏滨海小镇自然特色和生态资源，以构建“生态的阳光乐园”为办园方向，突破传统办园模式，朝着“现代生态化”特色不断前进。先后获评“深圳市优质特色示范幼儿园创建单位”“深圳市‘家门口的优质幼儿园’培育单位”，顺利通过“深圳市优质特色

大鹏新区南澳中心幼儿园孩子表演非遗项目《渔民娶亲》(2021)

(南澳中心幼儿园　供)

示范幼儿园”验收。

(大鹏新区大鹏中心幼儿园)

【大鹏新区南澳中心幼儿园】创办于1990年8月，为广大省一级公办幼儿园。位于深圳市大鹏新区南澳办事处人民路33号。占地面积3589平方米，建筑面积4908平方米，户外活动场地面积2274平方米。2021年，有教学班11个，在园幼儿410人。坚持“以儿童为中心，师生相伴走向美好未来”的办园宗旨，以海洋文化教育为特色。园花为兰花，营造幽兰文化、书香文化、爱的文化。以户外游戏为切入点，深度展开实践性研究，科学规划和创设9个神秘、奇趣、萌艺、启智、多乐的户外活动区。户外游戏项目有“月亮湾”“野趣园”“海娃子建构乐园”“欢乐小天地”“海滨乐园”“开心农场”“五彩长廊”“民俗文化村”“沙水奇园”。建设45个游戏点，为孩子打造富有海洋特色的课程环境和自然、自由、自主的游戏天地。园本课程“无边课程”，是以一种接纳万物的教育格局，创造广袤空间的教育思维，顺应每个孩子不同需求的教育理念孕育而生。追随孩子兴趣，融入孩子生活，生动课程实践，引发孩子学习兴趣，在传承“海洋文化”为特色内容方面进行深入、持续实践。

(大鹏新区南澳中心幼儿园)

【大鹏新区云山栖幼儿园】创办于2021年2月，为大鹏新区教育和卫生健康局主管、人大附中深圳学校举办的全日制公办幼儿园。位于深圳市大鹏新区葵丰社区丰树山路51号。占地面积2700平方米，建筑面积2498平方米。环境优美、空气清新。建筑设计风格别致，高雅宽敞，古典与现代融于一体。充分利用空间创设游戏世界，彰显艺术性及教育性，有现代化教学设备、大型游乐设施、丰富的益智玩具和多功能音乐室、开放式图书室、探究式科学室等，提供嬉戏、交往、体验生活的学习天地。2021年，办学规模为9个班，提供公办学位270个。以“潜心创优质幼教，全心育祖国人才”为办园宗旨，秉承“全面育人，追求卓越”的办园理念，以“筑精品乐园，办卓越校园”为办园目标，以“构建学习型、研究型、示范型幼儿园”为出发点，以管理和组织文化为核心，以和谐团队为载体，以科研和课程为结合点，促进儿童心智成长、健全人格。课程以《幼儿园工作规程》《幼儿园教育指导纲要》《3~6岁儿童学习与发展指南》和《广东省幼儿园课程建设指南》为依据，学习和吸收建构主义、多元智能、人本主义思想等国内外先进课程理论和实践精华，利用大鹏当地和幼儿园课程资源设计课程。把健康快乐、自主合作、乐于创造、拥有幸福的能力作为课程出发点和归宿。遵循“儿童为中心”的教育理念，设立九大学习中心，创设微信社区，实现六个跨界、四个融合，系统而完整地组建“课程内容组织架构”。利用一日生活各个环节实施素质教育，让儿童自主活动、自由发展、自然生长。原创故事《美丽家园》获“大鹏新区第五届‘沙沙讲故事·我讲书中的故事’”幼儿组一等奖，幼儿园获“最佳组织奖”；原创故事《陪着你长大》获第十六届“沙沙讲故事”大赛（亲子组）大鹏新区、盐田区半决赛特等奖，“深圳市‘沙沙讲故事·我讲书中的故事’”总决赛三等奖。

(大鹏新区云山栖幼儿园)

深汕特别合作区幼儿园

【深圳市南山外国语学校（集团）深汕幼儿园】于2021年9月开园。经深汕特别合作区管理委员会批复依法注册的首个以深圳标准建设的公

2021 年 9 月 13 日，深圳市南山外国语学校（集团）深汕幼儿园开园第一天 ［深圳市南山外国语学校（集团）深汕幼儿园 供］

办幼儿园，深汕特别合作区与南山区合作共建幼儿园，举办单位为深圳市深汕特别合作区公共事业局。位于深圳市深汕特别合作区深耕村。占地面积 5889 平方米，建筑面积 3644 平方米，户外活动场地面积 1820 平方米。规划办学规模为 3 个年级共 12 个教学班。2021 年，开设教学班 10 个，教职工 49 名。配置法人园长 1 名、执行园长 1 名，拥有专业师资及管理团队，并逐步建设园本课程。教师队伍中除具有符合国家规定的学前教育相关学历教师外，部分教师还具有心理学相关培训资质，更有在深圳市从教 10 年以上的资深教师。幼儿师资力量有保障，专业优势明显。秉承深圳市南山外国语学校（集团）"精致育人"的办学思想，"像树一样成长"的办学理念，致力于培养"健康、快乐、自信、友爱、乐学"的儿童。全面实施素质教育。开设"体能大循环""运动方舟"等特色教学活动，积极参与片区组织的各项活动。注重人才培养和人才储备。定期组织各项教研活动及观摩活动，不断提高教师保育教育水平及能力。以孩子健康、幸福成长为首任，家园携手培养身心健康、情感积极、习惯良好、睿智创新的幸福儿童，实现孩子、教师、家长互为师友、共生共长的良好局面，为孩子未来发展打下坚实基础。

［深圳市南山外国语学校（集团）深汕幼儿园］

【鹅埠镇中心幼儿园】创办于 2015 年。位于深圳市深汕特别合作区鹅埠镇中兴街南路。占地面积 1500 平方米，建筑面积 1120 平方米。2021 年，开设教学班 6 个，幼儿 190 人，教职工 20 人。教师均有大专及以上学历和幼儿教师资格证，教师学历本科率为 47%。紧跟时代步伐，学习学前教育先进主题课程理念，积极进行新课程改革实践探究。以《3~6 岁儿童学习与发展指南》为指导，以自主游戏为主要活动载体，生活活动、集体活动、小组活动、个别化学习活动等多形式活动适宜运用，相互补充。有效实施五大领域教育教学内容，促进幼儿"德智体美劳"全面发展，让幼儿在丰富多样、生动活泼的活动过程中主动学习，快乐成长。教师积极参与深圳市教育局举办的各项比赛，其中李锦云在"2021 年深圳市中小幼青年教师教学能力大赛"中获学前教育组三等奖。教师多次辅导幼儿参与合作区绘画、环保手工、摄影等比赛并获奖；多人获评镇优秀教师、区先进教育工作者等。（鹅埠镇中心幼儿园）

基础教育学校

市直属中小学

【深圳小学】创办于 1911 年 3 月，首任校长为清末秀才张树人，现任校长王海林。为深圳市教育局直属唯一全日制六年制完全小学，广东省一级学校。本部位于深圳市罗湖区人民北路 2171 号，北校区位于深圳市罗湖区人民北路书院街 6 号。占地面积 2.35 万平方米，建筑面积 2.71 万平方米。固定资产总值 5723.6 万元。图书馆（室）藏书 9.03 万册。2021 年，教育经费投入 6857.07 万元，信息化经费投入 510.7 万元。有计算机 586 台，多媒体教室座位 250 个；普通教室 45 个，专用教室 19 个。教职工 125 人，其中：高级职称 14 人，中级职称 65 人；专任教师 116 人，全部为本科及以上学历，包括名校

深圳小学鼓号队获“深圳市少先队鼓号队展演”特等奖（2021）
（深圳小学　供）

长1人、特级教师2人。开设教学班45个。毕业300人，招生400人，在校生2250人。秉承“敢为人先”的办学精神，秉持“快乐童年、幸福一生”的办学理念，践行“做小事，成大器”的校训，积极构建并实施多元课程体系。探索形成“小种子”课程体系，促进学生全面优质发展，促进教师专业素质提升，促进“家校社”融合。开展党史学习教育，开展党员、团员教师和少先队员“讲好党史故事，赓续红色血脉”特色系列活动；开展系列校庆活动，扩大学校品牌影响力；全面推进“家校社”三位一体教育联动模式，促进青少年儿童幸福成长和全面发展。2021年9月1日起，正式在全校各年级、各班级每周开设一节劳动课；科创节、艺术节、体育节、读书月活动成功举行，各具特色，全校学生参与其中；联系校外机构开设丰富的课后服务活动课程，呵护学生健康成长。先后获评“全国红旗大队”“广东省红领巾示范校”“广东省少先队先进学校”“广东省中小学第三批中华优秀文化传承学校”“深圳市教育系统先进基层党组织”“深圳市‘基于教学改革、融合信息技术的新型教与学模式’实验校”；获“深圳市政府办学效益奖”“深圳教育创新领跑学校年度奖”；在“深圳市少先队鼓号队展演”中获特等奖。多项科研成果获国家、省、市级奖项；师生多人次在国家、省、市级竞赛中获奖。（陈书舫）

【**深圳中学**】创办于1947年。位于深圳市罗湖区。初中部占地面积2.2万平方米，老校区占地面积7.6万平方米，新校区占地面积10.3万平方米。秉承“追求卓越、敢为人先”的精神传统，紧随国家和深圳经济特区前进步伐，围绕拔尖创新人才培养，在办学理念、师资队伍、课程改革、校园文化、国内高考、学科竞赛、国际教育、科创教育、艺体教育、服务社会等方面做了大量探索和实践，成为深圳教育的窗口和文化名片。2017年，校长朱华伟提出“建设中国特色世界一流高中”的办学定位，致力于“培养具有中华底蕴和国际视野的拔尖创新人才”。提出“教育的目的是实现学生的自由发展、充分发展、全面发展”的教育理念；“人人皆可成才，人人尽展其才，为学生搭建多元发展立交桥，让每个人都有出彩机会”的课程理念；“让最优秀的人教育下一代，培养出更优秀的人”的师资理念；“校长为教师服务，校长和教师一起全心全意为学生发展服务”的管理理念。2021年，有博士学历教师100余人，清华大学、北京大学毕业教师100余人，哈佛、麻省理工、牛津、剑桥等海外顶尖名校毕业教师60余人，教授、特级教师、竞赛金牌教练、名班主任30余人。遵照“学校按需施教、学生按需选学”的课程观，形成“一体两翼”的课程模式（以多元课程为“主体”，以社团活动和学术竞赛为“两翼”），开设校本选修课360余门；融合优质资源，与华为、腾讯等著名企业和清华、北大等著名高校共建21个创新体验中心和创新实验室；拓展学术视野，开设“深中大讲堂”（主讲人为海内外著名学者）和“深中博士讲堂”（主讲人为深中博士教师）。有学生社团110余个，鼓励学生在真实的实践中学会选择、学会做事、学会共处、学会独立思考、学会价值判断、学会规划自我发展；倡导民主平等的师生关系，营造教学相长的良好氛围；张弛有度，主动留白：培养学生时间管理能力、学习能力，促进学生自我教育、自我管理和自我完善。国内高考成绩位列全省前茅。2017—2021年，清华、北大录取159人。2021年，高优控制线上线率达99.4%；广东省物理类前500名每个分数段中，深中考生占比均超过全省的12%；历史类考生 89 人，5 人进入全省前 100 名；60% 和 75% 的考生分别达到中山大学、华南理工大学录取线；清华、北大录取 41 人。学科竞赛居于全国前列。2018 年，杨天骅、薛泽洋获“第 49 届国际物理奥林匹克”（IPhO）金牌，聂翊宸获“第 50 届国际化学奥林匹克”（IChO）金牌。2019 年，朱冠宇获“第 32 届国际青年物理学家锦标赛”（IYPT）金牌。2020 年，李昊原获“全美生物与健康未来领袖挑战赛”ATC- 生物化学科目全球第一，全国首次。2021 年，在全国数理化生四大学科竞赛中，80 人获全国一等奖，31 人入选省队，13 人获得金牌，6 人入选国家集训队，广东省第一；余楚健获“Academic Marathon 学术马拉松全球总决赛”化学马拉松全球第一；何思源等 6 人入选 2021 年清华大学“丘成桐新领军计划”（全国录取 69 人），全国第一；彭也博、冯晨旭获“第 62 届国际数学奥林匹克”（IMO）金牌；冯晨旭获“第 13 届罗马尼亚数学大师杯比赛”金牌；李可入选“2021 国际初中生信息学竞赛”（ISIJ2021）中国国家队；金子越等 10 名学生获“2021 年全国青少年信息学奥林匹克联赛”一等奖。海外升学率全国领先。2017—2021 年，USNEWS 全美排名前 10 大学录取 53 人；USNEWS 全美前 30 大学录取 400 人，录取率为 66%；USNEWS 全美前 50 大学录取 666 人，录取率 93%；牛津、剑桥录取 24 人，英国 G5 精英大学录取 90 人。科创成果处于全国示范地位。2017 年，3 名学生论文入选美国知名高中学术杂志 *Pioneer Research Journal*，是全球入选学生人数最多的学校（全球共 22 篇）。2017、2019、2020、2021 年，获“国际基因工程机器大赛”（iGEM）高中组金奖。2019 年，获“VEX 机器人亚洲锦标赛”中国区一等奖 2 项，“VEX 机器人亚洲锦标赛”金奖 1 项。2020 年，黄飞扬获“丘成桐中学科学奖”全球总冠军；“全自动线上道路积水预警系统”项目组获“第六届中国国际‘互联网’大学生创新创业大赛”全国总决赛萌芽赛道创新潜力奖；袁若琪和李昊原获“Brain Bee 脑科学大赛”全国一等奖，袁若琪获全国第一；获“VEX 机器人全国总决赛”一等奖和高中组唯一突出贡献奖。2021 年，获“环保马拉松 Envirothon”高中理工科竞赛全国第一。艺体教育成绩突出。合唱团、舞蹈团、管乐团、民乐团均在国内享有盛誉。2018 年，吴谷子以足球特长获北大录取；足球队获“‘电力杯’暨一带一路国际青少年足球邀请赛”亚军。2019 年，张钰渟以舞蹈特长获北大录取。2020 年，胡晶晶以美术特长获清华录取；合唱团参加央视《乘风破浪看深圳》节目，收视丰收；冯炜棋获“广东省中学生游泳锦标赛”女子甲组 400 米自由泳第一名和女子甲组 200 米自由泳第一名。2021 年，合唱团、民乐团、管乐团以及谢伟瀚书法作品均获“广东省第七届中小学生艺术展演”活动一等奖。积极推动交流合作。为充分利用优质资源，发挥龙头学校示范引领和辐射带动作用，深圳中学先后创办深圳亚迪学校、深中龙岗学校、深中南山创新学校、深中坪山创新学校、深中梅香学校、深中光明科学城学校等集团校，帮扶新疆喀什二十八中、广西百色高中、江西寻乌二中、深中河源实验学校，为促进教育优质均衡发展做出贡献。与德国丢勒中学和萨尔兹曼外语学校、澳大利亚玛丽亚特维尔中学、新西兰罗托鲁阿湖高中、加拿大贝赛德中学、英国卡尔福德学校、芬兰耶尔文佩高中、美国普林斯顿国际数理学校结为友好学校，互促发展，共同进步。1983 年，获评深圳市唯一“广东省重点中学”；2004 年，获评“国家新课改样板校”；2007 年，通过“国家级示范性高中”评估；2017 年，获评“第一届全国文明校园”和“第二批全国心理健康教育特色示范校”；2018 年，获“国家级教学成果奖”（基础教育）二等奖和“全国工人先锋号”称号；2019 年，获“深圳市市长质量奖”特别贡献奖；2021 年，获“首届全国教材建设奖”二等奖。

（毛静静）

【深圳市高级中学】于 1997 年开办，为公办学校。首任校长唐海海，现任校长邵爱国。2021 年，深圳市高级中学分四址办学，分别为深圳市高级中学中心校区、深圳市高级中学东校区、深圳市高级中学南校区和深圳市高级中学北校区。四个校区总占地面积 26.56 万平方米，建筑面积 33.14 万平方米，运动场地面积 8 万平方米。固定资产总值 10.45 亿元。图书馆（室）藏书 15.36 万册，电子图书 9 万册。2021 年，教育经费投入 5.83 亿元，信息化经费投入 1068.28 万元。有计算机 3062 台，多媒体教室座位 1.13 万个，校园网出口总带宽 1700Mbps，数字资源量 6830GB，“信息技术”课程 1 课时 / 周。普通教室309个，专用教室101个，实验室52个。教职工1215人（专任教师1006人），包括特级教师6人；高级职称228人，中级职称298人；本科及以上学历1097人。开设教学班235个（小学49个、初中81个、高中105个，不含国际体系）。毕业2767人（初中1093人、高中1674人）；招生3647人（小学448人、初中1250人、高中1949人）；在校学生1.11万人（小学2246人、初中3697人、高中5135人，包括初中寄宿生28人、高中寄宿生4554人）。高中录取分数线中心校区568分，东校区529分。科学发展，积极构建集团化办学新格局。2021年9月28日，市教育局决定将龙岗坪地高中园交由深圳高级中学（集团）承办。11月19日，学校与龙岗区政府签订合作办学协议。12月，东校区、北校区举行办学五周年系列活动，展示丰硕办学成果。12月16日，广东省教育厅公示首批"省级优质基础教育集团培育对象"名单，深高作为深圳市直属唯一学校入选。示范引领，培育党建优质特色品牌。2021年3月，"广东省第一批基础教育党建工作示范校"名单揭晓，深高作为市直属唯一学校入选。7月，学校党委获评"深圳市先进基层党组织""'以人民为中心——党建引领基层治理'立德树人十大示范案例"；东校区党总支获评"深圳市委教育工委先进基层党组织"。多元共建，推进学校治理能力现代化。精耕细作，开展高效"课堂建设年"活动。2021年1月，获评"深圳市普通高中新课程新教材实施国家级示范区示范校"，政治科组获评"深圳市普通高中新课程新教材实施国家级示范区学科示范基地"。11月，获评"广东省普通高中新课程新教材实施省级示范校"，成为深圳市唯一获此殊荣的市直属学校。育人为先，落实国家"双减"系列政策。推出提升课堂效率、压减作业时长、优化作业设计、强化课后服务等系列重要举措，切实做到科学减负、提质增效；创新生态德育课程体系，开发具备"志愿者、收纳师、职业人"三种体验角色的劳动课程，开辟农耕体验基地；持续开展"紫堡大讲堂"系列活动，并通过"家长沙龙"和"家长课堂"，推动"家校社融合教育"，积极创设有深高集团特色与智慧的"未来学习场"。北校区"小脚丫走深圳"被教育部评为"双减"优秀示范案例。质量护航，再续中、高考辉煌成绩。2021年高考，中心校区一本上线率继续高位增长，达98.7%；东校区高考一本率达57.1%，总分600分以上总人数75人。中心校区、东校区双双获得市教育局"高考工作卓越奖"。南、北校区中考成绩继续领跑全市。交融互鉴，提升国际课程影响力。国际教育继续走在广东省前沿，领跑大湾区。IB、AP、A-level三类主流国际课程为深高学子开创性提供多元、全面的求学平台。IB全球大考实现新突破，学生均分41.8分，位居全国第二。全程育人，推动艺体科教育高水平发展。参加"第七届广东省中小学生艺术展演"获一等奖4项、二等奖4项，其中合唱团在声乐类展演中获得全省一等奖第一名。李若琳、鲍嘉璨代表广东省参加"全国第十四届学生运动会"游泳比赛，获得男女4×100混合泳第一名及多项比赛第三名好成绩。游泳队在"广东省中学生游泳锦标赛"中共获6个冠军、8个亚军、4个季军。北校区艺术体操团队在"广东省青少年艺术体操锦标赛"中获集体双项特等奖第一名。学校获评"中国诗教示范实验学校""广东省初中美术教研基地学校""十大深圳科技创新教育领军学校"，并与深圳市量子技术与工程研究院签署"创新人才联合培养基地"共建协议。四大校

2021年10月28日，奥运选手俞李妍荣访母校深圳高级中学

（深圳市高级中学　供）

区的校园科技节、体育节、艺术节各历时 1 个月，1 万余名学生全员参与，项目形式多样、内容丰富、精彩纷呈，深受学生喜爱。提升品质，严抓校园安全和生活服务。中心校区、南校区暑期校园修缮改造项目安全、顺利完成，校园面貌焕然一新。完成新智慧校园平台建设工作。持续推进安全体验课程，筑牢校园安全制度线、培训线、安保线。2021 年 11 月，南校区通过广东省教育厅、深圳市教育局校园安全大检查。引入食品安全第三方监管服务，全面提升食品安全管理水平。（郝　然）

【深圳外国语学校（集团）】为深圳市教育局直属学校、广东省一级学校，全国首批 13 所可保送 20% 高中毕业生上重点大学的外国语学校之一。至 2021 年，共有一校八部。是一所公办与民办学校相互促进，国内学校与国际学校协同发展，幼儿园、小学、初中、高中相互衔接的集团化学校。2021 年，承办深圳外国语学校高中园，项目在建，计划 2022 年秋季招生。该集团 3 个公办校部（初中部、高中部、龙华高中部）占地面积共计 22.94 万平方米，建筑面积 20.98 万平方米，其中体育场（馆）面积 2.94 万平方米。图书馆藏书 18 万册。开设教学班 169 个，在校学生 6491 人。教职工 846 人，其中：正高级职称 8 人、副高级职称 184 人、中级职称 238 人；特级教师 6 人、深圳市名教师 5 人、深圳市骨干教师 8 人。省、市级名师工作室 5 个。紧抓深圳“双区”驱动和智慧教育发展新机遇，认真落实国家关于教育发展的政策要求，全力促进学校内涵高质量发展，各项工作顺利推进。高位推进党建工作。深入开展党史学习教育，隆重庆祝建党 100 周年，表彰“两优一先”先进典型。严格落实“双减”政策。高效推行“五项管理”，促进学生管理科学化、规范化。深入推进教学方式变革，系统构建优质教育新生态。打造深外好课堂，筑造深外好课程。开展全员公开课，举办各类教研活动、教学大赛，启动集团层级多元融合课程研究项目。建设高质量教师队伍。启动集团首期“未来领航者培养工程”，培养后备干部；启动首届校庆日年度表彰活动，143 人次获表彰。2021 年，学校实现跨越发展，成果丰硕。初中部学生杨可卓中考成绩位列全市前茅；高中部高考特控线率超过 99%，本科率达 100%，蔡江南高考文科成绩领先全市。校戏剧团、舞蹈团、合唱团均获“广东省第七届中小学生艺术展演”一等奖；合唱团获“第十一届世界合唱比赛”（线上）金奖 / 优胜奖。高度重视新冠疫情防控工作。严格落实各项疫情防控政策要求，防疫工作获得国务院督查组点赞，称赞深外防疫工作体现“深圳质量”，可谓“典范”；深圳市委书记王伟中与市长覃伟中于 2021 年 6 月 4 日、8 月 31 日率队到龙华高中部、初中部调研检查时，对深外防疫举措和学校工作给予充分肯定。年内，获评“深圳市普通高中新课程新教材国家级实施示范区示范校”“深圳市‘基于教学改革、融合信息技术的新型教与学模式’实验校”“深圳市语言文字规范化示范校”。（谢志光）

【深圳市第二实验学校】创办于 1989 年。原名碧波中学，2008 年更名为深圳市第二实验学校。为市直属公办学校，广东省首批国家级示范高中。秉持“五育互育，促进每一位学生最优成长”的办学理念，以“责任、尊重、准备成功”为校训，以“建设面向未来的新型学校、培养引领时代的杰出公民”为办学目标，弘扬“敢为人先、善谋实干、勇于超越”的学校精神，以不断攀升的教学质量、扎实高效的教学改革、严爱相济的学生管理、个性多元的成才立交、高端先进的设施设备、舒适便利的服务保障、优美宁静的校园环境享誉深圳。有高中部和初中部 2 个校区，另承办 1 所位于宝安区的新学校（高中）。师资阵容强大，科研能力强。至 2021 年，有特级教师 3 人，正高级教师 4 人，高级教师 122 人，博士、硕士学位教师 120 人，深圳市领军人才 1 人，省、市级名校校长和名教师、名班主任、教科研专家 6 人。一项成果获评教育部基础教育“国家级教学成果奖”，一项成果获评“广东省基础教育教学成果奖”一等奖；开设深圳市“好课程”21 门，深圳市教师继续教育课程 29 门；连续两届获评“深圳市教育科研基地”。雄厚的师资力量构筑起学校发展人才高地。坚持“一核六翼”的教学常规管理，强调以学定教，突出学生主体地位，倡导构建和谐、高效、可持续的“绿色学堂”，努力激发学生自主探究积极性。以“思想自由，行为自律，人格自强”作为德育理念和学生

2021 年 12 月，深圳市第二实验学校原创舞蹈《中国结》获“广东省第七届中小学生艺术展演”一等奖 （深圳市第二实验学校 供）

特质，建立“3R”（responsibility，respect，ready to success）德育课程体系，在严格常规管理的同时构建学生自治会、议事庭、仲裁院“三权制衡”的学生管理体系。成立学生律师团、校长助理团等学生自治组织，充分尊重学生人格，注重公民素养提升，引导学生实现管理自治。近年来，学生获国内外科技类赛事奖项 459 项；获国际创新设计大奖 3 项、国家级创新发明大奖 71 项，申报国家专利 70 余项，机器人、创客、航模、空模、信息学竞赛等科技项目屡获大奖；探究性小课题立项连续两年居全市第一。多名学生被清华大学、北京大学、香港中文大学、香港科技大学和美国伯克利音乐学院等国内外名校录取，被多所知名高校确定为优秀生源基地。教育质量向上生长，教育品质由内生发，着眼于人的终身幸福，实施书院制办学。成立碧波书院（科创）、翠竹书院（数理）、梧桐书院（人文）、南海书院（国际）、东湖书院（艺术）和五环书院（体育）六大书院，提供丰富多彩的课程套餐，形成独具特色的个性化人才培养体系，为培养人文、数理、科技、艺术、体育、国际化等方面创新人才搭建广阔平台。创设 40 多个社团，促进学生全面而有个性的发展，为学生的终身发展奠定基础。被誉为“世界最强毽球校园”“中国最强篮球校园”。高水平球队在各类体育比赛中捷报频传。毽球队多次获得世界冠军、全国冠军；男、女篮球队分获“全国中学生运动会”冠军和“CSBA 全国高中女子篮球锦标赛”冠军；足球队获“首届全国男子五人制足球联赛”冠军。高水平运动队和高水平艺术团队学生的重点本科院校录取率达 100%，其中高水平运动队 62% 的队员被“211”“985”学校录取。艺术团队获“广东省中小学艺术展演”舞蹈一等奖、合唱一等奖。艺术团队主唱主演深圳市城市宣传片《我和我的祖国》MV，参加 2019 年深圳央视春晚、庆祝中华人民共和国成立 70 周年文艺晚会、2020 年央视新年音乐会等重大文艺演出活动。花语合唱团在“2021 世界合唱节”中以优异成绩斩获金奖。先后获评“教育部‘基于教学改革、融合信息技术的新型教与学模式’实验校”“全国教育网络系统示范单位”“全国消防安全教育示范学校”“全国群众体育工作先进单位”“全国毽球运动示范学校”“广东省高中教学水平优秀学校”“广东省书香校园”“广东省交通安全文明示范学校”“中华优秀传统文化传承学校”“深圳市第一批中小学智慧校园示范学校”“深圳市中学生科技创新教育特色学校”“深圳市中学生科技创新教育基地学校”“深圳市先进基层党组织”“深圳市教育工作先进单位”“深圳市高水平运动项目学校”“深圳市最具影响力学校”“深圳教育改革示范学校”“深圳课堂革命示范学校”；2021 年获“深圳市教育创新领跑学校年度奖”，连续 16 年获“深圳市高考卓越奖”。

（深圳市第二实验学校）

【深圳科学高中】为深圳市属公办高级中学，有坂田校区和龙岗分校 2 个校区。坂田校区位于深圳市龙岗区坂田街道，占地面积 12 余万平方米，开设高中 1—3 年级共计 58 个教学班，学生近 2900 名；龙岗分校位于深圳市龙岗区坪地街道，占地面积 12.7 万平方米，开设小学、初中、高中共计 25 个教学班，学生 1250 余名。2021 年，有专职教师 373 人，其中高级教师 64 人、中级教师 148 人、初级教师 161 人。年内，学校办学规模进一步扩大，发展走上快车道。8 月，正式接管龙岗区五园小学和五和学校；9月，龙岗分校校区正式投入使用，帮扶耀华实验学校、格睿特高级中学。校长尚强获评中小学特级正校长，获“感动深圳”教育人物年度奖；教师王庆华获评“南粤优秀教师”，朱叮叮获评“深圳市优秀班主任”，胡娅婷获评“深圳市优秀教师”。主题教育活动充满生机。围绕党史学习教育及建党一百周年等主题，以讲座、参观、知识竞赛、志愿服务及分享座谈等多种形式开展活动。举办“青春心向党”红色赞歌演唱大赛、“庆建党百年，颂建国伟业”班级布置评比等活动。开展“学‘学习强国’，看家乡发展”主题活动，一篇稿件登上“学习强国”平台。2021年9月，分校党支部成立，进一步完善学校党建组织架构。校团委组织板报制作、红色革命歌曲演唱、团课、访谈及研学旅行等活动，营造“学党史、育新人”的文化氛围。高考成绩再创新高，600分以上167人，638名学生达到高考特控线，特控率攀升至75.45%。2021级高一新生录取分数线继续保持深圳前列。被遴选为深圳市十所普通高中新课程、新教材实施示范校之一，英语、历史学科被确定为深圳市首批新课程、新教材实施学科示范基地，为全市唯一一所“一校两基地”示范高中，标志着学校在新高考背景下的教育教学研究与课程建设取得重大进展。继续完善教师专业发展机制，推进德育与教学双线发展，创新性举办“‘双减’背景下新样态班级管理交流与研讨——集体备班会”以及“新课程、新教材、新高考背景下课堂教学交流与展示活动——集体备课研讨”，对有效促进班主任与任课教师专业成长和提升做出有益探索。以“青年教师成长营”及“青年教师汇报课”活动为抓手，为青年教师成长搭建平台。坚持“全员育人、全程育人、全方位育人”的教育理念，把“立德树人”作为根本任务，培养“有习惯、有高度、有温度”的社会有用人才，努力提升教育质量。李勇、隗彦巍、刘国芳3位班主任参评市级名班主任工作室主持人并成功入选。获评“首批全国学校急救教育试点学校”“广东省校园排球推广学校”“中华优秀传统文化传承学校”，获“深圳市最美图书馆”提名奖。组织学生参加广东省“用青春拥抱时代”主题征文比赛并获一等奖，学校获“优秀组织工作奖”，相关课题入选2021年度深圳市团队工作研究课题。化学协会、致远辩论社获评“深圳市优秀学生社团”。蒋诗昂、徐睿获评“深圳市中等学校优秀学生”，郭佳淇等7名同学获评“特区模范少年”。团委学生会牵头举办“深圳市中学生学生会峰会”并取得圆满成功，模拟联合国、弦乐团及美术社等社团均在各级比赛中斩获奖项。落实“五育并举”、全面发展的教育要求，以轮班制试点开设“劳动最光荣”科高劳动教育课程。“深圳科学高中家校共建共育中心”揭牌，邀请优秀家长参加“科高大讲堂”家校共育活动。举办5G科技、软物质科学、急救技能等讲座，为学生生涯规划奠定基础。坚持“强化素质、完善管理，物尽其用、服务教学”的原则，开展“美丽校园”集中整治行动，完善校园设施建设，提升精细化管理水平；落实垃圾分类要求，实施合理用电管理，体育场馆对社会常态化开放，共建文明健康的和谐社会。逐步形成开放办学新格局。全国各地教育考察团到学校交流并建立合作关系，对外交流更加丰富和常态化，科高教育理念及实践经验越来越被社会认可，“科高人”文化已渗入到管理制度、政策实施、教育教学、人才培养等各方面，形成有影响力、吸引力、号召力的文化品牌。（邓　鹏）

【深圳第二外国语学校】创办于2010年，为深圳市教育局直属全寄宿公办普通高中。广东省一级学校，深圳市唯一一所具有小语种和航空班自主招生权高中。位于深圳市龙华区福城街道龙澜大道513号。占地面积11.9万平方米。2021年，有教学班59个，专任教师245名。专任教师中：正高级教师3名，特级教师3名，省级骨干教师23名，深圳市各类名师工作室主持人2名，高级教师58名；博士、硕士研究生学历123名。秉承“求真、向善、臻美、弘志”的校训，以“建设特色鲜明的优质高中”为目标，以培养“具有中国情怀、世界眼光”的高素养现代人为使命，让每一个学生都拥有“国际社会通行证、现代公民合格证和身心人格健康证”。2021年，获评“全国中小学中华优秀传统文化传承学校”“广东省科普教育基地”“深圳市‘基于教学改革、融合信息技术的新型教与学模式’实验校”“深圳图书馆青少年阅读基地”“深圳高中新课程新教材实施国家级示范

2021 年 3 月 10 日，王东文校长为首届航空创新人才班授旗

（深圳第二外国语学校　供）

区学科（物理）示范基地”。2021 年 3 月 11 日，首届航空创新人才班正式成立；10 月 27 日，2021 级自主招生的航空创新人才班正式开班，成为全国航空特色学校。科研方面：由科研处主任刘英琦主持的课题获“广东省基础教育教学成果”特等奖；由校长助理林良展主持的课题获“深圳市第四届教育教学科研优秀成果”教学实践类一等奖。教师荣誉方面：郑颖获评“南粤优秀教师”，王力获评“深圳市优秀班主任”，何扬峰获评“深圳市优秀教师”；谢瑶获“广东省生物教师概念教学竞赛”特等奖，刘小红获评校级“年度教师”、深圳市直属学校“年度教师”提名奖。学生成绩方面：邱铮等 12 名学生获评“市优秀学生”和“特区模范少年”；在“2021 年全国中小学信息技术创新与实践大赛”中，6 名学生获全国一等奖，4 名学生获全国三等奖；2021 届俄语班梁家欢被天津大学录取，并获国家公派留学资格；6 名学生入选深圳市足球代表队，并获得“2021 年广东省青少年足球锦标赛”冠军；校游泳队在省、市大赛中收获金牌 4 枚、银牌 10 枚、铜牌 9 枚；21 人次获“第 25 届全国中小学生绘画书法”一等奖；舞蹈《英雄花》获“深圳市中小学生艺术展演”二等奖。学校连续 7 年获“深圳市高考卓越奖”。

（深圳第二外国语学校）

【深圳市第二高级中学】创办于 2007 年 4 月。为深圳市教育局直属全寄宿制高中。位于深圳市西丽湖畔，毗邻深圳高科技园区和深圳大学城，文化气息和科技创新氛围浓厚。占地面积 10.8 万平方米，建筑面积 6.5 万平方米。按照示范性中学规划、园林式设计、高标准建设要求建设。2021 年，教职工 272 人，其中专任教师 227 人。专任教师中：正高级教师 3 人，特级教师 10 人，高级教师 75 人；省、市级名师和学科带头人 12 人；省级名校长工作室、名教师工作室主持人 4 人，市级名教师工作室、名班主任工作室主持人 3 人；博士和研究生学历 95 人。秉承“以尊重的教育培养尊重的人”办学理念和真实、扎实、朴实“三实”办学思想，走出一条改革创新之路。在以“真实、扎实、朴实”为核心的“三实”办学思想引领下，形成“三实德育”、“三实教学”和“三实管理”，“立德树人”成果显著，教育教学成绩斐然。实现高起点办学、跨越式发展。先后获评“全国青少年校园足球特色学校”、“全国体育示范校”、“教育部人美美育学堂”（广东省唯一）、“广东省国家级示范性普通高中”、“广东省教学水平评估优秀学校”、“广东省德育示范学校”、“广东省心理健康教育特色学校”、“广东省中小学中华优秀文化传承学校”、“广东省中小学艺术教育特色学校”、“深圳市首批生涯规划试点学校”、“深圳市科研基地校”。学校连续 12 年获“深圳市高考工作卓越奖”，被誉为“深圳优质高中教育最大的增长点”和“深圳高中的样板校”。

（李剑林）

【深圳市第三高级中学】创办于 1996 年 5 月。原为深圳教育学院附属中学，2004 年更名为深圳市教苑中学，2010 年更名为深圳市第三高级中学。为深圳市教育局直属公办全日制完全中学。广东省、深圳市一级学校。一校两部办学。初中部位于深圳市福田中心区益田村，占地面积约 3 万平方米；高中部位于深圳市龙岗中心城区，背靠龙城公园，前接大运中心和香港中文大学（深圳）、北理莫斯科大学等，占地面积 10.07 万平方米。2021 年，办学规模 90 个教学班。其中，高中部 60 个教学班，初中部 30 个教学班，学生约 4500 名。拥有一支敬业爱岗、教艺精湛、结构合理的教师队伍。专任教师319名，其中：国家、省、市级骨干教师和学科带头人65人，深圳市地方级领军人才4人，中学正高级教师6人，特级教师8人，中学高级教师126人；全日制研究生学历106人。秉承“为每一个学生的终身发展奠基”的思想，坚持办优质特色完全中学的办学思路，全面推进素质教育，打造初中教育与高中教育协同发展、普通教育与国际教育融通发展的学校特色。践行“成就学生，超越自己，追求卓越，创造奇迹”“事事皆课程，时时有教育”的办学理念，致力于将学校建设成为“成就人生梦想的学习家园”。教育教学质量稳步提升，呈现创新发展新局面。聚焦教学，低进优出。近三年，高中学生升学综合重点本科率逾45%，本科率达93%以上。创新培优强基办法，增强辅导帮扶针对性。开设小语种选修课，实施艺体特长生培养，帮助学生扬长发展。先后有吕品等7人考入北京大学，叶敏华等6人考入清华大学；王力高考数学成绩居全市前列；饶家鼎、袁健榕等6名学生获学科竞赛国家级金牌。2017年起连续4年获“深圳市高考工作卓越奖”，连续18年获评“深圳市高考工作先进单位”，2次获评“深圳市办学效益优秀学校”“广东省高中教学水平优秀学校”。国际教育特色鲜明。自2007年以来，累计输送2918名学生赴多国世界名校就读，签证通过率达100%，其中10名优秀学生被国家公派出国留学。为“国家留学基金管理委员会出国留学基地学校”“中国留学人才发展基金会中国国际化人才培养基地学校”“中国人民对外友好协会出国留学合作学校”“英国剑桥国际课程中心”，是全市唯一将出国留学招生列入市招生计划的公办高中，全市第一所获“雅思国内院校认可机构”中学，全市2所经上级批准开办出国留学班的公办高中之一。获评“全国公办高中国际教育优秀学校”“深圳市年度国际教育创新典范学校”。坚持“五育并举、全面育人”。获评“广东省首批体育特色学校”“广东省中小学艺术教育特色学校”“深圳市中学生科技创新教育基地学校”，2021年被教育部认定为“全国中小学中华优秀传统文化传承学校”。中考招收羽毛球和打击乐特长生。校高中羽毛球队多次获省、市级羽毛球比赛（团体、个人）第一、第二名；校打击乐团多次获“PAS·中国国际打击乐艺术节”民族打击乐组金奖、“深圳市中小学生艺术展演”一等奖；高中男子舞蹈队获深圳市和广东省“中小学生艺术展演”一等奖。先后获评“全国和谐校园先进学校”“广东省首批国家级示范性高中”“广东省首批高中教学水平优秀学校”“广东省首批依法治校示范校”“广东省首批安全文明校园”“深圳市文明单位”。被广东省高中教学水平督导评估组高度评价为“一所办学理念先进、办学特色鲜明、管理规范有序、教师队伍较强、教学质量较高、示范辐射较好、充满生气与活力的优质普通中学”。（深圳市第三高级中学）

【深圳市第七高级中学】于2015年正式开学。占地面积9.8万平方米，建筑面积7.2万平方米。总投资近3亿元。规划办学规模60个教学班，学位3000个。校园分为教学区、生活区、运动区和公共区，包括6栋教学楼（含实验楼）、1栋图书馆行政楼、2栋学生宿舍（含底层食堂）、1栋报告厅、1栋文体楼、1栋教工宿舍楼，有体育馆、篮球场、网球场、400米标准田径运动场和游泳池。2021年，有教学班58个，在校学生2774人。在编教师207人，其中：正高级教师2人，广东省名师工作室主持人1人；研究生学历139人，占比67%；男教师80人，占比39%，女教师127人，占比61%。教师队伍平均年龄35.2岁。经过探索和发展，提炼出“教育让生命在场”的办学理念，“积极、智慧、坚持”的学风，“精业、乐业、志业”的教风，以及“师自然、求真知”的校训。自觉开展教学改革，让每一门课程都能落地。全面实施国家课程校本化，将国家课程进行二度开发。校长李德雄担纲校本教材编写总负责，校本教材编写以学科组为单位，基点在于尊重学情，重点在于分类施策，关键在于精选习题，让课程尊重学情、贴合学力、适合教学。历史科组校本教材受到广东省教科院专家高度肯定，列为全省推广项目；政治科组和生物科组校本教材多次被评为“深圳市‘好课程’”。积极开展课堂教学改革，强化异课同构基础范式。课堂教学构建起以“导”为引领的闭环体系，学情导备、目标导向、问题导教、学案导学、评价导效。教学策略上，采取低起点、小步走、累积式的方法，确保学生听得懂、记得住、学得会、变得通，从而有获得感、成就感和意义感，打造“没有局外人在场”的课堂。把青年教师成长当作基础性战略工程，让每一名教师都能得到最大的发展。把读书当作教师最好的专业自修，推行“阅读引领工程”，倡导专业化阅读，围绕教育教学进行横向拓展、纵向积聚，丰富学科知识，拓展专业边界，积淀教学思想，涵养教育智慧。成立“教师成长学校”，举办“七彩大讲堂”，实施“国培计划”等，帮助教师成长。青年教师在市级及以上比赛中成绩突出。2021年，贺沙莎代表深圳市参加“广东省物理青年教师能力大赛”，获一等奖第一名；地理学科谭亚喜、李元元、杨芷婷、黄爱华、黄苡全5名青年教师组团代表深圳参加“广东省第五届中学地理教师命题团体比赛”，获一等奖第一名。2021年高考，在中考录取仅359分的前提下，高考文化考生（不含体育、艺术、传媒类）特殊类型招生上线率为20.69%，本科上线率为87.18%，600分及以上人数11人，获“深圳市高考工作超越奖”。（深圳市第七高级中学）

【广东实验中学深圳学校】是由深圳市教育局与广东实验中学合作创办的直属于深圳市教育局的十二年一贯制公办学校，由直属广东省教育厅领导的省级重点中学、广东省首批国家级示范性高中——广东实验中学负责实施全面管理。占地面积7万余平方米，总投资11.5亿元。按照4620个学位、96个教学班（36个小学班、18个初中班及42个高中班）办学规模进行整体规划设计。采用学部制扁平化管理模式，设置学生发展指导中心、教学课程发展中心、高效智慧学习中心、科技创新实践中心、信息技术应用中心、文化艺术中心、体育健康中心、品质生活中心八大中心和教师发展研究院、考试评价研究院，配备室内体育馆、恒温游泳池、“400米+250米”双运动场、多功能演播厅、智慧图书馆、智慧餐厅、高研实验室、学生公寓等高端设施。积极为每一个生命体搭建自我实现平台，让生命在悦纳中感受幸福的成长体验，体味人生幸福完整的庄严承诺。坚持社会主义办学方向，坚持全面实施素质教育，提升学生综合素质，发展学生核心素养，培育学生创新创造思维。秉承省实“爱国、团结、求实、创新”的校训和“以人为本、以德树人、以质立校”的办学理念。以“培养具有中国精神、科学素养、创新思维、全球胜任力的新时代拔尖创新人才”为育人目标，以“为了每一个学生全面而有个性的健康发展”为办学宗旨，以“格致创新、多元发展、追求卓越”为育人理念，以“建设基于科技特色的中国一流基础教育名校”为发展目标，以“立德树人，全面发展；因材施教，学生为本；合作创新，敬业奉献；先行示范，引领改革”为价值追求，打造一支具有“省实气质、深圳精神”的高素质、专业化创新型教师队伍，凸显“实验性、创新性、示范性”的办学优势。实施“格新课程”，包括“知新”（理解科学知识、掌握科学方法）、“求新”（体验科学探究、养成科学态度）、“创新”（提升科学素养、树立科学精神）、“格新”（科学创新实践、解决现实问题）四大板块。依托本部科技教育创新资源，开设STEAM教育课程，同时注重融入艺术教育课程，培养学生以综合视角解决真实世界问题的能力，引领学生创新实践，积极培养具有深厚底蕴、宽广视野、浓厚兴趣、高远境界的科技创新拔尖人才。学校获评“2021年广东省中学生物教师概念教学竞赛”优秀组织奖。（逄立伟）

【南方科技大学附属中学】于2020年9月正式开办，由全国知名校长王佩东担任创校及现任校长。为深圳市教育局及南方科技大学直属公办寄宿制普通高中。位于深圳市宝安区福海街道荔园路8号。占地面积5.3万平方米，建筑面积12.8万平方米。配备未来教室、创新实验室、STEAM中心、机器人实验室、人工智能实验室、通用技术实验室、音乐教室、美术教室、标准运动场、剑道击剑馆、智慧餐厅、星级公寓、电视台、阅览室等功能室，高标准满足学生全面成长和个性化发展需求。2021年，有教学班48个，学生2400名。拥有一支高水平、高学历、高素养的精英教师及管理团队。以正高级教师、特级教师、名校资深教师、国际奥赛金牌教练为教学骨干，有深圳市引进的高层次人才以及毕业于北京大学、清华大学和剑桥大学、哥伦比亚大学等海内外顶级名校的博士、硕士研究生。以“致知、求是、创新”为育人理念，以“美德、真理、进步”为校训。致力于办成一所以科技创新教育为主要特色，兼具人文精神的国际化、信息化创新型高中；一所有别于传统名校的未来学校；一所学术性、研究性世界一流的高中。在全国首倡“二十一项美德”。与南科大进行精准、有效的教育衔接，探索“高中—高校贯通式人才培养模式”。成立由南科大校长薛其坤院士、原南科大校长陈十一院士为荣誉主席，南科大学术副校长张东晓院士为主席的学术委员会。学术委员会有院士委员20余位，教育部特聘专家、讲席教授等学术委员逾150位。与南科大互设16个贯通培养基地。2021年，南科大附中学生“五大学科竞赛”获奖总人数位列深圳市第五名；在“世界机器人大赛”中夺得总决赛冠军。附中教师获“广东省首届美育教师教学基本功比赛”一等奖。学校获评“深圳市高中新课程新教材实施国家级示范区学科示范基地”“深圳市中学生科技创新教育基地学校”。2021年6月29日，南科大附中与世界百年名校新加坡华侨中学（Hwa Chong Institution）签订友好学校合作协议，并开展“亚洲青年华语论坛”和“计算科学论坛”等前沿活动。

（南方科技大学附属中学）

【深圳技术大学附属中学】于2021年3月筹备，同年9月1日正式开学。是由深圳市政府投资建设、深圳技术大学管理的高起点、高水平、高标准全寄宿制市直属大学附中，为深圳市教育局及深圳技术大学直属独立法人事业单位。位于深圳市坪山区坑梓街道。占地面积3.9万平方米，建筑面积7.3万平方米。学习环境优越，建有大空间图书馆、现代化宿舍与设施设备先进的实验室。办学规模为36个教学班。延揽大批优秀人才，包括全国重点高中高三把关教师和清华大学、北京大学等海内外重点名校毕业的硕博高学历人才。以“技术创新，扬长教育”为办学特色，以“求真求实，动脑动手”为校训，在办学中强调“让学生成为学校真正的主人”，致力于建成深圳顶尖、全国一流的附属中学，为将每一名学生培养成为社会的栋梁而不懈奋斗。基于特色办学理念，借由充实、高质的人才队伍，依托深圳技术大学得天独厚的教学资源，凭借新锐学校的闯劲，开展示范性基础教育教学改革实验活动，进行多方面创新实践。构建创新课程体系。依托深圳技术大学优质教育资源开设技术创新实践课程，由深圳技术大学院士、教授和博士团队每周为学生提供“多样化特色优质课程”；选聘各学科优秀竞赛教练，开设“拔尖创新人才培养课程”，践行以赛促教的教学理念。在学生活动层面，将个性化教育作为创新培养模式核心，爱护学生的探索和创新精神，通过学生活动俱乐部制度促进学生的个性发展。校园管理方面，开创深圳市第一个“智能家校互通平台”，在“智慧校园”平台上线“家校互动个人中心”功能，成功在禁止手机入校园的前提下解决家长与在校学生沟通不便的问题。获“深圳市科创教育特色学校”年度奖，获评“深圳最美校园”。

（郑淇予）

福田区中小学

【华新小学】为广东省一级学校。于2021年8月启动原址（梅岗路5号）重建工作。重建期间，学校整体搬迁至笋岗西路3076号高科技预制校区，学校用心打造校园文化，被誉为“最美高科技预制学校”。2021年，有教师94人，其中：副高职称8人；省级优秀教师和市、区两级各学科核心教研组成员及市学科带头人7人，市级先进教师、优秀教师、优秀班主任8人，福田区优秀园丁4人，福田区未来教育名师工作室主持人2人。与深圳市笔架山公园、深圳市绿色基金会、广东内伶仃福田自然保护区、香港米埔自然保护区建立自然教育合作关系，大胆践行“自然亦课堂”的课程理念。研发“B+3通·达”课程，促进教师团队专业成长。厚植学生核心素养，创建“都市里的森林学校”。积极打造首善之区“学有优教”“华新小学样式”办学品牌，打造面向未来的“粤港澳大湾区自然教育学校新样态”。努力探索“国家课程校本化、校本课程精品化”，校本课程项目达41个，首创童诗、布艺、航模、中草药、开学季、毕业季、诗意市场、冬季长跑、期末评价、家校共育十大“通·达”课程，童诗课程走向全国，布艺课程领跑全市，航模课程为区级品牌课程，形成以“通·达”为特色的自然教育格局，打造自然教育标杆学校。先后获评“全国足球特色学校”“全国少儿美术教育优秀教学单位”“中华文化创新文学示范校”“广东省绿色学校”“深圳市教育系统首批文明学校”“深圳市课程改革示范学校”“深圳市书香校园”“深圳市阳光体育先进学校”“深圳市家校共育典范学校”“深圳市儿童文学学会基地学校”“首批深圳市红树林文学创作基地”“深圳市艺术教育先进单位”“福田区首批中小学德育示范学校”，获“福田区教育创新”一等奖。2021年，获评“深圳市自然教育示范校”，获“深圳市‘2021百部最美诗画献给党’”优秀组织奖。布艺社团获评“深圳市优秀学生社团”，童诗工作室展位在“粤港澳大湾区自然教育嘉年华”上获评“十佳”参展机构。教师主编的福田青少年书系之《我的魔法世界笔记》《云水童诗》，学生的“黄金八分钟”诗朗诵表演在“福田书香读书月”启动仪式上惊艳全场。优秀毕业生欧钰珊、毕青青、吴然在“全运会团体体操比赛”中获得团体冠军，其中欧钰珊获得两金两银；学生蓝琦入选广东省体操队；宋安雅获深圳市政府举办的“全球未来城市梦想家演讲比赛”一等奖。（邓丽云）

【福民小学】为广东省一级学校。位于深圳市福田区福强路1033号。占地面积1.3万平方米，建筑面积1.79万平方米。2021年，有教学班49个。在校学生2120人（深圳户籍1531人；非深圳户籍589人，占全校总人数27.78%），其中男生1097人、女生1023人。教职工152人，其中专任教师117人（在编教师95人、临聘教师22人），外教2人。专任教师中：博士研究生学历1人，研究生学历36人，大学本科学历70人，专科学历10人；高级职称10人，中级职称53人；省级优秀教师、骨干教师2人，市、区级学科带头人2人，福田区优秀园丁、骨干教师36人，区首席（年度）教师2人，区学科教研核心组成员3人。市、区工作室和工作坊5个。以“融合＋体验”为课程开发理念，搭建“成长之门”的课程体系，构建具有福民特色的课程文化。在“融合＋体验”的课程理念下构建启智课程、礼德课程、生活课程、健康课程、艺术课程、创新课程六大核心课程。通过学科融合及项目式学习方式，将国家课程、地方课程、校本课程深度融合，以培养学生核心素养为目标。注重教师团队建设，关注教师专业发展，打造教师学习型组织。以“用智慧的钥匙开启成长之门”为办学理念，遵循尊重个性、悦纳差异、培养自信、激发潜能等原则，以创建爱心校园、书香校园、绿色校园、智慧校园、科技校园、梦想校园为办学目标，全员育人、科研兴校。先后获评“全国校园足球特色学校”“全国校园手球特色学校”“全国国际象棋特色学校”“清华大学人文学院人文教育发展研究中心创新实验学校”“广东省师资重点培训基地”“广东省绿色学校”“广东省现代教育技术实验学校”“广东省书香校园”“广东省校本培训示范校”“国际StarT项目式学习共同体PBL实验学校”“深圳市广播体操标兵（传统）学校”“深圳市第一批‘中小学人工智能教育项目’实验学校”“深圳市‘基于教学改革、融合信息技术的新型教与学模式’实验校”“福田区健美操训练基地”“福田区乒乓球训练基地”“福田区质量检测结果应用实验基地校”“福田区首批课程建设基地学校”“福田区AI赋能实验学校”“福田区教育系统先进基层工会组织”“福田区‘感创’音乐特色戏剧项目联盟基地”。“想象力空间”“机器人STEM课程”“健康生活，品质人生”“二十四节气写绘”“问题解决小创客”“手球运动精品课程”“少儿健美操、啦啦操精品课程”等课程获评“品牌课程”和“福田区首届‘品牌课程’培植对象”，多个学科组获评“福田区优秀教研组”。（何自谦）

【梅林小学】创办于1949年，为广东省一级学校。占地面积1.57万平方米，建筑面积1.22万平方米。2021年，有教学班41个，在校学生1910人。教职工118人，其中专任教师113人（外教2人）。专任

2021年12月31日，梅林小学举行第十七届科艺节闭幕式（梅林小学 供）

教师中：研究生学历16人，本科学历86人，专科学历11人；全国优秀教师1人，省、市级骨干教师3人，市、区级学科带头人2人，区级首席（年度）教师2人，区级学科教研核心组成员3人，高级教师14人，区级骨干教师31人，区级教坛新秀1人。市、区级工作室3个。近3年先后招聘12名来自香港中文大学、华中科技大学、中山大学、哈尔滨工业大学、深圳大学和“6+1”部属师范院校优秀毕业生，其中研究生学历9人、本科学历3人。以“教育即善举”为立校宣言，信守“六年影响一生”的办学公约，秉承“以人为本，自主发展”的办学理念，打造“自主教育”品牌，推进素质教育，健全学生发展性评价制度，着力培育学生品德、身心、学习、创新、国际、审美、信息、生活八大素养。举办科技节、艺术节、体育节、读书节、合唱节“校园五大节”系列活动，帮助学生搭建舞台、展示自我、培养自信、发挥潜能。组建合唱团、鼓号队、口风琴乐队、舞蹈队、红领巾广播站、足球俱乐部、田径队、篮球队、“绿点”环保社等学生文化活动社团，发挥自主性和创造性。开设“乐高机器人”“玩转发明”“少儿重彩画”“校园写生”“‘中国传统纹样’美术研究”“非洲鼓”“小车工程师”“智慧物流”“科技造物”“乐高课程”“数字创作”等前沿课程，助力学生长足发展。形成音乐（快乐口风琴）、体育（阳光体育、快乐足球）两大特色和少儿粉墨画、融合教育两大亮点。先后获评“中国少年科学院科普教育示范基地”“全国青少年校园足球特色学校”“广东省红旗大队”“深圳市足球体育传统项目学校”“深圳阅读特色示范学校”“福田区DI项目示范学校”“福田区基础教育质量监测结果应用实验基地学校”“福田区中小学课程建设示范（基地）学校”。2021年，获“第七届深圳教育改革创新大奖”之“科创教育特色学校（园）”年度奖，获评“深圳市馆校结合科技教育基地学校”。（施蓉芳）

【**福苑小学**】于2018年开办，为高起点公办学校。位于深圳市福田保税区，紧邻红树林生态公园和深港科技创新合作区，拥有科技、人文、自然资源。占地面积1.1万平方米，建筑面积1.73万平方米，规划设计36个教学班。2021年，有4个年级，学生948人。教师56人，大多来自国内外名校，全部拥有本科及以上学历，其中硕士研究生学历占比60%以上。本着“珍视童年价值，回归教育本真”的办学宗旨，以“守护童真的未来学校”为办学定位，以“童真润育，世界并怀”为办学理念，以“把想象打开，让世界进来”为核心表达，以“让教育真实发生”为行动准则，致力于培养“求真知，行未来”的人才。立足“童·真教育”的理念，教育教学工作呈现三大亮点。校园文化建设润物无声。重新设计修建星光礼堂、小海螺剧场、毛毛虫书吧、抱抱熊开心小站等七个特色功能室，新建校训墙、党史墙、课程和师资队伍介绍墙等，以文化育人。课程建设丰富优质。在“童·真”课程体系架构下，开设40多门课后延时服务课程，组建管乐团、合唱队、篮球队、田径队等多个学生体艺社团；举办科技节、读书月、运动节等学科特色活动；创建特色德育课程，坚持“每月一个好习惯”与“每日常规”相结合培养学生良好习惯，利用大屏展示和“童真榜”实时表彰；将入队仪式与趣味闯关相结合，探索入队教育新范式。“双减”工作减负提质。坚持每周科组集体教研，实施全员教学诊断提升工程，邀请校外专家对全体教师课堂教学进行诊断和指导；期末开展一、二年级学科特色闯关活动，将各学科重点知识融入游戏，寓教于乐。2021年，获评“广东省教育改革评价项目试点学校”“深圳市健康促进场所”“深圳市教育工作先进单位”“福田区先进基层党组织”；校长曾海玲获“深圳市教育教学成果奖”一等奖，教师在市、区级多项教育教学比赛中获特等奖、一等奖。（王鑫彬）

【**莲花小学**】创办于1993年，为广东省一级学校。位于深圳市福田区莲花山东麓。占地面积9964平方米，建筑面积9203平方米。教学设施齐全，33间教室和15间功能室全部配备标准教学平台。有开放型书吧4个、标准篮球场1个、练习篮球场1个、720平方米羽毛球馆2个，并同时开设棒垒球、足球、网球、铅球、乒乓球等训练场地。2021年，在编专任教师88人，其中：博士研究生学历2人、硕士研究生学历14人、本科学历56人；中共党员37人。健全管理制度，严格疫情防控，做好心理疏导，建立防控工作网络及联防联控机制；落实“双减”工作，坚持素质教育，深化教育改革，多措并举提升校内教育教学质量，丰富课后服务供给。坚持“两翼并举”，培育“四品学子”。以“两翼并举”的课程发展观为宗旨，夯实第一翼——国家课程和地方课程；优化完善第二翼——“四大校本课程群”，将“立德树人”落实到课程建设各个环节，将核心素养培养渗透到课程实施的每个阶段。深化“魅力课堂”展示课活动，在学生管理中推行“莲花币”评价体系，完善“莲花小镇”各部门职能。先后获评“全国生态文明特色学校”“全国生态环境教育百强学校”“全国网球特色学校”“广东省红领巾示范校”“广东省安全文明校园”“广东省绿色学校”“深圳市教育工作先进单位”“深圳市书香校园”“深圳市足球特色学校”“深圳教育改革创新大奖”之“年度最具社会影响力教育公益项目学校”“深圳市自然教育示范校”，获“青少年棒垒球锦标赛”全国总冠军。2021年，坚持以“十一项新行动计划”为抓手，推进各项改革。获评“广东省红领巾示范校”“深圳市党史学习教育示范校”“深圳市自然教育示范校”“深圳市新时代体育美育基地校”“深圳市第十届运动会突出贡献单位”，在“第十八届深圳关爱行动”中获评“百佳市民满意项目”。（罗　雯）

【福田区教育科学研究院附属小学】依托福田区教育科学研究院智库力量办学，为福田区重点打造学校之一。占地面积1.6万平方米，建筑面积1.3万平方米。2021年，有教学班33个，学生1471人。教师90人，平均年龄32岁。有省级优秀教师2人，市级优秀教师9人，省、市、区级骨干教师26人，名师工作室（坊）6个。校长刘锐娟为“广东省百千万中小学智能教育”名校长。以“让每一个生命精彩绽放”为办学目标，以“上善教育”为办学理念，构建上善课程、打造善真德育、建设善思课堂、培养善学师生、经营善美校园。落实“双减”政策，实行课后延时多元选课，AI赋能学科教学。“红领巾与名家相约国学梦”传承经典篇章，特色作业成为“作品”，得到教育部点赞。2021年5月，“深圳市‘百校’庆‘百年’红领巾火炬接力”福田第一站活动在该校举行；9月，作为广东省唯一学校代表参加“2021中国教育科学论坛”，校长刘锐娟汇报“智慧体育”在“双减”背景下的体育与健康教育新思路；10月，成功举办“课堂革命·福田表达——深圳福田课堂变革新生态全国展示”活动，刘锐娟执教《忆江南》课例；12月，牵头项目“智能体育学生数据分析与教学应用实践共同体”入选教育部“2021年度教育信息化教学应用实践共同体项目”。2021年，获评“全国新时代体育美育基地校”“清华大学人文学院人文教育发展研究中心创新实验学校”“全国青少年足球特色学校”“全国篮球活力校园”“广东省红旗大队”“广东省基础教育小学体育与健康教研基地学校”“深圳市‘基于教学改革、融合信息技术的新型教与学模式’实验校”“深圳市语言文字规范化示范学校”“深圳市能力提升工程2.0试点校”“深圳市群众体育单位”“华南师范大学教育科学学院教育硕士联合培养基地”，获“深圳市第七届教育改革创新大奖”之“体育特色校园年度奖”、“深圳市第七届教育改革创新大奖”之“深圳市科创教育示范学校奖”。（徐　燕）

【天健小学】位于深圳市中心城区莲花山下，毗邻市民中心，拥有丰富的公共文化与社区教育资源。占地面积9785平方米，建筑面积9217平方米（改扩建后为2.96万平方米）。有艺术、科创、心理、阅览等各类功能教室23间。2021年，有教学班26个，学生1170人。教职工103人，其中：研究生学历15人；高级职称10人；全国优秀教师1人，特级教师、省先进教育工作者2人，国家级骨干教师1人，省级骨干校长、学科带头人培养对象2人，市级先进教育工作者、优秀教师、“十佳”师德标兵、“十佳”青年教师（标兵）、优秀班主任（中队辅导员）10人，福田区优秀园丁、区级“十佳”荣誉教师8人，市级名师、骨干教师6人，区级学科带头人、领航骨干教师、教坛新秀16人。市级名班主任工作室1个，区级名师（名班主任）工作室4个。秉承“发展天赋、健全人格”的办学理念，坚持“五育并举、全面发展、彰显个性、培养特长”的办学方略，深化课程改革和管理创新，努力打造“深圳中心城区标杆学校”，形成艺术、科创、阅读三大办学特色。先后获评“全国国际象棋特色学校”“粤港澳青少年创新科学教育基地”“广东省艺术教育特色学校”“广东省校园排球推广学校”“深圳市教育工作先进单位”“深圳市书香校园”“深圳市绿色学校”“深圳市美育典范学校”“深圳市版画教育基地学校”“深圳市馆校结合科技教育基地学校”“深圳市 PBL 项目实践校”“深圳图书馆青少年阅读基地”“福田区德育示范学校”“福田区心理健康教育特色学校”“福田区国际理解教育特色学校”“福田区平安校园示范校”“福田区先进基层党组织”等。（米卫民）

【园岭小学】创办于 1984 年，为“品牌响亮、特色鲜明、质量一流”的特区窗口学校，广东省一级学校。位于深圳市福田区园岭新村二街 2 号。占地面积 9443 平方米，建筑面积 1.42 万平方米。2021 年，有教学班 36 个，学生 1781 人。教职员工 113 人，其中特级教师 2 人、高级教师 13 人。学校名师众多，教学研究和科研能力强。研究生学历 15 人，本科学历 93 人，本科及以上学历专任教师占比 95.6%；国家级骨干教师 3 人，绿色通道引进教师 6 人，区级及以上名师 37 人，全国优秀教师 2 人，深圳市名校长 1 人，福田区杰出人才 2 人，福田区首席教师 2 人，全国少先队名师 1 人；市、区级各工作室成员共 44 人次。全国名辅导员工作室 1 个，广东省名师工作室 2 个，深圳市名教师工作室 1 个，福田区名师工作室 2 个；深圳市教师培训基地 3 个。深圳市“好课程”3 个，福田区“品牌课程”2 个。坚持“为每个学生的幸福人生奠基”的办学理念，以“敢为人先，追求卓越”为核心价值，全面推进“依法治校、科研兴校、特色立校、文化强校”发展战略，以表层物态文化、浅层行为文化、中层制度文化、深层精神文化，走文化发展之路。儿童版画、智能机器人、校园足球及群文阅读等特色项目成为闪亮名片。在深圳市办学水平评估中被专家称赞为“勇立潮头、敢于创新的区域性标杆”。先后获评“全国文明单位”“全国青少年校园足球特色学校”“全国文明校园”“广东省依法治校示范校”“广东省中小学艺术教育特色学校”“深圳市首批教育科研基地学校”“深圳市中小学美术书法特色学校”“深圳市中小学心理健康教育特色学校”“深圳市儿童友好学校”“深圳市教育改革创新领跑学校”“福田区首届‘红树林奖’——素质教育模范实践者”，获“广东省教育教学成果奖”一等奖。（张礴巍）

【梅丽小学】创办于 1999 年。位于深圳市福田区上梅林片区。占地面积 1.04 万平方米，建筑面积 3.1 万平方米。为深圳市第一家采用清水墙建筑的庭院式校园，环境优美，独具特色。教学设备精良，每间教室内均安装智能感应护眼灯、纳米智慧黑板、智能讲台，并配有录播设备，方便使用多媒体技术授课。2021 年，有教学班 35 个，学生 1618 人。教职工 98 人，其中本科学历教师占比 90% 以上，研究生学历 13 人，中学高级教师 9 人，国家级优秀辅导教师 8 人，市、区级学科中青年骨干和学科领航教师 26 人，市级及以上优秀教师 6 人，福田区优秀园丁 3 人，绿色通道引进名师 1 人。秉承“教育成就幸福人生”办学理念，发扬“精益求精、追求卓越”梅丽精神，实践“阳光教育”。办学特色鲜明，即“一大特色、四大亮点”：以“阳光服务”和“阳光科研”为核心的阳光文化特色；以基于 STEAM 理念的创客教育、小制作、小发明和以“三模”（空模、车模、海模）为龙头的科技教育亮点；以活动、运动、劳动为载体的心理健康教育亮点；以童话创作为主要载体的文学艺术教育亮点，爱阅读、会创作是学生“标配”。连续 15 年获“深圳童话节（现‘中国童话节’）‘童话创作’比赛”团体一等奖，并出版两集《阳光童话》。积极推进科技教育工作发展，科技教师 20 余人。积极组织师生参加国家、省、市、区级各类科技活动，取得丰硕成果，获奖 900 人次。为福田区首批“广东省书香学校”“广东省科技特色学校”。2021 年，获评“深圳市馆校结合科技教育基地学校”、“第二届深圳市青少年航空科普嘉年华”活动优组织单位、“福田区科技创新教育先进单位”；学生吴子涵、陈烁霖、许韶乐获全国一等奖，陈梓佳、韩季轩等学生获省、市、区级奖项；熊武星、古雯、杨成等教师获评“优秀科技辅导教师”。初步实现国家课程再开发，构建“国家课程 +”新课程模式——“国家课程 + 素养课程”，把学科素养内容融进课堂（体育）教学中；“国家课程 + 社会实践”，将学科教学（科学课）与社会实践紧密联系，拓宽学生的视野；“国家课程 + 拓展课程”，利用社团、课后延时等时间满足学生个性化发展需求。2021 年 12 月，获“第七届深圳教育改革创新大奖”之“体育特色学校（园）年度奖”。在“深圳市第十届运动会”上，学校获团体总分第四名、总分第三名；在五人篮球比赛中获小学女子组第六名。在 2021 年深圳市“中国体彩杯”小学生篮球赛中获小学女子第六名，获评“体育道德风尚奖运动队”。为福田区篮球、柔道、摔跤训练基地，其中柔道是深圳市业余体校训练点。（何　洁）

【文天祥小学】于 2017 年 9 月开办，位于深圳城市中心腹地，为南宋抗元英雄文天祥后裔聚集地。占地面积 1.07 万平方米，建筑面积 1.49 万平方米。核定办学规模 36 个教学班。2021 年，有教学班 19 个，在校学生 830 人。教职工 56 人，其中：高级教师 2 人，中级教师 12 人；本科及以上学历教师占比 100%（博士后 1 人，硕士研究生及以上学历 12 人）；福田区“领航工程”骨干教师 5 人，福田区“领航工程”教坛新秀 2 人。坚持“和谐生长，立德树人”的办学宗旨，以“养浩然正气，立君子威风”为校训，践行“诚实做人，认真做事，弘扬个性，和谐发展”的育人理念和“和而不同真君子”管理思想，建构“正气铸魂课程”“君子涵养课程”“梦想飞扬课程”三大课程体系，走“诗书育人，正气君子”的特色办学路径。以诗书礼乐为抓手，推进正气教育和君子教育，围绕正气精神、君子素质、现代视野、创新能力、优雅情趣五方面制定评价体系。文天祥小学、岗厦小学联袂举行“诗书培正气，光华出少年——2021 诗词大会”活动，深圳市广电集团旗下的媒体“壹深圳”和节目《第一现场》、《深圳教育 +》同时直播诗词大会决赛，《晶报》、星空卫视等进行报道。2021 年 12 月，文天祥小学“青少年中华正气宣讲团”成立。宣讲团成员围绕“正气精神故事”“君子涵养之道”“梦想飞扬方法”，线上线下相结合在“家庭—学校—社区—兄弟学校”宣讲，《晶报》《深圳晚报》进行报道。先后获评“全国象棋特色学校”“深圳市校园足球特色学校”“福田区创新实践教育教学暨项目式学习试点学校”；学校开发的“好诗天天诵”课程和“孩子们说名句”课程、“‘文’采飞扬项目式学习”课程、“智绘创玩”数学游戏化双语绘本课程和“微笑新生起始周”课程获评福田区“品牌课程”；语文、数学、英语科组获评“福田区优秀教研组”。“项目式学习”课程获“全国第五届 STEM 教育与项目式学习 2020 年度优秀项目展评”一等奖、“第五届广东省科普剧剧本创作赛”一等奖，获评“广东省优秀 STEM 教育课程案例”。在 2021 年“中华诗教深圳示范区”建设暨第 22 届深圳读书月“经典诗词进校园”活动中，学校共 15 名师生获奖，其中获福田区特等奖 1 名、一等奖 6 名。（刘　妍）

【翰林实验学校】于 2005 年 9 月开办，为隶属于福田区教育局的九年一贯制公办学校。位于深圳市福田区梅东三路 4 号。占地面积 3.01 万平方米，建筑面积 2.24 万平方米。2021 年，有教学班 56 个（小学 32 个班，初中 24 个班），在校学生 2627 名（小学 1516 名，初中 1111 名）。教职员工 180 人（在编 154，编外 26 人），其中：高级职称 42 人，中级职称 85 人；本科及以上学历 169 人（硕士 35 人）；全国优秀教师 1 人，省级优秀教师 8 人，省级名师工作室主持人 1 人，深圳市优秀教师 8 人，区级名师工作室主持人 5 人，福田区优秀园丁 4 人，区骨干教师 31 人，区教坛新秀 6 人，省、市、区级名师工作室成员 63 人。践行“砥德砺行、博学笃志”的奋斗精神，形成“求实创新、和谐共进”的校风、“敬业、精业、乐业”的教风和“乐学、善思、勤奋、进取”的学风。以中国传统文化为基石，以打造“人文翰林、绿色翰林、和谐翰林”为发展目标，让师生共享发展成果。注重课程建设，在国家课程校本化实施基础上，注重小初衔接课程建设和校本课程开发，课后服务课程丰富。在特色课程、品牌课程打造上，凸显学校办学特色。在文学、乒乓球、射击、室内赛艇、国际象棋、萝卜圈虚拟机器人以及民乐、合唱、舞蹈、足球、羽毛球等方面，形成学校品牌和特色。德育方面，开设升旗展示课、家长学校课程。先后获评“全国国际象棋特色学校”“全国百佳文学社”“广东省健康促进示范学校”“深圳市先进基层党组织”“深圳市绿色学校”“深圳市园林式、花园式单位”“深圳市体育传统项目学校”“深圳市消防安全管理标准化学校”“深圳教育改革创新论坛阅读典范学校”“深圳市第十届运动会突出

贡献单位”“福田区首批课程建设基地学校”“福田区文明礼仪教育先进学校”，获“深圳市健康促进学校”铜奖。（黄慧玲）

【福田区科技中学】创办于1994年，广东省一级学校，为隶属于福田区教育局的公办全日制初级中学。占地面积2.36万平方米，建筑面积1.13万平方米，运动场地面积2000余平方米。2021年，有教学班32个，学生1400余名。专任教师122人，其中：高级职称31人，中级职称53人；区级以上名师（学科带头人）16人；本科及以上学历127人（硕士32人，博士1人）。名师工作室2个。将“像科学家一样思考，像工程师一样解决问题”作为“办学基因”植入学校发展的每个环节，培育一批又一批面向未来的人才。以“办负责任的教育，建一流品牌学校”为目标，实施品德立身、专业发展、学生成长、质量攻坚、科技创新五大工程，获“深圳市政府办学效益奖”。鲜明的科技创新教育特色成为科技中学一张亮丽的名片，校园内无所不在的科学氛围和科技元素成为科技中学育人模式中最核心的关键词。2021年，获评“福田区国际项目式学习共同体PBL实验学校（国家级）”“广东省科技创新教育实验学校”“深圳市‘基于教学改革、融合信息技术的新型教与学模式’实验校”“深圳市科普教育基地（2021—2026）”“深圳市知识产权教育示范学校”，获“深圳市科普成果奖”一等奖。年内，学生在各项科技、科普类竞赛活动中均有突出表现，陆续登上全国乃至世界高水平科技竞赛舞台。获“第73届德国纽伦国际发明展”2项金奖；“第36届美国匹兹堡国际发明展”4项金奖；“2021VEX世界青少年机器人锦标赛”亚太分区赛一等奖；“第25届全国发明展”金奖；“第36届广东省青少年科技创新大赛”3项金奖。（李静芝）

【福田区北环中学】创办于1994年8月。为隶属于福田区教育局的公办全日制初级中学，广东省一级学校。位于深圳市福田区莲花北村。占地面积2.04万平方米，建筑面积2.3万平方米。2021年，有教学班35个，在校学生1677人，教职工143人。拥有一支具有崇高师德和现代教育理念、掌握现代教育手段、经验丰富的教师队伍。全校132名专任教师中，省优秀教师、省骨干教师4人，省、市、区级学科带头人和骨干教师共51人，廖春风省名师工作室、王红综合材质装饰特色工作坊、陈建生未来教育工作室和罗伟柱博士工作室在校挂牌。坚持“为学生的可持续发展奠定基础，为学生的终身化学习培养能力”的办学理念，确立“以学生为本、以大局为先、以事业为重、以发展为荣”的学校精神，坚持“依法治校、质量立校、科研兴校、特色强校”的办学策略，以“文行忠信”为校训、“明礼诚信，居敬持志”为校风。号召教师以“教育有思想，教学有特色，教技有专长，教研有成果”为发展目标，努力建设“和而不同，追求卓越”的品牌学校。重视学生综合素质提升，开设40余门丰富多彩的校本课程，为学生提供多元选择，促进学生个性化发展。桥牌、击剑、编程、航空航天模型、无人车、无人机等社团在国家、省、市、区级竞赛中获得优良成绩。先后获评“深圳市绿色学校”“深圳市教育系统先进单位”“深圳市校长培训基地学校”，获“深圳市政府办学效益奖”。（叶科伟）

【福田区外国语高级中学】创办于1998年，为广东省一级学校。位于深圳市福田区益田村。占地面积2.02万平方米，建筑面积4.5万平方米。2021年，有教学班44个，在校学生2000余人。专任教师180余名，其中正高级教师2名，特级教师8名，全国优秀教师5名，国家级骨干教师8名，“南粤优秀教师”1名，省级优秀教师和省级骨干教师17名，高级教师比例达60%。先后获评“全国生态文明教育特色学校”“广东省普通高中教学水平优秀学校”“广东省国家级示范性普通高中”“深圳教育改革创新年度‘STEM教育典范学校’”，是深圳市“新高考新课程背景下高中教育教学管理模式”五所首批实验学校之一。教学质量显著提升。2017—2019年三度获“深圳市高考工作超越奖”，2020年获评“深圳市教育工作先进单位”，2021年获“深圳市高考工作特色奖”。作为“深圳市中小学‘智慧校园’示范校”“深圳市‘基于教学改革、融合信息技术的新型教与学模式’实验校”“福田区STEM教育实验基地”“福田区‘未来全息教育云+端’项目实验学校”“福田区AI赋能教学实验学校”“福田区‘5G+智慧教育’应用试点示范学校”，积极促成中国教科院“未来全息教育云+端”、科大讯飞“智课平板课堂”、“深圳移动5G+智慧校园”等项目落户学校，现代信息技术与课堂教学深度融合，促进教与学方式变革，满足学生个性化学习需求，提升课堂教学质量。作为福田区外国语学校联盟中唯一一所高中学校，借力北外国际优质课程资源，成就学生“国际化、多元化、个性化”发展。构建英语、日语、德语、西班牙语、俄语、法语“六语种教学”体系，并将日语、俄语作为高考外语科目，实现第二外语助力高考与未来发展梦想。秉承“为学生一生奠基，对民族未来负责”的办学理念，坚持“创建外语特色鲜明的优质学校，提供适合学生个性的理想教育”的办学目标，以全面提升教学质量为核心，以加强教师队伍建设为主线，以扎实课堂教学为抓手，积极构建国际化、多元化、个性化的课程体系。坚守教育初心，砺志笃行，着眼学生未来，砥砺奋进，努力建设成为具有“深派教育”气质的优质特色高中。（孙芳凝）

福田区上步中学举办首届校园丰收节（2021）　（福田区上步中学　供）

【福田区上步中学】创办于1983年8月。为隶属福田区教育局的公办全日制初级中学，是深圳经济特区建立后最早创办的完全中学之一，原名“深圳市第五中学”，后更名为“深圳市上步中学”，2000年初高中分离后成为初级中学，2003年3月更名为“福田区上步中学”，广东省一级学校。位于深圳市福田区华发南路2号。占地面积2.86万平方米，建筑面积2.25万平方米。2021年，有教学班48个，在校学生2191人。有校级领导3人，中层管理人员11人，教职工共181人，学历达标率为100%。专任教师中，中学高级教师51人，中学一级教师51人，21人次获评省、市级及以上先进教师。以习近平新时代中国特色社会主义思想铸魂育人，坚持“立德树人”“五育并举”，以“请党放心，强国有我”为主题举办体育节、艺术节等系列活动。学生素养全面。木棉文学社56名学生在“第三届粤港澳青少年作文竞赛”中获得大奖；桥牌队包揽“2021年深圳市中小学生桥牌比赛”团体冠军和个人冠亚军；男篮获市赛亚军，女篮获区赛第四名；田径队夺得“福田区中小学生田径运动会”团体第六名；学校代表深圳市初中生参加广东省体测，取得优良率58.3%的优异成绩；学校德育研学案例获“深圳市中小学德育主题活动案例评选”一等奖；“STEM与创客教育”获评“第四届深圳教育改革创新项目”。举办首届校园丰收节，劳动教育成果显著。先后获评“广东省绿色学校”“广东省先进职工之家”“深圳市教育系统文明学校”“深圳市依法治校示范校”“深圳市中小学安全文明校园”“深圳教育学会中小学德育专业委员会理事单位”“深圳市年度STEM教育典范学校”，获“深圳市办学效益奖”“深圳教育改革创新奖”——“劳动教育改革特色学校奖”。（刘昕昱）

【福田区皇岗中学】创办于1993年。为广东省一级学校、广东省绿色学校。位于深圳市福田区金田路2008号。2021年，有教学班39个，在校学生1759人（2020年秋季起开始招收小学生）。教职员工144人，其中专任教师124人。专任教师学历达标率为100%，硕士研究生学历占比47%；70%以上教师具有中高级职称。专任教师中，特级教师1人，国家、省、市级名师20多人，深圳市督学1人，深圳市“十佳”师德标兵1人，深圳市优秀教师和优秀班主任10人，福田区优秀园丁2人，福田区“十佳”校长1人，福田区“十佳”副校长1人，福田区“十佳”中层干部2人，福田区“十佳”班主任1人，福田区兼职督学4人，福田区级中青年骨干教师及学科带头人38人。秉承“整体培养，尊重差异，发展个性，为学生未来发展奠基”的办学理念，确立“谦和、勤奋、善学、求新”的校训，形成“严谨、勤奋、诚信、创新”的优良校风、“学会做人，学会求知，学会创新”的优良学风、“用爱心去塑造学生，用真情去感化学生，用榜样去激励学生，用人格去熏陶学生”的优良教风。教育教学质量和办学水平不断提升，社会美誉度越来越高。办学特色鲜明。以机器人创客教育为标志的科技教育硕果累累，连续五届获“福田区科技节组织奖”，学生科技活动及作品获得国家级奖励13项、省级奖励20项、市级奖励60项、区级奖励200余项，获评“全国少年儿童科学体验活动示范学校”。以生态材质教育为标志的艺术教育、以全民健身和竞技体育为标志的体育教育成绩喜人。学校田径运动队连续4年蝉联“福田区中小学运动会”初中组团体冠军；参加“深圳市中小学生田径运动会”获团体总分冠军；学校成为市、区两级排球、田径、手球训练基地。科技、美术、体育三大特色有效满足学生个性化、多元化的发展需求，成为学校亮丽的“名片”。（刘丽莉）

【福田区实验教育集团梅香学校】为福田区实验教育集团旗下九年一贯制学校。占地面积2.34万平方米，建筑面积4.86万平方米。核定办学规模54个教学班。2021年，有教学班28个，其中小学8个班、初中20个班，学生1238人。教职工94人，研究生及以上学历占比近70%（博士学历2人）；有省、市、区级骨干教师，其中区级及以上名师占比近40%；有各学科精锐教师组成的骨干团队。传承集团教研文化，形成良好教研氛围。开展主题为“指向学科核心素养的创感课堂”“基于合作学习的指向核心素养创感课堂”“基于大单元教学的创感课堂的探索与实践”系列研讨活动，通过展示课、研讨课、竞赛课等多种形式，实施梅香“课堂革命”。2021年12月，首届“创感教育与创新人才培养论坛暨深圳市福田区实验教育集团创感教育研究院成立仪式”在梅香学校举行。秉承“向生活求教，为未来育人”的办学理念，以“培养走向世界的、完整而有创造力的现代人”为目标，以“学校的价值用课程来表达”作为办学信念，积极建构并推行“创感教育”。着力建设美丽校园、书香校园、创感校园、智慧校园和幸福校园，积极推行为每一名学生“量身定制”的“四修课程”。举办校园读书文化节、体育文化节、科技文化节等活动。为构建“学校、家庭、社会”德育工作大格局，率先成立家庭教育促进委员会，凝聚起共同推进家庭教育的强大合力。年内，先后获评“中央电教馆智能研修平台应用试点工作试验校”“全国国际象棋特色学校”“广东省首批省级优质基础教育集团培育对象”“深圳市‘基于教学改革、融合信息技术的新型教与学模式’实验校”“深圳市云端学校试点校”“深圳市云端学校入驻校”，获“第七届深圳市教育改革创新大奖”之“最受关注新锐学校奖”。（乔小华）

【福田区贝赛思双语学校】创办于2020年8月，为福田区乃至深圳市具有代表性特色的优质国际化双语学校。位于深圳市福田中心区核心地段。占地面积3万平方米，提供学位1620个。学校二期校区启用后，整体建筑面积4.8万平方米，包含80余间标准教室和实验、美术、音乐、舞蹈等数十间功能教室，以及图书馆、小剧场、黑匣子剧场、体育中心、恒温游泳馆、天文台和天象厅二合一馆等配套场馆。各场馆均配备国内外最先进的设备和材料：操场跑道材料与奥运会鸟巢运动场为同品牌、同款产品；阶梯剧场可容纳500人，并配备与国家大剧院相同规格的18米长LED屏幕；黑匣子剧场整体达到专业级别的乙级剧场建设标准；于2021春季学期开放使用的天文台和天象厅二合一馆是深圳乃至全国中小学中为数不多的专业综合天文馆；恒温游泳馆采用专业三集一体设备（泳池热水、空气除湿、室内空调三种功能集于一体），同时采用德国进口泳池瓷砖，为学生营造恒温恒湿泳池环境。校园如同一座微型教育城市，充满温度和内涵。2021年，在校学生878人。教职员工319人，其中专任教师56人（外籍教师81人）。专任教师均拥有本科及以上学历，其中硕士学历占比82%，博士学历占比

4%；知识结构、职称结构和年龄结构合理。秉承为学生提供具有革命性K–12教育使命，将严格、深度学习课程理念融入国家义务教育课程，通过教师的教学和指导，培养具有广泛知识面、专注精神、国际视野、批判性思维能力及创造性解决问题能力的学生。以“心地善良、待人有礼、尊师重道、互助友爱、活泼开朗”为校训，倡导“勤奋努力、勤学好问、乐于助人、身心健康”的校风。开设内容丰富、形式多样的体育课。落实“双减”政策，为一至九年级学生提供数十个多姿多彩的课后俱乐部活动，受到家长和学生欢迎。（邹小玲）

【深圳市云顶学校】创办于2004年。原名华南师范大学附属深圳学校，为十二年一贯制国有民办学校，深圳市一级学校。位于深圳中心城区。占地面积3.21万平方米，建筑面积2.63万平方米。设备设施先进，功能室齐全，生活服务一流。共有2栋高端学生公寓，能为小学、初中、高中住宿生提供24小时生活服务。2021年，有小学、初中、高中及国际课程实验班（高中）共70个教学班，师生近2800人。以“阳光、和谐、多元、发展”为办学理念，以“做最好的自己，为幸福人生奠基”为学校愿景。教师毕业于海内外名牌大学或重点学校，其中：博士5人、硕士研究生20人，研究生及以上学历教师占比近30%；特级教师2人，高级职称教师26人；全国优秀教师3人，省级优秀教师8人，市级骨干青年教师33人；区级先进个人65人。实施“人文化”管理，坚持一切从人出发，把关心人、尊重人、培养人、发展人作为管理目的，处处体现对学生、教师的人文关爱。实施“精致”管理，核心是在实施中落实“精、准、细、实”。先后获评“中国百佳美育名校”“全国艺术教育先进单位”“广东省教育理事会民办教育委员会理事长单位”“广东省国际象棋特色学校”“深圳市办学效益优质学校”“深圳市最具影响力品牌学校”“深圳市市民身边最满意学校”“深圳市校园足球特色学校”“深圳市陶行知实验学校”“深圳市体育特色学校”“福田区德育示范学校”“福田区阳光体育活动先进学校”“福田区安全文明先进单位”“福田区教育系统先进基层党组织”。（罗　蔓）

【深圳市耀华实验学校】创办于2004年。为十二年一贯制学校，深圳市一级学校。为国务院侨务办公室命名的“华文教育基地单位”学校；深圳市教育局、香港特区政府教育局批准的“港人子弟班”学校；中国科技大学确认的“中国科技大学少年班预备班”学校。占地面积3.11万平方米，建筑面积4.31万平方米。2021年，有教学班125个（小班化教学），在校学生3093人。教职工532人。中高级职称教职工55人，特级教师2人，数学、物理、化学、信息技术等科目金牌教练10人。坚持“一体两翼”的办学模式，建立以中国基础教育为主体，以超常教育、国际教育为两翼的特色教育体系；坚持培养“清纯、儒雅、博学、阳光”的耀华学子，培养学生终身探究学习的愿望和能力，培养能够影响未来世界的政治家、科学家、企业家、艺术家；坚持致力于创建最具中国特色、与国际接轨的世界名校。办学特色鲜明。基础教育，成绩斐然。连续10年高考重本率名列全市前茅。2011年，学生张一林以优异成绩被北京大学录取；“卢瑞华奖学金班”学生陈嘉明高二考入中国科技大学，张依婷考入美国杜克大学。2012年，学生肖瑞焜高考理科成绩居深圳前列。2021年，重点本科升学率达60%以上。国际教育，捷报频传。国际课程实验班教育：2011—2021年连续11届国际课程实验班A班300余名

深圳市耀华实验学校信息学奥林匹克联赛参赛队合影（2021）
（深圳市耀华实验学校　供）

学生均被美国排名前50的大学录取，65名学生进入美国排名前30的世界名校。港澳台班教育：有学生1500余人，参加5年全国港澳台联考，学生均升入重点大学深造；2020届港澳台班毕业生毛彦锋高考总分651分，获暨南大学奖学金。超常教育，硕果累累。曹原，为出自该校少年班的世界最年轻的顶级科学家。14岁考入中科大少年班，18岁获得中科大本科生最高荣誉奖“郭沫若奖学金”，24岁获得美国麻省理工学院博士学位；在世界顶级学术期刊《自然》(*Nature*)上发表论文8篇，在《科学》(*Science*)上发表论文1篇；2021年获得凝聚态物理领域青年物理学家最高奖——麦克米兰奖（William L. McMillan Award）。王嘉乐，13岁超常班高中毕业，以648分的优异成绩被南方科技大学录取，17岁进入牛津大学攻读博士，21岁获得牛津大学材料科学与工程系博士学位。范紫藜，13岁超常班高中毕业，17岁南方科技大学本科毕业，21岁美国加州大学洛杉矶分校博士毕业。程大拙，14岁考入清华大学“丘成桐数学科学领军人才培养计划”班。2021年“全国青少年信息学奥林匹克联赛”一等奖2名、二等奖7名、三等奖2名。华文教育，影响深远。为弘扬中华文化，发展华文教育事业，促进中外文化交流，合作举办“中国华文教育基金会耀华奖学金班”、“中国华文教育基金会全球华人耀华少年班”和“中国华文教育基金会全球华人耀华数学班”（每班每年招收20名华人优秀学生，合作协议截至2031年）。旨在世界范围内招收热爱华文教育的华裔青年到校学习，培养在世界事务中、在所在国事务中、在所在国侨界事务中能产生重大影响并永远与中国友好的华裔学子。华人班学生连续8届均被中国排名前8位的大学录取，其中76人次被清华大学、北京大学录取。机制灵活，特色鲜明。灵活的教育教学机制为培养杰出人才保驾护航。发挥民办学校自主优势和相对自由灵活的办学机制，坚持特色的“小班制”“走班制”“跳级制”“导师制”和特色化竞赛体系（包括数学竞赛、物理竞赛、化学竞赛和信息技术竞赛）。为具备特殊才能的超常学生提供更灵活的、更有效的，甚至是“私人定制”式的教育服务。不惜重金高薪聘请全国知名奥赛金牌竞赛教练和国家级、省级骨干教师或优秀教师，组建最优秀的教师团队开展教学。2021年11月，成立“付云皓博士数学教学研究工作室”（付云皓博士：2009、2020、2021年国际数学奥林匹克中国代表队教练员），为校数学奥赛教学体系再添长风。育人为本，德育为先。创建全方位、重过程、有特色的德育管理体系，采用学分制管理提高师生参与德育的积极性；强化教师岗位职责，形成全员育人模式；实行班主任坐班制，提升德育工作成效；引导学生参与学部、班级管理，培养学生自主管理能力；组建校内体艺社团，组织“三三游学”等社会实践活动（每学期省内游学三次，寒暑假出省、出境游学各一次）。以展促学，提升素质。创新开设钢琴、舞蹈、信息技术、阅读演讲、国学、书法等富有特色的课程；组织开展英语口语、信息技术、美术、钢琴、写字、中国文化共六项考级。通过特色课程培养和六项考级，积淀文化底蕴，培养学生的人文素养，提高学生综合素质，为学生多元化发展奠定基础。公益助学，勇担责任。学校开办以来，共捐赠2.3亿元用于公益办学。先后设立“卢瑞华奖学金班”“中国华文教育奖学金国际班”“中国华杯赛少年数学奖学金班”“全球华人耀华少年数学班”，捐资修缮百年老校城南学堂等。获评“深圳市高考先进单位”“深圳市国际课程实验学校”。（朱会平）

【福田区丽中小学】为深圳市一级学校。举办者张碧芳女士是深圳民办教育的先行者之一，1995年在深圳创办丽晶教育集团，学校历任校长均为具有多年香港学校管理经验的港籍人士，他们将优质的教育教学资源和管理经验引入学校。位于深圳市福田中心区福强路1042号。占地面积约1万平方米。环境优美、景色怡人，获评“深圳市花园式学校”。拥有藏书丰富的图书馆、功能齐全的大礼堂和舞蹈室、音乐室、美劳室、电脑室、科学实验室、心理咨询室以及广播站、少先队大队部、全天候塑胶跑道，每间课室均配有先进的电子教学设备。2021年，有教学班33个，学生1200余人。教职工140人，师资力量雄厚。教师均为国内统一招聘的大专、本科及硕士学历专业教师，另特别聘请多位外籍教师任教英语口语。办学总目标为：“坚持素质教育，争创深港名校”；培养学生目标为：

"有德有才，品学兼优"；校训为："笃学，尚德"；办学愿景为："笃学博志扎根家国，尚德立人弘扬四海"；办学特色为："英语教育""多元智能""专题学习""公民教育""STEAM 教育"等。为培养学生的多方面才能，发挥学生特长，开设 20 余个学生社团，涵盖舞蹈、合唱、民乐、美术、体育、科技、编程、数学、英文话剧、语言、辩论等，充分体现"五育并举、全面育人"的综合素质教育要求。积极开展主题月活动。学科月包括中文月、数学月、英文月、科学月、道法月、综艺月等；德育主题月包括常规月、安全月、感恩月等。年内，先后获评"深圳市级健康促进学校"（银奖）、"深圳市青少年篮球协会会员单位"、"福田区优秀党组织"。（樊　云）

罗湖区中小学

【深圳市北斗小学】创办于 1984 年。为广东省一级学校。占地面积 1.1 万平方米，建筑面积 1.4 万平方米。校区 2 个。2021 年，有教学班 55 个，师生近 3000 人。教师中：高级职称 14 人，中级职称 59 人；区级及以上名优教师 20 人；本科及以上学历 145 人（硕士 29 人）。坚持"促进师生身心健康和多元发展"的办学宗旨，贯彻"成长优先，和谐发展，追求卓越"办学理念，构建学校文化体系。经过三十多年的发展，教书育人硕果累累，名校效应日益凸显。2008 年，现任校长彭美珍来到北斗小学，带领学校率先在罗湖区教育系统导入卓越绩效模式，致力于管理创新。以卓越绩效标准为学校管理语言，以学校文化凝聚各方共识，以战略规划引领学校长远发展，在学校管理各个模块不断探索创新，形成基于卓越绩效模式的北斗小学管理模式，于 2011 年获"罗湖区政府质量奖"。先后获评"国家健康促进学校"（银奖）以及"广东省科研基地学校""广东省信息技术实验学校""广东省绿色学校""广东省首批红领巾示范校创建活动先进单位""广东省红旗大队""广东省巾帼文明岗""英特尔未来教育项目推广示范学校""深圳市教育系统先进单位""深圳市首批依法治校示范校""深圳市义务教育规范化学校""深圳市园林式花园式学校""深圳市书香校园""深圳市德育工作示范校""深圳市先进职工之家""深圳市推进现代学校制度先进校""深圳市中小学生综合素养培养试点学校""深圳市首批教育教研基地""深圳市'智慧校园'示范校""深圳市教育工作先进单位"。（彭美珍　陈寅旋）

【深圳市大望学校】为九年一贯制学校。占地面积 1.26 万平方米（运动场地面积 5000 平方米），建筑面积约 8000 平方米。有专用教室 31 个，理化科学实验室 2 个，功能室 3 个，计算机室 2 个。2021 年，有 9 个年级，开设教学班 31 个，在校学生 1430 人。教职工 106 人，其中：本科及以上学历 100 人（硕士 14 人）；高级职称 16 人，中级职称 41 人；省级名师 1 人，市级名师 / 骨干教师 3 人，区级名师 / 骨干教师 4 人，区级教坛新秀 3 人。省名师工作室 1 个，市名师工作室 2 个，区名师工作室 1 个。坚持"以人为本，为可持续发展服务"的办学理念，以"努力培养身心健康、善于学习、乐于实践的阳光少年"为育人目标。围

2021 年 3 月 18 日，深圳市大望学校举办"百人齐画毛杜鹃，共庆建党百周年"主题活动　（深圳市大望学校　供）

绕立德树人、提升教育教学质量、坚持特色发展三个路径，着力提升学校教育教学质量；落实“大阅读”“大创客”“大体育”“大艺术”“英语文化节”五大行动，探索“家—校—社”协同教育下的大德育体系；以抗击新冠疫情为契机，构建以生理、心理健康教育为基础的生命教育体系；发挥九年制学校特点以及周边生态、艺术优势，打造“情境美术教育”“生态环保教育”“党团队衔接教育”三大特色。先后获评“全国优秀红领巾小社团”、“全国健康促进学校”（铜牌）以及“广东省巾帼文明岗”“广东省少先队红旗大队”“深圳市教育先进单位”“深圳市办学效益先进学校”“深圳市阳光体育先进学校”“深圳市小学广播体操标兵学校”“深圳市绿色学校”“深圳市节水教育示范学校”“深圳市‘河长’学校”“深圳大学教学实践基地”“深圳市家—校—卫联动学生健康教育项目学校”“罗湖区少先队水资源保护宣传基地”等。（郑小鑫）

【深圳市水库小学】于2019年12月成为罗湖区首批中小学“好校园”学校，2020年迎来建校一百周年华诞。为广东省首批一级学校。占地面积2.16万平方米（运动场地面积6000余平方米），建筑面积1.5万平方米。2021年，有教学班50个，学生2426人。教职工138人，其中：高级职称12人，中级职称82人；特级教师1人；本科及以上学历129人（硕士17人）；区级及以上名师22人。名师工作室2个。秉持“最充分发展学生，最优质服务社会”的办学理念，全力打好“平安牌”“优质牌”“特色牌”“效益牌”，积极探索发展特色新路子。全面实施以“环保教育”为突破口、以可持续发展为核心的“科学”与“人文”相融合的“绿色教育”，促进学校、教师、学生可持续发展，形成鲜明办学特色。努力开创“六为”课堂教学特色：以学生为主体，以发展为核心，以活动为载体，以情趣为动力，以实练为主线，以创新为出路。在全面实施“科研兴校”的战略中，为每个学生提供适合的课程。构建水库“小浪花”课程体系，出版《学校课程发展实践范式》；“科技创意”“共生阅读”“艺体教育”和“体验式德育”四大亮点广获肯定。不断做实“四大一节”（大阅读、大体育、大创客、大艺术，英语节）与“国旗下展能”活动品牌，全面提升学生综合素养。为庆祝建党100周年，创新开展系列“旗帜行动”。开设“致敬百年‘不忘初心，红色教育’之旅”德育公共课程；举办“追溯红色历史，以笔尖书红心”红色征文活动，“走进红色基地，感悟革命精神”主题社会实践活动，“传承红色基因，诵诗词润红心”诗词朗诵会，“唱响红色歌曲，赓续红色血脉”红色歌咏比赛，“演绎红色经典，重温红色历史”课本剧展演等。2021年7月1日，举行“庆祝中国共产党建党100周年纪念活动暨《致敬百年——深圳市水库小学纪念建党100周年征文优秀作品集》新书首发活动”。通过“2.0提升工程”“名师工程”“青蓝工程”积极开展三级教研活动，成功培养每个学科1名以上区级以上学科带头人、骨干教师及多名教坛新秀。一大批青年教师快速成长，在各级各类活动中崭露头角。其中，教师周梦星获“罗湖区青年班主任专业技能大赛”第一名，汪香香获“罗湖区青年教师数学技能大赛”第一名。（刘振雄）

【深圳市布心小学】创办于1988年3月。为罗湖区公办小学，广东省一级学校。位于深圳市罗湖区布心花园。占地面积1.14万平方米。2021年，有教学班37个，学生近2000名。教师115名，其中，中小学正高级教师1名，中学高级教师10名，特级教师1名，罗湖区名优教师31名。2020年11月，学校改扩建项目正式启动，财政投资3.77亿元，总建筑面积4.5万平方米。以“厚德敏行”为校训，以“让每个孩子的梦想花开”为办学理念。教师忠于教育事业，矢志成为学生灵魂的守望者；学生从小养成良好习惯，立志成为有梦想、有健康、有智慧、有担当的一代新人。以“布道于心、厚德敏行”为校园文化标识，打造“善良、微笑、坚持”三张名片；以“心育”课程建设为核心，以“梦想教育”为龙头，引领学生实现“六个一”（一流好品行、一生好习惯、一个好心态、一身好体魄、一项好才艺、一副好口才）发展目标。办学设施先进，校园文化高雅，育人环境优美，师资结构优化，管理机制现代，办学特色鲜明。先后获评“首批全国青少年校园足球特色学校”“首批全国青少年校园篮球特色学校”“广东省书香校园”“广东省基础教育研究实验基地学校”“广东省信息化中心校”“广东省基础教育信息化融合创新示范培育推广项目学校”“深圳市智慧校园”。（刘　莹）

【深圳市翠北实验小学】创办于1986年。2013年成为罗湖区第一所综合性实验学校，2018年9月成为翠北教育集团领航学校。集团各校区：田贝校区改扩建后占地面积9513.66平方米，建筑面积2.02万平方米；愉贝校区占地面积3494平方米。2021年，共有教学班49个，学生2357名。专任教师130人，其中：本科及以上学历105人；高级职称7人，中级职称78人；特级教师2人，区级骨干教师6人。市、区、集团工作室5个。图书馆藏书7.8万册，人均33.4册。借由深圳市争创儿童友好型城市的契机，以“儿童，让世界更美好”“敬畏儿童”的儿童观，以“做有美感的教育”为使命，赋能父母和教师，让儿童爱上学、想回家。办一所儿童友好型学校，建设一个儿童友好型教育集团，探索家校共育翠北范例。着力打造三张品牌，即：“灯火通明的父母夜校”“永不落幕的读书月”“天天都是体育节”。“父母夜校”开办四年多来已开展90期线下课、93期线上课活动，众多家庭教育专家系列授课，唤醒家长科学养育内在自觉。系统研发“课程超市”，有效促进有深度、有边界、有成效的家校共育路径探索。课程构建机制健全，指向清晰、措施得当、行动有力。集结骨干教师、家校共育中心优秀父母代表，成立“百人正面管教讲师团”，培养家庭教育培训师。“课程超市”的“产品”丰富且“营养”，举办家庭教育指导沙龙、家庭教育书籍品读会、正面管教工作坊、“老猫”书香下午茶、“爸爸课堂”、“开学准备周”特色课程、“开讲啦”等活动。疫情期间开发系列“宅家课程”：“YU音绕梁音频课”“宅家·美生活”“翠北日记”“红领巾电视台”微视频课程，基本满足不同家庭个性化需要。家校合作陆续研发出“童年您好”“见字如面”“翠北致谢”书信课程，全方位营造家校共育氛围，赋能家庭教育。先后获评“全国家庭教育创新基地”“广东省家庭教育示范校”“广东省艺术特色学校”“深圳市家校共育典范学校”“深圳市阅读典范学校”。（邹国梁）

深圳市翠北实验小学学生设计的第33届校运会会徽（2021）
（深圳市翠北实验小学　供）

【深圳市锦田小学】创办于1997年，2019年7月创办德弘校区。为深圳市锦田教育集团领航校，广东省一级学校。位于深圳市罗湖区贝丽南路7号。占地面积2.04万平方米，建筑面积3.03万平方米。2021年，有教学班69个，在校学生3288人。教师193人，其中：高级职称9人，中级职称76人；区级及以上名师、骨干教师、教坛新秀21人；本科及以上学历188人（硕士37人）。先后成立22个省、市、区、校级名师（班主任）工作室。教师团队教育教学水平高，教科研能力较强；学校教育教学场景丰富，是一所面向未来的学校。作为第一所新生活教育样板校，先后获评广东省第一家中国/

世界卫生组织“健康促进金牌学校”以及“全国中小学校园足球示范校”“全国青少年校园足球特色校”“广东省首批书香校园”“广东省校本培训示范学校”“广东省中小学校长培训实践基地学校”“广东省红领巾示范校”“广东省安全教育基地学校”“广东省食品安全示范单位”“广东省红旗大队”“广东德育示范学校”“广东省艺术特色学校”“广东省信息化中心学校建设成效优秀学校”“广东省网络安全示范校”“深圳市中小学智慧校园示范校”“深圳市教育系统先进单位”“深圳市教育云项目教学应用试点学校”“深圳市学生综合素养培养试点项目学校”“深圳市体育传统项目（足球、击剑）学校”“深圳市‘四点半’试点学校”“深圳市中小学生微公益行动‘双十佳项目’学校”“深圳市创客实践基地”“深圳市中小学3D技术实验室项目学校”“深圳市少先队先进学校”“深圳市少年工程师教育基地”。（深圳市锦田小学）

【深圳市莲南小学】于1994年9月建校。为广东省一级学校。占地面积1.56万平方米，建筑面积1.76万平方米。2021年9月，成立深圳市罗湖区莲南教育集团。至2021年底，共有校区2个，教学班53个，学生2571人。教职工138人，其中：高级职称10人，中级职称67人；特级教师1人，区级及以上名师19人；本科及以上学历131人（硕士29人）。名师工作室1个，名校长工作室1个。以“自然扎根，自在舒展”为办学理念，形成自然教育、中华诗教、体育教育三大办学特色。强调学生以自然为师，根植传统，融合中西思维以开阔眼界，提升核心素养走向未来。学校篮球、足球、羽毛球、三棋、网球、武术、跆拳道等多个体育社团在市、区级比赛中获奖。提炼出“1+10”中华诗教课程体系，“有荷吟唱团”多次应邀参加市、区级大型活动。舞蹈队、“有荷吟唱团”和“马勺脸谱”工作室、“立体剪折纸”工作室等艺术社团和工作室深受好评。2021年7月，凭借扎实的诗教课程、“1+10”诗教核心策略、鲜明的校本特色诗教活动以及浓郁的校园诗教氛围，获评“中华诗教深圳示范区”建设项目试点学校。7月24日，“有荷吟唱团”在中华诗词学会诗教委员会成立仪式上表演吟唱节目《诗经·小雅·鹿鸣》。9月27日，教师罗攀和队友杨泽涛获得中华人民共和国第十四届运动会毽球双人赛男子双人组冠军。12月8日，罗湖区2021年未成年人关爱季“世界冠军面对面”暨校园羽毛球项目启动仪式在莲南小学举行。先后获评“全国网球特色学校”“广东省巾帼文明岗”“深圳市教育工作先进单位”“深圳市全民阅读示范单位”“深圳市传统体育项目学校”“深圳市自然教育示范校”“深圳市少先队红旗中队”。（朱　莉）

【深圳市罗湖区百仕达小学】创办于1999年。为非营利性国有民办学校，广东省一级学校。位于深圳市罗湖区百仕达花园。占地面积1.1万平方米。2021年，有教学班24个，学生765人，每班30~32人。教职员工90人（含外籍教师8人）。以“多元和谐、友好开放的生态型学校，尚美求真、唤醒生命的精致化教育，知书达礼、善思力行的跨文化人才”为办学目标，创新实施追求卓越的精致教育，以精博的校园文化涵养学生心性，以精品的课程化育全人，以精彩的活动舒展学生个性，以精业的老师唤醒学生智慧。办学特色鲜明，办学业绩突出。秉持“中西融会、和谐发展”的办学理念，通过整合和融入，构建跨文化人才培养课程体系。重视阅读和思辨，把语言学习与思维认知、社会文化结合在一起。打造“学为中心”的沉浸式课堂。每一名学生都能够真正参与到学习中，课堂成为学习真正发生的地方。实施差异化走班教学。英语、数学学科根据学生的学习兴趣和能力分组，以适合的方式开展教学并实施分层评价。开展项目式学习。以学生的生活为基础，把自然、社会、国家与世界作为生活发展的“主线”，同时把生命与健康、环境与科技、职业与人生作为学生关注的“点”，点面结合引导学生在体验、探究和问题解决过程中建构知识、发展思维和能力。坚持“以体树人”。每天都有体育课，每天运动两小时，人人都有比赛项目。学生健康体质测试优良率连年超过90%。八大体育社团屡获佳绩，其中，帆船队多次在全国大赛中斩金夺银；男女篮球队多次获得深圳市冠军，女子篮球队获得“苗苗杯”全国冠军。先后获评“全国优秀民办学校”“全国青少年足球特色学校”“‘阅读改变中国’书香校园”“广东省书香校园”“广东省篮球推广学校”“深圳市文明单位”“深圳市十大教育改革创新领跑学校”“深圳市优质特色民办学校”。中国教育电视台、《中国教育报》、《中国教师报》、深圳电视台、《南方都市报》等媒体竞相报道。 （熊佑平）

【罗湖区向西小学】为广东省一级学校，财政全额拨款公立学校。占地面积9660平方米，建筑面积1.47万平方米。2021年，有教学班28个，学生1300余人，教职工85人。教育教学设施设备完善。有报告厅、室内体育馆、图书馆以及10间学科功能室、8间教学辅助功能室，所有教室均配备多媒体教学设备；有170米四道田径运动场，场内有篮球场3个。布局合理，功能齐备。以“优化教育服务，构建‘幸福向西’”为发展追求，注重现代管理制度建设，追求人性化管理，不断深化素质教育改革，努力提升办学水平。以“培养善于思考的人”为办学理念，以“创办一所充满幸福感的现代化优质学校”为发展愿景，以“悦身心·会思辨·育通才”为培养目标，以“想自己所想，想他人未想”为校训，以“情趣为先，方法为上”为教风，以“勤思善问，求疑致乐”为学风，以“善思善为，敢思敢为”为校风，以“思求真·言传善·行溢美”为学校德育工作核心思想。准确把握素质教育本质特征，全面落实义务教育均衡发展要求。深化课改，努力培养“兴趣丰富、人格完整、头脑健全、习惯良好”的学生，办学质量日益提升。先后获评“国家级信息化推广学校”“中央教科所教研先进单位”“全国鸣鸠琴教学示范校”“广东省中小学艺术教育特色学校”“广东省体育先进学校”“广东省百所教育现代化试点学校”“深圳市安全文明先进单位”“深圳市绿色学校”“罗湖区首批音乐研习基地”。 （陈亚凤）

【罗湖区新秀小学】为广东省一级学校，2018年6月成为罗湖区罗外教育集团成员校。占地面积8342平方米，建筑面积6612.02平方米，运动场地面积2004平方米。2021年，有教学班27个，学生1317人。教职工84人，其中：本科及以上学历62人（研究生9人）；高级职称4人，中级职称64人；区级及以上骨干教师14人。区名师工作室1个。以“扬善”文化引领学校管理，践行“以学生为本，创造适合学生发展的教育”的办学理念，坚持“让学生享有成长的快乐，让教师享受职业的幸福”的治校理念，以学生的“技能、体能双促进，体格、性格双健全，体质、品质共提升”为培养目标，创设“五优学校”——建设优美环境、提供优良服务、培育优秀教师、争取优异成绩、共创优质学校。构建有“善的张力”的校本课程体系，探索以“三个维度目标”为导向的课改“基本式＋变式”课堂革命活动。围绕“生命与自然、艺术与审美、体育与健康、劳动与实践、信息与科创”五大主题，创新推出学生素养校外课程实施指南。常态化开展“三节”（体育文化节、艺术文化节、英语文化节）、“三月”（主题教育月、心理活动月、毕业感恩月）活动，在乒乓球和美术剪纸两项传统办学特色项目稳步发展基础上，篮球、戏剧、舞蹈、创客成为学校崭新名片。开设合唱团、书法、美术绘画、扎染、乒乓球、足球、网球、三棋、跆拳道、啦啦操、田径等十余个学生体艺社团。先后获评“广东省乒乓球传统项目学校”“深圳市办学效益好学校”“深圳市绿色学校”“深圳市园林式花园式学校”“深圳市美术书法特色学校”“深圳市在线教学管理优秀学校”“深圳市红领巾小河长学校”“深圳市‘十佳’心理健康实践学校”。 （李灵敏）

【深圳市翠竹外国语实验学校】创办于1984年9月。2018年6月，该校成为罗湖区翠竹教育集团领航学校。为首批广东省一级学校。占地面积1.56万平方米（运动场地面积4000平方米），建筑面积1.76万平方米。校区2个。2021年，有教学班52个，学生2655人。教职工172人，其中：本科及以上学历166人（硕士28人）；正高级职称1人，副高级职称15人，中级职称106人；特级教师2人，区级及以上名师（学科带头人）20人。省、市级名师工作室3个。坚持“创造适合每一个学生的教育”办学理念，倡导“和美生长”的教育理念，彰显“翠竹·一直在生长”的发展态势，致力于让每个孩子梦想花开。贯彻开放、多元、选择、体验的现代课程理念，构建“梦想花开课程体系”；开展“五节”（读书节、校园文化艺术节、体育文化节、大创客节、双语文化节）、“四周”（特长展示周、教学开放周、学科兴趣周、毕业感恩周）活动，形成校园文化、艺术教育和双语教学三大办学特色；建立全国首个“阳光心理校园志愿服务U站”。“双语教学实验”获广东省教育科研“黄华奖”。有管弦乐团、合唱团、电子琴乐队、舞蹈队、创意油画工作室、装置艺术工作室和校园足球、羽毛球、三棋等数十个学生体艺社团。其中，管弦乐团、儿童歌舞剧团、合唱团等多个学生艺术社团演出足迹遍及澳大利亚、法国、德国、西班牙、加拿大等国家和地区。学生美术作品在深圳市民中心、深圳少年宫、深圳美术馆、香港文化中心等地多次展出。先后获评“全国巾帼文明岗”“全国少先队红旗大队”“国家级健康促进学校”（金牌）、“全国德育实验学校”“全国教育系统先进集体”“全国少先队先进集体”、联合国教科文组织“中国可持续发展示范学校”“广东省首批艺术特色学校”“广东省师德师风建设先进单位”“广东省中小学教师校本研修示范学校”“深圳市教育系统先进单位”“深圳市办学效益好学校”“深圳市‘智慧校园’示范校”。（黄仕琪）

【罗湖区翠园东晓中学】创办于2007年9月，原校名为翠园中学东晓校区，2020年更名为翠园东晓中学，一校两址。为广东省一级学校。位于深圳市罗湖区春和路8号。校本部占地面积2.14万平方米，建筑面积1.72万平方米；实验部建筑面积3516平方米，为高科技预制学校。秉承“晓理·晓我·晓天下”校训，以“德育为先，质量为本，文化立校，体育强校”为办学思路，用实际行动创造教育成绩。2021年，有教学班55个，学生2800余名。教职工216名，其中：正高级教师1人，高级教师34人，特级教师2人；全国优秀教师1人，省、市级优秀教师及名师工作室主持人9人，区级功勋园丁1人，区级“年度教师”1人，区级优秀班主任、优秀教师、先进工作者共85人；研究生学历65人，博士学历1人。2020年，制订提升教育教学质量三年行动方案，提出“领跑罗湖——继续肩负排头兵重任，擦亮罗湖教育品牌；闪耀鹏城——追求学有优教，打造深圳教育标杆学校；辐射湾区——塑造罗湖教育发展特质，争当湾区教育展示窗口”新定位。以文化建设为抓手，以“成就每一个人的发展”为办学宗旨与文化理念，让每一个人都“被听见”，让每一个人都“被看见”。通过培育学校文化特色，激发师生发展内生动力；通过实施“纽扣计划”，赋能教师专业成长；通过重构“晓园课程”，拓展学生成长时空；通过下移管理重心，确保“三效”落实落细；通过培养多元素养，奠基学生持续发展。先后获评“深圳市教育系统教育先进单位”“深圳市巾帼文明岗”“深圳市五四红旗团委”“深圳市四星级校园网站”“深圳市少先队先进中队”“深圳市节约用水教育示范学校”“罗湖区教育系统教育先进单位”，英语科组获评“广东省巾帼文明岗”。（徐爱华）

【深圳市罗湖区翠园初级中学】为广东省一级学校。占地面积3.14万平方米（运动场地面积1.7万平方米），建筑面积1.94万平方米。2021年，开设教学班44个，在校学生2217人。教职工195人（专任教师169人），其中：正高级职称1人，高级职称53人，中级职称73人；特级教师1人；省级及以上名师7人，市级名师12人。市级名师工作室1个，区级名师工作室2个。全面落实“立德树人”的根本任务。践行“依教育所是而行，达自然而然之境”的办学理念，坚持“让每一位教师健康发展，让每一个孩子幸福成长”的办学目标，以“励志明德，赋能创新”为校训。从“教学质量的翠园高度”“课堂教学的翠园模式”“课程建设的翠园探索”“五大行动的翠园实践”“家庭教育的翠园行动”“教师发展的翠园路径”“文化育人的翠园表达”“学校治理的翠园方案”八个方向进行探索，全面提升办学水平，促进教育高质量发展。加强师生思想道德建设。开展“书记讲党史”和党史学习教育“五进”宣讲活动，党员教师带头到隆林支教；教师逾200人次下沉社区参与疫情防控工作。坚持质量导向，聚焦课堂提质增效。落实“双减”政策，开展“三风”课堂展示活动。校长周小荣的“通过‘三风’课堂展示活动构建和推动数字化‘思乐’课堂的翠园模式研究”被列入罗湖区“数字化思乐课堂”专项课题。先后推出115节研讨活动课，涵盖所有年级、所有学科，教师全员参与，影响力辐射全区；加强校本课程建设，2项课程入选深圳市“好课程”，3 项课程入选罗湖区“品质课程”；打造“翠园书包”学生荣誉体系，全面培养学习标兵、体艺冠军、阅读之星、科技达人等校园明星；“五育并举”，通过“校长杯”足球联赛、体育文化节、学科周等活动促进学生全面发展；先后被设立为区、市级创客基地，参加“第四届罗湖区大创客节”获优秀组织奖；推进家校合作，校家委会以中学组第一名成绩获区“2021 年度最具价值公益项目奖”，获评“2021 年度优秀家委会”。先后获评“全国校园足球特色学校”“全国健康促进学校”“全国十佳校园文学示范校”“全国中小学创新教育基地校”“广东省现代教育技术实验学校”“广东省绿色学校”“广东省模范职工之家”“广东省中小学教师培训实践基地”“深圳市教育工作先进单位”“深圳市先进职工之家”以及“深圳市体育传统项目学校”（帆船），获“深圳市办学效益奖”。（景　地）

【深圳市罗湖区滨河实验中学】为广东省一级学校，深圳市教育教学改革和“互联网 + 教育”领跑者。占地面积 1.3 万平方米，建筑面积 9738 平方米。2021 年，有教学班 29 个，学生 1400 余人。专任教师 105 人，其中：高级职称 23 人，中级职称 57 人；本科及以上学历 104 人（硕士 22 人，博士 1 人）。坚持“以人为本，为学生终身发展奠基”的办学理念，以“构建幸福教育，享受教育幸福”为办学追求，认真贯彻落实“双减”和“五项管理”政策，持续完善“五育并举、全面发展”的素质教育体系，举办丰富多彩的社团活动和校园艺术节、阳光体育节等“六节两周”活动，激励每一名学生勤奋学习、快乐生活、全面发展、健康成长。先后获评“全国网络学习空间应用优秀学校”“全国象棋特色学校”“广东省网络学习空间应用优秀学校”“深圳市教育先进单位”“深圳市推进现代学校制度建设先进学校”、深圳市和罗湖区“课改实验示范学校”“深圳市教育工作先进单位”“深圳市‘基于教学改革、融合信息技术的新型教与学模式’实验校”“罗湖区教育系统先进单位”“罗湖区德育管理先进单位”“罗湖区教育系统先进基层党组织”，获“罗湖区创新领跑学校年度奖”“罗湖区办学质量奖”。中央电视台、深圳电视台、《中国教育报》、《南方都市报》、《晶报》等媒体多次对学校办学特色及成果进行报道。（袁黎明）

【深圳市罗湖外语实验学校】原为深圳市罗芳中学，创办于 1994 年，为深圳市政府兴建的一所完全中学。1999 年高中、初中分离后成为初级中学，2014 年 8 月并入深圳市罗湖外语学校并更名为“深圳市罗湖外语学校初中实验部”，2018 年 1 月纳入“深圳市罗外教育集团”，2019 年 7 月更名为“深圳市罗湖外语实验学校”。为广东省一级学校。位于深圳市罗湖区罗芳路与新秀路交界处。占地面积 2 万平方米（运动场地面积 5100 平方米），建筑面积 1.47 万平方米。校园布局合理，教学设施齐全，实现设备现代化、环境人文化和教育信息化。2021 年，有教学班 40 个，教职工 174 人。在“各美其美，美人之美”的办学思想引领下，坚持“创新开路、科学发展、质量至上”的办学思路，采取“依法治校、质量立校、科研兴校、特色强校”的办学策略。围绕“培育雅正少年”和“办成具有示范性和辐射力的现代化实验学校”目标，大力弘扬“海纳百川，创新笃行”的学校精神，着力建设“认真、勤奋、虚心、严谨”的学风、“严谨、爱生、奉献、创新”的教风和“团结、拼搏、求实、进取”的校风，着力开展“运用信息技术促进学习方式转型”的教学实验。为每一名学生创造不一样的精彩，为每一名教师搭建成长成功的平台，锻造“美的教育”品牌，闯出一条内涵发展新路。先后获评“全国学校管理创新品牌学校”“首届全国中小学校园文化建设示范校”“深圳市首批义务教育规范化学校”“深圳市办学效益优秀学校”“深圳市教育先进单位”“深圳市‘智慧校园’示范先进单位”“深圳市广播操标兵学校”“深圳市健康促进学校”“深圳市园林式花园式先进单位”“罗湖区先进学校”“罗湖区先进党支部”“罗湖区五四红旗团委”“罗湖区红旗大队”。是深圳市课程实验改革领跑者和教育信息化建设排头兵。获广东省教育科研“黄华奖”、“广东省初中物理优秀示范科组”一等奖。（钟茂生）

【深圳奥斯翰外语学校】于 2004 年经深圳市教育局批准创办。为国有民办全日制中学，罗湖区一级学校，深圳市一级学校。位于深圳市罗湖区布心路2040号。占地面积1.92万平方米，其中运动场地面积8097平方米。2021年，有教学班27个，学生860人。教职工139人，其中：高级职称4人，中级职称36人；专任教师中博士学历1人，硕士研究生学历16人；省级骨干教师、科研带头人，市级优秀教师、班主任和区级优秀教师、班主任共33人。坚持以“以人为本，德育为先，因材施教，多元发展”为办学理念，以“与世界同步，培育跨时代精英人才”为育人目标，以校训“睿智仁勇、谦厚勤学”为核心价值观。运用ISO 9001系统管理学校。植根中华传统文化，融贯东西方教育思想，依托外语特色，先后开设内地（大陆）普通高中课程（含音、体、美等术科课程）、港澳台联考高中课程以及日本大学直升课程，以满足深圳这一国际化大都市不同群体的子女入学需求，为每一名怀揣梦想的学生打造最适合自己的国内和国际课程。学校特色鲜明。内地（大陆）高考、港澳台联考以及日本留学已成体系，成绩卓著；规范办学，从严治校，是深圳独家ISO 9001教育质量管理单位；首家开设日本留学课程，成效显著。2021年，国内本科升学率为75%，专科及以上升学率达100%；国际课程海外大学本科升学率达100%。全面实施“吾行教育”，发展学生素质，特别重视学生核心素养和关键能力的提高，不断挖掘学生的潜能。通过“明德专场”“睿智课堂”“仁勇舞台”“谦厚书屋”“勤学世界”五个课程模块，保证学生多元发展。为教育部NCCT国际化认证学校。先后获评“广东省民办教育发展示范名校”“广东省依法治校示范学校”“深圳市高考先进单位”“深圳市优质特色民办学校（高中）”。

（方灿阳　常中山）

【深圳市布心中学】创办于1989年9月。为广东省一级学校，罗湖区初中组唯一“深圳书法美术特色学校”。占地面积2.51万平方米，建筑面积5.38万平方米。2021年，有教学班38个，学生1900余人。教职工152人，其中：中学高级教师37人，中级教师59人；全国优秀教师1人，特级教师1人，“南粤优秀教师”4人，市级先进教育工作者1人，市级优秀教师7人，区级功勋园丁2人；市、区级教研骨干、教坛新秀6人，校级学科带头人15人。省、市、区级名师工作室4个。遵循“布道于心”的办学理念，坚持实施“布爱于心、布孝于心、布志于心、布智于心、布美于心”，形成“五心”德育特色、“布美于心”学科特色、“四点半”活动社团特色、“I CAN”俱乐部阳光体育特色等。办学效益显著，培养出一批又一批优秀学生：范宗勃，2014届毕业生，考入清华大学；李嘉鑫，2018年考入清华大学读研；黄浩然，2015届毕业生，2018年考入清华大学本硕连读；张健林，2016届毕业生，2019年考入北京大学；2016年“中国好声音”深圳赛区总冠军曹前为布心学子；张艺潇，2020届毕业生，象棋青少年国际邀请赛代表中国队卫冕三连冠。先后获评“全国中小学中华优秀文化艺术传承学校”“广东省中小学艺术教育特色学校”“深圳市‘校园体育一小时’阳光体育运动先进学校”“深圳市教育系统先进单位”“深圳市办学效益好学校”“罗湖区党建示范单位”“罗湖区行为规范教育示范单位”“罗湖区先进集体”。

（胡　婷）

【深圳市翠园文锦中学】原名“深圳市第四中学”，办学38年历经3次结构调整、6次校名更改。2018年1月经罗湖区人民政府批准，深圳市文锦中学正式加入翠园教育集团；2021年9月正式定名为“深圳市翠园文锦中学”，承办初中义务教育。为广东省一级学校。占地面积2.64万平方米，建筑面积2.38万平方米，为罗湖区面积最大初中学校。2021年，有教学班43个，学生2143人。教职工186人，其中专任教师160人。专任教师中：研究生学历39人；高级职称46人（正高级职称2人）；全国优秀教师、“南粤优秀教师”2人；广东省特级教师2人，深圳市名师2人；深圳市优秀教师9人，深圳市优秀班主任2人；罗湖区先进教师、先进班主任、先进教育工作者50人。学校成立名班主任工作室4个。秉持“翠园同舟，文锦共济”的精神，以“建设粤港澳大湾区先行示范的卓越初中”为办学目标，打造“以高雅文化引领，以德育文化洗心，以课程文化激智”办学特色的优质学校。有社团54个，包括审美与艺术、实践与创新、礼仪与责任、运动与健康等类别。校啦啦操队获操舞锦标赛全国冠军；戏剧《信仰》获广东省中小学生艺术展演一等奖。先后获评“全国青少年足球特色学校”“深圳市100所

‘四点半’课堂试点学校”。2021年，获评“广东省中华优秀传承学校”“深圳市语言文字规范化示范学校”“2020—2021学年度罗湖区教育系统先进单位”。（张旎旎）

【**深圳市东湖中学**】创办于2000年8月。为罗湖区属初级中学，广东省一级学校。2021年，区委、区政府投入1.3亿元建设资金启动学校改建工程，学校面貌和育人环境发生根本改变，校园更显典雅大气。学校特色鲜明，教学质量优良。先后获评“全国中小学中华优秀传统文化传承学校”“广东省书香校园”“广东省巾帼文明示范岗”“广东省优秀家长学校试验基地”“深圳市教育先进单位”“深圳市德育示范学校”“深圳市广播体操标兵学校”“深圳市健康促进金牌奖学校”“罗湖区教育先进单位”“罗湖区新优质学校”“罗湖区德育管理先进单位”，获“深圳市办学效益优秀学校奖”。（侯雪莉）

【**罗湖外语初中学校**】创办于1999年，2019年变更为独立法人单位，更名为罗湖外语初中学校。为广东省一级学校，广东省初中教育发展联盟首批会员单位。有2个校区：西校区位于深圳市罗湖区莲塘街道国威路38号；2021年新建的东校区位于深圳市罗湖区莲塘街道仙台路。交通便利，设施先进。2021年，有教学班56个，师生近3000人。重视文化引领。以“人人成为深度学习者”为办学理念，以“建设一所社会主义先行示范区的初中示范校”为办学目标，以“培养具有健康、睿智、尊重、审美、勤劳五大素养的阳光公民”为培养目标，引领师生不断开拓创新、追求卓越，共享教育幸福。着力打造办学特色。大到“个性化德育”特色、“打造深度学习者共同体”特色，小到语文和英语的“微阅读”、体育的“模块化教学”等，大大提高教育实效，受到普遍赞誉。特别关注师生幸福。通过“想点子、搭台子、结对子、给面子（适当奖励）”，让教师享受成功的快乐；通过培养“深度学习者”、“同伴互助”、落实“双减”措施、开展各种社团活动和心理健康教育等，帮助学生全面享受优质教育的红利和幸福。办学效益显著。先后获评“全国学校体育工作示范学校”“国家基础教育实验中心实验基地学校”“广东省中小学教师培训实践基地”“广东省依法治校示范校”“广东省五四红旗团委”“广东省少先队红旗大队”“广东省书香校园”“广东省体育传统项目（定向越野、男子篮球）学校”“深圳课堂革命示范校”“深圳市教育系统先进单位”“深圳市德育示范学校”。（陈　伟）

【**深圳市松泉中学**】创办于2002年8月，为九年一贯制学校。位于深圳市罗湖区太白路4058号。占地面积2.09万平方米，建筑面积9640平方米。教学区、生活区、运动区规划科学合理。2021年，有教学班40个，其中中学部28个、小学部12个，在校中小学生1952人。教职工149人，其中：高级职称34人，中级职称60人；专任教师145人，本科及以上学历143人。图书馆藏书5.2万册。教学仪器资产价值1193.57万元，有计算机469台。秉持“自觉教育”的办学理念，特色立项，质量立校。高度重视“数据驱动的自觉教育”特色创建工作；大力推进“智慧校园”建设，借力人工智能提升教育管理质量；以“习本课堂”探索为契机，围绕“一中心三习得”的课堂策略，扎实推进“课堂革命”；深入开发领导力课程、古诗新咏等校本课程；在罗湖区“四大行动”引领下，创造性开展阳光体艺、创新教育、亲子阅读等活动。特色创建明方向，智慧建设促发展，课堂课程谋深远，活动育人提素养。（刘素华）

【**深圳市笋岗中学**】创办于1992年，2021年9月设立小学部。为公办义务教育阶段初级中学，广东省一级学校。2021年，有教学班51个（含小学部），在校学生2540人，教职工185人。是罗湖区规模最大的初级中学。拥有一支经验丰富、朝气蓬勃又具有全区领先教育教学实战经验的精英教师团队，共有省、市、区各级名师工作室4个。教师队伍中高级职称41人；在读博士1人，硕士研究生学历22人；广东省特级教师1人，“南粤优秀教师”1人，深圳市优秀班主任6人，优秀教师2人；先进工作者1人，优秀团干部1人，优秀少先队辅导员1人。近三年共有53人获评罗湖区优秀教师、先进班主任、先进教育工作者。以“培养有中国气节的创新少年”为培养目标，以“有志有节，善思善行”为校训，秉持“让学校成为新时代儿童少年拔节成长的沃土”的办学理念。在“阳光少年及星级义工榜样教育”“信息技术创新教育”“书法艺术教育”等方面铸就特色鲜明的办学品牌；在管乐、书法、衍纸、帆船帆板等社团建设和教育方面均获得显著成果，多次获得国家、省、市、区各级各类大奖。先后获评“国家级绿色学校”“全国美育示范单位”“广东省现代教育技术实验学校”“广东省书法名校”“深圳市智慧校园示范校”“深圳市书香校园”“深圳市德育示范学校”“深圳市文明学校”“深圳市教育先进工作单位”“深圳市年度教育改革创新领跑学校”。2021 年 9 月，学校小学部建成招生，进入办学新阶段。（常慧颖）

南山区中小学

【海滨实验小学】创办于 1995 年 9 月。为深圳市首批素质教育特色学校，南山区教育改革实验校、示范校。占地面积 3.88 万平方米，建筑面积 2.98 万平方米，运动场地面积 2.35 万平方米。形成“一校三部”办学格局，校区 3 个：愉康部、深圳湾部、海滨红树西岸幼儿部。2021 年，有教学班 77 个，学生 3422 人。教职工 205 人，其中：正高级职称 1 人，高级职称 12 人，中级职称 102 人；全国优秀教师 1 人，特级教师 1 人，区级及以上名师 43 人；本科及以上学历 192 人（硕士 56 人）。坚持“以美启真”的办学宗旨，走出一条“特色鲜明、全面优质”的发展之路，培育和凝练鲜明办学特色。德育教育独辟蹊径。致力于学生健全人格塑造，建立“学生心理发展档案”，开设“心灵氧吧”“特殊教育资源室”，建立“沙盘游戏室”，开辟“电影德育”和“艺术德育”新型德育渠道。素质教育特色鲜明。以艺术、体育、科技教育为突破口，构建门类齐全、运行灵活的素质教育活动体系，成立涵盖 50 多个门类的 200 多个学生社团，有“聂卫平业余围棋学校”“天津师范大学棒球生源基地”“深圳市少儿曲艺培训基地”“南山区学生民乐团”“南山区学生舞蹈团”。课程建设纵深推进。凭借对学生核心素养培养的独到理解，以课程重构撬动课程改革，成功构建基于学生核心素养发展的三大特色课程，包括“艺术 +”课程、“艺术德育”课程和“行走”课程。教育信息化深度应用。实现“双网覆盖”，构建“三通两平台”，创建优质“微课平台”，建立学校官方微博、微信公众平台、APP 家校互动平台等，实现智慧管理、智慧教务、智慧教学、智慧家校、智慧人事、智慧后勤。教育国际化蓬勃发展。开展“留学生文化使者进校园”“美国伟大原著培训计划”等国际化教育活动，建立国际姊妹学校，引进和开发“英语自然拼读法”“双语科学”等国际课程。先后获评“全国学校艺术教育工作先进单位”“全国中小学舞蹈教育传统学校”“广东省艺术教育特色学校”“深圳市文明校园”“深圳市艺术教育年度典范学校”“深圳市智慧校园示范学校”“深圳市少先队红旗大队”，两次获“深圳市办学效益奖”。（李　波）

【沙河小学】创办于 1961 年。为广东省一级学校、广东省义务教育规范化学校、广东省依法治校示范学校。位于深圳湾畔。历经 61 年风雨洗礼，先后历经部队办学、企业办学、政府办学 3 种办学体制，于 2000 年移交南山区政府，2018 年拆除重建，2021 年新校落成。占地面积 2.06 万平方米，建筑面积 3.61 万平方米。2021 年，有教学班 46 个，在校学生 1988 人。教职工 115 人，其中专任教师 108 人。有先进完善的设施设备和功能空间，能够充分满足校内师生教育教学需求。秉持“教育的真谛在于提升生命质量”的教育观，以“适应与超越”为办学理念，以“办适合学生发展的教育，建师生成长的乐园”为办学目标，坚持“儿童立场，人在中央”的教育主张，并以此铸造学校文化脊梁，形成学校管理人性化、教育视野国际化、教育技术智能化、课程开发特色化的办学特色。构建起“小沙枣·新生态”课程体系和“互联·自主·生成·高效”的学习模式。积极推进教师学习共同体建设和学校综合实力提升等教育实践行动，致力于打造一所具有示范意义的教育法治化、国际化、智能化、特色化的富有现代气息的创新型学校。（朱立新）

【南山实验教育集团麒麟小学】于 2001 年 9 月开办，为广东省一级学校。2021 年，有教学班 35 个，在校学生 1563 人，教职工 93 人。教职工中，特级教师 2 人，副高级教师 10 人，各级名师骨干教师 24 人。秉持“教育就是播种爱”的办学理念，以“培养‘四会六能十素质’的未来所需要的高素质、多元化创新型人才”为办学总目标，追求“创建适合每一个孩子教育”的育人环境。以信息技术创新为抓手，语文读写实验、数学“信·趣”实验影响深远。通过学校“跨界”、教师“跨科”、学生“跨创”，精心打造“激扬每一个生命”的育人生态。在课题研究带动下，100%的学生可以根据自己的兴趣选修课程。创设一年一届的“科普游艺节”“体育节”“艺术节”“英语节”“合唱节”“读书月”等丰富多彩的活动，打造不让一个学生隐形的教育场域。科技教育闻名于国内外，积极发展精品项目，走科技教育内涵发展之路。在科技特色教育中植入“中国心”，让科技创新与人文底蕴相遇，共同培育未来社会所需要的学生的创造力。先后获评“首批全国少年儿童科学体验示范学校”“全国科普教育示范基地”“全国足球特色教育学校”“广东省艺术教育特色学校”“深圳市办学效益好学校”“深圳市智慧校园示范校”“南山区首批科技教育特色学校”，获“第七届深圳教育改革创新大奖——美育特色学校（园）年度奖”。（吴惠玲）

2021年4月30日，南山小学组织全体党员、团员、少先队员到烈士陵园开展“主题党日”活动（南山小学　供）

【南山小学】 创办于1921年，为深圳市一级学校。建筑面积3万平方米，运动场地面积1.49万平方米。2021年，有教学班52个，学生2113人。教职工152人，其中专任教师129人。专任教师中，高级职称9人，一级职称46人，“南粤优秀教师”1人，市、区级名师工作室主持人各1人。秉持“和·融”教育理念，怀着“培育学生核心素养，打造‘和·融’未来学校”的发展愿景，以“教之以智，育之以心”的教风、“学以灵动，习以融通”的学风、“和乐，和融”的校风、“学以致用，思行并重”的校训，打造具有教育情怀、专业能力和创新精神的现代教师团队，培育适应未来社会发展的具备综合素养和关键能力的现代学习者。德育为先，课程育人。打造“和·融”校园文化，培养“和·融”少年；以学为本，强化教学质效，构建“和·融”课堂；项目式学习、创客式教育，走在教改前沿。从学情出发，实施礼、善、信、和“四德”教育和红色精神文化教育、绿色生命教育、蓝色理念信念“三色”教育为核心的学生自主发展德育体系。自编德育读本《小学生“四德教育”》上榜“深圳市中小学好课程”，德育方案在南山区德育行动“一校一案”评比中获特等奖。重视师生协同发展。实施“143”工程——1个“和·融”理念引领，学生发展、校园艺术、未来学习及教师发展4个中心建设，学校优质、教师精彩、学生幸福3个本原依归。参加区教学“百花奖”比赛，获特等奖2名、一等奖5名，2名学生获评“中国少年科学院小院士”。先后获评“全国优秀信息化校园”“21世纪艺术教育先锋基地”“全国中小学思想道德建设实践创新活动先进单位”“中国少年科学院科普基地”“全国硬笔书法教学实验基地”“广东省艺术特色学校”“广东省现代技术实验学校”“深圳市依法治校先进单位”“深圳市绿色学校”“深圳市阳光体育传统学校”“深圳市课程改革示范校”“深圳市科创特色示范学校”“南山区排球传统学校”“南山区教育先进单位”。（简玉海）

【前海港湾小学】 于2015年9月创建，为前海自贸区桂湾片区第一所公办学校。占地面积1.52万平方米，建筑面积9352.17平方米，运动场地面积1.12万平方米。2021年，有教学班37个，学生1555人，教职工94人。教职工中，高级职称7人，中级职称16人；区级及以上学科名师2人，骨干教师21人（含全学科、全学段赛事获区级及以上一等奖人员和名师工作室优秀成员）；本科及以上学历94人（硕士33人）。名师工作室1个。设施设备先进。校风崇德尚美、精进创新，教风激趣启思、培养能力，学风乐学善问、实践创新。以“爱的港湾，梦想起航”为核心教育理念，校训为“健康生命，赋能未来”。以创客文化为底色，打造“智慧、生态、审美”的校园环境。通过建构“吾爱”（吾爱，音同“5I”），即：Informational（信息化）、International（国际化）、Integrated（综合化）、Intelligent（智慧型）、Innovative（创新型）课程体系，实现课程改革与创新，体现“传统和创新相融，科技与人文互进”的鲜明特征。通过“立足前海、对话国际、引领创新”，力求打造一所让教师尊荣、学生记忆、有温度的优质未来创新学校，实现“为普通老百姓办最好教育”的愿望。先后获评“中国教科院骨干校长教师挂职研修基地”“全国教师创客实践示范基地学校”“第一届中国最校园——最创客未来学校”“广东省基础教育小学体育与健康教研基地”“广东省体育教与学课程实验基地校”“广东省红旗大队”“深圳市办学先进单位”“深圳市首批中小学创客实践室”“深圳市阅读创新特色学校”“深圳市首批‘100所智慧校园’示范校”“深圳市最具变革力学校”“深圳市‘家校警’交通安全护航队标兵学校”“南山‘少年创新院’分院”“南山区传统文化特色校”“南山区‘家校警’安全护航先进单位”“南山区首批家庭教育示范校”“南山区阅读创新特色学校”“南山区智慧德育先进学校”“南山区‘智慧德育’先进单位”“南山区教育系统优秀党组织”“南山区校园No.1示范校”，获“南山区教育改革创新奖”。（王　萍）

【深圳大学附属教育集团后海小学】于2018年3月加入集团化办学，成为深圳大学附属教育集团成员校。首批广东省一级学校。占地面积1.02万平方米，建筑面积7550平方米，运动场地面积2800余平方米。2021年，有教学班34个，学生1503人，教职工89人。教职工中，高级职称5人，中级职称52人；区级及以上名师（学科带头人）15人；研究生及以上学历14人，占比16%。名师工作室1个。坚持“为学生完整而适合的幸福生活奠基”的育人目标，以“博爱、发展、创新、悦纳、悦学、悦创”为办学理念，以“构建充满爱意的学习型学校”为办学愿景，构建“一体两翼三维四美”的幸福课程体系；开展“四节”（文化艺术节、健康体育节、科技创客节、英语文化节）、“四礼”（新生开笔礼、入队礼及换戴大领巾礼、十岁成长礼、毕业典礼）活动，形成阅读、科创和艺体等办学特色；建立全国首个“禁毒教育”课堂教学资源库。有民乐团、合唱团、口风琴队、舞蹈队、艺术体操队、印染工作室、足球、羽毛球、乒乓球、三棋及机器人等20余个学生特色社团。先后获评“广东省交通安全示范校”“广东省禁毒教育示范单位”“深圳市首批最美图书馆学校”“深圳市阅读典范学校”“深圳市家校共育典范学校”“深圳市美育典范学校”“深圳市教育系统先进单位”“南山区德育先进学校”“南山区生涯教育实验学校”“南山区家庭教育示范校”，获“南山区区长质量奖”。（赵妍娜）

【深圳市蛇口育才教育集团育才二中】为深圳市蛇口育才教育集团初中成员校，广东省一级学校。占地面积2.48万平方米，建筑面积2.87万平方米。2021年，有教学班42个，学生2012人，教职工189人。教职工中，正高级教师1人，高级教师35人，中级教师52人；研究生及以上学历48人。名师工作室4个。围绕“创建一流学校，培育一代新人”的办学目标，秉持“营造健康教育生态，呵护每棵树苗生长”的教育理念，践行“一体两翼，全面发展”的育人模式。开展“四节”（科技节、体育节、艺术节和语言文化节）和学科周活动，形成系列化课程特色；有50余门校本课程（社团），涵盖生活阅历、艺术素养、科技创新、身心健康四大类。先后获评“教育部规划重点课题中小学心理健康教育实验基地”“教育部‘争先世纪’华南区南山足球基地重点校”“教育部重点课题‘面向未来的基础学校研究’基地学校”“国家手球奥林匹克后备人才训练基地”“全国手球高水平后备人才基地”“全国学校体育联盟（教学改革）实验学校”“全国青少年校园足球特色学校”“全国德育科研先进单位”“全国百佳文学社团”“广东省绿色学校”“广东省中小学心理健康教育示范学校”“广东省校园排球推广学校”“粤港澳大湾区青少年创新科学教育基地成员校”“深圳市教育先进单位”“深圳市首批文明学校”“深圳市中小学创客实践室”“深圳市德育工作示范学校”“深圳市年度最具变革力学校”“深圳市十大科技创新教育示范学校”“深圳市十大科技创新教育领军学校”“深圳市体育传统项目（手球、排球、足球）学校”“深圳市五四红旗团委”“深圳市少先队红旗大队”“首批南山‘少年创新院’分院”“南山区传统文化教育特色学校”“南山区高水平运动项目（手球）学校”“南山区体育传统项目（排球、足球）学校”“南山区班主任工作优秀学校”“南山区教育先进单位”“南山区科技创新先进学校”“南山区中学示范团校”“南山区五四红旗团委”。（付春媛）

【荔香学校】位于深圳市南山区南头街86号。占地面积2.7万平方米，建筑面积5.4万平方米。2021年，有教学班60个，中小学生共2600余名。教职工178人，其中专任教师170人。教师团队具有高学历、高素质、高层次特点，均为本科及以上学历；其中研究生学历62人，特级教师1人，高级教师27人，一级教师58人。教学设施设备齐全、先进。实验室、电教室、音乐室、美术室、手工室、天文观测室、体育馆和校园网络系统等一应俱全。720平方米的图书馆可供4个班学生同时阅读，图书9.1万册。有可容纳500余人的阶梯教室和多功能综合电教室，校园网全覆盖，所有教室及功能室均配置计算机辅助教学平台。坚持全面育人。全面贯彻党的教育方针，依据“立德树人”的教育根本任务，坚持“五育并举”，建立三级课程体系，完成校本课程开发，校内外课程（社团、课后服务）共计100余门，包括文学、科技、艺术、体育、劳动等8个门类，为学生在全面发展基础上的个性彰显提供良好平台。经过30多年办学积淀，形成民主办学制度优势、和谐共进团队优势、课程改革区域优势、特定校园文化引领优势。以“教求永续发展，学达幸福人生”为办学理念，遵循“厚德载物，敏学砺志，知行合一，求真唯实”的校训，初心致远，使命敦行，追求教育可持续发展，为每一名荔香学子幸福人生奠基。（李慧强）

【南山区教育科学研究院同乐实验学校】占地面积3万平方米，建筑面积2.28万平方米，运动场地面积2.12万平方米。2021年，有教学班48个，学生2157人，教职工150人。教职工中，高级职称22人，中级职称74人；本科及以上学历140人（硕士30人）。以“为学生成才奠基，为家国兴盛育人”为办学宗旨；以“创建一所有灵魂、有担当、有温度的优质文化品牌学校”为办学目标。创校18年来取得令人瞩目的成绩。体育品牌明亮。板球队六获全国冠军，棒球队、跆拳道队、拳击队等多次获得省冠军。艺术特色鲜明。学校社团众多，同乐大舞台星光闪烁；学校文化特色别具一格，代表“爱国奋斗”价值观的校徽和代表“诚正勤精实竞”方法论的文徽双徽闪耀，寓意丰富。教育教学特色突出。德育分段、教学分层、青年教师培养分级，进行常态分层教学和走班制分层教学。先后获评“全国首批心理健康示范学校”“全国首批绿色学校”“全国节能先进学校”“广东省艺术特色学校”“深圳市书香学校”“深圳市创新学校”等。（陈宜妹）

【南山区丽湖学校】创办于2012年9月。占地面积3万余平方米，建筑面积近2万平方米。2021年，有教学班44个，中小学生近1800人。教职工132人，其中：高级职称22人，中级职称61人；特级教师1人。专任教师研究生及以上学历占比54%。坚持“发现每一个，支持每一个，激发每一个”的办学理念，立足“更文明、更智慧、更健康、更美丽、更勤劳”的学生培养目标，在实现校内优质均衡道路上做有益探索。构建“五育并举”的育人体系，形成七年级“新生训练营”、八年级“沙河徒步”、九年级“塘朗登山”等为不同年级打造的“丽湖九章”亲子系列活动。创造性地建构教师培养系列工程，形成新岗教师培养工程、青年教师智库专家引领工程、全员课堂调研诊断磨课三级体系，对教师实施梯级培养，实现滋养每一个、全员发展、共生共进的目标。先后获评“广东省绿色学校”“广东省示范性教师教育实践基地”“深圳市五四红旗团（总）支部”“深圳市教育工作先进单位”“粤港澳大湾区青少年创新科学教育基地成员校”“2021年深圳市中小学定向越野比赛优秀承办单位”“南山区先进基层党组织”“南山区班主任工作先进学校”“南山区阳光体育‘标兵学校’”。（唐　娟）

【深中南山创新学校】2018年5月25日，南山区人民政府、深圳中学、大疆公益基金会三方签署合作办学协议，政府、名校、名企三强联手，深中南山创新学校正式创建，为九年一贯制公办学校。位于深圳市南山区留仙洞总部经济区域。占地面积1.94万平方米，建筑面积4.35万平方米。2021年，有教学班54个，其中小学教学班36个、初中教学班18个。教职工166人，其中：党员55人；省级学科带头人1人；高级职称14人，中级职称41人；本科及以上学历159人（硕士65人）。名师工作室2个。以“创新引领未来”为办学理念，以“具有中华底蕴和国际视野的未来公民”为培养目标，以“创建中国一流基础教育名校”为办学目标，秉承“敢为人先”的深中精神，教育改革取得傲人成绩，得到社会各界广泛关注。创新校园文化建设，努力打造未来“学习中心”，为培养创新人才提供沃土；创新课程与评价体系，构建校本评价体系，为培养创新人才提供发展标准；创新教与学新形式，探索“混龄教学”、模块化教学等教学新形式，为培养创新人才奠定基础。2021年，各级学生获奖近200人次，其中校舞蹈团获“国家级舞蹈大赛”特金奖；戏剧团剧目获“粤港澳大湾区校园中英文短剧大赛”特金奖；“信息科创比赛”获省一等奖；“美国计算机科学思维挑战赛”包揽个人高分奖和团体金银奖；“USAP全球赛”斩获金牌。教师获奖约200人次，其中“省级教师基本功大赛”一等奖1人；“区新岗班主任大赛”特等奖1人；“百花奖”教学大赛特等奖2人、一等奖5人、二等奖5人。学校被各大媒体报道百余次。先后获评“广东省义务教育标准化学校”“深圳教育改革创新大奖——2021年度十大最受关注新锐学校”“深圳市首批义务教育阶段学校减负提质实验校”“‘基于教学改革、融合信息技术的新型教与学模式’实验校”“‘航天科创之星’培养基地”“深圳市南山‘少年创新院’分院”“深圳市科普教育基地”“深圳大学教育硕士研习基地”“深圳市儿童友好学校”“2021年度深圳市垃圾分类绿色学校”“深圳教育创新示范校”。被誉为深圳市政府、名校、名企三方共治合作办学新模式典范。（熊雪娟）

【南方科技大学教育集团（南山）第二实验学校】创办于2015年6月，为南山区政府与南方科技大学合作举办的九年一贯制学校。2017年开办初中，2020年开办御景峰幼儿园。占地面积2.03万平方米。2021年，有教学班42个，学生1859人。教职员工131人，其中专任教师113人（外籍教师4人）。专任教师中：硕士研究生学历43人；高级职称3人，中级职称25人；省级名师工作室主持人1人，南山区精英教师1人，南山区骨干教师18人。多名教师获国家级奖励，其中1人代表中国参加国际大赛并获奖。以“厚德启智、弘毅日新”为校训，以“创新”为关键词，以信息化推进学校现代化和全球化发展为思路，重点打造“信息化”“全球化”“科技教育”和“课程改革”四大特色品牌。通过建构跨学科“统整项目课程”引领学校系统变革和创新发展，努力创造适合每一个孩子的教育生态，“让每个孩子都出彩”。先后获评《中国教师报》“中国课改20年专题”10所样本学校以及“互联网＋跨学科改革样本”“全国第二届生涯教育实验学校”“广东省信息技术提升工程2.0省优秀级试点学校”“广东省财经素养教育研究基地”“深圳市教育工作先进单位”“深圳教育改革示范学校”“第五届深圳教育改革创新奖——‘年度十大教育改革领跑学校’”“深圳市海洋文化意识教育基地”“南山区教育先进单位”“南山区阅读创新特色创新学校”“南山区中小学课程建设基地校”“南山区教师发展基地学校”“南山区阅读创新特色学校”“南山区‘少年创新院’分院”。课程改革成果先后入选“全国基础教育信息化应用典型案例”“广东省教育信息化典型案例”，获评“深圳市‘好课程’”；获2017年、2021年“广东省基础教育成果奖”一等奖、二等奖，第三届、第四届“南山区教育改革创新奖”一等奖，第五届“南山区教育改革创新奖”特等奖；校长唐晓勇主编教育专著《中小学在线教育指南》于2020年11月由中国人民大学出版社正式出版。（罗媛媛）

【南山区文理实验学校（集团）科创学校】创办于1995年8月。前身为深圳市西丽第二中学，是南山北部片区办学历史最长的公办初中，广东省一级学校。2018年7月，南山区文理实验学校（集团）正式挂牌成立，西丽二中就此华丽转身成为文理集团科创学校，并从单一初中学校变为九年一贯制学校。占地面积2.4万平方米。其中各类运动场地面积1.48万平方米，包括田径运动场、体育馆、篮球场、足球场、乒乓球场和风雨操场。有多媒体教室52间，全部配有电子白板和移动化投屏设备。功能教室齐全，包括音乐、美术教室，物理、生物及化学实验室和未来教室、录播教室、图书馆（图书馆藏书6万余册）等。2021年，有教学班47个（中学部教学班20个、小学部教学班27个），在校学生共2090人。专任教师141人（外籍教师2人），其中：市、区级名师、骨干教师22人；教师全部为本科及以上学历（博士2人、硕士54人），高级教师22人；深圳市优秀教师、优秀班主任6人，深圳市优秀团干部3人，深圳市优秀少先队辅导员1人，深圳市“十佳”师德标兵1人，深圳市中青年骨干教师1人，南山区精英教师2人，区级优秀教师、优秀班主任15人；南山区课堂教学“百花奖”大赛特等奖获得者2人。秉承文理集团“跨界·融合”的办学理念，以“将来的你一定会感激现在拼搏的自己”立为校训，以“把学生培养成为全面发展的思考者、学习者和沟通者，具有中国特质的全球公民”为培养目标。先后获评“广东省现代教育技术实验学校”“广东省体育特色学校”“广东省绿色学校”“广东省劳动教育特色学校”“深圳市教育系统先进单位”“深圳市传统体育项目（足球、田径）基地学校”“深圳市水土保持科普教育示范学校”“深圳市体育典范学校”“南山区高水平运动项目学校（武术）”。（张　超）

【南头中学】为国家级示范性普通高中，广东省一级学校，广东省教学水平优秀学校。由赵朴初题写校名，季羡林题写“有猷、有为、有守”校训。占地面积5.12万平方米，建筑面积6.09万平方米，运动场地面积1.08万平方米。有2层体育馆、藏书12万册的4层图书馆和天文台等大型设施，有未来教室、美术教室、舞蹈教室、录播教室、校园电视台、报告厅、各类实验室等诸多功能教室。2021年，有教学班60个，在校学生2653人。在编教职工208人（专任教师201人），其中正高级教师2人，高级教师78人，中级教师95人。营造“务实、规范、高效”人校风，以“文化立校、传承创新、以文为本、和畅共生”为办学理念。依托独具魅力的校园文化，打造“三有五育”成长型育人模式，构建分层、分类、发展、特需的课程体系，开设基础、拓展、特长、综合等不同模块的多元课程，满足不同个性特长学生的多元需求。从常规教学、学力提升、研训合一、机制优化、综合保障等五个方面入手，实行全流程、精细化教学管理，并通过目标引领、评价引领、活动引领实现学生主动学习，确保稳定的教学质量。通过成立“一个中心”（学生成长支持中心），提供“两类支持”（师长支持、朋辈支持），实施“三大教育”（生命教育、生涯教育、自主教育），建立“四大体系”（课程体系、辅导体系、实践体系、咨询体系），搭建完整的学生成长支持体系，努力实现学生全面而有个性的发展。全年安排大型学生活动30余项，其中校庆嘉年华、南中游园会、社团文化节、天文观测、中山公园拓展、研学旅行、经典诗文吟诵大赛等成为独具南中特色的精品学生活动。有凤冈诗社、求索文学社、惊鸿汉服社、校园电视台、模拟联合国社、橄榄球社、服装设计社等数十个精品学生社团，有团委学生会、社团联合会、学长团、学生自律委员会、学生义工联等多个学生组织，打造学生自主发展平台。年内，获评“深圳市先进基层党组织”“深圳市先进职工之家”。（阮　琼）

【深圳（南山）中加学校】为深圳市唯一一所中外合作办学的高中学校，广东省一级学校，国际圆方成员校。位于深圳市南山区。占地面积2.2万平方米，建筑面积2.1万平方米。2021年，有教学班27个，学生702人。中外教职工160人。专任教师中：中方教师76人，均为本科及以上学历，其中研究生学历41人，海外大学毕业生9人；外方教师15人，其中博士学历1人，研究生学历6人，所有外教均有国外教师资格证书。学生实行双学籍、双学制管理，即中国学籍与加拿大学籍，执行两国课程，修满学分且成绩合格者可同时获得中国与加拿大两国毕业证书。积极推进教育教学改革。在学生管理上，建立以学生发展委员会为核心的学生自主管理体系，培养学生领导力和自主管理能力；在教学上，积极推进以小组合作和智慧课堂为依托的学习型课堂建设，培养学生自主学习能力和终身学习习惯。升学是以加拿大为主方向的多元出口。学生在加拿大方向升学优势突出，每年逾 60% 的学生升入加拿大排名前五的大学。学校每年有一批学生被美国排名前五十、英国排名前八和中国香港排名前四的大学录取。优秀的升学成绩换来广泛的社会赞誉。先后获评“深圳市德育示范校”“深圳市好口碑学校”“南山区教育先进单位”。在中外教育专家学者引领下，学校努力实践董事长彭建华博士提出的“开创教育新世界”的办学思想，融合中西方教育精华，不断探索教育国际化可行途径与方法，为培养更多有中国情怀的国际化人才而努力。（杨　光）

盐田区中小学

【盐田区田心小学】创办于 1987 年 8 月，为公办完全小学。位于深圳市盐田区沙头角恩上路。占地面积 1.05 万平方米，建筑面积 8876 平方米。2021 年，有教学班 26 个，学生 1208 人。职教工 79 人，其中中共党员 25 人。教师中研究生学历 7 人，本科学历 70 人，专科学历 1 人；高级职称 8 人，中级职称 46 人，初级 12 人；市级特级正校长 1 人，市级中青年骨干教师 2 人；区级名教师 7 人，区级中青年骨干教师 6 人。聚焦“立德树人”的根本任务，激发教师创造活力。以内生文化驱动，着力打磨“田心牌”“田心样”，整体提升新样态办学水平。统整“泓 · 雅”教育办学理念，以培养学生“意诚心正、止于至善”的“全人教育”为价值追求；以传承中华优秀文化教育传统，把学校建设成为“一所现代化、国际化、有品位的新样态学校”为新时期办学目标，确立以“花开在田，厚植于心”的办学情怀，“深学致臻，思行致远”的校训，努力培养田心学子成为“儒雅、体健、慧学、善思的现代公民”。以“魅力课堂”“艺体强项”“书法传承”等特色 IP“出道”，构建“学思课堂”新教育模式，并将已经走过 27 个年头的书法教育继承发展，形成“自然书写、诚恳习字”较完整的书法教育体系。先后获评“全国文明校园”“全国写字教育实验学校”“全国语文课改示范学校”“国学经典教育实验基地”“全国少年儿童科学体验活动示范学校”“全国优秀少先队集体”“广东省书法教育名校”“第三批全国中小学中华优秀传统文化传承学校”“广东省首批中华优秀文化传承学校”“广东省书香校园”“广东省中小学教师培训实践基地”“第四批广东省中小学艺术教育特色学校”“深圳市书法教育名校”“深圳市德育示范学校”“深圳市体育传统项目（羽毛球、武术）学校”“深圳市素质教育课程改革特色学校”，多次获“深圳市办学效益奖”。是一所中华优秀传统文化特色鲜明、实施全面素质教育、广获市民群众认可的“身边的好学校”。（盐田区田心小学）

【盐田区外国语小学东和分校】创办于 1917 年，原名东和学校，寓意“东方和平”。为公办完全小学。抗日战争时期，为东江纵队秘密联络点，教师多人为中共地下党员，是一所具有光荣历史的百年老校。2013 年改制为盐田区外国语小学东和分校（独立办学）。位于深圳市盐田区沙头角中英街。占地面积 6079 平方米，建筑面积 7220 平方米。运动场、图书馆、创客室等各类功能场室齐全，网络全覆盖。2021 年，有教学班 24 个，学生 1074 人。教师 86 人，其中省特级教师 2 人，省级名师 1 人，市级名师 2 人，区级名师 12 人，中学高级教师 9 人。始终高举爱国主义旗帜，充分发挥中英街特殊教育功能，传承爱国基因，赢得“国门东和”“红色东和”的美誉。以“启心至善，启行致远”的办学理念为引领，构建基于学生核心素养提升的“启星”课程体系，打造“亮星”课堂，致力于培养学生“家国情”“身心美”“文化韵”“创客心”“国际范”五星素养，实现跨越式优质发展。形成以英语、美术、体育、科技为主的“一品三特”课程特色。“3+1”英语课程获评“深圳市‘好课程’”“项目式学习”连续 3 年获全国一等奖并赴芬兰参加国际交流评选，其中“探研沙头角河”学习项目入围“全球国际 StarT 优秀项目”前十名。先后获评“全国青少年校园篮球特色学校”“国际 StarT 项目式学习共同体实验学校”“广东省中小学中华优秀文化传承学校”“广东省校园排球推广学校”“深圳市平安校园”“深圳市最具创新力学校”“深圳市科技创新教育特色学校”“深圳市体育特色示范学校”“深圳市教育创新示范学校”“深圳市劳动教育特色学校”“深圳市教育工作先进单位”“深圳市巾帼文明岗”“深圳市青年文明号”，获“深圳市五一劳动奖状”。

（盐田区外国语小学东和分校）

【盐田区实验中学】创办于2016年9月，为公办初级中学。位于深圳市盐田街道东海三街。占地面积2.7万平方米，建筑面积3万平方米。校园设计时尚，布局科学合理，设施设备齐全。教室、办公室双阳台，通透明亮。集藏书（5.5万册）与阅览教学于一体的师生图书馆大气温馨，有综合体育馆1座、未来教室3间和近800个座位的报告厅、80个座位的学术厅以及艺术殿堂、精神大道、党团队一体化阵地、听雨书吧等。2021年，有教学班49个，学生2123人。教职员工205人，平均年龄33岁，其中，硕士学历67人，高级教师40人，省级荣誉获得者2人，市名师工作室主持人2人，市、区级学科带头人和骨干教师30人。以“办孩子心中最好的学校”为办学宗旨，以“蓄势扬长，爱拼敢赢”为校训。在“涵德养气，作育英才”的办学理念指导下制订“一二三四五”治校方略（一个愿景；两个使命；三个实验；四个定位；五大战略）。坚持“立德树人”，落实“五育并举”。构建以“培养完整的人、幸福的人和未来的人”为举措的全路径课程体系。着力以“自信和诚信、生命和使命、情怀和视野”等内容为抓手，构建自主德育体系。开展爱国主义教育、法治教育、心理健康教育等。建设少年数学学院、少年外交学院、少年生命与科学学院、少年艺术学院和少年体育学院。探索高效智慧课堂，开展“六有”课堂文化建设。在“双减”政策的推进下，召开管理与优化作业设计研讨会，聚焦课堂革命，转变教学模式，尝试运用“小组合作+”走班、分层等模式，为质量赋能。建有管乐、民乐两大乐团，先后获得省、市级荣誉8项。校本课程共66门，其中演讲、航海、攀岩、赛艇等课程享誉区内外。高评价通过“深圳市办学水平评估”。先后获评“深圳市教育改革榜样学校”“深圳市中小学心理健康教育特色学校”“深圳市最受关注十大新锐学校”“深圳市美育典范学校”“深圳市体育特色学校”“深圳课程改革示范学校”“盐田区先进单位”“盐田区先进党组织”。

（盐田区实验中学）

【盐港中学】创办于2008年8月，是由原深圳大学师范学院第二附属学校（深圳市一级学校）与深圳市田东中学（广东省一级学校）高中部合并而成的公办综合型高中。位于深圳市盐田区中心区域，依山傍海，环境优美，交通便利，设施齐全。有400米标准塑胶运动场、室内体育馆、高配置琴房、画室；有1000余个床位的学生公寓；2栋实训楼，包括计算机、珠宝、工艺美术、纺检、新能源汽车、航空服务、物流等专业实训基地及专业教室。占地面积4.19万平方米，建筑面积2.71万平方米，运动场地面积1.6万平方米。2021年，有教学班51个，在校学生2200余人。教师199人，其中高级职称59人，中级职称97人；硕士研究生学历66人，本科学历131人，学历达标率为100%。以“眼中有学生，心中有学生”“唤醒学生天性，开掘学生才智”“尊重学生天赋，赋能量于学生”正向价值追求为人才培养观，全面实施个性教育，促进每一名学生健康成长。高

2021年6月，盐港中学高三普高班举行决胜高考誓师大会

（盐港中学　供）

度重视学生文化课学习，优化学生综合素质。通过普高高考以及特长生招生等形式，向高等院校输送大批美术、体育、音乐专业学生；通过“3+专业技能课程证书”考试（职高高考），向高职院校输送大批计算机、珠宝、纺检、物流等专业生。在艺体教育方面特色突出。为“中国中学生体育协会田径分会会员学校”、“广东省田径传统项目学校”和“天津工业大学毽球后备人才培养基地”。音、体、美特长生参加普高高考重点上线率为58%，本科上线率为88.2%。普职高考99.7%的学生上省专线，其中2021年职高高考有13人直接录取到本科院校，职高高考本科录取取得重大突破。显著的办学业绩、整洁的校园环境、人性化的管理、友爱的教师团队、严谨的教风、浓厚的学风赢得社会各界广泛赞誉。先后获“深圳市办学效益奖”“深圳市高考工作进步奖”“深圳市高考工作学科特色奖”，获评“深圳市高考工作先进单位”“深圳市体育典范学校”“深圳市德育示范校”“新时代体育美育示范校”“深圳市花园式园林式单位”。

（盐港中学）

宝安区中小学

【宝安区建安小学】创办于1989年7月，为公办的深圳市一级学校和广东省一级学校。占地面积1.62万平方米，建筑面积1.97万平方米。2021年，有教学班41个，学生2094人。教职工140人，其中：高级职称6人，中级职称89人；区级及以上名师（学科带头人）8人，骨干教师49人。省名师工作室1个，区名师工作室5个。以“创造适合每个生命发展的教育”为办学理念，以“立足共性，发展个性，追求卓越”为办学宗旨，坚持“团结协作、坚守责任、开拓创新”的建安精神，坚持“德育为首，五育并举”，在落实全面发展基础上走个性教育为特色的办学之路。立足国家课程体系，同时大力开发多元个性校本课程体系。除管乐、乒乓球、国际象棋、合唱、京剧等传统艺术课程外，增设数学思维、文学写作、形体、科技、水彩绘画、篮球、足球、创客、家长讲坛等近80个社团课程。坚持开展“四节”——艺术节、体育节、科技节、读书节活动，坚持开展语、数、英等学科竞赛以及“每班一台戏”等育人活动，给学生成长提供广阔平台。先后获评“全国巾帼文明示范岗”“全国优秀家长学校”“全国优秀家长学校实验基地”“全国国际象棋传统学校”“广东省绿色学校”“广东省书香校园”“广东省现代教育技术实验学校”“广东省少先队红旗大队”“广东省巾帼文明示范岗”“深圳市中小学德育示范校”“深圳市依法治校示范校”“深圳市书香校园”“深圳教育系统先进单位”“深圳市阳光体育先进学校”“深圳市足球特色学校”“深圳市美育特色学校”“深圳市安全文明校园”“深圳市少先队红旗大队”“深圳市语言文字规范化示范学校”“宝安区小学语文学科教研基地”“宝安区小学科学学科教研基地”；获“广东省中小学生棋类竞标赛”小学A组团体一等奖、“深圳市办学效益奖”、“第七届深圳教育改革创新大奖”之“美育特色学校（园）年度奖”。校长刘红梅获评“深圳市五一巾帼标兵”“深圳市先进教育工作者”；教师邓瑛指导的学生绘画作品《春天里·我们》获“广东省第七届中小学生艺术展演”一等奖并晋级全国艺术作品类小学组总决赛。

（宝安区建安小学）

【宝安区西乡小学】是一所历史悠久、文化底蕴深厚的百年老校，是中国第一位女法学博士、女律师郑毓秀的母校，也是宝安区第一所“广东省中小学中华优秀传统文化传承学校”。1895年，香港爱国人士林钰斌的先祖创办锦庭书室。1953年，西乡附近多所私塾合并到锦庭书室，命名为“西乡小学”。1966年，更名为“西乡中心小学”。1996年，西乡中心小学迁往海湾，在原校址筹建“西乡街道第二小学”，又先后收购绮云书室和锦庭书室。2014年7月，学校恢复“西乡小学”校名。占地面积1.69万平方米，建筑面积1.54万平方米，运动场地面积4009平方米。2021年，有教学班39个，学生1902人。有教职工127人，其中，专任教师119人，包括高级职称3人，中级职称77人，骨干教师25人，本科及以上学历99人。有音乐室、舞蹈室、美术室、书法室、漫画室、计算机室、图书室、民乐室、科学室、电教室等功能室31间，藏书7.1万册、报刊120种。通过“骨干教师示范课”“青年教师课堂教学比赛”“名师进校园”等活动促进教学工作提质增效。课后延时服务注重打造传统文化特色，校园艺术节、读书节、体育节、科技节、英语节、数学节等活动蓬勃开展。获评教育部第三批“全国中小学中华优秀传统文化传承学校”，获“广东省少儿戏曲小梅花荟萃‘金花奖’”、“第八届‘和平杯’京剧小票友邀请赛”二等奖、“深圳市传承传统文化示范学校年度奖”。人民网、新华网、《南方日报》、《晶报》、《深圳教育》等媒体多次报道办学成果。

（宝安区西乡小学）

【宝安区流塘小学】占地面积 1.3 万平方米，建筑面积 1.47 万平方米，运动场地面积 5600 平方米。图书室藏书 5 万余册。2021 年，有教学班 37 个，在校学生 1831 人。教职工 128 人（专任教师 120 人），其中：副高级职称 6 人，中级职称 67 人；本科及以上学历 117 人（硕士 11 人）；区级名师 2 人，区兼职教研员 1 人。名班主任工作室、名师工作室各 2 个。少先队活动课“‘请党放心，强国有我’——红领巾探秘无人机”参加由团中央、教育部基础教育司、全国少工委联合举办的“2021 年全国优质少先队活动课展示交流活动”，获评“全国优质少先队活动课”。立足为党育人目标，充分发挥少先队组织育人、实践育人、自主教育特色，开展丰富多彩的少先队活动课，创新思政教育新模式。德育以“善”为本，抓实文明礼仪教育、法制教育、垃圾分类、交通安全教育，引导学生从“善”做人。教学以“智”为纲，抓实教学常规，规范教学流程管理，教学质量稳步提升。积极构建“集智”课程体系，涵盖“语言与表达”“数学与科技”“品德与心理”“艺术与审美”“体育与健康”等六个方面。其中跳绳、儿童版画和篮球等特色项目在市、区都具有一定影响。组织多样态的读书月活动、学科周活动，认真做好课后服务，开设体育、艺术、手工、智力板块近 50 个社团课程供学生自主选择，学习与实践相结合，进一步提升学生综合素养。（宝安区流塘小学）

【宝安区凤岗小学】创办于 1946 年。北倚平峦山，东临铁岗水库，环境优美。占地面积 1.2 万平方米，建筑面积 1.3 万平方米。2021 年，有教学班 38 个，学生 1835 人。专任教师 114 人（平均年龄 33.5 岁），其中，高级教师 6 人，区级名师及培养对象 8 人，骨干教师 39 人，教坛新秀 5 人。秉承“为幸福而教育”的办学理念，提出“一三五”目标：“一”，办一所家门口的好学校；“三”，营造“三个起来”，即学校风气正起来、强身健体动起来、教研氛围浓起来；“五”，打造“五支队伍”。2021 年，青年教师队伍初露锋芒。在“第三届广东省中小学青年教师教学能力大赛”中侯昱冰获“广东省小学体育与健康”一等奖，张仪获深圳市三等奖；音乐课组程柳惜指导的戏曲节目获得 2 个国家级、2 个省级奖项；美术科组李思慧、杨莉枚指导的画展和主题书画比赛分别获国家级一等奖和省级一等奖。提出“全面与个性相统一，普及与特长相结合”的特色发展路径，打造“班班有歌声，人人有特长”的学校特色，让每一个孩子都能上舞台、每一个孩子的作品都能上墙、每一个孩子都掌握一项体育技能。有 61 个拓展社团，国际跳棋和跆拳道是深圳市优秀社团。国际跳棋社团 2 名学生进入国家队参加亚洲锦标赛并获得亚洲冠军；在 2021 年广东省赛中，学校取得团体两金、一银、一铜的好成绩，位列全市第一。黄梅戏社团节目在 2021 年两次获得国家级金奖、省级一等奖，登上广东省电视台少儿频道春节联欢会舞台；谢暖彤获得“国戏杯”银奖；16 名学生获得少儿戏曲省级一等奖。管乐社团获评“广东省优秀社团”，并参加“2021 年粤港澳大湾区青少年新年音乐会”。书法和版画社团也取得突出成绩，并承办区级书法教研活动；在“2021 年宝安区美育教育特色展”中开设凤岗小学专场；5 名学生的作品获得国家级一等奖，入选“中国少儿版画·特色学校成果展”；1 名学生的作品获得省级一等奖。先后获评“全国国际跳棋特色学校”“全国书法教育示范学校”“全国国防教育特色学校”“全国新世纪小学数学研究与应用基地示范学校”“全国青少年礼仪示范基地”“广东省信息化中心学校”。（宝安区凤岗小学）

【海港小学】创办于 2013 年 5 月。占地面积 2.32 万平方米，建筑面积 1.53 万平方米。2021 年，有教学班 39 个，学生 1936 人。专任教师 124 人，平均年龄 31 岁，学历达标率为 100%。教师中，省级工作室培养学员 1 人，市骨干教师 2 人，市、区级兼职教研员 6 人，区小学名师 5 人，区级骨干教师 88

人。区特色教研工作室2个。“有为·领航”课程发展屡创佳绩。获评“中国教育学会与宝安区人民政府共建教育现代化实验区‘学校课程发展’项目学校”。“有为·领航”课程体系的实践探索获中国教育学会公众号专版报道。“基于思辨理念的‘有为课堂’模式构建”获评“深圳市课堂改革示范学校”。校长阮瑜在“第一届全球基础教育论坛”上做题为“‘有为·领航’课程体系建设的实践与探索”经验分享。教研模式日益完善，教研能力稳步提升。形成“四化一体”科组教研模式，围绕“基于思辨理念下的大单元教学”进行教研，落实“双减”背景下的课堂“提质提效”。基于教师队伍梯度建设，形成青年教师成长共同体，为青年教师搭建不同级别发展平台。基于“有为·领航”育人目标，完善课程体系，细化与落实学科素养培养下各学科的学科宣言与学习地图。项目式学习与主题活动异彩纷呈。将每月一个主题活动规范化、体系化，形成海港特色八大主题活动。足球节注重学科融合、多元发展；劳动技能大赛注重实践、知行合一；诗词大会注重厚积薄发；中西文化节注重文化多元碰撞。“财经素养辩论赛”“我最喜爱的课外书推荐大赛”“讲故事比赛”“一年级识字现场测评”等特色活动都积极展现海港特色，师生用实际行动践行“人人应该有所作为”的校训，做到“今日之我胜于昨日”。积极落实“双减”政策，进行作业改革，增设课后服务。在作业辅导和社团活动之余，119名教师为全校学生带来63门异彩纷呈的自选课程。扎实推进“五项管理”。开启“阳光体育一小时”，跑步、跳绳、趣味游戏、阳光大课间等促进学生身心健康。先后获评“广东省书香校园”“广东省国际跳棋特色学校”“深圳市教育工作先进单位”“深圳市年度阅读典范学校”“深圳市课程改革示范学校”“深圳市课堂改革示范学校”“深圳市绿色学校”“深圳市红旗大队”。（海港小学）

【宝安区福永小学】创办于1927年，为广东省一级学校。占地面积2.39万平方米，建筑面积1.86万平方米。2021年，有教学班42个，在校学生2160人。坚持依法治校，落实“立德树人”的根本任务，努力构建“五育并举”的全面培养教育体系。落实“双减”政策、“五项管理”，增加课后延时服务，营造良好教育生态。以深化课程改革、转变教学行为、打造高效课堂、实施学生素质工程、学生多元评价等为抓手扎实做好“减负提质”和学校发展工作。认真实施国家课程计划，全面提升学生核心素养，促进学生全面、健康发展。以体育、艺术教育为突破口，积极开展社团活动及社会实践活动，推动乒乓球、书法、粤剧、羽毛球、篮球、合唱、围棋、科技创新等特色项目建设，促进学生个性发展，全面实施素质教育。坚持“教师专业化发展第一”的思想，走“教研训一体化”的发展道路，创建和谐、合作的内部环境，构建校内外专业发展平台，多渠道提升教师队伍整体素质。深化集体备课，优化学习共同体。推进“青蓝工程”，强化师徒结对，建立“传帮带”促进机制。强化学科组建设，深入开展课题研究，教师专业化水平不断提升。以“听说读写思”为重点，培养学生良好学习习惯。充分发挥图书室、教学楼“读书长廊”、班级图书角的作用，营造浓郁书香氛围。在“宝安区第八届学校艺术节”上获得“湾区之声”诗文朗诵总决赛一等奖、地方戏曲专场集体展演活动一等奖。在“2021年宝安区第八届中小学生棋类比赛”中获围棋小学低年级小团体第一名、总团体第二名。教育教学质量稳步攀升，办学业绩得到社会各界认可。先后获评“广东省棋类特色学校”“深圳市依法治校示范校”“深圳市美术书法特色学校”“深圳市乒乓球传统项目学校”“深圳市教育工作先进单位”“深圳市语言文字规范化示范学校”“深圳市绿色学校”“宝安区教师家长培训‘双优’学校”“宝安区国学教育示范校”。（宝安区福永小学）

【宝安区下十围小学】创办于1947年，为全日制公办小学。占地面积1.21万平方米，校舍面积1.55万平方米。2021年，有教学班36个，学生1817人。专任教师116人，其中：高级职称7人，中级职称67人；本科及以上学历80人（硕士5人）。名师工作室2个。有功能教室10间，容纳180人的报告厅1间，现代化多媒体教室1间。秉承“全面发展，为学生幸福人生奠基”的办学理念，立足学生的全面发展，聚焦学生的幸福人生，遵循教育的本质规律，以校园“四节”（文化艺术节、体育文化节、科技创客节、读书节）为育人载体，致力于培养体魄健康、人格健全、全面发展的社会主义新型美德少年。坚持“科研兴校”。以“教—研—训”一体化为推动力，规范教科研管理。坚持学科特色建设，更新理念，抓实集体备课，抓实常规，提高教学质量。重视教师专业成长。积极探索“六个一”教师专业成长模式（一名师、一公开课、一课题、一分享、一论文、一专著），不断优化教师团队建设，提升教师素质。积极丰富“四点半”社团活动，开展民乐、管弦乐、粤剧、羽毛球、田径、合唱、舞蹈、版画、书法、航模、电脑等数十个学生体艺社团活动，坚持以活动育人，促进学生全面发展。先后获评“广东省绿色学校”“宝安区平安校园优秀创建单位”“宝安区体育传统（田径、羽毛球特色）项目学校”“宝安区艺术教育特色项目学校”“宝安区中小学书法示范校”。学生表演的粤剧《鹏程红豆》获“全国少儿戏曲小梅花荟萃”金奖；校田径队连续两届获深圳市团体冠军，连续三届获区团体冠军。2021年6月，面对福围社区新冠肺炎疫情，经上级批准，下十围小学被设为2021年深圳市中考隔离考点，成为全市唯一设在封控区的中考考点。在市、区多部门指导下，学校以最严格的标准和最快的速度通宵达旦布置考点，顺利完成工作任务。中考期间，封控区内107名中考考生、169名初二学业水平考试考生无一缺席。有关工作得到宝安区委、区政府和社会各界的高度赞扬。6月26日，央视13套《新闻直播间》节目播报该校作为中考考场的现场新闻;《人民日报》、新华网、《中国青年报》等主流媒体相关报道300余篇。获评“2021年深圳市教育工作先进单位”。（宝安区下十围小学）

【**宝安区厚德小学**】占地面积9000多平方米，建筑面积6000多平方米，运动场地面积2000平方米。图书馆藏书3.5万册。2021年，有教学班26个，在校学生1193人。教职工76人，其中专任教师65人。专任教师中本科及以上学历59人，中级职称5人，骨干教师20人。坚持“五育并举”，全面落实“立德树人”的根本任务。打造综合实践课程，开设“四点半”兴趣课堂，开展“四节”（科技嘉年华、体育节、读书节、元旦艺术节）和“国学经典诵读”“英语角”等丰富多彩的活动，全面提升学生素养和科学认知及创新能力。开设的“四点半”特色课堂，2020—2021年多次参加宝安区、深圳市、广东省赛事。特色社团中：美术社团成员在广东省青少年“美好生活，劳动创造”主题书画大赛中获金奖11名、银奖8名、铜奖13名；在第二十五届“全国中小学生绘画书法”大赛（国赛）中24名学生获一等奖，多名指导老师获指导一等奖；数独社团20多名成员在宝安区数独线上云赛事中获一、二、三等奖；创客社团成员在宝安区“学生创客节”竞赛、“全国中小学信息技术创新与实践大赛”（国赛）中多人分获虚拟机器人竞赛和创新编程大赛二、三等奖。先后获评“广东省标准化学校”“宝安区义务教育规范学校”“宝安区文明校园”“宝安区绿色校园”“宝安区公民办结对帮扶优秀单位”“宝安区‘慈善进校园’优秀组织单位”。（宝安区厚德小学）

【**宝安区东方小学**】创办于1962年。占地面积2.35万平方米。固定资产总值2783.6万元。图书馆（室）藏书11.03万册。2021年，教育经费投入6460.96万元。有教学班36个，在校学生1763人。教职工116人，其中专任教师106人。专任教师中，本科及以上学历106人；高级职称5人，中级职称72人。加强队伍建设，强化师资力量。围绕发展抓党建，抓好党建促发展。开展“双培养”工作，把党员培养成教育骨干，把骨干教师培养成党员。实施“青蓝工程”，通过以老带新、以新促老，全面推动课改工作健康发展。2021年5月，顺利通过宝安区新教师督导评估工作。坚持科研兴校。以课题研究为抓手，扎实开展教育研究，成效明显。省级课题“班级文化建设对发展小学生核心素养的研究”从环境文化、制度文化、思想文化和行为文化四个组别开展研究，取得阶段性成果，已进入结题阶段。加强学生心理健康教育，大力建设“益心工程”。尊崇“健康第一，生命至上”的理念，坚持“提升学生的心理韧性，祛除阴影面积的康商”的心育思路，积极构建“以绘本和心理剧相结合”的心育平台，通过“课堂渗透、生命教育、朋辈互助、科研提升”四个抓手共促学生心理健康。作为首批“全国青少年校园足球特色学校”，明确提出并不断深化“创足球特色，促全面发展”的办学方略，以足球特色教育为抓手带动素质教育全面发展。自创特色操，自编《快乐足球》教材并开设足球校本课程。在足球训练中加强教练与科任教师、学生、家长的“三沟通”，做到人员、经费、场地、时间“四保证”，科学规划与落实。年内，学校男子、女子甲组双双获得“宝安区满天星校园足球联赛”第一名及“宝安区第六届‘区长杯’足球比赛”第一名，男子甲组在“深圳市校园足球比赛”中获第三名。（宝安区东方小学）

【宝安区新桥小学】为百年老校。占地面积 2.1 万平方米，建筑面积 1.38 万平方米，运动场地面积 2200 平方米。2021 年，有教学班 36 个，在校学生 1813 人。教职工 113 人，其中：高级职称 7 人，中级职称 82 人；区级以上名师（学科带头人）16 人；本科及以上学历 108 人（含硕士 14 人）。名师工作室 3 个。坚持“立德树人，五育并举”的办学理念，秉承“让每个孩子得到最大发展”的价值追求，有序推进学校高质量发展。在“双减”教育政策下，致力于增优提质，加速教育融合，构建“三知（知礼、知新、知用）三成（成长、成人、成才）”课程体系，打造“数字化德育、生活化智育、普及化体育、精品化美育、常态化劳育”的“五育并举”教育格局。开展“四节”（读书节、体育节、艺术节、科技节）、“四周”（名师教研周、教学开放周、英语交际周、社会实践周）活动，形成体艺教育、阅读教学及信息化应用三大办学特色。发挥资源优势，丰富社团活动，凝聚教育合力。有足球、醒狮、乒乓球、篮球、围棋、粤剧、合唱、舞蹈、美术、书法、陶艺、创客空间等数十个学生社团，促进每一名学生在德、智、体、美、劳等方面健康发展。先后获评“全国青少年足球特色学校”“教育部 2020 年度网络学习空间应用普及活动优秀学校”“教育部‘基于教学改革、融合信息技术的新型教与学模式’实验校”“广东省网络空间学习示范校”“深圳市健康促进学校（铜牌）”“第七届深圳市教育改革‘家校社协同育人’特色学校”“深圳市红领巾示范校”“深圳市少先队先进学校”“宝安区信息技术应用能力提升工程 2.0 示范校”。（宝安区新桥小学）

【宝安区罗租小学】创办于 1925 年，具有悠久历史和丰厚文化底蕴的公办小学。抗日战争时期改名为蔚文学校，一直沿袭至 1950 年上半年，1950 年下半年改为罗租小学。位于深圳市宝安区石岩街道罗租社区。占地面积 1.61 万平方米，建筑面积 1.81 万平方米，核定办学规模 36 个教学班。2021 年，有教学班 35 个，在校学生 1671 人。教师 99 人，其中：高级教师 6 人，一级教师 42 人；本科及以上学历 88 人（研究生学历 10 人）。全面落实“党建 + 教育”的育人新模式，全力推进党建工作与学校整体发展相融合。在“家校社协同育人”方面，通过社区读书会全面搭建家、校、社区“三位一体”的学习与沟通平台，形成“家校共育”的良好效果，初步构建高效联动的“家校育人”模式。开展社区阅读推广活动。于 2021 年秋季学期新设罗租小学图书馆社区分馆，倡导家长组织社区孩子利用社区和学校资源开展社区共读活动，传承中华优秀传统文化。年内，共成立 180 个社区读书会小组，开展 996 场形式多样的社区活动，吸引 8401 人次参加，激发学生阅读兴趣，提升学生综合素养，丰富学生课余生活，增强亲子关系和同学友谊，实现学校、家长和学生三方共赢。罗租小学学校、家庭、社区联动读书活动得到上级领导、学生家长一致好评，被各大媒体广泛关注。其中，“家校联动，罗租小学社区读书会点亮石岩”等主题活动得到《深圳特区报》《晶报》《宝安日报》《山湖石岩》等媒体宣传报道。获评“2021 年度宝安区教育系统教职工阅读推广工作先进集体”。

（宝安区罗租小学）

【宝安区上屋小学】创办于 1936 年，为市一级学校。位于深圳市宝安区石岩街道上屋路 234 号。占地面积 3.07 万平方米，建筑面积 1.81 万平方米。有 35 个功能室、1 个生态园、1 座建筑面积 2200 平方米的体艺楼、1 个 300 米塑胶跑道田径场、3 个篮球场。2021 年，有教学班 41 个，学生 2051 人，教职员工 135 人。教职员工中，硕士学位 8 人；高级职称 7 人；深圳市优秀教师 3 人、优秀班主任 1 人、优秀少先队辅导员 2 人，宝安区名教师 5 人、教坛新秀 10 人、骨干教师 60 人。对办学宗旨、办学理念、学校精神、培养目标等做进一步提炼，扎实开展午餐午休和课后延时服务，注重师德师风建设，打造宝安区一流品牌学校。实行封闭式管理，全面加强疫情防控工作。制订“两案九制一指引”，加强联防联控，建立师生健康监测机制，组织开展核酸检测和疫苗接种工作。坚持举行“校园五大节”活动，抓好社会主义核心价值观教育，开展学习英雄活动，常态化开展心理辅导。坚持以传统文化为校园建设主题，结合节日纪念日开展活动，实现全面育人。开发“上善6+1”课程，打造“上善”课堂，建构“上善四学”课堂模式，即自学、互学、研学、展学。通过“青蓝工程”及“薪火计划”，结合教师特长引入市、区名师进行跟踪指导，建设科组特色，实现教学相长。年内，获评“深圳市德育示范学校”“深圳市语言文字规范化示范校”；获宝安区“五湖四海讲党史”演讲比赛特等奖；教师有50人次获区级及以上奖励，发表论文6人次；学生有100人次获区级及以上奖励。（宝安区上屋小学）

【宝安中学（集团）】由高中部、初中部、外国语学校、实验学校、第二外国语学校、塘头学校、石岩外国语学校（筹建）和小学部（筹建）8个校区组成。除正在筹建的2个校区外，其余6个校区正常运行。6个校区占地总面积28.59万平方米，建筑总面积23.17万平方米。图书馆藏书共计58.68万册。集团固定资产1.69亿元，包括教学仪器资产值1.1亿元。有计算机3371台，校园网出口总带宽1000Mbps，“信息技术”课程1课时/周。教职工1280人，其中专任教师1141人，包括特级教师9人，区级及以上骨干教师367人，本科及以上学历教师1124人，高级职称261人，中级职称391人。2021年，开设教学班322个。全面高质量推进集团各项工作。深入研究确立各校区办学特色。以“宝中精神”为核心，塑造宝中集团核心价值体系。按照“五统五分”工作要求，对各校区实施统一管理，使各校区实现高起点定位、高标准设计、高品质发展。高考成绩实现高位稳步攀升。特殊类型院校招生控制线达线率为92.2%，物理类680分以上高分人数和尖子生人数居全省、全市前列。中考多项关键指标始终位列全区、全市前茅。初中部、外国语学校、第二外国语学校、实验学校4个校区同时获宝安区初中教学工作最高奖——“初中教学工作卓越奖”。集团高中部和外国语学校同时入选“广东省中小学教师校本研修示范学校”；初中部获评2021年“广东省基础教育项目初中校本教研基地学校”；外国语学校获评“深圳市教育工作先进单位”“深圳教育创新示范学校”；实验学校被教育部民族教育发展中心确定为“全国首批民族地区智能教育试验区试验校项目支持学校”“广东省STEM科创创客教育项目学习示范学校”“深圳市‘基于教学改革、融合信息技术的新型教与学模式’实验校”。教师在各类大赛中奋勇争先，屡获大奖。2021年，高中部郑良凯、初中部李平获评宝安区“年度教师”，郑良凯获评深圳市“年度教师”；范国强获“广东省中学语文青年教师课堂教学展示奖”一等奖；在“2021年第三届广东省中小学青年教师教学能力大赛”中，集团有5位教师代表深圳参赛并获奖，高中部、初中部双双获得“单位优秀组织奖”；牛爽获“广东省班主任专业能力大赛”初中组综合一等奖；在“2021年中小学青年教师教学技能大赛”中，集团各校区共获深圳市一等奖10个（含4个一等奖第一名）、宝安区特等奖3个和一等奖20个（含7个一等奖第一名）。学生综合素质优异。先后在“鲁迅青少年文学奖”“广东省青少年科技创新大赛”“深港澳中学生读书随笔大赛”“深圳市名著新编短剧大赛”“深圳校园‘十佳’文学少年”“宝安区中小学生乒乓球比赛”等多项大赛（评比）中获奖。

［宝安中学（集团）］

【宝安中学（集团）高中部】于1984年成立。为广东省首批国家级示范性普通高中，北京大学“中学校长实名推荐制”推荐资质学校，入选清华大学“领军人才计划”（深圳市仅有3所学校同时具备这两项资质），是“全国千所现代教育技术实验学校”“全国德育实验学校”“全国青少年文明礼仪基地”“广东省普通高中新课程实验样本学校”“广东省书香校园”“深圳市师德师风先进学校”“深圳市文明单位”“联合国教科文组织教师教育教席联席学校”。占地面积8.83万平方米，建筑面积6.6万平方米。教育教学设备设施先进齐全，国内一流。2021年，共有教学班62个，学生3049名。教职工323名，其中高级教师、副教授132人，特级教师、中学正高级教师、博士10人，获国家级、省级表彰教师45人。全面高质量推进学校各项工作，高考成绩实现高位稳步攀升。特殊类型院校招生控制线达线率为 92.2%，物理类 680 分以上高分人数和尖子生人数居全省、全市前列。秉持“以研促教，科研兴校”的教研理念，入选“广东省中小学教师校本研修示范学校”。一批高素质教师在各类比赛中屡获大奖。于敏获评“南粤优秀教师”；郑良凯 2021 年获评深圳市“年度教师”、宝安区“年度教师”；在“2021 年中小学青年教师教学技能大赛”中，郎新蕾获广东省二等奖，郎新蕾、谢煜民获深圳市一等奖，另有 10 名教师获宝安区一等奖。学生综合素质进一步提升。在“2021 深港澳中小学生读书随笔大赛”中，黄安仪获得一等奖第一名，高中部获“深圳优秀组织学校奖”；在“深圳市第十二届名著新编短剧大赛”中，高二（1）班获得团体一等奖；在“2021 年宝安区中小学生乒乓球比赛”中获多项冠军，高中部获“体育道德风尚奖”。

［宝安中学（集团）高中部］

【宝安中学（集团）外国语学校】为宝安区第一所公办九年制外国语学校。前身为龙井学校，创办于 2015 年 8 月，2016 年 2 月 22 日正式挂牌成为宝安中学（集团）外国语学校。位于深圳市宝安区新安街道前进一路 50 号。占地面积 3.85 万平方米，建筑面积 3.84 万平方米。2018 年 1 月，宝安区政府斥资 5.77 亿元对学校进行全面改造升级。2021 年，有教学班 41 个，学生 2097 人。教职工 147 人，其中专任教师 135 人。专任教师中，本科及以上学历 135 人（博士 1 人、硕士 40 人）。秉承集团“育人至上，教师第一”的办学思想，践行“顺性教育”的教学主张，构建“双翼助推 · 两美并育 · 三顺鼎立”的课程体系，打造全面而有个性发展的育人模式新样本，不断为深圳“双区”建设和“学有优教”添砖加瓦。各项工作稳步推进。落实“双减”政策，孕育新举措。在“双减”政策背景下，将“顺性教育”理念融入国家政策，从“减量”和“提质”视角上转变作业布置，促使教师在课堂上提效、在教研中提质。开发主题任务群作业体系，充分利用场域资源推动学校教育和校外教育有效衔接，着力培养学生关怀力、科创力、审美力和合作力。“顺教而研”，共学共长。深入推进“顺教而研”的教研策略，把深度教研做得扎实，让教师教学之路走得踏实。为教师量身定制“一师一案”专业成长方案，发扬集体智慧，助力专业成长。教师评优课全面铺开，教研氛围日益浓厚。全国名师应邀而至，与青年教师同课异构，以他山之石攻玉，纳百家所长厚己，助力教师专业成长。尊重差异，打造个性化课程。立足多元智能理论，对小学一年级、初一年级学生进行“多元智能”测试，形成每个学生多元智能“雷达图”，定制学生个性发展培养方案，对学生、家长和教师提出培养建议。丰富多彩的课程，开拓学生视野，放飞童心，让学生绽放属于自己的光彩。学生素养全面发展，教师队伍成果显著，学校载誉颇丰。在“2021 年深圳市青年教师基本功大赛”中，3 名教师分别获得小学语文、小学英语和初中语文一等奖。学校先后获评“中华诗教深圳示范区建设项目试点学校”“广东省中小学教师校本研修示范学校”“深圳市教育教学先进单位”“深圳市海洋教育示范校”“深圳市脱贫攻坚工作突出贡献学校”“宝安区第一批教育国际化特色学校”“宝安区初中教学工作先进单位”，获“宝安区初中教学工作卓越奖”等。

［宝安中学（集团）外国语学校］

【宝安中学（集团）实验学校】创办于 2018 年 9 月，为九年一贯制公办学校。占地面积 5.5 万平方米，建筑面积 4 万余平方米，由 11 栋教学楼及功能楼组成。校园呈徽派风格，环境优雅。为宝安区委、区政府重点打造的“高起点定位、高标准设计、高品质发展”的新优质示范学校。2021 年，有教学班 72 个，有小学一至四年级、初中一至三年级共 7 个年级，学生总计 1961 人。教职工 178 人，其中专任教师 161 人。专任教师中正高级教师 1 人，高级教师 10 人；本科率达 100%，研究生学历占比 48%；“211”大学毕业生 90 人，占教师总数的 55.2%。以“和谐发展，学会生存”为理念，以师生共同成长的“幸福家园”、学生探寻自然的“科创乐园”、老百姓满意的新优质学校、基础教育科教融合的标杆学校为办学愿景，着力培养有强健体魄、有家国情怀、有公民素养、有合作精神、有创新素养、会思考的终身学习者，为学生的终身可持续发展奠基。办学特色为“个性化教育 + 科技创新教育”，先后与中国科学院深圳先进技术研究院和西南大学教育学部建立战略合作关系。实施个性化教育，追求教育的精准与高效。制订《宝中集团实验学校个性化教育实施方案》，建立多元智能测评中心，为每个学生定制有针对性的个性化培养方案，积极实践个性化教育。充分利用中科院深圳先进技术研究院的顶尖师资与高端资源，搭建学校科技创新教育课程体系，探索制订科技创新教育“1+3+5”计划。研发9本校本科创学习手册，组建16个科创社团，获批国家级课题1个、市区科创课题14个，为学生提供丰富的科创学习平台，学生科学素养得到提升，学校高品质发展，得到社会高度认可。首届中考获“宝安区2021年初中教学工作卓越奖”。2021年被教育部民族教育发展中心确定为“全国首批民族地区智能教育试验区试验校项目支持学校”，获评“广东省STEM科创创客教育项目学习示范学校”“广东省STEM教育实验学校”“深圳市‘基于教学改革、融合信息技术的新型教与学模式’实验校”“深圳‘科学+’联盟学校”“宝安区5G未来教育示范学校”“宝安区科技教育基地学校”。

[宝安中学（集团）实验学校]

【深圳市新安中学（集团）】于2017年成立，为宝安区教育局直属公办基础教育集团，包括高中部、初中部、第一实验学校、外国语学校、第二外国语学校5个校区。2021年，有教学班240个，在校学生1.2万名。师资力量位居全市前列，为各校区优质高端特色发展提供强大师资保障。有广东省中小学名校长工作室顾问1人；广东省中小学名校长工作室1席、名师工作室2席，深圳市名师工作室1席，宝安区名校长工作室2席、名师工作室10席；正高级教师4人，特级教师8人，高级教师近180人；区级及以上骨干教师403人。锐意改革，开拓创新，各项工作取得显著成效。加强政治建设，坚持学史力行。制订党史学习教育实施方案，全面推进党史学习教育。建设党史学习教育室5间，编制党史学习教育工作简报25期。加强集团党风廉政建设，提升党建与教育教学业务双融双促水平，以高水平的党建工作引领集团高质量发展。加强集团统筹指导，着力提升集团现代治理能力和治理水平。推进“双新”示范，落实“双减”政策。2021年1月，新安中学（集团）被遴选为“深圳高中新课程新教材实施国家级示范区示范校”。3月，在高中部召开实施新课程新教材国家级示范区示范校建设工作三年规划论证会，邀请全国各地专家学者建言献策，针对“双新”示范校可实施路径进行探索分析和学术研讨。集团各义务教育阶段校区立足减负提效，在开展课堂变革、提高作业设计水平、优化校内课后服务、提升教师基本功等诸多方面集思广益、不断创新，多措并举推动“双减”政策落地见效，切实减轻义务教育阶段学生作业负担，全力促进学校教育提质增效。发挥集团优势，促进共建、共享。继续完善集团内部治理机制和制度，制定涵盖党建、决策、人事、教学、德育、后勤、安全等方面在内的60余项内部管理制度，对各校区学校管理、教育教学工作进行指导和管理。3~6月，集团分别以“科组与备课组建设”“年级管理”“班主任工作和班主任队伍建设”“毕业班工作”“青年教师成长培养工作”为主题在5个校区召开高质量办学调研会，切实谋划学校新一轮改革创新和发展工作。优化教师队伍，提升育人水平。坚持将加强教师队伍建设作为推动学校优质特色发展重要举措，通过岗前培训、“青蓝工程”、名师工程、教学竞赛、“十佳”教师评选、面向高校和市内外引进优秀人才等举措，将内培和外引相结合，不断提高教师队伍整体水平，实现学校可持续发展。至2021年底，参加各级各类竞赛获奖472人次。激发办学活力，提升办学质量。年内，集团化办学取得优异成绩，各校区高质量发展步入快车道。集团入选“首批广东省优质基础教育集团培育对象”，各校区办学成效得到上级领导和社会各界的充分肯定。

[深圳市新安中学（集团）]

【新安中学（集团）高中部】作为集团龙头学校，高中部是“全国生涯教育示范校”“广东省国家级示范性普通高中”“广东省一级学校”“广东省高中教学水平优秀学校”“广东省德育示范学校”“广东省中小学心理健康特色学校”“深圳市教育工作先进单位”。现校区于2011年投入使用，位于深圳市宝安中心区，毗邻前海经济开发区。占地面积6万余平方米。各类功能场馆齐全，设施设备完善。2021年，有教学班48个，学生近

2500人。教职工260余人，其中特级教师6人。年内，学校被深圳市遴选为“深圳市普通高中新课程新教材实施国家级示范区示范校”。凭借优异办学业绩，成为一类自主招生学校，获“深圳市高中教学工作卓越奖”。坚持“依法治校、文化立校、质量强校、特色誉校”的办学策略，以“课程改革创新+综合实践活动”为发展特色，围绕新高考方向和新时代人才培养目标不断深化高中办学改革与创新，深入实施“双自”育人模式，构建“轻负担、有特色、高质量”的教育体系。积极开展生涯教育、生命教育，增强发展动能，促进学生全面发展。采用体验式生涯教育模式，丰富生涯专业知识传授渠道；课堂上注重情境创设，开展有趣的课堂教学活动，激发学生学习动力，调动学生学习积极性与主动性，提高生涯课堂教学效率。以体验式德育方式让学生切身体会到生命的珍贵，学会关爱自己、热爱生命，用生命温暖生命，拓宽生命的长、宽、高。年内，全校师生在各级各类比赛中成果丰硕。获得国家级奖项4人次、省级奖项6人次、市级奖项20人次、区级奖项30余人次。青年教师获教学基本功大赛省一等奖2人、市一等奖4人、区一等奖15人，学校获市级优秀组织单位奖。2021年，高考成绩再创新高。774名考生中高分优先投档上线451人，上线率为58.3%；本科上线760人，上线率为98.2%。综合办学实力位居全市前列。

［新安中学（集团）高中部］

【新安中学（集团）初中部】是新安中学（集团）先进办学理念、管理经验探索发源地。为“广东省一级学校”。占地面积3.6万平方米。2021年，有教学班42个，学生2000余名。教职工190余名，其中：特级教师1名，正高级教师1名；“南粤优秀教师”2名；区级及以上骨干教师68名。有宝安区名师工作室3席，宝安区美术教研工作室1席。教研管理精益求精，教育质量全面提升。依托“四维一体”教师培训体系，扎实开展“1+N导师制”之“青蓝工程”，教师成长迅速。年内，教师共获得国家、省、市、区各级奖励60余项，其中，罗翠柳获“广东省首届中学生物学创新命题及说题大赛”特等奖，刘颖异“有机合成材料”获评“广东省基础教育精品课”。2021年中考，6名学生单科成绩居全市前列，语文A等级比例逾40%。中考成绩优异，学校10余次获评市、区级“教学工作先进单位”。精心打造德育品牌，“五育并举”彰显实效。精心打造法制教育、爱国教育、生命教育等六大德育课程和艺术节、体育节、合唱节等六大德育品牌活动，学生素养全面。坚持“德育创新+体艺特色”发展之路。学生谢男轩获评“深圳市最美鹏城少年”，李俊扬获评“深圳市特区模范少年”。特色立校多元育人，体艺领航硕果累累。2021年，学校蜡雕工作坊获“广东省第七届中小学生艺术展演活动艺术实践工作坊现场展示”一等奖，陈鸿金、谢男轩获“第二十一届广东省青少年机器人竞赛”金奖，女足校队蝉联“深圳市中小学生校园足球比赛”初中女子组冠军。获评“全国青少年文明礼仪示范教育基地”“全国书法教育示范学校”“广东省德育示范学校”等国家、省、市、区级荣誉300余项。

［新安中学（集团）初中部］

【新安中学（集团）第一实验学校】作为深圳市云端学校14所首期入驻学校之一，在初一年级开设2个云端实验班，首期开设初一语文、数学、英语3门课程，探索全新样态课堂教学。2021年12月，获评“深圳市‘基于教学改革、融合信息技术的新型教与学模式’实验校”。全面推进信息化建设，进一步提升师生信息化素养和驾驭信息技术的能力。获评“深圳市中小学教师信息技术应用能力提升工程2.0试点校”。于2021年7月19日至8月20日开设暑期托管班。托管服务期间除辅导学生完成暑期作业外，统筹协调校内外力量开设音乐、体育、手工制作、电影欣赏等素养类课程，满足学生多样化需求。以“三色”课程为图谱，以素养课为突破，设计开发“以生命教育为底色，经典教育为成色，科技体育艺术教育为亮色”的“三色”课程图谱。在实施国家课程校本化的同时，按照“学段贯通、课程整合、系统培养”的原则，开设小初衔接课程，先后开发草编艺术、吉他、欧式刺绣等80多门素养课程，组建无人机、机器人、3D打印、动漫社、篮球队、舞蹈队等20多个学生社团。五大校园节日活动精彩纷呈。年内，成功举办“第十三届校园运动会”、“师生书画作品展”和“素养课成果展”等活动。教师陈欣和陈小武参加“宝安区美术教师提名展”；欧阳俐入选“宝安区美术家协会年度展”和“宝安区美术家协会2021群贤毕至国画邀请展”；孙季璇在“青年体育教师教学能力大赛”中获宝安区一等奖第一名；周智丹、甘竞杰获“深圳市运会广播操比赛”第一名；黄志琼获“2021年宝安区音乐青年教师教学能力大赛”一等奖；叶子珍获“2021年宝安区少先队活动课例辅导教师”一等奖。“星辰合唱团”获“深圳市艺术展演合唱专场”一等奖；校田径队在“宝安区中小学田径运动会”上获得团体总分第二名，校男子篮球队在“宝安区中学生篮球赛”中获得第五名。在各级师生艺术作品展中，学校艺术教师共获区级及以上奖励5人次，辅导学生获区级及以上奖励4人次。

［新安中学（集团）第一实验学校］

【宝安区实验学校】创办于2005年9月。占地面积5.68万平方米，建筑面积5.16万平方米。2021年，有教学班91个（小学61个、初中30个），学生4755名，教职工319名。坚守“幸福教育”理念，着力打造“家长进课堂”品牌活动。在“双减”背景下，开创出“1+X”家长课程体系，补充和完善课后服务内容，满足学生多样化需求。家长通过走进课堂，把各行各业专业资讯带给学生，在学生幼小心灵里播撒放飞希望、追求梦想的种子。教师队伍综合素养提升成绩显著。校长陈伟明获评深圳市名校长，教师王杰兵获评特级教师，李雪静获评“南粤优秀教师”和“广东省班主任百千万工程培养对象”，刘承芳、张彩静获评深圳市名师，袁婷、范晶晶获评深圳市教育科研骨干教师。积极开展“五育并举”特色活动，开设多门特色课程。2021年3月，区委书记姚任到学校调研，对学校教育教学工作给予高度评价。称赞学校课程有特色，活动很丰富，孩子们在校园中精神面貌良好、朝气蓬勃。作为深圳市唯一一所武术项目学校代表深圳市备战“广东省中学生运动会”。获首届“‘湾区杯’中国围棋大棋士赛”第一名；朗诵队获宝安区“‘湾区杯’第十届阳光少年诗文朗诵大赛”团体一等奖。六（五）班获评“广东省优秀红旗中队”。学校获评“新时代全球胜任力优秀示范学校”“广东省第13届中学生运动会备战学校”“宝安区2020—2021学年度教育工作先进单位”“宝安区教育系统扶贫攻坚先进党组织”，获“首届大湾区青少年模拟联合国未来领袖峰会奖”“深圳市中小学生武术比赛优秀组织奖”“宝安区2021年初中教学工作超越奖”等奖项。（宝安区实验学校）

2021年4月，宝安区实验学校六（5）班荣获广东省优秀红旗中队

（宝安区实验学校　供）

【明德外语实验学校】创办于2004年9月，为深圳西部规模最大的十二年一贯制民办学校之一，深圳市一级学校。位于深圳市宝安区沙井街道福和路。占地面积7.13万平方米，建筑面积7.7万平方米。按广东省一级学校标准设计建造。有大型校园图书馆、艺术活动中心、演播大厅、大会堂等大型场馆，音乐、舞蹈、美术、书法、电脑、理化生实验室等功能场室齐备，校园监控全覆盖。2021年，明德外语实验学校制定新的发展战略，为打造成为条件优良、特色鲜明、质量上乘的优质化模范民办学校而不懈努力。围绕“英语”“实验”打造办学特色。作为全国英语课题研究优秀实验基地，始终坚持开展“典范英语”课题实验，注重学生英语技能的学习和锻炼，取得丰硕成果；全员参与的“英语文化

周”活动已坚持举办16年，成为学校标志性特色文化活动。教育质量稳步提升，高考成绩一年上升一个台阶。近4年连续获得“深圳市高考工作超越奖”，近6年连续获评“宝安区高考工作先进单位”。先后获评“中国基础英语素质教育优秀实验基地”“广东省绿色学校”“深圳市教育工作先进单位”“深圳市优质民办学校”。

（明德外语实验学校）

【宝安区文汇学校】占地面积3.04万平方米，建筑面积2.8万平方米。现代多媒体教学平台标准教室118间，各类功能室（馆）37间，230米塑胶跑道和足球运动场1个，3层体育馆1座，报告厅2个，标准篮球场4个。藏书15万余册。2021年，开设教学班82个（初中49个、小学33个），在校学生4004人（初中2399人、小学1605人）。教职工322人（专任教师297人）。专任教师均为大学本科及以上学历，其中：高级职称57人；区级兼职教研员3人；区“薪火计划”培养对象12人，区教育系统认定骨干教师161人。区级及以上名师工作室3个。学校党委以“向规范要觉悟，向沟通要生态，向同伴要智慧，向品牌要质量，向党建要发展”的“五向”党建工作思路，“立德树人”，保障师生健康、快乐成长。党建引领，提速发展。构建“一支部一品牌”的工作制度，形成“队伍建设”“国旗课程”“科学思维”“活动成长”四大品牌，培养合格社会主义建设者和接班人。以“队伍建设”为中心，党群教师在“一带一”传帮带中建立学习共同体，实现理想信念、专业素养与党群关系的双培养、双提升、双受益；以“国旗课程”为载体，学生全员、全程参与，自编、自导、自演情景剧、歌舞、三句半、小品等节目，用体验、探究式德育课程培育时代新人，厚植家国情怀，坚定理想信念；以“科学思维”为内涵，打造“数字课堂”主阵地，让课堂建构从“传授知识、培养能力”提升到“改变思维、启迪智慧、点化生命”的核心素养高度；以“活动成长”为外延，在校内“面向全体、兴趣导行”，为学生定制举办89个学科社团活动和39项校级体育、艺术、科技训练，让学生熟练掌握两项以上的运动、艺术、创新技能；在社区构建“亲子区域网格化成长共同体”，成立390个片区小组，通过“小手拉大手、校风促民风、形成好家风”，实现“5+2大于7”的效果。设置“三牛奖”“优秀党员”“突出贡献奖”等多项评选活动。年内，师生获区级及以上荣誉936人次；学校以高分顺利通过深圳市义务教育阶段办学水平评估，连续第三年获评市、区级“教育先进单位”，赢得社会美誉。

（宝安区文汇学校）

【宝安区凤凰学校】始建于1895年。为公办九年一贯制学校。占地面积2.93万平方米。2021年，有9个年级共60个教学班，在校学生3000余人。教职工210人，其中研究生及以上学历35人，高级教师14人，名教师4人，参与“薪火计划”教师培训9人。宝安区名师工作室2个。全面贯彻党的教育方针、政策，坚持“五育并举”、全面发展，不断深化教育教学改革，各项工作稳步推进。“立德树人”为本，“活动育人”并行。坚持德育为首，牢固树立教书育人、管理育人、服务育人的思想。以学生行为习惯养成教育为核心，以加强班主任队伍建设为重点，以强化班级管理为突破口，全面加强家校协同共育，建立健全德育评价机制。学生行为端庄、举止文明、学风浓郁、健康阳光，德育工作取得新成效。深化教学改革，提升教学质量。改变备课方式，推行“一周一备一讲，一研一观一议”的常态化教研模式，提高集体备课质量；落实“双减”政策，加强作业管理，开展“最美作业”评比；规范课程安排，全面开设劳动课程；丰富学科活动，举办诗词大会、数学游园、英语才艺展示、科技节等活动，激发学生学习兴趣和内驱力。加强队伍建设，促进专业发展。坚持“青蓝工程”“青梧工作室”带头引领，强化青年教师专业成长；邀请省外名师、区教研骨干进校指导；与宝安中学、福永中学开展对口交流。强化课题研究，以研促教。全年共有5项市级课题和4项区级课题结题，市级及以上立项课题3个，区级立项课题10个。年内，全校师生共获得区级及以上奖项、荣誉共356人次，其中区级297人次、市级31人次、省级27人次、国家级1人次。教学质量进步明显，获“2021年中考宝安区初中教学工作卓越奖”。学校先后获评“中国教育学会课程建设项目实验学校”“广东省中华优秀文化传承示范校”“深圳市教育工作先进单位”“深圳市心理健康教育特色学校”“深圳大学综合实践活动课程‘国培计划’实践基地”“宝安区初中教学管理标兵单位”“宝安区体育传统（特色）项目学校”。（宝安区凤凰学校）

【宝安区塘尾万里学校】创办于1947年9月，原名塘联小学；1987年，更名为塘尾万里小学；2009年9月，升级为九年一贯制学校，更名为塘尾万里学校。为广东省一级学校。占地面积3.7万平方米，建筑面积2.09万平方米。有室外标准篮球场3个、400米6道塑胶运动场1个、占地面积2600余平方米的体育馆1座。2021年，有教学班60个，学生3033人。教职工249人，其中：高级职称19人，中级职称97人；区级及以上名师10人；本科及以上学历174人（硕士45人）。践行“让爱成就师生的幸福人生”的办学理念，以“有情怀、勇担当、重践行、高质量”的工作思路为引领，各项工作稳步推进。强化党建，引领学校高质量发展。锤炼队伍，夯实教育教学根基。组织理论学习，邀请师德讲师团到校巡讲。举办师德征文比赛，强化师德师风建设。深化“区培＋校培”的研训互动模式，组建学习“共同体”。邀请“专家进课堂”，开展骨干教师“示范课”、基本功大赛等检验活动，促进教师专业成长。落实“双减”政策，促进师生善教乐学。强化“三个核心”和“两点一线”管理机制，团结协作，智慧共生。构建和推行“生本”课堂，向“四十分钟”要质量，创建高效课堂，引领教师“善教”。以“分层激励”为核心，改革课堂教学方式和作业模式，激发学习兴趣，促进学生“乐学”。20余名教师先后在市、区级“青年教师教学能力大赛”中获奖。活动育人，提升德育实效。以“国旗下活动”“班队会课”为切入点，构建德育体验式活动体系，通过自主体验，培育学生良好品行。开展社会实践活动、“深圳市‘百校’庆‘百年’红领巾火炬接力跑”、读书月、艺术节、体育节等丰富多彩的活动，为学生搭建健康成长平台，提高学生综合素养。利用社团活动促进学生个性发展。学生民乐团节目参加“第十二届广东省少儿戏曲小梅花荟萃集体节目（京昆组）比赛”，获集体节目一等奖；学校田径队获“2021年深圳市中小学生田径运动会”初中女子组团体总分第三名。

（塘尾万里学校）

【宝安区荣根学校】为九年一贯制公立学校，广东省一级学校。占地面积5.58万平方米，建筑面积3.8万平方米。2021年，有教学班60个（小学48个、初中12个），学生3041人。专任教师184人，其中，高级教师19人，研究生学历38人，区级名师7人。坚持“文化立校，和谐发展”的策略，强化管理，内聚人心，外树形象，提升质量，奋力创建湾区品牌学校。《人民日报》《中国教育报》《中国教师报》《深圳特区报》《南方教育时报》《人民教育》等媒体均对学校办学成绩给予报道。以“保安全、荣文化、兴教育”为目标，在传承与发展中不断夯实发展根基。重视对外交流，助力教师成长。由校长范光明带队，组织九年级科任教师及青年教师赴兄弟学校学习交流。经过不懈努力，教师成长喜结硕果。夏宪扬获评“全国优秀校园足球教师”；裴书群在“教学能力大赛”中获区一等奖第一名、市二等奖；胡昭鹏获评“广东省书法特色教学与创作实验基地”主持人；何金连、赵丹阳、岑振宇、伍勇、江艺媛、古丹萍获评“宝安区初中教学工作先进个人”。落实“五育并举”，提升办学水平。有校级精品社团30个、特色素养课程80多门，办学水平稳步提升。粤剧队在“广东省少儿戏曲小梅花荟萃比赛”中以《摘樱桃》《烂河山·痴梦》2个节目获评“金花十佳”；管乐队在“宝安区第八届校园艺术节”比赛中获小学组一等奖，在省、市级“校际管乐节”比赛中获评“示范团队”；语文科组获评“深圳市巾帼文明岗”。学生严聪慧的篆刻《严聪慧印痕》获市一等奖、省二等奖；蒋允然的书法对联《琴书润，翰墨香》获市一等奖、省一等奖。首届中考，9名学生考入深圳“四大名校”，共有113人考入公办高中，远超全市平均水平。

（宝安区荣根学校）

【深圳市沙井中学】为深圳市最早的四所完全中学之一。占地面积10万平方米，总建筑面积7万平方米，运动场地面积1.8万平方米。固定资产总值4674.08万元。图书馆藏书14.75万册。有计算机1007台，网络多媒体教室98个，校园网出口总带宽900Mbps，数字资源量12TB。2021年，教育经费投入1.89亿元。开设教学班72个（初中 36 个、高中 36 个），在校学生 3546 人。有教职工 302 人（专任教师 269 人），其中：中学高级教师 55 人，中学一级教师 116 人；硕士研究生学历 77 人。连续 14 年获评“深圳市高考先进单位”；7 次获“深圳市高考超越奖”。2021 届高考本科上线率为 60.6%，增长 3.02%，实现“低进特出、中进优出”的办学目标。创新“7+5”高中教育发展模式。以新中考、新高考改革为契机，结合学校特色教育，满足不同学生发展需要。新课程改革在高一正式启动，开启选课走班的实践探索，打造以“一人一表”“一生一师”的学习样式。初中开展课后延时服务工作，促进学生德、智、体、美、劳全面发展。“五育并举”，不断提升学生综合素养。“校园四节”（春季读书节、夏季科技环保节、秋季体育艺术节、冬季外国语言文化节）精彩纷呈、动静相宜，厚积学校文化底蕴，让莘莘学子在快乐中成长。学生马慧欣在“全国田径邀请赛”女子 100 米比赛中跑出 11 秒 50 的成绩，达到“运动健将”水平，成为沙井中学历史上第一位“运动健将”，2021 年获“全国田径冠军赛暨奥运会选拔赛”女子组 4×100 米第二名。发展教师专业能力，积极提升教师素养。组织开展“教师基本功大赛”“两手”评选等，促进教师专业成长。在“宝安区青年教师教学能力大赛”中，6 名教师获一等奖，21 名教师分别获得二等奖、三等奖；55 名教师在宝安区“百位教师晒好课”教研活动中为同行提供优质课；6 名班主任的班本文化研究论文发表在《学校文化》杂志上。全年共开展区级课题 7 项、校级课题 20 项。关注学生心理，促进家校协同。聘请专家为全校学生家长举办线上家庭教育讲座，组织家长参加市教育局“家庭教育大讲坛”活动。召开全校教师心理健康专题会议，建立“三人帮扶”（一个行政领导、一个班主任、一个心理老师）工作机制。积极开展党史专题学习，开展“七一”系列活动，慰问困难党员和退休老党员，为学校满 50 年党龄的老党员颁发纪念章。2021 年，精心设计 65 周年校庆，采用线上线下同步方式共襄盛举。承前启后，开启新的发展阶段。（宝安区沙井中学）

【宝安区石岩湖学校】于 2018 年转型升级为九年一贯制学校，为广东省一级学校、宝安区首批优质化学校。占地面积 3.58 万平方米，建筑面积 5.39 万平方米。2021 年，有教学班 66 个，学生 3216 人。专任教师 209 人，其中：高级职称 10 人，中级职称 63 人；特级教师 1 人，区级以上名师 5 人；本科及以上学历 209 人。名师工作室 4 个。设施完善，设备精良。普通教室 83 间，有计算机室、音乐室、美术室、书法室、科学实验室等教学辅助用房 28 间，充分满足学生全面发展需求。积极落实“立德树人”的根本任务，确立“为未来而教”的办学理念，提出“培养坚韧厚实、灵动智慧、适应未来的合格公民”的育人目标和办一所“具有区域示范性、智慧型、现代化的优质品牌学校”的办学目标。坚守教育以社会为本、学校以教师为本、教师以学生为本的发展理念，实施人性化制度管理，积极打造灵动润泽课堂，开启“师德、师能、师艺、师趣、师仪、师源”之“强师工程”。全校师生奋发向上，办学条件日臻完善，教学质量稳步提升，社会、家长对学校的认可度逐年攀升。经过 3 年转型，在历次区域性校际联考和宝安区统考中，成绩在宝安区同类学校中排名靠前，在石岩片区名列前茅，部分学科教学质量在宝安区位居前列。柔道、京剧、书法、劳动实践教育等特色项目大放异彩。先后获评“全国柔道特色项目学校”“广东省书法特色教学与创作实验基地”“深圳市柔道特色学校”“深圳市体育传统项目学校”“深圳课程改革示范校”“北京音乐家协会柯达伊音乐教育研究与实验基地”。

（宝安区石岩湖学校）

【宝安区官田学校】创办于 1922 年，先后易名为静馥学校、太和学校、竞新学校，1954 年转为公办，2009 年升级为九年一贯制学校。占地面积 4.32 万平方米，建筑面积 3.62 万平方米。图书馆面积 1500 余平方米，藏书 20 余万册。体育馆 1 个，艺术馆 1 个，塑胶 300 米跑道运动场 1 个，足球场 1 个，高标准曲棍球场 2 个、曲棍球训练场 1 个，篮球场 6 个，功能教室 100 余间。2021 年，有教学班 78 个，其中小学部 54 个、初中部 24 个，学生共 3793 人。专任教师 224 人，其中：研究生学历 37 人，本科学历 183 人，专任教师学历达标率为 100%；外教 1 人；高级职称 27 人；“南粤优秀教师”2 人，深圳市名教师 2 人，市级及以上优秀教师9人；宝安区高层次人才2人。宝安区名（教）师工作室及教研工作室5个。以“官田学富，美好生活”为办学理念，秉承“勤爱智勇”的校训，以“学富五车，幸福人生”为育人目标，为实现“办一所具有区域品牌影响力的幸福学校”办学愿景而不懈努力。加强队伍建设及环境建设。举办教师基本功大赛，实施“薪火计划”“青蓝工程”青年教师培养工程，提升教师职业素养。在2021年市、区“青年教师教学能力基本功大赛”中，5人进入市决赛，7人获区一等奖。做实课题研究和名师工作室涵养辐射，完善智慧校园建设，优化教学路径；开展教师读书分享活动，提高教师文化素养。校史博物馆、励耘大礼堂、电影实践教室投入使用，校园文化氛围整体提升。开展面向西藏、广东龙川及宝安区域内民办学校的支教帮扶交流活动。自主体验抓习惯，学富五品促成人。基于学生自主体验德育目标，利用社团活动促进学生个性发展。玩皮工坊、曲棍球、足球、篮球、啦啦操等社团在各级比赛中成绩优异，通过社会实践活动提升学生自主生活能力；基于幼小衔接、中小衔接夯实学生行为规范；举办读书节、艺术节、体育节、科技节等活动，促进学生全面发展；通过开学“第一课”“中考百日誓师”等主题教育，引领学生精神成长。完善课程体系，“减负”增效抓质量。严格按照国家“双减”和“五项管理”政策开展教学工作，不折不扣完成延时服务任务。成立近60个校级社团，进一步完善“学富”文化课程体系。提高课堂质效，实现从“教师课堂”向“学生学堂”转变，多次举办区级课堂教学研讨教学实例展示。先后获评“中国创新教育学校”“全国文明城市示范单位”“全国校园足球推广特色学校”“广东省绿色学校”“深圳市教育系统先进单位”“深圳市体育传统项目特色学校”“宝安区十佳最美校园图书馆”。

（宝安区官田学校）

【**宝安区燕山学校**】于1999年由燕川、罗田、塘下涌3所村小合并成立燕山小学，2009年改制为九年一贯制学校。占地面积5.22万平方米，建筑面积3.17万平方米。教室60间，各类功能室48间。2021年，有教学班60个，其中小学部36个、中学部24个，在校学生2921人。教职工217人，其中专任教师201人。专任教师中研究生学历55人，占比27.4%；教师平均年龄34.1岁。增强德育管理实效，促进学生健康成长。坚持以“立德树人”为主线，以学生日常行为规范教育为基础，加强对学生思想道德、行为规范和礼仪常规的教育，全面提升学生综合素质，打造“八德教育、星级少年”的育人模式。践行“为了孩子的幸福”的办学理念，以“八个一”活动为切入点，举办“珍惜生命，反对邪教”图片展、法制安全宣传教育、模拟法庭、预防校园欺凌、宪法宣誓、防火宣传、防食物中毒、防溺水、学生心理健康状况普查、心理专题讲座等系列德育主题教育活动，形成“人人争先，班班争优”的德育发展新局面。课堂科组两翼驱动，全面提升教学水平。以国家基础教育课程改革和宝安教学质量三年提升计划为指引，以落实“双减”和开展课后延时服务为契机，深化课堂教学改革，实施“生本课堂”教学模式。开展“大师育名师”培训活动。邀请专家走进课堂，实时诊断、及时反馈，搭建教师相互交流学习平台，提升课堂教学质量。以“夯实常规、融合创新、提升质量”为学科组建设核心，坚持问题导向。基于学科需求，注重辅导学生，开展各类教育教学活动。开设课后延时专业课程33门、校本课程32门、劳动课程每周60节。以打造“名师工程”为宗旨，以“夯实科研工作”为导向，开展校级名师评选活动。成立14个校级名师工作室，充分发挥名师示范引领作用，提高办学质量，学生素养持续提升。初中舞蹈队在“广东省第七届中小学生艺术展演”活动中获一等奖；美术队在“2021广东省青少年书画大赛”中获一等奖1项、三等奖1项、优秀奖3项。先后获评“全国书法教育示范学校”“深圳市教育工作先进单位”“深圳市现代学校制度建设示范学校”“宝安区初中教学管理标兵单位”。（吴永冬）

龙岗区中小学

【**龙岗区厚德小学**】原名荷坳小学，前身是创办于1917年的厚德学校，学校历史逾百年。为龙岗区公办小学。位于深圳市龙岗区园山街道荷坳路46号。首任校长陈敬道，现任校长邓蝴梅。占地面积3.2万平方米，建筑面积8553平方米，运动场地面积 1.6 万平方米。固定资产 1760 万元。图书 4.2 万册，计算机 176 台，教室 30 间（每间教室配有 1 台计算机）。完善综合电教室、科学实验室、网管中心、课件制作室、音乐室、美术室、舞蹈室、创客实验室等十余个功能室，校园网络和无线局域网全覆盖。2021 年，有教学班 26 个，学生 1201 人。教职工 96 人，其中：正高级教师 1 人，高级教师 2 人；中级职称 51 人；区级及以上名师（学科带头人）3 人；本科及以上学历 75 人。以“成就教师，关爱学生，为学生一生的发展奠基”为办学理念，以办社会满意的学校为目标，秉承“从小事做起”的校训，从“修品德、强体魄、拓学科、探科技、习人文、品艺术、懂生活”七个维度建设多元化课程。以诗育德、以诗启智、以诗塑美，打造“四馆一园”诗画环境，以环境陶染诗情，构建“1+N 模式”集群式诗韵课程；实施德育课程化，课程系统化，开设“国旗下展示”的德育短课程；开展主题式亲子劳动实践活动，实施“金莲蓬”班级成长计划；以“少年警队”为核心引导学生进行自主管理，培养良好行为习惯。有吟诵、合唱、舞蹈、田径、美术、创客等数十个学科社团，以“经典诵读”“跳蚤市场”“英语周”“音乐达人秀”“科学游园”“班级篮球联赛”等活动为学科实践提供广阔平台，推动学校向内涵式发展。先后获评“全国优秀家长学校”“广东省绿色学校”“深圳市德育示范学校”“深圳市语言文字规范化示范学校”“首批中华诗教深圳示范区建设项目试点学校”“龙岗区教育系统先进单位”“龙岗区幸福家长学校共建单位”。（熊房遣）

【华南师范大学附属龙岗雅宝小学】为龙岗区人民政府与华南师范大学合作的创办于 2016 年的公办小学。位于深圳市龙岗区坂田街道雅南路。占地面积 1.13 万平方米，建筑面积 1.34 万平方米，运动场地面积 4000 余平方米。校园分为教学区、运动区、探索区，有近 1000 平方米的 STEAM 空间、700 平方米的室内综合运动馆、200 平方米的资源中心和 100 平方米的阅读世界及 80 平方米激发创造和想象的未来教室。多媒体教室、书法室、电脑室、未来教室、图书馆、音乐室、舞蹈室、阅览室等功能室齐备，校园网络和无线局域网全覆盖。学校设计规模为 24 个教学班，2021 年扩班，开办教学班 25 个，共有学生 1190 人。教职工 78 人（专任教师 69 人）。专任教师全部为本科及以上学历（研究生学历 16 人），其中：高级职称 2 人，中级职称 24 人；区级及以上骨干班主任和骨干教师 11 人。教职工队伍综合素质高，为学校长远发展奠定良好基础。坚持走特色化、内涵式发展之路。在儿童心理学和核心素养理论基础上进行系统课程设计、教学探索和评价改革。以开足开齐国家课程为前提，在学习方式和能力培养方面做进一步探索。基于逻辑训练和智能开发理论，开发可视化思维课程；基于行为调整和知识优化理论，开发儿童心智成长课程；基于审美能力和人格塑造理论，开发体艺“2+1”棒球、足球课程。关注全人教育，鼓励学生依据自身兴趣和特长进行社团活动自主选择。开设健美操、棒球、足球、篮球、葫芦丝、合唱、舞蹈、数独、魔方、糕点制作等活动型社团，努力把学生培养成体魄强健、乐观自信、有中国文化基因和国际视野的未来公民。进行立体评价探索，构建“阳光评价”体系：从品德、身心、学习、创新、国际、审美、信息、生活八个“经度”，从认知、注意、记忆、思维、语言、想象六个“纬度”，进行综合评价，旨在发现每个学生的特长，实现不同孩子的成长。坚持“依教改注活力、向管理要效益、以质量求发展、靠特色创品牌”的工作思路，坚持“潜心聚焦课堂教学、专注提升教育质量、着力提高办学水平”的工作重点，不断开创教育教学新局面。通过“广东省义务教育标准化学校评估”。获评“深圳市绿色学校”“深圳市垃圾分类减量示范校”“龙岗区教育系统先进单位”“龙岗区科技教育先进单位”“龙岗区巾帼文明岗”。教育教学质量和办学效益得到各级政府和教育主管部门充分认可，逐渐成为一所在周边社区有好口碑、有影响力的优质学校。（王照燕）

【坪地街道六联小学】于 1985 年 9 月开办。为龙岗区公办小学，广东省一级学校。位于深圳市龙岗区龙岗大道。占地面积 2.54 万平方米，建筑面积 1.72 万平方米，运动场地面积 1.12 万平方米。固定资产 4190 万元。有图书 7 万册，计算机 297 台，教室 24 间（每间课室配备先进的高清一体机），多媒体教室、网络室、书法室、美术室、电脑室、科技室、阶梯教室、图书馆、音乐室、舞蹈室、剧场室等功能室齐备，校园网络和无线局域网全覆盖。2021年，有教职工（不含保安员）93人，其中：高级职称4人，中级职称46人；本科及以上学历72人（含硕士2人）；“龙岗区‘教坛星秀’培养对象”13人，“龙岗区第四批骨干班主任培养对象”2人。紧跟时代教育发展步伐，注重学校内涵发展，提出“梦想从这里起航”的办学理念，形成“六维素质、联通未来、小立课程、学做功夫”的办学方略，致力于为每一个学生播下希望的种子，点燃心中的梦想，成为快乐的追梦人。2021年，师生参加各级各类比赛获市级奖127人次、区级奖163人次。在“深圳市中小学语文教师朗诵课文大赛”中郭静萱获小学组一等奖，范燕齐在“深圳中小学教师微课大赛”中获一等奖。以乒乓球特色为龙头，带动足球、篮球、健美操等体育项目全面发展，形成特色。先后获评“广东省乒乓球项目体育传统学校”“深圳市体育传统项目（乒乓球）学校”“深圳市教育系统先进单位”“深圳市绿色学校”“深圳市教育系统文明单位”“深圳市‘四点半活动’试点学校”“深圳市足球特色学校”“深圳市生活垃圾分类示范学校”“龙岗区‘一校一品一操’特色学校”“龙岗区智慧校园建设示范校”。（徐定华）

【龙岗区外国语学校（集团）如意小学】于2012年9月开办，2019年6月纳入龙岗区外国语学校（集团）。位于深圳市龙岗区大运新城。占地面积1.97万平方米，建筑面积9163平方米。有教学楼2幢，篮球馆1幢、室外篮球场2个，运动场1个。有多媒体教室3间、办公用房17间、教学辅助用房29间。2021年，有教学班24个，在校学生1232人。教职工111人，其中：广东省特级教师2人，深圳市教育科研骨干教师1人，龙岗区骨干教师6人；高级职称7人，中级职称45人。名师工作室2个。在国家课程体系基础上结合学校特色，构建致善、致雅、致真、致趣、致和五大课程群，让国家教材地方化、地方课程校本化、校本课程班本化、班本课程特色化、特色课程微型化。秉承集团“与美好同行，与国际接轨”的办学理念，遵循“至善至美”校训，以“引领师生走向美好”为办学使命，构建“五育并举”的“致美”课程体系。重视学生良好习惯养成，培养“言谈文雅、举止高雅、情趣优雅”的“三雅”学子，努力打造内涵丰富的精品名校。教师具有较强的科研创新能力，在龙岗区教师基本功比赛中获得好成绩。学校女子篮球队屡次在省、市、区级各项比赛中摘金夺银，扬名市内外。先后获评“全国百社千校书香童年阅读活动基地学校”“广东省书香校园”“深圳市教育系统先进单位”“深圳市巾帼文明岗”“龙岗区教育系统先进单位”。（林和柳）

【龙园意境小学】于2009年9月开办，为龙岗区公办学校。位于深圳市龙岗区布吉街道景芬路。占地面积1.5万平方米，建筑面积7680平方米，运动场地面积5000平方米。固定资产1164.87万元。有图书5万余册，计算机550台，教室31间（每间教室配有1台计算机），多媒体教室、校园电视台、广播站、电脑室、体育馆、舞蹈室、图书馆等功能室齐全，校园网络和无线局域网全覆盖。2021年，有教学班30个，学生1459人。教职工108人，其中：高级职称5人，中级职称46人；区级及以上名师（含培养对象）14人；本科

2021年12月5日，龙岗区外国语学校（集团）如意小学学生女子篮球队利刃队获“广东省小学生篮球锦标赛”冠军

［龙岗区外国语学校（集团）如意小学　供］

及以上学历 84 人（硕士 5 人）。秉承“生命教育”理念，培养基础扎实、个性鲜明、习惯优良、身心健康、勇于创新的有民族灵魂和国际素养的现代少年，全力创办“精细化、优质化、现代化”的让家长满意、学生喜爱的学校。着力培育生命教育文化，确立“让每一个生命都精彩”教育使命。遵循“让我们一起快乐成长”的校训，躬行“追求真善美，努力学思行”的校风，恪守“乐奉献善进取，讲严谨求高效”的教风，践行“乐于自主合作、勇于探索创新”的学风。开展“三周”（语文周、数学周、英语周）、“四节”（艺术节、科技节、合唱节、体育节）、“三月”（读书月、安全月、实践月）等校园文化活动，其中科技节连续 4 年被龙岗区教育局评为“优秀校园科技节”。成立合唱团、舞蹈队、水彩工作室、校园足球、古筝、科技、信息、书法等数十个学生社团。水彩社团获“深圳市 2021 年中小学生艺术展演”二等奖。先后获评“深圳市德育示范学校”“深圳市绿色学校”“深圳市消防安全示范学校”“龙岗区教育系统先进单位”“龙岗区校本培训示范校”“龙岗区美术特色创建学校”。2021 年，获评“龙岗区义务教育招生工作先进单位”“龙岗区教育系统先进基层党组织”。（林青茜）

【麓城外国语小学】创办于 2015 年。为龙岗区教育先行先试第一所新型公立学校。位于深圳市龙岗区万科麓城社区。占地面积 1.5 万平方米，建筑面积 1.7 万平方米，运动场地面积 6590.33 平方米。固定资产 3085.2 万元。有图书 7.11 万册、计算机 401 台、教室 60 间（每间教室配有 1 台计算机），多媒体教室、网络室、电脑室、智创室、未来教室、图书馆、音乐室、舞蹈室、朗读亭等功能室齐备，校园网络和无线局域网全覆盖。2021 年，有教学班 44 个，学生 2162 人。教职工 140 人，其中：高级职称 3 人，中级职称 16 人；区级及以上名师（学科带头人）8 人；本科及以上学历 130 人（硕士 19 人）。坚持以“一切为了师生的健康和谐发展”为办学宗旨，以“蓝天下最美丽的传统与创新相融的外国语小学”为愿景，提出“麓美教育——让学生拥有向善向美的人生姿态”的教育理念，搭建“麓美”校本课程体系。开展“一赛”（“校长杯”篮球赛）、“三会”（管乐音乐会、艺术展演会、帐篷读书会）、“四周”（语文周、数学周、英语周、展能周）、“六节”（体育节、艺术节、科技节、劳动节、传统佳节、圣诞嘉年华）活动；形成劳动教育、阅读教育、艺术教育、国际理解教育四大办学特色；有管乐社团、合唱社团、田径社团、啦啦操社团、课本剧社团、趣配音社团、机器人社团、科创俱乐部等近 70 个学生社团。获“广东省基础教育教学成果奖”（基础教育）一等奖、“深圳市劳动教育特色学校年度奖”。先后获评“第三批中国 STEM 种子学校”“广东省首批劳动教育特色学校”“广东省书香校园”“广东省最美阅读空间”“广东省绿色学校”“深圳市教育工作先进单位”“深圳市最美校园图书馆”“深圳市年度教育改革创新领跑学校”“深圳市创新教育示范学校”“深圳市‘基于教学改革、融合信息技术的新型教与学模式’实验校”“龙岗区首批 10 所‘卓越学校’培育对象”。（程令令）

【南岭小学】于 2000 年由“全国文明村”南岭村创办。为龙岗区公办小学，龙岗区一级学校。位于深圳市龙岗区南湾街道健民路 18 号。占地面积 1.49 万平方米，建筑面积 9270 平方米。固定资产 3000 万元。有图书 5 万余册、计算机 160 台、教室 40 间（每间教室配有 1 台计算机），多媒体教室、网络室、电脑室、图书馆、音乐室、舞蹈室等功能室齐备，校园网络和无线局域网全覆盖。2021 年，有教学班 27 个，学生 1289 人。教职工 91 人，其中：高级职称 5 人，中级职称 56 人；区级及以上名师（学科带头人）12 人；本科及以上学历 69 人。坚持“依托名村办名校”办学策略，确立“做有梦想的教育”的办学理念，以追求“办成就学生梦想的精品学校”为办学目标，不断创设良好的育人环境，提升学校品位，构建文明和谐校园。校风良好，学风端正，教风严谨。是教师追求卓越、超越自我的天地，学生张扬个性、健康成长的乐园。“立德树人”育英才。优化德育建设机制，完善学校、家庭、社会“三结合”工作网络。办好“家长学校”，打造“龙岗区幸福家长学校共建单位”。提高班主任专业化水平，积极开展形式多样的主题班会观摩活动。加强爱党爱国和理想信念教育、社会主义核心价值观教育等。学生在“学党史，讲故事”等系列比赛活动中获龙岗区一等奖。课程建设强根基。严格落实国家“双减”政策，认真执行课程计划，开齐课程，开足课时。开设和开好校本课程，开展阳光体育、科技艺术、健康教育等活动。保证学生每天在校1小时体育活动时间，学生体质测试优良率达到区级优秀等级。全面发展重素养。重视学生综合素养全面发展，以特色教育为突破口，推动艺术教育。在延时服务活动基础上，整合多方资源，开展十多项社团活动，奠定学生初步艺术基础，培养学生美的情操，逐步形成并促进艺术教育办学特色。先后获评“全国足球示范学校”“全国啦啦操俱乐部学校”“广东省语言文字规范化示范学校”“深圳市校园足球特色学校”。（赵自红）

【悦澜山实验小学】创办于2020年9月，为龙岗区教育局直属学校。位于深圳市龙岗区龙城大道191号。占地面积1.1万平方米，建筑面积2.9万平方米，运动场地面积3554平方米。教室36间；多媒体电脑室、图书馆、报告厅、阶梯教室、美术室、创客实践室、音乐室、舞蹈室、心理咨询室等功能室配备齐全；有室内篮球场、羽毛球场、乒乓球场等场馆；有教师公寓30间。所有教室和功能室均配有电教平台设备，校园网络和无线局域网全覆盖。2021年，有教学班18个，学生836人。教职工53人，其中：高级教师5人，中级教师18人；本科及以上学历53人（硕士15人）；市级及以上优秀教师2人，区级及以上名师（学科带头人培养对象、骨干教师、教坛新秀）9人。区级名校长工作室1个，名师工作室3个。积极探索建设具有鲜明自身特色的学校文化和课程体系——“悦”，乐观；“澜”，包容；“山”，坚毅。把“培养乐观、包容、坚毅的中华少年”作为培养目标；追求“办一所面向未来，孩子喜欢、教师幸福、社会认可的优质学校”。积极探索形成有自身特色的“悦启航——悦引航——悦远航”校本课程体系。积极构建基于培养目标引领下的校本课程创新与实践之“自信自律，悦己达人”的德育课程。以月度“小达人”主题教育活动为抓手，努力促成学生良好道德行为习惯的养成；创新环保教育“环保绿色银行”被多家媒体宣传报道，得到广泛关注和好评。注重青年教师成长，开办青年教师成长营，举办多场主题讲座。教师1人次获省级教学技能比赛奖项，3人次获市级教学技能比赛奖项，30余人次获区级教学技能比赛奖项。2021年，学校有5门课程入选“龙岗区梯队教师培训课程”，2门课程入选龙岗区“课博会”，影响辐射全国。学生获得市级及以上奖项53人次、区级及以上奖项45人次。学校先后获评“龙岗区‘幸福家长学校’共建单位”“龙岗区少年警营训练基地”“龙岗区教育系统生活垃圾分类工作专项督查优秀单位”“龙岗区义务教育招生工作先进单位”。（陈纯芳）

【文景小学】于2016年9月开办，为龙岗区公办小学。位于深圳市龙岗区布吉街道政和路6号。占地面积1.2万平方米，建筑面积1.2万平方米，运动场地面积8000余平方米。固定资产4800万元。有图书3万余册，计算机280台，教室32间（每间教室配备计算机1台），多媒体教室、体育馆、电脑室、科学实验室、美术室、图书馆、音乐室、舞蹈室、阅读室等功能室齐备，校园网络和无线局域网全覆盖。2021年，有教学班32个，学生1525人。教职工106人，其中：高级职称4人，中级职称34人；区级及以上名师（学科带头人）6人；本科及以上学历97人（硕士8人）。名师工作室2个。秉承“给孩子一个美好童年”的办学理念，遵循“文以载道，景行行止”的核心理念，践行“幸福他人，幸福自己”的校训、“风清气正，文明有序”的校风、“正德笃行，严谨创新”的教风、“勤学好问，阳光自信”的学风。以培养“高素养的现代公民”为目标，致力于打造一所“高规格、高素养、高质量”的区域示范性城市小学。着力实现学生“四个发展”——健康发展、素质发展、个性发展、充分发展。秉持“厚基础，长人文，展个性”的课程理念，以“基础性、多样性、开放性”为原则，搭建“基础—拓展—志趣—实践”四个层次的多彩课程。开展“五周”（语文周、数学周、英语周、阅读周、心理健康周）、“三节”（体育节、艺术节、科技节）、“一评价”（学生综合素养“阳光评价”）活动，形成学校办学特色。成立人文、艺术、运动、国际、娱乐和科技类近50个社团。普及型社团针对所有学生开设足球、篮球、乒乓球、围棋、魔方、故事乐园、“美丽中国”、书法、英语动漫视听等活动；扬长型社团针对有特长的学生开设舞蹈、韵律操、蒲公英合唱团、国际象棋、“金话筒”小主持、晨曦小剧场、英语 Drama、Scratch 编程与创客套件等活动。其中编程、悦动体操、悦动啦啦操、蒲公英合唱团等社团屡获国家、省、市级多项大奖。学校先后获评“龙岗区教育系统先进单位”“龙岗区义务教育招生工作先进单位”，获“龙岗区小学综合学业质量优秀奖”。（张　雨）

【宝龙学校】于 2013 年开办，为龙岗区公办九年义务制学校。位于深圳市龙岗区宝沙一路。占地面积 4.55 万平方米，建筑面积 2.88 万平方米，运动场地面积 1.87 万平方米。固定资产 1.52 亿元。有图书 8.4 万册、计算机 510 台、教室 94 间（每间教室配备计算机 1 台），多媒体教室、网络室、电脑室、科技室、未来教室、图书馆、音乐室、舞蹈室、录播室、电视台、广播站等功能室齐备，校园网络和无线局域网全覆盖。2021 年，有教学班 64 个，学生 3168 人。教职工 224 人，其中：高级职称 19 人，中级职称 118 人；特级教师 1 人，区级及以上名师（学科带头人）10 人；本科及以上学历 197 人（硕士 39 人、博士 1 人）。名师工作室 2 个。坚持“做完整的教育，培养完整的人”办学宗旨，构建“四育”课程体系——育意、育情、育知、育行课程系统；着力推进完整学习、接引教学改革，打造“完整的人”课堂，让真正的学习在学生身上真正地发生。开展“五节”（爱国文化节、音乐美术节、体育艺术节、科技数学节、英语狂欢节）等校园文化活动；开设管弦乐团、合唱团、舞蹈队、红黄蓝油画工作室、衍纸扎染社团、航空航模社团、棋类社团、编程社团等 107 个学生社团；通过“3+X”习惯养成教育，引导学生从意、情、知、行四个维度完整成长。先后获评“中国少年科学院科普教育示范基地”“全国国际象棋特色学校”“广东省棋类特色学校”“广东省航空航天特色学校”“广东省名校名师优课培育计划基地学校”“深圳市教育先进单位”“深圳市中小学心理健康教育特色学校”“深圳市创意文化示范学校”“深圳市消防安全示范学校”“深圳市中小学生活垃圾分类示范学校”“龙岗区德育特色示范校”“龙岗区教育先进单位”“龙岗区教育系统先进基层党组织”“龙岗区中小学教师专业发展基地学校”。理综科组教师课例获“广东省精品课遴选物理组”第一名，并报送教育部参加部级精品课遴选。2021 年，学校获“深圳市教育教学科研优秀成果”一等奖。（陈　鹏）

2021 年 11 月，宝龙学校获评“广东省航空航天特色学校”。校长涂源安（左三）在授牌现场领取荣誉牌（宝龙学校　供）

【横岗高级中学】创办于 2011 年。为龙岗区直属全寄宿制公办高中，广东省一级学校。位于深圳市龙岗区横岗街道梧桐路。占地面积 6 万平方米，建筑面积 4.9 万平方米。教室全部配备交互式电子白板和多媒体教学平台，有网络直播教室、语音室、电脑室、实验室、图书馆、音乐室、舞蹈室、画室等多个功能室，艺术大楼建设工作稳步推进，校园网络和无线局域网全覆盖。有标准塑胶跑道足球场 1 个，篮球场、排球场、羽毛球场共 11 个，图书馆藏书 11 万余册，有红外安全监控和标准定点考场监控电子系统、完善的校园广播和电视系统，2 个“广东省 A 级示范性食堂”。2021 年，有 3 个年级共 48 个教学班，在校学生 2372 人。教职员工 304 人，其中专任教师 211 人。专任教师中，特级教师 1 人，正高级教师 1 人，副高级教师 35 人，国家、省级名师和市、区级骨干教师及优秀班主任等 40 余人，硕士研究生及以上学历

76人。众多来自于北京大学、复旦大学、中山大学等顶尖名校的毕业生陆续加入教师队伍。以“博爱横高，多元发展”为办学理念，致力于创建深圳东部新特色高中。近三年，教师共有6人8次获全国教学类比赛一等奖。在青年教师基本功大赛中，获得省级一等奖1人次、市级一等奖8人次、区级一等奖48人次，学校多次获“深圳市优秀组织奖”。以“励志敦品，博爱厚学”为校训，以“练立地之功，育博爱之人”为育人目标，坚持走规范化、精细化管理之路，积极探索“合作教育”新模式，形成“课改先行校”“志愿先锋校”“多元成才校”“平安幸福校”四大特色。连续7年获“深圳市高考工作超越奖”，综合提升率稳居龙岗区前列。2021届高考，本科上线率逾65%，美术、音乐、体育三科均有学生专业成绩名列全区前位，多名学子被中央美术学院，中央音乐学院、中国美术学院、北京舞蹈学院、北京师范大学、华南理工大学等名校录取。按照“做强传统、拓展优势、弥补短板”的思路，引入优质资源，在强化艺体术科优势项目的同时，打造文化特色项目。在全省率先引入全国十大名校——成都七中优秀在线直播资源，成立横岗高级中学首届“同步直播网络教学班”、首届“培典书院英才班”，引入国内先进学习设备和技术，培养创新人才。先后获评“广东省平安校园”“广东省依法治校示范校”“广东省食品安全示范校园食堂”“深圳市高考工作先进单位”“深圳市践行社会主义核心价值观示范点”“深圳市中小学教师专业发展基地学校”“龙岗区基础教育先进单位”“龙岗区教育系统先进单位”，获“龙岗区教学质量卓越奖”。（王滔滔）

【横岗中学】创办于1947年。为龙岗区公办九年一贯制学校，广东省一级学校。位于深圳市龙岗区横岗街道康乐路25号。占地面积2.7万平方米，建筑面积2.32万平方米，运动场地面积8488平方米。固定资产1.13亿元。图书馆藏书11.16万册，有计算机524台，网络多媒体教室73间，电脑室、科技活动室、理化生实验室、图书馆、美术室、音乐室、舞蹈室、心理辅导室、阅览室等功能室齐备，校园网络全覆盖。2021年，有教学班48个，其中初中36个、小学12个，学生2339人。教职工213人，其中专任教师183人。专任教师中，特级教师1人；省、市、区级名师共15人；高级职称38人，中级职称65人；本科及以上学历182人（硕士26人）。名师工作室2个。坚持“科学民主、和谐发展”的办学理念，以“高质量、有特色、现代化”为办学目标，遵循“厚德、博学、求是、进取”的校训，以提升教育教学质量为中心，全面实施素质教育。形成以“科技文化节”“体育艺术节”为主体的“两节六活动”校园活动特色，以及足球、啦啦操、声乐、京剧、尤克里里、书法、汉晋砖传拓等艺体特色。管理体制规范有效，教育教学管理机制灵活，效果明显；学生学业水平居龙岗区学校前列，学生综合素质得到全面提高。在各级各类比赛中均有良好表现，中考成绩居龙岗区公办学校前列，小学部学业水平居横岗街道前茅。先后获评“广东省安全文明校园”“广东省优秀校园科技节”“广东省书法教学与创作实验基地”“深圳市教育系统先进单位”“深圳市少先队红旗大队”“深圳市首批推进现代学校制度建设先进校”“深圳市艺术教育先进单位”“深圳市校园足球特色学校”“深圳市平安校园示范校”“深圳市防震减灾示范学校”“深圳市依法治校示范校”“深圳市禁毒教育示范校”等。（张智青）

【可园学校】于2007年开办，为龙岗区公办九年一贯制义务教育学校。位于深圳市龙岗区布吉街道育苗路3号。占地面积2.69万平方米，建筑面积2.12万平方米，运动场地面积3400平方米。固定资产1.36亿元。有图书9万余册、计算机567台、教室59间（每间教室配备计算机1台），语音室、电脑室、地理探究室、创客实验室、图书馆、音乐室、舞蹈室、理化生实验室等功能室配备齐全，校园网络和无线局域网全覆盖。2021年，成为华中师范大学龙岗附属中学（集团）成员校。有教学班59个，学生2831人。教职工226人，其中：高级职称19人，中级职称89人；特级教师1人，区级以上名师（学科带头人）6人；本科及以上学历193人（硕士28人）。名师工作室2个。坚持“山水可园，和美教育”的办学理念。以山之沉稳养师生厚德笃学、淡泊宁静之心境，以水之灵动育师生睿智通达、飘逸洒脱之气度。以和聚力、以美育人，用和的思想和美的原则去培育人。以“做世界的优秀中国人”为培养目标，积极营造“致和厚德、崇美乐学”的校风，努力构建“和美课程体系”，课程谱系日趋完善，着力打造简洁、高效、自主的和美课堂。坚持“四把一转”：把时间还给学生，把方法教给学生，把过程交给学生，把选择留给学生，从勤学、苦学、学会转向会学、乐学、创新学，注重培养学生综合素养和实践能力。以“以和聚力，个性发展”为德育理念，以班级文化建设和弘扬中华传统节日文化为抓手，积极开展艺术节、体育节、科技节、合唱节等高质量活动。重视师生心理健康教育，教育教学成果显著。先后获评“深圳市心理特色示范校”“深圳市依法治校示范学校”“深圳市教育系统先进单位”“深圳市德育示范学校”“深圳市书香校园”“深圳市‘智慧校园’示范学校”“深圳市‘四点半活动’试点学校”“龙岗区首批艺术特色学校”“龙岗区教育系统先进单位”，获“龙岗区初中教育教学质量卓越奖”。（米　俊）

2021年10月，龙岗中心学校小天使合唱团获“深圳市中小学生艺术展演”声乐类一等奖
（龙岗中心学校　供）

【龙岗中心学校】创办于1915年，前身为龙岗中心小学。2001年被评为广东省一级学校，2021年升级为九年一贯制学校。位于深圳市龙岗区宝龙街道环苑路6号。占地面积3.16万平方米，建筑面积5.11万平方米，运动场地面积8533.19平方米。固定资产3558.86万元。有图书8万余册、计算机352台、教室64间（每间教室配有1台计算机），多媒体教室、网络室、电脑室、科技室、图书馆、音乐室、舞蹈室、朗读室等功能室齐备，校园网络和无线局域网全覆盖。2021年，有教学班41个，学生2009人。教职工145人，其中：高级职称8人，中级职称61人；区级及以上名师21人；本科及以上学历108人（硕士11人）。区名班主任工作室1个。以“守护童心，润泽人生”为办学理念，秉承“养正力行”校训，弘扬“求实向上”的校风、“关怀至上”的教风、“知行合一”的学风，将“润泽”作为校园文化建设核心价值。践行“润泽”教育，致力于创造“优雅”校园环境，营造“高雅”人文氛围，打造高素质、敬业爱生的师资队伍，培养有中国心、传统情、创新力的学生，努力实现“办一所童心飞扬的学校”教育愿景。围绕“国学和阅读、合唱艺术、校园足球、科技教育”的办学特色，努力创设“静心读、随性唱、欢乐动、创意玩”的校园氛围，坚持“五育并举”，促进学生全面发展。学校合唱团为“深圳市模范合唱团”，获“全国第五届中小学艺术展演”一等奖；足球队数次获得国家级、市级、区级校园足球比赛冠亚军，为市队、省队、国家队输送30余名足球运动员。科学校本教材《创意做》入选“深圳市‘好课程’”；4名学生获评“中国少年科学院‘小院士’”。先后获评“全国首批校园足球特色学校”“广东省艺术特色学校”“广东省科学教育特色学校”“深圳市教育系统先进单位”“深圳市绿色学校”“龙岗区教育系统先进单位”，获“深圳市办学效益奖”。（许健芳）

【龙城高级中学（教育集团）宝龙外国语学校】创办于2018年9月。为区直属公办九年一贯制学校，龙岗区首个“未来学校”。位于深圳市龙岗区宝龙科技城。占地面积4.3万平方米，建筑面积8.6万平方米。龙岗区委、区政府对学校建设高度重视，总投资5.3亿元，建设标准高，配备国际标准400米田径场、室内恒温游泳馆、千人报告厅、设备一流的师生餐厅、科学互动体验空间和舞蹈室、声乐室、科创室等功能场室。2021年，有教学班54个，专任教师170人。专任教师中：高级职称18人，中级职称44人；区级及以上名师（学

科带头人）4人、区级骨干教师（含培养对象）18人；本科及以上学历169人（博士3人、硕士63人）。以“崇真尚本，为创造赋能”为办学理念，以“培养面向未来的建设者，美好生活的创造者”为育人目标，以外语、科技作为办学特色。在开足、开齐国家课程的基础上，为学生提供系列化与个性化相结合的“双定制”课程。结合学校办学特色以及学生身心发展特点，增设艺术体操、游泳、陶瓷、足球等“年级定制”课程；围绕“德能、智能、技能、体能、艺能、创能”六大维度，共开设包含人工智能、无人机、高尔夫、合唱、烘焙等逾70门“个人定制”课程，受到众多学生和家长好评。全面提升信息化配置和运用水平，在全区基础教育系统率先建设全光纤校园网。打造未来特征教室，拓展多方式学习空间。积极打造以“全开放，全覆盖，线上线下双结合”为特征的泛在学习环境，使环境与教育教学行为充分契合，真正实现“以学习者为中心”的理念。依托区位地缘优势（地处宝龙高新技术产业园），“开门办学”，与ASM先进微电子科技公司、亚辉龙生物科技有限公司等多家高科技公司合作开发校企合作课程，共建学习平台。先后获评“全国青少年网球特色学校”“全国基础教育大数据研发与应用试点校”“广东省航空航天特色学校”“深圳市人工智能教育试点学校”“深圳市消防标准化学校”“深圳市首批云端学校”“龙岗区第一批‘智慧校园’示范学校”“钉钉未来校园示范学校”等。（杨晓峰）

【南京师范大学附属龙岗学校】创办于2019年7月。为龙岗区直属公办九年一贯制学校，龙岗区首批“引进名校办名校”项目学校，国家“双一流”建设高校南京师范大学在粤港澳大湾区首个合作办学学校。位于深圳市龙岗区吉华街道文樾路。占地面积2.11万平方米，建筑面积2.92万平方米，运动场地面积1.05万平方米。田径场、室外运动场、室内篮球馆和多媒体教室、语音室、图书馆、音乐室、舞蹈房、美术书法室、学科实验室等各种功能场室配套齐全，校园网络和无线局域网全覆盖。2021年，开设教学班23个。教师71人，其中高级职称2人，本科及以上学历69人（硕士47人、博士2人）。坚持“抱朴守一，做真教育”的办学宗旨，着力打造专业素养佳、责任心强、求真务实的高品质师资队伍，创建乐于分享、不断进取的师生成长平台，贯彻开放、多元、探索、思辨、保持学生好奇心的现代课程理念。成立春秋史社、合唱、舞蹈、含章绘画社、篮球、编程、朗诵、暴雨戏剧社、采风文学社、围棋等社团数十个，供学生自由选择，丰富学生业余生活，促进学生全面发展。2021年，青年教师积极参加各级各类比赛，获得市级一等奖1次、区级一等奖9次、区级二等奖15次。学生在各类比赛中表现出色，收获满满。（朱梦玲）

【南湾学校】于2009年9月开办。为龙岗区公办九年义务制学校，深圳市义务教育阶段办学水平达标学校。位于深圳市龙岗区南湾街道布澜路。占地面积2.7万平方米，建筑面积1.66万平方米，活动场地面积4000余平方米。固定资产8000余万元。图书8万多册，计算机500多台，教室56间（每间教室配有1台计算机），有多媒体教室、网络室、电脑室、图书馆、音乐室、舞蹈室等功能室，校园网络和无线局域网全覆盖。2021年，有教学班56个，学生2834人。教职工216人，其中：高级职称16人，中级职称98人；特级教师1人，区级及以上名师（学科带头人）20人；本科及以上学历159人（硕士26人）。区级名校长、名师、名班主任工作室各1个，市级名校长、名师工作室各1个。坚持“适合教育，止于至善”的办学理念，以“内和外乐，追求卓越”为办学目标，用“相融相携，同行同乐”的学校精神引领南湾学子快乐前行。构建“尊重个性，促进成长”的德育系列课程，“七节四会”（七节：数学节、语文节、英语节、科技节、心语节、感恩节、体艺节；四会：教代会、学代会、团代会、少代会）及家校共育新模式成为德育品牌；致力于打造以生为本的“和乐课堂”；坚持“和谐共进，乐在其中”的校风、“和风细雨，因势利导”的教风、“阳光自信，乐学雅行”的学风。在“和乐”文化引领下，教育教学成绩显著。先后获评教育部“全国‘十一五’规划课题研究先进单位”、中国教育学会“先进科研单位”以及“全国家校合作示范单位”“深圳市优秀学校”“深圳市安全教育示范校”“深圳市‘百校扶百校’优秀单位”“龙岗区教育先进单位”“龙岗区中小学素质教育特色学校”“龙岗区课程改革特色学校”；深圳市王书斌名校长工作室、深圳市王凤华名师工作室及龙岗区徐峥娜名班主任工作室享誉区内外。在历年小学各学科抽考及区内初中教学质量监测中，南湾学校成绩始终名列前茅，多次获“龙岗区中考质量进步奖”；在各级各类竞赛中，师生获奖达1500余项；教师在各级各类刊物上发表论文300余篇。（张项琳）

【平湖中心学校】于1937年开办。为历史悠久的红色学校，龙岗区公办九年义务制学校，广东省一级学校。位于深圳市龙岗区平湖街道新南路1号。占地面积4.23万平方米，建筑面积6.09万平方米。2021年，有教学班50个，学生2489人。教职工200人，其中专任教师157人。专任教师中，高级职称13人，中级职称83人；省级名师3人，市骨干教师2人，区骨干教师18人。以“高起点、高质量，办一流学校”为目标，坚持依法治校、“五育并举”、科学管理、开放办学、质量立校。办学规模不断扩大，师资队伍充满活力，教学质量稳步提高，师生获奖大幅增加，社会声誉日益提升。年内，校长陆落平当选龙岗区第七届人大代表。学校先后获评“全国校园足球特色学校”“广东省首批校园足球推广学校”“广东省巾帼文明岗”“广东省优秀中队”“深圳市绿色校园”“深圳市红旗大队”“深圳市校园足球特色学校”“深圳市安全文明先进小区”“龙岗区教育先进单位”“龙岗区体育（足球）特色学校”“龙岗区美术（科幻画）特色学校”“龙岗区教育系统新闻宣传先进单位”“深圳市馆校结合科技教育基地学校”“华中师范大学外语实习基地”。（滕灵毓）

【平湖中学】于1956年开办。为龙岗区公办初中学校，广东省一级学校。位于深圳市龙岗区平湖街道凤凰大道297号。占地面积6.22万平方米，建筑面积10.54万平方米，运动场地面积3.47万平方米。固定资产1.57亿元。有图书6.25万册、计算机590台、教室52间（每间教室配有1台计算机），多媒体教室、网络室、电脑室、科技室、图书馆、音乐室、舞蹈室、实验室等功能室齐备，校园网络和无线局域网全覆盖。2021年，有教学班52个，学生2471人。教职工256人，其中：正高级职称2人，高级职称41人，中级职称59人；区级以上骨干教师25人；本科及以上学历187人（博士3人、硕士66人）。名校长、名师工作室4个。以“正德博学，为善自强”为校训，践行“让每个孩子都得到最优发展，让每位教工都享有职业幸福”办学理念，注重学生兴趣与能力培养，致力于打造多元化课程体系。陶艺校本课程已开设20余年，先后有2万余名学生参与学习，数百人获省级及以上奖励，5000余件作品参加校内外展示。增设管乐团、合唱团，成立舞蹈、健美操、足球、篮球、田径、游泳、科创、衍纸、国画等社团，给学生提供更多成长平台和发展空间，培养学生德、智、体、美、劳全面发展。为深圳首家与科大讯飞签署战略合作协议的学校。先后获评“全国青少年校园网球特色学校”“中国陶艺特色教育示范基地”“中国人民大学书报资料中心学科共建基地（历史）学校”“广东省巾帼文明岗”“广东省陶艺特色教学与创作实践基地”“深圳市‘基于教学改革、融合信息技术的新型教与学模式’实验校”“深圳市信息技术2.0试点学校”“深圳市教育系统先进单位”“深圳市多才多艺示范学校”“深圳市校园文化特色学校”“深圳市年度美育典范学校”“龙岗区‘卓越学校’培育对象”“龙岗区初中教育教学先进单位”，获“深圳市办学效益奖”“龙岗区教学进步奖”“龙岗区五一劳动奖章”。（蒋明娜）

【上海外国语大学附属龙岗学校】于2019年9月开办。为龙岗区公办九年义务制学校，上海外国语大学首个长三角以外的合办学校，深圳引进的首个基础教育“海派”学校。位于深圳市龙岗区大运新城片区。占地面积2.7万平方米，建筑面积4.9万平方米。2021年，有教学班38个，学生1862人。教职工177人，其中：高级职称6人，中级职称38人；特级教师2人，区级以上名师（学科带头人）3人；本科及以上学历145人（硕士47人）。名师工作室7个。为全国外国语学校工作研究会正式会员。与上海外国语大学实现资源互通互享。校长及部分专家团队由上海外国语大学选派，以“常驻＋短期（2+N）视导”模式参与学校管理和教学，实现“身在深圳，学在上海”。利用上外附中本部信息化优势，引领“龙岗智慧校园2.0”建设。搭建“钉钉在线”协同办公系统，实现在线审批、家校互动、在线教学等业务模块常规运行，实现总务仓储、课程安排及社团选课智能化和自动化。教育团队汇集上海与深圳两大城市中坚教育力量，既有上海特级教师，也有南粤名师、深圳市名师工作室主持人等教育骨干。2021年，累计1人获评省级特级教师，1人获评市名师工作室主持人，5人获评区名师工作室主持人，11人获评区级骨干教师。在市、区级青年教师教学技能大赛中，11名教师参赛，其中1人夺得市一等奖，3人夺得市三等奖，4人获区一等奖；9项市、区级课题结题（4项为优秀），新立项7个区教育科学规划课题；30余人次获得市、区级教育教学奖项。大力推进“互联网+学科”深度融合，获评“深圳市智慧校园”和“深圳市人工智能试点学校”。率先引进PBL项目式教学，聘请美国HTH（High Tech High，高科技高中）学校专家担任全程指导顾问；开展“校园农场”“我是健康成长的小学生”等项目式学习，全面提高学生核心素养；总结论文《面向深度学习的PBL教学设计分析》被国际会议ECICC 2020采用，并在科技期刊*Springer*上发表；构建“以概念导向的项目式学习（CPBL）”课程体系，在学校全面推广。深化课程改革，融合“海派”教育理念与深圳本地风土人情、传统习俗等，构建扬帆课程体系。结合学生个性特点与学校发展现状，整合精英师资力量、教育教学设备、教学活动场地等资源，打造贴近生活、强调实践、注重体验的精品校本课程。（贺培培）

【深圳大学附属坂田学校】于2014年9月开办，为龙岗区公办九年一贯制学校。位于深圳市龙岗区坂田街道宝吉路23号。占地面积4.2万平方米，建筑面积5.4万平方米。功能场室齐全，设施设备先进。有报告厅、藏书阁、阅览室、室内外运动场等，校园网络和无线局域网全覆盖。2021年，有教学班70个，学生3435人。教职工226人，其中：高级职称12人，中级职称74人；区级及以上名师（学科带头人）2人；骨干教师12人，骨干班主任5人，教坛新秀21人，区级名师工作室主持人2人，区中心科组成员10人；本科及以上学历教师212人（硕士63人）。坚持“把每一个学生都放在心上”的办学宗旨，遵循“顺天致性”的校训，构建“立德树人”的校本课程体系，打造“树本”德育文化底色。开展“三节”（体育文化节、科技文化节、艺术文化节）、“三周”（语文周、英语周、数学周）活动，丰富学生校园文化生活。构建阶梯式教师培养体系，举办“顺天致性大讲坛”“名师优课”活动；开展各类培训，包括专业培训、通识培训、师德师风培训等。教师在教育部组织的“优课比赛”“广东省美育教师教学基本功大赛”“深圳市青年教师教学能力大赛”“深圳市班主任技能竞赛”等各级各类教育教学竞赛中屡获佳绩。先后获评“全国中小学教师培训单位”“全国青少年校园足球特色学校”“广东省教育国际化实验学校”“广东省少先大队红旗大队”“深圳市课程改革示范学校”“深圳市红领巾示范学校”“深圳市中小学心理健康教育特色学校”“龙岗区智慧校园建设示范学校”“龙岗区数学化校园示范学校”“龙岗区先进基层党组织”“龙岗区教育系统先进单位”“龙岗区德育特色示范学校”“龙岗区美术特色创建学校”“龙岗区垃圾分类示范单位”“龙岗区教育系统宣传先进单位”“龙岗区少先队先进学校”。（文　艺）

【同心实验学校】于2018年9月开办，为龙岗区九年一贯制公办学校。位于深圳市龙岗区宝龙街道同心社区中骏四季阳光小区。占地面积2.92万平方米，建筑面积4万平方米，运动场地面积1.4万平方米。固定资产1.43亿元。有图书3.8万册、计算机371台、多媒体教室50间，多功能报告厅、科创中心、阅读中心、图书馆、录播室、实验室、语音室、音乐室、舞蹈室、书法室、美术室、广播室等功能室齐备，校园网络和无线局域网全覆盖。2021年12月，成为华中师范大学龙岗附属中学（集团）成员校。有教学班40个，在校学生1980人。专职教师125人，其中，高级教师8人，中级职称58人，区学科带头人1人，区骨干教师和教坛新秀16人。区级名校长工作室1个，区级机器人特色教学研究工作室1个。秉持“同心同德，共育英才”的办学理念，“五育并举”促进学生“自我管理，自主学习，自主成长”，培育新一代“阳光少年”。在“行胜于言，自主发展”的校训引领下，开展生本高效教学，形成“乐教、善诱”的教风与“乐学、善学”的学风，教育质量稳步提升，逐步成为老百姓家门口的好学校、新型优质品牌学校。在完成国家课程基础上，依托课后服务及社团活动，构建“生长”课程体系，开展机器人、电声乐队、书法、创意绘画、篮球、田径、啦啦操、健美操、小蹦床、咏春拳、经典诵读、国家非物质文化遗产项目（摆手舞、肉连响、莲湘舞等）等校本课程，举办体育艺术节、科技节、读书月、数学节、心理健康周、孔子诞辰开笔礼等校园活动，形成“体艺”“科创”“阅读”“传统文化教育”四大办学特色，让校园成为学生全面发展、展示个性、飞扬特长的乐园。先后获评“全国生本教育实验学校”“全国国学启蒙教育示范基地”“全国国学经典教育实验基地”“深圳市消防安全管理标准化学校”“深圳市体育传统项目学校”“深圳市‘中小学人工智能教育项目’实验学校”，2021年获评“龙岗区教育系统先进单位”。（杨　巍）

【梧桐学校】于2007年开办，为龙岗区公办九年一贯制学校。位于深圳市龙岗区横岗街道梧桐路一号。占地面积2.56万平方米，建筑面积4.45万平方米，运动场地面积1.9万平方米。固定资产2545万元。有图书11.3万册，每间教室配备计算机1台，多媒体教室、电子阅览室、计算机室、图书馆、音乐室、舞蹈室、实验室等功能室齐备，校园网络和无线局域网全覆盖。2021年，有教学班56个，学生2666人。教师170人，其中：高级职称18人，中级职称68人；本科及以上学历138人（硕士42人）。名师工作室3个。秉持“德才兼备，主动成长”办学理念，积极践行“厚德敏行，求真善美”的校训和“奉献、担当、合作、创新”的梧桐精神。以“品位教育”为突破口，以校园环境有品位、教学方式有品位、校内活动有品位、课程开设有品位为内涵，促进学生在多姿多彩的校园生活中找到适合自己展示和成长的舞台，在尽情参与中发展个性、成就自我，努力把学生培养成志向高远、品格高尚、学养高奇的新一代学子。成立舞蹈、表演唱、播音主持、彩墨画、书法、羽毛球、篮球、数学与交叉学科融合、话剧改编与创作、模拟法庭等数十个学生社团，其中彩墨画社团获评“深圳市优秀社团”。先后获评“中国青少年创客奥林匹克系列活动实验基地”“广东省绿色学校”“广东省信息化中心学校”“深圳市教育系统先进单位”“深圳市书香校园”“深圳市艺术特色学校”“深圳市文明校园”“深圳市智慧校园示范校”“深圳市‘百校扶百校’先进单位”“龙岗区五四红旗团委”“龙岗区安全标准化学校”，获“龙岗区义务教育阶段招生工作突出贡献奖”“龙岗区初中教学质量卓越奖”。（胡雪锋）

【兴泰实验学校】创办于2006年8月。为九年义务教育学校，首批深圳市一级学校。位于深圳市龙岗区中心城欣景路110号。占地面积3.8万平方米，建筑面积2.5万平方米，运动场地面积7500多平方米。固定资产1.5亿元。有图书5万册、计算机450台、教室60间（每间教室配备计算机1台），多媒体教室、网络室、电脑室、科技室、未来教室、图书馆、音乐室、舞蹈室、美术室、语音室、实验室、党团活动室等功能室齐备，校园网络和无线局域网全覆盖。秉承“务本求真、启智明理、立德树人、和谐发展”的教育理念，以“培养具有人文底蕴，家国情怀，国际视野的现代公民”为目标，办家长、社会满意的学校。2021年，有教学班60个，学生3136人。教职工237人，其中专任教师178人。专任教师中：研究生学历11人，本科学历167人；名师23人，龙岗区学科带头人12人，骨干教师64人，区级教坛新秀8人；高级职称1人，中级职称4人，初级职称23人。以“办龙岗优质学校，创深圳教育品牌”为目标，推动课堂教学改革，构建高效课堂。实行“先学后教，学练结合”的教学策略，学生在课堂上“学一学、测一测、议一议、练一练、评一评”。当堂作业当堂基本完成，减轻学生负担，教学质量迅速提升。在区级学生学业水平考查中成绩名列前茅，中考考入公办高中人数逐年攀升。构建“一体两翼”的立体语文课程。以国家课程为主体，国学经典、主题阅读为两翼。“国学经典”以北师大出版社的《育灵童》为教材，“主题阅读”以《课标》推荐的书目为读本，学生人文底蕴、语文素养明显提升。坚持“五育并举”“立德树人”。开设50余种选择性课程，满足学生个性发展需求。学生在市、区级各种比赛中屡获大奖。获“第十四届深圳童话节‘童话之舞’少儿舞蹈大赛”银奖，舞蹈《曲胡声声》获深圳市二等奖，“深圳市武术比赛”获金奖、银奖，在龙岗区举办的各种体育项目比赛、合唱比赛、舞蹈比赛中多次摘金夺银。学校先后获评“深圳市教书育人先进单位”“深圳市优质特色民办学校”“深圳市全民健康生活方式行动健康学校”“深圳市少先队红旗大队”“龙岗区先进党支部”“龙岗区教育先进单位”，获“2021年龙岗区义务教育招生工作突出贡献奖”。

（兴泰实验学校）

龙华区中小学

【龙华第二小学】于2011年8月开办，为全日制公办学校。占地面积1.6万平方米，建筑面积8100平方米。2021年，有教学班30个，学生1601名，专职教师90名。办学有特色，管理有特点，学生有特长，呈现出具有鲜明人文特征的办学特色。秉承“让学生体验童年快乐，让教师感受教育幸福”办学理念，践行“专心学习，尽兴游玩”的校训。以构建人文校园、幸福德育和生命课堂为办学主线，潜心培养健康的、具有创新能力和世界眼光的现代公民，打造富有人文气息的现代化创新型示范学校。学校所倡导的“JING”文化孕育出的“净环境、静心态、竞意识、敬行为”，融会于绿色校园、书香校园、创意校园、幸福校园中。以“让阅读与锻炼成为习惯，让梦想插上科技的翅膀”为指导，倡导师生热爱阅读与运动，贴近科技与创新，打造龙华二小新名片。先后获评“全国跳绳示范学校”“广东省棋类特色学校”“深圳市民身边的好学校”“深圳市先进教育工作单位”“深圳市体育传统项目学校”。截至2021年底，龙华二小改扩建项目获批立项并已投入施工。改扩建项目将为学校带来新的发展突破，对解决周边紧张的学位需求起到积极作用，为更多适龄儿童创造更多更优的学习条件。（黄映绿）

【广培小学】创办于1912年，原名广培高小国民学校，历史悠久。占地面积1.84万平方米，建筑面积1.18万平方米。2021年，有教学班28个，在校学生1457人，教职工104人。教职工中：高级职称6人，中级职称51人；龙华区未来教育家学员6人，其中“航标班”学员3人、“撷英班”学员3人；市、区级名师和龙华区高层次人才3人；区级名师培养对象14人；各级各类名师工作室成员教师38人；本科及以上学历79人（硕士17人）。名师工作室、特色工作室3个。秉承“广兴教育新民气，培就人才振国魂”的办学宗旨，践行“积极教育”的理念，提出“童享教育”的办学愿景和“童在中央，乐享成长”的办学理念，在“广学培正”校训传承引领下构建“童享教育”特色项目。有少儿版画、合唱、民乐、足球、篮球、健美操、跳绳等十余个社团，客家文化、音乐、科技创新等项目均被列为区重点特色建设项目。坚持以儿童发展为中心，开设丰富多彩的特色课程。传承版画特色，成立版画特色工作室，其中少儿版画社团被评为“深圳市优秀社团”。开设“版画＋人文”综合实践特色课程。结合“童享教育”体系，推行“1+4+4”导师制课程，开发“童艺”“童创”“童玩”“童美”等小课程。先后获评“广东省绿色学校全国分享式教育教学实践基地”“广东省健康促进示范学校”“龙华区教育先进单位”“龙华区优质化学校”“龙华区馆校合作美育研学实践基地学校”。（广培小学）

创办于1912年的龙华区广培小学鸟瞰图（广培小学 供）

【行知小学】创办于2005年7月。为深圳市基础教育系统第一所以陶行知命名的公办学校，龙华区行知系列学校源头校。2021年，有教学班44个，学生2225名，教职工140名。以陶行知先生的名言“人生天地间，各自有禀赋。为一大事来，做一大事去”为校训，以“知行合一，真善美爱”为学校精神，以“造一个真善美爱的儿童世界”为办学愿景，以“先行示范的湾区名校，行知思想的深圳名片”为办学目标，着力打造师生共同成长的精神家园。深入学习、践行陶行知教育思想，积极推进教育改革，创造性开发以“爱”为主题的生命教育行知课程体系，包含人文科学“真”课程、生命健康“善”课程、艺术生活“美”课程。成为在全国有影响的品牌特色学校。先后获评“全国小公民道德建设创新成果先进集体”“中国财经素养教育协同创新中心实验基地校”“中国陶行知研究实践基地校”“广东省艺术特色学校”“深圳市首批市民身边的好学校”“深圳市改革创新领跑学校”“深圳市教育先进单位”，获“广东省基础教育教学成果奖”二等奖，“龙华新区首届主任质量奖”。受到两任市委书记和三任中国陶行知研究会会长高度评价。（行知小学）

【新华中学】创办于1996年，为全日制公办初级中学。2021年，有教学班57个，师生共3000余名。专任教师中，龙华区“年度教师”4人，“教育达人”1人，“年度教师”提名1人，骨干教师32人（含培养对象）。近三年教师参加区级及以上业务比赛获奖515人次。“名师工程”实现榜样引领，高层次、高学历人才“传帮带”，人才梯队逐步形成。在“追求人的个性化和社会化的和谐统一”办学理念指导下，着眼积极心态，开展积极教育，全面落实“五育并举”。积极践行“德融数理·知行合一”的德育新模式，扎实推进自主学习和“未来课堂”教学实践。构建“感恩·梦想”课程体系，成立特色社团50余个，特色教育屡创辉煌。学生自由式轮滑项目创造世界轮滑锦标赛六连冠，包揽国内轮滑比赛多个冠军，涌现12名国家队队员。跳绳、健美操项目连年获全国比赛冠军，跳绳破5项全国纪录和1项世界纪录。田径、篮球、武术、舞蹈、书法、绘画、合唱、川剧变脸等其他十余项文体项目成绩亮眼。近年来共获得国际级奖项45项、国家级奖项400项、省级奖项109项。以“质量一流·特色鲜明”为办学目标，历年中考成绩均位居全区乃至全市前列。先后获评“全国跳绳优秀示范学校”“亚洲跳绳联盟中国理事会会员单位”“中国轮滑运动示范学校”“全国生命教育示范基地”“广东省体育特色学校”“广东省生涯教育行动试点学校”“深圳市教育先进单位”“深圳市最具变革力学校”“深圳市教师队伍建设先进学校”“深圳市家校共育典范学校”“深圳市青少年心理健康教育特色学校”“深圳市首批生涯教育试点初中”“深圳市首批素质教育特色学校”“龙华区教育管理标兵单位”“龙华区教育工作先进单位”“龙华区首批文明示范校园”。2020年，获“龙华区区长质量奖”；2021年6月，被评为“广东省先进基层党组织”，成为区内首个获此荣誉的教育单位。（新华中学）

【龙华区第二外国语学校】于2019年9月开学，2020年9月新校落成启用。为高起点规划、高标准打造、高质量发展的具有中国品格、国际风范的现代化九年一贯制公办学校。位于深圳市龙华区大浪街道华旺路158号。占地面积2.37万平方米，建筑面积7.62万平方米。2021年，有教学班54个，其中小学36个、初中18个。引进高层次人才7名、高级教师15名。近两年吸纳国内外知名高校优秀毕业生81名，硕士研究生学历教师占比58%，其中包括清华大学、北京大学、伦敦大学等世界名校优秀毕业生。教师人才队伍整体年轻有活力，同时具备扎实的专业素养。积极探索外国语学校育人新模式，制订以“融贯时空赢未来，汇聚力量塑典范”为主题的五年发展规划。未来五年将从“融魂，塑造党建品牌；融心，优化管理机制；融和，铺实德育路径；融成，赋活教师队伍；融通，完善课程体系；融慧，重构课堂”六个方面执行学校五年规划“六大行动”。在创建体验式场景革命特色、打造沉浸式外语学习特色、探索前瞻式科创教育特色方面建设学校“三大特色”。以“博古今，融中西，赢未来”的理念进行场景革命，使每个场域都实现“更课程、更沉浸、更个性、更智慧、更赋能”的功能特征。贯通“时间轴（博古今）、空间轴（融中西）、成长轴（赢未来）”三个维度立体思想，致力于培养“健康幸福、心筑梦想、德高为范、才识卓越”的龙华二外好教师，培养“品学兼优、身心康健、烙印鲜明、融达天下”的特区好少年。先后获评“全国创新型学校”“钟南山创新奖实验学校”“深圳市‘家校警’交通安全护航队标兵学校”“深圳市艺教工程实验校”“深圳市文言文规范化示范学校”“深圳市自然教育示范校”“深圳市科技创新特色实验学校”“中华诗教深圳示范区第二批试点学校”“龙华区2020—2021年度教育工作先进单位”“龙华区先进基层党组织”。

（龙华区第二外国语学校）

【**龙腾学校**】为九年一贯制公立学校。位于深圳市龙华区民治街道龙华大道与民丰路交会处西南侧。占地面积2.8万平方米，建筑面积5.72万平方米。新建教学楼、综合楼、生活服务楼、图书馆、体育馆、游泳馆、剧院及地下车库。2021年，有小学部、中学部共54个教学班。以“让天赋自由”为办学理念，以“肯定你我，肯定不同”为校训，以“学无界，境远大”为校风，以“厚积，薄发”为教风，以“博学，笃行”为学风。学校师资优良。以“全国中小学骨干校长”“深圳市十佳校长”曾见阳为引领，有市、区级“学科带头人”“青年骨干教师”“未来教育家”“名师领雁工程”教师为中坚的优质师资队伍。通过开展“龙腾好故事”“龙腾好教师”“龙腾好课堂”等系列培训活动，助推中青年教师提高专业素养，着力打造高素质创新型教师队伍。着力打造富含“未来教育”气质的现代化学校。培育适宜学生未来发展的教育生态，办开放包容、智启未来的现代化学校。以“让天赋自由”为核心理念，开发开设一批彰显学校育人特质的特色课程。对接“文化向心”课程模块，重点开发围棋、民俗、建筑、劳动等特色课程，强化学生的中华文化品格；对接“体艺健美”课程模块，重点开发游泳、篮球、武术、舞蹈、器乐等特色课程，提升学生的健康审美素养；对接“科技赋能”课程模块，重点开发人工智能、数字媒体、编程、财经、科创等特色课程，凸显学生的科学创新意识与能力。

（龙腾学校）

【**龙华区实验学校**】创办于2016年9月，为区属九年一贯制公办学校。占地面积3.87万平方米，建筑面积3.99万平方米。2021年，有教学班80个，其中小学59个、初中20个、特教班1个，学生共约4000人。教职工268人。具有“学历高、素质高、年纪轻、有活力”四大特点，平均年龄31.6岁，均为本科及以上学历。教师中：全日制博士学历11人；深圳市“孔雀计划”海外高层次人才2人，深圳市地方级领军人才1人；全国优秀教师4人，特级教师4人，正高级教师5人；省、市、区级学科带头人及名优骨干教师65人。以“修业修为，至善至美”为办学理念，将办学目标确立为“以‘善美’为核心文化，以科技创新为主要特色，国学经典课程与国际素养课程融通，师生富有积极个性特质和幸福感，建设面向未来、品质高端的粤港澳大湾区现代化示范校”，秉持“问学道，共生长，有担当”校训，形成“求真、求善、求美”的校风、“立德、立行、立人”的教风和“善学、善思、善问”的学风。学校创办五年来实现“一年打基础、三年大变样、五年创特色”的发展目标，办学品质快速提升，中考质量连年攀高，跃升为区域品牌学校。2019年入选“全国中小学课堂改革年度十大样本”，为广东省中小学唯一入选样本；2021年入选教育部《传承的力量》中秋篇节目现场拍摄学校，全国仅6所学校入选。先后获评“中国STEM教育2029创新行动计划首批领航学校”“全国青少年校园足球特色学校”“全国青少年校园网球特色学校”“广东省基础教育研究实验基地学校”“广东省中小学中华优秀文化传承学校”，获“广东省第九届教育教学成果奖”一等奖。2021年，学校进入提速、提质、高端发展的第二个五年，以优质共享、品牌辐射、集团化办学为新目标，不断谋求新发展。

（龙华区实验学校）

【**龙华区外国语学校**】创办于2016年9月。为龙华区第一所区属九年一贯制外国语学校。校本部和高新校区位于深圳市龙华区观湖街道鹭湖科技文化中心片区。校本部占地面积3.37万平方米，建筑面积5.83万平方米；高新校区规划占地面积1.22万平方米，建筑面积3.83万平方米。2021年，有教学班89个，学生4280人，教职工303人。近年来共引进高层次人才6人，其中正高级教师 3 人；北京大学、清华大学毕业生 30 人，“双一流”大学毕业生 80 人，世界前 100 强名校毕业生 26 人，教育部直属师范院校毕业生 46 人。以“源”为本，秉承“办有意思的教育，育有情怀的人才”的办学理念，建构“源文化”办学文化机制，用先进“管理文化、课程文化、课堂文化、教师文化、学生文化、空间文化”熏陶人、引领人、发展人，促进教师队伍快速成长，全体学生全面而有个性地生长，教育教学质量名列全区前列，高质量健康发展。根据学生阶段性成长需要，打造“源动力”课程体系，建设显性与隐性相结合的龙外课程文化。以“通识 + 专长”为原则设计全面而有选择性的个性化成长课程，以“国家课程 + 校本课程”为发展路径，实现“身心 + 生态、学校 + 社会”的育人格局，构建“本土国际化 + 全球胜任力、人文先进性 + 科学创造力”的校本课程体系。以外语教育为生长点，建构“1+N”外语教学体系。通过分层走班、国际理解等途径，大幅提升英语教育水平，逐步开设日、俄、法、德、西等小语种语言教育。实现校本课程全部梯度开发、自主生长，重点打造“听说读写演，动创爱生研”的龙外品牌课程。先后获评“全国教育信息化示范校”“深圳市教育工作先进单位”“深圳市教育改革创新领跑学校”“深圳市最受关注新锐学校”“深圳市国际化典范学校”“深圳市线上教育先进学校”，获“龙华区质量进步奖”。办学事迹被央视、“学习强国”平台、新华网、人民网、《中国教育报》等数十家主流媒体和平台多次宣传报道。

（龙华区外国语学校）

【观澜中心学校】于 1917 年建校。其前身为培英学校，由爱国华侨何恩明等人创办，是一所办学历史悠久、文化底蕴深厚的百年老校。于 2021 年 1 月改制为九年一贯制学校，校名变更为“深圳市龙华区观澜中心学校”。位于深圳市龙华区观澜街道。2021 年，有教学班 42 个，在校就读学生约 2200 人，在职教职工 135 人。校训“面净口洁，身正腰直”朗朗上口，内涵丰富；校风“优雅坚毅，积极乐行”强调养成教育，知行合一；教风“博学善导，厚生乐教”重视以生为本，身体力行；学风“敏学善思，养德正行”倡导学思践悟，以德为先。确定“成长教育”大方向，积极践行“教育即成长”的教育思想，旨在打造一所师生共同成长的家园。积极推进“观山听澜，悦动成长”的成长教育品牌建设，对学校办学理念、校园文化、课程建设、成长课堂、成长德育、家校共建等方面进行梳理统合，初步形成成长教育新模式，让学生成人正德、成才启智、成美有范。在成长教育办学思想引领下，“三成课程”开展得有声有色。除开齐、开足国家及地方课程外，大力推进校本课程建设，促进学生德、智、体、美、劳全面发展。以社团形式共开设 77 门校本课程，其中校本基础课程 58 门、校本提升课程 19 门，学生人人进社团，教师人人带社团。为激发学生内驱力，引导学生健康、全面发展，创建“成长银行”学生评价系统，通过学业水平考核、日常行为表现、实践活动反馈等方面对学生综合表现进行积分评价，并及时予以奖励或提示，达到优质育人目的。鲜明办学特色和优异办学成绩，在基础教育业内与社会上都引起巨大反响。《中国教育报》《人民教育》《教育家》以及中央电视台等国家级媒体曾多次对学校办学经验和成果予以宣传报道。为中国教育学会教育整体改革专业委员会会员学校和《广东教育》理事单位。先后获评“全国养成教育实验学校”“爱国基础教育全国示范学校”“教育部校本建设项目全国重点实验学校”“广东省现代技术实验学校”“深圳市办学先进单位”“深圳市推进卓越管理基地学校”，获“深圳市政府办学质量效益奖”“龙华区政府质量奖”。

（观澜中心学校）

【龙华高级中学教育集团】为现代化全寄宿制公办集团化名校，系深圳市委、市政府高标杆定位、高标准打造的“区内龙头、市内一流”的高品质新优质品牌学校，被教育部基础教育课程教材发展中心遴选为“普通高中新课程新教材实施国家级示范区学科示范基地”。构建“一校四部”集团化办学格局，下设高中部、观澜、民治（筹建）、大浪（筹建）4 个校区，办学规模为 102 个教学班、5100 名学生。高中部位于深圳市龙华区民治街道华玺路 9 号，占地面积 2.91 万平方米，建筑面积 6.97 万平方米。观澜校区为全寄宿制初中，位于深圳市龙华区观澜街道观光路 1222 号，占地面积 1.62 万平方米，建筑面积 3.26 万平方米；于 2020 年

9月正式办学，规划办学规模30个教学班；教师队伍结构合理，阵容强大。高中部有教职工177人，观澜校区有教职工72人。教师中正高级教师13人，特级教师14人，博士及硕士研究生学历131人，国务院特殊津贴、全国优秀教师、全国先进工作者等国家级荣誉称号获得者10人，省级及以上名师、名班主任31人，市级及以上优秀教师、先进个人66人。坚持“为学生幸福奠基、为民族复兴育人”的办学宗旨，秉承“怀天下、行仁爱、向未来”的校训，发扬“荣誉、责任、创新、奋斗”的龙高精神，以创建高质量、有特色、研究型一流名校为目标，以培养有理想、有本领、有担当的未来英才为使命，聚力锻造一颗镶嵌在深圳教育版图上的“璀璨明珠”。乘借“双区驱动、双区叠加、双改示范”的东风，打造具有高首位度、高显示度、高知名度、高美誉度的深圳中轴新高地，向着“深圳教育的窗口和文化名片”卓越目标大踏步迈进。为《广东教育》理事单位、广东省物理学会理事单位、广东教育学会生涯教育专业委员会常务理事单位、广东教育学会研学旅行教育专业委员会理事单位、广东省教育研究院中小学研学旅行教改实验联盟单位。先后获评“深圳市教育工作先进单位”“深圳教育创新示范学校”“深圳市年度STEM教育典范学校”“深圳党建引领基层治理立德树人示范项目”“电子科技大学优质生源基地”。

（龙华高级中学教育集团）

【格致中学】为深圳市重点建设的高起点、高标准寄宿制优质公办高中，发展定位为“高水平理工科技特色学校和国内理工类、创新型示范学校”。位于深圳中轴，紧邻深圳北站。建筑面积7.32万平方米。有教学班36个，提供学位1800个。2021年9月，首届优秀荣誉生入校。硬件投入8000元/平方米。规划配备学生四人间宿舍、恒温游泳池、标准击剑馆以及4000平方米樱花园。引入华为科技校园网络管理系统，逐步构建“畅想物联”智慧校园体系。校长魏恤民，为中学正高级教师、中学特级教师，华南师范大学教育硕士导师、外聘博士生导师，国务院教育督导委员会专家，教育部第二届基础教育课程教材专家工作委员会委员，教育部普通高中课程标准修订组核心成员、教育部义务教育初中课程标准修订组核心成员，原广东省教育研究院课程科主任，广东省新一轮百千万名教师培养高中文科导师。面向全国选聘一批德才双馨的正高级教师、特级教师、省名师、省名班主任工作室主持人、学科带头人和省、市骨干教师等作为学校中坚力量，从北京大学、爱丁堡大学、香港大学、中山大学、武汉大学、北京师范大学等海内外知名院校招聘品学兼优的博士、硕士毕业生作为新生力量，组建一支综合素质高、创新能力强、饱含教育激情的教坛新军。全校教师平均年龄34岁，其中硕士和博士研究生学历占比逾60%。创校理念为：传统文化立根，航天精神铸魂，高新科技赋能，贯通融合育人。秉承“学会动手、学会动脑、学会成长”的办学理念；以培养理工见长、人文兼备、强体善美的创新型、拔尖型、领袖型人才为育人目标；高举人文科学主义旗帜，构建“一基双核、多元选择”的“星系”课程体系。力求学校教育与深圳同频，与祖国共振，与未来互联，致力打造国内理工科技特色示范校，创建全国航天特色示范校，“勇当特区高中转型发展尖兵”。《人民日报》、《中国教育报》、中国网、“学习强国”平台、深圳新闻网等众多媒体和平台对格致中学报道累计上百次。“中国神舟之父”——著名空间技术专家、神舟飞船首任总设计师、中国工程院院士戚发轫欣然为深圳市格致中学题写校名和校训，并寄语学校“办成一个有中国特色、地方特色、航天特色的一流学校”。

（格致中学）

【红山中学】于2021年9月开办，为深圳市高中教育质量发展规划重点建设的公办全寄宿高端品牌高中。建筑面积7.2万平方米。位于深圳市龙华区民治街道。学校硬件一流。办学规模为36个教学班，提供学位1800个。管理团队成员均由深圳名校本土培养，经验丰富。专任教师中正高级教师、全国优秀教师、特级教师、学科竞赛国家级金牌教练、省级骨干教师占比70%；清华大学、北京大学等名校硕博毕业生占比30%。设立“院士工作室”，为教学教研和学生发展提供专业支持。教育理念先进，育人模式创新。以“博雅融通，未来在我”为核心理念，以“培养担当中华民族伟大复兴使命的时代新人和领军人物”为育人目标，提出“我们的未来，世界的未来”校训，倡导“永远学习，永远创造”的校风，树立“教中研究，创造价值”的教风，营造“学中创造，追求卓越”的学风。构建培养学生由内向外主动幸福生长的课程体系。以“博雅筑基课程、融通固基课程、未来强基课程”的三大课程体系，“学习力课程、审美力课程、自治力课程、创新力课程、领导力课程”的“五力”课程，构建起一套幸福课程，包括生命教育、生活教育、生涯教育、家庭教育。与清华大学合作，打造全国智慧学习标杆校；为电子科技大学优质生源基地，共享拔尖创新人才课程，共建强基课程和强基实验室；北京师范大学脑科学项目、华为智慧课程等项目相继落户红山，为红山学子发展赋能。开创立体“未来校园”教育生态，构建平等、和谐、共同进步的班级文化和校园文化，让学生在温暖润泽的“学习共同体”氛围里获得自我生长内驱力，助力学生成为学识广博、品格高雅、格局大、气魄足、德行正、有担当、独立自信、时刻心怀家国的人才。（红山中学）

【厚德书院】为双轨定制教育全日制特色民办高中，被深圳市教育局评为“优质特色民办学校”，被中国九校联盟（C9）名校西安交通大学认定为“生源基地”，也是剑桥国际（A-Level，IGCSE）与美国 AP 课程双认证学校。拥有一支学历高、资历深、教学经验丰富的优秀中外教师团队。把全球性的教学资源与创造性的教育实践相结合，创设出丰富多元、可供选择的课程，并根据学生的升学规划与发展需求为每一名学生定制适合其学习与发展的成长方案，提供国内高考和出国留学两种升学途径。在新的教育政策下，厚德书院在全国范围内首创将课堂教学与课后辅导相结合的“1+1+1”教学模式，即特高级专家教师把关教学、中青年骨干教师把控课堂、专职辅导教师课后辅导，从课前、课中、课后全程给予学生指导和帮助。专职辅导教师专业负责学生课后辅导、小组答疑、一对一解惑、专项提升，全面解决学生课后遗留问题，确保学生有所进步。高考方向实行走班授课与分层教学制度，因材施教，更具针对性。高师生比让学生享受到更加丰富的教学资源，获得更多的关注。强大的教学实力使学校可以完全满足新高考选考科目 12 种组合的开设，学生可根据自身优势任意选科。开设小语种课程，为学生高考冲刺提供新的赛道。升学方面，每名学生均有专业升学指导教师结合学生自身特长与发展方向进行生涯指导与规划。出国方向开设美国 AP 官方认证课程与英国剑桥 IGCSE 和 A-Level 课程供学生选择，开设托福、雅思、SAT 语言培训课程，学生可在教师帮助下根据学习计划与升学规划量身定制课表。每名学生还配备导师和升学指导教师跟踪与规划学习与成长。为了拓宽学生全球视野、提升创新能力，出国方向每学期开展体验式学习与研究性学习、社区服务和义工活动教学实践，旨在深入挖掘学生的兴趣和潜能，培养学生的学习能力与研讨能力，使学生成为既有学术知识，又有责任心与同理心的世界公民。至 2021 年底，厚德书院学生的足迹已经遍布世界 30 多个国家和地区。（厚德书院）

【锦华实验学校】于 2002 年 8 月开办。为九年一贯制民办学校，锦华教育集团龙头学校，广东省一级学校。位于深圳市龙华区大浪街道陶吓村。2021 年，有教学班 120 余个，学生 6000 余人，教职工 400 余人。设备先进，环境优美。秉承“以质量求生存，以特色求发展，以服务求兴旺”的办学理念，以“十年树木百年树人竭力绣彩锦，晓之以理动之以情倾心培英华”为宣言，全力打造有温度的阳光学校、有智慧的阳光团队、有爱心的阳光教师、有活力的阳光少年。规范管理，精心育人，培养人格健全、意志坚韧、全面发展的社会主义建设者和接班人。坚持“质量立校”的办学理念，积极探索课程改革，全面提升教育教学质量。重视校本研训工作，坚持开展“高效课堂研究”，以课程改革创新为引领，以课题研究推动课堂教学效率提升，中考质量突出，特别是优分人数不断攀升，赢得良好口碑，被誉为“市民心中的好学校”。坚持“立德树人，质量立校，特色办校”的理念，扎实开展德育工作，突出办学特色，推进素质教育，彰显育人功能。坚持以党建带团建，以团建促队建。规范学校团、队工作基础管理建设。校团委获批“全国共青团创新试点项目”；在全市率先示范成立“学校少工委”和团校，获评“广东省五四红旗团委”；锦华团校被评为“深圳市首批中学示范团校”；锦华少先队大队多次在广东省各项队日活动竞赛中获奖，被评为“深圳市红旗大队”“深圳市优秀中队”。全面开展素质教育，树立科学发展观。关注每个学生的成长和个性发展，开展丰富多彩的校园文化活动，艺术节、体育节、科技节、文学节、乡情节，节节生花、精彩纷呈。学校体育成绩显著。校初中男子篮球队和小学田径代表队连续三年在龙华区夺冠，代表龙华区参加深圳市比赛取得佳绩。先后获评“广东省义务教育标准化学校”“广东省健康促进示范单位”“广东省绿色学校”“深圳市优质民办学校”“深圳市优质民办中小学校”“深圳市先进基层党支部”“深圳市巾帼文明岗”“龙华区首批课程改革试点校”“龙华区课程改革特色学校”“龙华区教育工作先进单位”“龙华区班主任建设示范校”“龙华区教学管理标兵单位”；获“深圳市办学效益奖”“深圳市规范优质办学奖”“深圳市健康促进学校”银奖，“龙华区民办教育质量奖”。

（锦华实验学校）

【万科双语学校】于2018年9月开办，为九年一贯制义务教育民办学校。坚持“为未知而教，为未来而学”的办学理念，采取国际化小班模式，小学25人/班、初中32人/班。基于国家课程内容，吸收国际教育先进理念，追求教育创新，独创中西融合的VBS（Vanke Bilingual School）课程体系，积极打造差异化、回应式因材施教课堂，致力于培养身体健康、人格健全、学力卓越、具有国际视野和家国情怀、敢于创造美好未来的中国公民。以“成长型思维模式”构建学习型学校，以终身成长为核心价值观。学生通过“人生规划”必修课为主线的课程学习并参与丰富多彩的活动，教师通过“教师职业发展学院”学习，家长通过“家长成长学院”学习，让学校成为学生、教师、家长共同成长的学园，为创办面向未来的国际化新型学校夯实根基。建校三年来，取得优异的办学成绩，多次在龙华区抽测中名列前茅。2021年中考，学生中考平均分519.2分，570分以上学生3人，多名学生被深圳国际交流书院、深圳中学、红岭中学、万科梅沙书院等名校录取。获“第四届《南方都市报》教育改革创新大奖——最具未来特色学校奖”“梅沙教育年度优秀学校奖”；获评广东教育国际化专业委员“教育国际化实验学校”、广东省棋类协会“广东省国际象棋特色学校”以及“广东省绿色学校”“中国登山协会攀岩特色学校”“深圳市首批预防近视试点校”“龙华区首批5G网络示范校”。校长杨帆被深圳市政府聘为第六届市督学。在广东省教育“双融双创”行动暨2019年教师教育教学信息化及新媒体新技术教学应用活动中，人工智能课程获“信息技术创新教学案例评比”一等奖。学生在“龙华区青少年科技创新成果竞赛”“广东省第十一届攀岩锦标赛”“第十五届‘外研社杯’中小学生英语大赛”等赛事中多次获奖，综合素养全面提升。

（万科双语学校）

【龙华中英文实验学校】创办于2003年。为广东省一级学校，深圳市远恒佳教育集团辖属办学实体之一。位于深圳市龙华区龙华街道乐雅一路64号。占地面积2.9万平方米，建筑面积2.81万平方米。设有小学、初中、高中多个办学层次，是集走读、接送、住宿于一体的全日制学校。2021年，有教学班90个，师生3000余人。以“四个美好”为办学愿景，以“为每一位学生的美好人生奠基”为办学理念，以“习惯好、能力强、成绩优”为培养目标，突出“小班化、个性化、国际化”三大特色，全面实施素质教育。坚持社会主义办学方向，坚持“立德树人”，全面落实“两个常规”，打造“小班化精品课堂”和“一体两翼”（国际理解教育、艺体教育、创客教育）三大校本特色，致力于推进教育教学质量全面创优，努力追求办人民满意的教育。以一流设施、一流师资、一流课程培养一大批“习惯好、能力强、成绩优”的优秀学生，是一所质量过硬、特色鲜明、品质一流的现代化优质学校，龙华民办教育的一面旗帜，龙华区教育国际化特色学校，办学业绩突出，办学效益显著，深受师生和家长认可及社会广泛赞誉。先后获评“中国民办教育百强学校”“广东省标准化学校”“深圳市优质特色民办学校”“深圳市绿色学校”“龙华区教育工作先进单位”，龙华区中高考“优秀单位”；获“深圳市规范优质办学奖”“第七届深圳教育改革创新大奖——优质民办学校年度奖”“龙华区民办教育质量奖”。

（龙华中英文实验学校）

【美中学校】创办于2009年。为按照省一级标准建设的集小学、初中、高中教育于一体的高品质民办学校，深圳市一级学校。占地面积 9.8 万平方米，建筑面积 17 万平方米。2021 年，有学生 7020 人。教职工 673 人，其中专任教师 466 人。学校自有土地，自建校舍。有教学楼 6 栋、实验楼 2 栋、学生宿舍楼 6 栋（可容纳 7000 人住宿），体育馆 1 处、标准化体育场（400 跑道）1 个、国际标准足球场 1 个、青少年足球场 3 个、篮球场 12 个，大型餐厅（可容纳 8000 人就餐）1 个。各类功能室设施设备齐全，为深圳教育提供大量优质学位，承担相应社会责任。学校自开办以来广受社会好评，办学水平日益精进，深受家长信任。坚持以人为本，创办全面促进学生终身发展的教育，大力推进学科建设，不断完善多元人才培养模式，倡导国际视野、开放精神和交流意识，增强学生的创新精神和解决问题的实践能力。软实力不断提升。历次小学调研考试与中考，均名列龙华区前茅；高考成绩与出国留学申请每年都有大幅度上升。以素质教育为目标，以人文精神培养和综合素质提高为宗旨，以人为本、德育为先，突出校园文化传承、创新和发展，构建出具有美中学校特色的校园文化体系。校园文化建设清晰呈现其精神内核。以“爱，可以创造奇迹”为核心，以“爱”“美”为主题，营造出“乐园”“家园”氛围，成就学校从容自信的办学定力、宁静致远的办学态度、勇立潮头的标杆意识。基本形成管理精细规范、课程自成体系、人才环境优化、特色鲜明突出、中高考全面突破的崭新格局。先后获评“广东省义务教育标准化学校”“深圳市绿色学校”“深圳市优质民办学校”“深圳市足球特色学校”“深圳市教育国际化特色学校”，被深圳市教育局评为“优质民办学校”，多次获得“龙华区民办教育质量奖”。

（美中学校）

【展华实验学校】隶属于展华教育集团，为广东省一级学校。位于深圳市龙华区龙华街道油松路 6 号。校园环境优美，设施设备齐全。以“以德立校，以孝育人”为办学理念，以“培养知感恩、懂孝道、会学习，具有国际视野和未来眼光的优秀公民”为培养目标。为国内外各类高校输送大批优秀学生。高水平通过深圳市办学水平评估，被评估认定为“一所基础扎实、成长快速、发展稳健、特色鲜明的区域优质学校”。实施“人才强校”战略。聘请 7 位名校长，面向全国招聘首席教师，吸纳各地优秀学科带头人。“双一流”学校毕业生占比 30%，硕士及博士研究生学历占比 15%，各级各类学科带头人占比 20%。教师参加各级各类教育教学比赛获奖 379 次。设立 16 个行政工作室、11 个教师工作室、3 个名班主任工作室、10 个特色教师工作室，为学校教学质量提供人才保障。早年聘请《感动中国》2005 年度人物丛飞为德育副校长；聘请“全国道德模范提名奖”获得者、“深圳市孝德模范”李传梅为德育辅导员，将孝德文化贯穿于学校各个方面。通过 10 个良好习惯、10 项传统美德、10 种生存能力这三大方面培养，让优良品德为学生美好人生导航，让良好习惯为学生美好人生护航，让各种能力助力学生美好人生远航。组建合唱团、舞蹈团、篮球队、健美操队等多个体艺团队，街舞、国学等 20 多个社团，各类科技创新、竞赛评比、校园讲坛、社会实践延伸式活动形成“百花齐放、百家争鸣”校园主流文化发展态势，各种育人样态竞显其能，鼓励并成就每一个学生找到适合自己的发展之路。先后获评“全国德育特色学校”“全国生态文明教育示范学校”“广东省义务教育标准化学校”“深圳市规范优质办学学校”，获“龙华区民办教育质量奖”。

（展华实验学校）

坪山区中小学

【坪山中心小学】创办于 1917 年。是东江纵队司令员曾生将军的母校，坪山区首个党支部诞生地，是深圳市较早的省一级学校之一。百年历史沧桑，筚路蓝缕，薪火相传，积淀了丰厚的文化底蕴，树立了良好的办学声誉。占地面积 2.03 万平方米，建筑面积 1.6 万平方米。有各种专用功能室 36 个，教室和功能场室均安装多媒体教学平台；有 200 米塑胶跑道运动场 1 个，篮球场 4 个，风雨操场 1 个；藏书 9.67 万册。2021 年，有教学班 43 个，学生 2106 人，教职工 135 人。专任教师中研究生学历 7 人，本科学历 118 人。秉承“幸福起点美好回忆”的办学理念，致力于学生全面发展，实施课程改革，成立管乐、弦乐、合唱、版画、书法、水墨画、儿童画、围棋、健美操、篮球、羽毛球等 66 个社团。每学年举行“四节两周一月”（艺术节、体育节、科技节、读书节，数学周、英语周，篮球月）传统特色活动。校风优良，教育教学效果显著，教学水平测试名列坪山区前茅。以建设粤港澳大湾区、中国特色社会主义先行示范区和建设高质量可持续的东部教育高地为契机，加快教育改革与创新步伐，追求学校高质量发展，继续夯实办学特色，打造教师新形象，探索新课堂改革模式，推动学校稳步迈向卓越、再续辉煌。先后获评“全国写字实验学校”“国家教科院德育示范学校基地”“广东省绿色学校”“广东省德育示范学校”“广东省诗歌教育示范学校”“广东省书香校园”“广东省巾帼文明岗”“广东省少先队红旗大队”“广东省艺术特色学校”“深圳市教育系统先进单位”“坪山区教育系统先进单位”，获“深圳市办学效益奖”。（罗运辉）

【坪山区中山小学】创办于2015年9月。占地面积2.01万平方米，建筑面积1.9万平方米。分区布局合理，环境优美，被深圳市义务教育阶段学校办学水平评估组评定为“一所上级肯定、社会认可、家长满意、学生喜欢的全面发展、优质发展的区域名校”。2021年，有教学班42个，在校学生1871名。教职工140余名，其中研究生学历14名，市、区级名师16名。围绕“习性”教育理念，深化“六习”课程体系，切实推动学生、教师、学校发展。（冯　娟）

【坪山区马峦小学】为全日制公办小学。位于深圳市坪山区马峦街道马峦社区。占地面积1.1万平方米，建筑面积2.1万平方米。有书法室、创客室等功能室17间，普通教室33间，并配有现代化设施设备。图书馆藏书5.12万册。有计算机292台，校园宽带200Mbps，信息技术课程每周1课时。2021年，开设教学班15个，在校学生669人。教职工62人（专任教师49人），包括坪山区名校长、坪山区小学数学学科带头人2名。教师均为本科及以上学历，其中研究生学历11人。坚持“生态育人，成就梦想”的办学理念。以高起点、强理念打造区域优质“绿色生态学园”“森林中的童梦学园”，践行“激发梦想，创新发展”的育人目标，致力于培养有梦想、有自信、有担当、有创造的好少年。开发实施“童梦”校本课程，整合各类资源全方位育人，把学校创建成为大湾区高品质学校。坚持以探索创新为动力，促进课程体系高度融合。按照“做深校本课程、做精特色课程、做宽学科融合”三个创新路子，打造科技、体育、艺术、阅读等四大特色课程，开发和实施人文梦、科技梦、生态梦等“童梦”校本课程计35门。学校获“全国啦啦操比赛”第二名；在“全国2021年千万学生跳啦啦操大课间活动比赛”中，课间操作品获“优秀大课间创编”“感动大课间故事”“全国百佳校园大课间操优秀单位”三项荣誉；获评“广东省绿色学校”“深圳市新锐学校”“深圳市家校共育典范学校”“深圳市年度美育典范学校”“深圳市儿童友好学校”“深圳市巾帼文明示范岗”。学生获“2021年德国纽伦堡国际发明展”青少年组金奖；“2020—2021少年硅谷——全国青少年人工智能展示大赛”一等奖；“2021年第17届中国青少年创造力发明展”一金一银；“深圳市学生创客节创意制作赛”一等奖；戏剧《跨越时空的回答》获“深圳市

2021年，坪山中心小学《探寻红色记忆，让红领巾飘起来》《擦亮光荣校史，强化党建工作》微视频入选《中国教育报》“党史中的校史”融媒案例

（坪山中心小学　供）

戏剧比赛”金奖；戏剧《郑和下西洋》获“深圳市戏剧节”一等奖；“深圳市啦啦操比赛”乙组第二名。教师获全国比赛奖项32人次，获省级比赛奖项65人次，获市级比赛奖项285人次；在“深圳市教学基本功大赛”中教师获一等奖3人次、二等奖2人次、三等奖3人次。（袁　敏）

【坪山区龙田小学】创办于1950年，位于深圳市坪山区龙田街道龙田社区。占地面积2万平方米，建筑面积1万平方米。2021年，有教学班28个，师生1400余人，其中教职工102人（专任教师87人）。专任教师中市级“教坛新秀”2人；区骨干教师8人，骨干教师占比14%；各级名师工作室成员30人，其中省级6人、市级4人、区级20人。全面落实“立德树人”的根本任务，以落实基层党的建设为抓手，提高教职工政治站位，坚定正确办学方向；开展师德师风教育，弘扬高尚师德，抓早抓小，坚守纪律作风底线；规范行政管理，促进廉洁治校；规范后勤服务管理，提高师生在校幸福指数。围绕坪山区教育规划和学校五年规划，以“全纳教育”为办学理念，以“智慧学园、美丽家园、成长乐园”为办学愿景，以“纳”字为校训，接纳每一人，容纳每件事，悦纳每颗心；在教育教学工作中，倡导“包容、平等、务实、创新”的校风和“德艺双纳，教做真人”的教风；营造“悦纳万卷，学无止境”的学风；培养“业进品优”具有现代公民素养的学生。坚持开齐、开足国家课程，推进区品质课程，开设中华古诗词吟诵、数学错题拓展、英语说唱教学、跳绳、足球、形体等多项特色课程项目，课后延时服务社团课程丰富多彩，教师自主开发和购买服务课程共46门。开展丰富的文化主题活动，促进学生综合素养提升。开展科技节、艺术节、体育节和纪念孔子诞辰暨全纳开蒙礼等活动。各班级按照学校统一部署，结合重大节日、文明城市创建、垃圾分类、防疫等组织开展各类活动。严格落实“双减”政策，加强宣传引导。严格执行“五项管理”制度，作业管理方面建立审批制度，控制作业总量与时长，落实作业公示制度。提高教师作业设计能力和学生作业成效；提高课堂教学质量，聚焦课堂教学改革，落实“先管后教，自主学习”的教学理念，探索开展“三段七步”新型学习方式，建设“以学为中心、以课堂为阵地、提升教学质量为目的”的新型课堂。开展多元评价，注重学生成长过程性评价，通过“文明券”“爱心券”等评价方式提高学生文明涵养。完善教师专业发展机制建设。以课堂教学为中心，创新教师培养模式，完善教师管理模式，优化骨干结对、研修方式、专家指导等平台，重视青年教师成长。省、市、区、校四级课题研究运用质量稳步提升，年度新增1项市级规划课题、4项区级规划课题。青年教师迅速成长。2021年度，获区级及以上学科竞赛奖项近60项次，其中一等奖14项次；学生获区级及以上竞赛奖项200余人次。女足在“深圳市中小学生校园足球比赛”中获亚军；花样跳绳获全区第二名。获评“中华诗教深圳示范区试点学校”，校党支部被评为“坪山区先进基层党组织”。（李　敏）

【东纵小学】于2021年9月开办，为区属公办义务教育六年制小学。位于深圳市坪山区沙新路6号。占地面积1.68万平方米，建筑面积5.46万平方米。总投入约4亿元。核定办学规模36个教学班，学位1620个。固定资产约500万元。图书2万册。2021年，有教学班6个，在校学生261人。全面引入智慧教育教学平台，配备东纵文化传承馆、东江文化广场、北江创客中心、一粟学生餐厅、双成劳动体验馆、三省书屋、五安学生午休房、六龄口腔健康馆、拾萤图书馆、百川报告厅、千帆体育馆等优质教育资源。致力于办一所传承红色基因、培养未来人才的先行示范学校，致力于培养有东纵精神、民族情怀、创新能力和国际视野的阳光少年。优师团队由正高级教师、特级教师、“南粤优秀教师”、广东省名师工作室专家顾问何莹娟校长领衔。教职工30人，其中：高级职称2人，中级职称5人；特级教师1人，市级及以上名师4人，区级及以上名师6人；本科及以上学历26人（硕士3人）。名师工作室1个。围绕学生核心素养和关键能力，采取顶层设计和自主开发相结合方式，在落实国家课程基础上开设“一体两翼四类”的东纵课程，实施“三阶六育”德育模式，组织开展丰富多彩的学生主题教育活动，推动办好校园“五节”，即文学节、科技节、艺术节、体育节、劳动节。创新开办“纵横论坛”，丰富校园文化，创建“学习型学校”，建设“书香校园”。学校开办以来，教师获区级及以上奖项近30项（其中市级6项，教师专业类竞赛评比一等奖6个）。

【坪山高级中学】创办于2006年9月，为广东省一级学校。占地面积9.16万平方米。2021年，有教学班61个，在校学生2968人。在编专任教师261人，其中：正高级、特级教师2人，高级教师70人；省、市、区各级名师及培养对象80人，占比30.6%；硕士研究生及以上学历教师77人（其中博士3人），占比近30%；市级名师及培养对象5人，区级名师20人，区级名师培养对象51人。厚植家国情怀，增强使命担当。党委书记主讲“思政第一课”及特色党课10节次；开展师生爱党爱国文体活动20余场次，“爱国情、强国志、报国行”走实走细。“请党放心，强国有我”，青春誓言铿锵有力；“青春心向党，放歌新征程”爱党爱国歌曲竞唱、“赓续红色基因，锻造强健体魄”校园运动会、“不忘百年初心、谱写育人新篇”年度庆典将党史学习教育不断推向深入。获评“深圳市党史学习教育示范校”，被推荐参评“广东省‘百校庆百年’校园巡礼活动校”。严格执行“一岗双责”安全责任制，强化“人防、技防、物防”手段；坚持防疫常态化，确保防疫工作落实落地；重视学生心理健康，建立心理预警联动机制；落实领导陪餐制度，了解师生生活需求，师生健康、阳光。教师吕文彬、张滋参与支教帮扶，屡获当地政府表彰；蒙荣林、姚远等30余人获市、区级荣誉称号；王焱坤获评“2021坪山区年度教师”；教师志愿服务活动参与踊跃，温暖师生，获得省级嘉奖。教师论文发表及获奖81人次，市、区级课题立项23项，校级课题结题52项；万磊、王思思、王硕、刘奇文、钟丽兰等十余人获省、市“青年教师教学基本功比赛”一等奖；各类教学比赛获奖50余人次。2021年高考，谭萱被清华大学录取，朱宁旭以物理满分高优成绩名列全省前茅，近200人被国内外重点大学录取。学生参加竞赛5人获国际大奖，30余人获国家、省、市级大奖，6人获评国家二级运动员，学生团体项目多次在市、区级比赛中获奖。先后获评“广东省普通高中教学水平优秀学校”“广东省国家级示范性普通高中”“广东省国家级国防教育特色学校”。（谢先念　毕　灿）

2021年7月，坪山高级中学学子获“2021年国际青少年创新设计大赛”一等奖

（坪山高级中学　供）

【坪山实验学校】创办于2010年9月，为九年一贯制公办学校。有北、南、东3个校区，总占地面积近9万平方米，总建筑面积18.1万平方米。图书馆藏书25万册，计算机1400台。2021年，开设教学班145个，在校学生6812人。教职工493人，其中高级职称201人，特级教师2人，正高级教师3人，市“年度教师”1人。市名师工作室1个。高规格打造校园党史学习教育馆，高密度开设党史学习教育课程，高水平编印校内党建刊物《坪实党建》，高强度推进“师德师风建设年”各项举措。深化“共产党员示范行动”，组织党员开展教学竞赛、志愿服务、支教送教、红色教育实践等活动50余次。校党委获评“坪山区先进基层党委”，党建案例“‘党课’+‘思政金课’，培育时代新人”被南方日报社评为“立德树人示范项目”。探索超大规模学校有效管理，落实好学校统筹、学部主抓、处室协调运作机制，做到大而有为、大而有序、大而有质、大而有料。加大宣传力度，树好学校新形象，微信公

众号全年推送学校动态350余条。构建德育课程体系，全方位育人。初步形成道德与法治课、班会课、心理课、每周一升旗礼、社团课、综合实践课程相结合的德育课程体系，组织法治教育、社会实践、劳动教育、主题班会教育、校规校纪教育系列活动。推动家、校、社共育。注重教师培训，全覆盖进行全员培训和学科培训。加强科组建设。举办教师学科解题大赛、青年教师教学技能大赛、主题沙龙活动，邀请教学专家到校指导，拓宽教学思路，促成专业成长。与香港救恩书院、香港大埔三育中学等同上爱国主义课。派出教师援疆援桂。与区内帮扶的2所民办学校互动频繁，共同进步。以校园麒麟文化为核心，打造多彩课程，课后服务课程“200+”，让学生开心、家长放心。完善汉字博物馆等特色场馆，开展体育节、艺术节等活动，使学生身心得到健康发展。坚持民主治校，健全规章制度。细致落实疫情防控各项举措，高质量完成2次全员核酸检测，新冠疫苗接种累计2万余针次；筑牢校园安全防线，护航全校师生安全。（林柳东）

【深圳中学坪山创新学校】为九年一贯制公办学校，委托深圳中学全面管理。位于深圳市坪山区石井街道。占地面积3.16万平方米，建筑面积11.82万平方米。2021年，在编教师25人，其中：研究生学历23人，占比92%；本科学历2人，占比8%。在常规配备54间教室、29间各类实验室、功能报告厅、学生食堂、教师宿舍的基础上，增配创客教室、机器人练习室、人工智能教室、数学实验室、创意工作室、陶艺工作室、校园电视台、合唱教室、交响乐室、民乐教室、黑匣子等教学用房。教学用房基于自主学习、项目合作、自由讨论、团队展示和科技创新等功能，为学生构建多样化学习空间。有复合型体育馆、游泳馆和运动场，融合学生活动区、运动区、阅读区的一体化区域，保障安全的停车接送区，以及创新设计的8000平方米架空活动区，为学生提供广阔的活动空间，其中，小学部4000平方米架空活动场地根据儿童成长心理和活动需求，打造功能复合的活力环线。秉承“追求卓越、敢为人先”的深中精神，依托深圳中学先进的管理经验和优秀的管理团队，将深圳中学先进办学理念、卓越精神文化和成熟课程体系自然延续，探索实践“启发创新兴趣及思维方式、培养实践及团队协作能力、形成实践与教育闭环”的创新教育理念。致力于培养具有中华底蕴和国际视野的优秀公民，营造“人人皆可成才、人人尽展其才”的良好环境。遵照“学校按需施教、学生按需选学”的课程价值观，为学生搭建多元发展立交桥，营造良好文化氛围，让每个人都有出彩机会。传承深圳中学科学的教师发展体系和激励机制，通过建立教师专业发展项目组、实施“青蓝工程”、搭建各类研修平台等方式，为新教师提供强有力的专业培训，打造快速成长通道。秉承深圳中学建筑设计风格和“中国红”基调，聚焦未来学校设计标准和“书院漫步”的设计理念，呈现典雅端庄的“学院式”建筑风格和“前庭后院”中国传统园林布局。主体建筑由中学教学楼、小学教学楼、行政楼、体艺科技创新楼、文体综合楼和教科研培训中心组成，实现教学功能和科研培训一体化。为适应未来学校各种教育方式，推动智慧教育发展，设置智慧教学环境、智慧教学资源、智慧校园管理、智慧校园服务、信息安全体系等系统架构，以满足AR、VR以及混合式学习等模式的需要，培养面向未来的创新型人才。（马晓宇）

【东北师范大学深圳坪山实验学校】于2021年9月开办。为坪山区公办九年义务制学校，首任校长为东北师范大学附属中学原副校长、正高级教师高俊明博士。位于坪山区坪山街道和兴路11号。学校一期工程已投入使用，占地面积3.2万平方米，建筑面积13.7万平方米。校园环境优美，设施设备先进。2021年，招收学生475名，其中小一6个班学生共计266名，初一6个班学生共计209名。教师46人，其中：正高级教师1人，副高级教师8人；博士研究生学历4人，硕士研究生学历30人。传承东北师范大学“尊重的教育、创造的教育”的办学理念，以“为学生一生奠基，对民族未来负责”为办学宗旨，以“培养自主发展、善于创造的时代英才”为育人目标。围绕“立德树人”根本任务，建立“三四五”特色德育模式。课程建设上，充分整合利用东师资源，开发思政、学科竞赛和体育艺术三个类别“小初高大一体化”贯通课程；整合国家课程与校本课程，从“修身心”“育素养”“做研究”三个维度为学生设计特色课程。落实“双减”政策，改进“优效备课”、“深度学习”和“精致反馈”课堂教学三环节；开发学科认知技能训练课程，让学生学会学习；改革学生学业评价方式，让学生自主学习。打造创新型人才培育工程。以课程为基础、以社团为平台、以项目活动为路径，制订理科基础、人文社科、科技创新、体育特长、艺术审美五个培养方案，以导师制配套落实。大力推动学术型教师团队建设工程。东北师范大学多位全国知名专家深入学校进行教师理论培训指导，东师附中、附小一线名师为教师开展学科实践培训。获评“教育部学校规划建设发展中心艺术与科技创新发展联盟会员单位”“中国教育发展战略学会艺术教育专委会会员单位”“全国大中小学劳动教育实验学校”。（叶子健）

【光祖中学】始办于1906年，前身为“光祖学堂”，由南洋爱国华侨捐资兴建。首任校长是康有为嫡系弟子欧榘甲。他提出“家国之光”的办学理念，矢志兴学育才、为国争光。光祖中学为深圳办学历史最悠久的学校之一，广东省一级学校。占地面积6.2万平方米，建筑面积1.8万平方米。专用功能室36个，400米塑胶跑道运动场1个，篮球场4个，网球场3个，羽毛球场4个。2021年，有教学班32个，在校学生1558人，教职工158人。教职工中硕士学历34人，本科学历106人。依托家校共育“燃”课程、阳光阅读“亮”课程、悦动体育“嗨”课程、底色艺术“炫”课程、融通劳动“润”课程，推行“五育并举”，学生个性发展成效卓著。学生李纪沥获“第十一届中国少儿‘小金钟’音乐大赛深圳赛区总决赛”总冠军、最受欢迎歌手奖，成为深圳形象代言人；学生在坪山区第十二届中小学田径运动会上夺冠3项；学生在“坪山儿童心向党歌唱比赛”决赛中获得金银奖牌各1枚；学生小课题“探究提升DNA提取成果的方法”获坪山区学生小课题一等奖；“2021年度坪山区第十届中小学生校园科技节”活动学生获奖109人次。师生全年共获区级及以上荣誉524项。现任校长温安武为学校第36任校长。他秉承“家国之光”的办学理念，提出打造“爱国创新，自主成长”的办学特色，带领学校融入粤港澳大湾区、深圳先行示范区“双区”驱动战略。2021年11月10日，光祖中学与姊妹学校香港扶幼会则仁中心学校云端共上爱国主义课，新华社对此所做的报道点击量达114.7万次。先后获评“广东省绿色学校”“深圳市书香校园”“深圳市党史教育基地”“深圳市教育系统先进单位”“坪山区十大人文风景学校”。2021年，获评“深圳市先进基层党组织”。校长温安武被评为“深圳市十佳校长”，工会主席陈福兴被评为“深圳市先进教育工作者”，教师张新婷被评为“深圳市三八红旗手”，杨帆、赵晗获“2021年深圳市青年教师基本功大赛”一等奖。（吴平凡）

【弘金地学校】于2017年5月由金地集团创办，为九年一贯制寄宿制民办学校。位于深圳市坪山区马峦街道体育一路1号。占地面积6.8万平方米，建筑面积5.2万平方米。以网球教育为特色，有25片现代化网球场，其中8片为室内网球场，1片为可容纳5000人的现代化国际比赛场，16片为室外灯光球场。实行小班化教学，专家治校。2021年，有教学班30个，在校学生840人。拥有一支“本土名师+海归教师+外籍教师”的“三

2021年10月24日，光祖中学学子李纪沥获第十一届中国少儿小金钟音乐大赛深圳赛区总决赛总冠军（光祖中学 供）

元合一”的有理想信念、有道德情操、有扎实知识、有仁爱之心的“四有”教师队伍。教职工 102 人（专任教师 70 人）。专任教师全部为本科及以上学历，其中：硕士、博士学历教师 25 人；外籍教师 4 人；海归教师 10 人。区级名师工作室 2 个。以“用民族精神铸魂，凭国际素养立本”为校训，奉行全人教育办学思想，坚持素质教育办学方向，彰显剑桥国际课程和网球教育特色。面向全体，全面发展，主动学习，“一站式”服务，培养学生健全人格、创新精神、实践能力和可持续发展能力，使学生成为新时期社会主义现代化建设后备人才。2021 年中考，学校首届初中毕业生以总均分名列坪山区公民办学校第一名；86% 的考生考入深圳市公办高中，100% 的考生考入深圳市高中；王子昕以录取分 599 分名列全深前茅。先后获评“全国青少年校园网球特色学校”“教育部‘基于教学改革、融合信息技术的新型教与学模式’实验校”“广东省义务教育标准化学校”“深圳市优质特色民办学校”“深圳市中小学教师信息技术应用能力提升工程 2.0 试点校”“深圳市教育工作先进单位”“深圳市传统体育项目（网球）学校”，获“深圳教育改革创新大奖”。2021 年，学校作为第一所接受深圳市人民政府义务教育阶段民办学校办学水平评估的民办学校，得到评估组专家充分肯定。（张　建）

【龙山学校】创办于 2002 年 9 月。隶属于龙山教育集团，为九年一贯制区域品牌民办学校。占地面积 2.05 万平方米，建筑面积 1.53 万平方米。固定资产 8311.96 万元，其中教学仪器资产 539 万元。图书馆藏书 7.82 万册。2021 年，有教学班 44 个，在校学生 2010 人。教职员工 156 人，其中专任教师 109 人。专任教师中：研究生学历 1 人，本科学历 78 人，专科学历 30 人；中级职称 8 人，初级职称 8 人；区级学科带头人 1 人，区教坛新秀 1 人。大胆推进本真课堂教学改革，稳步实施学生快乐成长阶梯发展规划。践行“让教育回归本真，让学生体验成长的快乐，让教师感受工作的幸福”教育理想，坚持推行“真抓实干，培养能力，追求质量”的教学理念。举办“双减”背景下教研组长“说‘本真’，上‘本真’课”教学基本功大赛、“双减”背景下作业设计大赛，教育教学质量全面提升，办学层次迈上新台阶。多项实践性课题在市、区立项，中小考成绩连续多年位居区公民办学校前列，区奖教奖学金总额连续 8 年位居区民办学校第一。扎实推进和开展区级结对帮扶活动，取得显著成效。“本真”艺术特色课程展演、龙山大舞台、感恩教育等一系列特色活动别开生面。2021 年 11 月，学校《学生快乐评价手册》入选“广东省深化新时代教育评价改革”试点项目。获评“深圳市中小学生八大素养培养试点学校”“深圳市优质民办学校”。（顾红波）

光明区中小学

【光明区公明第二小学】创办于 1968 年 8 月。2005 年 7 月由原公明上村小学更名为公明第二小学；2017 年 3 月学校取得立项批复，批准扩建为 72 个班九年一贯制学校。2021 年，有教学班 52 个，在校学生 2640 人。教职工 205 人（专任教师 165 人）。专任教师中：硕士学历 7 人，本科学历 116 人；高级教师 9 人，一级教师 65 人，二级教师 48 人；区级名师 14 人。以“好习惯成就精彩人生”为办学理念，秉持“以美养德、以美启智、以美健体、以美促劳，美美与共”的美育理念，“五育并举”；充分发挥课堂主阵地作用，开设“6+3”特色课程，全力提升学生艺术素养；倡导“以生为本、以学为主、快乐学习、幸福成长”，强化六大支撑点，即习惯立人、激励立人、兴趣立人、活动立人、素质立人、环境立人，力求在促进学生自主学习、自主管理、自我发展的同时让学生动起来、课堂活起来、效果好起来、学生乐起来。先后获评“全国中小学中华优秀传统文化传承学校”“全国青少年校园足球特色学校”“广东省绿色学校”“深圳市德育示范学校”。（吴晓欣）

【光明区马田小学】创办于 1969 年，占地面积 1.21 万平方米，建筑面积 9896 平方米。2021 年，有教学班 36 个，在校学生 1825 人。教职工 122 人。教职工中：高级职称 5 人，中级职称 48 人；区级及上名师、培养对象 30 人；本科及以上学历 117 人，其中硕士研究生学历 6 人。坚持“立德树人，五育并举”，融通“千里马文化”与“生命·实践”教育学的“教天地人事，育生命自觉”精神内核，关注师生生命成长，着力推动学校整体转型变革。秉承“做最好的自己”的办学理念，践行“千里之行，始于足下”的校训，构建仁、义、礼、智、信、勇、健、美“八德”工程；开展“校园四季活动”（春季“奔腾体育节”、夏季“智趣科创节”、秋季“致远书香节”、冬季“缤纷艺术节”）；精心打造篮球、武术、定向越野“三叉戟”体育特色项目，形成校园文化、书香校园、“五育融合”办学特色，以“培养人格健全、学识丰厚的千里马”为育人目标，培育主动、健康发展的时代新人。先后获评“全国青少年校园篮球特色学校”“广东省五四红旗团支部”“广东省科普示范学校”“深圳市教育云项目教学应用试点学校”“深圳市巾帼文明岗”“深圳市消防安全管理标准化学校”“深圳市馆校结合科技教育基地学校”“全国创新型学校”“全国青少年校园足球特色学校”“深圳市先进基层党组织”“光明区体育特色项目学校”“光明区首批艺术教育特色学校”“光明区‘十佳’党组织”“光明区文明校园”“光明区校园文化特色创建示范学校”，获“第七届深圳教育改革创新阅读特色学校”年度奖。（梁冬梅）

【红花山小学】创办于2016年，为光明区直属公办小学。占地面积1.05万平方米，建筑面积1.25万平方米。2021年，开设教学班24个，在校学生1191人。教职工100人（专任教师70人）。专任教师中硕士研究生12人，高级教师3人，区级名师和骨干教师21人。名师工作室1个，名师微团队7个。秉承“生长于自然，教育自生活”的办学理念，践行“向明亮的方向奔跑”的校训。建设“环境雅致、管理智慧、质量优良、特色鲜明”的校园。开设经典素读“海量阅读”系列课程，采取“部编版语文教材+精选童书+中华经典”课程设置方式；全员普及跳绳运动，分年段开设游泳、篮球等体育特色课程。开展运动嘉年华、“六一”文艺汇演、书香节、数理科技节等全员参与的活动，成立管乐、合唱、舞蹈、跳绳、田径、足球、美术、彩泥、机器人、科学等10余个特色社团。英语科组先后评获“光明区巾帼示范文明岗”“深圳市巾帼文明岗”；获“广东省第三届校季管乐节”一等奖，“2021深圳市艺术展演”器乐组一等奖，“光明区第十一届青少年科技节暨第五届学生创客节”一等奖，“光明区第五届中小学生跳绳比赛”小学乙组团体成绩第一名，“光明区中小学生校园足球联赛”U10男子组三等奖，“2021广东省中小学跳绳锦标赛”小学组团体总分二等奖。年内，获评“中华诗教示范区试点学校”“光明区艺术特色学校”。（张　虎）

【深圳市教育科学研究院实验小学（光明）】创办于2019年，为深圳市教育科学研究院与光明区强强联手创办的公办学校。建筑面积4.09万平方米。核定办学规模36个班，提供1800个学位。2021年，开设教学班23个，在校学生1131人。教职工82人（专任教师74人）。专任教师中：硕士研究生学历24人，本科学历50人；特级教师1人，副高级教师3人。遵循“适性扬才，播种未来”的办学理念，致力于培养“幸福生活和美好未来的创造者”。以党建主题教育活动为核心，弘扬师德师风正能量；以学校“十四五”规划为指引，明晰学校发展远景目标；以“立德树人”为根本任务，合力助推全过程育人发展目标；以“双减”和深化育人关键环节为抓手，落实“五大行动”（作业减负行动、学堂重构行动、课程多元行动、学术提升行动、评价升级行动）；把好校园安全关卡，守护师生健康安全；发挥工会职能作用，凝聚职工群体力量。获“第七届深圳教育改革创新大奖”之“最受关注新锐学校（园）”年度奖；获评“中华诗教深圳示范区试点学校”“‘基于教学改革、融合信息技术的新型教与学模式’实验校”“光明区教育系统信息化和学科融合示范基地”“光明区教育系统科研发展基地”。（陈朝丽）

【华南师范大学附属光明星河小学】为华南师范大学、光明区政府与深圳星河控股有限公司联合创办的高品质、高起点公办小学。位于光明科学城中心区域。占地面积8700平方米，建筑面积2.92万平方米。2021年，有教学班24个，每班学生约45名。秉承创新思路，从学生心灵出发，从生命拔节着手，立足新时代发展需要，确立“美的超越，好的创新”办学思想，着力以美好教育引领达成一流教育愿景。以培养具有中国品味、中国温情、中国审美、中国视野的时代新人为己任，致力于打造具有“特区秉性、光明气质、华师气派”的未来学校。（朱鸿华）

【清一小学】创办于2017年9月。占地面积1.1万平方米，建筑面积1.28万平方米，运动场地面积3449平方米。该校实行寄宿、走读双制管理。2021年，有教学班31个，在校学生1076人。教职工110人（专任教师75人）。专任教师中，研究生及以上学历1人，本科及以上学历69人。秉承“促进学生最佳发展、长远发展，培养健全人格，为学生的幸福人生奠基”的办学理念，以办成一所“风清气正的阳光学校”为办学目标，走出一条特色鲜明、成果显著的发展之路。围绕“立德树人”的根本任务，在确保完成国家与地方课程教学内容基础上，拓宽学校拓展性课程“自留地”，积极构建“课程+”校本课程体系。课程体系为基础课程、拓展课程、探究课程、定制课程、主题课程五个层面。实现国家课程校本化，提供学生“可选择的课程”，尊重并给予学生选择的权利，构建立体化、多元化、多层次、多样化校本课程体系，涵盖外教口语、国学、国际理解、艺术、阅读、形体等多个方面。全面实施小班化教学，每班人数不超过36人。采用中国传统基础教育与国际化教育理念相结合的教育方式，致力于培养具有家国情怀的人，培养人格健全的学生。既尊重教育规律，又尊重个性发展；既为国家的未来培养人才，又为学生未来奠基；既在教育体系和模式上下功夫，又在课程文化体系上着力，特色与基础课程双翼齐飞。2020年被评为“深圳市优质特色民办中小学校”，2021年获“深圳市优质民办学校年度奖”。（梁惠琼）

【光明中学】创办于1965年，为广东省一级公办完全中学。占地面积5.57万平方米，建筑面积4.46万平方米。2021年，开设教学班66个（初中30个、高中36个），在校学生3257人。教职工314人（专任教师281人），其中：中共党员91人；正高级教师1人，高级教师84人，中级教师108人，特级教师1人，全国优秀教师1人，市级名班主任1人，市级名教师2人；深圳市高层次人才2人（后备级2人）；“南粤优秀教师”1人；区级名师及工作室主持人16人，校级名师15人；研究生学历57人。坚持以“培养具有健康、主动发展意识和能力的学生，成就德才兼备、专业精进的教师，兴办质量一流、特色鲜明的完全中学”为办学理念。秉承“日就月将，学有缉熙于光明”的校训，大力提高教育教学质量，着力打造现代化健康校园文化，努力实现学校跨越式发展。开设多样化校本课程102门，满足学生全面发展、多元发展、特长发展的需求。学生社团蓬勃发展，成立社团23个，由学生自主管理。师生积极参加各级比赛并屡获奖项，其中：教师吴平、吴江南、叶兰兰获“广东省教育教学比赛”一等奖；学校柔道队、跳绳队、田径队、舞蹈队多次在市、区级比赛中取得优异成绩。坚持以“优化教学、提高质效”为重点，以校本教学改革为抓手，在探究实践中提升教学质量。积极与广东工业大学、广东第二师范学院、韩国永进专门大学等高校合作，成为合作高校生源培养基地和实习生研训基地。在探索培养拔尖创新型人才新途径的同时，接轨国际教育，拓宽教师教育视野，搭建师生校外研训广阔平台。先后获评“广东省中小学校本培训示范学校”“深圳市教育工作先进单位”“深圳市办学效益优秀学校”“深圳市依法治校示范校”“深圳市推进现代学校制度建设先进校”“深圳市教师队伍建设先进学校”“深圳市平安校园”。（叶剑峰）

【中国科学院深圳理工大学附属实验高级中学（深圳市第二十二高级中学）】于2021年9月正式开办。是由中国科学院深圳理工大学（筹建）、光明区人民政府和深圳市教育局三方共建的高水平、现代化、未来式公办实验高中。为深圳市理科特色高中，简称“中科附高”。建筑面积8.2万平方米。有400米标准跑道、标准足球场，现代化篮球馆、羽毛球馆和恒温泳池等运动设施，图书馆、博物馆、艺术馆、创客空间、VR教室等文体创新功能空间，配备系列高端实验室、国内首个高中学段“心理梦工厂”，为学生提供多元化成长空间。2021年，有教学班42个。以“爱生活、爱科学、爱国家”为宗旨，在课程设置上秉承“创新融合”理念，以国家课程为主体，以特色课程为补充，贯通融合，优化设计，构建基础宽厚、学科交叉、文理互补、综合集成的创新教育课程架构，实现意识养成、知识获得、能力培养兼容并蓄的知识结构，追求卓越的教育教学综合效果。常态化开设“博士课堂”“学伴计划”“实习科学家”“科学家讲坛”等特色课程，寻求“高本”无缝衔接有效方式，为拔尖创新人才的早期识别和培养创设条件。（李俊熹）

【**公明中学**】创办于1945年。是一所历史悠久、底蕴深厚、人才辈出的基础教育名校，广东省一级学校。其前身是中国共产党领导的抗日武装——东江纵队为培养革命干部和解决当地青少年读书问题而创办的东宝中学，1960年更名为公明中学，几经易址，1976年9月迁至红花山下，红色基因一脉相承，生生不息。占地面积6.24万平方米，建筑面积5.05万平方米。2021年，有教学班43个，在校学生2104人。教职工182人，其中区级以上骨干教师43人。区级及以上名师微团队8个。秉承“培养积极心理品质，力促师生最大发展”的办学理念，恪守“真、和、勤、进”的校训，教学质量突出、特色课程丰富、学生习惯和素质俱优，实现“五育并举”。从老宝安地区的基础教育名校，蜕变为光明区教育高质量发展高地。新时代，新征程。公明中学紧紧围绕教育教学质量主线，不断开拓素质教育新天地，朝着“成为学生喜欢、教师幸福、家长满意、社会认可的家门口好学校”办学愿景阔步前行，在光明区教育高质量发展中当好先行示范排头兵。先后获评“国际生态学校”“国家级绿色学校”“广东省依法治校示范学校”“广东省心理健康教育示范学校”“广东省象棋特色学校”“深圳市先进基层党组织”“深圳市德育示范学校”“深圳市书香校园”。（王蕊）

【**光明区实验学校**】创办于2005年8月，由原公明镇周家村小学、塘尾小学、东坑小学3所村小合并而成，创校名称为公明实验学校。2011年更名为光明新区实验学校。2021年12月27日，光明区教育局批复成立以光明区实验学校为核心的区实验学校（集团），是光明区第一个中小学教育集团。为公办九年一贯制学校，被定位为实验性、示范性、带动性学校，光明区倾力打造的窗口学校。占地面积7.4万平方米。2021年，有小学、初中2个学部，教学班90个，教职工332名，学生4562名。坚持党建引领，不忘教育初心，矢志“立德树人”。逐步形成以党委为核心，师生同心、家校同心的“同心圆”党建品牌；以三级递进培训项目为载体的名师培养“光实范式”；以多元综合立体式评价为内核的评价改革“光实体系”；以定向运动、科技创新为龙头的特色教育“光实样板”。在“人心向学”的办学主张指引下，一大批心向学生、心向学术、心向学校的光实教师脱颖而出。张夏乐获评“2020年深圳市基础教育系统‘年度教师’”，实现光明区市级“年度教师”零的突破；黄健获评“深圳市文明市民道德模范”；校长曾广波获评“2020年深圳市‘十佳’校长”。学校先后获评“中国学生定向运动突出贡献单位”“全国生涯教育实验学校”“全国文明生态教育特色学校”“广东省基础教育党建示范校”“广东省中小学校本培训示范学校”“广东省书香校园”“广东省德育示范学校”“广东省体育特色学校”“广东省传统体育项目学校”“广东省语言文字规范化示范学校”“深圳市文明单位”“深圳市先进基层党组织”“深圳市中小学依法治校示范校”“深圳市‘市民身边的好学校’”，获“深圳市办学效益奖”。（黄振业）

【**李松蓢学校**】为光明区教育局直属九年一贯制公办学校。占地面积3.27万平方米，建筑面积3.26万平方米。规划办学规模为九个年级54个教学班，学位2520个。2021年，在校学生2516人，教职工227人（专任教师174人）。专任教师中，硕士研究生学历33人、高级教师15人。以打造“国学教育”为特色，以“博我以文，雅我以礼”为办学理念，以培养“博雅少年”为办学目标，以“博雅教育”为教育特色，营造“博爱领众，品位高雅”的政风、“博雅于中，礼形于外”的校风、“博闻多识，温文尔雅”的教风、“博学善思，笃行达雅”的学风，力争建设成为深圳市“博雅教育”特色学校。先后获评“全国象棋特色学校”“广东省绿色学校”“广东省劳动教育示范学校”“广东省人工智能教育实验学校”“深圳市教育教学先进单位”“深圳市足球特色项目学校”“深圳市儿童友好型实践基地”“深圳市德育示范学校”“深

圳市安全文明校园”“深圳市文明校园”“深圳市最美图书馆”“光明区最美文明校园”。（徐小燕）

【凤凰学校】为隶属于光明区教育局的九年一贯制公办学校，前身为1974年8月创建的凤凰小学，2018年10月因改扩建变更为现名。位于深圳市光明区光明街道光侨路2591号。占地面积3.84万平方米，建筑面积4.37万平方米。规计办学规模54个教学班，学位2520个。2021年，有在校学生2295人（小学部1544人、初中部751人），教职工231人（专任教师175人）。专任教师中：特级教师1人，高级教师16人；省、市、区级名师及培养对象32人。把“每个生命，沐光成长”作为核心表达，以“办温暖芬芳的学校，做智慧舒展的教育”为办学理念，确立“和融进取，共生长”为校训，“和谐温暖，聚如光”为校风，“和雅仁爱，齐芬芳”为教风，“和乐多彩，自绽放”为学风。先后获评“全国生态文明教育百强学校”“中华文化文学创新示范校”“深圳市‘基于教学改革、融合信息技术的新型教与学模式’实验校”“第七届深圳教育改革创新论坛阅读特色学校”“光明区书香校园”“光明区艺术教育特色学校”“光明区心理健康特色学校”“光明区教育系统2021年度‘十佳’党支部”“光明区工人先锋号”，获“光明区五一劳动奖状”。（刘艳春）

【凤凰城实验学校】创办于2019年9月，为九年一贯制学校。占地面积2.59万平方米，建筑面积4.47万平方米。规划办学规模54个教学班，学位2520个。2021年，有教学班36个，在校学生1692人，教职工129人（专任教师118人）。专任教师中，硕士研究生学历36人，高级教师8人。遵循“崇优扬美”的办学理念，旨在培养优美生活的创造者。致力于改变传统教育灌输形态，打破传统学校时间和空间限制，实施线上线下深度融合教育，引领未来教育新范式。坚持党建引领，绘就优美教育蓝图，确立“优美教育”的办学体系，启动“五年规划”研制工作。加快“两制一平台”建设，推进学校管理现代化，不断开展“一美四优”教师队伍建设活动，系统提高人才培养质量。为光明区唯一一所加盟深圳云端学校项目的学校，同时被遴选为“深圳市‘基于教学改革、融合信息技术的新型教与学模式’实验校”“深圳市科创教育示范学校”“光明区信息化和学科融合示范基地”“光明区义务教育阶段项目式学习实验校”“光明区党建引领基础治理‘立德树人示范项目’学校”。学校工作多次被《南方日报》、《深圳商报》、《晶报》、深圳新闻网、深圳广电《第一现场》等媒体宣传报道。（王华鑫）

【中山大学深圳附属学校】于2020年9月开办，为光明区委、区政府与中山大学合力打造的九年一贯制公办学校。总投资近10亿元。占地面积6.74万平方米，建筑面积16.1万平方米。核定办学规模为32个班，提供学位6180个，为深圳市最大的九年一贯制公办学校。2021年，开设教学班62个，在校学生2736人，教职工200人。“以立德树人”为根本任务，秉承中山大学“博学、审问、慎思、明辨、笃行”的校训，坚守“光德明理、守正创新”的教育思想，以“健康、乐学、发展”为质量目标，致力于培养“德才兼备、国际视野、家国情怀”的社会主义合格建设者和可靠接班人。围绕核心素养，构建学校现代课程谱系——基础课程、拓展课程和研究课程，通过“一学生五导师”促进学生全面发展。打造科技特色学校，创新未来人才培养方式，打造基础教育和高等教育深度融合的样本。先后获评“全国‘营养与健康基地’试点学校”“深圳市最受关注新锐学校”“深圳教育创新示范学校”“深圳科创教育示范校”，获“深圳‘以人民为中心·党建引领基层治理·立德树人’示范奖”“深圳教育改革创新人气奖”。学校使用的预防脊柱侧弯书包和可调节课桌椅受到《中国教育报》专题报道，午休床登上热搜。《人民日报》、央视新闻、新华社、《人民教育》、“学习强国”平台、《环球时报》等媒体和学习平台先后报道学校教育改革方案，获得广泛关注。（何雁）

【华中师范大学附属光明勤诚达学校】于2019年9月开办，为公办九年一贯制学校。由光明区人民政府、华中师范大学、深圳市勤诚达集团有限公司三方合作办学，旨在推动光明区基础教育水平迈上新台阶。位于深圳市光明区玉塘街道长圳社区长松路。建筑面积6.86万平方米。2021年，在校学生2046

人、教师138人。华中师范大学从校长指导、专家督导、教师认证、资源共享、互助交流五个方面保障学校教学质量。依托华师平台，学校每学期选派教师参加华师一附中、华师附小跟岗培训，华师每学期派专家团队到校指导；构建“华师+地方+学校”三级心理健康平台，全方位促进学校教学水平提高，促进教师成长、学生发展。以“培养健全人格，奠基幸福人生”为教育理念，坚持把“立德树人”作为中心环节，把思想政治工作贯穿于教育教学全过程，形成“全员育人、全程育人、全方位育人”的工作新局面。2019年9月，入选《广东教育》常务理事单位；2020年12月，通过“光明区教育局依法治校达标校”验收；2021年1月，被评为“光明区文明校园”；2021年12月，通过“广东省义务教育标准化学校”验收。先后获评“全国校园冰雪运动特色校”“全国生态文明教育特色学校”“广东省国际象棋特色学校”“广东省科创和STEM课程实验基地学校”“广东省绿色学校”“深圳科创特色示范学校”“深圳市劳动教育特色学校”“光明区中小学心理健康教育特色学校”“光明区‘科技·生态·幸福’系列示范基地校义务教育品牌课程基地”“光明区少先队红旗大队”。（董仲棱）

【深圳实验光明学校】创建于2019年，为深圳实验教育集团与光明区政府倾力打造的高起点、高水平优质九年一贯制学校。占地面积2.8万平方米。核定办学规模48个教学班。2021年，有教学班23个，在校学生1055人，教职工104人。具备优质办学环境、人性化学习生活空间，图书馆、体育馆、音乐教室、美术教室、舞蹈教室、心理咨询室、生物实验室、物理实验室、化学实验室等功能室一应俱全，满足学生个性发展需要；有天台共建花园，师生共享“花样生活”。师资力量雄厚。骨干教师来自深圳实验教育集团兄弟学部、国内知名学校。有学科带头人和省名师工作室主持人、省学科带头人，因材施教，成绩斐然；青年教师均为“双一流”大学及重点师范院校优秀毕业生，朝气蓬勃、才华横溢。恪守深圳实验学校“健全人格教育”的办学思想，牢记“励精图治”的校训。致力于创设符合学生全面发展和个性发展的课程体系滋养学生，努力打造人文与科学融会、经典与现代并重、教师与学生敦睦的校园文化熏陶学生，以三节一周（科技节、艺术节、体育节，社会实践周）、主题晨会等活动浸润学生，从而实现“人格健全、学业进步、特长明显、和谐发展”的育人目标。先后获评“深圳‘南国书香节’共读共建单位”“光明区教师发展基地”“首批科学城青年菁英汇集体”。（倪　娟）

【深圳市教育科学研究院实验学校（光明）】创办于2020年8月，为深圳市教育科学研究院与光明区政府联合举办的九年一贯制公办学校。占地面积2.47万平方米，建筑面积8.3万平方米。总投资5.2亿元。位于深圳市光明科学城核心区域，主体建筑依山傍水、错落有致。2021年，有教学班54个，学位2520个，教师编制173人。学校有十足的“科技感”和前瞻的“未来性”，凸显“生态化”，独具“智能型”。硬件、软件高端领先，专家学者云集，科教资源优质，是师生成长的幸福摇篮。以创建“面向未来的研究型、创新型典范学校”为目标，以高颜值、高质量、高水平、高标准对接深圳市“示范区和试验区”建设发展，对接光明区创建“世界一流科学城和北部中心”的区域定位。依托深圳市教科院雄厚智库资源的背景，以“未来、创新、开放、共享”为办学理念，以“面向未来的研究型、创新型典范学校”为办学定位，以“培养具有家国情怀、学者风范的未来创造者”为育人目标。确立“雅正明道、研创致远”的校训、“正大光明”的校风、“品正立范、研精为师”的教风、“知书达理、善思明辨”的学风和“雅正”课程。从理念架构、课程体系、教师团队、智慧云联、评价体系五个维度，致力于建设科学性、人文性、未来性、国际化教育发展共同体，全面打造省、市、区一流窗口示范学校。（何俊峰）

【光明区高级中学】创办于2007年，为集“净化、绿化、美化”于一体的“高规格、实验性、国际性”国家级示范性普通中学。位于深圳市光明区马田街道。占地面积15.2万平方米，建筑面积15万平方米。有宿舍楼16栋；大型室内体育馆1座，占地3600平方米；标准游泳池1个、标准田径场1个；篮球场16个、排球场6个、足球场1个、羽毛球场12个、网球场1个、乒乓球台36张；独立艺术教学楼1座，露天音乐场1处，室内音乐厅1间、合唱室2间、管乐室1间、音乐专业课室4间、舞蹈室3间、专业美术室11间，学生琴房60间，立式钢琴57台、演奏用三角钢琴2台；展览室2间。图书馆建筑面积5000余平方米，藏书20万册。食堂自营，食材新鲜、菜品丰富。2021年，有教学班120个，其中初中部34个、高中86个，在读学生5780人。教职工535人（专任教师472人）。专任教师中：博士研究生学历3人，硕士研究生学历162人；特级教师4人，正高级教师2人，高级教师114人；全国优秀教师1人，“南粤优秀教师”3人；省级骨干教师12人，市、区级名师46人。遵循“有光自明，成全大家”的办学理念，致力于培养“高贵、智慧、健美”的人。创建艺术、体育、国际、科学四大特色项目，开办社团30余个，举办体育节、艺术节等活动。推行多元办学，开发校本课程111门。光高合唱、光高舞蹈、校园影视创作、纤维艺术特色课程、定向越野、创客课程等特色项目名声在外。严抓常规管理，组建“光高红”家长义工队，推动领导力培训，组建“精英青年教师成长营”，成立国际课程中心，首推学科组长公开竞聘，成立青年教师专业发展指导中心等，为提高教育教学质量赋能。先后获评“全国语文特色示范校”“广东省国家级示范性普通高中”“广东省绿色学校”“广东省一级学校”“广东省德育示范校”“广东省语言文字规范化示范校”“广东省普通高中教学水平优秀学校”“广东省中小学艺术教育特色学校”“深圳市书香校园”。（李清那）

大鹏新区中小学

【大鹏新区大鹏第二小学】为公办六年制学校。其前身为1921年由大鹏所城望族李氏开办的“李屋书房”。1927年由原宝安县第七区鹏一乡政府将私塾“李屋书房”改制为公立“鹏飞小学”，首任校长黄树芬。改制后学校曾用名有鹏飞学校、鹏一中心小学、鹏城学校、鹏城小学。学校几经迁址，几易其名。2001年9月，由华商苏晃南、黄真秀、吴荣基、黄启泰捐资，并获得各级政府和鹏城社区支持，于现址建成新校，定名为大鹏第二小学，现任校长董玉玲。位于深圳市大鹏新区银滩路7号。占地面积2.46万平方米，建筑面积1.85万平方米，活动场地面积1.35万平方米。图书室1间（上下两层），藏书7.15万册；有音乐室、舞蹈室、美术室、创客室、电脑室等功能室9间。2021年，有教学班21个，在读学生885人。教职工82人（专任教师67人）。专任教师学历达标率为100%，其中硕士学历教师5人。有一级教师22人，市骨干教师1人，区级学科带头人1人，区级中青年骨干教师3人，区级骨干教师后备人才20人，市级优秀班主任1人，市优秀教师1人，新区“年度教师”2人，区级核心学科组首席教师2人。区级名师工作室2个。承袭鹏城文化精神，立足教育规律，将办学思想确定为做“有根有梦的生长教育”。以“一起扎根一起长”作为核心表达，将“生命有根，生长无界”定为办学理念，用“深扎根、自在长、跃未来”的课程理念构建适合学生生长的“鹏成课程”，培养具有大鹏二小特质的“鹏成”少年，以实现“学求深、品从善、行向宽”的育人目标。先后获评“全国校园足球示范学校”“深圳市足球特色学校”“全国小小志愿者试点学校”“广东省语言文字示范学校”“广东省安全文明学校”“深圳市书香校园”。校长董玉玲获评“广东省校园阅读推广人”；教师郭健获评“广东省学校美育工作专家”。

【大鹏新区葵涌中心小学】创办于1947年，2018年挂牌“中国工农红军东江纵队红军小学”。位于深圳市东部美丽的大鹏半岛。占地面积2.04万平方米，建筑面积1.08万平方米。2021年，有教学班36个，师生1800余名。坚持“以生为本”，践行“为孩子的人生发展奠基”的办学理念；提出“让优秀成为习惯”的教育路线；营造“自主学习、自我管理、自由发展”的育人氛围；创建“金葵教育品牌”课程体系。先后获评“全国中小学思想道德建设活动先进单位”“全国重点语文教育示范学校”“教育部中国教师发展基金会重点课题——心理教育实验示范学校”“中国管理科学院素质教育研究所足球示范学校”“全国读讲精练教学理论研究会实验学校”“全国优秀动感中队”“全国百所先进红军小学”“广东省红领巾示范学校”“广东省健康生活方式示范学校”“广东省交通安全文明示范学校”“广东省巾帼文明示范岗”“广东省少先队红旗大队”“广东省青少年足球推广学校”“广东省绿色学校”“广东省健康促进学校”“深圳市德育示范学校”“深圳市平安校园示范学校”“深圳市绿色学校”“深圳市事业单位法人治理结构改革试点学校”“深圳市依法治校示范校”“深圳市安全文明标兵单位”“深圳市少先队红旗大队”“深圳市现代学校制度建设先进学校”“深圳市中小学生篮球特色学校”。（大鹏新区葵涌中心小学）

【大鹏新区溪涌小学】创办于1950年，由洞背、盐村、溪涌、上洞4所村级小学合并而成。几经搬迁，于1983年迁至深圳市大鹏半岛溪涌社区。占地面积6230平方米，建筑面积4215平方米，运动场地面积2920平方米。2021年，有教学班6个，在校学生195人。教职工26人（专任教师21人）。专任教师均为大专及以上学历，其中硕士研究生学历1人，本科学历16人，有小学高级教师12人。图书馆藏书3.2万册。学校虽小且相对偏远，但功能场室、现代化教育设施一应俱全，能够满足社区儿童优质学位需求，是学生成长的乐园、市民身边的好学校。秉承“本真教育·与我同飞”，办学理念，实施“科研兴校”策略，不断探索小规模学校特色发展新路径，致力于办一所“环境美、质量优、特色显”的现代化精品型小规模学校，努力让每一个孩子享有公平而有质量的教育。思想引领，统筹规划，学校发展“特色化”。不断提升“感恩成长”的德育特色，初步形成“精致·雅致”的环境特色，积极发展“绳彩飞扬”的体育特色；培养“明师”，与时俱进，教师发展“多能化”。队伍建设突出“明师培养”和“一专多能”两大方面。“自主研修”与“团队建设”相结合，完善评价机制，教师队伍整体素质显著提升；全面育人，彰显个性，学生发展“多元化”。实施全面育人策略，不断丰富和发展学校“本真教育”课程体系，使学生在德、智、体、美、劳诸方面得到良好发展。先后获评“全国跳绳强心计划试点学校”“广东省绿色学校”“深圳市毒品预防示范校”“深圳市无烟学校”“大鹏新区平安校园”“大鹏新区德育工作特色学校”“大鹏新区依法治校示范校”。2019年9月至2021年12月，师生积极参加各级各类比赛。教师获区级及以上奖项126人次（其中市级及以上19人次）；学生获区级及以上奖项275人次（其中市级及以上29人次）；学校获得区级及以上奖项16项。（大鹏新区溪涌小学）

2021年12月30日，大鹏新区葵涌中心小学获评“全国红军小学‘传承红色基因 赓续红色血脉’先进单位”

（大鹏新区葵涌中心小学 供）

【深圳亚迪学校】创办于2003年5月，市一级学校。是由比亚迪公司投资兴建的九年一贯全日制寄宿制民办学校。深圳中学接受比亚迪公司委托管理亚迪学校。位于深圳市大鹏新区延安路2号。占地面积6.9万平方米，建筑面积3.8万平方米。校园分为行政区、教学区、生活区、休闲区、运动区，网络和无线局域网全覆盖，多媒教室、科技室、3D打印教室、图书馆、音乐室、舞蹈室等功能室齐备。校图书馆与深圳少儿图书馆达成深度合作，藏书8万余册。2021年，有教学班54个，学生2115人。教职工203人，其中：高级职称10人，中级职称31人；本科及以上学历158人（硕士及以上学历10人）。

名师工作室 2 个。坚持“办适合的教育，让每位师生健康发展”的办学宗旨。为满足学生个性化需求，实施学科课程分层，即常规课程、荣誉课程和高阶课程。根据学生的认知和成长规律，建立衔接有序的“三级科创课程体系”。课程体系关注学业成就、综合能力和核心素养，促进学生全面发展。“三级科创课程体系”包括初、中、高级课程：普及课程、特色课程、探究课程。开展“三节”（艺术节、体育节、科技节）、“四周”（数学展示周、语文展示周、英语展示周、毕业感恩周）活动。开设民乐队、合唱团、滑轮社、舞蹈队、创客社、校园足球、羽毛球、篮球、围棋等 60 个学生体艺社团。先后获评“全国争当小实验家示范单位”“全国艺术教育‘十佳’单位”“中国民办教育特色学校”“全国民办学校先进单位”“全国最具创新力榜样学校”“广东省绿色学校”“深圳市教育工作先进单位”“深圳市德育示范校”“深圳市优质民办学校”，获“深圳市五一劳动奖状”。（深圳亚迪学校）

深汕特别合作区中小学

【鹅埠镇中心小学】创办于 1952 年。位于深圳市深汕特别合作区风景秀丽的鹅山南麓、深汕特别合作区西部组团中心区域。占地面积 8.5 万平方米，建筑面积 4011 平方米。校本部主要承担鹅埠社区、鹅埠村、西南村、下北村、新园村等适龄儿童小学教育教学任务。2021 年，有教学班 17 个，学生 830 人。教职员工 61 人，其中本科及以上学历 44 人，学历达标率为 100%。硬件设备齐全，所有教室均配备多媒体设备，实现信息化教学；多功能教室、科学教室、计算机教室、音乐舞蹈室、美术书法室、图书阅览室、队部室、仪器室、心理咨询室、卫生保健室、体育器材室等一应俱全。有 200 米运动场，篮球场、排球场、羽毛球场、乒乓球台、100 平方米器械运动区等，排列有序，布局合理，为学生提供良好的体育活动场所。坚持“面向全体，尊重个性，因材施教，全面提高”的办学理念，建章立制，以法治校，以章管校。加强教育教学常规工作管理。全力推进学校教育教学标准化发展，全面深化课程改革，教育教学质量逐年稳步提高，连续在汕尾市海丰县小学阶段教学质量综合评价中获三类地区一等奖。加强特色化建设。拓展渠道，活化形式，组织开展丰富多彩、生动活泼的运动会、艺术节、读书节等课外活动。开办合唱团、七彩画室、中华诗教、软笔书法、三棋、经典诵读、智慧跳绳、舞动奇迹、健美操、电子琴等社团，有篮球、排球、乒乓球、羽毛球、田径等运动队，为学生学习的充实、技能的锻炼、才智的发挥提供平台。教育工作效益稳步提高，形成“尊师守纪、团结进取、刻苦惜时、灵活创新”的校风。先后获评“广东省少先队先进学校”“广东省少先队红旗中队”“深圳市少先队先进学校”，2021 年获评“深圳市教育工作先进单位”。

（鹅埠镇中心小学）

【赤石镇新联小学】创办于 1952 年。位于深圳市深汕特别合作区赤石镇新联村。服务半径 5000 米，学生主要来源于新联村 13 个自然村。占地面积 4800 平方米，建筑面积 1651 平方米。校内建有 3 幢 2 层标准教学楼，有多媒体教室 6 间，其中按标准化学校要求设有美术室、图书室、队部室、音乐舞蹈室、电脑室等功能室。体育活动场地 1827.78 平方米，建有硬底篮球场、排球场和环形、直形跑道等体育设施。教职工共 13 人，在编 11 人，其中，小学一级教师 6 人，中小学二级教师 5 人，安保人员 2 名。在编教师本科学历 9 人，大专学历 2 人，学历达标率为 100%。2021 年，有教学班 5 个，在校学生 79 人。秉承革命老区光荣传统，坚持德育为首、育人为本、教学为主的原则，“五育并举”，强化素质教育，立足于突出特色教育。

（赤石镇新联小学）

【松正学校】创办于 2003 年，为经汕尾市教育局审批的九年一贯制民办学校。位于深圳市深汕特别合作区松正教育园区。占地面积 2.3 万平方米，建筑面积 1.86 万平方米。校园布局合理，各功能区相对独立。有标准 200 米塑胶跑道，图书室、阅览室、音乐室、舞蹈室、美术室、书法室、电脑室、物理实验室、化学实验室、生物实验室等教学设施配套齐全。2021 年，有一至九年级教学班共 36 个，在校学生 1644 人。教职工 113 人，其中专任教师 79 人。专任教师本科及以上学历 54 人，本科率为 68%。坚持“服务社会，为国育才”的办学理念，以“博学宏志、实干创新”为校训，致力于培养德、智、体、美、劳全面发展的创新型人才。教育教学质量不断攀升，连续多年获义务教育教学质量综合评价三类地区一等奖。先后获评“广东省优秀少先队组织”“深圳市深汕特别合作区教育工作先进单位”“深圳市深汕特别合作区先进基层党组织”。（松正学校）

【鲘门中学】创办于1956年，1959年设立高中部，1992年停办。原校址位于鲘门镇岩公山下（广汕公路边），1992年因深汕高速公路建设，迁建至现址深圳市深汕特别合作区鲘门镇菜园西路。占地面积3.44万平方米，建筑面积4204平方米。2021年，有教学班10个，在校学生357人。专任教师51名，其中：高级教师9名；“南粤优秀教师”1名，市级优秀教师6名；市级优秀班主任2名；省、市级骨干教师6名；省级优秀科技辅导员1名。以“让每一位学生得到充分的发展，让每一位教师施展才华，让每一位家长收获希望”办学理念为引领，确立以教育教学研究为主线，以科技创新、文化艺术、快乐体育为特色的办学体系。教育质量和办学水平有长足进步，办学业绩较为显著。积极开展教研活动。从专家引领，到点上突破，再到凸显特色，体现浓厚的课题研究氛围。2018—2021年，海丰县微型课题结项4个，汕尾市“北京师范大学助力汕尾基础教育提升”项目中小课题结项4个，深圳市教育科学规划2020年度课题立项2个。教师罗雪妮为深圳市名班主任工作室成员，骆丹为广东省名教师工作室学员。科技创新、文化艺术、快乐体育等特色教育有声有色，成效显著。在广东省第29~33届青少年科技创新大赛中有7名学生获奖，近年在汕尾市青少年科技创新大赛中获奖十余人。先后获评“广东省青少年校园足球推广学校”“深圳市五四红旗团支部”“海丰县科普工作先进集体”，2021年在“中国童话节之粤港澳大湾区童话节”开幕式活动中获表演金奖。（鲘门中学）

2021年5月，鲘门中学校园活动中学生同唱《月姑姑照南湖》

（鲘门中学　供）

【深圳市南山外国语学校（集团）深汕西中心学校】创办于2020年9月。为由深圳市南山区和深圳市深汕特别合作区合作共建的公办学校，深圳市南山区教育局下属南山外国语学校（集团）成员学校，深汕特别合作区首个以深圳标准、深圳质量建设的九年一贯制学校。占地面积5万平方米，建筑面积8.12万平方米。建有体育馆、图书馆、天文馆、海洋馆、科技馆及国学馆，有创客室、木工坊、无人机空间、VR空间、3D打印室、实体机器人室、海洋生物标本室等多个科学活动室，以及书画馆、礼乐馆、棋茶室等中华传统文化馆；体育馆内建有合作区首个按深圳标准建设的恒温游泳池。2021年，有教学班39个，在校学生1600余人。教职工120余人，其中：高级职称3人；英国爱丁堡大学、英国伦敦国王学院、英国约克大学、美国迦太基学院、意大利科莫威尔第音乐学院、韩国檀国大学等海外学习经历毕业生10人；清华大学、中国科学院大学、武汉大学、同济大学、北京师范大学等“211”“985”高校毕业生33人；有深圳教学骨干30余人。基于集团“像树一样成长”的办学理念，积极践行“精致育人”的办学思想，致力于开发丰富而优质的课程，构建学生多元发展平台。致力于推动教师专业发展。依靠集团雄厚教学力量，举办“精准教研周”——聘请集团教学专家、骨干教师到校开展同课异构活动，举办专题讲座；“笃行大讲堂”聘请市、区和集团专家分享先进教育理念；“义方家长学校”聘请集团专家做“家校共育”讲座。积极组织教师参加各类各级比赛。在“2020年深圳市青年教师基本功大赛”中，3名青年教师获市级二等奖和三等奖；教师团队专业素质不断提高，教科研水平不断发展，在“2021年度深圳市教育科学‘十四五’规划课题评审”中共有4项课题成功立项。开设特色课程，开展课后服务。成立棒垒球队、羽毛球队、篮球队、足球队、跳绳队、舞蹈队、合唱队、科创竞赛队等校级训练队，受训学生200余人次；作为深圳市首批、合作区首个课后服务示范校，开展包括英语绘本阅读、德语基础、中华字课、中华诗教、陶艺创作、机器人、足球、摇光琴社等丰富多彩的社团活动，得到学生、家长及社会一致好评。2021年12月，入围深圳市100所“‘基于教学改革、融合信息技术的新型教与学模式’实验校”。以“线上线下混合式学习探究——基于‘飞地’模式下的‘互联网+’南外云校”为实验项目课题，通过建构校际“教研共同体”，带动“麻雀学校”教学模式重塑，带动辐射合作区四镇学校，助力“麻雀学校”起步腾飞，为“飞地”办学中的信息技术助力教学改革贡献南外力量。在推进信息技术与教学、教研深度融合的过程中，教师信息化素养不断提升。有青年教师获评“深圳市在线教学技术能手”；美术课组打磨的课例“联想1+1”获评“深圳市在线教学优质课例”。由校长刘曙昌主持的国家级课题“信息技术赋能学科教学与区域教研的实践研究”顺利结题。办学质量稳步提升，办学特色初见成效，区域名校声誉渐起，为合作区教育事业发展做出突出贡献，南山教育“飞地”实践得到社会充分肯定。（刘曙昌）

【小漠中学】创办于1968年9月，为全日制公办初级中学。位于深圳市深汕特别合作区小漠镇旺官社区。占地面积2.31万平方米，建筑面积3059平方米。2021年，有教学班8个，在校学生283人，在编教师30人。教师中副高级职称4人，中级职称16人；本科学历29人，研究生学历1人。坚持“依法治校，质量兴校，和谐发展”的办学宗旨，发扬“崇德励志，笃行进取”的校训精神，加快“绿色校园、人文校园、和谐校园”的建设步伐，致力于培养“人格健全，全面发展”的人才。坚持以新课程改革为中心，以校本教研为抓手，以提升学生学科综合素养为宗旨，以提高教育教学质量为目标，将教学、教研、研修等工作全面整合。通过校本教研，提高校本教研管理水平和校本教研质量，探索促进教师专业成长的有效途径，不断提升办学水平。大力开展“大课间”“体艺周”“读书月”等校园文化活动，形成体艺并举、全面育人的办学特色。“立德树人”，注重环境氛围对学生的熏陶。“文明礼仪伴我行”“书画名家进校园”“禁毒手抄报比赛”“飞阅深汕·书香小漠”等活动颇具特色。积极推进阳光体育运动，丰富阳光体育内涵，提升学生身体素质。大力推广学校传统体育项目，班际篮球赛、跳绳等体育运动深受学生喜爱。注重强化内部管理，提升教育教学质量。多次获海丰县全县初中阶段教学质量综合评价三类地区三等奖、二等奖。党团工作成绩显著。2020年11月，组织学生参加第二十一届“深圳读书月”活动，获“飞阅深汕：朗诵之星，闪亮未来”朗诵大赛优秀奖；2020年12月，傅惠玲、洪思娜在“深汕绘画征集比赛”活动中获优秀奖；2021年7月，苏宝仪参加“深汕特别合作区妇联党史征文比赛”获特等奖。（小漠中学）

中等职业教育学校

【深圳市第一职业技术学校】深圳市第一职业技术学校（简称“深圳一职”）创建于1983年，是深圳建市以来成立的第一所公办职业高中，首批国家级重点职业高级中学，首批国家中等职业教育改革发展示范学校，（广东省唯一）首批国家现代学徒制试点单位，教育部职业教育提质培优行动计划建设单位，广东省高水平中职学校建设单位。有福田与坪山2个校区，包含职业高中、综合高中，有完善的教学、实训设备和校园服务体系。有计算机、电子信息、艺术设计、财经商贸4个专业部共16个专业，其中，国家示范校重点建设专业3个、省级重点专业2个、市级品牌专业5个。教职工295人（专任教师230人），其中：研究生及以上学历77人（博士3人）；全国职业院校技能大赛优秀指导教师18人，全国优秀教师、全国优秀德育工作者、广东省优秀共产党员1人，“南粤优秀教师”6人；“广东省技术能手”2人。广东省和深圳市名班主任工作室各1个。2021年，共招生1108人，其中，职高1008人，综合高中实验班100人。在校学生共计3385人，其中，职高在校学生3087人，综合高中实验班在校学生298人。全面贯彻党的教育方针，坚持社会主义办学方向，落实“立德树人”根本任务，教学模式不断创新，办学成效不断凸显，社会认可度及家长满意度不断提升。2021年，获评“广东省绿色学校”“深圳市先进基层党组织”“深圳市教育工作先进单位”“深圳教育创新示范校”“深圳市体育特色学校”。牵头组建的深圳第一职业教育集团入选“教育部第二批示范性职业教育集团培育单位”。近年来，共有480余名学子在全国、全省职业院校技能大赛中获奖近300项，其中，“全国职业院校技能大赛”金牌24枚，“全省职业院校技能大赛”金牌36枚。在“2021年广东省职业院校技能大赛”中，获一等奖10个、二等奖9个、三等奖14个。

党史学习教育　成立党史学习教育领导小组，组建由党委书记黄建行带头的党史宣讲队伍，开发“党史思政”精品课12学时。以开学典礼、主题班会、国旗下讲话和党建日等重要时间节点为契机，广泛开展班子成员讲党史、铭记党史国旗下演讲、党史知识竞赛、“我为师生办实事”等理论与实践相结合的党史学习教育共计80余场。

疫情防控　压实主体责任，从严从紧、科学精准落实落细各项防疫措施。制印春季、秋季返校手册，多次开展疫情防控演练，严把人员入校关、师生离深关、学生晨午检测关，做好师生健康管理、行程追踪和校园消杀，严密构筑校园疫情防控墙。积极组织师生员工接种疫苗，实现百分百“应接尽接”目标，全力筑牢免疫防护墙。2021年，学校疫情“零输入、零感染、零报告”。

素质教育　秉持“产教融合、横向融通、纵向贯通、多元成长”的办学理念，营造“真诚、友善，和谐、协作，平等、公正”的学校文化，促进学生综合素质全面发展。专业技能稳步提升。以培养高素质技术技能型人才为目标，修订和完善专业人才培养方案，全面落实1+X证书试点制度，考证工作取得显著成效。2021年，累计申报7个1+X证书试点，7个试点证书实训室及考核站点全部建设完毕。学生参加网络系统建设与运维考证以及人身保险理赔职业等级证书考试通过率分别为96%和100%，其中人身保险理赔证书通过率位居全国第一。技能竞赛硕果累累。成功承办深圳市职业院校技能大赛3个项目，获得主办单位高度肯定。在“2021年全省职业院校技能大赛”中，获一等奖10项、二等奖9项、三等奖14项，金牌数、奖牌总数再创新高。“两个”高考再创佳绩。在2021年高职类高考中，本科上线率为69%，专科上线率为100%。334名学生被深职院和信息学院录取，占升学人数的48.6%。14名美术设计与制作专业学生被本科院校录取。在2021年普通高考中，本科上线率为89.8%。提供多元平台，助力学生实现多元发展。通过开展国防教育、社团活动，举办体育节、艺术节、读书节、科技节、辩论赛、读书会等，促进学生综合素质全面发展。2021年，该校学生在全国、省、市中等职业学校“文明风采”活动中获80余项奖项，在省、市级体育赛事中获30余项奖项，5名学子获中职国家奖学金。

教师队伍建设　以名师为引领，以提升教学能力为重点，以教学改革创新为路径，打造师德高尚、业务精湛的育人队伍。以培助长，提升素养。创建学习型德育队伍。充分发挥省、市、校三级名班主任工作室引领、带动和辐射作用，通过校长讲坛、名师讲坛、班主任技能专项培训、课题研究、读书会、班主任参赛等方式，为德育队伍建设赋能，提升育人队伍专业素养和带班能力。首推班主任持证上岗制度。以培养师德高尚、业务精湛、育人有法的“硬核”班主任为目标，实施学校班主任培育“青蓝工程”，通过线上线下培训学习、一对一导师指导、小组课题研究和班主任能力大赛等形式，构建班主任专业成长的生态系统和长效机制。分级培训以研立校。以“四级”培训为平台，为各阶段教师发展提供支撑。圆满完成继续教育和信息化能力提升2.0工程。鼓励教师积极申报课题研究，通过课题研究提升业务能力。2021年，校级课题开题5项、结题6项，市级小

课题结题3项，省级德育课题立项和开题6项，有4项教学成果通过市级初选进入省级评选。以赛促教，提升实力。全力支持教师参与各级各类教育教学能力大赛，通过比赛提升教学和专业能力。语文科组、数学科组、英语科组、动漫与艺术设计科组4个科组作品均获省赛奖项，其中陈丽、宾文心、雷黎、黄泽均4名教师参赛作品《中国美术鉴赏》获"全国职业院校技能大赛"教师教学能力大赛一等奖。教师陈莹莹获"全国智慧仓储管理赛项"特等奖，获评"全国物流教育教学新秀"，成为获得该奖项的唯一中职教师。教师练俊灏、林龙威获"广东省技术能手"称号。教师仇淼参加深圳市2021年"红心向党，礼赞百年"首届中小学主题班会精品课例评选获直属高中组一等奖、深圳市二等奖。教师阳海华获"广东省优秀共产党员"称号，是深圳市教育系统唯一获此殊荣的教师。

校企合作　不断强化专业建设，深化教育教学改革，调整课程设置，优化课程结构，强化校企"双元"协同育人机制。深入开展校企合作，结合职教扶贫，推进现代学徒制。以"职教1人、就业1个、幸福1家"为目标开办的现代学徒制试点班第一期学徒于2021年7月顺利毕业。14名学徒拿到学校毕业证的同时与欣旺达公司签订劳动合同，实现"毕业即就业"的无缝衔接。积极推进"双元"育人模式。与腾讯公司签订校企战略合作协议，联合开发定制教材，打造"高精尖缺"人才培养方案；与华为共商课程体系和考核标准，共建实训基地，为企业定制输送应用型人才；赴深圳市讯方技术股份有限公司开展专题调研，围绕人才培养、技术创新、就业创业和社会服务等方面进行合作洽谈，推动构建职业学校和行业企业命运共同体。职教集团建设成效显著，2021年6月入选"教育部第二批示范性职业教育集团培育单位"。

职教帮扶　党委高度重视帮扶工作，在现代学徒制帮扶方面第二期试点班于2021年3月顺利开班，共招收学徒19名。通过培训、跟岗、交流等方式，开展对江西寻乌、广西百色等地中职学校帮扶工作，提升帮扶学校教师素质和办学水平。科培中心副主任张江宏积极响应号召，赴新疆喀什市职业技术学校开展为期一年半的支教工作，为喀什学校送去深圳一职的成果经验。　（唐小艳）

【深圳市华强职业技术学校】创办于1986年，2013年成立深圳市华强职业教育集团，为国家级重点职校、国家中职示范校、全国中职学校德育先进集体、国际生态学校、世界技能大赛深圳集训基地，是广东省高水平中职学校建设单位，曾入选中国职业教育百强校。位于深圳中心城区。有4个校区和1所附属幼儿园。下设信息部、商贸部、动漫艺术部、财经部、国际部5个专业部和1个公共基础部，开设计算机应用、电子商务、美术设计、智能机器人、金融事务等12个专业。2021年，在校学生3600人，教职工300人。师资力量雄厚，优秀教师云集。有全国优秀教师2人；"南粤优秀教师"等省级优秀教师8人；博士研究生学历1人，硕士研究生学历56人；市、区级名师近百人。区级及以上名师、名班主任工作室3个。以"厚德强技、服务发展"理念培养学生，发展"双元育人"特色教育，高质量建设高水平中职学校，高起点培养"德才兼备、技能精湛"的高素质技术技能人才，打造职业教育新标杆。大力弘扬工匠精神，扎实推进技能大赛训练，近年来先后有560人次获得国家、省、市各级技能大赛奖项。重视学生文化基础学习与综合能力提升。学生每年参加高职类高考成绩遥遥领先，录取率接近100%，高分段学生数量在全省同类学校中占绝对优势。在大力发展中等职教同时，在南校区开办社区学院，开展技能培训和技能考核认证，培训学员2万余人。在北

2021年6月，深圳市华强职校共9个赛项23人次获得"广东省技能大赛"一等奖
（深圳市华强职业技术学校　供）

校区与深圳职业技术学院合作开办华强高职专业学院，2021年有在校大专生300余人，为探索中高职衔接提供新样本。附属幼儿园在园幼儿400余名，为深圳市一级幼儿园。2021年，进一步优化专业布局，促进产教融合，推进广东省高水平中职学校建设，各项工作再创新高。积极组织党史学习活动，校党委获“福田区委教育工委党史知识竞赛”一等奖；入选“广东省高水平中职学校”；首次高质量承办“广东省职业院校财金项目技能大赛”；在“广东省技能大赛”中，9个赛项23人次获一等奖；校学生会获评“广东省优秀学生会”。获“产教融合协同育人院校年度奖”；校图书馆获“2021最美校园图书馆提名奖”。2项省级课题——“广东省教育改革项目‘四维度三协同’校园文化体系建设”及“广东省财经素养实践研究课题‘基于专业群建设的财经素养教育主题活动设计研究’”立项。2名教师获省赛一等奖。翁升铭、陈梓康、邓乐怡、沈曼婷、李业宏和米悦6名学生获中职国家奖学金。在2021年高职高考中，林燕玫、全思绮、陈佳悦、林国焕4名学生成绩名列全省前茅。（徐懿维）

【深圳市宝安职业教育集团】于2016年9月成立。有深圳市宝安职业技术学校和深圳市宝安职业教育集团第二校区（原沙井职业高级中学）2个校区。2021年，宝安职业教育集团推进“全国示范性职业教育集团培育单位”建设，集团化办学取得显著成效，宝安职业技术学校（又称宝安职业教育集团一校区）被省教育厅列为“广东省高水平中职学校建设单位”。2021年，招收新生1879人，毕业1786人。7名学生被广东技术师范大学等本科院校录取，3名学生被澳大利亚伊迪斯科文大学（本科院校）预录取。“匠心德育”工作成绩突出。学生杨丹妮培养案例先后被《南方都市报》《人民日报》和共青团中央等宣传报道，新媒体点击量过亿，7名学生获得国家奖学金。宝安职业技术学校被省教育厅列入“广东省第一批中小学劳动教育基地”，经深圳市委、市政府复评授予“深圳市文明校园”称号。重视技能教学。组织学生参加“2021年广东省职业院校技能大赛”，获一等奖13项、二等奖17项、三等奖10项；参加“深圳市职业院校技能大赛”，获一等奖4项、二等奖7项、三等奖5项；参加“第五届‘一带一路’暨金砖国家技能发展与技术创新大赛”，获一等奖和二等奖各1项。严抓教师队伍建设。“引进来”和“走出去”强化教师培训，以赛促教、名师示范引领成效显著。获“2021年全国职业院校技能大赛”中职学校班主任能力大赛二等奖1个，“2021年全国职业院校技能大赛”中职学校教学能力大赛二等奖2个；获“第三届全国电子信息服务业职业技能竞赛”电子商务师竞赛全国总决赛一等奖1名，“广东省首届美育基本功大赛”和“深圳市首届美育基本功大赛”一等奖各1名；获评“南粤优秀教师”3名、“广东省技术能手”4名、“深圳市高层次人才”2名、“宝安区高层次人才”3名、“宝安区技术能手”1名。产教融合和校企合作取得新成效。与银宝山新等公司建设“企业校区”8个，建设首批区级“粤菜师傅”基地1个，聘请兼职教师30余名。与银宝山新签署合作协议，成立企业学院1个、行业培训中心4个、技术技能传承创新中心6个、教师企业实践基地14个，打造“一体两翼四平台”的产教融合发展新模式；集团二校区与深圳市绿康源蔬菜配送有限公司达成协议，在企业增加合作办学面积3000平方米，进一步扩大校企合作规模。2021年6月，因新冠肺炎疫情影响，经深圳市教育局批准，在宝安区委、区政府和市、区教育局精心指导下，宝安职业技术学校设立中考隔离考点，为宝安居家隔离的中考考生设置单独隔离考场，帮助考生顺利完成中考。年内，宝安职校获“第七届深圳教育改革创新论坛——劳动教育特色学校（园）”年度奖，集团二校区获“深圳市产教融合协同育人院校”奖。

（深圳市宝安职业教育集团）

【深圳市博伦职业技术学校】为南山区人民政府开办的唯一一所全日制、公办省级重点中等职业技术学校。占地面积8.16万平方米，建筑面积6.36万平方米。2021年，有教学班71个。配备67间功能室，校内可满足1950人住宿。师资力量雄厚，校内专任教师204人。有全国技能大赛金牌教练、全国及广东省技术能手、深圳市“年度教师”、深圳市“技能菁英”、市级学科带头人和市、区教育技术名师等30余人；研究生学历65人，本科及以上学历教师占专任教师总数的100%；高级教师68人，中级教师87人，“双师型”教师占专业教师的84%；聘请32名企业和行业优秀管理人员、优秀工匠、工程技术人员担任专业教师或实习指导教师。有3个名师工作室和国内首个珠宝专业大师工作坊。开设首饰设计与制作、宝玉石加工与检测、电子商务、物联网技术应用等11个专业，其中广东省中职学校“双精准”示范建设专业和广东省首批高水平中职学校建设单位专业群核心专业2个，并与深职院达成“工匠精英”人才培养中高职衔接贯通培养计划。秉持“面向市场，能力为主”，提供最适合学生发展的教育，构建人才成长“立交桥”的办学理念，致力于建设“学校有特色、专业有特点、教师有特技、学生有特长”的“四特”学校。坚持产教融合、校企合作，坚持工学结合、知行合一，为学生未来发展营造“就业有路、升学有门、出国有途、创业有方”的“四有”格局。努力让无助者有助、有志者成才、奋进者辉煌，努力让全体师生都有人生出彩的机会。先后获评“广东省中等职业技术学校教学诊断与改进试点学校”“广东省优秀学生会”“广东省首批高水平中职学校建设单位”“中宝协中国十大院校”“深圳市教育工作先进单位”“深圳市就业工作先进单位”“深圳市改革创新领跑学校”“深圳市心理健康特色学校”“深圳市推进现代学校制度建设先进校”“深圳年度最具未来特色学校”“深圳校企融合典范学校”“深圳中小学教师信息技术应用能力提升工程2.0市级试点校”“深圳市优秀学生社团”“深圳市五四红旗团委”“深圳市党史学习教育示范校”“深圳市四星级党支部”“深圳市基础教育党建工作示范校”“南山区先进基层党组织”“南山区最美清新校园”。（陈亚萍）

特殊教育学校

【深圳市宝安区星光学校】为宝安区教育局直属公办特殊教育学校，深圳市第一所区属特殊教育学校。实行“一校三址一中心”办学模式。燕罗校区占地面积1.61万平方米，建筑面积4.78万平方米。各种功能室配套齐全，与深圳“无障碍城市”建设接轨。2021年，共有教学班37个，学生354人。教职工194人，其中专任教师134人。专任教师中，高级职称5人，中级职称12人。2021年，学校获批“广东省特殊教育示范校”建设项目。坚持政治引领，创新党建工作。每周行政扩大会制度化开展“第一议题”政治理论学习；扎实开展党建专题宣讲活动；上好党支部书记“思政第一课”，把十九届六中全会精神和习近平总书记“七一”重要讲话精神贯彻落实在学校具体工作实践中。6月，学校党支部获评“宝安区先进基层党组织”。聚焦普特融合，力推融合教育高质量发展。建立“区—学区—学校”三级融合教育管理体系；完善“送教上门”的工作机制；印发《宝安区随班就读工作的实施细则》；开展宝安区公民办学校、幼儿园校（园）长融合教育政策专题培训，加大随班就读工作的推动力度。注重教师队伍建设，创新青年教师培养模式。与华南师范大学合作创立“学训研”实践教学基地，优势互补，着力培养师德师风正、专业能力强、业务水平高的特殊教育教师；举办“青蓝工程”结对培训班以及青年后备干部培训班；打造“1358”青年教师培养计划，为学校高质量发展提供师资保障。（吴永冬）

2021年12月15日，宝安区举办随班就读学校校长融合教育政策专题培训
（深圳市宝安区星光学校　供）

【深圳元平特殊教育学校】创办于1991年12月。为深圳市第一所公办特殊教育学校，深圳市特殊教育指导中心，深圳市特殊教育资源中心。首任校长孙振东，现任校长曹艳。位于深圳市龙岗区布吉街道。占地面积7.2万平方米，建筑面积5.3万平方米。2021年，有教学班85个，在校各类特殊学生共计770人。有教职工470余人（专任教师298人），其中，高级教师101人，正高级教师2人，硕士研究生学历占比35.3%。高度重视党建工作，坚持用党的创新理论武装头脑、指导实践。积极开展党史学习教育、讲党课和思政教育课活动。坚持“以人为本、育残成才”的办学宗旨。坚持内涵发展。以“课程、教材、教师、教法”为核心，深化教育教学改革，形成课程改革、职业教育、康复教育、信息技术、特奥运动五大办学品牌，引领中国特殊教育改革和发展。教师在全国、省、市各类教育教学及专业技能大赛获奖数百项。9人次获得“全国先进工作者”“全国模范教师”“全国优秀教师”等国家级荣誉；有“广东省五一劳动奖章”获得者1人，“广东省劳动模范”2人，省名校长工作室主持人1人，省特级教师5人，省中小学“百千万人才培养工程”名师培养对象6人，深圳市高层次人才4人，深圳市教育科研专家1人，深圳市教育科研骨干2人，深圳市教学名师7人，市名班主任工作室主持人1人。建校30年，先后获得“全国教育系统先进集体”“全国特殊教育先进单位”“全国三八红旗集体”“全国特奥工作先进单位”“全国巾帼文明岗”“全国工人先锋号”“全国特殊教育信息化先进单位”“全国创建绿色学校活动先进单位”共8项国家级荣誉，获评“中国教育科学研究院特殊教育实验基地”“中国特奥培训基地”“广东省特殊教育基地”“深圳教育改革创新年度产教融合典范职业学校”。教学成果获基础教育国家级教学成果奖，先后多次在全国性会议上介绍经验，被誉为中国特殊教育的一面旗帜。学校特奥健儿多次参加国际、国家及省、市各级各类比赛，共获得金牌405枚、银牌326枚、铜牌263枚。（冯靖婷）

2021年12月28日，深圳元平特殊教育学校举行素质教育成果展暨建校30周年庆典活动（深圳市元平特殊教育学校 供）

高等教育院校

深圳大学

【概况】2021年，深圳大学推进高水平大学建设绩效评价工作，完成高水平大学建设二期工作和广东省“冲一流”提升计划建设任务。以“双一流”创建带动学校整体工作提升和学科发展。加强顶层设计和制度建设。完成《深圳大学章程》修订，完善以章程为统领的规章制度建设；编制《深圳大学“十四五”发展规划》，明确加快创建“世界一流创新型大学”、打造“新时代中国特色社会主义标杆大学”的发展目标；调整成立发展规划部，进一步加强学科布局谋划和学校长远建设规划。学校共有粤海、丽湖2个校区，校园总面积2.71万平方米，总建筑面积197.1万平方米。图书馆馆舍9.05万平方米。印刷图书442.1万册，报刊2418种；电子图书299.47万册，全文电子期刊13.21万种。教学学院25个，本科专业100个；硕士学位授权一级学科点38个，专业硕士学位授权类别27个；博士学位授权一级学科点17个（含2个专业学位博士点）；博士后科研流动站9个，博士后工作站1个。国家级特色专业5个，省级特色专业15个；国家级一流本科专业建设点26个，省级一流本科专业建设点11个；广东省省级重点学科15个；广东省高等教育“冲一流、补短板、强特色”提升计划重点建设学科7个。新增社会科学总论、环境科学/生态学、药理学与毒理学3个学科进入ESI全球排名前1%。办学条件进一步优化。丽湖校区二期正式投入使用，经济学院、管理学院、法学院完成整体搬迁；艺术综合楼工程、粤海校区新食堂拆建工程等8个在建项目稳妥推进；引进优质社会餐饮服务，实行“五个统一”膳食管理新模式，获评“广东省绿色学校”。总医院快速发展，稳居“全市市属综合性三级公立医院排名”榜单前四名；附属华南医院门诊开业，住院病房对外启用。深大附中获评“深圳市高中新课程新教材实施国家级示范区化学、数学学科示范基地”；深大附属实验中学落成启用。在软科（ARWU）、U.S. News、QS和泰晤士高等教育（THE）四大国际公认的世界大学排名榜上，深圳大学连续多年进入主榜，2021年综合排名位列国内高校第27位、国际高校370~420位。

【党建工作】2021年，深圳大学扎实开展党建工作。严格落实“第一议题”制度，全年组织“第一议题”学习37次、理论学习中心组学习会26次。将党史学习同总结经验、观照现实、推动工作相结合，打造“党史与艺术”“党史与阅读”“党史与研究”“党史与校史”“党史与社会服务”五融合模式，经验做法在省教育系统党史学习教育简报和《光明日报》上刊载。开展“我为群众办实事”实践活动。实施校级层面办实事重点项目12项，各学院（部）层面办实事项目208项；继续对口帮扶河源、汕尾、韩山师范学院等。持续深化党的政治建设。完善“大学习深调研真落实”和“政治要件闭环落实”等机制；印发学校党委和领导班子成员全面从严治党主体责任清单，制定基层党委（总支）领导班子成员党建责任清单，强化党委主体责任、党委书记“第一责任”、班子成员“一岗双责”意识；修订《中层领导干部选拔任用办法》等，强化选人用人把关。坚持文化育人。持续推进落实《深圳大学文化创新发展纲要》，2021年立项34项，资助金额437.98万元；发掘红色资源，推出大型艺术作品《逐日百年》等，获主流媒体大量报道并多次登上“学习强国”平台。提升基层党建水平。制订年度党建工作要点和贯彻落实新一轮基层党建三年行动计划实施方案等，统筹推进基层党建重点工作；印发《党支部书记履行党建工作职责考核办法（试行）》，规范党支部书记考核等级化、定量化的要求；持续推进党建示范创建和质量创优工作，8个项目被省委教育工委推荐申报全国第三批新时代高校党建“双创”工作；2个党建研究课题在省党建研究会课题成果评选中获奖，1项党建研究成果获中办法规局“党内法规建设”主题征文一等奖，《微言述党史，薪火永流传》微视频入选省委组织部百部精品党课并被省委教育工委评为全省高校精品党课。压实工作责任。“校党委—基层党委（总支）—教工党支部”三级分别签订责任书，确保意识形态安全责任层层压实、逐级逐人落实。坚持正风肃纪。制订《深圳大学关于开展作风建设“找问题、补短板”排查活动的方案》，组织开展科研经费、招标采购、财务管理等重点领域专项检查。坚持突出问题导向，坚持以巡促改、以改促建，修订和制定各类规章制度52项，拓展巡视整改成果。

【党史学习教育】2021年，深圳大学将党史学习教育同总结经验、观照现实、推动工作结合起来，推动党史学习教育走深、走心、走实。在做好规定动作的同时，创新方式方法，开展自选活动，突出特色亮点，打造品牌活动。9月，举办“赓续红色基因，打造新时代中国特色社会主义标杆大学——深圳大学党史学习教育‘五个融合’特色”专题展览。展览以学校党史学习教育重点项目、特色活动为主要内容，形成“党史与艺术”“党史与阅读”“党史与研究”“党史与校史”“党史与服务社会”的“五个融合”专题模块，将党史教育为重点的“四史”教育与学校教育相融合，做到理论学习与实践教育相结合，提高党史学习教育的针对性、实效性。学校党史学习教育推进会、“读名画学党史”、著名歌唱家王宏伟放歌深大、红色电影海报展以及支援抗疫一线等活动，得到央媒和省、市媒体以及“学习强国”平台宣传报道，相关经验备受关注。其中，广东省教育系统党史学习教育简报第49期刊发《深圳大学突出“五个融合”推动党史学习教育走深、走心、走实》专题文章。《光明日报》庆祝建党一百周年“奋斗百年路，启航新征程”系列，对深圳大学党史学习教育开展情况及“五个融合”特色推出整版报道（2021年11月16日）。

【师资引育】2021年，深圳大学坚持引培并举，加快构筑先行示范区人才高地，师资队伍结构更趋完善。加大高端人才引进力度，2021年引进全职特聘教授19名。加大优秀人才培养支持力度。持续推进荔园“3+1”工程，新增优秀学者11名、“荔园优青”20名。做好教职工招聘工作。全年新入职教师132名，其中教授3名、副教授12名、助理教授104名、全职授课教师13名；入职辅导员10名、管理人员39名、技术人员29名；具有博士学位者118名。灵活补充教职工队伍。聘用专职研究人员260名；聘请客座教授37名、兼职授课教师71名；出台《深圳大学劳务派遣人员管理办法（试行）》，聘用劳务派遣人员30名。构建师德师风长效机制。成立校院两级师德师风建设委员会；严格思想政治和师德考察，健全师德失范行为处理机制，出台《深圳大学教师违反职业道德行为处理办法（试行）》。完善预聘—长聘制教师岗位晋升工作。出台《深圳大学预聘—长聘制教师岗位晋升工作实施细则补充规定》，举行长聘教师聘任仪式；制定《深圳大学教师双聘管理办法（试行）》，为教师双聘规范化管理提供制度保障。截至2021年12月底，全校有教职工4010名，其中：专任教师2569名（教授603名、副教授760名），技术人员610名，管理人员831名；博士后1444名，专职研究人员780名，访问教授99名；中国科学院、工程院院士23名（含短聘10名），外籍院士22名（含短聘9名）；国家级高层次人才184名，广东省高层次人才91名，深圳市高层次人才1969名。

【教育教学】2021年，深圳大学强化教育教学工作。推进本科专业内涵建设，打造优质课程。加强专业建设。推荐25个本科专业参评国家级一流专业建设点，15个本科专业获省级一流专业建设点公示；积极开展专业认证，建筑学等7个专业通过相关机构专业认证；打造适应新技术、新经济、新业态的跨学科应用型微专业。加强课程建设。构建“通识模块+专业模块+实践模块+创新创业模块”课程体系，积极探索通识、大类和专业教育相结合的人才培养体系；42门课程被广东省认定为2020年度省级一流本科课程；组织开展首批深圳大学“学科交叉课程”建设项目申报工作；心理健康课程、劳动课程等纳入培养方案；全面推进思政课程建设。重点建设光学工程、计算机科学与技术、信息与通信工程、土木工程、理论经济学、生命健康、心理学7个优势特色学科；实施一流学科建设计划，制订“一院一策”第一批试点学院（部）实施方案。ESI全球排名前1%的学科增至13个，其中包括工程学、临床医学、材料科学、生物学与生物化学、计算机科学、化学、物理、社会科学总论、环境科学/生态学、药理学与毒理学。获批数学、物理学、化学、生物学、管理科学与工程、电子信息、土木水利7个博士点；实际完全新增博士点总数并列全国第一，其中，新增的电子信息、土木水利2个专业学位博士点弥补专业学位博士点空白。获批资源与环境、生物与医药、能源与动力、翻译、公共卫生5个专业学位硕士点和5个专硕点。成立“深圳大学双创教育教学实验中心”，以实验教育引领创新驱动发展。本科生创新创业训练计划中，获国家级项目30项、省级项目80项。在“第七届中国国际‘互联网+’大学生创新创业大赛”中取得省赛4金3银7铜、国赛1银4铜的历史最佳成绩。有序开展学历教育、自考助学、培训教育等工作，完成短期干部培训100期，累计培训6700余人；连续5年获评“中国最具社会影响力高校网络与继续教育学院”。

【人才培养】2021年，深圳大学强化人才培养，紧扣“立德树人”根本任务，将“全过程育人”融入学生发展。深入落实《深圳大学一流本科教育行动方案（2020—2025）》，实施本科人才培养特色化、内涵式发展。完善研究生培养体系。建设本研一体化系统，开展本科生修读研究生课程工作；加强研究生分流退出机制建设；加强学位论文质量监督和学术诚信教育。出台《深圳大学跨界联合培养硕士研究生方案》，加强学科交叉融合和产教跨界融合。遴选跨界联合培养硕士研究生项目6个；获批省级研究生联合培养示范基地6个；获广东省学位与研究生教育学会优秀教育成果奖7项。深入推进“荔园树人”工程，完善学生思政工作机制。制定并实施《深圳大学关于构建新时代学生工作新格局的若干意见》，推动思政教育顶层设计；落实“思政第一课”制度，96位校院党政领导上思政“第一课”，听课学生达9.78万人次；举办“校长午餐会”等活动，校领导与学生开展面对面交流；推动思政队伍专业化、职业化建设；开展“易班”建设、“书院制”试点，将思政教育与主题实践、志愿服务和创新创业等有机结合，全年1.21万名在校生参与志愿服务活动，累计参与志愿服务7.89万人次。建设学生心理健康教育与咨询中心；启动“健康荔园运动计划”；完善奖励资助体系，健全人才培养激励机制；推进学生就业指导和服务。全年本科生学科竞赛项目立项资助43项，其中属于全国普通高校学科竞赛排行榜项目28项，位居广东省第3位；研究生学科竞赛项目立项资助17项。本科生各类获奖928项，其中学科竞赛获奖637项，文艺、体育竞赛获奖198项；研究生学科竞赛获奖106项。深大学子陈梦、杨浚瑄、俞李妍、彭旭玮、汤慕涵，深大乒乓球俱乐部队员孙颖莎亮相东京奥运会，收获3金2银；第十四届全运会游泳比赛中，师范学院运动训练专业学生获7金8银5铜。年内，全校共有全日制在校生3.96万人，其中：普通本科生2.86万人，硕士研究生9999人，博士研究生548人，留学生（学位生）451人；成人教育本科生1.53万人，成人教育专科生9390人。录取各类学生1.94万人，其中：普通本科生6933人，硕士研究生4433人，博士研究生199人，留学生（学位生）138人；成人教育本科生5169人，成人教育专科生2489人。有毕业生1.68万人，其中：普通本科生6399人，硕士研究生2754人，博士研究生57人，留学生（学位生）64人；成人教育本科生3996人，成人教育专科生3086人；在职硕士研究生444人。

【科学研究】2021年，深圳大学推进科研高水平发展，着力构建高端平台。科研项目数量经费同步增长。2021年，学校科研项目总经费17.78亿元，同比增长1.06亿元，增长率为6.34%，其中，自然科学类科研经费收入17.18亿元，人文社科类科研经费收入0.6亿元。新增各类科技项目1113项，其中：国家自然科学基金项目375项，总经费1.97亿元，立项数连续5年居广东省第2位，含国家杰出青年基金2项、优秀青年基金6项、重点项目3项、重大科研仪器项目1项；省级科技项目193项；市级科技项目427项。新增人文社科项目370项，其中：国家社科基金项目立项32项，处于广东省高校前列；省部级项目86项；市厅级项目65项。省部级项目中，教育部人文社会科学研究一般项目14项，教育部高校思政理论课教师研究专项课题1项，司法部法治建设与法学理论研究项目3项。高水平科研成果质量稳步提升。SCI论文收录6636篇，同比增长8.14%；全年共申请专利1323项，获授权1005项；PCT专利申请公开147项；5篇高水平论文在《科学》（*Science*）和《自然》（*Nature*）正刊发表（第一单位2篇）；获“军队科学技术奖”一等奖1项、“广东省科学技术奖”10项；参与项目获“广东省科学技术奖”2项、“深圳市科学技术奖”8项；参与项目获“深圳市科学技术奖”科技进步奖一等奖1项；教师黄鹏、梁中明、于非、杨楚罗、张晗、时玉萌、张豫鹏等8人次入选2021全球高被引科学家；SSCI论文收录769篇，同比增长24%；获“第六届全国教育科学研究优秀成果奖”3项、“广东省第九届哲学社会科学优秀成果奖”11项、“广东省高等教育学会第一届优秀高等教育研究成果奖”6项、“深圳市第十届哲学社会科学优秀成果奖”28项。积极推进科技成果转化工作。全年办理成果转化114项，同比增长83%；转化合同金额累计1105.02万元，同比增长350%，均实现跨越式增长。高水平科研平台与智库建设逐步推进。成立省级P3实验室——深圳大学生物安全三级实验室；新增深圳市纳米生物传感技术重点实验室等8个市级重点实验室；与企业合作成立校级科研机构5个；揭牌成立河源市深大湾区研究院；筹备深圳大学湾区（中山）研究院。深圳大学港澳及国际问题研究中心、深圳大学印度研究中心获批为教育部国别和区域研究备案中心；中国特色社会主义先行示范区残疾人事业发展研究中心（基地）获批为中国残联重点研究基地；荷兰研究中心获批为广东省普通高校特色新型智库；港澳基本法研究中心咨政成果获颁“国家民委社会科学研究成果奖”优秀奖，入选“中国智库综合评价 2021 年中国智库特色案例”；城市治理研究院咨政成果获中央领导肯定性批示。

【交流合作】2021 年，深圳大学扎实推进国际化交流合作工作，留学生录取逆势增长。坚定落实《深圳大学国际化行动计划》，以“线上＋线下”方式开展国际科研合作与学生交流交换。2021 年度，与英国卡迪夫大学等 53 所海外院校签订或续签校际合作协议。创新国际化工作机制。成立“深圳大学国际化专家工作委员会”，推动学校国际化重大项目规划实施、为国际化工作提供咨询建议、参与国际化项目评审等；整合提升国际化资源，组建“深圳大学国际化专家库”，遴选首批国际化示范学院；制定《深圳大学国际化指标体系（试行）》，考核结果纳入各单位年度考核。持续推进学校首个中外合作办学机构“深圳南特金融科技学院”申报工作；稳步推进深圳大学法语联盟落地建设；继续推进深圳大学南洋理工大学联合学院筹建。获批为 2021 年度教育部“高层次国际化人才培养创新实践基地”，成为年度全国 50 所获批高校之一。留学学历生录取人数逆势稳步增长至 244 人（其中博士生 94 人、硕士生 47 人），录取总人数为历史最高，同比增长 11.4%。

【新增博士点和硕士点】2021 年 7 月 26 日，教育部官网公示 2020 年学位授权审核结果，深圳大学新增数学、物理学、化学、生物学、管理科学与工程、电子信息、土木水利 7 个博士点，博士点数量从 10 个增加至 17 个。其中，新增的电子信息、土木水利 2 个专业学位博士点弥补学校在相应专业学位博士点方面的空白，实现历史性突破；数学、物理学、化学、生物学等学位点同时新增为博士点，凸显学校基础学科发展的优势。获批新增资源与环境、生物与医药、能源与动力、翻译、公共卫生 5 个专业学位硕士点，专业学位硕士点数量达 27 个，充分体现学校把握“双区”建设战略机遇，利用突出优势，加快创建世界一流大学的成效。

【“深大人”亮相第三十二届夏季奥运会】2021 年 7 月 23 日至 8 月 8 日，第三十二届夏季奥林匹克运动会在东京举行。中国体育代表团共 777 人，深圳大学校友、乒超联赛深圳大学俱乐部队员陈梦，深圳大学俱乐部队员孙颖莎，深圳大学师范学院运动训练专业学生杨浚瑄、俞李妍、彭旭玮、汤慕涵名列其中。7 月 29 日，在女子 4×200 米自由泳接力项目中，杨浚瑄与汤慕涵携手打破世界纪录夺冠，此为中国游泳奥运史首枚接力金牌。7 月 29 日晚，在乒乓球女单决赛中，陈梦携手孙颖莎包揽冠亚军，为中国代表团收获一金一银。7 月 31 日，在男女混合泳 4×100 米接力项目中，杨浚瑄与队友联手获得银牌。8 月 1 日，在女子 4×100 米混合泳接力决赛中，杨浚瑄、彭旭玮携手队友代表中国队获得第四名。8 月 5 日，在女子乒乓球团体赛项目中，陈梦、孙颖莎携手的中国乒乓球女团战胜日本队，获得金牌。在个人项目中：杨浚瑄在 200 米自由泳中获得第四名；汤慕涵在 400 米自由泳中获得第五名；俞李妍在 200 米蝶泳中获得第六名；彭旭玮代表中国队出战女子 100 米仰泳和女子 200 米仰泳比赛。深圳大学在第一时间代表全体师生员工及校友向出征奥运的深大学子及队员发去贺信。8 月 6 日，深圳市委、市政府向深圳大学发贺信。各大央媒、地方媒体、自媒体等平台接连发布相关报道，深大学子在奥运赛场上夺金摘银等消息传遍全网，登上多家媒体。

2021 年 9 月 30 日，深圳大学在校友广场举行“校友终身学习支持计划”启动仪式

（庞审　摄）

【校友“终身学习支持计划”启动】2021年9月30日，深圳大学校友“终身学习支持计划”启动，用以提升学校服务校友质量和水平，强化学校与校友之间的互动，实现校友与学校协同发展。该计划以“终身学习、积极进取、共同成长”为教育和服务理念，关注校友走出荔园后的学习和工作需求，依托学校教学科研特色和资源优势，继续服务校友和校友企业。该计划涵盖校友论坛、校友课堂、图书数字资源共享、校友专门场地计划和校友信息中心五大功能模块。在该计划支持下，深大校友可定期参加“深圳大学校友论坛”，聆听各行各业、各领域著名校友、领军人物的分享；可修读每学期免费开放的2000多门课程及500多门线上MOOC课程，首期“上线”的38门课程涵盖多个学科，均为近年来深大“热门”课程；可免费使用图书馆图书和数据资源，周末可在学校食堂用餐、使用学校部分体育运动场地；可优先、免费预约使用校友活动专门场地，已有1个多功能厅、7个展示厅和洽谈室、1个候会室供广大校友预约使用。创建“校友信息中心”，建立校友通讯录、校友信息库、校友企业资源库、创业校友榜单、校友动态等，实现校友信息资源共享。（江　婷）

南方科技大学

【概况】南方科技大学是教育部批准建立的公办新型研究型大学，以理、工、医科为主，兼具商科和特色人文社科，办学层次有本科、硕士、博士。占地面积198万平方米，建筑面积85.92万平方米。固定资产总额86.13亿元，其中科研仪器设备资产额34.68亿元（占比40%）。图书馆建筑面积2.6万平方米，有纸质图书26.54万册、电子图书57.56万种、电子数据库131种。计算机7895台，多媒体教室80间，总带宽8GB，电子邮件系统用户2.09万个，管理信息系统数据总量1046GB。2021年，有学院8个，系（院）中心29个。博士学位授权一级学科7个；硕士学位授权一级学科8个，硕士专业学位授权类别7个，本科专业34个，学士学位授权专业27个；广东省重点建设学科8个，2021年广东省一流本科专业建设点3个；ESI全球前1%学科5个。

【党建工作】2021年，南方科技大学以高质量党建领航高水平发展。围绕“基层党建献礼年”主题主线，全面深化顶层设计。召开2021年党建工作研讨会，研究制订《南方科技大学加强基层党建献礼中国共产党成立100周年工作方案》。开展献礼建党百年“1921”行动计划。筹办1个庆祝大会，聚焦讲党课、寻初心、学思想、强组织、建阵地、树典型、展风采、办实事、行公益9大方面开展21项工作，推出114期“百名书记讲党课”微党课专题活动，隆重举行“庆祝中国共产党成立100周年暨2021年‘七一’表彰会”。印发《普通高等学校基层组织工作条例》工作方案——《加强基层党建落实“三年行动计划（2021—2023年）”实施方案》，完善院系党政联席会议制度等，实现党建与现代大学治理双融双促。党员队伍不断壮大，党员结构逐步优化。党员数量增长31%，在册党员3313名，其中正式党员2875名、预备党员428名。新发展高层次人才党员5名、积极分子18名，恢复党组织关系3名，收到第一份院士入党申请书。党组织数量增长36%，有基层党组织155个，其中职能部门党组织28个、教学科研单位党组织108个、学工书院党组织19个。新增5个二级党委，成立党委研究生工作部。3个党组织分别获得“全省高校基层党建工作创新案例”二、三等奖和优秀奖；2门党课获评“全省高校精品党课”；1名思政教师获评“全省优秀党史宣讲员”。学校党委获评“深圳市先进基层党组织”，1名党员获评“深圳市优秀党务工作者”，3个基层党组织、7名党员和8名党务工作者获深圳市委教育工委表彰。推出“党员成长档案”“志愿南科”“基层党建述职评议考核”“七一表彰线上评选”“新时代学习中心”“干部人事管理系统”“网上接待室”等党建信息化平台，工作效能大幅提升。

【师资建设】2021年，南方科技大学有专任教师1246人，其中教研系列教师594人、研究系列教师556人、教学系列教师96人。教研系列教师中，讲席教授120人、教授93人、副教授172人、助理教授209人。博士生导师760人，硕士生导师422人。2021年，有中国科学院院士、中国工程院院士及国际院士54人（全职35人），“国家高层次人才特殊支持计划”14人，“国家自然科学基金杰出青年基金”获得者41人，“国家自然科学基金优秀青年基金”获得者25人，“广东省珠江人才”59人，“广东省特支计划”入选者23人，“深圳市海外高层次人才”762人，“深圳市高层次专业人才”307人。

【人才培养】2021年，南方科技大学在籍本科生4538人，授予学士学位940人；学籍在读研究生3471人，其中硕士生2499人、博士生972人；与境内外22所国际知名大学联合培养研究生，联合培养在读研究生1001人，均为博士研究生。2021届本科生升学就业率为97.79%，其中，境内外升学深造比例为70.01%，直接就业比例为25.36%。本科招生连续第十年采用基于高考的“631”综合评价录取模式，面向23个省（自治区、直辖市）招生，共录取1160人；本科留学生总人数46人。

【科学研究】2021年，南方科技大学纵向科技项目获批763项，总经费13.8亿元。国家自然科学基金项目立项300项，获批经费2.97亿元。科技部项目立项43项，获批经费1.18亿元。申报平台项目106项，获批24项，获批经费2.41亿元。其中，牵头获批广东省重点实验室1项、广东省普通高校重点实验室2项、粤港澳高校联合实验室1项，筹建启动深圳市重点实验室3项、组建深圳市重点实验室3项。发表论文5635篇，其中SCI收录4205篇。签订横向技术合同267项，合同总金额3.4亿元。专利申请新增890件，授权新增355件。成立联合科技机构20家。

【合作交流】2021年，南方科技大学有210名学生出境前往美国、英国、加拿大、新加坡、瑞士等7个国家和地区的14所院校进行交流学习。新增2个交换生项目，分别是新加坡南洋理工大学、韩国浦项科技大学交换项目。成立国际生疫情防控小组，与国际合作伙伴联动抗击疫情，建立疫情期间学生管理机制，帮助海外学子归国；为无法赴美学习的友好高校学子提供到南科大开展学习和科研的机会。

【科研成果连续两年入选“中国科学十大进展”】2021年2月，国家科学技术部高技术研究发展中心（基础研究管理中心）发布“2020年度中国科学十大进展”，南方科技大学理学院院长杨学明院士团队凭借“实验观测到化学反应中的量子干涉现象”这一重大科研成果成功入选。这是继理学院物理系教授张立源团队首次观测到三维量子霍尔效应入选“2019年度中国科学十大进展”后的第二次入选。

【南方科技大学伦敦国王学院医学院获批设立】2021年11月11日，教育部发文同意设立南方科技大学伦敦国王学院医学院。南方科技大学伦敦国王学院医学院是由南方科技大学与英国伦敦国王学院合作共同举办的非独立法人中外合作办学机构，隶属于南科大，在南科大校内办学。设立初期，联合医学院将实施本科层次学历教育，开设临床医学、生物医学科学、生物医学工程3个专业，为学生注册南科大与伦敦国王学院双方学籍，同时符合中英两国医学教育质量保障标准，实现不出国即同时获颁两校相应专业学位证书，并获得中英两国承认。伦敦国王学院在QS世界大学排名中位列第35位，其医学学科排名第17位，拥有800年医学教育历史，拥有世界一流医学教育资源。在深圳市委、市政府支持下，南方科技大学医学学科建设朝气蓬勃，发展正劲，不断吸引高层次人才，积极服务粤港澳大湾区建设。联合医学院是伦敦国王学院

2021年，南方科技大学三位教授当选院士　（南方科技大学　供）

与南科大共同努力开创历史的成果，是世界一流医学教育资源在中国境内实现颁发与其本国完全一致医学学位证书的率先探索。历经逾四年的办学论证和密切磋商，两校已建立坚实互信、培育深厚融合的土壤，共同致力于携手打造世界一流医学合作办学品牌。联合医学院将探索建立与国际接轨的医学人才培养体系，支持学生接受国际化、高质量的医学教育，提高人才国际竞争力，为大湾区培养具有全球视野和医学人文素养、通晓国际规则、融通中外文化的优秀医学人才，助力建设粤港澳大湾区教育、医疗高地，服务地方经济社会发展和国家中外教育人文交流，为中国医学教育改革探索新路。

【三位教授当选院士】2021 年 11 月，中国科学院、中国工程院公布 2021 年院士增选结果名单，南方科技大学三位教授当选：力学与航空航天工程系讲席教授夏克青当选中国科学院院士，工学院院长、讲席教授徐政和当选中国工程院外籍院士，数学系杰出访问教授、杰曼诺夫数学中心主任杰曼诺夫当选中国科学院外籍院士。南方科技大学高度重视人才队伍建设，坚持高标准全球引才，建立与现代大学制度相适应的人力资源管理制度，已初步建立一支国际化、高水平的教师队伍，一批优秀教师获“国家科学技术奖”等各级奖励，连续 6 年获“深圳市人才伯乐奖”。截至 2021 年底，南方科技大学共有两院院士和国际院士 54 人（全职院士 34 人）。　（张人天）

深圳技术大学

【概况】2021 年，深圳技术大学开启高质量发展新征程。围绕“一流研究技术型人才”的培养目标，着力推动学术性与应用型融合，各项工作取得优异成绩。占地面积 59.4 公顷，建筑面积 112 万平方米。有 13 个学院、26 个专业，在校本科生 6124 人，专任教师 440 人。馆藏图书 51.71 万册，可访问电子图书 170.39 万册，电子期刊 227.1 万册，学位论文 1097.94 万册。建有 177 个实验室，包括广东省教育厅重点实验室 1 个、广东省高校工程技术研究（开发）中心 3 个、深圳市市级重点实验室 3 个、校企联合共建实验室 20 个。建成附属高中。2021 年 5 月，先进材料测试技术研究中心特聘教授曹磊峰获得“2021 年度丁颖科技奖”，人才工作取得新突破。9 月 8 日，在深圳市第 37 个教师节大会上，校长阮双琛获评“深圳市教书育人模范”，新材料与新能源学院获评“深圳市先进单位”，城市交通与物流学院冯平、大数据与互联网学院高武军获评“深圳市优秀教师”，外国语学院钟玲获评“深圳市先进教育工作者”。

【疫情防控】2021 年，深圳技术大学坚持疫情精准科学防控。结合开放式校园管理特点，制定防控闭环措施。统筹制订春季、秋季学期开学方案及疫情防控管理办法。根据疫情发展形势和学校实际，及时调整方案、优化防控措施；推进新冠疫苗接种，全校师生第一针接种率逾 93%，第二针接种率逾 90%。

【学科建设】2021 年，深圳技术大学强化学科建设。编制完成《深圳技术大学“十四五”发展规划》。学校获批成为硕士学位授予立项建设单位，入选“广东省特色高校提升计划”。光学工程、物联网工程、集成电路科学与工程三大重点建设学科入选“广东省重点学科建设”名单。获批设立微电子科学与工程、材料科学与工程等 8 个专业。成立聚龙新才特色班，开设电子科学与技术、材料科学与工程、物联网工程 3 个专业。与华为技术有限公司联合建设“未来技术学院”，与中芯国际联合成立“集成电路学院”。

【人才培养】2021 年，深圳技术大学进一步加强人才培养工作。招生省份增至 15 个，招生 3005 人，比上年扩招一倍。广东省内理科投档线从省内第 9 位跃居第 6 位，超出省理科一本线 22 分；省外理科大多高于当地一本线 50~70 分录取，省外文科大多高于当地一本线 20~30 分录取。招收硕士生 121 人，招收博士生 5 人，累计独立招收研究生 304 名。与境内外高校联合培养硕士生 93 人、博士生 17 人。首批独立培养的 32 名硕士毕业生，逾 90% 签约华为、腾讯等行业龙头企业。完善应用型人才培养模式，形成研究技术型培养方向。开设教授负责制下项目工作课程 42 门次，开展项目 534 项，参与教师 259 人次，参与学生 2376 人次。学生参与国际、国家、省级学科竞赛获大奖 44 项，其中包括 2 项国际奖项、23项全国大奖。参与第十六届“挑战杯”广东大学生课外学术科技作品竞赛，获特等奖2项、二等奖3项。“纳特级张量磁特征动态感知系统”项目，获“挑战杯”国赛三等奖。创意设计学院学生设计团队获“2021年EPDA欧洲产品设计奖”金奖2项、国际设计师俱乐部“IDC AWARDS全球设计”银奖1项。赛车工作室飓风赛车队，首次参加“2021中国汽车工程学会巴哈大赛”并获三等奖。至2021年底，共有学生创业园孵化项目50个，资助资金110余万元，参与学生约300人，申请专利51项，注册成立公司11家。

【师资建设】2021年，深圳技术大学加强高端人才引育，师资队伍建设卓有成效。年内，引进深圳市高层次人才87人，其中国内高层次人才27人。市级及以上高层次人才数量比上年增长一倍，在专业教师中占比60%，连续4年获得“深圳市人才伯乐奖”。有教职工965人，比上年增加26.8%，其中：专任教师440人，增加34.6%；实验技术人员110人，增加6.8%；专职研究人员及博士后55人，增加40%；管理教辅人员360人，增加24.6%。专任教师队伍中，教授112人（含22名全职特聘教授），占比25.5%；副教授113人，占比25.7%；助理教授及讲师200人，占比50%；45岁及以下中青年教师321人，占比73%。在站博士后人员25名，比上年新增10人。2021年12月，外国语学院英语教师王艺馨在“广东省首届本科高校课程思政教学大赛”上获外语组全省一等奖。

【校企合作】2021年，深圳技术大学与36家知名企业签约，合作企业达220家。完成第5批校企合作研发项目征集立项工作，向企业征集31项技术课题，审批立项16项，经费支持2600万元。新增校企联合共建实验室5个。提交通过技术合同登记26项。多项成果转化实现“零的突破”。与16家企业签订校外实习实训基地协议，年内共有396名本科生完成合作企业实习。

【国际合作】2021年，深圳技术大学加强国际合作，开放办学格局进一步确立。与海外合作院校云端签约、云端对话、云端教学。4门工程经济学课程首次线上开课。与瑞士8所高校合作创建中瑞创新中心（深圳），是深圳高校首次与瑞士应用型高校共建创新中心。截至2021年底，学校国际合作伙伴覆盖17个国家和地区，与64所国际高校、机构签署合作协议，共建5个国际联合实验室，15批次309名学生实现出国交换交流。

【科技研发】2021年，深圳技术大学科研立项取得新突破。年内，国家自然科学基金项目获批立项23项，较上年增加6项。授权专利257项（非累计），其中发明专利31项。获省级科技奖1项（第十六届广东省丁颖科技奖）。SCI论文发表354篇。携69项成果亮相第二十三届“高交会”。聚力平台建设，夯实创新基础。获批市级重点实验室2个、省级工程技术研究中心1个。设立“广东省院士工作站”。阮双琛、胡俊青、孔令兵三位教授入选斯坦福大学全球前2%顶尖科学家榜单（World's Top 2% Scientists 2020）。

【聚龙学院揭牌成立】2021年1月9日，深圳技术大学聚龙学院（创新创业学院）正式揭牌成立。深圳市政府副市长吴以环，中国科学院研究员马中骐，中国科学院院士钱逸泰、叶志镇，加拿大皇家科学院、工程院院士徐政和，加拿大工程院院士张宏等嘉宾出席成立仪式。仪式由聚龙学院院长、加拿大工程院院士刘清侠主持。成立聚龙学院旨在构建分层分类、深度融合、协同推进创新创业教育模式，推动交叉学科融合、跨学科流通，让学生在创新创业中巩固专业知识、在专业教育中提高创新创业能力，加深对市场产业资本的理解，提升学生创新成果产业化能力。

【八个本科新专业获批】2021年2月，深圳技术大学申报的数据科学与大数据技术、光电信息科学与工程、微电子科学与工程、材料科学与工程、智能医学工程、药学、艺术与科技、英语8个本科专业获得教育部批准。新增专业聚焦国家和粤港澳大湾区经济社会发展需要，围绕建设高水平应用型高校战略目标，进一步优化专业布局，促进多学科、多专业协同发展。

【两个深圳市重点实验室获批建设】2021年3月，深圳技术大学获批2个深圳市重点实验室组建、筹建拟资助项目，分别为工程物理学院院长、先进材料测试技术研究中心主任周沧涛教授牵头申报的“深圳市超强激光与先进材料重点实验室”，拟获资助经费500万元；加拿大工程院院士、聚龙学院院长刘清侠牵头申报的“深圳市海洋能源与环境安全重点实验室（筹建启动）”，拟获资助经费500万元。这是以深圳技术大学为依托单位申报的市级重点实验室建设项目首次获批，标志着该校在科研平台建设方面取得又一新突破。

【三位教授入选全球前2%顶尖科学家榜单】2021年4月，在斯坦福大学发布的全球前2%顶尖科学家榜单（World’s Top 2% Scientists 2020）中，深圳技术大学校长阮双琛、健康与环境工程学院院长胡俊青、新材料与新能源学院教授孔令兵入选“2019年度科学影响力排行榜”；胡俊青、孔令兵同时入选“终身科学影响力排行榜”。

【“硕士学位授予立项建设单位”获批】2021年5月25日，广东省学位委员会下发《广东省学位委员会关于调整省博士硕士学位授予立项建设单位的通知》，批准深圳技术大学成为“硕士学位授予立项建设单位”。学校首次申请“硕士学位授予立项建设单位”即获批，再次跑出“深圳速度”。

【国际数学建模竞赛学生获奖】2021年5月，深圳科技大学大数据与互联网学院参赛队在“2021年美国大学生数学建模竞赛”和“交叉学科建模竞赛（MCM/ICM）”中，凭借“协助对抗澳洲山火的无人机系统”和“对一个国家的粮食系统进行评估及优化”项目获国际二等奖2项，另有8个项目获“成功参赛奖”，这是该校首次派出学生参加国际数学建模竞赛。此届大赛共有来自美国、中国、英国、加拿大等22个国家和地区包括牛津大学、哥伦比亚大学等众多高校在内的2.61万支队伍参赛。

【城市轨道交通学院建设】2021年5月31日，深圳技术大学与深圳市地铁集团有限公司共同组建“深圳技术大学城市轨道交通学院”合作协议签署及揭牌仪式举行。面向粤港澳大湾区城市群综合交通一体化城市轨道交通及其驱动的交叉领域，共商高素质创新型、高端技能人才培养，高水平科学研究、技术开发及成果转移转化。深圳市地铁集团党委书记、董事长辛杰，深圳技术大学校长阮双琛等嘉宾出席签约仪式。

【首届毕业典礼暨学位授予仪式】2021年6月26日，深圳技术大学举行首届毕业典礼暨学位授予仪式。该校首届依托深圳大学招收的2021届硕士研究生共有28人获得硕士学位；依托深圳大学招收的首届全日制本科生共计213人，25%的学生被中国科学院、复旦大学、同济大学、香港中文大学、香港理工大学、德国耶拿大学、纽约大学等国内外高校或科研机构录取为研究生；大部分学生已成功就业，签约企业多为华为、腾讯、大族激光等知名高科技企业。

【招生投档线排名提升】2021年，深圳技术大学招生投档线排名提升。招生省份增至15个，招生3005人，较上年扩招一倍。广东省内理科投档线560分，超出一本线22分，跃居省内第6位。学校文史类、艺术类招生情况良好。文史类投档线548分，与一本线持平，最低排位1.98万位，较上年的2.24万位上升2565位；艺术类投档线517分，最低排位4124位，较上年的4802位上升678位。

【本科生在国际期刊发表英文论文】2021年7月，深圳技术大学健康与环境工程学院2018级生物医学工程专业本科生李晓庆作为第一作者在国际期刊*Future Generation Computer Systems*发表学术论文，题目为“Building the Internet of Things platform for smart maternal healthcare services with wearable devices and cloud computing”（《利用可穿戴设备和云计算构建智慧孕产保健服务物联网平台》），大数据与互联网学院助理教授吕羽为论文指导教师及通讯作者，大数据与互联网学院教授傅向华、副教授齐英剑为共同作者。*Future Generation Computer Systems*是国际计算机科学领域著名期刊，影响因子7.187，中科院分区为1区。

【学生设计团队获两项国际设计金奖】2021年9月，深圳技术大学创意设计学院学生设计团队获“2021年EPDA欧洲产品设计奖”金奖2项。获奖项目分别为苏铨涛、刘唯、杨淋晖、袁晔、陈骏

2021 年 9 月 28 日，深圳技术大学赛车工作室飓风赛车队的赛车 u8 在“2021 中国汽车工程学会巴哈大赛”赛场（深圳技术大学　供）

鑫、谭畅设计团队的项目“智能矿用安全帽”和谈丛睿的“带紫外消毒收纳功能的血压计”。2 个项目均为校企合作研究课程“项目工作Ⅰ”教学成果，指导教师分别为李立全、杜鹤民。

【校赛车工作室获“巴哈大赛”全国奖项】2021 年 9 月 28 日，“2021 中国汽车工程学会巴哈大赛”在襄阳梦想汽车小镇圆满落幕，深圳技术大学赛车工作室飓风赛车队首次参加比赛，获全国三等奖。此次参赛由赛车工作室 2 名教师带队，25 名学生和赛车 U8 共同参与比赛。

【周沧涛教授团队在物理顶级期刊《物理评论快报》发表论文】2021 年 12 月 10 日，深圳技术大学周沧涛教授团队发现相对论电子束流在稠密等离子体中输运的新物理机制，相关研究成果以《兆安培电子束流在固体密度等离子体中的纳米尺度静电调制》（Nanoscale Electrostatic Modulation of Mega-Ampere Electron Current in Solid-Density Plasmas）为题，在线发表于物理顶级期刊《物理评论快报》（*Physical Review Letters*，IF：9.161）。团队博士后李然为论文第一作者，副教授黄太武为论文第一通讯作者。这是深圳技术大学首篇发表于《物理评论快报》的成果，作者来自工程物理学院、先进材料测试技术研究中心、深圳市超强激光与先进材料技术重点实验室科研教学人员。（深圳技术大学）

香港中文大学（深圳）

【概况】香港中文大学（深圳）是经教育部批准，以创建一所立足中国、面向世界的一流研究型大学为己任，致力于培养具有国际视野、中华传统和社会担当的创新型高层次人才。办学特色为国际化氛围、中英并重的教学环境、书院制传统、通识教育、新型交叉学科设置和以学生为本的育人理念。截至 2021 年底，有来自世界各地的 8000 多名优秀学子在港中大（深圳）求学。已培养四届本科毕业生、五届硕士毕业生和一届博士毕业生，办学质量得到社会各界广泛认可和普遍好评。经过 8 年的发展，学科建设已逐步完善，有经管学院、理工学院、人文社科学院、数据科学学院、医学院和音乐学院 6 个学院以及 1 个研究生院，开设本科专业 25 个，开展研究生（硕士、博士）项目 31 个。

【国际交流与合作】2021 年，香港中文大学（深圳）注重国际交流与合作，培养学生的国际视野。截至年底，开展实质性交流与合作境外名校共 120 所，遍布全球 29 个国家和地区，各类国际合作项目 220 个。在校学生中具有境外学习经历比例逾 60%，在国内高校中名列前茅。

【师资队伍建设】2021 年，香港中文大学（深圳）面向全球招聘，已建立一支具有国际水准的师资队伍。截至年底，引进世界知名教师 400 余位，包括诺贝尔奖得主 5 位、图灵奖得主 2 位、菲尔兹奖获得者 1 位、各国院士近 30 位、国家级特聘专家近 60 位，以及来自美国电气电子工程师学会（IEEE）、美国工业与应用数学学会（SIAM）、美国运筹学和管理学研究协会（INFORMS）、国际计算机学会（ACM）等国际知名专业技术协会会士近 40 位。引进的教

2021 年 12 月 15 日，香港中文大学本部与香港中文大学（深圳）签署战略合作框架协议

［香港中文大学（深圳） 供］

师全部具有在国际一流高校执教或研究工作经验，是一批具有国际视野、富有创新精神和教书育人热忱的优秀教师。

【科学研究】2021 年，香港中文大学（深圳）科学研究力度进一步加大。以创新驱动为指引，以粤港澳大湾区需求为导向，研究领域契合国家战略发展需求，涵盖地方新兴产业和未来产业发展方向，包括人工智能与机器人、大数据与数据科学、信号与信息处理、类脑研究、生物医药、生物信息、先进材料、新型电子元器件、智能电网、新型网络、金融物流等。

［香港中文大学（深圳）］

深圳北理莫斯科大学

【概况】深圳北理莫斯科大学是由深圳市人民政府、北京理工大学和莫斯科国立罗蒙诺索夫大学合作设立的具有独立法人资格的中外合作大学。学校以建设独具特色的世界一流国际化综合性研究型大学为目标，承载着国家“一带一路”人才培养的光荣使命，致力于开展精英教育以及高水平的科学研究和创新活动，为中俄战略合作与区域经济社会发展培养高质量的创新人才，提供高水平的学术成果。

【学科建设】2021 年，深圳北理莫斯科大学新增国际经济与贸易（单学籍）本科专业，新增计算数学、材料、国际经济 3 个硕士专业；新申报化学、汉语言（面向国际学生）2 个本科专业，无机化学、国际经济（商）法、国家审计 3 个硕士专业；达到 11 个一级学科，涉及理、工、经、文、管、法 6 个门类。年内，学校进入广东省新一轮高水平大学建设重点学科建设高校行列，4 个学科入选省重点建设学科。3 个专业入选省级一流本科专业建设点，2 个专业被推荐参评国家级一流本科专业。学校获批学士学位授予单位，4 个专业获批学士学位授予专业。

【学生就业】2021 年，深圳北理莫斯科大学迎来首届 100 名本科毕业

2021 年，深圳北理莫斯科大学入选广东省高水平大学重点学科建设高校

（深圳北理莫斯科大学 供）

生，在96名中国籍本科生中，5人在知名国际期刊发表学术论文，16人获得莫大“红本”毕业证（即优秀毕业生），83人攻读硕士研究生，升学率超过86%，17名获得国家留学基金委公派留学资格（截至2021年底），另有9人被华为、中铁建、毕马威、亚马逊等知名企业和深圳机关事业单位录用，4人继续备考名校硕士。

【招生规模】2021年，深圳北理莫斯科大学招生地域增加4个，录取584名学生，增长46%，其中：中国籍本科生444名，增长41%；硕士研究生99名（含留学生7人），增长200%；国际本科生30名，博士研究生11名。办学5年累计招收1559名学生，完成三方合作办学协议约定的“学校成立后的第1至5年，每年招生300~500人”的任务。（深圳北理莫斯科大学）

中山大学（深圳校区）

【概况】中山大学（深圳校区）是中山大学主体校区之一。位于深圳市光明区。占地面积3.14平方千米，建筑面积130万平方米。截至2021年底，中山大学（深圳校区）有16个院系；有基础医学等17个一级学科博士点，计算机科学与技术（智能交通）等2个二级学科博士点，生物与医药等3个专业学位博士点；博士后科研流动站44个（全校），有8个学科进入“双一流”建设学科名单。中山大学（深圳校区）有2家附属医院，为广东乃至全国提供高水平医疗服务。

【思想政治建设】2021年，中山大学（深圳校区）扎实进行思想政治建设。开展党史学习教育、庆祝中国共产党成立100周年活动，深入学习贯彻党的十九届六中全会精神。3月15日，召开党史学习教育动员大会。6月30日，庆祝中国共产党成立100周年“七一”表彰大会在广州校区南校园梁銶琚堂举行。11月12日，召开党委系统工作会议，传达学习党的十九届六中全会精神。按照“学史明理、学史增信、学史崇德、学史力行”学习目标，做到“学党史、悟思想、办实事、开新局”。高质量完成中央巡视集中整改工作。5月，中央第五巡视组巡视中山大学党委工作动员会召开；9月3日，中央第五巡视组向中山大学党委反馈巡视情况；9月25日，中山大学党委召开落实中央巡视整改任务工作动员部署会；12月初，按时、按要求完成中央巡视反馈问题集中整改工作。

【师资队伍建设】2021年，中山大学（深圳校区）加强师资队伍建设。通过实施“人才倍增”计划，建设“人才蓄水池”。至年底，共引进各类人才1718人，其中：博士后943人、专职科研人员39人，另含专研博后转聘专任教师64人、附属医院医教研系列265人。校本部专任教师总量3547人。人才数量稳定增长，队伍结构不断优化，人才质量持续提升。有院士（含双聘）22人，国家自然科学基金杰出青年科学基金获得者86人，国家自然科学基金优秀青年科学基金获得者97人，高层次人才数量居国内高校前列。

【人才培养】截至2021年底，中山大学（深圳校区）本科在校学生共7086人，已毕业本科生1373人；在校研究生2703人（硕士生1914人、博士生789人），各学院毕业研究生735人，其中2021年全年毕业研究生410人。各学院坚持中国特色社会主义办学方向，以“立德树人”为根本，以人才培养为中心，深入落实德育与智育融合、学科与专业融合、科研与教学融合、本科生培养与研究生培养融合、第二课堂与第一课堂融合，构建卓越人才培养体系，培养德、智、体、美、劳全面发展的社会主义建设者和接班人，为党育人，为国育才。本科生课程体系紧扣人才培养目标。公共基础课拓展思维视野，专业基础课知识扎实深厚，专业核心课（脸谱课）特征鲜明，专业提升课复合交叉，本科生与研究生课程体系有效衔接。2021学年，共开设公共必修课595门次、公共选修课92门次、专业必修课810门次、专业选修课255门次。截至2021年底，各学院共获省级教学成果一等奖1项，校级教学成果一等奖5项、二等奖2项；省级一流本科课程认定1门，校级教学名师1人；20个本科专业中，10个入选国家级一流本科专业建设点，7个入选省级一流本科专业建设点。在教学改革项目方面，国家级新工科研究与实践项目立项1项，省级质量工程及教改项目立项7项，市级教育科学研究课题立项1项，校级质量工程与教改项目立项132项。学生积极参加“挑战杯”全国大学生课外学术科技作品竞赛、“全国大学生数学竞赛”、“全国大学生生物医学工程创新设计大赛”、“全国大学生智能汽车竞赛”、“中国互联网+大学生创新创业大赛”广东省分赛、“美国大学生数学建模比赛”、“世界大学生立方星挑战赛”、“中国研究生数学建模竞赛”、“中国研究生智慧城市技术与创意设计大赛”、“全国软件和信息技术专业人才大赛”等各种课外学术竞赛活动。全年共131人获得国家级竞赛奖励，46人获得省部级竞赛奖励。共有受资助的“广东省研究生教育创新计划”项目2项；获“广东省学位与研究生教育学会优秀教育成果奖”1项。

【科学研究】2021年，中山大学（深圳校区）强化科学研究。各学院在科研经费、科研平台建设等方面取得进展。

科研总体规模持续增长　全年各学院和附属医院科研经费总额4.23亿元，比上年增长28.3%；获批国家自然科学基金项目121项，批准经费5195万元，比上年增加4项，增长3.42%；获批国家重点研发计划项目2项，批准经费4848万元；获批深圳科创委项目88项，批准经费5480万元。

科研平台建设进展顺利　年内，新增省部级科研平台2个，分别为依托附属第七医院建立的广东省消化系统恶性肿瘤防治研究重点实验室，依托电子与通信工程学院建立的广东省低空安全探测工程技术研究中心。深度参与深圳综合粒子设施研究院工作。选派12名专任教师/研究人员和4名管理干部组建一支高素质高水平的项目建设和运行管理队伍，为研究院建设、运行和管理提供重要支撑，并主导同步辐射光源项目设计和建设，基本完成同步辐射光源项目可行性研究报告技术方案编制。顺利完成深圳校区科研基础条件建设规划。通过统一规划、统筹布局，在深圳校区建设新工科协同创新平台、新医科与大健康协同创新平台、动物实验公共服务平台、大型仪器共享服务平台4个（类）功能完善、设施先进的科研公共平台，为深圳校区各院系发展提供科研支撑条件。

社会服务能力稳步提升　全年共承担政府、企事业单位委托项目合同金额4700万元，比上年增长111%。其中，公共卫生学院（深圳）承担的“深圳学生人群流感疫苗保护效果研究——检测阴性病例对照研究”项目合同金额872万元。在电子信息与芯片技术、材料科学以及生物医药等领域完成技术转让及许可5项。依托深圳校区智能工程学院与华为技术有限公司、深圳市城市交通规划设计研究中心股份有限公司共建2个校企联合研究平台，围绕智慧交通、信息技术等重点领域与企业联合开展科研攻关，不断提升学校在信息通信、交通规划等方面支撑国家重大战略需求和服务粤港澳大湾区发展的能力水平。

【合作交流】截至2021年底，中山大学（深圳校区）已与全球40多个国家和地区逾270所院校签署校级合作协议，与高水平大学开展多层次、宽领域务实合作。在疫情常态化下，维持交流热度，拓展与世界一流大学的合作。加强统筹规划，不断调整、优化布局，拓展与世界百强、学科前50和区域重点高校的合作。年内，共签署校际框架合作协议19份，包括8所世界百强高校、4所世界学科前50高校和7所区域重点高校；实施高水平学科伙伴交流专项，推动重点领域合作交流；推进重点伙伴战略合作，稳步推进与澳大利亚悉尼大学等的战略合作；积极建设国际组织、大学联盟合作网络，提升

中山大学（深圳校区）学生生活区建筑面积约18万平方米，含7栋公寓和1栋食堂　[中山大学（深圳校区）供]

学校国际影响力，新加入环太平洋大学联盟（APRU）等6个联盟网络，并牵头成功举办第12届中日大学校长论坛。发挥办学主体作用，推进孔子学院建设，促进人文交流。推动与港澳台高校教育交流合作，发挥湾区教育创新引领作用。积极推进粤港澳高校联盟建设与发展，发挥引领作用。成功举办联盟2021年理事会、年会暨大学校长论坛。新增入盟院校1所，成员院校达41所；新组建专业联盟11个，专业联盟总数达37个。牵头举办2021年“筑梦湾区·共创未来”粤港澳高校联盟青年学者系列论坛，线上线下逾6000人参与交流，为大湾区建设聚才、引才、育才。巩固与港澳台高校的校际合作关系，深化战略合作层次。与港澳台30余所高水平院校维持良好的校际合作与交流，在疫情限制互访情况下维护良好的合作关系和交流热度。推进与香港中文大学、岭南大学、澳门大学的战略合作，完善战略合作区域布局，合作成果不断涌现。创建港澳台师生交流品牌，培养青年学子家国情怀和民族精神。打造大湾区特色学生交流项目，举办“中山大学2021年粤港澳大湾区经济发展研习营”夏日学院，开展具备学科特色的交流项目。

【首批师生进驻】2021年，中山大学（深圳校区）教学、科研和生活配套设施建设完工并交付约43万平方米，包括东园生活区和运动场、东教学楼、文学园以及医学园部分建筑，首批师生进驻。新增学生床位近9000个、就餐位3000余个，教学和科研空间进一步扩展。至年底，已交付共计80万平方米，极大地促进学校高水平人才培养、高水平师资队伍建设和科研创新能力提升。

【深圳校区教学条件建设】2021年，中山大学（深圳校区）教学条件建设进展顺利，部分教学设施顺利交付使用。已建成多媒体教室298间，配备云录播系统、标准化考场系统、FM听力系统、电子班牌系统、手机考勤系统，同时建有3间精品录播教室、4间U形教室、15间分组讨论研讨型智慧教室，为师生提供高质量、高智能的多媒体教学体系，打造集智慧化、人性化和舒适性、灵活性于一体的教学环境。全面启动深圳校区本科教学实验室建设项目。完成41个教学实验室建设，采购设备3.02万台套，对提高深圳校区人才培养质量，促进学院、学科建设与发展提供有效支撑。 ［中山大学（深圳校区）］

哈尔滨工业大学（深圳）

【概况】哈尔滨工业大学（深圳）由哈尔滨工业大学和深圳市人民政府合作共建。学校在办学过程中始终坚持面向国家重大需求，立足国际学术前沿，紧密结合广东省、深圳市经济社会发展战略目标，开展人才培养、师资队伍建设、学术研究、合作交流等各项工作。截至2021年底，有10个学院和4个研究院，62个各级创新载体，形成涵盖理、工、管、经、文、艺6个学科门类、24个一级学科、9个硕士专业学位类别与5个博士专业学位类别的学科专业布局。

【人才培养】2021年，哈尔滨工业大学（深圳）全面落实人才培养根本任务。认真贯彻落实教育综合评价改革精神，把提高教育教学质量摆在更加突出的战略位置。截至年底，共有在校学生9176人，其中本科生4539人、硕士研究生3473人、博士研究生1164人。在全国21个省（自治区、直辖市）共录取本科新生1375人，全国高校录取平均排名继续位列第11位，在粤本科普通批物理类最低省排名升至2960名，连续第五年蝉联省内高校理科首位；招收硕士研究生1230人，其中“双一流”高校生源占比58%；录取博士研究生273人，其中“双一流”高校及境外高水平院校优质生源占比61%。深入开展思政课程与课程思政建设，通过实施推进改革立项、打造优秀示范、建设思政队伍、开展研讨活动、完善质量评价五项计划，确保“思政课程”和“课程思政”同向同行；推进公共基础课程供给侧改革，重构通识教育课程体系，完成论证七大模块课程目标及核心课程范畴，扎实推进在线开放课程、高水平专家共建课程、创新创业教育课程等课程建设。年内，4个项目获评“广东省课程思政建设改革示范项目”，9个项目获评“广东省课程思政优秀案例”，2个项目获评“深圳市首届思政课改革创新系列优秀成果”，3项教研成果获“深圳市第四届教育教学科研优秀成果奖”（“能力本位的数学基础课有效实施的十年探索”项目获深圳市唯一特等奖），3 项成果获“广东省学位与研究生教育学会优秀教育成果奖”，4 个项目获评“广东省在线教学优秀课程案例”。进一步完善教学质量保障机制。组织开展各类教学竞赛，完善“赛前培训—辅导—模拟—参赛—经验分享”全链条机制，实现“教赛相长”；引入第三方专业评价机构开展学生评教工作，开展课程评价机制改革。深入推进产教融合协同育人。与鹏城实验室首次招收联合培养工程博士研究生，并进入培养环节；与华为合作开展校企联合培养项目，部分学生通过选拔，以华为项目作为毕业设计并进入华为开展研究实践；与华为共建的“智能基座”产教融合协同育人基地共有 11 门合作课程开课；新增与中国建设银行深圳南山支行等 13 家企业合作签订校外实习基地共建协议。学生在多项竞赛中获得优异成绩。获国家级奖项 104 项、省部级奖项 474 项，其中首次获“全国大学生机器人竞赛”（Robomaster）、“全国大学生系统能力大赛”操作系统设计赛、“中国大学生物理学术竞赛”一等奖，为学校参赛以来最佳成绩；首次参加“中国大学生工程实践与创新能力大赛”“中国国际飞行器设计挑战赛”，均获全国一等奖，为广东省高校最佳成绩。毕业生积极服务创新高地和科技强国建设。2021 届毕业生中 59% 在粤港澳大湾区就业，52% 在深圳就业，70% 以上就职于高新技术企业和科研单位；坚持航天国防先行，158 人就业于国防科技工业单位，是 2020 届的 1.3 倍。

【师资队伍建设】2021 年，哈尔滨工业大学（深圳）以高层次人才引进和培养为重点，以体制机制完善为保障，持续加强师资队伍建设。通过广泛开拓人才引进渠道，师资队伍规模继续保持快速增长。截至年底，共有教职工 1139 人。专任教师中，95% 以上具有博士学位，79% 具有海外学习工作经历。年内，共引进教师 82 人，包括：院士 1 人，国家级海外高层次人才 2 人，“国家杰青”1 人，“百千万人才工程”国家级人选 1 人，“四青”人才 7 人。加快高层次人才培育步伐，积极拓宽人才项目申报渠道。年内，入选“国家杰青”1 人、“四青”人才 3 人。持续完善师资队伍建设机制。坚持以“一人一策”“以才引才”等方式引进高层次人才。举办“2021 年国际青年学者神舟论坛”，吸引海内外优秀青年学者。通过开展师德师风专项教育、在岗前培训中开设师德师风讲座、在考核工作中设置师德师风专项考核等方式，形成师德师风建设长效机制，推动师德师风建设与教师工作各环节深度融合。进一步完善人员分类管理、分类聘任、分类考核制度。打通专职辅导员、专职组织员双线晋升通道，引导和激励各类人员潜心发展。年内，多位教师获得各级各类荣誉奖励。理学院教授陈怡沐入选由《麻省理工科技评论》评选出的亚太区“35 岁以下科技创新 35 人”，是入围者中最年轻的一位；土木与环境工程学院教授王旭入选“2021 年自然科研全球影响力大奖”（Nature Research Awards for Driving Global Impact，全球仅有 8 人入选）；机电工程与自动化学院湍流控制研究所周裕、Md Mahbub Alam、Bernd Rainer Noack 三位流体力学教授入选 Web of Science 2020 全球前 2% 顶尖科学家“年度影响力”榜单；材料科学与工程学院教授张嘉恒被授予首届“深圳青年五四奖章”个人，机电工程与自动化学院智能机器人“凤凰”团队被授予首届“深圳青年五四奖章”集体与第二十三

2021 年，哈尔滨工业大学（深圳）智能机器人“凤凰”团队获得第二十三届“广东青年五四奖章”与首届“深圳青年五四奖章”集体奖。图为团队成员合影
［哈尔滨工业大学（深圳）供］

届“广东青年五四奖章”集体等。

【学术研究】2021年，哈尔滨工业大学（深圳）在学科建设、重大项目申请、科研平台建设、学术成果转化等方面取得重要进展。在广东省新一轮高等教育“冲一流、补短板、强特色”提升计划中，再度入选“高水平大学建设计划重点学科建设高校”，材料科学与工程、计算机科学与技术、机械工程、环境科学与工程、空间科学与技术5个学科被列为“重点建设学科”。2021年度累计科研到账经费10.27亿元，新增纵向项目456项，其中：国家重点研发计划课题、国家自然科学基金、国家社会科学基金等国家级项目136项，国家自然科学基金获资助率达29%；马克思主义学院教授李翔主持的“人民军队优抚安置史文献整理与研究”获国家社科基金重大项目立项支持，是学校首次也是该年度深圳市唯一获立项的国家社科基金重大项目；获批广东省普通高校创新团队2项，获批深圳市“孔雀团队”项目2项。年内，发表SCI论文1967篇，较上年增长35.7%，12篇论文收录于*Nature*、*Science*系列刊物。获授权专利361项，其中发明专利286项。获省部级奖励9项，市级奖励6项，厅级奖励11项，社会力量奖励17项。土木与环境工程学院王宏杰研究团队“南方高强度开发区域先进制造业废水特征污染物深度处理技术与应用”获“广东省科技进步奖”二等奖；材料科学与工程学院徐成彦教授团队“功能微纳米材料的控制合成、组装及光/电催化应用”获“黑龙江省自然科学奖”二等奖；材料科学与工程学院教授马星获2021年度“深圳市青年科技奖”，是唯一来自高校的获奖者。高水平科研平台建设取得重大进展。获批广东省安全智能新技术重点实验室、广东省普通高校机构学与智能无人系统重点实验室、广东省普通高校智库类项目—深圳高质量发展与新结构研究院3个平台，筹建启动微观力学模拟与表征重点实验室、空间风暴数字预报重点实验室、土木工程智能结构系统重点实验室3个深圳市重点实验室。与深圳报业集团、深圳市星际无限科技有限公司等企业成立9个校企联合实验室；9项科技成果成功转化，其中4项科技成果通过作价投资成立公司。截至年底，已建成6家高水平智库，其中：深圳高质量发展与新结构研究院于8月入选广东省普通高校特色新型智库；碳达峰碳中和技术、政策与管理研究中心获批深圳市人文社会科学重点研究基地。

【交流与合作】2021年，哈尔滨工业大学（深圳）克服疫情给合作交流带来的不利影响，积极开拓合作交流渠道，年内，与英国伯明翰大学签署联合培养协议，与英国牛津大学奥利尔学院、英国牛津大学摄政公园学院、剑桥大学彭布罗克学院和新加坡国立大学签署夏校及访学项目协议；作为合作伙伴加入韩国汉阳大学硕博奖学金项目和德国亚琛工业大学交换生项目，与英国爱丁堡大学、加拿大滑铁卢大学、法国里昂商学院、澳大利亚新南威尔士大学、沙特阿拉伯阿卜杜拉国王科技大学、昆山杜克大学等达成联合培养、学生交换和访学项目意向。着力推进粤港澳大湾区高校合作交流，与香港理工大学签署联合培养协议。举办第二届“哈工大（深圳）境外高校伙伴日”活动，邀请30所世界一流名校的中国境内代表到校举办座谈会、宣讲会、高校展。持续深化与港澳高校教育合作。组织召开粤港澳高校工科联盟第一次联盟常任委员会会议和新工科建设与发展研讨会；与香港中文大学联合举办粤港澳高校会计联盟第二届会计高峰论坛；与龙华区科技创新局、乐聚（深圳）机器人技术有限公司共同筹备承办“首届国际BOTEC智能机器人技术挑战赛”。

【与华为共建“智能基座”产教融合协同育人基地】2021年7月30日，哈尔滨工业大学（深圳）—华为技术有限公司联合培养签约暨“智能基座”揭牌仪式在华为松山湖研究所举行。哈工大（深圳）—华为“智能基座”产教融合协同育人基地是双方为培养适应和引领新一轮产业革命和科技创新卓越工程科技人才进行的深层次合作。未来将在鲲鹏、昇腾技术领域开展联合课程开发与教学、课外实践活动、实习就业等紧密合作，以创新实践型教育模式共同培养面向未来的创新型人才。11门合作课程已开课，覆盖学生逾1600人。

【学生创作游戏亮相联合国气候变化大会】2021年10月27日，哈尔滨工业大学（深圳）计算机科学与技术学院本科生温昕阳、唐瞻雁、敖睿涵与中国美术学院学生联手制作的科普经营公益游戏《荒原林海》，在2021腾讯高校游戏创意制作大赛中获得“绿色赛道金奖”，并于11月初在第26届联合国气候变化大会上代表中国游戏在现场展出。该游戏根据全国劳动模范殷玉珍治沙30余年的真实经历改编，用游戏讲述我国四大沙漠之一——毛乌素沙漠治理的故事。传递生态保护理念，引导人们更加深入地思考人类与地球的关系，增强公众环保意识。

【教师获首届“深圳市青年五四奖章”】2021年4月29日，哈尔滨工业大学（深圳）材料科学与工程学院教授张嘉恒被授予“深圳青年五四奖章”个人；机电工程与自动化学院智能机器人“凤凰”团队被授予“深圳青年五四奖章”集体。张嘉恒致力于超分子材料技术推广及产业化，为企业带来新增产值逾2亿元，纳税超千万元，解决逾300人就业问题；联合河源石井村对竹子进行高效、环保、高附加值深加工利用，带动当地村民增收；疫情期间开发出新型消毒材料，为多家医院捐赠20余万元的抗疫物资。智能机器人“凤凰”团队开发出3类国际领先机器人系统，实现2项航天型号工程和2项国防装备应用，完成中国首个空间机器人型号相关任务；研制国内翼展最大、飞行时间最长、载荷能力最强的扑翼机器人，承担多个国家级重点项目，曾获多项国家级、省部级奖励。该团队同年被授予第二十三届“广东青年五四奖章”。

【广东省安全智能新技术重点实验室获批】2021年11月，哈尔滨工业大学（深圳）计算机科学与技术学院教授王轩团队获批立项建设广东省安全智能新技术重点实验室。该实验室将在智能安全、安全学习、隐私智能、安全智能系统四个方向展开基础和应用研究，力争在人工智能和安全交叉领域突破一系列关键技术，打造人工智能与安全交叉领域省内乃至全国领先的理论研究、技术积累和成果转化平台。

【教师科研项目获国家社科基金重大项目立项】2021年，哈尔滨工业大学（深圳）马克思主义学院李翔教授主持的“人民军队优抚安置史文献整理与研究”项目获国家社科基金重大项目立项，这是哈工大（深圳）首次也是该年度深圳市唯一获立项的国家社科基金重大项目。该项目将通过全面挖掘、整理近百年人民军队优抚安置史文献，探究人民军队优抚安置实施状况及其缘由、影响，由此深入诠释优抚安置对现代化建设、中华民族伟大复兴的历史贡献，具有重大的学术和现实意义。

【中国工程科技论坛】2021年10月17—19日，由中国工程院主办，中国工程院信息与电子工程学部、国家航天局探月与航天工程中心、哈尔滨工业大学（深圳）共同承办的中国工程科技论坛“深空探索科学技术与应用”在深圳举行。中国探月工程总设计师、中国工程院院士吴伟仁担任论坛主席和学术委员会主任，论坛学术委员会由包括8位院士在内的11位国内顶尖专家组成，来自中国工程院、国家航天局、科研院所、高校等单位的200余名专家学者参会，围绕深空探索重大前沿科学问题、关键核心工程技术与资源利用及创新发展方向进行研讨与交流。

【粤港澳高校工科联盟第一次联盟常任委员会会议】2021年5月10日，由哈尔滨工业大学（深圳）、中山大学、华南理工大学、香港科技大学、澳门大学共同发起的粤港澳高校工科联盟（Guangdong-Hong Kong-Macao University Alliance for Engineering）在深圳正式成立并召开第一次联盟常任委员会会议以及新工科建设与发展研讨会。工科联盟是在粤港澳高校联盟框架下由三地院校共同发起、自愿组成的非营利性专业合作联盟，旨在促进粤港澳三地在学术联盟体系建设、科技领域创新研究、工程精英人才培养等方面的交流协作与资源共建共享。同日举行三场分论坛，来自粤港澳三地27所高校的110余名代表分别围绕“面向一流人才培养的数学教学改革与品质提升”“发挥联盟成员高校工科优势，创新产学研合作模式”和“双区建设背景下的工科高校人才队伍建设”三大主题进行充分交流，共同服务湾区高等教育发展。

［哈尔滨工业大学（深圳）］

深圳职业技术学院

【概况】2021年，深圳职业技术学院有留仙洞、西丽湖、官龙山、华侨城、凤凰山、深汕6个校区。总占地面积3.01平方千米，总建筑面积 79.19 万平方米。共有校内理实一体化教学场所 101 个，生产（经营）性实训基地 8 个，校外稳定顶岗实习基地 588 个。专业 93 个，在校学生 3.44 万人。有教职员工 2559 人，其中专任教师 1463 人，具有高级职称专任教师占比 49.35%。引培各级各类高层次人才 454 人次。有教育部批准的黄大年式教师团队 1 个；引进美国霍夫曼诺奖团队等一批重量级团队，成立霍夫曼先进材料研究院、智能科学与工程研究院、智能制造研究院、新时代中国职业教育研究院、社会与经济发展研究院等高端平台，为珠三角产业发展提供有力支撑。探索实施创新创业教育改革。以“五维一体”创新创业教育理念为引领，打造深圳中小微企业技术研发中心、全球技术技能人才创新创业教育中心。拥有国家重点支持建设的示范专业 12 个，国家级教学成果奖 14 项，国家职业教育专业教学资源库 5 项，中央财政支持实训基地 9 个，国家精品课程 53 门，国家级精品资源共享课程 43 门；获批省部、市、区级科研平台 60 个。

【党建和思想政治建设】2021 年，深圳职业技术学院加强党建和思想政治建设。坚持以习近平新时代中国特色社会主义思想为指导，学校党委开展“第一议题”学习 47 次、党委理论中心组学习 10 次，全面学习贯彻习近平总书记“七一”讲话等，深入学习贯彻党的十九届六中全会精神。严格落实意识形态工作责任制，确保学校意识形态和政治安全。扎实开展党史学习教育。持续推进党史教育融入思政课程、嵌入校园文化、汇入社会实践、走入组织生活，成功承办“全国职业院校学党史成果展示”活动，2 个案例分别代表广东省、深圳市在全国展示。扎实推进“我为群众办实事”活动。重点推进解决 10 项重点民生项目，扎实推进解决 80 余项民生微实事。以庆祝建党 100 周年为契机，全面推进党建提质培优，校党委获评“广东省先进基层党组织”；实施“五个一百”行动计划，推出百门精品微党课，新建党建馆等党建新阵地，与 106 家企（行）业党组织签订校企党建合作协议，校企党建模式获评 2021 年“深圳党建引领基层治理”立德树人十大优秀案例。用好深圳改革开放资源，推进思政工作效度、温度、高度、广度提升，编写出版《高校思想政治理论课教学深圳案例 100 篇》等特色教材 2 部，学生获“全国高校大学生讲思政课大赛”一等奖。打造具有深职院特色的“六融入”劳动教育模式，举办首届“全国职业院校学生劳动素养风采展示”活动。

【教育教学】2021 年，深圳职业技术学院强化教育教学工作。全面完成“双高”“世界一流”“部省共建”“提质培优”四大重点项目年度建设任务。加强教学基本建设。系统修订教育教学系列 9 个制度文件，启动“金课”建设工程，首批立项“金课”238 门，成立课程思政教学研究中心，建设课程思政示范课 31 门。精准对接国家战略和产业需求。成立集成电路学院、国际时尚设计学院，积极推进建设大浪时尚学院，深化“九个共同”产教融合模式，新建海普瑞生物医药学院等特色产业学院 3 个，总数 13 个。创新创业教育成果喜人。“创新思维”成为入选全国高校就业创业“金课”唯一一门高职院校课程；学校参赛团队在“2021 年

2021 年 10 月 26 日，深圳职业技术学院 · 海普瑞生物医药学院共建的深圳首个生物医药特色产业学院——深圳职业技术学院 · 海普瑞生物医药学院揭牌成立

（简嘉禹 摄）

第七届中国国际‘互联网+’大学生创新创业大赛”全国总决赛中获得4金2银，获奖总数和金奖数名列全国高职院校第一；在“国际基因工程机器大赛”（iGEM）中再获金奖和“最佳治疗项目”“最佳演示”2个“全球最佳”单项奖；在“首届全国教材建设奖”评选中获特等奖、一等奖、二等奖各1项；在“全国职业院校技能大赛”改革试点赛中获一等奖2项；在“全国大学生数学建模竞赛”中获全国一等奖1项；在“广东省第二届职业技能大赛”中获2金3银1铜；在“广东省职业院校技能大赛”中获一等奖77项。9月，教育部党组书记、部长怀进鹏到校视察，充分肯定学校办学成绩。

【招生就业】2021年，深圳职业技术学院面向全国17个省（区、市）计划招生9797人，实际录取9780人，报到8515人，总报到率为87%。普通高考省外录取1435人，市外省内录取2742人，深圳市内录取2193人，与华南师范大学高本衔接三二分段培养招生录取80人；学考招生录取562人；自主招生录取921人；职高高考招生录取1749人；中高职衔接三二分段（以下简称“三二分段”）录取98人；继续与广东技术师范大学、嘉应学院、韶关学院开展“2+0”协同培养普通专升本试点，计划招生360人，实际录取391人（不含在学校2021年实际录取数据中）。2021届毕业生7311人，就业率达98%。做好就业市场建设工作。与深圳市人社局、华为ICT学院、大疆产业学院等开展各类大型招聘活动40余场，累计提供有效招聘岗位6万个。开展特殊群体帮扶工作。入选教育部“全国高校毕业生就业能力培训基地”，基地针对低收入家庭等有就业能力提升需求的毕业生开展求职就业专项培训。完成1140名建档立卡毕业生、残疾毕业生、助学贷款毕业生求职创业补贴申请审核工作。开展职业生涯教育工作。开展大学生生涯体验周活动，帮助学生增强生涯规划意识，8500余名学生参与活动。

【师资队伍建设】2021年，深圳职业技术学院共有教职员工2559人，其中：职员1507人，雇员119人，预聘—长聘制人员227人，聘任制人员158人，外教25人，劳务派遣等非在编员工523人；正高职称202人，副高职称670人；博士580人。有4个国家级教学团队、11个广东省优秀教学团队，打造“诺奖”等高端应用研发创新团队12个。完成2018—2020学年聘期考核，共计2327人，其中449人考核等级为“优秀”。全年累计招聘209人，引进特聘讲座教授1人、全职高层次人才13人、博士后17人。新增“全国技术能手”4人，广东省教学名师2人，广东省特支计划“青年文化英才”1人，深圳市高层次人才47人次，深圳市“技能菁英”2人，丽湖系列人才16人。全面开展干部人事档案“三龄两历一身份”核查，共完成认定1397人。加强教师发展中心建设。全年开展各类培训18期，累计培训1593人次。扎实开展师德专题教育活动。累计开展活动758场，共计1.62万人次参与活动。

【校区建设】2021年，深圳市规划和自然资源局深汕管理局签发深圳职业技术学院深汕校区预选址复函，深汕校区拟建设用地面积53.24万平方米、管理用地100.14万平方米获正式批复，项目获批列入2021年广东省重点建设项目、深圳市“十四五”规划重点项目、深圳市2021年重大项目，校区征地拆迁补偿款5.91亿元已全部下达。完成学校所有校舍不动产权证办理，共计办理房产证592本，合计建筑面积79.18万平方米。全力推进校内基建工程建设进度。西丽湖校区A、B栋学生公寓顺利交付并投入使用；留仙洞校区体育及配套设施工程、G栋学生宿舍施工进展顺利，计划2022年7月底前按期交付；官龙山校区一期工程主体结构施工顺利，已进入样板房施工阶段；华侨城校区整体改造工程正在开展基坑土石方施工及地下室主体施工。

【科技研发】2021年，深圳职业技术学院加强科技研发工作。开展科研绩效评价改革，全面破除“五唯”，修订科研业绩评价办法，进一步优化评价机制。成立学校科学技术协会，新增一批重点平台，成立院士工作站2个，新建集成电路关键材料研究院等校级研究院（所）3个，新增广东省人工智能创新应用工程技术中心等省级理工类平台2个，新增世界政党研究中心等省级人文社科研究中心2个，新增企业管理与组织创新研究团队等省级科研创新团队3个。全年各类科研项目立项568项，总到账经费1.31亿元。获国家级科研项目立项18项，其中国家自然科学基金项目11项；获得省级科研项目立项37项；发表学术论文513篇，其中核心期刊及以上论文278篇；出版专著、编著等11部；取得各类专利授权335件。获2020年“广东省科技进步奖”二等奖1项，1名教师入选国家级青年人才计划“青年人才托举工程”，为全国唯一来自高职院校入选者。

【**合作交流**】2021年，深圳职业技术学院广泛开展国际交流与合作。截至年底，累计建设6个海外职业教育培训中心，累计与40个国家和地区的181所院校机构建立友好合作关系。成功申报教育部“技能非洲”项目，将与科特迪瓦国立理工学院联合培养建筑工程管理专业学生；与巴西、保加利亚等国线上汉语教学合作项目正式开班。积极参与全球职教治理，成功主办第三届“一带一路”职业教育国际研讨会，发布学校重点研究成果《“一带一路”沿线国家职业技术教育概览》三卷本。获得联合国教科文组织“职业技术教育数字化”教席推荐资格（全国共5家，唯一高职院校），推进联合国教科文组织发展中国家职业教育创新中心建设，加快制订职业教育专业国际认证“深圳协议”。创新与港澳职业教育合作办学方式，提升合作层次与水平。与香港职业训练局成立粤港澳大湾区职业教育合作工作小组，积极推动共建粤港澳大湾区特色职业教育园区。

【**社会服务**】2021年，深圳职业技术学院积极开展社会服务工作。发挥职业教育优势，助力巩固脱贫攻坚成果，以“输血造血”推动乡村振兴、共同富裕。继续面向云南昭通专项招生录取341人，累计录取1178人。推动消费扶贫，全年消费扶贫金额260万元。对口河源市连平县举办乡村振兴基层干部能力提升培训班，与河源市和平县开展基础教育结对帮扶，6个团队入选第二批广东省驻镇帮镇扶村农村科技特派员。持续助推欠发达地区职业院校转型升级。对口帮扶河源职院、西藏职院、甘肃培黎职院等13所职业院校；与喀什大学签署“十四五”期间对口支援框架协议，选派教师赴喀什职业技术学院开展对口帮扶。与市委老干部局共建深圳市长青老龄大学，积极筹建乡村振兴培训学院、退役军人培训学院、深圳市社区网格管理学院、深圳托育行业学院。全年累计开展技能培训4.8万人次，组织技能鉴定与资格认证考试12万人次。

【**先行示范区建设服务**】2021年，深圳职业技术学院开展本科层次试点准备，构建现代职业教育体系，服务先行示范区建设。全面深化产教融合，积极助力社会主义先行示范区建设。探索形成的职业教育“六融合”“六共同”产教深度融合模式，被国家发改委向全国推广。加快粤港澳大湾区特色职业教育园区落地，积极深化深港职业教育交流合作。年内，积极推进场地租用及项目入驻事宜。成立粤港澳青年学生实习实训基地工作推进小组，协调特色职业教育园区及香港职业训练局共同参与基地项目推进工作。与香港职业训练局合作办学稳步推进，双方签署合作举办屋宇装备工程等4个合作办学专业合作协议。举办4期深港学生交流活动，深港师生共计1800余人次参与活动。加快推进未来技术学院、未来技术研究院建设，培养更多硬科技人才，在科技创新、要素市场化配置方面开展有益探索。

【**疫情防控**】2021年，深圳职业技术学院加强疫情防控制度建设，完善《深圳职业技术学院新型冠状病毒感染的肺炎疫情防控指挥部工作方案》；制订《深圳职业技术学院新冠肺炎疫情防控指挥部办公室督查督办工作方案（试行）》《深圳职业技术学院突发新冠肺炎疫情应急处置方案》。结合国内外疫情形势先后发布7版《关于进一步加强新冠肺炎疫情防控工作的通知》；坚持防疫工作简报日报制、防疫工作例会周会制，共计召开校内防疫工作例会、专题会议及参加省、市疫情防控工作专班视频会百余场。坚持开展重点人群核酸检测，每周固定组织校内核酸检测2场；积极联系社区为师生开设疫苗接种专场，共组织校内疫苗接种专场24场、社区专场7场。截至2021年12月30日，全校师生员工疫苗第一针接种率为97.77%，两针接种率为96.46%。有序组织开展“线上教学”和师生返校工作，确保全校3万余名师生员工身体健康与生命安全。12月，学校选派第1批共5名青年教师参与社区疫情防控工作。

（林杰平）

深圳信息职业技术学院

【概况】2021年，深圳信息职业技术学院占地面积95.61万平方米，建筑面积58.48万平方米。有16院、2部、2所，开设信息类为主的专业49个。投入近5000平方米场地在校内组建“深信创新港”。牵头全国12个省、市26家高职院校与10家工业软件领域头部企业，共同发起成立工业软件职业教育集团。全日制在校学生1.5万人。教职工1497人，其中，专任教师936人，龙头企业兼职教师近300人。有国家级教学团队1个，全国职业院校教师教学创新团队2个；国家“万人计划”教学名师1人，全国先进工作者1人，全国优秀教师1人，全国技能大赛金牌选手1人；广东省教学名师4人，“特支计划”教学名师3人，“珠江学者”9人，广东省技术能手2人；“鹏城学者”8人，深圳市高层次专业人才106人；教师博士化比例为45.5%；“双师素质”教师比例为89%；高层次技能兼职教师12人。建有广东省工程技术研究中心等省级科研平台5个，深圳市重点实验室、工程实验室、公共技术服务平台等市级科研平台12个，深圳市博士后创新实践基地1个。2021年，校党委获评“深圳市先进基层党组织”，党委书记抓党建述职评议考核连续4年等次为“好”。新增1个省级党建示范校、1个省级标杆院系和2个省级样板支部。

【党建工作】2021年，深圳信息职业技术学院进一步加强党建工作。履行全面从严治党主体责任，健全全面从严治党制度。出台全面从严治党主体责任清单、党委书记“第一责任人”责任清单、班子成员“一岗双责”责任清单，推进党的领导和党的建设贯穿办学治校、“立德树人”全过程各环节。党委书记抓党建述职评议考核连续4年等次为“好”。新增1个省级党建示范校、1个省级标杆院系和2个省级样板支部，连续3年保持“双带头人”100%的覆盖率，稳步形成“一示范两标杆四样板”党建“双创”新局面。举办“灯火中国·青春向党”庆祝中国共产党成立100周年系列活动。把党史学习教育作为领导干部必修课，党委班子成员讲专题党课、讲授“思政第一课”31场，中层干部、基层党组织讲党课198场，示范带动1.5万名师生开展党史学习。校党委获评“深圳市先进基层党组织”；1名青年教师党支部书记获评“广东省优秀党务工作者”，12人和2个基层党组织获评市教育系统“两优一先”。

【教育教学】2021年，深圳信息职业技术学院强化教育教学工作。将课程思政改革落实到专业人才培养方案，实现课程思政全覆盖；持续深化人才培养模式改革，形成“1234+X”深信特色人才培养模式。携手华为、腾讯等头部企业，筹建高等工程师学院，开设特色班，实施分层分类人才培养。重构“五育双平台四模块”课程体系，开展模块化、项目式等课程改革，联合一流企业构建专业群；顺利通过教育部第三批现代学徒制试点验收，机械设计与制造、智能控制技术2个专业获批试点。组织开展第二批国家级职业教育教师教学创新团队申报工作，集成电路技术专业教师教学创新团队获批立项。组织申报首届“全国教材建设奖”，2部优秀教材获得国家二等奖。组织开展2021年1+X证书制度试点申报及建设工作，共36个证书试点，覆盖43个专业。基于“互联网+职业教育”理念，建成6个虚拟仿真实训中心共计30个资源包虚拟仿真实训资源平台，建成基于物联网技术的创新数字实训室20间，形成个性化智慧教学支撑平台体系，线上线下混合式教学课程占比40%以上。提升校内外实践教学基地建设水平，与鹏城实验室共建网络空间安全人才培养实训基地。

【师资队伍建设】2021年，深圳信息职业技术学院加强师资队伍建设，构建教师分类发展体系。从科学研究、教学研究和产业服务三个方向，通过“深信优青”“深信学者”“深信名师”“卓越双师”4个项目，鼓励教师发挥术业特长，出台《深圳信息职业技术学院深信学者培养办法》支持文件。深化教师职称制度改革。坚持业绩贡献导向，破除“五唯”倾向，改进教师职称评价方式，建立代表性成果评价机制；聚焦国家战略与企业需求，整合优化科技创新资源，建设服务产业研发新平台；聚焦“高精尖缺”人才，设立高层次人才专项经费，合力攻坚解决“卡脖子”问题。引进加拿大工程院院士、国家杰青等国家级领军人才领衔的科研创新团队7个，柔性引进国家级领军人才 7 人；结合学校高水平师资引培实际工作，从高层次人才引进、师资培养、经费支持等方面对师资管理制度进行修订和完善。出台《深圳信息职业技术学院高层次人才和特殊人才引进管理办法》等 9 个文件，进一步优化高层次人才引进流程，完善教师分类培养通道。

【科学研究】2021 年，深圳市电子信息技术产业研究院持续推进科学研究工作。与龙华区人民政府完成签约，引进 4 个高层次人才团队。投入近 5000 平方米场地，在校内组建“深信创新港”。牵头全国 12 个省、市的 26 家高职院校与 10 家工业软件领域头部企业共同发起成立工业软件职业教育集团，提升职业教育服务“强芯铸魂”战略和工业数字化转型水平能力，推动工业软件领域专业建设产教深度融合与校企全面对接。共承担各级各类纵向项目 178 项，其中：国家自然科学基金项目立项 3 项，连续 13 年获得国家自然科学基金项目；教育部人文社科一般研究项目立项 3 项。横向科研立项及经费增幅明显。2021 年立项 99 项，是 2020 年的 2.6 倍；合同金额 2289.39 万元，是上年的 4.6 倍。平台建设成绩显著。省、市科研平台建设进步明显。立项省级工程技术研究中心 1 项、教育厅产教融合创新平台 1 项、龙岗区重点实验室 1 项。在人文社科方向取得新突破。获得深圳市人文社科重点基地立项资助，是学校首次获得市级人文社科类研究基地立项。科技成果转化成绩斐然，实现成果转化收益近 900 万元。授权各项专利 117 件，其中发明专利 35 件，并实现转化 3 件。

【学生工作】2021 年，深圳信息职业技术学院遵循类型教育特色，围绕信息科学、审美艺术、工匠创新、语言文化、数理逻辑等高职学生可持续发展核心素养培养需求，创立素质赋能中心，推进公共拓展课设置改革与学生个性化赋能。大力推进美育和文化育人。开展体商文化系列活动，举办体商嘉年华。大力推进“双创”能力培养。积极对接深圳支柱产业和区域创业环境，从体制机制、双创教学、平台建设等方面构建全方位服务体系。学生参加“广东职业院校学生专业技能大赛”获得国家级一等奖 1 项、二等奖 2 项、三等奖 1 项，获得省级一等奖 34 项、二等奖 29 项、三等奖 25 项；参加“中国国际‘互联网 +’大学生创新创业大赛”成绩实现新突破，学校获省赛 2 金 3 银 4 铜、国赛 2 银 3 铜。

【招生就业】2021 年，深圳信息职业技术学院本、专科共录取学生 5255 名。其中，录取普通专科学生 4776 人（含 476 名云南学生）、联合培养本科学生 479 人，圆满完成 2021 年各项招生计划。普通专科招生先后开展学考招生、“3+ 证书”招生、高职自主招生（含面向高中、面向中职及中职获奖免试生）、三二分段招生、普通高考招生、云南专项招生工作，共录取 4776 人；与广东技术师范大学开展本科联合培养招生，包含应用型本科及普通专升本协同育人，共录取 479 人。坚持早规划、早部署、早落实的就业工作方针，在全力做好常态化疫情防控条件下，全面做好 2021 毕业生就业工作。毕业去向落实率约为 98%，其中九成以上毕业生在深圳就业。学校先后获广东省教育厅“普通高校毕业生就业创业工作集体典型经验”二等奖，被教育部高校毕业生就业协会评为“高校毕业生就业创业工作典型案例学校”，被中国青年报社评

2021 年 9 月 13 日，深圳信息职业技术学院与大疆创新科技有限公司共建无人机产业学院签约仪式举行（深圳信息职业技术学院　供）

为“2021 高职院校就业竞争力星级示范校”。

【合作交流】2021 年，深圳信息职业技术学院积极强化合作交流工作。与华为签订“华为 ICT 国际人才交流中心”协议，联合深圳大学向教育部申报共建“国际中文 + ICT 技术”教育实践与研究基地；牵头研制教育部中外语言交流合作中心和汉考国际“国际技能等级标准和考试体系”；牵头制订中国教育国际交流协会“高端技能型、应用型人才联合培养百千万计划”方案；“湾区中德教育与经济协同发展示范基地”正式揭牌。与德国 TÜV 莱茵集团共建产业学院，并挂牌成立莱茵工业机器人培训与考试中心。加快职业教育资源海外布局。广泛开拓与德国、日本、法国、意大利、俄罗斯、韩国等教育发达地区院校合作，推动建立海外职教中心，建设“全球课程中心”“全球实验室”和海外“孪生实训室”。积极构建“湾区中欧班列”职教服务带；筹划并启动中巴职业教育联合示范项目暨中巴国际学院项目，推进“中文 + 技能”“应用技术 + 战略语言”等重大战略在职教层面落地实施。“中韩 2+1 联合培养项目”纳入广东省考试院高考招生目录并顺利招生；首度面向印度尼西亚本科院校开展整班制、按学期远程直播教学。筹建紫荆学院，共同打造粤港澳职业教育合作示范平台；主动谋划并推进与香港都会大学合作，被认定为“在粤港澳职业教育资历框架对接以及学分、学历、学位和技能等级互认互通、学生双向交流等方面面取得重大突破”。

【校园安保】2021 年，深圳信息职业技术学院加强校园安保工作。全面落实政治安全和意识形态工作责任制，推动政治安全和意识形态工作抓早、抓小、抓细、抓实。构建“1+16+16”校园政治安全和意识形态安全防护网。不断提升应急处置能力，排查校园安全隐患 83 次，整改率达 100%。持续做好学校常态化疫情防控工作。阻断病毒传播链条，完成六轮核酸检测工作，累计检测 6.08 万人次；推进全员疫苗接种，完成四轮疫苗接种工作，累计接种 4.78 万剂次；实时监测师生健康，开展“个人健康信息每日打卡”行动，累计填报 200 万人次。

【社会服务】2021 年，深圳信息职业技术学院社会服务工作卓有成效。全年完成社会培训 42.9 万人 / 天。依托省“双师型”教师培训基地，扎实推进“双师型”教师培训，成功获批国培 4 项、省培 2 项。完成上半年中小学教师资格考试面试工作。为政府、学校、企业开展培训服务，共开展专题培训 30 余场，累计培训近 3000 人次。新建立 2 所社区学院，共建党群服务中心新增 8 个，协助 3 个社区成功创建“深圳市学习型社区”，服务社区群众近 5000 人次。组织学校 6 名心理咨询师参加“教育部华中师范大学心理援助热线平台”援助热线工作，完成 600 余小时心理热线志愿服务。高技能人才培养突出教务精细化管理，探索集中面授与平台分散学习相结合教学模式。深入推进教育帮扶工作。赴各帮扶高校开展教师交流 60 余人次，培训各帮扶高校师生 700 余人次。

【后勤服务保障】2021 年，深圳信息职业技术学院加强后勤服务保障工作。修订《深圳信息职业技术学院财务审批管理办法》，简化常规业务审批流程，有效解决报销程序烦琐等难题。推进信息化办公，基本实现学校 226 个审批业务网上办理。国有资产管理系统新增和优化多项管理模块，实现耗品入账无纸化办公。完成校园绿化项目 35 个，面积约 6000 平方米。完成一泓泉治理工程，有效改善一泓泉水质及边坡安全问题。场馆共开放 5119 小时，教学进场 14 万人次，课余开放进场近 20 万人次。（于海风）

清华大学深圳国际研究生院

【概况】清华大学深圳国际研究生院（简称“国际研究生院”）是在国家深化高等教育改革和推进粤港澳大湾区建设时代背景下，由清华大学与深圳市合作共建的公立研究生教育机构，在清华大学深圳研究生院和清华—伯克利深圳学院基础上拓展建立。2016 年 11 月 4 日，清华大学与深圳市人民政府签署协议，共建清华大学深圳国际研究生院。2018 年 11 月 6 日，教育部批复成立清华大学深圳国际研究生院，并赋予国际研究生院充分利用深圳区位优势和科技创新理念，不断提高人才培养质量和科学研究水平，为深化高等教育改革、服务国家和地区经济社会发展做出更大贡献的使命。2018 年 12 月 1 日，深圳市人民政府和清华大学签署全面战略合作框架协议，开启合作新篇章。2019 年 3 月 29 日，清华大学深圳国际研究生院正式揭牌。该院位于西丽湖国际科教城中部。占地面积约 50 万平方米，由大学城西院区（原清华大学深圳研究生院院区，已建成）、西丽湖院区（原西丽湖度假村及周边区域，规划建设中）和大学城东院区（大学城体育场东侧，规划建设中）组成“一院三区”整体空间布局，并共享深圳大学城公共配套设施及生态绿地。坚持国际化、开放式、创新型办学特色，根据清华大学发展战略和深圳市产业需求，优先布局清华大学一流工科学科并辅以创新管理，形成材料科学、信息科技、医药健康、海洋工程、未来人居、环境生态和创新管理“6+1”主题领域，开展学术博士和专业学位研究生教育，拓展与世界一流高校的战略性合作，探索产学研互动合作新模式，促进原创性、颠覆性重大技术创新成果产出，快速响应和引领新兴产业发展需求变革，为深圳产业转型提供动力，为大湾区社会创新发展助力。2021 年，是清华大学在深圳办学 20 周年，也是国际研究生院“十四五”开局之年。该院以习近平新时代中国特色社会主义思想为指导，以“双区”建设为契机，坚持“高水平人才培养、高质量创新实践、高层次国际合作”发展定位，努力建设成为具有深圳特色、清华风格的国际一流教学研究机构，统筹推进校园疫情防控和事业改革发展，实现“十四五”良好开局。

2021 年 12 月 12 日，清华大学深圳研究生院建立 20 周年庆祝大会举行

（清华大学深圳国际研究生院　供）

【党建工作】2021 年，清华大学深圳国际研究生院以习近平新时代中国特色社会主义思想为指导，全面深入贯彻党的教育方针，积极推动政治建设、思想建设、组织建设、作风建设、纪律建设。作为学校党建标杆创建单位，立足党建常规工作任务，高质量完成党史学习教育、中央巡视整改、学校党委巡察整改“回头看”等多项重要工作。持续增强基层党组织政治功能和组织力。全面推进教职工支部重构及支委换届工作，选优配强党支部书记并充分发挥“双带头人”作用，打造坚实的基层组织基础。加强干部政治思想建设，搭建干部教育培训体系。面向学生党员，进一步强化党员意识，树立党员榜样，开展“领雁”红色实践、党员骨干读书班、“领航”培训班等系列活动，统一思想，提高站位，全方位提升学生党员骨干业务能力。2021 年，共计新发展教职工党员 5 名、研究生党员 159 名。坚定不移推进党风廉政建设。先后在党委会、理论学习中心组、党支部书记例会、党建工作会、党支部大会等场合开展警示教育，增强党员干部纪律意识。各党支部独立或联合开展警示教育 80 次，1785 名党员、496 名群众参加活动，实现党支部全覆盖，切实增强师生纪律意识。

【顶层设计及整体统筹】2021 年，清华大学深圳国际研究生院积极探索现代大学治理制度、高水平开放式国际化办学新机制，在“十四五”开局之年编制《清华大学深圳国际研究生院事业发展“十四五”规划》《广东省高水平大学建设方案（2021—2025）》，思考并启动面向 2030 年的规划。基于事业规划，初步完成“6+1”学科公共平台及创新工程教学实验室规划。在广东省新一轮“冲补强”提升计划支持下，材料科学与工程、环境科学与工程、健康工程、海洋技术与工程、数据科学和信息技术 5 个学科列入省高水平大学重点建设学科。依据国际研究生院章程，完善院党委会和院务会决策运行机制，做到制度健全、执行有力，推动基层治理能力提升。在治理结构方面，优化和完善组织架构与治理体系，着力推动学术共同体建设，重整行政支持体系，新设学术评议委员会、生物安全委员会、未定系列教师职称评审及考核委员会以及校园规划工作小组、房屋管理领导小组等非常设机构，承担相应的学术和行政管理职能，为学院学术、科研、教学、行政管理等各项工作的科学决策与高效开展提供有力保障。进一步梳理和优化工作流程，并充分运用信息技术手段持续提升办公效率。截至年底，智慧校园建设全面推进，启动财务管理系统、OA 办公系统、科研管理系统、迎新系统以及教职工入职系统等多个线上系统建设，全面提升行政支撑能力、办学运行效能和师生服务水平。

【高水平师资队伍建设】2021 年，清华大学深圳国际研究生院全面建立教师分系列设岗和聘任制度，面向全球甄选和聘用高水平准长聘教研系列师资。截至年底，全职教师 200 余人（国家/省级人才 37 人），其中教研系列教师 73 人（20% 以上为港澳台居民和外籍人员，约 70% 获海外博士学位）。2021 年度，新引进全职教师 28 人。修订《科研启动经费办法》《教师聘任管理办法》，制定《深圳鹏城孔雀特聘岗位管理办法》《基础支持经费办法》，为后续的教师引进及发展提供制度保障。制订《职工队伍建设方案》《教学科研机构职工岗位设置方案》《职工招聘管理办法》《科研条件平台工程师聘岗工作方案》等，完成教学科研机构职员和工程师岗位设置及聘任工作，完善职工岗位赋能培训，打造一支专业化、职业化、适应国际化办学要求的职工队伍。制订非事业编制教职工企业年金计划，提升教职工认同感及归属感。

【国际合作及港澳台交流】2021 年，清华大学深圳国际研究生院通过学分互认、学位互授、联合培养、科研合作等形式与世界一流大学开展广泛合作。与日本东京大学、日本金泽大学、德国慕尼黑工业大学、德国汉诺威大学、英国伯明翰大学等 6 所国外高校新建合作关系；加强粤港澳地区创新创业青年人才交流、文化艺术交流，开展与高校、中学和相关单位之间全方位、多层次、立体式的交流与合作；加强在地国际化能力建设，持续推进国际化优质资源整合，建立国际化、规范化标识；探索行政服务全面双语化，提升行政队伍国际化服务能力；完善国际学生和国际学者支持保障体系，开展跨文化交流活动，建设文化包容、体验良好国际化校园。

【学术创新能力增强】2021 年，清华大学深圳国际研究生院学术创新能力进一步增强。以公共科研平台、科研机构等为载体，面向学科重大科学问题和区域经济社会发展重大需求，凝练方向，创新科研组织模式，全面推进科学研究、产学研及平台建设等工作，产生一批国内外有重要影响的科研成果，学术影响力持续提升。年内，到账科研经费 4.29 亿元，科研经费到账首次突破 4 亿元；获批 30 项国家自然科学基金项目，其中国家杰青项目 1 项、参与国家自然科学中心项目 1 项；30 项科研成果获得奖励，包括省部级奖励 10 项、市级奖励 4 项、其他奖励 16 项。教师康飞宇获第十六届“广东省丁颖科技奖”；该院作为第一完成单位、教师武晓峰作为第三完成人参与的“超高层建筑施工安全管理创新与关键技术及其应用”项目获得 2020 年度“广东省科技进步奖”一等奖；该院作为第一完成单位、教师权进国作为第一完成人完成的“基于照明光的室内移动通信与终端定位一体化系统”项目获 2021 年度“深圳市科技进步奖”二等奖。发表论文 1735 篇（有 1113 篇被 SCI 收录，1251 篇被 EI 收录。截至年底，该院共有 162 篇论文进入所属学科领域全球前 1% 影响力行列，环境生态、化学和材料领域热点论文 4 篇）；8 位教师入选高被引科学家名单；获得国内专利授权 286 项、国外专利授权 5 项；完成成果转化项目 7 项；响应“3060”双碳目标，组织全院力量启动首批 15 个“双碳”专项交叉创新基金项目。新建 5 个政府批建机构，包括工信部面向重点领域工业互联网基础支撑及赋能公共服务平台、广东省社科联合会广东省艺术与人生科普孵化基地、深圳市国际科技信息中心、海洋智能感知与计算重点实验室和肿瘤靶向原创新药重点实验室，以科研机构建设推动学科交叉融合发展；规划能源材料、医药健康、环境生态、海洋工程、信息科技、未来人居学科公共平台，平台建设与地方产业融合，以创新链、产业链协同促进学科建设、人才培养以及研发工作，在支撑院内师生高水平研究的同时，为院外高校、科研机构和企业提供服务，更好地服务地方经济社会发展。

【研究生培养】2021年，清华大学深圳国际研究生院进一步完善立足深圳的研究生培养体系和培养制度，学位项目申请人数和生源质量稳步提升。截至年底，在学研究生4677人，其中博士生703人。课程体系不断丰富，教学质量稳步提升。2021年度，开课515门次，比上年增长10.5%。新增校级精品课程3门、院级精品课程4门，建成校院两级精品课程25门，“职业伦理”课程获评教育部“课程思政示范课程”和“清华大学课程思政示范课程”。获得21项教学奖项，其中国家级1项、省部级1项、市级6项、校级13项。68篇学位论文获评校级优秀学位论文，其中优秀博士学位论文5篇、优秀硕士学位论文63篇。学位工作体系逐步完善，特色项目进展顺利。明确研究生学位论文过程管理和质量监控，落实研究生申请学位创新成果标准，探索建立学位评定分委员会分类审议工程类专业硕士和交叉学科学位模式；完成首届华为“道元班”选拔录取；金融硕士项目开办10周年在深圳累计招生1302人，占项目总人数的67%，切实服务地方经济产业发展。深化校企合作，丰富创新创业课程体系。2021年度，与27家企事业单位新建基地，丰富实践教学平台；在生物医学专业（电子信息方向）实施专业硕士创业方向培养计划，探索具有专业知识、产业素养、全球视野、社会技能的人才培养模式，开创“专创融合”样板；发挥深圳高校创新创业教育联盟示范引领作用，举办“2021清创集训营”、“第三届SDG开放创新马拉松”、“i-Space创新挑战赛”和“京津冀—粤港澳”青年创新创业大赛等创新创业特色活动，覆盖粤港澳大湾区高校师生7000人次以上。

（清华大学深圳国际研究生院）

北京大学深圳研究生院

【概况】2021年是北京大学深圳研究生院建院20周年，是北京大学深圳研究生院至关重要的战略机遇期。该院不断巩固办学特色，丰富办学内涵，增强团队凝聚力，学科建设、教学科研、学生培养等各项工作取得长足进步，逐步成为扎根深圳的北京大学研究型国际化校区。2001年1月，北京大学与深圳市人民政府签署《合作创办北京大学深圳校区协议书》，共同创办北京大学深圳研究生院。传承北大“爱国、进步、民主、科学”传统，以“前沿领域、交叉学科、应用学术、国际标准”为办学方针，逐步探索出一条扎根深圳、北大异地的办学新路径。截至年底，共有信息工程学院、化学生物学与生物技术学院、环境与能源学院、城市规划与设计学院、新材料学院、汇丰商学院、国际法学院以及人文社会科学学院8个学院；教职工794人，其中全职教师274人；全日制在校研究生3590人，其中博士研究生383人、硕士研究生3207人，有留学生167人。

【党建工作】2021年，北京大学深圳研究生院加强党建工作。坚持“三个结合”，成立党建工作领导小组，制订《党史学习教育工作方案》，举办党史教育专题党课活动，上线建党百年专题网站，并与深圳党史馆、方志馆合作共建现场教学基地，扎实开展党史学习教育。结合建院20周年，深刻总结办学经验，积极履行党建责任，加强基层组织建设；坚持党管人才原则，做好思想政治工作；积极推进巡察整改，全面深化从严治党。

【“十四五”改革和发展规划编制】2021年，北京大学深圳研究生院深入开展“十四五”改革和发展规划编制工作。围绕“面向国家战略、瞄准国际前沿、对接湾区需求、明确发展定位、创新发展模式、强化发展内涵、理顺发展关系、提高发展质量”的总体思路，围绕基本形势、思路与发展、战略举措、重点事项等维度，进一步明确发展定位及今后五年发展目标，推动全院在新发展格局下确立新的发展坐标、输入新的发展动能。

【学科建设】2021年，北京大学深圳研究生院强化学科建设。加强顶层设计，布局和建设世界一流学科领域，立足学科交叉、应用学术，建设围绕生物医药、先进材料、电子科技、绿色生态、城市规划、跨国法律、经济管理、人文社科8个领域学科体系。年内，材料与化学基因组学、电子科学与技术、人居环境科学与技术、应用经济学4个学科正式纳入广东省新一轮高水平大学重点学科建设序列，学科建设迈上新台阶。

【科研工作】2021年度，北京大学深圳研究生院科研项目经费、高水平论文发表和科研创新载体建设等方面均取得重要进展。年度新增纵向科研项目99项，合同金额1.41亿元；横向科研项目95项，合同金额4778.3万元；总计约1.89亿元。年度师生共发表学术论文839篇，同比增长13.8%。科研成果中：SCI、EI、ISTP和SSCI收录的高水平论文693篇；申请专利121项，授权专利44项；出版专著17部。环能与能源学院、深圳市环境监测中心站联合建设的“深圳大气观测超级站”获批“国家环境保护大气臭氧污染防治重点实验室”；化学生物学与生物技术学院“肿瘤化学基因组学”国家重点实验室通过中期评估；以城市规划与设计学院为第一单位申请的“陆表系统与人地关系重点实验室”获批自然资源部重点实验室；医学工程与技术研究院“精准医学影像大设施项目”获2021年度深圳市重大项目计划批复；信息工程学院“自主可控的联盟区块链关键技术研究”获得广东省重点领域研发计划立项；信息工程学院“智能物联网系统芯片设计平台”获得深圳市孔雀团队立项支持。新增广东省柔性光电材料与器件重点实验室、萨金特数量经济与金融研究重点实验室，新增广东省红树林工程技术研究中心。新增国家自然科学基金项目23项，直接经费1918万元，同比增长50.9%。基金项目中：汇丰商学院教授王鹏飞获得国家杰出青年项目资助，是北京大学深圳研究生院第二个自主培养的“杰青”，王鹏飞同时还获得原创探索计划项目资助；教授赵鹏军获重点项目资助；教授王荣刚获得联合基金重点项目资助。2021年度，北京大学深圳研究生院获得深圳市高等院校稳定支持计划资助37项。教授王新安带领的“集成电路设计技术创新创业团队”获深圳市孔雀团队资助。北京大学深圳研究生院教师在2021年度获多项荣誉。信息工程学院教授王荣刚参与的“超高清视频多态基元编码关键技术”获得2020年度“国家科学技术奖”技术发明一等奖；环境与能源学院“深圳大气臭氧污染机理与防治路线研究及‘省—市—区’应用示范”获“广东省环境保护科学技术奖”一等奖；环境与能源学院教授许楠牵头的“深圳市水环境新污染物赋存、风险及防控策略研究”获得2021年度“深圳市科学技术奖”科技进步二等奖；城市规划与设计学院“基于长时序信令大数据的全国人口时空流分析与应用”项目和“基于大数据的城市个性化宜居分析与服务关键技术及应用”项目获2021“地理信息科技进步奖”一等奖；城市规划与设计学院“基于社会感知的城市个性化宜居地图构建关键技术与规划应用”获得2020年度“中国城市规划学会科技进步奖”二等奖；城市规划与设计学院“面向国土空间系统修复的矿业开发生态风险评估与防范技术研究”获得“国土资源科学技术奖”二等奖。北京大学深圳研究生院新材料学院潘锋团队与厦门大学李剑锋团队合作的研究成果发表于《自然》杂志；教授谭文长、潘锋、李汉璋入选2020年中国高被引学者榜单；教授高加力、吴云东、杨震、赵鹏军、谭文长等入选2020全球前2%顶尖科学家“生涯影响力”榜单；教授赵鹏军、高加力、潘锋、吴健生、朱再春、吴云东、李子刚、杨震、张健、闫朝一、龙霞等入选2020全球前2%顶尖科学家“年度影响力”榜单。北京大学深圳研究生院学生在各大领域获奖成绩突出。深圳研究生院在北京大学第28届体育文化节暨2021田径运动会上成功实现九连冠；学生辩论队卫冕第七届“思维之星”深圳大学生思辨大赛冠军，实现三连冠；学生代表队在全国大学生英语辩论赛（CUDC）中获得1/4决赛一等奖；在第12届亚洲联合辩论锦标赛中喜获亚军；在深圳第二届（大学生）海洋知识竞赛总决赛中获亚军；运动员代表队获得深圳大学城第十六届综合运动会团体总分季军。王昕媛的《GlareLaser“极光”——便携式高速激光雕刻》获得2021深圳“逐梦杯”大学生创新创业大赛毕业生组优秀奖、深创赛宝安区比赛行业决赛三等奖、2021年第七届中国国际“互联网+”大学生创新创业大赛北京赛区二等奖；蔡虎的新型锌基超防腐材料获得2021深圳“逐梦杯”大学生创新创业大赛在校生组二等奖；秦龙君的《基于无人机高光谱的河道叶绿素a检测系统》获得南山区第四届大学生社会创新项目大赛初创组优质奖。

【师资队伍建设】2021年，北京大学深圳研究生院加强师资队伍建设。全年共引进研究岗教师19人，其中教授3人、副教授4人、助教授12人；引进教学岗教师（讲师）4人，专职科研人员20人。截至年底，有教职工794人，其中教师274人（包括教研、教学及专职科研三类）、实验技术人员169人、行政人员224人、博士后115人、工勤人员18人。人才认定方面，2021年新认定的深圳市、国内及海外高层次人才38人，整体数量较上年保持平稳增长。加大人才联合培养力度，深化校企合作。新增华润三九药业、深圳前海建设投资控股、深圳新城市规划建筑设计为博士后联合招收单位；与华为公司签订合作招收培养博士后协议。组织开展中国博士后科学基金、博士后国（境）外交流项目申报工作，其中入选中德博士后交流项目2人、国际交流计划引进项目1人。人事管理方面，完成事业编人员职业年金补缴，重启并完成非在编人员企业年金备案、合同签署、单位建账等工作；配合深圳市政策调整，出台新的高层次引进人才评聘办法，同时细化高层次人才科研启动经费办法，保障新政策实施后引才工作顺利开展；在教师引进、晋升、考核以及人才项目申报等各环节强化对师德师风、教书育人的评估要求。

【教学和招生工作】2021年，北京大学深圳研究生院有序开展教学和招生工作。完成全国第五轮学科评估和全国专业学位评估工作。通信与信息系统专业（学术博士）获批启动招生。增设中国学（经济与管理）专业（学术硕士），招收国际学生。全年共计录取研究生1251人，其中硕士研究生1134人、博士研究生117人。正式启动北京大学—鹏城实验室联合培养博士研究生专项招生工作，完成化学（化学基因组学）专业硕博名额置换工作。在学生培养与学位管理方面，共开设课程725门，新开课程共计80门，对226门次课程进行抽查，未发现教学异常。年内，共有944名学生顺利完成答辩并取得学位，其中硕士888人、博士56人。在教师培训方面，组织教职工参加各类教学奖项评选。化学生物学与生物技术学院副教授陈丽媛、汇丰商学院副教授马琳琳获得北京大学教学优秀奖；教务处周明桔、信息工程学院杨柳获得北京大学教学管理奖。

【继续教育】2021年，北京大学深圳研究生院积极开展继续教育工作。全年共举办培训班32个，共计完成培训2161学时，培训1430人次。提供讲座、校考、国考、论文写作及答辩、学员活动等多种服务，保证北京大学的教学水平与服务口碑。

【学生工作】2021年，北京大学深圳研究生院开展一系列围绕思政教育、队伍建设、校园文化、专业支持等方面的学生工作。北京

2021年8月27日，北京大学汇丰商学院与剑桥大学嘉治商学院举行合作学位项目签约仪式
（北京大学深圳研究生院 供）

大学深圳研究生院共有专职辅导员 20 人，其中学工处 9 人，各学院学工教师师 10 人；班主任 61 人，第二班主任 14 人，学生兼职辅导员 16 人。试行《北京大学深圳研究生院学工系统队伍成长“星计划”》，进行量化积分和星级换算，激励学工队伍专业化成长和可持续发展。高度重视学生心理健康教育工作，共计接待个体咨询 2132 人次、团体咨询 226 人次。推出心理健康系列沙龙活动，牵头筹建成立深圳市心理咨询师协会危机干预专委会高教学组。在学生就业工作方面，采取多种措施积极促进学生创业就业。创建“南燕职业发展中心”，组织“清北‘职’缘，才聚湾区”首届大湾区清北联合双选会等，顺利通过深圳市人力资源和社会保障局就业创业服务站验收。全年北京大学深圳研究生院全日制毕业生共计 733 人，就业落实率为 98.63%，其中留深率为 29%。在评优评奖工作方面，获得校级奖学金学生 157 名，获得校级奖励学生 686 名；获评北京大学先进班集体 5 个，其中示范班集体 2 个。在学生资助工作方面，2021 年 98 名学生办理生源地助学贷款。强调做品牌促创新，充分发挥活动育人作用，定期开展“迎新杯”系列比赛、趣味运动会、新生开学营、“十佳”歌手大赛，组织队伍参加深圳大学城运动会等，丰富学生校园文化生活。

2021 年 12 月 4 日，北京大学深圳研究生院举办建院 20 周年总结与发展大会

（北京大学深圳研究生院　供）

【学生创新创业促进】 2021 年，北京大学深圳研究生院大力开展学生创新创业促进工作。打造“2.0 版南燕双创育人平台”。通过与兄弟院校和深圳市高校双创联盟等机构与平台交流学习，结合北京大学深圳研究生院工作实际，通识中心创新创业中心新开设双创课程“创业思维与实践”“创新创业地图实战”，积极选拔推荐项目参加全国各类各级创新创业比赛活动并且取得突出成绩。

【校区国际化建设】 2021 年，北京大学深圳研究生院继续致力于创建世界一流国际化校区。全院共有 161 名留学生和交换生；63 位外籍教职工（其中 53 名教师、6 名博士后），分别来自 19 个国家和地区。8 月 27 日，北京大学汇丰商学院与剑桥大学嘉治商学院签署协议，正式在深圳启动剑桥大学全球高级管理人员工商管理硕士项目和北京大学中国学硕士 / 北京大学中国学证书项目合作。

【疫情防控】 2021 年，北京大学深圳研究生院扎实开展常态化疫情防控工作。制订《疫情防控工作方案》《疫情应急处置预案》，共召开专题会议 9 次，组织 5 次疫苗接种、6 次核酸检测，全体师生第二针疫苗接种率为 92.7%。截至年底，全院师生新冠肺炎“零感染”。

【校园基础设施建设】 2021 年，北京大学深圳研究生院完成多项校园基础设施建设。通过 WELL 健康—安全评价准则、ISO 9001 质量管理体系两项认证工作。持续推进 6 号楼启用、校园三期修缮项目各项准备工作，完成 B 栋超级站配电改造、地下管网改造施工等校园改善项目，全面推进 1、2、3、5 号楼大厅闲置区域改造，实行“楼栋管家”模式；积极推进基础数据平台、院内门户、校园卡信息化建设，升级完善人事、科研、教务系统服务平台建设，不断改善校园基础设施条件。

【校友会工作】 2021 年，北京大学深圳研究生院做好校友会工作。举办校友会活动，积极组织规章制度制定及修订工作，通过《北京大学深圳研究生院校友会组织架构候选人产生办法》，顺利召开校友会会员大会暨换届大会，成立校友会新一届秘书处，与北京大学校友会及北京大学深圳校友会进行深入交流。

【宣传工作】2021年，北京大学深圳研究生院做好宣传工作。积极推动全媒体平台提升更新。在学院官网和新闻网共发布新闻稿248篇，新媒体推送近900篇，报送校本部并刊发近50篇。宣传工作紧紧围绕北京大学深圳研究生院建院20周年展开，获得《人民日报》、新华社等20余家主流媒体宣传报道，总报道数量44篇近10万字。推出建院20周年专题宣传片、宣传画册、《南燕二十岁》散文，举办建院20周年成果展，在北京大学校报推出院庆专刊，就办学成果推出特色系列报道。

【建院20周年庆祝活动】2021年，是北京大学深圳研究生院建院20周年。深圳研究生院以"廿载南燕，再启风华"为主题开展一系列活动，深刻总结20年办学经验，凝聚师生力量，明确发展方向。12月4日上午，建院20周年总结与发展大会成功举办。北京大学、深圳市主要领导，21位院士，相关单位、企业、校友、媒体及师生代表共约1000名嘉宾现场出席大会。大会全面总结深圳研究生院20年来在学生培养、教学科研、社会服务等方面取得的成果，同时为未来发展锚定目标。同日下午，举办北大南燕20周年学术论坛。论坛下设材料与化学基因组学、电子科学与技术、人居环境科学与技术、应用经济学4个分论坛，共计16个学术报告，邀请13位院士进行学术分享。当晚举办北大深研院建院20周年晚会，以"缘起—常新—再启"为线索贯穿3个篇章，通过多种节目形式讲述北大精神传承，展现南燕人昂扬奋进的精神面貌。

（姚大伟）

暨南大学深圳校区

【概况】暨南大学深圳校区，位于世界知名的旅游文化城区深圳华侨城，拥有国内首家通过世界旅游组织旅游教育质量认证的旅游学院。1993年，经国家教育委员会批准，时称"暨南大学旅游学院"。同年5月，深圳市政府复函同意，又称"暨南大学中旅学院"。自1995年1月建成，1996年9月正式建成并面向社会招生。2003年，经国务院侨务办公室批准，学院更名为"暨南大学深圳旅游学院"，同年5月在深圳市完成事业单位法人登记。2020年，实施校区化建设，以对标服务深圳建设中国特色社会主义先行示范区和粤港澳大湾区"双区"驱动发展战略。设有本科教育和研究生教育2个教育层次。本科开设旅游管理、风景园林、电子商务、商务英语、酒店管理、会展经济与管理专业。研究生阶段招收全日制旅游管理硕士生、在职旅游管理专业硕士（MTA）以及金融专业硕士研究生。至2021年底，有教职工142人，其中专任教师60人。专任教师中，博士学位41人，高级职称21人。致力于高层次人才引进和培养，申报教育部"新世纪"优秀人才1名，其他高端人才2名。年内，积极开展金融科技本科专业和研究生层次申报工作，完成81名金融专硕复试录取工作，该批学生已于夏季入读。5月，暨南大学粤港澳中枢神经再生研究院深圳分院成立。科学整合优势学科存量，完成旅游学科整合工作，并当选第八届深圳市旅游协会副会长单位。在暨南大学第九届"挑战杯"大

2021年5月8日，暨南大学粤港澳中枢神经再生研究院深圳分院揭牌仪式在暨南大学深圳校区举行（暨南大学深圳校区 供）

学生课外学术科技作品竞赛中，推荐12个作品参加校赛，获得校赛一等奖1项、三等奖1项、专项赛三等奖3项。

【科研工作】2021年，暨南大学深圳校区教师在研项目18项，其中：在研国家自然科学基金及哲学社会科学基金8项，已提交结题材料的2项；在研省部级课题12项，已提交结题材料的6项；横向课题20项。各级各类项目当年到账经费165.46万元，其中横向课题当年到账经费90.75万元。教学研究和改革方面，教师科研团队获评“深圳市第四届教育教学科研优秀成果奖”一等奖，2名教师分获第十届“深圳市哲学社会科学优秀成果奖”学术著作二等奖、学术论文三等奖，3名教师获评学校“第二届全国高校教师教学创新大赛”一等奖；“‘双区驱动’背景下新时代深圳精神与课程思政融合创新研究”项目获批深圳市教育科学“十四五”规划2021年度课题立项；申报2021年大创项目，获批立项40项，其中国家级6项、省级5项、校级29项；完成2020年大创项目结题与中期检查工作；申报学校第十七批教育技术“创新工程”项目2人，获批2人；完成8个在研教师教学发展促进会项目考核工作。有力推动校区教学研究和改革工作，为提高人才培养质量和创新人才培养模式奠定良好基础。

【社会服务】2021年，暨南大学深圳校区设立高等健康旅游研究院，开展“健康旅游”研究，举办健康旅游研究暨学科发展研讨会，积极推进项目落实，发表多篇健康旅游示范基地系列研究成果，助力“健康中国”战略在深圳先行示范实践。为助力深圳配合国家推进实施“文化润疆”方略和“旅游兴疆”战略，暨南大学及深圳校区充分发挥自身旅游学科独特优势和品牌影响，与深圳市对口支援新疆工作前方指挥部、喀什大学签约，合作共建喀什大学旅游学院。派员作为深圳援疆人选出任喀什大学旅游学院院长、副院长，积极参与筹建喀什大学旅游学院相关系列工作。

【学生就业】2021年，暨南大学深圳校区积极做好学生就业工作。通过高频率推送招聘信息、多层次就业指导、寻求当地政府支持、加强就业心理引导、建立精细帮扶台账等举措，精心帮扶学生就业及深造。由于就业形势严峻和新冠疫情的持续影响，校区2021届毕业生就业率有所下降。346名毕业生中就业256人，整体就业率为73.99%；国内升学（包括国内保研、考研）毕业生42人，比例为12.14%；出国出境毕业生47人，比例为13.58%；直接就业毕业生149人，比例为43.06%；在深圳、广州就业毕业生100人，比例为28.9%。毕业生升学前往的主要院校有清华大学、北京大学、武汉大学、中山大学、上海外国语大学等知名高校，境外升学的有悉尼大学、曼彻斯特大学、杜伦大学等多所高校；就业质量依然维持较好水平，腾讯、网易、新东方、京东、顺丰等知名企业均有录用。（周　鹏）

天津大学佐治亚理工深圳学院

【概况】2021年，天津大学佐治亚理工深圳学院围绕全面办学目标，扎实有序推进各项工作，学院建设发展取得重要突破。经深圳市委机构编制委员会批准，5月19日，该院受深圳市事业单位登记管理局核准登记，设立为深圳市独立法人事业单位。“支持天津大学佐治亚理工深圳学院建设新工科示范高校”写入深圳市“十四五”规划，学院发展进入新阶段。11月，学院联合管委会召开视频会议，审议通过学院筹备办2020年度财务决算，调整学院2021年度财务收支预算，支付佐治亚理工学院2020年秋季学期、2021年春季学期、2021年夏季学期教学行政成本等重大事项。佐治亚理工学院国际事务副校长Bernard Kippelen接替原国际事务副校长Yves Berthelot任管委会委员。

【党建工作】2021年，天津大学佐治亚理工深圳学院直属党支部不断加强党的建设，全面发挥政治核心作用，努力把握正确办学方向。进一步落实党组织对学院重大事项的参与决策和监督权，包括“会前建议权”“会中参与决策权”“会后监督保障权”，对重大事项进行“政治把关”。组织开展党史学习教育，制定并落实全面从严治党责任清单，制订并执行

2021 年 8 月中旬，来自五湖四海的 150 多名学子入读 GTSI。2021 年是天津大学佐治亚理工深圳学院（GTSI）开启全面办学的第一年

（天津大学佐治亚理工深圳学院　供）

巡视整改落实方案。实施党的教育方针贯彻落实专项行动，履行重大事项请示报告制度。开展党员培训工作，坚持执行党支部每月集体学习制度，落实党组织书记带头讲党课制度，实行意识形态审查制度等，并结合深圳地缘优势，创新开展学生思想政治教育工作。截至年底，直属党支部有党员 23 名，其中预备党员 3 名。

【教育教学】2021 年秋季学期，天津大学佐治亚理工深圳学院教育教学工作全面开启。开设电子与计算机工程、计算机科学、分析学（大数据分析）、环境工程 4 个全日制硕士专业，在读硕士研究生 207 人。高标准、高质量、高水平开展学生录取工作。近 1000 名考生竞争 26 个双硕士调剂名额，最终录取双硕士学生 45 名。在 2021 级 117 名新生中，约 15% 来自世界排名前 100 位的境外一流高校，本科毕业于国内高校的学生中 82% 来自“双一流”高校。

【师资队伍建设】2021 年，天津大学佐治亚理工深圳学院强化师资队伍建设，面向全球开展全职教师招聘。按照佐治亚理工学院亚特兰大本部学术标准，经佐治亚理工学院亚特兰大本部学术评议，聘用全职教师 4 名。协调佐治亚理工学院选派 28 名教授、副教授开设线上课程，派出 5 名教授、副教授（7 人次）到深圳授课，保障学生学习体验与培养质量。年内，为 45 名双硕士学生选聘校本部导师，建立深圳学院与学校各相关学院衔接的人才培养体系，保障双硕士学生培养质量。

【校园建设】2021 年天津大学佐治亚理工深圳学院校园建设取得新进展。7 月，入驻深圳国际创新谷新过渡校区。新过渡校区教学、科研和办公场地 1.24 万平方米，办学规模可容纳约 400 名学生，办学环境得到进一步提升。同年 9 月 30 日，学院永久校区建设项目开展国际设计招标工作，“现代化大都市中的桃花源”写入深圳市建筑工务署招标公告。11 月 25 日，永久校区建设项目可行性研究报告获深圳市发展改革委批准，按照 3000 人规模进行规划设计，总建设面积 19.04 万平方米，总投资 17.34 亿元。其中，“近零碳”校园建设获专项额外投资 7148 万元，并获深圳市生态环境局立项。

【科研工作】2021 年，天津大学佐治亚理工深圳学院加强科研工作，继续推动一流科研体系建设。“高功率高稳定度飞秒激光器及其二倍频装置”获批国家重点领域研发计划子课题；“专 2021N008 城市风险计算理论与一体化安全云脑研发与应用”获批深圳市可持续发展专项项目，研究成果在深圳市司法局应用示范；“基于分离与氧化耦合作用的有机－无机复合催化膜 / 芬顿体系水处理效能与机制”获批深圳市国际科技合作自主项目。截至年底，在研科研项目 8 项，合同经费 3070 万元，已到账经费 1835 万元。可穿戴、印刷电子及先进通信科研中心，智能传感器与精密仪器研究中心，智能信号处理与数据分析科研中心，智能光子与器件研究中心入选南山区科技创新“十四五”拟布局重点项目。（程潇　杨真）

广东新安职业技术学院

【概况】2021 年，广东新安职业技术学院占地面积9.13万平方米，建筑面积7.69万平方米。固定资产总值2.2亿元，其中教学、科研仪器设备总值2539.73万元。有8个系（部）36个专业，全日制在校学生6621人（包括高职扩招生），成人教育学生1400人。教职工305人，其中专任教师233人。专任教师中高级职称61人，具有硕士及以上学位教师133人。2021年，高职毕业生1355人，就业率达99.11%，毕业生广受用人单位青睐。在广东省民办高校年度检查中连续第四年获评“合格”；创新强校排位从B类15位跃升至B类9位，位列全省25所民办高职院校第4；新生报到率为82%；师资队伍启动名师工程建设，入职新教师8人，并聘请一批兼职教授和客座教授；专插本上线人数和录取率实现历史新突破；在2021年中国管理科学研究院“中国大学评价”课题组发布的“中国高职高专综合实力排行榜”中，排名第689位，首次进入千校排名榜单。年内，国家教育部、广东省人民政府联合出台《关于推进深圳职业教育高端发展争创世界一流的实施意见》，明确指出“支持广东新安职业技术学院打造民办品牌高职院校”。

【党建工作】2021年，广东新安职业技术学院重点培育“打造全国民办职业院校党史、党建交流实践基地”党建品牌工程。建成党建多功能会议室、党建公园、党建广场等，与深圳党史馆建立现场教学基地；举办“全省民办高校党建研究分会党建工作交流暨党史学习教育成果展”；承办全国职业院校“我来讲党课”微视频作品比赛活动，教师陈志荣、董彩娟获得民办高职高专组第一名；组织中国职业教育技术学会党建工作委员会党建课题评审工作。被广东省委教育工委评为“样板支部建设单位”，被深圳市委组织部、市委教育工委评为“先进基层党组织”。“实施‘四尚德育’，全面铸魂育人——广东新安职业技术学院德育创新探索与实践”获评中国职业教育学会“思政创新案例”；“职业院校红色文化育人教育教学资源建设研究与实践”获得中国职业教育学会重点课题立项。

【社会服务】2021年，广东新安职业技术学院申报的“广东新安职业教育服务标准化试点项目”获得国家标准化管理委员会批准，成为第七批社会管理和公共服务综合标准化试点项目，也是全国职业院校中首个获批立项的项目，填补全国职业教育服务标准化领域空白。以项目为抓手，围绕职业教育功能、人才培养模式与质量标准等方面，按照国家要求，制订121项服务标准，并贯标试行，为职业教育服务社会提供更高效、更科学的教育服务新模式。与陆丰市教育局实施结对帮扶；面向社会开展非学历培训项目25项，共培训1.34万人/日。

【内涵建设】2021年，广东新安职业技术学院加强内涵建设。以深入推进“创新强校”八大质量工程项目建设为抓手，全面提高学校办学质量和办学水平。全年获国家级课题立项1项、省级课题立项4项、市级课题立项1项；获实用新型专利3项，计算机软件著作权1项、作品登记1项；形成论文作品29项、教材著作6部；教师获奖9项，指导学生竞赛获奖30项；立项省级品牌专业群1个、校级高水平专业群3个，建设校级品牌专业6个；新申报专业3个；获得职业技能等级考试试点证书9个，试点考核人数591人。

【师资建设】2021年，广东新安职业技术学院加强师资建设。引进教授3人、博士研究生2人、硕士研究生7人；启动“名师工程”和教师教学创新团队项目建设，培育“新安优秀青年教师”15人、“新安名师”8人、“新安首席教师”2人，教师教学创新团队7个。完成职称评审制度修订、备案工作。出台《广东新安职业技术学院“双师型”教师认定办法》。经认定，“双师型”教师占比80.66%，稳步推进“双师型”教师队伍建设。新设“王屏山奖教金”，奖励突出贡献教职工，年内开展首批评选，共设置8个“王屏山奖教金”名额，并向一线专任教师和辅导员倾斜。9月9日，广东省委、省政府召开广东省庆祝2021年教师节暨表彰优秀教师大会，校党委书记王磊获评“南粤优秀教育工作者”，外语外贸与电子商务系教师余荣滢获评“南粤优秀教师”。副校长汪治撰写的《“互联网+教学”的混合式教学探索与实践》论文获“广东省高

2021 年 9 月 17 日，全国首个华大“基因 +”产业学院揭牌仪式在广东新安职业技术学院行政楼举行　　（王芳芳　摄）

等教育学会职业教育研究会”一等奖，副校长邓庆宁负责的“职业院校红色文化育人教育教学资源建设研究与实践”项目被列入中国职业技术教育学会 2021 年度重点项目。

【学生工作】2021 年，广东新安职业技术学院认真组织做好各项学生工作。优化学校奖学金评审办法，拓宽奖励面，国家奖学金拟发放金额较上年增长 44.6%。年内，有 59 名学生入伍，1 人获评“深圳市征兵工作先进个人”。学生在各级各类竞赛中获得好成绩。获“2021 年全省高校艺术作品征集展演”活动一等奖 1 项、二等奖 2 项、三等奖 3 项；获“广东省首届民办学校朗诵展演”活动三等奖；首次进入“2020—2021 年全国啦啦操联赛总决赛”并获得高职高专组爵士亚军、街舞第八名、花球优胜奖；获“广东省职业院校技能大赛”二等奖 5 项、三等奖 15 项。展现出学生良好专业功底和技能素养。

【招生就业】2021 年，广东新安职业技术学院新生报到率相对稳定，并在同类院校中处于较高水平；专插本上线人数实现历史新突破，录取率为 57.4%；成人高等专科教育在扩容、提质、强服务等方面再上新台阶，招生 4885 人，是上年的 3.67 倍。毕业生初次就业率为 99.11%，初次就业平均月收入 3930.84 元，较上年增长 380 元，对自己工作总体满意率为 86.61%。用人单位对毕业生综合素质、专业能力等比较认可，综合评价“好”和“较好”超过 90%。

【交流合作】2021 年，广东新安职业技术学院与 4 个国家和地区的 7 所院校建立长期稳定交流合作关系。与马来西亚一所大学计划开展交换生项目和教师学历提升合作；受疫情影响，7 名学生在国内通过参加线上课程获得英国大学本科文凭；3 名学生赴英国攻读研究生课程；5 名学生赴英国攻读本科课程，人数有所减少。加大校企合作、产教融合作力度。牵头成立“深圳新安职业教育集团”1 个，参编深圳市地方标准 2 项、团体标准 1 项，建设产业学院 3 个。有校企共建技术研发机构、培训中心、实训基地、产教融合联盟等平台 28 个，合作项目 40 个，产教融合型企业 27 个，开发相关标准与资源 82 项。年内，企业订单培养 493 人，省级现代学徒制试点专业 3 个，参加试点培训的有 101 人；企业接收顶岗实习学生 1498 人，接收毕业生就业 449 人，为学校提供价值 89.5 万元的校内实践教学设备。

【硬件设施建设】2021 年，广东新安职业技术学院（南区）校园提升改造项目及（南区）校园配套设施提升改造工程初见成效。部分项目已投入使用；部分校舍工程完成装修改造。2021 年，有实习实训场所 2.75 万平方米；教学仪器设备总值 2539.73 万元，比上年增加 13.7%。完成监控系统三期建设，推进校园信息化二期工程建设。　　（王芳芳）

【“广东新安职业教育服务标准化试点”项目获批】2021 年 3 月 12 日，广东新安职业技术学院申报的“广东新安职业教育服务标准化试点”项目成功获批“国家社会管理和公共服务综合标准化试点”，实现国家级项目“零的突破”。作为此次全省首家也是唯一一家承担试点项目的学校，计划用 2 年时间全面开展“标准化提升教育质量行动”，以标准化、规范化管理为手段，打造可复制、可借鉴、可推广的“新安样板”，最终催生职业院校管理模式根本变革。年内，已制定 121 项服务标准并贯标试行，逐步建立职业教育服务新模式。

【人力资源体系重塑】2021 年，广东新安职业技术学院针对学校在组织和岗位管理、绩效管理和薪酬激励等方面存在的亟待解决的问题，实施人力资源体系重塑项目，完成人事制度和绩效工资制度深度改革。该项目由学校与广东中大管理咨询集团股份有限公司共同开展，探索实行行政部门“大部制”改革，制定实施配套制度，完成全校行政结构和教职工人员配置调整，增强学校凝聚力，激发广大教职员工工作积极性。（汤　倩）

【“创新强校工程”考核排名持续攀升】2021 年 8 月 30 日，广东省教育厅公布 2021 年“创新强校工程”考核评审结果，广东新安职业技术学院排名持续攀升，取得全省同类 25 所民办高职第 4 名、B 类 35 所学校第 9 名的历史最好成绩。2019 年以来，学校“创新强校工程”考核连年取得进步，充分展示学校办学实力不断增强和办学水平不断提升。（周兴立）

【全国首个华大“基因 +”产业学院落户】2021 年 9 月 17 日，广东新安职业技术学院隆重举行全国首个华大“基因 +”产业学院揭牌仪式。这是继 2021 年 1 月 12 日学校建成投用国内首个真实场景基因测序教学实训室之后，促进产教融合发展的又一个里程碑。国内首个真实场景基因测序教学实训室由广东新安职业技术学院、猛犸基金会和华大智造三方签约共建。在此基础上，三方合作不断深入，启动建设全国首个华大“基因 +”产业学院。学校党委书记王磊，华大集团执行董事、执行副总裁朱岩梅为华大“基因 +”产业学院揭牌。（郑丽珊）

【“大湾区与粤东地区职业教育均衡发展研究中心”战略合作框架协议签订】2021 年 11 月 27 日，在“2021 年陆丰乡村人才振兴发展论坛暨大湾区与粤东地区职业教育均衡发展研究中心”揭牌仪式上，广东新安职业学院董事长、党委书记王磊代表学校与陆丰市教育局签订《协同推进“大湾区与粤东地区职业教育均衡发展研究中心”战略合作框架协议》。双方在协同推进陆丰市基础教育高质量发展的基础上，携手推进“大湾区与粤东地区职业教育均衡发展研究中心”建设，统筹推进职业教育与普通教育协调发展。

【学校教师首次被深圳市教育局纳入从教津贴申报范围】2021 年 6 月，广东新安职业学院组织开展 2018—2019、2019—2020、2020—2021 学年民办职业院校教师从教津贴申报和初审工作。经深圳市教育局审核，2018—2019 学年审核通过 68 人；2019—2020 学年审核通过 81 人；2020—2021 学年审核通过 96 人。这是该校教师首次被深圳市教育局纳入从教津贴申报范围。（邢永健）

深圳开放大学

【概况】深圳开放大学（原深圳广播电视大学）于 1980 年创建，是深圳经济特区第一所公办高等学校，全国 44 所省级开放大学之一。2021 年 3 月 20 日，正式揭牌为深圳开放大学，成功举办深圳开放大学揭牌仪式暨办学 40 周年成果展。以揭牌为新起点，制订《加快建设一流城市开放大学的方案》，全面迈向新征程。学校共有 7 所分校、10 个二级学院、20 个教学点和 1 个职业学校。内设 7 个行政管理部门、8 个教学部门（含残疾人教育学院）、4 个教辅部门。教职工 356 人，其中高级职称 55 人，研究生学历 145 人。全年开放教育招生 1.95 万人，比上年上升 0.22%。有 4926 名学生通过毕业终审并办理毕业证书，其中，本科毕业 1635 人、专科毕业 3291 人。2021 年 9 月，深圳开放大学加挂“深圳老年大学深圳学院”牌子。

【党史学习教育】2021 年，深圳开放大学成立校党史学习教育领导小组，召开动员大会，制订党史学习教育实施方案，高起点谋划“四个一百”“十个系列”“十件实事”总体部署，全覆盖开展

2021年3月20日，深圳开放大学举行揭牌仪式　（深圳开放大学　供）

党史学习教育。各支部以“寻迹峥嵘岁月，讲好红色故事”“三老讲党课、精神永传承”“党情暖心行”“重温入党誓词”“歌舞颂党恩”“党史学习教育分享会”等主题，组织开展阅读红色经典、瞻仰革命遗址、参观主题展览等革命传统教育活动100余场。校团委及各教学部门结合实际组织学生大力开展“爱国主义教育拓展”“爱国歌曲大联唱”“爱国主义诗词诵读”“学党史、绘党史、说党史”“品读经典，赓续血脉”“路灯党史舞台剧”“跟着电影学党史”“暑期社会实践”等系列活动，师生累计8万余人次（含线上线下）参加活动。面向全市及全国开放大学师生深入开展“党史名师讲，云播万人学”活动，累计60万人次参加学习。

【精准思政工程实施】2021年，深圳开放大学深入实施精准思政工程。依托室联网技术搭建“思政大课堂”，成功开展“百位名师名家进思政大课堂”活动，邀请全国名师名家以“直播＋面授＋录播”混合教学模式，面向全市开放教育系统师生讲专题思政课。截至年底，组织专题思政课8场，近10万人次参加学习。精准开发校本思政特色资源。充分挖掘深圳本土红色文化资源，立足特区40年改革发展历史，编著完成《深圳特区文化》校本思政教材。积极组织研究市哲学社会科学2021年规划重点课题“从‘红船精神’到深圳精神”，推动思政课守正创新。

【教学资源建设】截至2021年底，深圳开放大学已建录像教材资源35套、IP课件资源444个、CAI课件资源38个、微课资源252个、慕课资源32个、直播视频4850余集（年内新增1300余集），以及其他文字及音视频类教学资源1400余集（年内新增200余集）。中国知网期刊论文900余万篇，超星电子图书约170万册，博看人文电子期刊60余万册。该校管理的学分银行深圳分部采取线上方式进行申请，共有学历账户8.5万个。

【老年教育】2021年9月，深圳开放大学加挂“深圳老年大学深圳学院”牌子。深圳老年大学共开设养生、经典诗词品读、表演歌唱、粤剧粤曲等9个教学班，招收老年学员近400人，累计培训学员7000多人次。挂牌成立“深圳老年大学市养老护理院分校”，创新探索“养教一体化”的新型老年教育模式。联合市委老干部局和长青老龄大学，制作3门2021年“银智e学堂”在线课程包。组织申报终身教育及老年教育课题5个。参加“首届全国老年教育教学成果展”，获得一等奖1个、二等奖1个、三等奖2个，优秀组织奖1个。

【终身教育】2021年，深圳开放大学携手平安智慧城市启动“深i学全民终身学习平台”建设项目，并于11月19日在全市终身学习活动周开幕式上正式上线。截至年底，该平台注册人数逾140万人，日均在线用户近万人，被中国国际高新技术成果交易会、智慧城市展组委会授予“2021年中国领军智慧学习平台”称号。主动加强与市委宣传部合作，依托平台开设文明素养版块，在全市范围内开展“文明第一课”活动，助力深圳创建文明城市。

【非学历教育】2021年，深圳开放大学积极开展非学历教育。与深汕特别合作区组织人事局合作拓展深汕“两委”项目。联合开设全国导游人员资格考试培训班。为福田区委党校录制社区工作者在职在岗培训视频课件，制作6门课程资源，建设10套配套练习题库。组织2759人次参加的2021年全国英语等级考试、4748人次参加的全国计算机等级考试、3420人次参加的成人高考、5373人次参加的会计专业技术资格考试。为全市边检系统18个边检站、1500多名边检人员提供远程课程培训服务。为龙华区外来少数民族务工人员送上“电子商务”公益讲座。为退役军人提供线上思政课程资源。

【残疾人教育】2021年，深圳开放大学新建1个残疾人教育教学点，规范清理7个教学点。截至年底，全国共设30个残疾人教育教学点，累计招生2万人，在籍4132人。年内，招生1187人，招生数量比上年稳中有进。全面优化学习服务，将残疾人学生纳入奖学金评选范畴，与企业合作实施“天使圆梦计划”，助力残疾人圆大学梦。

【中职教育】2021年，深圳市开放职业技术学校龙岗校区建设完成并正式投入使用。“1+X Web前端开发职业技能等级证书”试点工作顺利开展。新增中日班、中韩班、中澳班、中德班等外语班级，进一步深化中职国际合作办学。组织师生积极参加各级技能大赛，获得国赛奖1项、省赛奖5项、市赛奖3项，获奖学生37人次、教师10人次。获奖如下：“第七届全国跨境电商创新创业能力大赛”三等奖；“广东省中等职业学校技能大赛”计算机检测维修与数据恢复、虚拟现实（VR）制作与应用、Web前端开发、英语通用技能4个比赛一等奖1个、二等奖3个、三等奖1个。

【交流与合作】2021年，深圳开放大学主动加强与粤港澳大湾区相关高校的交流与合作。与香港岭南大学签署《深圳开放大学—岭南大学合作备忘录》和《全日制研究生“周末班”联合培养项目合作协议》，探索“国际高等教育与管理”“组织心理学与教育管理”2个专业研究生培养。健全和完善包括大专、本科、研究生在内的开放教育人才培养体系，推进双方课程资源共建、师资资源共享、学术交流共治，在学历教育高端发展、开放教育高水平开放方面走出坚实步伐。

【对口帮扶】2021年，深圳开放大学“党建+对口帮扶”取得重大成果。对口帮扶的河源市和平县新联村39户贫困户114人全部脱贫，广东省扶贫办授予该校驻村工作队“2019—2020年脱贫攻坚突出贡献集体”称号。派出一名干部至河源市浰源镇开展乡村振兴驻镇帮扶；加大消费扶贫力度，帮扶农产品共27.5万元。（赵　菲）

人物选介和荣誉名录

Introduction of Selected People and Honor List

人物选介

唐本忠 中国科学院院士。1957年2月生。1982年，获华南理工大学学士学位；1985年、1988年先后获日本京都大学硕士、博士学位。曾在多伦多大学化学与药学系从事博士后研究，在日本NEOS公司中央研究所任高级研究员。1994年至今，历任香港科技大学化学系助理教授、副教授、教授、讲座教授、张鉴泉理学教授，并兼任香港科技大学工学院化学及生物工程学系讲座教授。2006年，受聘为浙江大学“光彪讲座教授”。2009年，当选中国科学院院士。2013年，入选英国皇家化学会会士（Fellow of the Royal society of Chemistry，FRSC）。2015年，担任国家人体组织功能重建工程技术研究中心香港分中心主任。2017年起，受聘为华南理工大学—香港科技大学联合研究院院长。2020年，晋升为中国化学会会士。2021年，担任香港中文大学（深圳）理工学院院长、校长学勤讲座教授。主要从事高分子化学和先进功能材料研究，特别是在聚集诱导发光（Aggregation-Induced Emission，AIE）这一化学和材料前沿领域取得原创性成果，是AIE概念的提出者和研究的引领者。先后发表学术论文1700多篇，总引逾14万次，H指数为169。作为项目负责人承担科研项目80余项。在学术会议上做邀请报告500余场，拥有100多项授权专利。担任德国Wiley出版社发行的*Aggregate*（《聚集体》）杂志主编，以及20多家国际科学杂志顾问、编委或客座编辑等。先后获得多项荣誉及奖励。2002年，获得由国家自然科学基金授予的“杰出青年学者”（B类，海外华裔科学家）称号；2007年，获国家自然科学二等奖、裘槎基金会（Croucher Foundation）高级研究员奖、中国化学会王葆仁奖和Elsevier杂志社冯新德奖；2012年，获*Science China Chemistry*杰出贡献奖、“美国化学学会高分子材料部：科学与工程分会Macro2012讲座奖”等；2014年，获伊朗国家科技部科学技术研究组织颁发的Khwarizmi国际奖；2014—2020年，连续当选全球材料和化学领域“高被引科学家”；2015年，被授予“广州市荣誉市民”；获2017年度何梁何利基金科学与技术进步奖，以第一项目完成人身份凭“聚集诱导发光”项目获得2017年度国家自然科学一等奖，并获评科技盛典—CCTV2018年度科技创新人物；2021年，获得*Nano Today*国际科学奖。唐本忠院士的代表性成果之一——AIE已发展成为以中国科学家为引领、世界上其他国家相继跟进的研究领域。

徐政和 加拿大工程院院士、加拿大皇家科学院院士、中国工程院外籍院士。南方科技大学讲席教授、全球工学院院长协会（GEDC）理事会常务理事。曾任国际矿物加工学会理事会（IMPC）理事、加拿大矿冶与材料学会主席、加拿大矿物工程首席教授、加拿大国家科学与工程研究委员会（NSERC）油砂工程首席教授、加拿大NSERC/

EPCOR/AERI 先进煤洁净及燃烧技术首席教授。2008 年，当选加拿大工程院院士；2015 年，当选加拿大皇家科学院院士；2021 年，当选中国工程院外籍院士。长期从事物质分离科学研究和技术开发（尤其在相关表面和界面化学领域），研发多种表面功能化原创技术，在磁性颗粒表面功能化并应用非常规石油资源开发、矿物分离及洁净煤燃烧等领域做出杰出贡献，是矿物资源加工与高效利用领域著名科学家。首次提出浮选水动力空化学说，为解决细粒浮选世界难题做出重大贡献。发表 SCI 论文 510 余篇，总引用次数 1.8 万次；发表国际会议论文集论文 62 篇，参与著书 2 部，编书 2 部，撰写书籍章节 12 章，授权国内外专利 21 项。培养本科生 80 人、硕士研究生 153 人、博士研究生 52 人、博士后 63 人。获 2009 年加拿大化学工程学会设计与工业实践 Bantrel 奖、2012 年阿尔伯塔地质和地球物理学家专业工程师协会（APEGGA）Frank Spragins 技术奖、2015 年加拿大矿冶与石油学会（CIM）Syncrude 卓越可持续发展研究成果奖、2016 年加拿大矿冶与材料学会（MetSoc）卓越研究成果奖、2018 年加拿大阿尔伯塔省科学与工程卓越成就奖、2021 年加拿大矿冶与材料学会 Airey 奖。

夏克青 中国科学院院士。1958 年 5 月生，北京人。1989 年参加工作，理学博士。曾任香港中文大学物理系教授。2018 年 8 月起，任南方科技大学力学与航空航天工程系讲席教授；2019 年 6 月起，任复杂流动及软物质研究中心（筹）主任。长期从事流体力学领域研究。2021 年 11 月，当选中国科学院院士。1981 年，毕业于兰州大学，获物理学学士学位；1982 年、1989 年分别获匹兹堡大学物理学硕士、博士学位。1988—1989 年，任北卡罗来纳大学教堂山分校化学系助理研究员；1989—1992 年，于康奈尔大学物理系和化学系从事博士后研究工作。1992 年起，先后任香港中文大学物理系讲师、副教授、教授、物理系主任；2014 年，任香港中文大学卓敏物理学教授。

段广仁 中国科学院院士。南方科技大学讲席教授。CAA Fellow，IEEE Fellow，IET Fellow。历任国家 863 计划航空航天领域“十一五”专家组成员，教育部科技委信息学部第五、六、八届委员，国务院学位委员会第八届控制科学与工程学科评议组召集人，航天科技集团第五研究院国防科技重点实验室第一、二届学术委员会委员，中国自动化学会常务理事与控制理论专业委员会副主任。提出鲁棒控制系统和受限控制系统参数化设计理论、方法以及控制系统设计全驱系统方法。许多基本结果和公式被国际学者广泛采用，提出的方法被国内外学者应用于结构震动系统、电力系统、四旋翼飞行器、焊接机器人等控制系统设计与物理实验以及“天通一号”移动通信卫星姿态控制律参数设计在轨应用。作为第一完成人获得国家自然科学二等奖 2 项，获第四届中国青年科技奖、中国自动化学会控制理论专业委员会杰出贡献奖。1991 年，破格晋升哈尔滨工业大学教授；1999 年，获国家杰出青年科学基金资助；2010 年，任国家某重大专项制导控制基础研究领域重大合同项目负责人，同年任国家自然科学基金委创新群体项目负责人；2014 年，被评为全国优秀科技工作者；2016 年，任国家自然科学基金委重大项目负责人；2021 年，任国家自然科学基金委基础科学中心项目负责人。培养全国优秀博士学位论文获得者 2 人，培养的博士研究生中有国家优青、IEEE Fellow、国家杰青和中国工程院院士。发表 SCI 论文 340 余篇，出版英文著作 3 部。

伍楷舜 全国五一劳动奖章、广东青年五四奖章获得者。1985 年 1 月生，广东省中山人。中共党员。深圳大学计算机与软件学院特聘教授，博士生导师。广东省无线大数据与未来网络工程中心主任，深圳市可穿戴物联网智能感知与计算重点实验室主任。从事物联网理论与工程技术方面的科研与创新创业、教学与人才培养工作。以物联网传输技术关键问题为研究背景，提出并开发物联网传输感知基础理论与关键技术，攻克无线网络传输瓶颈，破解密集无线网络下多用户空间传输效率及网络协调效率低等难题，取得具有国际影响的研究成果。近年来发表高水平论文 100 余篇，授权中国发明专利 63 件、美国专利 4 件。研究成果获省部级一等奖（第一完成人）2 项、二等奖（第一完成人）2 项。当选英国工程与技术学会会士，入选国家百千万人才工程、教育部新世纪优秀人才、广东省科技创新领军人才等。获广东省丁颖科技奖、广东省杰出发明人奖、香港青年科学家奖、深圳市青年科技奖、教育部霍英东青年教师奖，被授予国家“有突出贡献中青年专家”、广东省五一劳动奖章、深圳市劳动模范等荣誉称号。坚持在教育教学第一线，作为物联网技术的学科带头人获聘为广东省珠江学者特聘教授。教育学生求真求善，努力推进创新实践主导的课程建设。指导学生以第一作者发表多篇国际高水平论文。指导学生在美国大学生数学建模大赛、中国大学生计算机设计大赛等20多个国际级、国家级以及省级科技竞赛获奖并指导学生创新创业。2021年4月，被全国总工会授予全国五一劳动奖章；同年以专利“一种干扰最小化的移动组网方法与系统”，获广东省专利奖优秀奖（第一发明人）。2021年，获颁全国五一劳动奖章、广东青年五四奖章。

谭春燕 南粤优秀教师。女，教授、博士生导师，主要从事荧光探针设计、合成及其生物传感、成像与生物医药应用方面的研究。以教书育人为己任，承担多门专业课程讲授和硕博研究生培养。担任“化学生物学”等课程主讲教师，参与“生物纳米检测技术实验”“有机波谱学”等课程讲授，其中“化学生物学”课程曾获清华大学教学评估前5%，吸引多个学科研究生参与学习。在清华大学国际开放创新教育中心（Open FIESTA）教学管理工作中，积极推动项目国际化，践行国际生招生、培养及英文授课模式。通过与法国巴黎交叉科学研究院（CRI）和瑞士日内瓦大学的交流合作，培养和激发学生交叉创新思维与国际化视野。在科研工作中，发表高水平学术论文80余篇，授权专利1项，承担多项国家级和省、市级科研项目，获广东省及深圳市科技奖励1项，入选“深圳地方级领军人才”“海外高层次人才”“深圳市南山区领航人才”，获清华大学年度教学优秀奖（2019年度）。2021年，获评南粤优秀教师。

牛　奔 南粤优秀教师。1980年4月生，安徽滁州人。深圳大学管理学院教授、博士生导师，香港理工大学、澳门大学校外博士生导师，深圳大学管理学院副院长，深圳大学医院管理研究院副院长。从事人工智能、大数据分析与处理、信息系统与信息管理、运筹与优化、物流与供应链管理、智慧医疗等多学科交叉领域科研工作，发表相关学术论文200余篇，其中SCI/SSCI论文59篇（ESI高被引论文2篇）、EI收录99篇，出版论文200余篇，其中SCI/SSCI论文59篇（ESI高被引论文2篇）、EI收录99篇，出版专著9部，申请专利及登记软件著作权7项。获国际群体智能大会（ICSI）最佳论文奖、国际智能计算大会（ICIC）最佳论文奖、中国管理学年会优秀论文奖及其他各类学术奖项20项。2012年，入选国家第二批“香江学者”，为广东省高等学校“千百十人才”省级培养对象；2013年，入选深圳市“高层次专业人才”；2015年，入选广东省高校“优秀青年教师”；2016年，入选“广东省珠江学者”；2018年，入选教育部高等学校工业工程专业教学指导委员会委员；2020、2021年入选美国斯坦福大学“全球前2%顶尖科学家”年度科学影响力排行榜；2021年，入选英国皇家工程院与中国工程院“中英创新领军人才”。近年来，主持国家自然科学基金项目6项（其中合作主持1项），广东省教育厅重大项目1项，广东省自然基金3项，中国博士后科学基金项目2项（其中特别资助1项），其他省、市级项目十余项。指导学生获得2项“互联网+”全国赛银奖。近五年指导博士后10人（5人出站），博士生10人（3人毕业），其中境外博士生5人；指导硕士生8人，其中5人获全奖或CSC资助出国读博，2人在国内读博。2021年，获评“南粤优秀教师”。

李　强 南粤优秀教师。1963年9月生，黑龙江哈尔滨人，中共党员。深圳大学总医院专家委员会主任、内科与诊断学教研室主任、内分泌代谢病科主任。主任医师，教授，医学博士，博士生导师，博士后导师。从事内分泌代谢病医疗、教学、科研等工作。长期工作在临床一线，诊治规范，业务精湛。积极开展医疗新技术，获黑龙江省医疗新技术成果奖励12项。主笔专家共识或指南3部，参编指南和专家共识20部。坚持给本科生讲大课，紧密联系临床，深受学生好评。担任本科生《内科学》（第8版、第9版）、八年制《内科学》（第3版、第4版）、研究生《内分泌内科学》（第2版）、住院医师

《内科学内分泌科分册》（第1版、第2版）等12部全国规划教材编委或副主编。担任哈尔滨医科大学博士研究生导师，培养博士、硕士110余人。主持完成国家自然科学基金课题3项，主持完成教育部博士点科研课题、中华医学会课题、黑龙江省自然科学基金重点项目等课题9项。以第一作者或通讯作者发表SCI论文40余篇、核心期刊论文上百篇。获亚洲分子糖尿病学会奖，黑龙江省科技进步奖3项，厅市级科技进步奖9项。兼任中国老年医学学会内分泌代谢分会副会长、中国医药教育协会糖尿病专业委员会副主任委员、中华医学会内分泌学会第十届常委、中国医师协会内分泌代谢病科医师分会第一至第四届常委、全国学会4个学组副组长、黑龙江省医学会内分泌学会主任委员、黑龙江省医师协会内分泌代谢病科医师分会主任委员、黑龙江省医疗保健国际交流促进会内分泌代谢病分会主任委员、广东省药学会内分泌代谢用药专家委员会副主任委员、广东省医疗行业协会糖尿病学管理分会副主任委员、广东省卫生经济学会慢病与医养分会副主任委员等。先后获评第四届南粤好医生、岭南名医，入选深圳市高层次人才、深圳市I类实用型临床医学人才，黑龙江省政府特殊津贴获得者，黑龙江省首批二级教授，获评黑龙江省十大杰出青年创业明星、龙江名医，黑龙江省卫生计生委专业技术高层次优秀人才，获深圳市第二届医师奖提名奖。2021年，获评“南粤优秀教师”。

罗清和　南粤优秀教师。1961年5月生，湖北武汉人，中共党员。深圳大学经济学院经济学系主任、教授、博士生导师，中国区域经济学会第三、四届常务理事，广东省经济学会理事，广东省第三产业研究会常务理事。先后获评深圳市优秀教师，深圳大学优秀党务工作者、优秀共产党员。长期从事政治经济学与特区经济学教学与学术研究。担任经济学系主任20年，为经济系学科建设和专业发展发挥引领作用。自2017年以来，经济学本科专业招生分数线一直居深圳大学文科招生前列。2020年，经济学专业入选国家级一流本科专业建设点。创办经济学专业卓越本硕一体班，探索高等教育大众化背景下精英人才培养模式。主编《政治经济学》（清华大学出版社出版），该教材被评为广东省“精品教材”，并为全国百余所高校使用。在特区经济理论研究方面取得显著成就。出版学术专著4部、合著8部。在《经济学动态》《数量经济技术经济研究》等学术期刊上发表学术论文百余篇，其中12篇被《新华文摘》《红旗文摘》《人大报刊复印资料》《高等学校文科学术文摘》全文转载或摘要转载。主持完成省部级研究课题6项、市级规划项目5项、横向课题6项。2021年，获评“南粤优秀教师”。

胡世清　南粤优秀教师。1963年3月生，湖南双峰人。深圳大学教育学部教育信息技术系主任和教育信息技术实验中心主任。硕士，教授。从事计算机技术、网络技术、新一代信息技术教育应用方面专业建设、人才培养和教学科研工作。担任学校教育信息技术系主任16年，带领专业获评广东省战略新兴产业特色专业、广东省一流本科专业，完成师范专业认证；担任学校教育信息技术实验中心主任16年，带领实验中心获评广东省实验教学示范中心；担任学校教育技术学硕士点负责人和现代教育技术教育硕士专业硕士点负责人13年，获评全国教育硕士优秀教学管理工作者、全国教育硕士优秀教师，并获全国教育专业学位教学成果奖二等奖；担任中国大学生计算机设计大赛学校负责人8年，获大赛优秀组织奖8次，并获大赛十周年纪念国赛优秀组织奖（全国共12项）和院校优秀组织奖（全国排名第6），个人获大赛十周年纪念优秀指导教师奖（全国共52名）。8年中带领本专业学生两次获得一等奖，获奖数量排名全国第二，共17人次获一等奖（全校占比65%）。本专业学生在全校科技创新竞赛中获奖成绩突出，近6年获研究生推免资格人数的全校占比为13.7%。个人指导学生获国赛一等奖1项、二等奖1项，参与指导学生获国赛一等奖2项、二等奖8项、三等奖3项，获广东省大学生计算机设计大赛优秀指导教师奖4次。获广东省高等教育教学成果奖二等奖，3次获深圳大学教学成果奖二等奖。获评深圳市优秀教师。2021年，获评“南粤优秀教师”。

莫蓓莘　南粤优秀教师。女，1966年2月生，江西修水人，中共党员。深圳大学生命与海洋科学学院特聘教授，博士生导师。本科毕业于北京大学，博士毕业于加拿大圭尔夫大学。主持的“植物生理学”“生命的律动”“生活中的植物科学”“植物小 RNA”等 4 门本科课程分别被评为“国家级双语教学示范课程”“首批国家级一流本科课程”“广东省精品视频开放课程”“广东省研究生精品示范课程”等。获广东省教学成果一等奖、二等奖和深圳大学校长教学奖。指导学生多次获全球和全国学术竞赛金奖、一等奖。独立编写出版《植物生理学》双语教材，独立翻译出版译著《种子》；主编出版《植物生理学实验》双语教材、主译出版《植物小 RNA》；主编出版《植物生理学》全英文数字课程；参编《自然科学经典导读》、*Plant Small RNA*（《植物小 RNA》）等教材。主持国家重大专项课题、国家自然科学基金面上项目等课题 8 项。作为通讯作者或并列通讯作者发表论文数十篇，其中 *Nature*（《自然》）子刊论文 5 篇，影响因子 10 分以上论文 10 篇。2021 年，获评“南粤优秀教师”，获广东省高等学校（本科）教学名师奖。

练俊灏 南粤优秀教师。中共党员，深圳市第一职业技术学校教师，从教 13 年。2021 年度全国机电一体化行业技能大赛“智能装备数字化设计与实施”赛项裁判组成员、广东省职业院校学生专业技能大赛“智能硬件应用开发”赛项专家组成员。长年坚持一线教学，指导学生参与各项技能比赛，获“全国技能大赛优秀指导教师”称号。指导学生参与各项技能竞赛，带领学生多次在全国和广东省中等职业院校技能大赛中获奖。其中，指导学生获得全国职业院校技能大赛一等奖 2 人次、三等奖 5 人次；指导学生获得广东省中等职业院校技能大赛一等奖 12 人次、二等奖 18 人次、三等奖 9 人次。获奖学生中有 30 余人获高职院校保送资格，7 人获国家奖学金。参加广东省新职业技术技能大赛工业机器人系统操作员项目竞赛，获一等奖、铜牌，并被授予“广东省技术能手”称号；2021 年，获评“南粤优秀教师”。

欧海明 南粤优秀教师。男，深圳第一职业技术学校综合高中数学教师，高级职称。从教 17 年，先后被评为深圳市优秀班主任、深圳市高考先进个人。现为综合高中高二年级长，综合高中数学科组长，长年坚持在高三一线教学。在教育理念方面，欧海明作为综合高中第一批开拓者、先行者、实践者，敢为人先，积极参与探索深圳高中教育创新发展改革新思路、新方法，参与创立深圳高中新型办学模式。“职普融通”模式在深耕普通高考的基础上，开拓指导学生参加体育、美术、传媒等特长高考的新领域，为学生提供多元选择，搭建成才多元通道，培养符合“多样性”发展的新型个性化人才。在数学教学方面，采用启发式、引导式教学方式，将德育课程与数学课程融合，数学与生活紧密结合，让数学变得更有趣的同时，提高学生分析问题、解决问题的能力，让数学思维与方法指导生活。在科研方面，欧海明坚持将科研作为快速提升自己专业能力的必要途径，积极发表论文，并参与课题研究，主要包括发表论文《多方式多手教学，提升教学有效性》《高中数学立体几何的教学研究》，编写德育教材《安全教育读本》，参与省级课题“高中课堂‘基于问题式合作学习模式’的探究”及国家级课题“新课程标准下数学四步互动课堂教学模式的实践与研究”。主持国家级课题“高中数学教学中培养学生的问题意识的策略研究”并获得一等奖。2021 年，获评“南粤优秀教师”。

朱华伟 广东省五一劳动奖章获得者。深圳中学校长。华中科技大学教育学博士，二级教授，博士生导师，特级教师，国务院特殊津贴专家，全国优秀教育工作者，广东省政协委员，深圳市政协常委，美国加州州立大学高级访问学者。兼任中国创新人才研究会副会长、中国高等教育学会教育数学专业委员会常务副理事长，中国数学会教育委员会委员。曾任国际数学奥林匹克中国国家队领队、主教练，率中国队获团体冠军。在《人民日报》《光明日报》《中国教育报》《人民教育》《中国教育学刊》《课程·教材·教法》及国内外数学期刊发表论文 100 余篇，出版著作 100 余部。1998 年，获评湖北省十大杰出青年；2008 年，获评广州市优秀专家；2018 年，获国家级教学成果奖二等奖；2019 年，获评深圳教育改革先锋人物；2021 年，获广东省五一劳动奖章和首届全国教材建设奖二等奖。

林俊红 广东省三八红旗手。女，中共党员，深圳市坪山区新合实验学校校长，中学正高级教师、广东省特级教师。深圳市高层次人才、深圳市十佳校长、全国中学百强文学社模范校长、深圳市中小学教师继续教育库专家，深圳市第七次党代会代表、坪山区第一届党代会代表和第二届政协委员。在教育教学实践中，带领教师大胆进行教学改革，从“学讲稿”“小组合作学习”到“四三”智慧课堂探索，改革成果辐射到省内外。主持或参与十多项省、市、区级课题研究，“‘和实’文化铸校魂——基于四个维度构建学校文化”科研成果获广东省科研成果二等奖，出版教育专著《厚德笃实 文化铸校》，主编《构建四三智慧课堂的实践研究》等 20 多种校本教材，个人专著被收入深圳市人才研修院“人才图书馆”，有 20 余篇论文发表在省级及以上刊物。开放办学，多次举办教学开放日活动，结对帮扶广西、贵州学校和坪山区内兄弟学校。培养出“最美南粤少年”章思思、“感动深圳十大爱心人物”罗新雄和身残志坚的“广东省好少年”曾翠茹；培养出考入清华大学的许骏洲和考入香港中文大学的李颖达等。在坪中担任校长的 11 年中，有 7 年区中考状元来自坪山中学，学校每年中考成绩稳居坪山区前列。作为特级教师和名校长，多次参加市内外教育论坛并做主题交流；为坪山区内外青年教师和坪山区家长举办培训 20 余场；建立名校长工作室，支教送教到广西。是一位专家型和业务型校长。担任校长以来，学校先后获评全国优秀家长实验学校、广东省德育示范学校、深圳市教育系统先进单位等 30 余项市级及以上荣誉或奖项。2021 年，获评“广东省三八红旗手”。

赵庆梅 南粤优秀教师。女。盐田区外国语学校教师，为广东省首批骨干教师培养对象，深圳市盐田区第二届“教育督导评估专家”，盐田区“初中数学赵庆梅名师工作室”主持人，盐田区党代表，盐田区外国语学校第一党支部书记，盐田区名教师，首批“盐田区中小学专家型名师”。参与国家“十一五”课题《中学数学学生学业评价标准》编撰工作。2010 年高考，所带班级本科升学率 84%，苏晓君、李佰英等 5 名学生的数学成绩进入广东省前 400 名，4 次获评盐田区优秀班主任、盐田区优秀教师，获评盐田区优秀共产党员、盐田区第五届中青年骨干教师、盐田区第六届中青年骨干教师、盐田区第七届名教师。2020 年中考，学生数学成绩 A+ 的比例达 20%、A 的比例近 50%。在多年教学中，指导学生在各级各类竞赛中获奖。2016 年，带领的数学科组被深圳市总工会评为“深圳市工人先锋号”；2018 年，在“全国初中数学联赛”中，指导学生张英满等 3 人获全国一等奖；在 2020—2021 年度第 26 届“世界少年奥林匹克思维能力测评”中指导学生郭丰铭获全国银奖，被评为优秀指导教师；在第 10 届和第 11 届“奥林匹克杯”全国数学大赛中，被评为优秀指导教师。2021 年，获评“南粤优秀教师”。

胡小盈 南粤优秀教师。民进党党员。坪山高级中学通用技术、信息技术科组长，通用技术学科教师，创客实践室负责人，科技竞赛主要筹划和实施者，中学高级教师。广东省教学基本功竞赛特等奖获得者，深圳市“十佳”科技教育杰出贡献人物，深圳市优秀教师、深圳市优秀科技工作者、深圳市通用技术兼职教研员，全国优秀科技辅导员，坪山区名师，获坪山区“年度教师”提名，坪山区小课题指导专家。获深圳市 2016 年度中小学探究性小课题优秀成果一等奖。2018 年 6 月，获评深圳市中小学探究性小课题优秀指导教师，深圳市青少年科技创新系列教育竞赛活动优秀科技组织工作者；获坪山区“新教育杯”教学设计比赛一等奖，坪山区学生探究性小课题指导成果一等奖。2019 年 4 月，获评 2018 年度深圳市青少年科技创新系列教育竞赛活动优秀科技组织工作者。2020 年 1 月，指导的“国际青少年创新设计社”获评深圳市 2018—2019 年度“深圳市优秀学生社团”。2020 年 12 月，获深圳市优秀自制教具一等奖、广东省优秀自制教具二等奖。2021 年 4 月，获深圳市“十佳”科技教育杰出贡献人物奖。科研能力突出，出版专著 5 部，共 300 余万字，近几年发表国家级论文 3 篇、开发校本课程 3 门，均被评为深圳市“好课程”。主持市级课题 1 项，参与市级课题 1 项，主持的 3D 技术实践室师生作品有 7 项获得专利。辅导学生技能竞赛成果丰硕，获得国际级金牌 4 枚、银牌 2 枚、铜牌 2 枚；国家级金牌 20 枚、银牌 13 枚、铜牌 9 枚；国际级一等奖 23 人次、国家级一等奖 137 人次、市级一等奖 112 人次。指导青年教师成效显著，指导青年教师参加市通用技术学科教学基本功比赛、技能大赛，连续四年获深圳市比赛第一名（一等奖），1 人参加省技能大赛获得一等奖，1 人参加全国技能大赛获得二等奖，4 名青年教师先后获评国家级、市级优秀科技辅导员。2021 年，获评“南粤优秀教师”。

曾绍平　南粤优秀教师。女，中国农工民主党党员。深圳市光明区公明中学教师，高级教师，从教 34 年。坚持用“三自教育”方法管理班级，让学生自我发现、自我教育、自主管理。多次参与市、区级课题研究，如“生态语文下的文言文教学的实践与研究”“初中语文批注式阅读教学的实践与研究”等。论文《识话题　写真请》《语文学科学习策略及其教学》《水果人生——一次班会心理课实录》《改变观念，由“文”及“道”》等先后获得国家、省、市级奖项。课例“像老师那样阅读”被深圳市电化教育馆评为优质课例并在线展播。2021 年，获评“南粤优秀教师”。

方晓娜　南粤优秀教师。光明区光明中学高中英语教师，现抽调至区教育局负责德育工作，光明区教育团工委委员、光明区名团干工作室主持人。光明区第一期“卓越百人”后备管理类学员、人社部入库“家庭教育指导师”“心理咨询师”。曾获得省优秀共青团员，市优秀团干部等荣誉。光明区首位省级、首位市级“最美南粤少年”辅导者。挂牌首个光明区名团干工作室，担任主持人，其工作室成员分别在省级“百佳微团课”“市级团干现场微团课大赛”“区级队课说课比赛”斩获多项大奖。先后被评为“2020 年深圳市教育援疆工作先进个人”“第九批省市优秀援疆人才”“优秀支教教师”等。2019 年 1 月赴新疆支教，任喀什地区塔县深塔中学援疆教师。援疆期间，撰写相关新闻报道并刊登在学习强国、深圳新闻网等媒体达 20 篇，记录 10 万余字援疆日志，传帮带受援地教师 6 人次，完成常规课 492 节，听评课 45 节，示范课 5 节，开展教研活动 25 次，讲座 11 场，并受邀到喀什市教师进修学院开展新任教师培训讲座，参加教师达 5000 余人次。2020 年 8 月抽调至区教育局，创新提出打造“光明德育名片”工程并牵头项目成功申报广东省首批“三全育人”体制机制实验区。2021 年，获评“南粤优秀教师”。

肖春莉　南粤优秀教师。女，中共党员，深圳市坪山区坪山中学物理教师，初中物理一级教师。2012 年到坪山中学工作，先后担任两年班主任、两年备课组长、三年科组长和两年教学处副主任。2014—2021 年，连续 7 年担任初三毕业班教学工作。积极参加省、市、区组织的教研活动和业务比赛，获得国家级奖项 1 项、省级 1 项、市级 8 项、区级 10 项，涵盖现场课堂教学、教师实验操作技能、命题、展示课、微课、教学设计、说课、优质课例录制等教学业务竞赛。自 2016 年 8 月担任学校物理科组长以来，努力加强科组文化建设，组织科组教师参加各项教学教研以及文体活动，增强科组凝聚力，连续三年带领物理科组在校优秀科组评比中获得优秀科组一等奖。继 2013 年坪山中学物理科组获得广东省初中物理示范教研组后，于 2016 年带领物理科组再次参加全省初中物理示范教研组展示交流活动，并担任活动评委。2017 年 3 月，担任校物理名师工作室主持人，始终坚持助力青年教师成长。带领工作室成员开发的校本课程“走进物理大师”被遴选为深圳市“好课程”，校本课程“神奇的物理世界”获坪山区科研成果二等奖。2018 年 8 月，在公民办学校结对帮扶活动中被聘为坪山区龙山学校教学副校长。通过“走出去、请进来”、举办专题讲座和教学教研展示研讨等活动，将帮扶工作落到实处。2021 年，获评“南粤优秀教师”。

李红丽　南粤优秀教师。女，中共党员，中学历史高级教师，四川师范大学硕士研究生毕业，现任光明区李松蓢学校校长助理，从教 23 年，获评深圳市骨干教师，任陕西师范大学兼职副教授、光明区第五届兼职督学。曾获深圳市优秀教师、深圳市课程改革先进个人、光明区教书育人先进个人、光明区教育教学先进个人、光明区十佳党员教师、光明区教育科研先进个人，光明区历史名师等荣誉。2021 年获评“广东省南粤优秀教师”荣誉称号。长期坚持在一线教学，多年担任九年级毕业班把关教师和年级部主任，培养多位青年教师成为市区级骨干教师。践行“追光而行，一路成美”的教学理念：追教育哲思之光，成美于心；追教育专业之光，成美于行；追教育情怀之光，成美于事；追教育理想之光，成美于人。在国家、省、市、区级命题比赛、教学设计大赛和论文评比中获一等奖，曾主持6项市、区级重点课题，并有多篇论文在各级刊物中发表。

尚　强　2021“感动深圳”教育人物年度奖获得者。深圳科学高中党委书记，国务院特殊津贴专家，广东省特级教师，深圳市首批特级正校长，国家有突出贡献教练员，二级正高级教师。先后获深圳“孺子牛”金奖、深圳教育突出贡献奖、深圳市教书育人模范等荣誉。出版《新编立体几何研究》《初等数学复习及研究（平面几何）解答》《数学文化与文化数学》《问题解决和数学智慧》《漫话数学美》等著作。从教40年。1997年，指导深圳中学学生韩嘉睿获第38届国际数学奥林匹克竞赛冠军，为深圳历史上第一个奥赛冠军；2008年，受命组建深圳市教育科学研究院并担任院长；2014年，由深圳市教科院院长调任深圳科学高中校长。提出全员、全程、全方位“三全”教育理念，秉持“把学生当成自己的孩子来培养”信念，致力于培养“有习惯、有温度、有高度”的优秀学子。学校2012年建校时招生分数线居全市第21名，2019年以来稳居前十名，从“新校”跃升为“名校”，并拥有一校四部共7000多个学位办学规模，为扩大优质学位供给做出积极贡献。

陈　燕　南粤优秀教师。女，深圳市坪山区坑梓中心小学语文教研组长，一级教师。担任班主任工作20余年、语文教研组长9年，有丰富教育教学经验。先后获评“深圳市优秀中队辅导员”、坪山区“优秀中队辅导员”、坪山区“优秀班主任”。所带班级班风优良，多次被评为“文明标兵班”“安全文明特色班”，2013年所带班级被评为“广东省优秀中队”。注重学生综合能力培养，教学结合语文学科特点，用阅读点燃智慧，提升学生语文素养；结合传统节日，开展丰富多彩的活动。德育工作以培养“感恩自信的阳光少年”为工作目标，敢于挑战、勇于创新。结合学校中队活动和传统节日，开展系列感恩教育活动，如“最美玫瑰赠师长”“小义工在行动”等主题活动。新冠疫情期间，积极带领学生参加深圳市少工委组织的“红领巾云行动”少先队活动，与学生家长一起组织云合唱《亲如一家》，把感恩教育、爱国主义教育、奉献精神融入每个学生、每个家庭中。积极参与省、市、区多项课题研究。主持区级“开展劳动教育培养学生劳动素养”德育课题。获得多个奖项（个人类和辅导学生类），其中包含多项市、区级一等奖。撰写的论文发表在《新教育》和《中外教育》等刊物上。组建陈燕名班主任工作室，培养和引领年轻班主任成长。2021年，获评“南粤优秀教师”。

文国锋　南粤优秀教师。中共党员，深圳市福田区景莲小学教师，从教28年。福田区小学语文兼职教研员、名师工作室主持人，首都师范大学项目特聘专家。2015年，获广东省小学语文教师素养大赛特等奖；2019年，获评广东省校园阅读“点灯人”；2020年，获全国诗词讲解大赛二等奖。曾多次上区级公开课，有多篇文章在《小学语文教师》《小学语文教学》等核心期刊上发表，主编《诗词吟诵》，参编《中华国学》《千家诗》《小学知识与能力训练》《好书快读》等。近12年长期受聘为福田区语文教研团队核心成员、命题组核心成员。师从著名音韵学家周祖庠先生系统学习国学10年，以学习和传承国学为己任，多次在市、区及省外分享吟诵教学。坚持6年线上公益讲课，推送网课1000余堂，累计听课100万人次。带动全校一起学习经典，惠及全国国学爱好者。10年来，建立10余个亲子咏读经典班。每周五晚上家长、孩子共聚教室，共读经典，教师参与授课，培训有国学兴趣和素养的家长，训练出一批家长国学讲师，共同编制出一套考评体系。2021年，获评“南粤优秀教师”。

谭春兰　南粤优秀教师。女，东海实验小学数学教师，课程研究中心主任。2021年承担并圆满完成中国电化教育馆教研共同体教研工作。从教20年，中共党员，中小学高级教师，深圳公共管理教育培训学院客座教授。长年坚持一线教学，倡导与践行“让学习更快乐更科学更高效”的教学主张，深受学生欢迎。总结推广的“基于儿童立场的数学嵌入式游戏课程”获广东省教育教学成果二等奖，主持开发的“小脚印游戏课程”获广东省特色课程建设三等奖，校本教材《玩转数学》获评“深圳市好课程”，这些课程让孩子们感到好玩又有意义，实施效果明显，并在北京、香港、重庆等多地分享。主持国家、省、市、区级课题各一项，参与省市区级课题十余项。课题研究成果在《小学数学教师》《小学教学》等核心期刊发表。参编《小游戏　大智慧》(副主编)、《小策略　大转变》(自主学习篇第一作者)等专著，连续几年在全国游戏化教学课堂展示活动中执教，多次在深圳市“名师优课”等活动中现场执教。2018年起，历任福田区谭春兰数学游戏工作坊主持人、福田区未来教育名师工作室主持人、深圳市谭春兰名师工作室主持人，4年时间打造了一个专业发展协同学习共同体。2021年，获评广东省南粤优秀教师、深圳市名教师、广东省姚铁龙名教师工作室优秀学员，入选广东省中小学百千万人才培养工程小学理科名教师、福田区第八次党代会党代表，教学成果获深圳市第四届基础教育教学成果二等奖。

周　烨　南粤优秀教师。男，中共党员，光明小学教师，高级教师。1996年从深圳大学师范学院毕业后，从未离开光明区三尺讲台，践行给学生“好吃又有营养”的数学教育理念，深受学生欢迎，辅导学生参加市区级科技创新大赛、计算比赛等，获奖60多人次，现为光明区小学数学兼职教研员，华东师范大学“生命·实践”教育学院新基础教育兼职研究员，吴正宪小学数学教师工作站成员，连续三次获评光明区小学数学学科带头人。围绕光明小学“八好课程”建设目标，带领科组教师编写校本教材《数学智趣乐园》，获光明区“好课程”评比一等奖；坚持聚焦课堂，把“新基础教育”研究等教学新理念融入日常教学，执教区级以上研讨课30多节，示范引领教师们专业成长。先后撰写发表《引探教学法的尝试》等20多篇论文并获奖，参与《生活数学》《跟吴正宪学教数学②》等书的编写工作，主持、参加各级课题12项，参加省、市、区级教学比赛多次获得一、二等奖。带领团队教师赴北京、包头、贵州等地开展上课、说课、议课等活动12人次。先后获得“深圳市优秀教师”“光明区优秀教师”“光明区优秀班主任”“光明区先进教育工作者”“光明党工委优秀共产党员”等荣誉。2021年，获评“南粤优秀教师”。

钟映霞　南粤优秀教育工作者。女，中共党员，深圳市坪山区马峦小学党支部书记、创校校长，中级教师。以高起点、强理念打造优质“绿色生态学园”，实施“童梦”校本课程，夯实师资队伍建设，整合各类资源全方位育人。研究成果“学校生态德育理论与实践研究”获广东省科研成果一等奖；论文《建构“生态课堂”，推进课堂教学创新》获广东省中小学校长论坛征文一等奖；《生命·智慧课程体系建设方案》获广东省中小学特色课程建设方案二等奖。积极引进专家引领课堂革命，以科研驱动教师专业成长，搭建平台，鼓励教师挖掘自身优势、展示才华，整体提高教师素质。学校教师获全国比赛奖项32人次、省级比赛奖项65人次、市级比赛奖项285人次。在深圳市教学基本功大赛中，教师获一等奖3人次、二等奖2人次、三等奖3人次。重视学生艺术特长培养，在全校开设具有特色的社团32个，学生参与率100%。2021年，学生累计获得各级各类奖项522人次。其中国际奖1人次(2021年德国纽伦堡国际发明展中学生作品“卫生安全电梯”获世界金奖)，国家级比赛奖项19人次，省、市级比赛奖项86人次。学校先后获评全国百佳校园大课间操优秀单位、广东省绿色学校、深圳市新锐学校、深圳市家校共育典范学校、深圳市年度美育典范学校、深圳市巾帼文明示范岗。办学特色被《中国教育报》《南方都市报》《深圳晚报》等多家媒体宣传报道，办学经验省际辐射广泛。先后获评深圳市先进教育工作者、深圳市优秀少先队辅导员、坪山区优秀校长、坪山区小学数学名师、坪山区首批名校长、坪山区三八红旗手。2021年，获评“南粤优秀教育工作者”。

肖绍国　南粤优秀教育工作者。男，国家第十一届特约教育督导员，特级教师，正高级教师，广东省骨干校长，深圳市高层次专业人才，深圳市教育科研专家工作室主持人，福田区党代表，福田区十佳校长，现任深圳市福田区园岭实验小学、文天祥小学校长。倾心追寻语文教学中的诗情与画意，提出“诗画语文”的理想和境界，在全国小学语文界有着广泛的影响。应邀赴全国100多个城市开设观摩课、讲座500余次。《小学语文教师》《语文教学通讯》《小学教学》封面人物。“诗画语文节奏教学法”课题成果获得广东省基础教育教学成果一等奖。在《语文教学通讯》《小学语文教学》《小学语文教师》《小学教学》《福建教育》等杂志发表论文 200 余篇。出版专著《诗画语文》《诗画语文节奏论》《荡舟英伦》《名作导读》等 4 部。2021 年被评为“南粤优秀教育工作者”、深圳市公办中小学一级正校长。

荣誉名录

2021年深圳市教育系统国际及国家级荣誉集体

获奖集体名称	项目名称	获奖等次（名称）
深圳大学继续教育学院	“2021最具社会影响力高校网络与继续教育学院”评选	2021最具社会影响力高校网络与继续教育学院
深圳大学经济学院“时光益读”项目	全国大中专学生志愿者“三下乡”社会实践活动	优秀品牌
南方科技大学杨学明院士团队	实验观测到化学反应中的量子干涉现象	2020年度中国科学十大进展（2021年颁发）
葵涌第二小学六（2）中队	“全国优秀少先队集体”评选	全国优秀少先队集体
大鹏新区葵涌中心小学	全国红军小学“传承红色基因　赓续红色血脉”先进单位评选	全国红军小学“传承红色基因　赓续红色血脉”先进单位
福田区教育局	“2021年中国公平教育百佳县市”评选	2021年中国公平教育百佳县市
福民小学	“全国青少年校园足球特色学校”评选	全国青少年校园足球特色学校
	芬兰国际LUMA START项目学习比赛	全球前十名奖项（福民小学教育实践项目“废纸的循环利用”）
	国家体育总局棋牌运动管理中心（中国国际象棋协会）“全国国际象棋特色学校”评选	全国国际象棋特色学校
益田小学	国家体育总局棋牌运动管理中心（中国国际象棋协会）“全国国际象棋特色学校”评选	全国国际象棋特色学校
	国家体育总局棋牌运动管理中心（中国国际象棋协会）“全国象棋特色学校”评选	全国象棋特色学校
福强小学	国家体育总局棋牌运动管理中心（中国国际象棋协会）“全国国际象棋特色学校”评选	全国国际象棋特色学校
福田区实验教育集团		
荔园小学（集团）		
天健小学		
园岭外国语小学		
竹园小学		

（续表）

获奖集体名称	项目名称	获奖等次（名称）
梅丽小学	国家体育总局棋牌运动管理中心（中国国际象棋协会）“全国国际象棋特色学校”评选	全国国际象棋特色学校
彩田学校		
景龙小学	国家体育总局棋牌运动管理中心（中国国际象棋协会）“全国象棋特色学校”评选	全国象棋特色学校
众孚小学		
文天祥小学	国家体育总局棋牌运动管理中心（中国国际象棋协会）“全国象棋特色学校”评选	全国象棋特色学校
	中国教育信息化创客教育研究中心“福田区国际项目式学习共同体PBL实验学校”评选	福田区国际项目式学习共同体PBL实验学校
红岭科技中学	中国教育信息化创客教育研究中心“福田区国际项目式学习共同体PBL实验学校”评选	福田区国际项目式学习共同体PBL实验学校
	中国教育信息化创客教育研究中心“国际StarT项目式学习共同体实验学校”评选	国际StarT项目式学习共同体实验学校
明德实验学校（碧海校区）	国家体育总局体操运动管理中心“全国校园大课间啦啦操推广实施单位”评选	全国校园大课间啦啦操推广实施单位
莲花小学	基础教育智库研究中心、中国教育科学研究院“新时代体育美育基地校”评选	新时代体育美育基地校
园岭小学	教育部“一校一案”落实《中小学德育工作指南》	典型案例
福田区教科院附属小学	“全国青少年校园足球特色学校”评选	全国青少年校园足球特色学校
福田区第二实验学校	中国环境文化教育专家委员会“2021年全国生态文明教育特色学校”评选	2021年全国生态文明教育特色学校
福华小学	“全国青少年校园足球特色学校”评选	全国青少年校园足球特色学校
福田外国语教育集团		
红岭教育集团	“全国青少年校园足球特色学校”评选	全国青少年校园足球特色学校
	中国教育国际交流协会“人工智能创新教育国际合作项目”评选	人工智能创新教育国际合作项目
福田区外国语高级中学	中国教育国际交流协会“人工智能创新教育国际合作项目”评选	人工智能创新教育国际合作项目
福田中学	“全国国防教育特色学校”评选	全国国防教育特色学校
盐港中学	“全国青少年人工智能创新挑战赛先进组织单位”评选	全国青少年人工智能创新挑战赛先进组织单位
云海学校	2020—2021学年“少年硅谷——全国青少年人工智能教育成果展示大赛”	金奖
		银奖
盐田区田心小学	第三批“全国中小学中华优秀传统文化传承学校”评选	全国中小学中华优秀传统文化传承学校
盐田区林园小学	2021MSA行进体育艺术全国邀请赛	特色展演奖
盐田区乐群实验小学	“全国中小学信息技术创新与实践大赛”决赛多元智能竞技·Cube智慧流水线赛	小学组二等奖

（续表）

获奖集体名称	项目名称	获奖等次（名称）
宝安中学（集团）第二外国语学校	第十二届鲁迅青少年文学奖（全国）	优秀组织团体
宝安区西乡小学	“中华优秀传统文化传承学校”评选	中华优秀传统文化传承学校
宝安区凤岗小学	中国少儿戏曲小梅花荟萃最佳集体节目评选	国家级金奖
	“东西南北中”中国少儿版画特色成果展	国家级一等奖
宝安区燕罗集信名城幼儿园	第二批“全国幼儿园足球特色园”评选	全国幼儿园足球特色园
沙井中学	2021年全国田径冠军赛暨奥运会选拔赛女子组4×100米	第二名
宝安区石岩街道中心幼儿园	第十八届“当代杯”全国幼儿教师职业技能大赛	先进单位奖
龙岗区科技城外国语学校	国家体育总局社体中心2021年全国跳绳联赛线上分站赛	体育道德风尚奖
龙岗区龙岗职业技术学校	第六届中国职业教育百强评选组委会、第六届职业教育北京论坛组委会“2021年度中国中职五十强”评选	2021年度中国中职五十强
龙岗区坂田实验学校	2021全国跳绳联赛（线上分站赛）	优秀组织奖
龙岗区平湖实验学校	2021年全国少儿啦啦操精英赛（深圳站）	公开儿童乙组—集体街舞自选动作第一名
龙岗区平湖中学	第四届“全国青少年人工智能创新挑战赛”	先进组织单位
龙岗区香港中文大学（深圳）附属知新学校	第四届全国足球小将挑战赛全国总决赛	冠军（中年龄组）
	全国城市足球运动协会城市足球挑战赛	全国总冠军
	全国射箭U12、U14锦标赛	冠军
龙华区民治中学教育集团初中部	青少年国际竞赛与交流中心——未来之城（月球城市）	特等奖（国家） 特别奖（国际）
龙华区第二实验学校	2021年“绽放杯”全国5G应用征集大赛	一等奖
龙华区外国语学校	2020—2021学年少年硅谷——全国青少年人工智能教育成果展示大赛青少年人工智能作品挑战赛	一等奖
	第十六届全国青少年冰心文学盛典	中华文化文学创新示范校
龙华区龙华第二小学	教育部组织的全国中小学生武术比赛（团体总分）	一等奖
	教育部组织的全国中小学生武术比赛（小学集体拳）	第三名
丹堤实验学校	教育部组织的全国校园篮球冠军赛男子总决赛	第二名
新华中学	2020—2021年全国啦啦操联赛（太原站）公开少年乙组爵士规定动作-3级	冠军
	2020—2021年全国啦啦操联赛（太原站）公开少年乙组花球规定动作-3级	冠军
	2021年全国跳绳联赛线上分站赛车轮花样规定提高套路	冠军
深圳市第一职业技术学校	2021一带一路暨金砖国家技能发展与技术创新大赛	最佳组织奖
中山中学	第五届全国净滩公益活动（第十七届深圳国际海洋清洁日）	海洋保护先锋（国家级）
光明区玉律学校	“第三批全国中小学中华优秀传统文化传承学校”评选	第三批全国中小学中华优秀传统文化传承学校
光明区马山头学校	2021年度“小平科技创新实验室”评选	2021年度“小平科技创新实验室”

（续表）

获奖集体名称	项目名称	获奖等次（名称）
光明区百花实验学校	2021年全国少儿啦啦操精英赛	公开儿童乙组校园啦啦街舞规定动作第一名
		公开儿童乙组自由舞蹈自选动作第二名
		公开儿童混合组技巧啦啦操中级自选动作第二名
光明区李松荫学校	“全国象棋特色学校会员单位”评选	全国象棋特色学校会员单位
光明区公明中学	“2021年全国资源节约型绿色校园”评选	2021年全国资源节约型绿色校园
	“2021年全国低碳校园”评选	2021年全国低碳校园
光明区公明金苹果幼儿园	“2021年全国足球特色幼儿园示范园”评选	2021年全国足球特色幼儿园示范园
深圳中学	“环保马拉松Envirothon”高中理工科竞赛	全国第一
	VEX机器人全国总决赛	一等奖和高中组唯一突出贡献奖
	国际基因工程机器大赛（iGEM）	深中代表队获国际基因工程机器大赛（iGEM）高中组金奖
深圳外国语学校初中部2020级七年级组	美国学术五项全能总决赛（国际）	一等奖
深圳外国语学校初中部2019级八年级组		一等奖
深圳外国语学校队	2021年全国中学生国际象棋锦标赛（高中组）暨晋江2020世界中学生运动会测试赛	男子团体金牌
		女子团体金牌
深外心航合唱团	第十一届世界合唱比赛（线上）	“VP1-童声和青少年合唱”组别金奖、优胜奖
深圳科学高中	教育部组织的首批全国急救教育试点学校评选活动	首批全国学校急救教育试点学校
深圳第二外国语学校	“全国中小学中华优秀传统文化传承学校”评选	全国中小学中华优秀传统文化传承学校
	第十八届“叶圣陶杯”全国中学生新作文大赛	优秀团体奖
深圳市高级中学	“普通高中新课程新教材实施国家级示范区示范校”评选	普通高中新课程新教材实施国家级示范区示范校
	“中国诗教示范实验学校”评选	中国诗教示范实验学校

（续表）

获奖集体名称	项目名称	获奖等次（名称）
深圳市高级中学	“全省第一批基础教育党建工作示范校”评选	全省第一批基础教育党建工作示范校
	“广东省普通高中新课程新教材实施省级示范校”评选	省级示范校
	“广东省初中美术教研基地学校”评选	美术教研基地学校
深圳市高级中学政治科组	“普通高中新课程新教材实施国家级示范区学科示范基地”评选	普通高中新课程新教材实施国家级示范区学科示范基地
深圳市高级中学中心校区语文科组	“广东省巾帼文明岗”评选	广东省巾帼文明岗
深圳市高级中学百合合唱团	第七届广东省中小学生艺术展演	声乐类展演一等奖第一名
深圳市高级中学北校区艺术体操队	广东省青少年艺术体操锦标赛	集体双项特等奖第一名
深圳市第二实验学校	第七届中国国际“互联网+”大学生创新创业大赛“萌芽赛道”全国总决赛	创新潜力奖（金奖）
	“第三批全国中小学中华优秀传统文化传承学校”评选	第三批全国中小学中华优秀传统文化传承学校
	2021世界合唱节	A2组（16岁以下童声合唱组）金奖
	第八届“阅读之星”全国青少年阅读风采展示活动全国决选	二等奖
深圳市第三高级中学	第七届中国国际“互联网+”大学生创新创业大赛“萌芽赛道”全国总决赛	创新潜力奖（金奖）、最具人气奖
	2021世界合唱节	银奖
	“第三批全国中华优秀传统文化传承学校”评选	第三批全国中华优秀传统文化传承学校
深圳元平特殊教育学校	全国第十一届残运会暨第八届特奥会游泳比赛	男子16—21岁组4×50米自由泳接力第三名
		男子30岁及30岁以上组4×50米混合泳接力第三名
深圳市南山区海德学校	“国家级节约型公共机构示范单位”评选	国家级节约型公共机构示范单位
鼎太小学	“馆校结合科学教育基地学校”评选	馆校结合科学教育基地学校
育才四小	“全国青少年校园足球特色学校”评选	全国青少年校园足球特色学校
育才学校		全国青少年校园足球特色学校

（续表）

获奖集体名称	项目名称	获奖等次（名称）
南山区科技第三幼儿园	“全国足球特色幼儿园示范园（试点园）”评选	全国足球特色幼儿园示范园
南山外国语学校（集团）文华学校	“校园冰雪运动特色学校”评选	校园冰雪运动特色学校
深大附属教育集团外国语小学	冬奥会全国艺术展示活动（深圳市仅两个节目入围）	入选冬奥会全国艺术展示活动
南方科技大学附属幼儿园	全国幼儿园教师职业技能大赛	先进单位
前海时代第二幼儿园	“2021年度全国足球特色幼儿园示范园（试点园）”评选	2021年度全国足球特色幼儿园示范园
西丽幼儿园	全国广播体操工间操云比赛和活动咪咕圈圈视频赛团体赛全国产（行）业工会	单位专区一等奖
文理实验学校（集团）文理学校	2021年全国少儿啦啦操精英赛（深圳站）	第二名
育才二中	中国手球协会“全国手球高水平后备人才基地”评选	全国手球高水平后备人才基地
深圳市龙岗区龙岗职业技术学校	一带一路暨金砖国家技能发展与技术创新大赛“液压与气动装调与维护技能”大赛	国内赛（中职组）优秀组织奖
深圳市坪山区中山中学	第五届全国净滩公益活动（第十七届深圳国际海洋清洁日）	海洋保护先锋（国家级）
南方科技大学吴长锋团队	2021年广东“众创杯”创业创新大赛博士博士后创新赛	银奖
南方科技大学唐斌团队	第四届（2021）中国医疗器械创新创业大赛	高值耗材与植介入产品类优胜奖
香港中文大学（深圳）俞江帆教授团队	吴文俊人工智能科学技术奖自然科学奖	二等奖
香港中文大学（深圳）赵俊华教授团队	电力科技创新奖	成果奖
香港中文大学（深圳）崔曙光教授团队	中国通信学会科学技术奖	二等奖
	中国国际大数据产业博览会领先科技成果奖	成果奖
哈尔滨工业大学（深圳）土木与环境工程学院“青春向党追寻党的足迹”风华青年建党精神学习实践团	2021年全国大中专学生志愿者暑期“三下乡”社会实践活动	优秀团队
哈尔滨工业大学（深圳）机电工程与自动化学院1803302班团支部	“2020—2021学年全国高校活力团支部”评选	2020—2021学年全国高校活力团支部

2021年深圳市教育系统国际及国家级荣誉个人

姓 名	单位名称	项目名称	获奖等次（名称）
王蒲生 李 平 王晓浩 倪士光 郝治翰	清华大学深圳国际研究生院	教育部课程思政示范项目评选	课程“职业伦理”入选教育部课程思政示范课程，其教学团队入选教育部课程思政教学名师和教学团队
王凯甬 舒明瑞 李明阳 荆宏政 王经纬		第十届全国海洋航行器设计与制作大赛	特等奖（冠军）
朱永佩		第十七届“挑战杯”竞赛黑科技专项赛	“恒星”级一等奖
曹远雄 杨浩威 李家炜 郑毅超 郑宏辉		第三届中国研究生机器人创新设计大赛	二等奖
程 淏 徐贺杰 郭冠求 杨皓强			二等奖
张麟睿 李寿杰 颜子琛 罗思进			二等奖
杨 朔 郑昕然 阮俊翔	清华大学深圳国际研究生院	“华为杯”第十八届中国研究生数学建模竞赛	一等奖
杨明悦 全振潭 曾思雨			二等奖
卢江峰 邢 璟 钟子健			
刘兴禄 王基光 张 祎			
辜雅婷 刘汉卿 宋泽铭			三等奖
卢 峰 江舒阳 蔡宇航			
袁 旋 宣 韬 傅其奇			
代双亮 韩肇泽 王加傲			
马 睿 张瀚坤 尤伟聪			
徐 健 武智源 陈翔宇			
王 宸 徐鸿飞 寇周斌			
李行健 黎宇恒 纪俊阳			
伍楷舜	深圳大学	全国五一劳动奖章评选	全国五一劳动奖章
卢海舟	南方科技大学	美国斯坦福大学“2021全球前2%顶尖科学家榜单”	入选榜单
林君浩		《麻省理工科技评论》“35岁以下科技创新35人”评选	入选2021年度中国区榜单
薛其坤		美国斯坦福大学“2021全球前2%顶尖科学家榜单”	入选“终身科学影响力排行榜”“年度科学影响力排行榜”
		2021年科睿唯安全球“高被引科学家”榜单	入选榜单
何佳清		美国斯坦福大学“2021全球前2%顶尖科学家榜单”	入选“终身科学影响力排行榜”“年度科学影响力排行榜”

（续表）

<table>
<tr><th>姓　名</th><th>单位名称</th><th>项目名称</th><th>获奖等次（名称）</th></tr>
<tr><td>邵理阳</td><td rowspan="27">南方科技大学</td><td rowspan="11">美国斯坦福大学“2021全球前2%顶尖科学家榜单”</td><td rowspan="11">入选“终身科学影响力排行榜”“年度科学影响力排行榜”</td></tr>
<tr><td>张文清</td></tr>
<tr><td>王峻岭</td></tr>
<tr><td>赵予生</td></tr>
<tr><td>俞大鹏</td></tr>
<tr><td>Leonardo Modesto</td></tr>
<tr><td>于　明</td></tr>
<tr><td>张　宏</td></tr>
<tr><td>段广仁</td></tr>
<tr><td>刘国平</td></tr>
<tr><td>Lars Samuelson</td></tr>
<tr><td>何志海</td><td rowspan="4">美国斯坦福大学“2021全球前2%顶尖科学家榜单”</td><td rowspan="4">入选“终身科学影响力排行榜”“年度科学影响力排行榜”</td></tr>
<tr><td>沈　平</td></tr>
<tr><td>蹇林旎</td></tr>
<tr><td rowspan="2">孙小卫</td></tr>
<tr><td>2021爱思唯尔（Elsevier）“中国高被引学者”榜单</td><td>入选榜单</td></tr>
<tr><td>翁文康</td><td rowspan="4">美国斯坦福大学“2021全球前2%顶尖科学家榜单”</td><td rowspan="2">入选“年度科学影响力排行榜”</td></tr>
<tr><td>刘奇航</td></tr>
<tr><td>孟庆虎</td><td rowspan="2">入选“终身科学影响力排行榜”</td></tr>
<tr><td rowspan="2">王太宏</td></tr>
<tr><td rowspan="2">2021爱思唯尔（Elsevier）“中国高被引学者”榜单</td><td rowspan="2">入选榜单</td></tr>
<tr><td rowspan="2">林志赟</td></tr>
<tr><td rowspan="2">美国斯坦福大学“2021全球前2%顶尖科学家榜单”</td><td>入选“终身科学影响力排行榜”“年度科学影响力排行榜”</td></tr>
<tr><td rowspan="2">王　恺</td><td>入选“年度科学影响力排行榜”</td></tr>
<tr><td>“国家优青”项目评选</td><td>入选“国家优青”项目（量子点发光材料与发光器件）</td></tr>
<tr><td rowspan="2">Aung Ko Ko KYAW</td><td>美国斯坦福大学“2021全球前2%顶尖科学家榜单”</td><td>入选“年度科学影响力排行榜”</td></tr>
<tr><td>国际先进材料协会科学家奖（IAAM Scientist Medal）评选</td><td>获评国际先进材料协会科学家奖（“Solar Energy Materials” and delivered a lecture in the Advanced Materials Lecture Series）</td></tr>
</table>

（续表）

姓　名	单位名称	项目名称	获奖等次（名称）
从龙庆	南方科技大学	美国斯坦福大学“2021全球前2%顶尖科学家榜单”	入选“年度科学影响力排行榜”
刘　凡			
游昌盛			
章亮炽			入选榜单
刘铁军		2021爱思唯尔（Elsevier）“中国高被引学者”榜单	入选榜单
洪　伟			
单肖文			
王连平			
王　泉			
曾振中		“2021年度全球前沿科技青年科学家”评选	2021年度全球前沿科技青年科学家
钟有鹏		“国家优青”项目评选	入选国家自然科学基金优秀青年科学基金项目（海外）
		“深圳市国家级领军人才”评选	深圳市国家级领军人才
王小琼			深圳市国家级领军人才
徐海潭			
贺　煜		“国家特聘青年人才”评选	国家特聘青年人才
李　俊		“国家优青”项目评选	入选国家自然科学基金优秀青年科学基金项目
薛亚辉			入选国家自然科学基金优秀青年科学基金项目（海外）
杨　东			
郭红卫	南方科技大学	全国教材建设奖全国优秀教材评选	全国教材建设奖全国优秀教材（高等教育类）二等奖
李瑞熙		2021中国电镜年会	2021中国电镜年会优秀报告奖
沈　红		第六届全国教育科学研究优秀成果奖评选	第六届全国教育科学研究优秀成果奖三等奖论文《我国大学生的能力水平与高等教育增值——基于“2016全国本科生能力测评”的分析》
姚少辉	中山大学（深圳校区）	中青杯数学建模竞赛	二等奖
周景源		中国高校计算机大赛——微信大数据挑战赛	三等奖

（续表）

姓　名	单位名称	项目名称	获奖等次（名称）
尚辰铭	中山大学（深圳校区）	中国 RPA+AI 开发者大赛	一等奖
谭源正		挑战杯全国大学生课外学术作品竞赛	三等奖
罗嘉伟		世界大学生立方星挑战赛中国赛区总决赛	一等奖
赵郁文			
邓　泓			
郭子涵			
蔡梓哲			二等奖
韩　岩			
唐小明			
李兴宇		全国第六届大学生艺术展演活动	一等奖
张越迪			二等奖
王雨川			
林嘉烨		全国大学生智能技术应用大赛	一等奖
王　璇		全国大学生数学建模竞赛	二等奖
张润宁		全国大学生计算机技能应用大赛	一等奖
熊　鑫		全国电工杯大学生数学建模竞赛	三等奖
梁锦城		美国大学生数学建模竞赛	一等奖
周景源			
张华强			
陈诺津			二等奖
李兴龙			
李晓珣			
孙浩翔			
莫琪杰			
陈正光			
赖　烨			
林航宇			
肖雍然			
张　炫			
陈樟权			
赖一芃			
路培玉			
尚辰铭			
黄天佑			
谭景俊			
罗经周			

（续表）

<table>
<tr><th>姓　名</th><th>单位名称</th><th>项目名称</th><th>获奖等次（名称）</th></tr>
<tr><td>谭源正</td><td rowspan="35">中山大学（深圳校区）</td><td rowspan="8">美国大学生数学建模竞赛</td><td rowspan="3">二等奖</td></tr>
<tr><td>王俊凯</td></tr>
<tr><td>张礼霆</td></tr>
<tr><td>黄思娴</td><td rowspan="2">三等奖</td></tr>
<tr><td>杨　帆</td></tr>
<tr><td>李浩源</td><td rowspan="3">特等奖</td></tr>
<tr><td>林良涛</td></tr>
<tr><td>张润宁</td></tr>
<tr><td>邓　泓</td><td>世界大学生立方星挑战赛中国赛区总决赛</td><td>一等奖</td></tr>
<tr><td>陈诺津</td><td rowspan="2">全国大学生电工杯数学建模竞赛</td><td rowspan="4">二等奖</td></tr>
<tr><td>谭淇元</td></tr>
<tr><td>周靖怡</td><td rowspan="2">第四届“北斗+”创新创业大赛全国总决赛</td></tr>
<tr><td>邓宇鹏</td></tr>
<tr><td>陈逸铭</td><td>全国大学生电工杯数学建模竞赛</td><td rowspan="3">三等奖</td></tr>
<tr><td>林嘉烨</td><td rowspan="2">第十七届“挑战杯”大学生课外学术科技作品竞赛</td></tr>
<tr><td>岳毅然</td></tr>
<tr><td>董　喆</td><td rowspan="5">第十六届全国大学生智能汽车竞赛全国总决赛</td><td rowspan="7">二等奖</td></tr>
<tr><td>吴善海</td></tr>
<tr><td>肖家豪</td></tr>
<tr><td>肖浚哲</td></tr>
<tr><td>郑海远</td></tr>
<tr><td>黎以宁</td><td>第十六届全国大学生交通运输科技大赛</td></tr>
<tr><td>刘子豪</td><td>第十二届全国大学生数学竞赛</td></tr>
<tr><td>王其超</td><td>第十二届蓝桥杯全国软件和信息技术专业人才大赛</td><td>一等奖</td></tr>
<tr><td>谭景俊</td><td rowspan="4">第三届“华数杯”全国大学生数学建模比赛</td><td rowspan="2">三等奖</td></tr>
<tr><td>温尔登</td></tr>
<tr><td>陈燕菲</td><td rowspan="2">二等奖</td></tr>
<tr><td>陈艳华</td></tr>
<tr><td>岳毅然</td><td>第七届中国国际“互联网+”大学生创新创业大赛总决赛</td><td rowspan="2">铜奖</td></tr>
<tr><td>谭淑元</td><td>第七届中国国际“互联网+”大学生创新创业大赛</td></tr>
<tr><td>刘宇轩</td><td>第六届中国大学生程序设计竞赛</td><td>金奖</td></tr>
<tr><td>傅雨秋</td><td rowspan="4">第六届全国大学生生物医学工程创新设计大赛</td><td rowspan="4">一等奖</td></tr>
<tr><td>靳金龙</td></tr>
<tr><td>李泓甫</td></tr>
<tr><td>李泳进</td></tr>
</table>

（续表）

姓　名	单位名称	项目名称	获奖等次（名称）
罗秋陈	中山大学（深圳校区）	第六届全国大学生生物医学工程创新设计大赛	一等奖
肖紫涵			
赵永辰			
郑思琦			
林　湘			
刘思言			
欧阳斌			
袁雨柔			
陈婉祺			二等奖
李　靖			
刘　岩			
欧阳润琪			
余梓沛			
张嘉熹			
蔡沅君			
陈逸灵			
梁颖珊			
于正之			
郑舒楠			
何世杰			三等奖
程梦晴			
邓志康			
高雪琴			
张菡洵			
关顺民			
郭亭妍		第九届中国大学生龙舟锦标赛	冠军
王梦雪			
徐雨霄			
李智加			
林心玫			
王其超		第二届全国大学生算法设计与编程挑战赛	银奖
张雨田			铜奖
王雅恬		NTIRE图像超分辨率空间挑战赛	三等奖
许新华			
张礼霆			

（续表）

姓　名	单位名称	项目名称	获奖等次（名称）
黄泳冰	中山大学（深圳校区）	Mathorcup数学建模竞赛	一等奖
黄楚涵			二等奖
蓝晓熊			
岑文康			
黄凯聪			
谭淇元			
赵囿畯		IEEE Student Engineering Team Challenge	特等奖
林航宇		2021年中国大学生桥牌锦标赛	二等奖
陈俊宏		2021年美国大学生数学建模大赛	一等奖
张翼翾		2021“外研社·国才杯”全国英语阅读大赛	三等奖
周泽豪		“中国软件杯”大学生软件设计大赛	二等奖
王其超		“智联友道杯”第十六届全国大学生交通运输科技大赛	三等奖
张雨田			
郭子晗			二等奖
李浩源			
梁　涵			
吴昊雨			
麦芯然　李雨航	大鹏中心小学	全国中小学信息技术创新与实践大赛	一等奖
罗　素	华富小学	第73届德国纽伦堡国际发明展	金奖
江宇涵	景龙小学	2020—2021学年度第二十六届世界少年奥林匹克思维能力测评全国总测评	三年级特金奖
张晓鹏	梅林中学	全国青少年人工智能创新挑战赛三维程序创意设计赛	全国二等奖
阎泳桦	园岭外国语小学	2021年NOC国赛FEG	一等奖
杨沛霖			
孙心然	梅林小学	欧洲青少年网球巡回赛	波黑站U12女单冠军、佛山站U12女单冠军，女双冠军
郑雅心	北环中学	全国第十七届生肖（壬寅年）个性化邮票青少年创意设计大赛	中学组金奖
黎雅博	梅丽小学	全国青少年美术书法大赛	铜奖
王振威			
彭雄茂			
梁　爽	红岭园岭初中部	叶圣陶杯“华人青少年作文大赛”	一等奖
郭兰兰	罗湖区清秀幼教集团	第十一届全国幼儿园“优秀论文与优秀活动案例”征文比赛	三等奖
宫照石	盐港中学	全国第十四届学生运动会	优秀教练员
张　磊			体育道德风尚
尹依诺		第八届香港国际音乐节	2021年度音乐教师奖

（续表）

姓　名	单位名称	项目名称	获奖等次（名称）
姚　超	盐港中学	2021年全国行业职业技能竞赛“飞博尔杯”全国宝石琢磨工职业技能竞赛	优秀指导员
汪　元			
郭　鑫（学生）		第四届全国青少年人工智能创新挑战赛	一等奖
		国家奖学金	一等奖
		第四届全国青少年人工智能创新挑战赛三维程序创意设计专项赛	一等奖
向　睿（学生）			二等奖
林铧灿（学生）			二等奖
曾俊辉（学生）			三等奖
邓慧茹（学生）		2021年全国行业职业技能竞赛“飞博尔杯”全国宝石琢磨工职业技能竞赛	二等奖
卢婉玲	盐田高级中学	全国首届“文章杯”高考语文“下水作文”大赛	二等奖
林伟熙　丁　畅	田东中学	少年硅谷——全国青少年人工智能教育成果展示大赛	初中组全国一等奖
梁子烨　郭　晨			初中组全国三等奖
储媛媛			优秀辅导员
朱思燕			
董　冰		第三届全国青少年美术书法大赛	优秀辅导员
袁浩泰	盐田区云海学校	2021年全国恩欧希教育信息化发明创新奖	全国最高奖项
王子晗		少年硅谷——全国青少年人工智能教育成果展大赛	一等奖（金奖）
吴瑞桓			一等奖（银奖）
滕梓毓　袁浩泰		2021年全国中小学信息技术创新与实践大赛	一等奖（第三名）
廖昕妍		少年硅谷——全国青少年人工智能教育成果展大赛	一等奖
詹琮恺			
付子骞		少年硅谷——全国青少年人工智能教育成果展大赛	一等奖
张　瑶			
古峻川			
龙若霏　林泽楷		2021年全国中小学信息技术创新与实践大赛	一等奖
曾　研　黄首跃			二等奖
杨承博　陈牧轩			二等奖
宋海昱		少年硅谷——全国青少年人工智能教育成果展大赛	二等奖
莫昕玥			二等奖
王彦宁			二等奖
黄知行			三等奖
辛雨桓			三等奖
巫　颂			三等奖
肖若芾			三等奖
罗铠洋			三等奖

（续表）

姓　名	单位名称	项目名称	获奖等次（名称）
潘睿铭	盐田区田心小学	第三届全国青少年书法美术大赛	金奖
叶昱延			
李金铭			银奖
汤济键			
曾奕晴			
王孟涵			
周文瀚			
张启贤等33位同学			铜奖
董　越	盐田区林园小学	2021年鸣羽体育全国青少年羽毛球积分排位城市巡回赛广州站	少儿组女单第一名
高　勇	盐田区乐群实验小学	第三届中华诗教中国讲解大赛	优秀奖
曹晓丹		2021RoboCom全国青少年人工智能编程大赛	优秀指导教师
张焕昇　鄢楚峰　熊子轩　王　涵		全国青少年人工智能编程大赛无人驾驶竞赛项目	一等奖
黄嘉琪　林泽涛		第三届全国青少年美术书法大赛	铜奖
赵明睿　庞安琪			银奖
傅铭轩		全国青少年人工智能创新挑战赛获奖证书	二等奖
熊子轩		2020—2021年世界物联网博览会青少年物联创新大赛	二等奖
刘春燕	盐田区实验幼儿园倚山分园	2021年度体育健康促进学校KDL幼儿运动游戏教学设计	一等奖
许桂通（学生）	新安中学（集团）初中部	国家级实用新型专利证书	二等奖
程昊佳	宝安中学（集团）初中部	第十二届全国青少年书画艺术展	金奖
邱可佳		北京舞蹈学院“桃李芬芳”全国青少年舞蹈艺术展演暨博鳌国际舞蹈艺术节	金奖
傅文琪		第六届“孔子奖”国际少儿书画大赛	金奖
唐子谦		第25届中国少儿戏曲小梅花荟萃	金奖
黄浚朗		“我的中国梦”全国青少年美术书法作品大赛	金奖
席子璐		第六届“笔墨先锋”杯全国硬笔书法大赛	金奖
陈钰鑫			
张温馨			
陈思莹		国际青少年艺术节中欧声乐大赛	金奖
梁　晨		第十五届国际青少年艺术节·架子鼓	金奖
陈清昕　陈思翰　贺瑞琦　陆思宇		全国中小学“同步征文”活动	金奖
马羽佳　李炜佳		“华夏万卷杯”第十届全国中小学生硬笔书法大赛	一等奖
文弘熙		2021年“银河·奥星杯”全国少儿乒乓比赛少年乙男子组	一等奖
朱立涛		全国青少年儿童书法作品展展评	一等奖

（续表）

姓　名	单位名称	项目名称	获奖等次（名称）
张佑君	宝安中学（集团）初中部	全国青少年“五好小公民”主题教育读书活动“红旗飘飘，引我成长”征文比赛	一等奖
冯子悦　甘芮琳		第十四届“天下筝会”全国古筝艺术展演	一等奖
汪俊丞		第三届“墨香杯”全国青少年儿童书画大赛	一等奖
陈呈睿		第九届全国青少年科学影像节科学万花筒科学探究纪录片	一等奖
戴子轩		第三届全国青少年“经典与创新”主题创作征稿	一等奖
李卓欣		第六届美院奖全国青少年美术创作大赛	一等奖
林冠辰		全国青少年书画网络大赛	一等奖
陈昱彤		华夏儿艺美术书法摄影作品展	一等奖
刘梦菲		全国青少年数独比赛初赛	一等奖
袁　梦　李钇孝　段璐昊　陈轶欣		2021全国中学生生物学绘图大赛	一等奖
王睿戈		2021“发现杯”国际青少年编程挑战赛全国赛	一等奖
段晨熙		第二届“宝安杯”全国硬笔书法大赛暨青少年规范汉字书写大赛	一等奖
杨宵达	宝安区西乡小学	第八届“和平杯”京剧小票友邀请赛	二等奖
陈星霖			三等奖
陈启恒			三等奖
戴莉娴　刘精华　邹小苑	宝安区流塘小学	团中央、教育部基础教育司、全国少工委联合举办的“2021年全国优质少先队活动课展示交流活动”	全国百优少先队活动课
程柳惜	宝安区凤岗小学	第十一届“国戏杯”学生戏曲大赛京外境外（戏曲表演类业余组）	指导教师奖
李思慧		“东西南北中”中国少儿版画特色成果展	国家级一等奖
童卓睿			
江思仪			
胡博康			
林梓凌			
邓雅婷		“童心印记”少儿版画优秀作品邀请展	国家级一等奖
谢暖彤		第十一届“国戏杯”学生戏曲大赛京外境外（戏曲表演类业余组）	国家级银奖
谭梦雅		中国少儿戏曲小梅花荟萃大赛	金奖
邝晓雯			
刘　妍			
李雨欣			
毛涵琳		中国少儿戏曲小梅花荟萃大赛	金奖
陈汝蕙			

（续表）

姓　名	单位名称	项目名称	获奖等次（名称）
杨雪芬	海港小学	2021年“全国中小学信息技术创新与实践大赛”决赛编程猫创新编程赛项	优秀指导教师奖
朱晓宇	海港小学	2021年“全国中小学信息技术创新与实践大赛”创新编程赛程	一等奖
唐子骐	海港小学	第四届全国青少年人工智能创新挑战赛单片机创意智造	二等奖
颉谦烺	海港小学	第四届全国青少年人工智能创新挑战赛单片机创意智造	三等奖
谢雅雯　王夏怡　张　恬	海港小学	第十二届国戏杯学生戏曲大赛	金奖
莫广轩	海港小学	2021年“全国中小学信息技术创新与实践大赛”决赛西瓜创客智慧编程	二等奖
罗大鹏	宝安区塘尾万里学校	2021全国运动训练竞赛联盟操舞锦标赛	优秀教练员
廖　莹	宝安区石岩街道中心幼儿园	2021年度第十八届“当代杯”全国幼儿教师职业技能大赛	全国促进幼儿教师专业化模范园长
邱燕恋	宝安区石岩街道中心幼儿园	2021年度第十八届“当代杯”全国幼儿教师职业技能大赛	全国促进幼儿教师专业化最佳指导奖
欧阳淑华	宝安区石岩街道中心幼儿园	2021年度第十八届“当代杯”全国幼儿教师职业技能大赛	教案类一等奖
刘浵瑞	宝安区石岩街道中心幼儿园	2021年度第十八届“当代杯”全国幼儿教师职业技能大赛	讲故事类一等奖
莫武霞	宝安区石岩街道中心幼儿园	2021年度第十八届“当代杯”全国幼儿教师职业技能大赛	教育随笔类一等奖
林海燕	宝安区石岩街道中心幼儿园	2021年度第十八届“当代杯”全国幼儿教师职业技能大赛	论文类一等奖
李丹萍	龙岗区乐淮实验学校	日本东京都第14届国际书画展	优秀奖
邱　林	龙岗区香港中文大学（深圳）附属道远学校	第14届国际创意节德国纽伦堡国际发明展	金牌导师
彭宇轩	龙岗区香港中文大学（深圳）附属道远学校	第14届国际创意节德国纽伦堡国际发明展	金奖
赵　博	龙岗区坂田实验学校	2021年全国跳绳联赛线上分站赛	优秀教练员
邱　林	龙岗区福安学校	第35届全国创新大赛展示	金牌导师
陈　仁	龙岗区华龙学校	2021年全国中小学信息技术创新与实践大赛	优秀指导教师奖
蔺天昊	龙岗区华龙学校	2021年全国中小学信息技术创新与实践大赛	一等奖
胡　英	龙岗区华中师范大学龙岗附属中学	2021年全国中小学信息技术创新与实践大赛	优秀指导教师奖
胡　英	龙岗区华中师范大学龙岗附属中学	第17届中国青少年创造力发明展	优秀创新辅导教师奖
宋海漫	龙岗区科技城外国语学校	2021年全国中小学信息技术创新与实践大赛	优秀指导教师
杨承鑫	龙岗区科技城外国语学校	2021年全国中小学信息技术创新与实践大赛	一等奖
张俊浩	龙岗区科技城外国语学校	2021年全国中小学信息技术创新与实践大赛	一等奖
樊轩玮	龙岗区科技城外国语学校	2021年全国中小学信息技术创新与实践大赛	二等奖
林　灼	龙岗区科技城外国语学校	2021年全国中小学信息技术创新与实践大赛	二等奖
洪家堃	龙岗区科技城外国语学校	2021年全国啦啦操联赛线上分站赛	优秀教练员
肖丽娟	龙岗区科技城外国语学校	2021年全国啦啦操联赛线上分站赛	优秀教练员
张　威	龙岗区科技城外国语学校	2021年全国啦啦操联赛线上分站赛	优秀教练员

（续表）

姓　名	单位名称	项目名称	获奖等次（名称）
张紫涵	龙岗区科技城外国语学校	2021年全国啦啦操联赛线上分站赛	第四名
胥涖涵			第四名
徐子淇			第四名
孟熙雯			第四名
欧阳淳伊			第四名
龚美慧			第四名
全书贤			第四名
曾思月			第四名
陈梓涵			第四名
龚美乐			第四名
李梓瑶			第四名
沈楠馨			第四名
杨怡丹			第四名
吴紫萱			第四名
李　燕		2021年全国跳绳联赛线上分站赛	优秀教练员
陈俨兮			个人花样集体规定套路第五名
			3分钟10人长绳8字跳第七名
邓　炜			个人花样集体规定套路第五名
董俊玮			4×30秒单摇接力第一名
			甲组男子4×30秒单摇接力第一名
			甲组混合2×30秒单摇接力第三名
			乙组男子30秒间隔交叉单摇跳第六名
段雅希	龙岗区科技城外国语学校	2021年全国跳绳联赛线上分站赛	个人花样集体规定套路第五名
			甲组女子4×30秒单摇接力第七名
范子辰			甲组混合2×30秒单摇接力第三名
			甲组女子4×30秒单摇接力第七名
葛明鑫			3分钟10人长绳8字跳第七名

（续表）

<table>
<tr><th>姓　名</th><th>单位名称</th><th>项目名称</th><th>获奖等次（名称）</th></tr>
<tr><td>黄政烨</td><td rowspan="22">龙岗区科技城外国语学校</td><td rowspan="18">2021年全国跳绳联赛线上分站赛</td><td>3分钟10人长绳8字跳第七名</td></tr>
<tr><td rowspan="2">黄子杰</td><td>乙组男子4×30秒单摇接力第二名</td></tr>
<tr><td>甲组男子车轮花样规定提高套路第五名</td></tr>
<tr><td>纪嘉洋</td><td>甲组女子4×30秒单摇接力第七名</td></tr>
<tr><td rowspan="3">江艾熙</td><td>乙组女子4×30秒单摇接力第四名</td></tr>
<tr><td>个人花样集体规定套路第五名</td></tr>
<tr><td>3分钟10人长绳8字跳第七名</td></tr>
<tr><td rowspan="3">李航鑫</td><td>4×30秒单摇接力第一名</td></tr>
<tr><td>甲组男子4×30秒单摇接力第一名</td></tr>
<tr><td>乙组男子30秒单摇跳第二名</td></tr>
<tr><td>李宇航</td><td>乙组男子4×30秒单摇接力第二名</td></tr>
<tr><td rowspan="2">李泽轩</td><td>4×30秒单摇接力第一名</td></tr>
<tr><td>甲组男子4×30秒单摇接力第一名</td></tr>
<tr><td>廖培鑫</td><td rowspan="2">乙组女子4×30秒单摇接力第四名</td></tr>
<tr><td>廖希芃</td></tr>
<tr><td>欧阳铭杰</td><td>甲组男子车轮花样规定提高套路第五名</td></tr>
<tr><td rowspan="2">裴劲轩</td><td>乙组男子4×30秒单摇接力第二名</td></tr>
<tr><td>甲组男子车轮花样规定提高套路第五名</td></tr>
<tr><td rowspan="3">裴劲轩</td><td rowspan="4">2021年全国跳绳联赛线上分站赛</td><td>甲组男子2×30秒单摇接力第六名</td></tr>
<tr><td>3分钟10人长绳8字跳第七名</td></tr>
<tr><td>甲组男子30秒单摇跳第八名</td></tr>
<tr><td>涂昊瑞</td><td>乙组男子30秒间隔交叉单摇跳第二名</td></tr>
</table>

（续表）

姓　名	单位名称	项目名称	获奖等次（名称）
涂昊瑞	龙岗区科技城外国语学校	2021年全国跳绳联赛线上分站赛	甲组男子车轮花样规定提高套路第五名
万志成			3分钟10人长绳8字跳第七名
王皓宇			甲组男子车轮花样规定提高套路第五名
			个人花样集体规定套路第五名
			3分钟10人长绳8字跳第七名
吴婧萱			个人花样集体规定套路第五名
吴思瑞			乙组女子4×30秒单摇接力第四名
			个人花样集体规定套路第五名
			3分钟10人长绳8字跳第七名
席泽雅			甲组女子4×30秒单摇接力第七名
殷修远			4×30秒单摇接力第一名
			甲组男子4×30秒单摇接力第一名
袁艺弘			3分钟10人长绳8字跳第七名
张东阳			乙组男子4×30秒单摇接力第二名
			甲组男子车轮花样规定提高套路第五名
			个人花样集体规定套路第五名
			甲组男子2×30秒单摇接力第六名
张东阳			甲组男子30秒间隔交叉单摇跳第七名
			3分钟10人长绳8字跳第七名
常文芳	龙岗区龙岗职业技术学校	“全国技术能手”评选	全国技术能手
林泽濠		国家奖学金评选	国家奖学金
孙立鑫			

（续表）

姓 名	单位名称	项目名称	获奖等次（名称）
黄子杰	龙岗区平冈中学	“全国优秀教练员”评选	全国优秀教练员
李嘉恒	龙岗区平冈中学	第十四届学生运动会健美操比赛	代表广东省队夺得三人操金牌、五人操铜牌
梁 一	龙岗区平冈中学	第十四届学生运动会健美操比赛	代表广东省队夺得三人操金牌、五人操铜牌
梁艺僮	龙岗区平冈中学	第十四届学生运动会健美操比赛	代表广东省队夺得女子单人操第六名
林晓锋 黄凯勋 姬华强 罗睿希 孔子文 申昊远 朱怡科 陈润杰 邓宇杰 赖政希 罗源正 郭 谣	龙岗区平冈中学	中国中学生篮球联赛（南区赛）	16强
吕彩宏	龙岗区平湖实验学校	全国啦啦操竞赛	优秀教练员
池仟惠	龙岗区平湖实验学校	全国青少年美术书法大赛	金奖
黄 澜	龙岗区平湖实验学校	全国青少年美术书法大赛	金奖
李悦爽	龙岗区平湖实验学校	全国青少年美术书法大赛	金奖
陶羽曦	龙岗区平湖实验学校	全国青少年美术书法大赛	金奖
谢雨萌	龙岗区平湖实验学校	全国青少年美术书法大赛	金奖
杨子墨	龙岗区平湖实验学校	全国青少年美术书法大赛	金奖
詹佳好	龙岗区平湖实验学校	全国青少年美术书法大赛	金奖
莫 迪	龙岗区平湖实验学校	全国青少年美术书法大赛	银奖
李祉涵	龙岗区平湖实验学校	全国青少年美术书法大赛	银奖
陈天泽	龙岗区平湖实验学校	全国青少年美术书法大赛	银奖
陈淑慧	龙岗区平湖实验学校	2020—2021年世界物联网博览会青少年物联网创新创客大赛创意编程类比赛	一等奖
陈淑慧	龙岗区平湖实验学校	2021年全国中小学信息技术创新与实践大赛编程猫创新编程赛项决赛	小学组一等奖
陈淑慧	龙岗区平湖实验学校	2021年全国中小学信息技术创新与实践大赛编程猫创新编程赛项复赛	小学组一等奖
范嘉翔	龙岗区平湖实验学校	2021年全国中小学信息技术创新与实践大赛编程猫创新编程赛项复赛	小学组二等奖
耿岩贺	龙岗区平湖实验学校	2021年全国中小学信息技术创新与实践大赛编程猫创新编程赛项复赛	小学组三等奖
李雨欣	龙岗区平湖实验学校	2021年全国中小学信息技术创新与实践大赛编程猫创新编程赛项复赛	小学组二等奖
胡艺橼	龙岗区平湖实验学校	2021年全国中小学信息技术创新与实践大赛编程猫创新编程赛项复赛	小学组一等奖
胡艺橼	龙岗区平湖实验学校	2021年全国中小学信息技术创新与实践大赛编程猫创新编程赛项	小学组二等奖
郑宇枫	龙岗区平湖实验学校	2021年全国中小学信息技术创新与实践大赛编程猫创新编程赛项复赛	小学组一等奖
黎宜乐之	龙岗区平湖实验学校	2021年全国中小学信息技术创新与实践大赛编程猫创新编程赛项复赛	小学组二等奖
李常威	龙岗区平湖实验学校	2021年全国中小学信息技术创新与实践大赛编程猫创新编程赛项复赛	小学组二等奖
李俊逸	龙岗区平湖实验学校	2021年全国中小学信息技术创新与实践大赛编程猫创新编程赛项复赛	小学组二等奖

（续表）

姓　名	单位名称	项目名称	获奖等次（名称）
李晟睿	龙岗区平湖实验学校	2021年全国中小学信息技术创新与实践大赛编程猫创新编程赛项复赛	小学组二等奖
李阳郭川		2021年全国中小学信息技术创新与实践大赛编程猫创新编程赛项复赛	小学组二等奖
		2020—2021年世界物联网博览会青少年物联网创新创客大赛创意编程类比赛	二等奖
林誉善		2021年全国中小学信息技术创新与实践大赛编程猫创新编程赛项复赛	小学组二等奖
		2020—2021年世界物联网博览会青少年物联网创新创客大赛创意编程类比赛	三等奖
刘文豪		2021年全国中小学信息技术创新与实践大赛编程猫创新编程赛项复赛	小学组二等奖
		2020—2021年世界物联网博览会青少年物联网创新创客大赛创意编程类比赛	二等奖
罗明安		2021年全国中小学信息技术创新与实践大赛编程猫创新编程赛项复赛	小学组三等奖
孟繁盛			
尚绪权			小学组三等奖
田雨嫣			小学组二等奖
		2020—2021年世界物联网博览会青少年物联网创新创客大赛创意编程类比赛	二等奖
王　涵		2021年全国中小学信息技术创新与实践大赛编程猫创新编程赛项复赛	小学组二等奖
王辉煌		2021年全国中小学信息技术创新与实践大赛决赛编程猫创新编程赛项	小学组一等奖
		2021年全国中小学信息技术创新与实践大赛编程猫创新编程赛项复赛	小学组一等奖
		2020—2021年世界物联网博览会青少年物联网创新创客大赛创意编程类比赛	一等奖
杨绍涵		2021年全国中小学信息技术创新与实践大赛编程猫创新编程赛项复赛	小学组二等奖
		2020—2021年世界物联网博览会青少年物联网创新创客大赛创意编程类比赛	一等奖
郑　涵			二等奖
杨雨瞳		“共促三方友好，共绘友谊画卷”中国、阿富汗、巴基斯坦三国青少年美术作品征集及展示活动	三等奖
刘希怡			三等奖
黄际晓			三等奖
孙　渊	龙岗区平湖外国语学校	第三届中华经典诵写讲大赛（诗词讲解大赛）	三等奖
陈东强	龙岗区平湖中学	第四届“全国青少年人工智能创新挑战赛”	优秀辅导者
胡艺椽		2020—2021年世界物联网博览会青少年物联创新创客大赛	中国教育技术协会

（续表）

姓　名	单位名称	项目名称	获奖等次（名称）
陈一凡	龙岗区平湖中学	第四届“全国青少年人工智能创新挑战赛”三维程序创意设计专项赛	二等奖
杜启航			一等奖
梁骐超	龙岗区珊蒂泉外国语学校	WRC世界机器人大赛中学组	世界冠军
李　榕		2021年全国少儿啦啦操精英赛（深圳站）	优秀教练员
张　斌			优秀教练员
珊外RSD啦啦队			儿童混合组集体街舞啦啦操自选动作冠军
李乐鹏	龙岗区深圳大学附属坂田学校	2021年全国跳绳联赛线上分站赛	优秀教练员
杨　睿		2021年全国中小学信息技术创新与实践大赛	一等奖
曹憬霖			一等奖
温冬平	龙岗区香港中文大学（深圳）附属知新学校	2021年全国中小学信息技术创新与实践大赛决赛机器人越野赛项	优秀指导教师奖
赖俊睿　乐宇轩		2021年全国中小学信息技术创新与实践大赛决赛机器人越野赛项小学组	一等奖
郑峻翔		2021年全国中小学信息技术创新与实践大赛决赛多元智能竞技·AI平衡车赛项小学组	一等奖
张　童	龙岗区德琳学校	第十四届国际青少年艺术节中欧钢琴大赛全国总决赛	银奖
赵　蒙	龙岗区南湾沙塘布学校	2021年全国中小学信息技术创新与实践大赛决赛	优秀指导教师奖
陈子昊		2021年全国中小学信息技术创新与实践大赛	一等奖
白云皓			二等奖
陈杨志			二等奖
段竣文			二等奖
王崇杰			二等奖
温烨林			二等奖
吴承燃			二等奖
张　喆		2021年全国中小学信息技术创新与实践大赛	二等奖
崔淳溪			三等奖
黄煜轩			三等奖
林建州	龙岗区依山郡小学	2021年全国中小学信息技术创新与实践大赛决赛	编程“优秀指导教师奖”
陈振宇		2021年全国中小学信息技术创新与实践大赛	一等奖
郭礼诚			一等奖
林奕辉	龙岗区龙城初级中学	第三届深港澳人工智能大赛	亚军
马　卓		亚洲国际青少年钢琴邀请赛钢琴组	一等奖
彭子瑜		“蓝桥杯”全国总决赛	二等奖
		“蓝桥杯”广东赛区	一等奖
叶亦凡		“金龟子带你讲故事”朗诵比赛	少年A组金奖
庄展发		世界机器人大赛	冠军

（续表）

姓　名	单位名称	项目名称	获奖等次（名称）
祝　睿	龙岗区龙城小学	第35届国际创新、知识与创造力展览会	银奖
		中国发明协会与克罗地亚ARCA2021第19届国际发明展览会	金奖
李　宇		全国中小学信息技术创新与实践大赛决赛机器人越野赛项小学组	三等奖
肖君琢			
徐圣炜	龙岗区布吉街道信义实验小学	第二十五届全国中小学生绘画书法作品比赛书法类	一等奖
黄奕晴	龙岗区布吉街道智民实验学校	2021年全国中小学信息技术创新与实践大赛	二等奖
郭俊杰	龙岗区龙岭学校	2021年全国中小学信息技术创新与实践大赛	二等奖
黄伟泽			三等奖
龙品成			二等奖
宋恒宇			
韦程威			
夏梓恩			
朱仕泽			
李叶欣	龙岗区平湖街道中心小学	第二十五届全国中小学生绘画书法作品比赛	二等奖
李悦彤			一等奖
孙晓澜			三等奖
汪睿卿			一等奖
肖思语		“共促三方友好，共绘友谊画卷”中国、阿富汗、巴基斯坦三国青少年美术作品征集及展示活动评比	三等奖
沈雅妏　周紫涵　蔡佳慈 王诗语　叶欣雅　吴怡婷 王诗晴　王诗雯　钱余佳 林开欣　李芷瑜　刘嘉怡 肖晶丹　吴安琪	龙岗区平湖中心学校	2021年中国中小学生操舞锦标赛	小学丙组 自选动作–集体–花球 第四名
何佳璇	龙岗区清林小学	2021年全国少儿啦啦操精英赛（深圳站）	第三名
林　珑			公开儿童混合组–集体技巧中级（1–2级）自选动作–全女第一名
周语卉			公开儿童混合组–集体技巧中级（1–2级）自选动作–全女第一名
王景仪		2021广东省青少年艺术体操锦标赛	青年三级第十一名
肖贤宁	龙岗区清林小学	全国中小学信息技术创新与实践大赛决赛软件创意编程赛项	小学高年级组二等奖
张舒窈		2021年“我的幸福童年”全国少年儿童图文创作大赛	优秀奖
侯　颖	深圳市艺术高中	2021年“三亚杯”全国文学大赛	银奖

（续表）

姓　名	单位名称	项目名称	获奖等次（名称）
李木河	龙华中学	少年硅谷——全国青少年人工智能教育展示大赛	一等奖
林晓玲	龙华中学	第十四届全国青年运动会空手道项目总决赛	第三名
林晓玲	龙华中学	第十四届全国青年运动会空手道项目资格赛	第一名
康玉琪	龙华中学	第十四届全国青年运动会空手道项目资格赛	第一名
龙智健	龙华中学	少年硅谷——全国青少年人工智能教育展示大赛	一等奖
戴叶萍	龙华中学	少年硅谷——全国青少年人工智能教育展示大赛	一等奖
熊博比	龙华中学	少年硅谷——全国青少年人工智能教育展示大赛	一等奖
李依林	龙华中学	少年硅谷——全国青少年人工智能教育展示大赛	一等奖
涂芷嫣	龙华区民治中学教育集团初中部	第二十五届全国中小学生绘画书法作品比赛	一等奖
曾梓含	龙华区民治中学教育集团初中部	第十二届蓝桥杯全国软件和信息技术专业人才大赛青少年组省赛广东赛区Python中级创意编程组	三等奖
童歆媛	龙华区民治中学教育集团初中部	2021年VIVACE法国国际钢琴大赛中国赛区半决赛—广东省—青少年A组	一等奖
张舒婷	龙华区民治中学教育集团初中部	2021年广东省青少年环保创意大赛	二等奖
董逸荣	龙华区民治中学教育集团初中部	2021世界记忆锦标赛30周年极限挑战赛	快速数字挑战赛季军
董逸荣	龙华区民治中学教育集团初中部	青少年国际竞赛与交流中心——未来之城（月球城市）	特等奖（国家）、特别奖（国际）
汤千城	龙华区民治中学教育集团初中部	青少年国际竞赛与交流中心——未来之城（月球城市）	特等奖（国家）、特别奖（国际）
李奕菲	龙华区民治中学教育集团初中部	青少年国际竞赛与交流中心——未来之城（月球城市）	特等奖（国家）、特别奖（国际）
蓝　浩	龙华区民治中学教育集团初中部	青少年国际竞赛与交流中心——未来之城（月球城市）	特等奖（国家）、特别奖（国际）
李千慧	龙华区民治中学教育集团初中部	青少年国际竞赛与交流中心——未来之城（月球城市）	特等奖（国家）、特别奖（国际）
李可欣	龙华区民治中学教育集团初中部	青少年国际竞赛与交流中心——未来之城（月球城市）	特等奖（国家）、特别奖（国际）
徐俏妞	龙华区民治中学教育集团初中部	青少年国际竞赛与交流中心——未来之城（月球城市）	特等奖（国家）、特别奖（国际）
申凯文	龙华区民治中学教育集团初中部	第十一届（2021年）香港国际钢琴邀请赛	三等奖
许姝彤	龙华区民治中学教育集团初中部	青少年国际竞赛与交流中心——未来之城（月球城市）	特等奖（国家）、特别奖（国际）
刘轩如（学生）	龙华区华南实验学校	2021中俄儿童创意节“畅想2049——中俄建交百年”美术活动	金奖
张　燕	龙华区华南实验学校	2021中俄儿童创意节“畅想2049——中俄建交百年”美术活动	优秀指导教师奖
曾茹瑄	龙华区振能学校	中国文化管理协会举办的年第三届中国博鳌艺术节暨优秀青少年艺术展演	声乐专业儿童组A组金奖
陈海斌	龙华区振能学校	中国文章研究学会举办的全国首届“文章杯”中考语文“下水作文”大赛	二等奖
刘　凯	龙华区振能学校	2021年中国硬笔书法协会组织的第十届全国青少年儿童书法、硬笔书法大赛暨规范汉字书写大赛	小中组二等奖
陆燕龙	龙华高级中学教育集团观澜校区	中华人民共和国第十四届运动会群众项目毽球比赛男子双人赛	第三名
王伊宁	龙华高级中学教育集团观澜校区	2021年全国中小学信息技术创新与实践大赛决赛人形机器人任务挑战赛	优秀指导教师奖
李佳林	龙华高级中学教育集团观澜校区	2021年全国中小学信息技术创新与实践大赛决赛人形机器人任务挑战赛	初中组二等奖
马蕴航	龙华高级中学教育集团观澜校区	2021年全国中小学信息技术创新与实践大赛决赛人形机器人任务挑战赛	初中组二等奖

（续表）

姓　名	单位名称	项目名称	获奖等次（名称）
李宇鑫	龙华高级中学教育集团观澜校区	2021年全国中小学信息技术创新与实践大赛决赛人形机器人任务挑战赛	初中组二等奖
王　睿			初中组二等奖
邹裕宸			初中组一等奖
杨　逸			初中组一等奖
朱代晖			初中组一等奖
邓锐斌			初中组一等奖
周敬凯	龙华区第二实验学校	2021年美国高中物理思维竞赛	全球金奖
		2021年美国高中数学竞赛	优秀奖
翁知鱼	龙华区外国语学校	2021年度希望之星暨希语盛典全国总决赛	一等奖
杨清然		2021年第十届“钟玲杯”艺术体操邀请赛	第一名
杨金锋　冉　兰　张　莹		第十六届全国青少年冰心文学盛典	中华文化文学名师指导奖
龙鉴本		少年硅谷——全国青少年人工智能教育成果展示大赛	一等奖
郑远程		国际书画大赛·水墨童心	金奖
陈宥溪		“莫扎特纪念奖”国际钢琴公开赛	三等奖
温诗瑶		全国中小学跳绳线上邀请赛	30秒单摇交叉跳第十五名
			30秒单反向单摇跳第十六名
陈妤琳		2021全国运动训练竞赛联盟操舞锦标赛	二等奖、优秀运动员
罗梓诚		2021北京市中小学生跳绳线上邀请赛暨全国中小学跳绳线上邀请赛	第六名
刘　华	龙华区龙华第二小学	全国中小学生武术比赛	优秀指导教师
温煜楷		全国中小学生武术比赛男子小学组24式太极拳	第一名
刘骞予		全国中小学生武术比赛女子小学组少年规定拳	第二名
张一鹏		全国中小学生武术比赛男子小学组少年规定拳	第二名
戴可萱	龙华区丹堤实验学校	第十六届全国青少年冰心文学盛典总决赛	银奖
刘　健	龙华区潜龙学校	第四届全国青少年工人智能创新挑战赛三维程序创意设计专项赛	二等奖
李慧香	龙华区第三实验学校	“少儿画苑”第34届国际少儿书画大赛	银奖
蓝昕怡		全国青少年书画网络大赛	三等奖
冼晨宇		亚洲艺术年度盛典暨全国少儿才艺大赛	金奖
文禹平　蔡鸿磊	龙华高级中学教育集团高中部	2021年全国中小学信息技术创新与实践大赛决赛人形机器人任务挑战赛项高中组	全国一等奖
饶翰宇　黄坤威			全国三等奖
谢江林	龙华区新华中学	2021全国跳绳联赛总决赛	优秀教练员
刘海俊		2021年全国跳绳联赛线上分站赛	优秀教练员

（续表）

姓　名	单位名称	项目名称	获奖等次（名称）
刘俊涛	龙华区新华中学	2021年全国校园跳绳大课间展示	2021年全国校园跳绳推广先进个人
肖桂香		2021年全国啦啦操联赛（太原站）	优秀教练员
李国锋		“小米高飞”全国青少年轮滑巡回赛中山站——速度轮滑200米计时赛	第一名
王嘉铭　谢世杰		“小米高飞”全国青少年轮滑巡回赛中山站——轮滑拉龙	第二名
谢世杰		“小米高飞”全国青少年轮滑巡回赛中山站——速度轮滑200米计时赛	第三名
赵子兴		2021年全国跳绳联赛线上分站赛1分钟棉纱绳单摇跳	第一名
高圳坤		2021年全国跳绳联赛线上分站赛30秒间隔交叉单	第一名
危　辉	坪山区华明星学校	2021盐田杯青少年体育舞蹈全国邀请赛	最美领队
齐　鑫			优秀教师
罗继炎	坪山区外国语文源学校	2021年全国跳绳联赛线上分站赛	优秀教练员
杨小杰	坪山区马峦小学	指导学生获第17届中国青少年创造力发明比赛	金奖指导金奖
		指导学生获第18届中国青少年创造力发明比赛	银奖指导银奖
陈胜辉		指导学生获2020—2021年“少年硅谷——全国青少年人工智能教育成果展示大赛”	成果一等奖指导一等奖
			成果三等奖指导三等奖
杨小杰		指导学生发明的“卫生安全电梯”获2021年德国纽伦堡国际发明展评选	金奖指导金奖
陈平娣	坪山区第一幼教集团第四幼儿园	第十八届当代杯全国幼儿教师职业技能大赛	活动方案一等奖
江燕峰	坪山区第一幼教集团第二幼儿园	当代学前教育网/全国幼儿教师职业技能大赛	一等奖（《大班体育活动：小小侦察兵》）
			三等奖（《与孩子一起搭建积木那些事儿》）
杨芷韵			三等奖（《论家园共育对幼儿焦虑情绪管理的重要性》）
黄汉辉	光明区光明中学	2021年全民健身日全国跳绳线上挑战赛	二等奖
		全国跳绳联赛	全国跳绳联赛优秀教练员
徐志文	光明区实验学校	第三届曹文轩儿童文学奖青少年创作奖	“全国垃圾分类样板学校优秀指导员”荣誉称号
姚　旭			铜奖
何晓林	光明区凤凰学校	德国纽伦堡国际发明展国际发明项目	金导师奖
陈　阳			

（续表）

姓　名	单位名称	项目名称	获奖等次（名称）
韩佳璇	华中师范大学附属光明勤诚达学校	2021年全国少儿啦啦操精英赛（深圳站）	二等奖
宋　娟			
胡摇兰	光明区李松蓢学校	第三届中华经典诵写讲大赛	优秀奖
张警文	光明区楼村小学	全国青少年美术书法大赛	金奖
李宛儿			银奖
谢　文	光明区玉律学校	2021RoboCom全国青少年人工智能编程大赛	优秀指导教师奖
曲立超		中小学信息技术创新与实践大赛	二等奖
陈远乐　曾曦琳　刘美娟 黄小红　陈　畅	光明区长圳学校	第17届中国青少年创造力发明展	优秀创新指导教师奖
林龙威	深圳市第一职业技术学校	全国行业职业技能竞赛智能楼宇管理员赛项	二等奖
萧泽雄		2020—2021学年中等职业教育国家奖学金评选	国家奖学金
肖　喆			
宋国豪			
游荣超			
曹　帅			
刘浩然	深圳市高级中学	第38届全国中学生物理竞赛	银牌
李宸烨			银牌
邓建政			铜牌
陆　曈		第35届中国化学奥林匹克竞赛	银牌
郑皓芳		全国青少年信息学奥林匹克联赛	一等奖
李若琳		全国第十四届学生运动会游泳比赛男女4×100混合泳	第一名
鲍嘉璨			
余楚健	深圳中学	Academic Marathon学术马拉松	全球总冠军
余楚健		Academic Marathon化学马拉松	全球第一名
彭也博　冯晨旭		第62届国际数学奥林匹克	入选第62届国际数学奥林匹克中国国家队（全国6人）
薛炜鹏　李　可		2021亚洲和太平洋地区信息学奥林匹克（中国区）	金牌
彭也博　冯晨旭		第62届国际数学奥林匹克	金牌
冯晨旭		第13届罗马尼亚数学大师杯比赛	金牌
金子越　欧阳达晟 薛炜鹏　张宸睿 李　可等同学		2021年全国青少年信息学奥林匹克联赛	金牌
邬碧茹	深圳外国语学校（集团）	美国学术五项全能总决赛（国际）	优秀教练
胡傧斌			
郭　敏		第十五届（2021年）全国中学生语文能力测评	全国优秀指导教师

（续表）

姓　名	单位名称	项目名称	获奖等次（名称）
袁智斌　林丰诚	深圳外国语学校（集团）	2021年丘成桐中学科学奖（数学）竞赛	全球总决赛鼓励奖
			南部赛区一等奖
袁智斌　林丰诚		美国高中数学建模竞赛	特等奖
洪千惠　苑林霏			
程智浩			
宋世星		2021—2022赛季FIRST休斯敦冠军锦标赛（即全球总决赛）FTC机器人科技挑战赛	优秀导师
		2021—2022赛季FTC科技挑战赛院长名单奖全球半决赛	优秀导师
张项予		第30届全国中学生生物奥林匹克竞赛	金牌（入选国家集训队）
张项予　张家盈		2021年全国生物联赛	一等奖
徐子赫　刘　畅			二等奖
杨宇轩			三等奖
张闻秋　刘星云　李镇坤　陈鹏程		第35届中国化学奥林匹克（初赛）	一等奖
朱振兴　王玉铉等四位			二等奖
王禹珩　包润泽　王嘉瑞　陈梓恒		2021年全国中学生物理竞赛	一等奖
黄彦铭　唐弘略等五位			二等奖
彭海柏　王思杰等八位			三等奖
孙起畅　包润泽　赵德柱　黄彦铭　彭海柏　朴东旭		第十七届泛珠三角物理奥林匹克暨中华名校邀请赛力学基础试	全国一等奖
张智健		美国数学思维挑战	全球卓越奖
林丰诚　黄菡昀			全球优秀奖
汪博伟　刘　畅　杨宇轩		美国生物奥林匹克比赛	金牌
张家盈			银牌
汪博伟		Brain Bee脑科学大赛全国赛	金牌
戴楚灵　黄慧欣			三等奖
刘高麟　李梓圳		袋鼠数学竞赛	金奖
周　义　李梓圳　宋宇轩　周彦豪　冯靖轩　余思齐		2021年美国物理竞赛“物理碗”	金奖
袁世轩　郭文昊　程智浩　黄菡昀　薛语丞			银奖
周　义　李梓圳　宋宇轩　程智浩		英国物理奥林匹克竞赛BPhO	金奖
刘高麟　杨益凯　车兆阳		IGEM国际基因工程机器竞赛	金奖
罗贤越		“21世纪杯”全国英语演讲比赛总决赛	季军（高中组）
刘思嘉			三等奖（高中组）
殷雨乐			一等奖（小学高年级组）

（续表）

姓　名	单位名称	项目名称	获奖等次（名称）
余凯丰	深圳外国语学校（集团）	2021年全国中学生国际象棋锦标赛（高中组）暨晋江2020世界中学生运动会测试赛	男子个人冠军
万　芊			女子个人冠军
徐瑜泽			女子个人第三名
王思棋		2021亚洲国际艺术节声乐比赛	民族少年组金奖
赵婧伊等4人		第三届全国中小学生创·造大赛AI地球总决赛	银奖
王一芮等		第十届“希望中国”教育戏剧	特等奖
李淳茜		USAP2021全球站个人总分八年级组	金奖
		USAP2021全球站团体总分八年级组	金奖
李嘉隽		USAP2021全球站个人总分七年级组	铜牌
李　乐		2021澳大利亚数学思维挑战	全球成就奖、全国卓越奖
陈俊旖		2021第二十七届世界和平书画展国际青少年书画评奖	金奖
高一诚		2021年“全国中小学信息技术创新与实践大赛”决赛水中机器人协同竞技赛	二等奖
邓皓钧		2021清雅奖全国硬笔书法大赛	银奖
		2021年“笔墨先锋杯”全国硬笔书法大赛	金奖
高小雅		蜂鸟国际青少年音乐比赛—重奏（钢琴&小提琴）	二等奖
曾纪璜		Destination Imagination中国区年度大赛	创新思维奖
		第六届香港国际音乐节2019音乐比赛	一等奖（儿童木管乐组）
黄景行		第十三届蓝桥杯全国软件和信息技术专业人才大赛（青少年Python）	三等奖
吴沂霖		2021年第29届奥林匹克杯全国作文大赛	三等奖
李荣轩		第三届李斯特国际青少年钢琴大赛中国选拔赛	银奖
黄子航		2021中国童话节粤港澳大湾区童话节童“画”世界少儿书画大赛	金奖
陈睿枫		2021年第八届香港国际音乐节比赛	少儿组木管乐（萨克斯）三等奖
唐安桦		第四届亚太青少年国际器乐锦标赛	总决赛二等奖（二胡非专业组）
隋思齐		第二十五届全国中小学生绘画书法作品比赛	一等奖
朴惠媛		2021年度全国青少年绘画艺术主题创作大赛	第一名
古　楠		2021IJSOC国际青少年科学思维挑战活动中国赛区决赛	二等奖
韩文俊		USAP学术五项2021全球站	个人总分金牌
熊一帆		2021中国童话节之粤港澳大湾区童话节童“画”世界少儿书画大赛	银奖
唐子赫		希望数学少年俱乐部2021年度思维挑战赛	二等奖
		叶圣陶杯作文大赛	二等奖
		华罗庚杯数学测评大赛	三等奖

（续表）

姓　名	单位名称	项目名称	获奖等次（名称）
陆子悦	深圳外国语学校（集团）	全国青少年造型艺术作品大赛	书法类二等奖
赵子墨		希望数学少年俱乐部2021年度思维挑战赛	二等奖
邱媛希		中国少年儿童歌曲电视大赛全国总决赛	银奖
		2021希望之星数学测评	全国一等奖（小院士）
金思延		2021年第八届香港国际音乐节比赛	少年组金奖（小提琴）
丁洋溢		2021美国藤校演进与辩论赛中国选拔赛SD全国冠军锦标赛演讲比赛（小高组）	全国冠军
张乐诗		联合国教科文组织Peace Art国际青少儿艺术大赛（少儿组）	银奖
刘雨婷		叶圣陶杯作文比赛	二等奖
周稚馨		第六届KAWAI亚洲钢琴大赛	中国区八级组第一名
王一芮		施坦威全国青少年钢琴比赛	三等奖
徐沐子		希望数学少年俱乐部2021年度思维挑战赛	全国一等奖
吴宛宸		第七届北外阅读之星英语大赛	深圳赛区特等奖
		希望数学少年俱乐部2021年度思维挑战赛	三等奖
张叶明奥		希望数学少年俱乐部2021年度思维挑战赛	全国一等奖
		学术五项全能中国站（USAP CHINA 2021）	区域个人总分二等奖
李闻韬			区域个人总分三等奖
		希望数学少年俱乐部2021年度思维挑战赛	全国一等奖
彭秋惠		希望数学少年俱乐部2021年度思维挑战赛	全国二等奖
王一芮		第三届全国青少年书画艺术大展	二等奖
孟德昊		第九届国际少儿书画大赛	金奖
		希望数学少年俱乐部2021年度思维挑战赛	全国三等奖
顾　嘉		希望数学少年俱乐部2021年度思维挑战赛	全国三等奖
侯森凯		希望数学少年俱乐部2021年度思维挑战赛	全国三等奖
胡宇畅		第三届全国青少年美术书法大赛	银奖
周子茹		希望数学少年俱乐部2021年度思维挑战赛	三等奖
杨韫文		第十届香港国际小提琴大赛	深圳区青少年组金奖
周栩烨		2021年鲁迅青少年文学奖	全国三等奖
钟陈嘉		希望数学少年俱乐部2021年度思维挑战赛	全国三等奖
洪悦蓝		奥林匹克杯全国作文大赛	一等奖
高子谦		希望数学少年俱乐部2021年度思维挑战赛	三等奖
姚飞羽		希望数学少年俱乐部2021年度思维挑战赛	全国一等奖
邱也依		2021第六届肖邦国际青少年钢琴（中国业余组）公开赛中国总决赛	银奖

（续表）

姓　名	单位名称	项目名称	获奖等次（名称）
郭晨希	深圳外国语学校（集团）	USAP2021全球站个人总分七年级	银奖
邹玥彤		希望数学少年俱乐部2021年度思维挑战赛	全国三等奖
王子毓		华数之星数学	全国三等奖
姜欣颜		希望数学少年俱乐部2021年度思维挑战赛	全国三等奖
		华数之星青少年数学大会	二级优秀
姚雨辛		PEACE ART国际青少儿艺术大赛中国区总决赛	银奖
黄诗雅		希望数学少年俱乐部2021年度思维挑战赛	全国二等奖
陈　涵		第十三届中国少儿小金钟音乐大赛全国总决赛声乐组	金奖
李常昊		第七届澳门国际艺术公开赛	中国赛区儿童组金奖
鲁子睿		第八届施坦威全国青少年钢琴比赛深圳赛区业余A2组	一等奖
陈立昊		2021数学联赛国际夏季挑战赛	八、九年级速度赛铜奖；九、十年级个人赛银奖
沈琳淼		第19届中国日报社21世纪杯中学生英语演讲比赛	全国三等奖
陈丙鑫		希望数学少年俱乐部2021年度思维挑战赛	全国三等奖
李雨桐		“两岸四地”少年儿童数学邀请赛	二等奖
卢海冰		中国国际艺术教育联盟世界书画儿童大赛	特别金奖
黄悦康		USAP2021全球站个人总分八年级组	铜牌
		USAP2021中国站区域个人总分	银牌
覃　越		第十二届鲁迅青少年文学奖大湾区决赛	卓越优秀奖
		第十二届鲁迅青少年文学奖全国总决赛	优秀奖
李沛仪		全国第二十二届中小学生绘画书法作品比赛	一等奖（绘画类）
卿文锐		第十七届泛珠三角物理奥林匹克暨中华名校邀请赛力学基础试	三等奖
朱既同		2021秋美国数学竞赛AMC12B	全球前1%杰出荣誉奖
彭海鑫		澳大利亚数学思维挑战活动（AMC）	二等奖
彭雅雯		第二十五届全国中小学生绘画书法作品比赛	书法类一等奖
赵嘉洛		2021年Brain Bee世界脑科学大赛全国赛	二等奖
杨佳希		USAP2021中国站区域个人总分	金牌
		2021春美国数学竞赛AMC10A	荣誉奖
		2021秋美国数学竞赛AMC12A	荣誉奖
杨炘玉		USAP2021全球总决赛	Honor组社会科学金牌、科学银牌、数学铜牌
侯铸恒		USAP2021全球总决赛	科学金牌、数学金牌
叶语时		全国少儿书画大赛	优秀奖
顾明曦		第九届施坦威全国青少年钢琴比赛（深圳赛区）	一等奖

（续表）

姓　名	单位名称	项目名称	获奖等次（名称）
张鹤芯	深圳外国语学校（集团）	2021USAP全球总决赛	个人总分铜牌
钟浩天		2021USAP全球站团队总分八年级	金奖
陈思诺		第十届“彩虹杯”青少年书画艺术展	特金奖
钟浩天		USAP2021全球站个人总分八年级	银奖
扶昊阳		2021年全国中学生数学能力测评	全国二等奖
		希望数学少年俱乐部2021年度思维挑战赛	全国三等奖（八年级组）
郑娟娟	深圳科学高中	第十七届国际中学生地理奥林匹克竞赛中国大陆地区选拔赛	优秀指导教师
于元林	深圳第二外国语学校	第十八届“叶圣陶杯”全国中学生新作文大赛	优秀指导教师一等奖
刘丽英			优秀指导教师一等奖
麻月兴			优秀指导教师二等奖
何玉明			优秀指导教师二等奖
朱泽明			优秀指导教师二等奖
林静仪			优秀指导教师二等奖
陈　佳			优秀指导教师二等奖
孙启莲			优秀指导教师三等奖
王亚利			优秀指导教师三等奖
严　婕			优秀指导教师三等奖
孟　爽			优秀指导教师三等奖
陈爱群			优秀指导教师三等奖
黄长飞			优秀指导教师三等奖
龚志民			优秀指导教师三等奖
宋　莹		2021年全国中小学信息技术创新与实践大赛	优秀指导教师
林灿林			优秀指导教师
郑荣轩	深圳元平特殊教育学校	全国第十一届残运会暨第八届特奥会游泳比赛男子12—15岁组100米蛙泳	第一名
		全国第十一届残运会暨第八届特奥会游泳比赛男子12—15岁组50米蛙泳	第一名
		全国第十一届残运会暨第八届特奥会游泳比赛男子12—15岁组50米自由泳	第二名
陈泽林			第一名
		全国第十一届残运会暨第八届特奥会游泳比赛男子12—15岁组50米蛙泳	第一名

（续表）

姓 名	单位名称	项目名称	获奖等次（名称）
陈泽林	深圳元平特殊教育学校	全国第十一届残运会暨第八届特奥会游泳比赛男子12—15岁组100米蛙泳	第三名
钟仁杰		全国第十一届残运会暨第八届特奥会游泳比赛男子12—15岁组100米自由泳	第一名
		全国第十一届残运会暨第八届特奥会游泳比赛男子12—15岁组50米自由泳	第三名
		全国第十一届残运会暨第八届特奥会游泳比赛男子12—15岁组50米蛙泳	第三名
温欣棋		全国第十一届残运会暨第八届特奥会游泳比赛女子12—15岁组100米蛙泳	第二名
		全国第十一届残运会暨第八届特奥会游泳比赛女子12—15岁组50米自由泳	第三名
		全国第十一届残运会暨第八届特奥会游泳比赛女子12—15岁组100米自由泳	第三名
徐梓程		日中青少年书画交流大会	国际（金奖）
方时雨			国际（旗松亭奖）
金宇昕			国际（银奖）
彭泓杰			国际（铜奖）
邓 卉	深圳市梅林一村幼儿园	全省首届教师教学基本功比赛幼儿园组舞蹈类	一等奖

2021年深圳市教育系统省级荣誉集体

获奖集体名称	项目名称	获奖等次（名称）
深圳大学学生会	2020—2021年度“广东省优秀学生会”评选	2020—2021年度“广东省优秀学生会”
深圳大学	第十六届“挑战杯”广东大学生课外学术科技作品竞赛	优秀组织奖
		优胜杯
	2021年广东省高校“活力在基层”主题团日竞赛活动	春季赛季“百优”项目1项
		春季赛季“千人围”项目16项
深圳大学	2021年广东省大中专学生志愿者“三下乡”社会实践活动	优秀党务
中共深圳大学材料学院院部和教学实验中心教工支部委员会	“广东省先进基层党组织”评选	广东省先进基层党组织
深圳大学武装部	先进高校武装部评选	先进高校武装部
南方科技大学	长征路上的地质故事	广东省高校精品党课
	三维贯通融合的本科工程实践教学探索	广东教育教学成果奖一等奖
南方科技大学唐斌团队	2021年（第四届）广东高效科技成果转化路演大赛	复赛三等奖
哈尔滨工业大学（深圳）智能机器人“凤凰”团队	第二十三届“广东青年五四奖章”评选	第二十三届“广东青年五四奖章”（集体）

（续表）

获奖集体名称	项目名称	获奖等次（名称）
深圳职业技术学院党委	“广东省先进基层党组织”评选	广东省先进基层党组织
大鹏中心小学	“广东省红领巾示范校”评选	广东省红领巾示范校
南澳中心小学	“广东省少先队先进学校”评选	广东省少先队先进学校
福田区教育局	“广东省首批中小学‘三全育人’体制机制建设实验区”评选	广东省首批中小学“三全育人”体制机制建设实验区
	“广东省儿童青少年近视防控改革试点区”评选	广东省儿童青少年近视防控改革试点区
	“广东省脱贫攻坚先进集体”评选	广东省脱贫攻坚先进集体
红岭教育集团、荔园教育集团、实验教育集团	“广东省首批省级优质基础教育集团培育对象”评选	广东省首批省级优质基础教育集团培育对象
福田中学、百花小学、福苑小学、明德实验学校（集团）	“广东省教学评价改革示范校”评选	广东省教学评价改革示范校
红岭中学（集团）、下沙小学、园岭小学	“广东省基础教育成果培育对象”评选	广东省基础教育成果培育对象
红岭教育集团、北环中学、下沙小学、园岭小学	“广东省信息化中心学校建设成效优秀学校”评选	广东省信息化中心学校建设成效优秀学校
华强职业技术学校	“广东省高水平中职学校建设单位”评选	广东省高水平中职学校建设单位
园岭小学	“广东省绿色学校”评选	广东省绿色学校
红岭教育集团高中部、荔园外国语小学（集团）	“广东省中小学教师校本研修示范学校”评选	广东省中小学教师校本研修示范学校
红岭教育集团石厦部	“广东省基础教育党建工作示范校”评选	广东省基础教育党建工作示范校
第二实验学校、福田小学	“广东省中小学中华优秀文化传承学校”评选	广东省中小学中华优秀文化传承学校
区四幼、景秀小学、上步中学	“广东省儿童青少年近视防控示范学校”评选	广东省儿童青少年近视防控示范学校
外国语高级中学、福田区实验教育集团、园岭小学	“广东省中小学艺术教育特色学校”评选	广东省中小学艺术教育特色学校
红岭教育集团高中部	“广东省普通高中新课程新教材实施省级示范校”评选	广东省普通高中新课程新教材实施省级示范校
荔园外国语小学（集团）	“广东省基础教育小学校本教研基地”评选	广东省基础教育小学校本教研基地
教科院第二附属小学	“广东省中小学劳动教育特色学校”评选	广东省中小学劳动教育特色学校
红岭教育集团高中部	省级“双新”示范校评选	省级“双新”示范校
红岭中学（集团）石厦部	“广东省模范职工小家”评选	广东省模范职工小家
荔园教育集团、教科院附属小学	“广东省少先队红旗大队”评选	广东省少先队红旗大队
明德实验学校（集团）香蜜校区	“广东省中小学棋类锦标赛优秀组织单位”评选	广东省中小学棋类锦标赛优秀组织单位

（续表）

获奖集体名称	项目名称	获奖等次（名称）
福田区第八幼儿园	“童心向党”广东省幼儿绘画大赛	最佳组织奖
红岭科技中学	“广东省科技创新教育实验学校”评选	广东省科技创新教育实验学校
	“广东省青少年科技活动优秀组织单位”评选	广东省青少年科技活动优秀组织单位
福田区莲花小学	2021年全国青少年棒球公开赛	U10组、U12组第一名
福田区梅林中学	广东省中学生田径冠军赛	甲组团体一等奖
深圳明德实验学校碧海校区	广东省艺术联合会主办的广东省棒垒球锦标赛U10组棒球	第一名
福田区园岭小学	“广东省中小学艺术教育特色学校”评选	广东省中小学艺术教育特色学校
红岭中学（红岭教育集团）高中部	广东省第七届中小学生艺术展演	中学组表演类一等奖
园岭实验小学		一等奖
深圳市锦田小学	第十九届全国中小学信息技术创新与实践大赛广东赛区	优秀组织单位
深圳市翠竹外国语实验学校	“广东省中小学教师校本研修示范学校”评选	广东省中小学教师校本研修示范学校
罗湖区清秀幼教集团	“首批省级优质基础教育集团培育对象”评选	首批省级优质基础教育集团培育对象
盐港中学	“广东省信息化中心学校（基于项目的创造式学习）”评选	广东省信息化中心学校
	“广东省物流行业协会理事单位”评选	广东省物流行业协会理事单位
盐港中学团委	“2021年广东省五四红旗团委”评选	2021年广东省五四红旗团委
田东中学	2021年粤港澳姊妹学校中华经典美文朗诵比赛	三等奖
盐田区田心小学	“广东省中小学艺术教育特色学校”评选	第四批广东省中小学艺术教育特色学校
	2021年广东省中小学生羽毛球赛	团体总分第二名
盐田区林园小学“小海鹰”羽毛球队	广东省“首届中、小学生春季羽毛球锦标赛”	小学组总分季军
盐田区乐群实验小学	“广东省第三批中小学中华优秀文化传承学校”评选	传承学校
	新时代青少年全球胜任力风采展示活动·首届大湾区青少年模拟联合国未来领袖峰会第三轮模联高级别磋商会议	小学组团体二等奖
宝安中学（集团）、新安中学（集团）、宝安幼教集团	“广东省基础教育优质教育集团培育单位”评选	省级
松岗中学党委	“广东省先进基层党组织”评选	广东省先进基层党组织
深圳建安小学	2021年广东省中、小学生棋类锦标赛	小学A组国际象棋团体一等奖
		优秀组织奖
新安中学（集团）初中部	广东省“绿色学校”评选	广东省“绿色学校”
	广东省工作坊建设项目评比（蜡雕工作坊）	三等奖
	2021年广东省中小学生艺术展演活动艺术实践工作坊现场展示（蜡雕工作坊）	一等奖

（续表）

获奖集体名称	项目名称	获奖等次（名称）
宝安区文汇学校	广东省“守护平安·警民同行”优秀组织单位评选	优秀组织奖
	“第二批广东省中小学中华优秀文化传承学校”评选	广东省中小学中华优秀文化传承学校
海湾中学	“广东省中小学艺术教育特色学校”评选	广东省中小学艺术教育特色学校
海湾中学“三守”管乐团	广东省校际管乐节	示范乐团奖（金奖）
海湾中学“三守”羽毛球队	广东省中学生羽毛球锦标赛	团体二等奖
深圳市宝安区凤岗小学	广东省首届校际管乐节优秀社团	省一等奖
	第十二届广东省少儿戏曲小梅花荟萃比赛集体节目	省一等奖
	广东省青少年国际跳棋锦标赛	省一等奖
宝安区天骄小学	“广东省中小学艺术教育特色学校”评选	广东省中小学艺术教育特色学校
红树林外国语小学	广东省“网络安全示范校”评选	广东省“网络安全示范校”
红树林外国语小学（童声合唱团）	广东省第七届中小学生艺术展演	二等奖
深圳市沙井职业高级中学（深圳市宝安职业教育集团第二校区）	广东省教育教学成果奖	一等奖
宝安区燕山学校	广东省第七届中小学生艺术展演活动	一等奖
宝安区塘尾万里学校	十二届广东省少儿戏曲小梅花荟萃集体节目（京昆组）	一等奖
龙岗区宝龙学校	“广东省航空航天特色学校”评选	广东省航空航天特色学校
龙岗区龙城高级中学	“广东省中小学教师校本研修示范学校”评选	广东省中小学教师校本研修示范学校
龙岗区龙城高级中学（教育集团）	广东省青少年三人篮球赛	乙组冠军
龙岗区深圳大学附属坂田学校	“广东省少先队红旗大队”评选	广东省少先队红旗大队
龙岗区外国语学校（集团）如意小学	2021年广东省小学生篮球锦标赛冠军	广东省教育厅
龙岗区香港中文大学（深圳）附属知新学校	广东省网球锦标赛	小学甲A组团体总分第一名
龙岗区依山郡小学	2021年广东省青少年艺术体操锦标赛	普及组3级集体一等奖
龙岗区华中师范大学龙岗附属中学	“广东省中小学心理健康教育特色学校”评选	广东省中小学心理健康教育特色学校
龙岗区龙城小学	“广东省少先队红旗中队”评选	广东省少先队红旗中队（少先队深圳市龙岗区龙城小学大队三（1）中队）
	“广东省人文社会科学普及基地”评选	广东省人文社会科学普及基地
龙岗区坪地兰陵学校	“第二批广东省中小学中华优秀文化传承学校”评选	第二批广东省中小学中华优秀文化传承学校

（续表）

获奖集体名称	项目名称	获奖等次（名称）
龙岗区上海外国语大学附属龙岗学校	“生态文明与可持续发展目标通识教育实验学校”评选	生态文明与可持续发展目标通识教育实验学校
龙岗区深圳大学附属坂田学校	“广东省少先队红旗大队”评选	广东省少先队红旗大队
龙岗区实验学校	“广东省中小学教师校本研修示范学校”评选	广东省中小学教师校本研修示范学校
龙岗区五园小学	2021年广东省第六届“谁是棋王”全民争霸赛	优秀团体奖
龙岗区新南小学	2021年度广东省中小学足球主题大课间展示活动	二等奖
龙岗区清林径实验小学	第36届广东省青少年科技创新大赛	一等奖
龙华区教育局	“广东省脱贫攻坚先进集体”评选	广东省脱贫攻坚先进集体
龙华区第二外国语学校	第17届中国青少年创造力发明展——全国创新型学校评选	第17届中国青少年创造力发明展——全国创新型学校
龙华区行知学校	广东省妇女联合会“广东省三八红旗工作室”评选	广东省妇女联合会“广东省三八红旗工作室”
龙华中学	广东省体育艺术联合会举办的广东省大学生空手道锦标赛暨中小学生空手道比赛	高中组团体第一名
		初中组团体第一名
	2021年广东省空协杯空手道锦标赛	团体总分第一名
		体育道德风尚奖
		优秀组织奖
	广东省第七届中小学生艺术展演活动（中学器乐甲组）	一等奖
龙华区民治中学教育集团民新学校	2021年中国中小学生操舞锦标赛	二等奖
	广东省校园摄影大赛	一等奖
	广东省第七届中小学生艺术展演摄影类	二等奖
龙华高级中学教育集团观澜校区	“广东省绿色学校”评选	广东省绿色学校
龙华区第二实验学校	“广东省绿色学校”评选	广东省绿色学校
	“广东省教育评价改革试点项目学校”评选	广东省教育评价改革试点项目学校
龙华区外国语学校	广东省第七届中小学生艺术展演	表演类舞蹈一等奖
	第四届广东省弦乐队邀请赛	三等奖
		优秀奖
龙华区清泉外国语学校	2021年广东省学生武术公开赛（集体项目）	一等奖
	2021年广东省学生武术公开赛（团体总分）	第二名
丹堤实验学校	岭南优秀文化经典演绎大赛决赛	一等奖
新华中学	“广东省先进基层党组织”评选	先进集体
	2021年广东省中小学跳绳锦标赛	团体一等奖
龙华区实验学校	“广东省优秀少先队红旗大队”评选	广东省优秀少先队红旗大队
龙华区龙腾学校	广东省中小学生武术公开赛	团体总分第二名

（续表）

获奖集体名称	项目名称	获奖等次（名称）
龙华区广培小学	广东省“云上运动会”	十强学校
坪山区华明星学校	“广东省绿色学校”评选	广东省绿色学校
	“五四红旗团总支”评选	五四红旗团总支
坪山区碧岭小学	“广东省中小学教师校本研修示范学校”评选	广东省中小学教师校本研修示范学校
坪山区坪山高级中学	广东省中学生志愿服务示范校评级	省级
	“广东省绿色学校”评选	省级
坪山区坪山实验学校	“广东省绿色学校”评选	省级
光明区东周小学	“广东省绿色学校”评选	省级
光明区下村小学	“广东省绿色学校”评选	省级
	“广东省象棋特色学校”评选	省级
	“青春中国”第十七届青少年艺术素质教育展评活动广东省总评选	优秀艺术人才培训基地
		特金奖
光明区外国语学校	“广东省绿色学校”评选	省级
光明区光明小学	“广东省文明校园”评选	广东省文明校园
	“2020—2021年度广东省少先队先进学校”评选	2020—2021年度广东省少先队先进学校
	“广东省游泳推广学校”评选	广东省游泳推广学校
华中师范大学附属光明勤诚达学校	“广东省绿色学校”评选	广东省绿色学校
	“广东省国际象棋特色学校”评选	广东省国际象棋特色学校
光明区公明中学	“广东省象棋特色学校”评选	广东省象棋特色学校
光明区楼村小学	“广东省绿色学校”评选	广东省绿色学校
光明区高级中学	“广东省中小学艺术教育特色学校”评选	广东省中小学艺术教育特色学校
	“广东省中学生志愿服务示范校”评选	广东省中学生志愿服务示范校
	“广东省中小学生艺术展演学生艺术实践工作坊”评选	广东省中小学艺术展演学生艺术实践工作坊一等奖
光明区玉律学校	“第三批全国中小学中华优秀传统文化传承学校”评选	第三批全国中小学中华优秀传统文化传承学校
光明区田寮小学	2021年广东省小学生篮球锦标赛	（女子组）第七名
光明区凤凰培英文武实验学校	“广东省绿色学校”评选	广东省绿色学校
光明区光明书院	“广东省特色教育品牌学校”评选	全科艺术教育特色学校
深圳市第一职业技术学校	广东省“少年工匠心向党 青春奋进新时代”主题教育暨2021年文明风采活动	优秀组织奖
	“广东省第二批绿色学校”评选	广东省绿色学校
深圳市高级中学	“全省第一批基础教育党建工作示范校”评选	全省第一批基础教育党建工作示范校
	“广东省普通高中新课程新教材实施省级示范校”评选	省级示范校

（续表）

获奖集体名称	项目名称	获奖等次（名称）
深圳市高级中学	“广东省初中美术教研基地学校”评选	美术教研基地学校
深圳市高级中学中心校区语文科组	“广东省巾帼文明岗”评选	广东省巾帼文明岗
深圳市高级中学百合合唱团	广东省第七届中小学生艺术展演	声乐类展演一等奖第一名
深圳市高级中学北校区艺术体操队	广东省青少年艺术体操锦标赛	集体双项特等奖第一名
深圳中学	“广东省劳动教育特色学校”评选	广东省劳动教育特色学校
	广东省第七届中小学生艺术展演	合唱团、民乐团、管乐团获一等奖
深圳外国语学校戏剧团	广东省第七届中小学生艺术展演	省一等奖
深圳外国语学校舞蹈团		省一等奖
深圳外国语学校合唱团		省一等奖
深圳外国语学校龙华语文组	第十八届“叶圣陶杯”全国中学生新作文大赛	优秀团体奖
	第十九届“叶圣陶杯”全国中学生新作文大赛	优秀团体奖
深圳外国语学校艺术体操队	广东省青少年艺术体操锦标赛竞技集体（5圈）	第二名
深圳科学高中	广东省教育厅组织的“中华优秀传统文化传承学校”评选活动	中华优秀传统文化传承学校
	广东省教育厅组织的“校园排球推广学校”评选活动	广东省校园排球推广学校
	2021年广东省教育厅“从小学党史 永远跟党走”中小学主题教育活动	优秀组织奖
深圳第二外国语学校	广东省科普教育基地全国信息技术创新大赛（广东赛区）	广东省优秀组织单位
深圳市第二实验学校	“广东省交通安全文明示范学校”评选	广东省交通安全文明示范学校
	“第十四届全国学生运动会先进单位”评选	第十四届全国学生运动会先进单位
	耐高联赛女子组广东赛区	冠军
	广东省青少年三人篮球锦标赛甲组（男子）	冠军
深圳市第二实验学校	广东省第七届中小学生艺术展演	一等奖
	第十六届广东省中学生天文知识竞赛	一等奖
深圳市第三高级中学	广东省第七届中小学生艺术展演	舞蹈组一等奖
	2021年广东省中、小学生春季羽毛球锦标赛高中组	一等奖
	2021年广东省中、小学生春季羽毛球锦标赛高中组	团体总分第四名
	2021年广东省中学生羽毛球锦标赛	二等奖
深圳元平特殊教育学校	广东省教育教学成果奖	二等奖
	“2021年广东省特殊教育示范学校”评选	广东省特殊教育示范学校

（续表）

获奖集体名称	项目名称	获奖等次（名称）
深圳元平特殊教育学校体育学科组	“广东省模范职工小家”评选	一等奖
深圳幼儿园	“2021年广东省教育教学成果奖”评选	一等奖
深圳市第三幼儿园	“广东省网络安全示范园”评选	广东省网络安全示范园
南山区南海小学	“广东省校园排球推广学校”评选	广东省校园排球推广学校
南山区龙苑学校	“特殊教育示范学校”评选	特殊教育示范学校
南山区教科院同乐实验学校	“第二批广东省中小学中华优秀传统文化传承学校”评选	第二批广东省中小学中华优秀传统文化传承学校
南山区南头小学	2021年“广东省校园篮球推广学校”评选	2021年“广东省校园篮球推广学校”
南山区深圳湾学校	2021年广东省小学生排球锦标赛	第一名
南山区前海港湾小学	广东省青少年艺术体操锦标赛	一等奖
南山区荔湾小学	“广东省绿色学校”评选	广东省绿色学校
北大附中南山分校	“广东省基础教育党建工作示范校”评选	广东省基础教育党建工作示范校
深圳湾学校	广东省小学生排球锦标赛	第一名
南头城学校	“广东省中小学艺术教育特色学校”评选	广东省中小学艺术教育特色学校
园丁学校	“广东省先进女职工集团”评选	广东省先进女职工集团
首地幼儿园	“2021年广东省儿童青少年近视防控示范校”评选	2021年广东省儿童青少年近视防控示范校
育才三中	广东省中学生排球锦标赛	男子乙组第一名
海滨实验小学	广东省第七届中小学生艺术展演活动	管弦乐、民乐合奏，群舞合奏获一等奖
育才中学	“广东省普通高中新课程新教材实施省级示范校”评选	广东省普通高中新课程新教材实施省级示范校
南山外国语学校（集团）	“广东省首批省级优质基础教育集团培育对象”评选	广东省首批省级优质基础教育集团培育对象
蛇口学校	第七届全国中小学生艺术展演比赛	广东省一等奖
深中南山创新学校	“广东省绿色学校”评选	广东省绿色学校
西丽小学	“广东省艺术教育特色学校”评选	广东省艺术教育特色学校
丽湖学校	“广东省绿色学校”评选	广东省“绿色学校”
龙珠学校	广东省中小学生垒球锦标赛	U15冠军
松坪第二小学	“广东省第三批中华优秀传统文化传承特色学校”评选	广东省第三批中华优秀传统文化传承特色学校
香山里小学	“广东省信息化中心校优秀学校”评选	广东省信息化中心校优秀学校
深圳小学	“广东省少先队先进学校”评选	广东省少先队先进学校
	“广东省中小学第三批中华优秀文化传承学校”评选	广东省中小学第三批中华优秀文化传承学校

2021年深圳市教育系统省级荣誉个人

姓名	单位名称	项目名称	获奖等次（名称）
康飞宇	清华大学深圳国际研究生院	广东省丁颖科技奖评选	广东省丁颖科技奖
付振晓 晓慧 曹秀华 孙蓉 刘哲 宋子峰 杨晓平 **李勃** 胡春元 郭丽敏 于淑会 安可荣 陈长云 林瑞芬 王峰 **（加粗人员为清华大学深圳国际研究生院老师，下同）**	广东风华高新科技股份有限公司、清华大学、中国科学院深圳先进技术研究院、中兴通讯股份有限公司、清华大学深圳国际研究生院	广东省科技进步奖评选	一等奖
方东平 周予启 **武晓峰** 黄玥诚 刘卫未 郭红领 薛刚 廖钢林 吴春林 王晶 李楠 马琳瑶 邱德明 任耀辉	清华大学深圳国际研究生院、中建一局集团建设发展有限公司、清华大学、中国建筑一局（集团）有限公司	广东省科技进步奖评选	一等奖
龙世渚 林五四 **金爽** 陈杰 喻召福 杨立辉 肖水 邓水森 曹继业	深圳创维数字技术有限公司、清华大学深圳国际研究生院、深圳锋芒信息技术有限公司、深圳市创维软件有限公司、深圳市维爱希电子科技有限公司	广东省科技进步奖评选	二等奖
孟晓波 **王黎明** 杨代铭 高岩 梅红伟 廖永力 赵晨龙 李健 王仲 朱砚	南方电网科学研究院有限责任公司、华南理工大学、清华大学深圳国际研究生院、广州广华智电科技有限公司、四川大学、国网电力科学研究院武汉南瑞有限责任公司、广州鑫源恒业电力线路器材股份有限公司	广东省科技进步奖评选	二等奖
周受钦 吕洁印 周海宝 **戚铭尧** 曹广忠 段战归 陈东明	深圳中集智能科技有限公司、深圳中集科技有限公司、清华大学深圳国际研究生院、深圳大学	广东省科技进步奖评选	二等奖
晏年平 **王希林** 崔博源 司晓闯 章少华 李帆 陈田 尹桂来 司文荣 邓志祥	国网江西省电力有限公司、中国电力科学研究院有限公司、平高集团有限公司、清华大学深圳国际研究生院、南昌大学、华东电力试验研究院有限公司	江西省科技进步奖评选	二等奖
俞露 曾思育 张亮 **管运涛** 明珠 赵冬泉 李炳峰 曾小瑱 孙静	深圳市城市规划设计研究院有限公司、清华大学深圳国际研究生院、深圳市环境监测中心站、北京清环智慧水务科技有限公司	广东省环境保护科学技术奖评选	二等奖

（续表）

<table>
<tr><th>姓　名</th><th>单位名称</th><th>项目名称</th><th>获奖等次（名称）</th></tr>
<tr><td>贾志东　张星海　李亚伟
白　欢　陈洪波　范松海
晏年平　袁　野</td><td>国网四川省电力公司电力科学研究院、清华大学深圳国际研究生院、国网江西省电力有限公司电力科学研究院、成都清威科技有限公司、国网四川省电力公司检修公司、成都拓利科技股份有限公司</td><td>四川省科技进步奖评选</td><td>二等奖</td></tr>
<tr><td>王欣伟　俞　华　贾志东
李隆基　杨　虹　芦　山</td><td>国网山西省电力公司电力科学研究院、清华大学深圳国际研究生院、国网天津市电力公司电力科学研究院</td><td>四川省科技进步奖评选</td><td>三等奖</td></tr>
<tr><td>谭春燕</td><td rowspan="5">清华大学深圳国际研究生院</td><td>“南粤优秀教师”评选</td><td>南粤优秀教师</td></tr>
<tr><td>胡　凯</td><td>全国高校计算机应用开发大赛</td><td>华南赛区一等奖/全国三等奖</td></tr>
<tr><td>朱永佩</td><td>数字中国创新大赛智慧医疗赛道华南及港澳赛区决赛</td><td>优胜奖</td></tr>
<tr><td>周步伟　彭俊坤　段光林</td><td rowspan="2">第七届中国国际“互联网+”大学生创新创业大赛</td><td>北京市三等奖</td></tr>
<tr><td>郭俊麟　段淇耀　宋子午
蔡尚斌</td><td>北京市二等奖</td></tr>
<tr><td>牛　奔</td><td rowspan="18">深圳大学</td><td rowspan="5">“南粤优秀教师”评选</td><td rowspan="5">南粤优秀教师</td></tr>
<tr><td>向建新</td></tr>
<tr><td>李　强</td></tr>
<tr><td>罗清和</td></tr>
<tr><td>胡世清</td></tr>
<tr><td>莫蓓莘</td><td>“南粤优秀教师评选”“广东省高等学校（本科）教学名师奖”评选</td><td>南粤优秀教师、广东省高等学校（本科）教学名师奖</td></tr>
<tr><td>周裕琼</td><td rowspan="2">“广东省高等学校（本科）教学名师奖”评选</td><td rowspan="2">广东省高等学校（本科）教学名师奖</td></tr>
<tr><td>费跃农</td></tr>
<tr><td>候琼琼</td><td rowspan="3">广东省高校学生资助工作评优</td><td rowspan="3">广东省高校学生资助先进工作者</td></tr>
<tr><td>闻　超</td></tr>
<tr><td>刘　妍</td></tr>
<tr><td>苏鹏飞</td><td>“2020—2021年国防教育工作先进个人”评选</td><td>2020—2021年广东省国防教育工作先进个人</td></tr>
<tr><td>张晓红</td><td rowspan="2">“2021年度反映社情民意信息工作先进个人”评选</td><td rowspan="2">2021年度反映社情民意信息工作先进个人</td></tr>
<tr><td>王　桢</td></tr>
<tr><td>彭小刚</td><td rowspan="2">“2021—2022年度参政议政工作先进个人”评选</td><td rowspan="2">2021—2022年度参政议政工作先进个人</td></tr>
<tr><td>李明超</td></tr>
</table>

（续表）

姓 名	单位名称	项目名称	获奖等次（名称）
陈贤坤	深圳大学	第十六届“挑战杯”广东大学生课外学术科技作品竞赛决赛颁奖仪式表彰	第十六届“挑战杯”广东大学生课外学术科技作品竞赛决赛颁奖仪式“优秀指导老师”
黄利平	南方科技大学	“广东省高校党建研究会本科分会优秀党务工作者”评选	优秀党务工作者
卢海舟	南方科技大学	“南粤优秀教师”评选	南粤优秀教师
张作泰	南方科技大学	产学研合作促进奖评选	产学研合作促进奖
王俊坚	南方科技大学	第四届中国环境科学学会青年科学家奖评选	金奖
陈　洪	南方科技大学	第四届中国环境科学学会青年科学家奖评选	优秀奖
陈　洪	南方科技大学	广东省环境科学学会生态环境青年科技奖评选	广东省环境科学学会生态环境青年科技奖
唐圆圆	南方科技大学	广东省环境科学学会生态环境青年科技奖评选	广东省环境科学学会生态环境青年科技奖
唐　斌	南方科技大学	广东省科技进步奖评选	二等奖
余　浩	南方科技大学	第十届吴文俊人工智能芯片专项奖评选	二等奖
李　俊	南方科技大学	“广东省自然科学杰出青年基金项目”评选	广东省自然科学杰出青年基金项目
陈朝宇	南方科技大学	“广东省自然科学杰出青年基金项目”评选	广东省自然科学杰出青年基金项目
陈洁菲	南方科技大学	“广东省自然科学杰出青年基金项目”评选	广东省自然科学杰出青年基金项目
赵建华　马近远等	南方科技大学	核心素养导向的“AB+X课程”育人体系探索与实践	2021年广东省教育教学成果奖二等奖
陈根强	南方科技大学	核心素养导向的“AB+X课程”育人体系探索与实践	广东省自然科学基金杰出青年项目
张建明	南方科技大学	2020年北京市科学技术奖自然科学奖评选	二等奖（2021年颁发）
吴东旭	南方科技大学	高校教育人才“组团式”教育帮扶工作优秀队员评选	高校教育人才“组团式”教育帮扶工作优秀队员
韩晓光	香港中文大学（深圳）	吴文俊人工智能科学技术奖评选	优秀青年奖
廖敬尊	中山大学（深圳校区）	“中青杯”全国大学生数学建模竞赛省赛	特等奖
孙益伟	中山大学（深圳校区）	“中青杯”全国大学生数学建模竞赛省赛	特等奖
谭源正	中山大学（深圳校区）	“挑战杯”广东省创新创业大赛	一等奖

（续表）

姓　名	单位名称	项目名称	获奖等次（名称）
苏睿婕	中山大学（深圳校区）	全国大学生数学建模竞赛省赛	一等奖
谭源正			一等奖
邓卓韬			二等奖
段雨啸			二等奖
温尔登			二等奖
林良涛			三等奖
张润宁			三等奖
汪　睿			三等奖
魏凯得			三等奖
谭源正		广东省数学竞赛	三等奖
叶　泓		广东省第六届大学生艺术展演	一等奖
陈俊宏		广东省健康科普大赛	三等奖
许宇喆			三等奖
詹丰全		第一届广东大学生网络安全攻防大赛	冠军
董　喆		第十六届全国大学生智能汽车竞赛分区赛	二等奖
吴善海			二等奖
肖家豪			二等奖
肖浚哲			二等奖
郑海远			二等奖
项　鲲		第十六届“挑战杯”广东大学生课外学术科技作品竞赛	一等奖
黄孜颖			一等奖
邓永昌		第十六届“挑战杯”广东大学生课外学术科技作品竞赛	一等奖
黄俊嘉			一等奖
江汉康			一等奖
林嘉烨			一等奖
刘金朋			一等奖
岳毅然			一等奖
张灿晖			一等奖
谭源正		第十六届“挑战杯”广东大学生课外学术科技作品竞赛	一等奖
王海东			一等奖
钟艺嘉			一等奖
刘　玥			一等奖
廖敬尊		第十二届全国大学生数学竞赛省赛	一等奖

（续表）

姓　名	单位名称	项目名称	获奖等次（名称）
郑海远	中山大学（深圳校区）	第七届中国国际“互联网+”大学生创新创业大赛广东省分赛	银奖
岳毅然			金奖
王　昕		GDCPC（广东省程序设计竞赛）	三等奖
张瀹文		2021善创未来·美好大会区域选拔赛社会创新赛道	二等奖
林嘉烨		“挑战杯”广东大学生课外学术科技作品竞赛	一等奖
申　萍	哈尔滨工业大学（深圳）	2021年全国大中专学生志愿者暑期“三下乡”社会实践活动	2021年全国大中专学生志愿者暑期“三下乡”社会实践活动优秀个人
崔爱娇		“南粤优秀教师”评选	南粤优秀教师
苏江山	人大附中深圳学校	“南粤优秀教师”评选	南粤优秀教师
罗丽芳	大鹏中心幼儿园	“南粤优秀教师”评选	南粤优秀教师
张　波	葵涌中心小学	“南粤优秀教师”评选	南粤优秀教师
翁宇昇	北环中学	2021年广东省中小学生桥牌锦标赛男子团体	冠军
李思锐			冠军
林宇生			冠军
陈文政			冠军
孟子睿			冠军
甘子溪			冠军
冯　超		“南粤优秀教师”评选	南粤优秀教师
谭春兰	东海实验小学	“南粤优秀教师”评选	南粤优秀教师
张俊炜	福田区第二实验学校	广东省大学生、中小学生桥牌锦标赛中获得定约桥牌初中组混团赛	冠军
王思琴			冠军
余君娴			冠军
郭凯希			冠军
张　红		“南粤优秀教师”评选	南粤优秀教师
王德久	福田中学	“南粤优秀教育工作者”评选	南粤优秀教育工作者
王小应		“广东省普通高考优秀评卷教师”评选	广东省普通高考优秀评卷教师
李园园			广东省普通高考优秀评卷教师
王嘉彤	翰林实验学校	2021年广东省青少年射击锦标赛十米气手枪	冠军
赖梦尘	红岭中学（红岭教育集团）	“广东省普通高考优秀评卷教师”评选	广东省普通高考优秀评卷教师
王洪峰			广东省普通高考优秀评卷教师

（续表）

姓　名	单位名称	项目名称	获奖等次（名称）
李　剑	红岭中学（红岭教育集团）	“南粤优秀教师”评选	南粤优秀教师
江　伟		“广东省特级教师”评选	广东省特级教师
马慧连	华强职业技术学校	“南粤优秀教师”评选	南粤优秀教师
李晓雯			南粤优秀教师
温　雯	荔园小学（荔园教育集团）	“南粤优秀教师”评选	南粤优秀教师
林晓兰	梅林中学	“广东省普通高考优秀评卷教师”评选	广东省普通高考优秀评卷教师
吴　鹏	梅山中学	“南粤优秀教师”评选	南粤优秀教师
和春婷	美莲小学附属幼儿园		南粤优秀教师
文国锋	深圳景莲小学		南粤优秀教师
裴　菲	福田区外国语高级中学	“广东省普通高考优秀评卷教师”评选	广东省普通高考优秀评卷教师
赵红燕	福田区外国语学校	“南粤优秀教师”评选	南粤优秀教师
李思辰	新莲小学	2021年广东省少年国际象棋冠军赛	第一名
吴宇城	新洲小学	“2021年广东省中小学生冬季游泳锦标赛小学组”比赛公开小学E组50米仰泳、蝶泳、自由泳3项	冠军
许　诺	罗湖外语学校初中学校	第三届广东省中小学青年教师教学能力大赛初中地理学科决赛	一等奖第一名
艾　彬	锦田小学	“南粤优秀教师”评选	南粤优秀教师
张开云	笋岗中学	“2021年广东省优秀少先队员”评选	2021年广东省优秀少先队员
张志良	罗湖区清秀幼教集团	广东省首届美育教师教学基本功比赛比赛	（幼儿园书法组）二等奖
庾楚晴			（幼儿园美术组）二等奖
徐依烊（学生）	盐田高级中学	2020—2021年度“广东省优秀共青团员”评选	广东省优秀共青团员
臧钰博（学生）		2020—2021年度广东省优秀学生干部评选	2020—2021年度广东省优秀学生干部
彭圣轩（学生）		广东省物理竞赛	一等奖
龙　旋（学生）		2021年度广东省宋庆龄奖学金评选	2021年度广东省宋庆龄奖学金
林　娟		“南粤优秀教师”评选	南粤优秀教师
杨润奇	田东中学	2021粤港澳大湾区U系列暨广东省青少年网球联赛	U12男子单打亚军
钟健飞		2021年“湾区·金融城”青少年网球公开赛（C400）	双打亚军

（续表）

姓　名	单位名称	项目名称	获奖等次（名称）
张　瑶　龙绍睿　伍星玥　谭晴月	盐田区云海学校	广东省中小学科技教育劳动实践活动	一等奖
张宇康　李　想		广东省中小学科技教育劳动实践活动	一等奖
龙若霏　林泽楷		广东省中小学生信息技术创新与实践大赛	二等奖
宋旻蔓		广东省中小学科技教育劳动实践活动	三等奖
刘雄鹰	盐港中学	“南粤优秀教师”评选	南粤优秀教师
何智超		广东省首届美育教师教学基本功大赛	一等奖
林　慧		2021年广东省第八届中小学班主任专业能力大赛	三等奖
肖晓昕		2021年全国中小学思政课教师教学基本功展示交流活动	一等奖
郑　音		2021年广东省科技劳动教育实践活动	三等奖
王佳蕊　张　强			
王伟彬（学生）		广东省“现代物流综合作业”技能大赛	二等奖
郑嘉豪（学生）			二等奖
陈家俊（学生）			二等奖
姚益林（学生）			二等奖
徐中浩（学生）		广东省“新能源汽车检测与维修”技能大赛	三等奖
翁伟钊（学生）			三等奖
胡馨玲（学生）		广东省“工业分析检验”技能大赛	二等奖
吴慧芹（学生）			二等奖
陈丽婷（学生）			三等奖
许凯露（学生）			三等奖
刘　刚	盐田区田心小学	2021年广东省中小学生羽毛球赛	优秀教练
李　想		2021年广东省中小学生羽毛球赛	G组男子单打第五名
钟　雯		2021年广东省中小学生羽毛球赛	G组女子单打第三名
钟家兴			H组男子双打第三名
何文焱			
朱淯桦			H组男子单打第五名
刘　欣			H组女子双打第二名
赵星妤			
邱增玮			I组男子双打第三名
何卓熙			

（续表）

姓　名	单位名称	项目名称	获奖等次（名称）
蒋宇诚	盐田区田心小学	2021年广东省中小学生羽毛球赛	I组男子单打第六名
章仁懿			I组男子单打第七名
简爱艾			I组女子单打第四名
何棋萱	盐田区林园小学	广东省第九届"粤星杯"小学生作文大赛	一等奖
庄梓琪			二等奖
甘鑫鹏			二等奖
马赫铭			三等奖
黄心缘			三等奖
黄熙涵			三等奖
林倍姿　李　凡　周晓旋 雷子欣　冯耀龙　孙明菊			指导老师奖
杨贵元		广东省首届中、小学生春季羽毛球锦标赛	优秀教练员
陈梓芯　杨可莹			I组女子双打第一名
刘欣怡　李琳玉			H组女子双打第一名
肖振宇			G组男子单打第二名
马赫铭			G组男子单打第三名
黄梓涵			H组男子单打第三名
蔡　灵			I组女子单打第六名
陈奕帆		广东省首届中、小学生春季羽毛球锦标赛	G组女子单打第七名
钟浩然			I组男子单打第八名
王树宏　李致学　王　锐 张　宏　袁　颖　陈尚宝	盐田区乐群实验小学	广东省教育教学成果奖（基础教育）	一等奖
高　勇		广东省"诗教中国"诗词讲解比赛	一等奖
刘文祺			二等奖
张　宏			优秀指导教师
王　毅			优秀指导教师
曾秀丹		广东省中小学"学百年党史，做时代新人"主题教育系列活动	优秀奖
余嘉颖		2020—2021年度"广东省优秀少先队员称号"评选	优秀少先队员
六（1）中队		2020—2021年度"广东省少先队红旗中队"评选	红旗中队

（续表）

姓　名	单位名称	项目名称	获奖等次（名称）
张寿先	宝安区星光学校	“广东省特殊教育优秀工作者”评选	广东省特殊教育优秀工作者
高燕玲		“广东省特殊教育优秀教师”评选	广东省特殊教育优秀教师
刘　凯		“广东省优秀班主任”评选	广东省优秀班主任
于　敏	宝安中学（集团）高中部	“南粤优秀教师”评选	南粤优秀教师
陈加一　文浩然　谭昭阳		广东省第36届青少年科技创新大赛、全国互联网+创业大赛萌芽赛道	一等奖金奖及广东省赛区优胜奖
牛　爽	宝安中学（集团）初中部	第八届广东省班主任能力大赛初中组	一等奖
刘沐恩		2021年广东省“中国体育彩票”青少年击剑锦标赛	第二名
曾卓泓		广东省第十四届定向锦标赛（接力赛）	M14A组第三名
赖佳铭		广东省“威健·澳加林”青少年羽毛球锦标赛	男子团体第一名
赖佳锋		广东省青少年羽毛球锦标赛	男子团体第一名
李嘉恒		广东省运动会	五人操第一名
曾卓泓		广东省第十五届定向锦标赛（接力赛）	第一名
良　辰		第十四届国际青少年艺术节	金奖
曾　雅		“桃李杯”搜星中国第16届（冬季）青少年艺术人才选拔活动广东赛区	金奖
邓　淇		“美好生活 劳动创造”广东青少年书画活动	金奖
熊雨珊			金奖
李铭远		第十一届蓝桥杯全国软件和信息技术专业人才大赛青少年Python高级创意编程组广东赛区选拔赛	一等奖
郭展强		第十二届蓝桥杯全国软件和信息技术专业人才大赛广东赛区	一等奖
李铭远		第十二届蓝桥杯全国软件和信息技术专业人才大赛青少年组省赛广东赛区Python高级创意编程组	一等奖
赵文哲		第十二届蓝桥杯全国软件和信息技术专业人才省赛一等奖	一等奖
郑　凯		第十二届蓝桥杯全国软件和信息技术专业人才大赛青少年广东省赛区C++中级创意编程组	三等奖
赵若希　黄奕萱　胡宸玮 黄俊帼　陈煜豪　张馨月	宝安中学（集团）外国语学校	“广东省优秀少先队员”评选	广东省优秀少先队员
张　萍			
薛恩泽		广东省2021年U系列游泳锦标赛	100米蛙泳第四名
			100米自由泳第五名

（续表）

姓　名	单位名称	项目名称	获奖等次（名称）
彭俊烨	宝安中学（集团）实验学校	2020—2021学年“少年硅谷——全国青少年人工智能教育成果展示大赛”	一等奖
邓清悦			
吴宗轩			
王城林			
金元浩			
刘理苇			
冯铭轩			二等奖
彭曦瑶			
廖　诺			
张宇瞳			
吴俊奇			
吴语筝			
李昱萱			
唐瑜蔓			
程安卓			
高　毓			
叶彦希			
林嘉朗			
李源汐			
范兴邦			
赵轩宇			
易忠谋			
文昌瑜			
李星乐			
李雨晴			三等奖
王竟涵			
魏　冕			
杨鸿博			
赖美妍			
魏显懿			
郭云镝			
谭隽桐			
林子祺			
陈若兮			
曹竟哲			
周旻骏			

（续表）

姓　名	单位名称	项目名称	获奖等次（名称）
杨梦泽	宝安中学（集团）实验学校	2020—2021学年“少年硅谷——全国青少年人工智能教育成果展示大赛”	三等奖
黄胤皓			
王馨婥			
杨翼铭			
封恭硕			
雷启东			
何悦然			
刘钧霆			
李沐恩			
叶彦其			
曾玺毓			
吴婧齐			
胡家倬		广东省电脑制作大赛	入围省赛
贾景晖	宝安中学（集团）第二外国语学校	第十二届鲁迅青少年文学奖（大湾区赛区）	中学组特等奖
王　浩			小学组特等奖
张珂润			中学组一等奖
王樱淼　赵浩赡			小学组二等奖
吴玲希　肖茜凰			中学组二等奖
王天怡　龚紫珊			小学组三等奖
李骏辉			中学组三等奖
陈鸿金　谢男轩（学生）	新安中学（集团）初中部	第二十一届广东省青少年机器人竞赛	金奖
何俊良	宝安区文汇学校	广东省中学生跆拳道锦标赛	优秀教练
赵　鹏			
孙旭贤			
王　燊	海湾中学	广东省中学生羽毛球锦标赛	乙组女子单打第7名
郭梓源　温如镇			乙组男子双打第7名
黄天烁　郭宇轩　吴泳琳　周　畅		华南地区第十一届管乐打击乐重奏独奏展演	二等奖
邬江阔扩	宝安区西乡小学	第十二届广东省少儿戏曲小梅花荟萃活动（京昆组）“金花”奖	金奖
陈星霖			金奖
杨宵达			金奖
侯昱冰	宝安区凤岗小学	广东省中小学青年教师教学能力大赛	省级一等奖
邹建明　程柳惜		第十二届广东省少儿戏曲小梅花荟萃集体节目比赛	省级一等奖
李雨欣		第十二届广东省少儿戏曲小梅花荟萃比赛“金花十佳”	省级一等奖
陈语曦		广东省青少年国际跳棋锦标赛	第一名
周诗乐			第二名
向昱丞			第三名

（续表）

姓 名	单位名称	项目名称	获奖等次（名称）
江嘉豪	宝安区凤岗小学	广东省青少年国际跳棋锦标赛	第三名
谢暖彤		第十二届广东省少儿戏曲小梅花荟萃比赛集体节目	一等奖
刘 妍			
李雨欣			
毛涵琳			
温欣晨			
朱嘉晓			
王沐晴			
方涵韵			
林钰涵			
李文晴			
龙锦雯		第十二届广东省少儿戏曲小梅花荟萃比赛集体节目	一等奖
邹文悦			
刘恩卓			
谭筠露			
刘霏霏			
陈汝蕙			
李意新	宝安区红树林外国语小学	“南粤优秀教师”评选	南粤优秀教师
曾昭曙		“广东省推进义务教育基本均衡先进个人”评选	广东省推进义务教育基本均衡先进个人
刘宏金		“广东省网安守护者”评选	广东省网安守护者
余欣慧 王煜凯 彭妍霓 罗泰然		广东省“红领巾奖章”评选	广东省“红领巾奖章”个人四星章
李冠婷 王 帅 甘满深 王欣悦 刁 奔	宝安职业教育集团第二校区	粤港澳大湾区“簕杜鹃杯”国际烹饪联赛	金奖
刘连宇		“南粤优秀教师”评选	南粤优秀教师
王宁宁 余婷婷 罗 静		广东省教学能力比赛	二等奖
卢永福 陈显炜		广东省职业院校技能大赛网络空间安全项目	一等奖
罗英明 文钰枝 马浩轩 赖永棋		广东省职业院校技能大赛烹饪项目	一等奖
刘欣桐	宝安区燕山学校	“翰墨青春 传承岭南”2021广东青少年书画大赛	一等奖
胡逸慧	孝德学校	第三届广东省中小学青年教师教学能力大赛	初中英语一等奖（第一名）
纪 丹	福永中学		初中信息技术一等奖（第一名）
谭家亮	石岩公学		初中音乐一等奖（第一名）

（续表）

姓　名	单位名称	项目名称	获奖等次（名称）
龙秋月	新安中学（集团）高中部	第三届广东省中小学青年教师教学能力大赛	高中生物学一等奖（第二名）
肖启星	宝安中学（集团）初中部		初中数学一等奖（第二名）
包晓旋	孝德学校		小学心理健康教育一等奖（第二名）
侯昱冰	凤岗小学		小学体育与健康一等奖（第二名）
姜　伟	龙腾小学		小学综合实践活动一等奖（第二名）
刘　娟	新安中学（集团）高中部		高中心理一等奖
陈映纯	宝安中学（集团）初中部		初中物理一等奖
史海涛	利锦小学		小学数学一等奖
谢煜民	宝安中学（集团）高中部		高中化学二等奖
郎新蕾			高中信息技术二等奖
潘春娟	宝安中学（集团）第二外国语学校		小学道德与法治二等奖
王佩玉	海韵学校		初中生物三等奖
林琢葳	龙岗区坂田街道雪象小学	“广东省优秀少先队员”评选	广东省优秀少先队员
梁晓明	龙岗区坂田实验学校	广东省第二届小学生公益口算练习	教师指导
吴艳红		广东省第二届小学生24点比赛	优秀指导教师
蒋朝鸿	龙岗区宝龙街道南约小学	“百年华诞·翰墨薪传”第二届广东省教师书法作品展	优秀奖
彭素绚		2021年广东省无线电测向锦标赛——80米测向小初中定向越野	一等奖
			二等奖
江欣洋			一等奖
			三等奖
陆伟乐			二等奖
涂涵宁			二等奖
刘恺理			三等奖
沈德祺			三等奖
谭子徐			三等奖
陈锦煊			三等奖
涂怡丹			三等奖
王楠岚			三等奖
杨健贤			三等奖

（续表）

姓　名	单位名称	项目名称	获奖等次（名称）
吴宇桐	龙岗区宝龙街道南约小学	2021年广东省无线电测向锦标赛——2米测向小初中定向越野	三等奖
		2021年广东省无线电测向锦标赛——快速测向小初中定向越野	三等奖
杨秉哲		2022年广东省无线电测向锦标赛——快速测向小初中定向越野	三等奖
廖昱泓	龙岗区布吉中学	广东省教育教学成果奖	一等奖
陈　慧		广东省第七届中小学生艺术展演	舞蹈二等奖、指导教师奖
曾景冰			三等奖、教师指导奖
陈　澜		2021广东省“中国体育彩票”青少年排球锦标赛	甲组第二名
程昕玥		广东省第七届中小学生艺术展演	舞蹈二等奖
丁心怡		2021年广东省中学生排球锦标赛	初中组第一名
		2021广东省“中国体育彩票”青少年排球锦标赛	乙组第一名
丁薪然		2021年广东省中学生排球锦标赛	初中组第一名
		2021广东省“中国体育彩票”青少年排球锦标赛	乙组第一名
范鑫瞳		2021年广东省中学生排球锦标赛	初中组第一名
		2021广东省“中国体育彩票”青少年排球锦标赛	乙组第一名
葛巍喆		2021年广东省中学生排球锦标赛	高中组第二名
		2021广东省“中国体育彩票”青少年排球锦标赛	甲组第二名
黄佳宇		广东省第七届中小学生艺术展演	舞蹈二等奖
黄嘉敏		2021年广东省中学生排球锦标赛	高中组第二名
黄馨元		2021广东省“中国体育彩票”青少年排球锦标赛	甲组第二名
金美彤		2021年广东省中学生排球锦标赛	高中组第二名
		2021广东省“中国体育彩票”青少年排球锦标赛	甲组第二名
李秋硕		2021年广东省中学生排球锦标赛	初中组第一名
李姝瑶		2021广东省“中国体育彩票”青少年排球锦标赛	乙组第一名
李　响		2021年广东省中学生排球锦标赛	初中组第一名
		2021广东省“中国体育彩票”青少年排球锦标赛	乙组第一名
醴悦琪		广东省第七届中小学生艺术展演	舞蹈二等奖

（续表）

姓　名	单位名称	项目名称	获奖等次（名称）
吕科迎	龙岗区布吉中学	2021年广东省中学生排球锦标赛	初中组第一名
		2021广东省“中国体育彩票”青少年排球锦标赛	乙组第一名
吕燕珊		2021年广东省中学生排球锦标赛	高中组第二名
孟子墨		2021年广东省中学生排球锦标赛	初中组第一名
潘祉聿		2021广东省“中国体育彩票”青少年排球锦标赛	乙组第一名
孙　璨		广东省第七届中小学生艺术展演	舞蹈二等奖
王可怡		2021年广东省中学生排球锦标赛	高中组第二名
		2021广东省“中国体育彩票”青少年排球锦标赛	甲组第二名
谢思桐		广东省第七届中小学生艺术展演	舞蹈二等奖
徐思凡		2021年广东省中学生排球锦标赛	高中组第二名
徐悦珍		广东省第七届中小学生艺术展演	舞蹈二等奖
杨文杰		2021年广东省“省长杯”青少年足球锦标赛（男子甲组）	第四名
于子涵		广东省第七届中小学生艺术展演	舞蹈二等奖
袁　泉		2021年广东省中学生排球锦标赛	高中组第二名
		2021广东省“中国体育彩票”青少年排球锦标赛	甲组第二名
詹海婷		广东省第七届中小学生艺术展演	舞蹈二等奖
张洁灵			
张梦莹		2021广东省中学生排球锦标赛	初中女子组一等奖（第一名）
张心语		2021年广东省中学生排球锦标赛	高中组第二名
张铱函		2021广东省“中国体育彩票”青少年排球锦标赛	甲组第二名
张钰凤		广东省第七届中小学生艺术展演	舞蹈二等奖
郑贤汐			
周梓忆			
朱禹璇		2021年广东省中学生排球锦标赛	初中组第一名
曾俊文			高中组第二名
陈国东	龙岗区布吉高级中学	“南粤优秀教师”评选	南粤优秀教师
郑筠霖	龙岗区布吉街道莲花小学	2021—2021年度“广东省优秀少先队员”	广东省优秀少先队员
曹铭佑	龙岗区布吉街道中心小学	艺道游学·中国南粤古驿道第五届少儿绘画大赛	特色奖
陈彦奇			特色奖
程　曦			特色奖

（续表）

姓　名	单位名称	项目名称	获奖等次（名称）
房家萱	龙岗区布吉街道中心小学	艺道游学·中国南粤古驿道第五届少儿绘画大赛	特色奖
冯雯静			特色奖
李　沁			特色奖
李　栩			特色奖
梁　政			特色奖
刘佳怡			特色奖
刘梓炫			特色奖
邱文熙			特色奖
石　越			特色奖
王宇宸			特色奖
韦佳楠			特色奖
岳宛容			特色奖
张李博			特色奖
张焰惜			特色奖
关唤新	龙岗区承翰学校	“美好生活 劳动创造”广东省青少年主题书画活动	优秀指导老师
官　萍			优秀指导老师
林晓虹			优秀指导老师
沙国君	龙岗区德琳学校	广东省第九届人工智能机器人编程赛	二等奖(指导教师)
赖文婷		2021年全国中学生生物联赛（广东赛区）	三等奖 指导教师
曾思铭		广东省第九届人工智能机器人编程赛	二等奖（萝卜圈无人驾驶）
杨国栋			
张　豪		2021全国中学生生物联赛（广东赛区）	三等奖
杨瑶琼	龙岗区第二职业技术学校	“南粤优秀教师”评选	南粤优秀教师
朱显贵			
张宇航	龙岗区丰丽学校	第二十五届全国中小学生绘画书法作品比赛	优秀奖
杨雨晗	龙岗区横岗高级中学	“南粤优秀教师”评选	南粤优秀教师
李　楠		广东省中小学青年教师基本功大赛	一等奖第二名
苏萧晴		广东省宋庆龄奖学金	广东省宋庆龄奖学金
陈雅一	龙岗区横岗水晶城小学	广东省优秀少先队员	广东省优秀少先队员
张智青	龙岗区横岗中学	“南粤优秀教师”评选	南粤优秀教师
贾花花		广东省首届美育教师教育基本功比赛	初中组书法一等奖
蔺天昊	龙岗区华龙学校	第二届大湾区青少年信息学编程认证暨竞赛活动	冠军
左浩文		广东省“体育彩票杯”青年柔道锦标赛	铜牌奖

（续表）

姓　名	单位名称	项目名称	获奖等次（名称）
林国全	龙岗区华升学校	“百年华诞　翰墨薪传”第二届广东省教师书法作品展	优秀奖
王淑君			优秀奖
胡　英	龙岗区华中师范大学龙岗附属中学	第十九届全国中小学信息技术创新与实践大赛广东赛区决赛	优秀指导老师
欧阳昱		第七届中国国际“互联网+”大学生创新创业大赛广东省分赛萌芽赛道决赛	优胜奖
			优胜奖
吴鸿杰			优胜奖
尹浩然			优胜奖
孙艳丽	龙岗区华中师范大学龙岗附属中学（集团）龙园学校	广东省第三届中小学青年教师教学能力大赛	美术学科初中组一等奖
熊　华	龙岗区教师发展中心	2021年广东省教育教学成果奖（基础教育）	一等奖
艾进达			二等奖
张　伟	龙岗区凯瑞特学校	“百年华诞·翰墨薪传”第二届广东省教师书法作品展	三等奖
王凌云	龙岗区科城实验学校	“南粤优秀教师”评选	南粤优秀教师
陈艾琳		“学党史、感党恩、跟党走”——第八届广东青少年科技七巧板创意制作竞赛活动	个人赛小学高年级组三等奖
陈艾欣			个人赛小学低年级组三等奖
黄熙婧			个人赛小学低年级组鼓励奖
邝　越　练少婷			团体赛亲子组鼓励奖
廖文钰			个人赛小学低年级组三等奖
刘　欣			个人赛小学高年级组三等奖
卢嵇思辰			个人赛小学高年级组三等奖
彭超翔			个人赛小学高年级组三等奖
吴悦烑			个人赛小学高年级组三等奖
张俊翔			个人赛小学高年级组三等奖
张可盈			个人赛小学高年级组三等奖
张志豪			个人赛小学高年级组三等奖
张志淋			个人赛小学低年级组三等奖

（续表）

姓　名	单位名称	项目名称	获奖等次（名称）
陈恩依	龙岗区科高五和学校	广东省优秀少先队员	广东省优秀少先队员
李丹萍	龙岗区乐淮实验学校	献礼建党100周年广东省教师书画展	优秀奖
		“百年华诞·翰墨薪传”第二届广东省教师书法作品展	二等奖
朱文波			三等奖
池思维	龙岗区六约学校	广东省中小学艺术展演舞蹈类	优秀指导老师
马明坤　韩东诚	龙岗区龙城高级中学	广东省青少年三人篮球赛	甲组冠军
李智煊			甲组亚军
胡锦昱			乙组冠军
甘文敏	龙岗区龙城街道保利上城幼儿园	“南粤优秀教师”评选	南粤优秀教师
陈祥生	龙岗区龙城街道千林山小学	广东省第十四届毽球锦标赛	少数民族组男子团体第四名
彭泳龙			少数民族组男子团体第四名
陈可欣		广东省第十四届毽球比赛儿童组	女子团体第二名
陈晓菲			女子团体第二名
黄　御			女子团体第二名
钟佳璇			女子团体第二名
李弘烨			男子团体第六名
刘旭彬			男子团体第六名
罗卓凡			男子团体第六名
卢天宇	龙岗区龙城天成学校	“南粤优秀教师”评选	南粤优秀教师
霍元瀚		广东省青年教师教学能力大赛	一等奖
林欣冉	龙岗区龙城小学	“广东省优秀少先队员”评选	广东省优秀少先队员
牛语馨	龙岗区龙岗街道鹏达学校	“广东省优秀少先队员”评选	广东省优秀少先队员
杨国兴	龙岗区龙岗街道同乐主力学校	“南粤优秀教师”评选	南粤优秀教师
陈晟赟		2021年广东省第二届教师书法比赛	三等奖
刘　丽	龙岗区龙岗街道五联崇和学校	2021年广东省青少年举重锦标赛	女子丙组+40公斤级第三名
孙　果	龙岗区龙岗街道新梓学校	广东省“学百年党史，做时代新人”主题征文	一等奖
李丽华	龙岗区龙岗职业技术学校	“南粤优秀教师”评选	南粤优秀教师
徐　晔			南粤优秀教师
张佳妍		广东省首届美育教师教育基本功比赛	一等奖
常文芳		“广东省技术能手”评选	广东省技术能手
刘　卫			广东省技术能手

（续表）

姓　名	单位名称	项目名称	获奖等次（名称）
曾俊熙	龙岗区布吉街道中心小学	2021年广东省职业院校技能大赛（中职组）建筑智能化系统安装与调试赛项	三等奖
陈依韩　刘圣镕　何颖珊　罗燕如	龙岗区龙岗职业技术学校	2020—2021年度广东省职业院校学生专业技能大赛中职组“电子商务技能”赛项	一等奖
范俊赫		2021年广东省职业院校技能大赛（中职组）物联网技术应用与维护赛项	三等奖
匡　斌		2021年广东省职业院校技能大赛（中职组）建筑智能化系统安装与调试赛项	三等奖
赖晓颖　刘垚希　邱佳睿　郑依婷　韦　桐　刘佳容　任嫦军　文　乐　余婉靖　张丹娜		2021年广东省中等职业学校”少年工匠心向党，青春奋进新时代”主题教育活动文明风采比赛	一等奖
李锋犇　朱小燕		2021年广东省职业院校技能大赛（中职组）移动应用开发与维护项目	三等奖
李维嘉　关炜霖			
李维嘉　关炜霖　李锋犇		2021年广东省职业院校技能大赛（中职组）WEB前端开发项目	二等奖
林泽濠　黄　涛　张浩天		2021年广东省职业院校技能大赛（中职组）智能家居安装与维护	一等奖
		2021年广东省中等职业学校技能大赛“智能家居安装与维护”项目全国遴选赛	二等奖
罗志祥　邓　旭		2021年广东省职业院校技能大赛（中职组）网络空间安全	二等奖
彭诗怡　邱嘉琪		2020—2021年度广东省职业院校学生专业技能大赛中职组“税务技能”赛项	三等奖
王文华　曾志文　杨俊熠		2021年广东省职业院校技能大赛（中职组）分布式光伏的装调与运维项目	三等奖
肖钊俊		广东省中小学生健美操啦啦操锦标赛	第四名
徐俊杰　唐铭峰		2021年广东省职业院校技能大赛（中职组）计算机检测维修与数据恢复	三等奖
许晓明　林爱玲　周小微　马琦玉		2020—2021年度广东省职业院校学生专业技能大赛中职组“互联网直播”赛项	二等奖
叶嘉明　黄宇恒　孙立鑫		2021年广东省职业院校技能大赛（中职组）物联网技术应用与维护项目	一等奖
谢文军		2021年广东省职业院校技能大赛（中职组）建筑智能化系统安装与调试赛项	三等奖
庄宇创			三等奖
黄一鹏　郭思辰	龙岗区龙园意境小学	第十九届“全国中小学信息技术创新与实践大赛”广东赛区决赛机器人越野	二等奖
傅子骋　左一越			三等奖
张灿灿	龙岗区南湾街道沙西小学	“广东省第七届特殊教育优秀教师”评选	广东省第七届特殊教育优秀教师
何晓晖	龙岗区平安里学校	“百年华诞　翰墨薪传”第二届广东省教师书法作品展	三等奖

（续表）

姓　名	单位名称	项目名称	获奖等次（名称）
闫凤娟	龙岗区平安里学校	“广东省优秀教练员”评选	广东省优秀教练员
			优秀教练员
廖远青			优秀教练员
宋小兵			优秀教练员
张　勇			优秀教练员
程欣语	龙岗区平安里学校	2021年广东省中学生田径锦标赛	女子乙组800米第五名
			女子乙组4×100米接力第一名
程欣语			女子乙组1500米第四名
			女子乙组4×400米接力第二名
封经辉			男子乙组110米栏第五名
			男子乙组400米栏第三名
			男子乙组4×100米接力第一名
			男子乙组4×400米接力第六名
何羿慧			女子乙组100米栏第一名
			女子乙组4×100米接力第一名
			女子乙组400米栏第一名
			女子乙组4×400米接力第一名
黄家欢			男子乙组4×100米接力第一名
			男子乙组4×400米接力第六名
柯御棋			男子乙组跳高第四名
李健好			女子乙组铅球第七名
廖晓粤			女子乙组跳远第三名
			女子乙组4×100米接力第一名
			女子乙组4×400米接力第二名

（续表）

姓　名	单位名称	项目名称	获奖等次（名称）
廖晓粤	龙岗区平安里学校	2021年广东省中学生田径锦标赛	女子乙组三级跳远第七名
沈　锐			男子乙组400米第七名
			男子乙组4×100米接力第一名
			男子乙组400米栏第二名
			男子乙组4×400米接力第六名
严晓玲			女子乙组4×100米接力第二名
			女子乙组100米第四名
			女子乙组200米第八名
			女子乙组4×400米接力第二名
岳赫明			男子乙组标枪第五名
			男子乙组铅球第一名
张　锐			男子乙组4×100米接力第一名
			男子乙组4×400米接力第六名
曾媛媛		“广东省优秀教练员”评选	广东省优秀教练员
黄子杰			广东省优秀教练员
李　强			广东省优秀教练员
陈晓萌	龙岗区平冈中学	广东省中小学青年教师教学能力大赛	一等奖第一名
		“广东省优秀教练”评选	广东省优秀教练
曾思雅　罗　靖　谢泽桦　杨鑫怡　魏星淼　庄丽平　陈柯怡　林滢联　许雅如　古子怡　王颖恩　张　琳		广东省中学生篮球比赛	第四名
林晓锋　黄凯勋　姬华强　罗睿希　张演斌　申昊远　朱怡科　陈润杰　邓宇杰　赖政希　罗源正　李泽鑫		广东省中学生篮球比赛	第七名
张海豪　林长辉　张域豪　张演斌　申昊远　朱怡科　邓宇杰　赖政希　韦浩铭　刘耀阳　余　豪　陈　铭		2021年中国中学生篮球比赛（广东选拔赛）	第八名

（续表）

姓　名	单位名称	项目名称	获奖等次（名称）
周文静　李婉悦　黄思怡　罗琬婷　胡彩怡　吴琪琪　邱嘉瑶　叶以珊　陈紫婷　陈思思　方圆圆　杨果果　杨思思　杨以纯　巫若竹　王燕文	龙岗区平冈中学	广东省“省长杯”青少年校园足球联赛（高中组、中职组）全省总决赛	第三名
梁艺僮	龙岗区平冈中学	2021年广东省“中国体育彩票”青少年艺术体操锦标赛	竞技青年个人全能冠军
黄羽靖	龙岗区平冈中学	2021年广东省健美操锦标赛	五人操冠军
孙冰蕾	龙岗区平冈中学	2021年广东省健美操锦标赛	三人操冠军、五人操冠军
覃嘉怡	龙岗区平冈中学	2021年广东省健美操锦标赛	三人操冠军、五人操冠军
唐　榛	龙岗区平冈中学	2021年广东省健美操锦标赛	女子单人操银牌
袁晓岚	龙岗区平冈中学	2021年广东省健美操锦标赛	五人操冠军
朱书娴	龙岗区平冈中学	2021年广东省健美操锦标赛	女子单人操冠军、三人操冠军、五人操冠军
朱书娴	龙岗区平冈中学	2021年广东省中小学生健美操锦标赛	高中组女子单人操冠军
陈安麟	龙岗区平冈中学	2021年广东省中小学生健美操锦标赛	高中组男子单人操亚军
陈安麟　孙冰蕾	龙岗区平冈中学	2021年广东省中小学生健美操锦标赛	高中组混合双人操亚军
朱书娴　孙冰蕾　覃嘉怡	龙岗区平冈中学	2021年广东省中小学生健美操锦标赛	高中组三人操亚军
陈　慧	龙岗区平湖凤凰山小学	广东省首届美育教师教育基本功比赛	一等奖
符　卷	龙岗区平湖凤凰山小学	第三届中小学语文青年教师教学能力大赛	一等奖
王伊莎	龙岗区平湖街道白坭坑小学	2020—2021年度“广东省优秀少先队员”评选	广东省优秀少先队员
潘艾欣	龙岗区平湖实验学校	“百年华诞·翰墨薪传”第二届广东省教师书法作品展	优秀奖
尹　萍	龙岗区平湖外国语学校	广东省中小学“学百年党史，做时代新人”主题征文评比	二等奖（《不负芳华守初心——重读〈青春之歌〉有感》）
孙　渊	龙岗区平湖外国语学校	广东省校园摄影大赛	（教师及行政组）一等奖
陈　鑫（团体）	龙岗区平湖中学	广东省第十四“百歌颂中华”歌咏比赛	合唱类金奖
叶颖俊	龙岗区平湖中学	2021年广东省无线电测向锦标赛	优秀教练员
张银硕	龙岗区平湖中学	2021年广东省无线电测向锦标赛	优秀教练员
车弈晋	龙岗区平湖中学	2021年广东省无线电测向锦标赛	金奖
晋文萱	龙岗区平湖中学	2021年广东省无线电测向锦标赛	金奖

（续表）

姓　名	单位名称	项目名称	获奖等次（名称）
李朗华	龙岗区平湖中学	2021年广东省无线电测向锦标赛	金奖
林宣任			金奖
罗元俊			金奖
王禄翔			金奖
王　晴			金奖
肖　彤			金奖
杨宸宇			金奖
杨祚平			金奖
钟籽乐			金奖
陈一凡		第四届“全国青少年人工智能创新挑战赛”广东省赛三维程序创意设计专项赛	一等奖
杜启航			一等奖
平湖中学微雨管乐团		2021年广东省校际管乐节	金奖
赖海宝	龙岗区坪地兰陵学校	“百年华诞　翰墨薪传”第二届广东省教师书法作品展	二等奖
		2021年广东省中华经典诵写讲大赛之“笔墨中国”汉字书写大赛	三等奖
黄子聪　周子航	龙岗区清林径实验小学	2021年全国中小学信息技术创新与实践大赛广东赛区	一等奖
冼玉明	龙岗区清林小学	“广东省优秀辅导老师”评选	广东省优秀辅导老师
梁雅莹		“艺道游学·中国南粤古驿道”第四届少儿绘画大赛	优秀指导老师
陈嘉翠			优秀指导老师
陈　仟		2021年广东省“中国体育彩票”青少年艺术体操锦标赛普及推广小学3级规定套路（徒手）	特等奖
黄雨晴			特等奖
郑晞雯			特等奖
贾智博　杨胜坚	龙岗区上海外国语大学附属龙岗中学	第十九届“全国中小学信息技术创新与实践大赛”广东赛区决赛机器人越野赛项	小学组三等奖
齐国鸿	龙岗区深圳大学附属坂田学校	广东省校园摄影大赛	三等奖
		广东省首届美育教师教育基本功比赛	一等奖
		广东省第二届教师书法大赛	优秀奖
蔡昕妤		“广东省优秀少先队员”评选	广东省优秀少先队员
陈友琴	龙岗区深圳中学龙岗初级中学	“南粤优秀教师”评选	南粤优秀教师
利益君	龙岗区石芽岭学校	广东省实验创新与操作技能比赛	一等奖
梁舒森　徐楷承　杜　林　李雨泽	龙岗区石芽岭学校	第十九届“全国中小学信息技术创新与实践大赛”广东赛区机器人越野赛项	第十九届“全国中小学信息技术创新与实践大赛”广东赛区机器人越野赛项

（续表）

姓　名	单位名称	项目名称	获奖等次（名称）
扶紫婷	龙岗区实验学校	广东省2020—2021年度红领巾四星奖章评选	红领巾四星奖章
杨琨然		“广东省优秀少先队员”评选	优秀少先队员
翁心怡		“学百年党史，做时代新人”主题征文活动	优秀奖
刘　洋	龙岗区外国语学校（集团）星河学校	“南粤优秀教师”评选	南粤优秀教师
黄梓晖		第十九届全国创新与实践大赛广东赛区	二等奖
宋一兴			二等奖
徐一帆			二等奖
杨锦锟	龙岗区外国语学校（集团）星河学校	第十九届全国创新与实践大赛广东赛区	二等奖
曾哲熙			三等奖
庄伟杰			三等奖
胡孔明	龙岗区仙田外国语学校	“南粤优秀教师”评选	南粤优秀教师
陈　锦	龙岗区香港中文大学（深圳）附属知新学校	广东省中、小学网球锦标赛	小学甲A组男子双打亚军
			小学甲A组团体冠军
梁　尧			小学甲A组 男子双打亚军
			小学甲A组团体冠军
唐一丁			小学甲A组 女子双打冠军
			小学甲A组团体冠军
陈宁帆		广东省青少年网球排名赛总决赛	U14男子单打第三名
			U14男子双打第三名
		广东省青少年网球锦标赛	男子丙组单打第三名
柯筱涵		2021年广东省青少年游泳U系列赛	分站第二站U11组100米自由泳第五名
			100米仰泳第六名
			分站第三站U11组50米蝶泳第二名
			50米仰泳第二名
			100米自由泳第四名
			200米个人混合泳第五名
			U11总决赛50米仰泳第六名

（续表）

姓　名	单位名称	项目名称	获奖等次（名称）
柯筱涵	龙岗区香港中文大学（深圳）附属知新学校	2021年广东省青少年游泳U系列赛	100米仰泳第五名
赖俊睿　乐宇轩		第十九届“全国中小学信息技术创新与实践大赛”广东赛区决赛机器人越野赛项小学（深圳）组	一等奖
李怿墨		2021年广东省无线电测向锦标赛	无线电144MHz（2米波段）二等奖
杨思远			144MHz（2米波段）项目三等奖
			无线电快速测向项目三等奖
石岱岩			144MHz（2米波段）项目三等奖
			无线电快速测向项目三等奖
廖亦曾			无线电144MHz（2米波段）一等奖
			无线电3.5MHz（80米波段）二等奖
吕美熹			无线电3.5MHz（80米波段）三等奖
彭益增			144MHz（2米波段）项目三等奖
邱思皓			无线电快速测向项目三等奖
颜艳鹏	龙岗区新南小学	广东省第二届全省教师书法比赛	优秀奖
牟苡慧	龙岗区扬美实验学校	广东省中小学“学百年党史，做时代新人”主题教育系列活动	二等奖
李富琪		2021年广东省体育与健康青年教师教学能力大赛	二等奖
肖崇斌	龙岗区扬美实验学校	“百年华诞　翰墨薪传”第二届广东省教师书法作品展	优秀奖
			二等奖
王雨歌	龙岗区依山郡小学	2020—2021学年“广东省优秀少先队员”评选	广东省优秀少先队员
刘志鹏	龙华区观澜第二小学	“广东省优秀少先队辅导员”评选	广东省优秀少先队辅导员
戴　蓉	龙华区民治中学教育集团初中部	“南粤优秀教师”评选	南粤优秀教师
余　涛	龙华区民治中学教育集团民新学校		南粤优秀教师
贺剑辉	龙华区大浪实验学校		南粤优秀教师
李　莹	龙华区第三外国语学校		南粤优秀教师

（续表）

姓　名	单位名称	项目名称	获奖等次（名称）
蒋璐娜	龙华区行知学校	“南粤优秀教师”评选	南粤优秀教师
周子珺	龙华区民治中学教育集团初中部	2021年广东省“中国体育彩票”青少年花样滑冰锦标赛	第一名、体育道德风尚奖运动员
罗天智		第十六届全国青少年冰心文学活动省级预选赛	一等奖
李欣怡		第十七届搜星中国“桃李杯”青少年艺术风采展演活动广东选区选拔赛	一等奖
方少青	龙华区振能学校	2021年广东省体育行业职业技能竞赛——跆拳道社会体育指导员竞赛执裁	优秀裁判员
张文华	德风小学	第七批广东省岗位学雷锋标兵评选	第七批广东省岗位学雷锋标兵
龚硕娟		“百年华诞　翰墨薪传”第二届广东省教师书法作品展	一等奖（硬笔书法作品“建党百年赋”）
王伊宁	龙华高级中学教育集团观澜校区	第十九届全国中小学信息技术创新与实践大赛	广东赛区决赛优秀指导教师
马蕴航		2021年广东省中小学科技教育劳动实践活动创意编程（专项）	一等奖
王　睿		“广东省优秀少先队员”评选	广东省优秀少先队员
李宇鑫		第十九届全国中小学信息技术创新与实践大赛广东赛区决赛之人形机器人赛项	一等奖
王　睿			一等奖
邓锐斌			一等奖
朱代晖			一等奖
李宇鑫			二等奖
王　睿			二等奖
邓锐斌			二等奖
朱代晖			二等奖
陈凤葵　李渝忠	龙华区外国语学校	广东省基础教育教学成果奖	二等奖（教育教学成果：《跨区域同步教学视域下小学英语O2O智慧课堂的协同重构》）
李雅雯　周育妹		广东省科普剧大赛	一等奖（作品《春天里的红马甲》）
郭奕君　朱恩瑞　周育妹			一等奖（作品《海和浪花一朵朵》）
严叶宸　周育妹			二等奖（作品：《病毒肆虐，口罩护“星”》）
朱思盈　周育妹			二等奖（作品：《抗疫，与时间赛跑》）

（续表）

姓　名	单位名称	项目名称	获奖等次（名称）
姜朝译　周育妹	龙华区外国语学校	广东省科普剧大赛	三等奖（作品：《新型冠状病毒的“前世今生”》）
唐海珧		广东省青少年艺术体操锦标赛	第五名
孔一鑫			优秀运动员
张　娟		广东省第七届中小学生艺术展演	中小学美育改革创新优秀案例一等奖
欧阳股			摄影类
			一等奖
叶　爽		2021广东省“中国体育彩票”青少年艺术体操锦标赛三级徒手	特等奖
		2021广东省“中国体育彩票”青少年艺术体操锦标赛三级球	特等奖
刘一菲		2021广东省“中国体育彩票”青少年艺术体操锦标赛普及推广小学3级规定套路（球）	特等奖
漆靖雨		2021年CCF信息奥赛CPS—JS提高组第一轮	二等奖
		2021年CCF信息奥赛CPS—JS入门级第一轮	一等奖
		STEMA竞赛C++高级组	二等奖
		第二届大湾区青少年信息（BBCC）竞赛线下活动获U15组团体赛	三等奖
蔡湘睿		2021“未来杯·梦想星”青少年足球邀请赛U8组	冠军
杨皓丞		第十三届蓝桥杯全国软件和信息技术专业人才大赛青少年省赛广东赛区scratch初级创意编程组	一等奖
温诗瑶		广东省青少年“红心向党”主题书画活动	金奖
刘迦辰			银奖
李子涵			金奖
杨依瑶			铜奖
刘念鸿		2021“未来杯·梦想星”青少年足球邀请赛U8组	冠军
陈封如		2021年广东省第六届“谁是棋王”全民争霸赛国际象棋公开组	个人第一名
曾雪玲		2021广东省“中国体育彩票”青少年艺术体操锦标赛U11集体（5人徒手）	第三名
		2021广东省“中国体育彩票”青少年艺术体操锦标赛U11集体（5球）	第三名

（续表）

姓　名	单位名称	项目名称	获奖等次（名称）
曾雪玲	龙华区外国语学校	2021广东省“中国体育彩票”青少年艺术体操锦标赛U11 集体全能	第三名
		第六届寻找“最美南粤少年”活动	才艺好少年
吕瑶东		广东省青少年书画活动	金奖
任毓清		广东省中小学生冬季游泳锦标赛	公开小学F组/女子50米蝶泳打腿第二名
胡宸玮			公开小学F组/女子50米蛙泳第四名
			公开小学F组/女子50米蛙泳
			公开小学低年龄组/女子4×50米混合泳接力
刘　华	龙华区龙华第二小学	2021广东省学生武术公开赛	优秀裁判员
温煜楷		2021广东省传统武术比赛男子丙组42式太极剑	第一名
		2021广东省传统武术比赛男子丙组42式太极拳	第一名
温煜楷		2021广东省太极拳南拳锦标赛国际第三套太极剑	第三名
		2021广东省武术锦标赛国际第三套太极拳+太极剑全能	第三名
刘骞予		2021广东省传统武术比赛女子丙组传统查拳	第一名
		2021广东省传统武术比赛女子小学甲组初级枪术	第一名
		2021广东省传统武术比赛女子小学甲组少年规定拳	第一名
张一鹏		2021广东省传统武术比赛男子丙组传统翻子拳	第一名
		2021广东省传统武术比赛男子小学甲组初级棍术	第一名
		2021广东省传统武术比赛男子小学甲组初级刀术	第一名
陈馨怡		2021广东省传统武术比赛女子丙组传统螳螂拳	第一名
庞文川		2021广东省传统武术比赛男子丙组传统少林拳	第一名
		2021广东省传统武术比赛男子丙组传统南刀	第二名
		2021广东省传统武术比赛男子甲组规定南棍	第一名
		2021广东省传统武术比赛男子甲组规定南拳	第一名

（续表）

姓　名	单位名称	项目名称	获奖等次（名称）
瞿心琳	龙华区龙华第二小学	2021广东省传统武术比赛女子丙组42式太极剑	第一名
胡焱玮		2021广东省传统武术比赛男子丙组传统八极拳	第二名
邹家位	龙华高级中学教育集团高中部	广东省中学生生物学竞赛	优秀指导老师
李新毅		广东省中学生物教学质量奖	二等奖
吴士奇		广东省中学生生物学竞赛	二等奖
彭思睿			
陈　伟		广东省中学生生物学竞赛	三等奖
邓　莹			
黄俊玮			
牛心洁			
郭　晶			
黄俊玮		第35届中国化学奥林匹克（初赛）	三等奖
张汇哲			
董文静		2021年“全国中小学信息技术创新与实践大赛”决赛人形机器人任务挑战赛项	优秀指导老师
陈厚含		第四届全国青少年人工智能创新挑战赛	三位程序创意设计专项赛二等奖
戈子舟		第三十八届全国中学生物理竞赛（广东赛区）	广东省一等奖
吴圳楠			广东省二等奖
林子涵			
李明骏			广东省三等奖
吴瑞斌			
余家俊			
吴士奇			
邓　创			
彭思睿			
文禹平		2021年“全国中小学信息技术创新与实践大赛”初赛	人形机器人任务挑战赛项高中（深圳）组广东省三等奖
蔡鸿磊			
饶翰宇		2021年“全国中小学信息技术创新与实践大赛”初赛人型机器人任务挑战赛项高中组	人形机器人任务挑战赛项高中（深圳）组广东省一等奖
黄坤威			
魏瑾思		第19届叶圣陶杯全国中学生作文大赛	广东省一等奖
陈凯琳			广东省一等奖

（续表）

姓　名	单位名称	项目名称	获奖等次（名称）
肖子玥	丹堤实验学校	中国儿童中心组织的“龙杯”第二十五届全国中小学生绘画书法作品比赛（省赛）	一等奖
刘丽铭			
朱乔颖			
曾凡妍			
林诗敏			
刘语乔			
杨敏睿			
刘艾佳			
赵怡童			
许梓瑜			
熊梓晴			
张舫嘉			
林泽瑄			
张梓欣			
陈思远			
张瑾瑜			
谢沅蒲			
刘清怡			
张紫芹			
黄宜蓁			
唐岩深			
胡馨文			
黄秋实			
陈泰锡			
王悦霖			
庄梓淇			
钟雯淇			
王　瀚			
刘乐阳			
黄梓恒			
余泽一			
黄梓恒			
王思衡			
张韶茵			
殷萌熳			
张云涵			

（续表）

姓　名	单位名称	项目名称	获奖等次（名称）
刘一诺	丹堤实验学校	中国儿童中心组织的“龙杯”第二十五届全国中小学生绘画书法作品比赛（省赛）	一等奖
高闻逊			
黄智琰			
舒俊淅			
陈晓琪			
明楚唯			
阳谨宸			
许毓浩			
何诗妍			
黄明瑜			
刘思齐			
陈思远			
许敬雯			
张明轩			
叶语欣			
彭　超			
何佳运			
夏豪康			
吴沛霖			
张明轩			
林卓壮			
郭彦泽			
陈溪然			
吴欣潼			
熊梓晴			
旷诗琪			二等奖
高伟宸			
黄丹迪			
李蓁蓁			
庄子骁			
袁语谧			
钟雨汐			
朱善智			
陈鹏岳			
陈博约			
李宸昊			

（续表）

姓　名	单位名称	项目名称	获奖等次（名称）
刘子怡	丹堤实验学校	中国儿童中心组织的“龙杯”第二十五届全国中小学生绘画书法作品比赛（省赛）	二等奖
刘子扬			
邱　腾			
谢雨琪			
彭启颖			
许毓浩			
余味味			
黄楚鸣			
曾莹莹			
吕　嘉			
吴雅轩			
邹雨熙			
韩依杨			
陈思源			
王思衡			
王任曦			
朱善锐			
徐　缘			
李雨恬			
何诗妍			
全谨铭			
刘佳铭			
王佑杰			
许毓浩			
何诗妍			
文嘉豪			
黄梓恒			
黄芷欣			
黄毓萱			
吴欣潼			
夏　天		2021年广东省中小学生冬季游泳锦标赛公开小学组/男子4×50米混合泳接力	第一名
		2021年广东省中小学生冬季游泳锦标赛公开小学B组/男子200米个人混合泳	

（续表）

姓 名	单位名称	项目名称	获奖等次（名称）
谢江林	深圳市新华中学	广东省中小学跳绳锦标赛	优秀教练员
肖桂香	深圳市新华中学	广东省中小学跳绳锦标赛	优秀教练员
刘海俊	深圳市新华中学	广东省中小学跳绳锦标赛	优秀教练员
刘海俊	深圳市新华中学	广东省第十三届中学生运动会深圳市跳绳代表队选拔赛	优秀教练员
李 莹	龙华区第三外国语学校	“南粤优秀教师”评选	南粤优秀教师
丰广斌	龙华区龙腾学校	广东省传统武术项目锦标赛	优秀教练员
丰广斌	龙华区龙腾学校	广东省中小学生武术公开赛	优秀教练员
何嘉伟	龙华区龙腾学校	2021年广东省学生武术公开赛	初级一路金奖
何嘉伟	龙华区龙腾学校	2021年广东省学生武术公开赛	初级棍术金奖
何嘉伟	龙华区龙腾学校	2021年广东省学生武术公开赛	初级刀术金奖
何嘉伟	龙华区龙腾学校	2021年广东省学生武术公开赛	规定拳铜奖
陈璟乔	龙华区龙腾学校	广东省珠心算协会珠心算锦标赛（网络）	三等奖
黄香颖	龙华区龙腾学校	2021年第一届豆苗启智杯珠心算国际网络大赛	一等奖
黄香颖	龙华区龙腾学校	2021年第二届豆苗启智杯珠心算国际网络大赛	最强王者
黄香颖	龙华区龙腾学校	广东省珠心算协会鉴定证书	七级
黄香颖	龙华区龙腾学校	2021年广东省“哒哒杯”珠心算赏金赛	一等奖
赵梓沛	龙华区龙腾学校	希望数学竞赛	全国三等奖
易雨彤	龙华区龙腾学校	2021年广东省武术公开赛	银奖
孙弋捷	龙华区龙腾学校	2021广东省“哒哒杯”珠心算赏金挑战赛	一等奖
李昊阳	龙华区龙腾学校	第十届施坦威全国青少年钢琴比赛暨第85届斯坦威国际青少年钢琴比赛中国区比赛深圳地区	三等奖
陈静静（指导教师：吴宏模）	龙华区广培小学	广东省第七届中小学生艺术展演活动	二等奖
陈 程	潜龙学校	广东省首届美育教师教学基本功比赛中学舞蹈组	一等奖
刘 健	潜龙学校	全国青少年人工智能创新挑战赛广东省选拔赛（小学组三维程序创意设计作品）	一等奖
李浩宁	潜龙学校	全国青少年人工智能创新挑战赛广东省选拔赛（小学组三维程序创意设计作品）	二等奖
胡小盈	坪山高级中学	“南粤优秀教育工作者”评选	南粤优秀教育工作者
万 磊	坪山高级中学	第三届广东省中小学青年教师教学能力大赛	一等奖

（续表）

姓　名	单位名称	项目名称	获奖等次（名称）
王思思	坪山高级中学	广东省首届美育教师教学基本功比赛	一等奖
陈　燕	坪山区坑梓中心小学	“南粤优秀教育工作者”评选	南粤优秀教育工作者
罗倩茹	坪山区外国语文源学校	第十九届广东省少年儿童发明奖深圳市选拔赛	“园丁奖”荣誉称号
邱喜珊	坪山区外国语文源学校	2021年广东省车辆模型锦标赛	“优秀指导教师”荣誉称号
肖春莉	坪山中学	“南粤优秀教育工作者”评选	南粤优秀教育工作者
钟映霞	坪山区马峦小学	“南粤优秀教育工作者”评选	南粤优秀教育工作者
林俊红	坪山区新合实验学校	“南粤优秀教育工作者”评选	南粤优秀教育工作者
黄　磊	坪山区新合实验学校	“百年华诞 翰墨薪传”第二届广东省教师书法作品展硬笔组	三等奖
韦愫怡	光明区东周小学	2021年南粤古驿道定向大赛（第一站：汕尾海丰）女子精英组W21E短距离赛	第三名
何　鹏　张智育	光明区东周小学	2021年广东省中、小学生春季定向运动锦标赛小学甲组	优秀教练员
何　鹏　张智育	光明区东周小学	2021年广东省中、小学生春季定向运动锦标赛小学乙组	优秀教练员
吴　平	光明区光明中学	广东省第三届青年教师教学能力大赛	一等奖
谢　霖　唐晨曦　陈　彬等10名学生	光明区下村小学	广东省第一届暑期线上跳绳挑战赛1分钟跳绳速度赛	一等奖
陈衍成　周展鹏　颜宇博等8名学生	光明区下村小学	广东省第一届暑期线上跳绳挑战赛1分钟跳绳速度赛	二等奖
张　倩	光明区外国语学校	广东省第七届岭南舞蹈大赛	铜奖
曾广波	光明区实验学校	“南粤先进教育工作者”评选	南粤先进教育工作者
李红丽	光明区李松蓢学校	“南粤优秀教师”评选	南粤优秀教师
吴宛俞	光明区李松蓢学校	广东省第七届岭南舞蹈比赛	铜奖
周　烨	光明区光明小学	“南粤优秀教师”评选	南粤优秀教师
方晓娜	光明区光明中学	“南粤优秀教师”评选	南粤优秀教师
曾绍平	光明区公明中学	“南粤优秀教师”评选	南粤优秀教师
于源柱	光明区高级中学	广东省第七届中小学生艺术展演（合唱）	优秀指导教师
余晶晶	光明区高级中学	广东省第七届中小学生艺术展演（合唱）	二等奖
潘　浪	光明区高级中学	第三届广东省青年教师教学能力大赛（历史科）	一等奖
平　萍	光明区高级中学	广东省岭南舞蹈大赛	二等奖
许　恋	光明区玉律学校	广东省首届美育教师基本功大赛（舞蹈）	一等奖

（续表）

姓　名	单位名称	项目名称	获奖等次（名称）
张秉威	光明区楼村小学	广东省第七届中小学生艺术展演活动	优秀指导老师一等奖
肖华英　张　莉	光明区楼村小学	广东省青少年“红心向党”主题书画活动	优秀指导老师
			金奖
舒豪杰	光明区楼村小学	广东省校园摄影大赛	一等奖
刘俊希　王鑫宇	光明区楼村小学	2021第八届广东省七巧板创意作品赛	一等奖
张警文　李宛儿　张静悠　周君宇　何梓语	光明区楼村小学	广东省青少年“红心向党”主题书画活动	金奖
冯雪妮　曾玮琦	光明区楼村小学	广东省青少年“红心向党”主题书画活动	银奖
田　辉	光明区长圳学校	“百年华诞 翰墨薪传”第二届广东省教师书法作品展	优秀奖
田　辉	光明区长圳学校	广东省首届美育教师教学基本功比赛（美术、书法）	二等奖
林曼丽	光明区长圳学校	“岭南墨韵”首届广东省中小学及高校（美术教育）师生中国画作品展	优秀辅导教师
阳海华	深圳市第一职业技术学校	“广东省优秀党员”评选	优秀党员
练俊灏	深圳市第一职业技术学校	“南粤优秀教师”评选	南粤优秀教师
练俊灏	深圳市第一职业技术学校	“广东省技术能手”评选	广东省技术能手
林龙威	深圳市第一职业技术学校	“广东省技术能手”评选	技术能手
欧海明	深圳市第一职业技术学校	“南粤优秀教师”评选	南粤优秀教师
陈莹莹	深圳市第一职业技术学校	首届全国物流与供应链专业教师职业能力竞赛智慧仓储管理（高职组）	特等奖
陈莹莹	深圳市第一职业技术学校	全国物流教育教学新秀	个人荣誉
王艳华	深圳市第一职业技术学校	广东省“少年工匠心向党 青春奋进新时代”主题教育暨2021年文明风采活动	优秀指导教师
郦梦楠	深圳市第一职业技术学校	广东省“少年工匠心向党 青春奋进新时代”主题教育暨2021年文明风采活动	优秀指导教师
黄　婷	深圳市第一职业技术学校	广东省“少年工匠心向党 青春奋进新时代”主题教育暨2021年文明风采活动	优秀指导教师
陈　丽	深圳市第一职业技术学校	广东省“少年工匠心向党 青春奋进新时代”主题教育暨2021年文明风采活动	优秀指导教师
宾文心	深圳市第一职业技术学校	广东省“少年工匠心向党 青春奋进新时代”主题教育暨2021年文明风采活动	优秀指导教师
雷　黎	深圳市第一职业技术学校	广东省“少年工匠心向党 青春奋进新时代”主题教育暨2021年文明风采活动	优秀指导教师
彭夏冰	深圳市第一职业技术学校	广东省“少年工匠心向党 青春奋进新时代”主题教育暨2021年文明风采活动	优秀指导教师
陈晓芬	深圳市第一职业技术学校	广东省“少年工匠心向党 青春奋进新时代”主题教育暨2021年文明风采活动	优秀指导教师
仇　淼	深圳市第一职业技术学校	广东省“少年工匠心向党 青春奋进新时代”主题教育暨2021年文明风采活动	优秀指导教师
王艳红	深圳市第一职业技术学校	广东省“少年工匠心向党 青春奋进新时代”主题教育暨2021年文明风采活动	优秀指导教师
邓玉琴	深圳市第一职业技术学校	广东省“少年工匠心向党 青春奋进新时代”主题教育暨2021年文明风采活动	优秀指导教师
刘海鹰	深圳市第一职业技术学校	广东省“少年工匠心向党 青春奋进新时代”主题教育暨2021年文明风采活动	优秀指导教师
刘海鹰	深圳市第一职业技术学校	广东省中小学“学百年党史，做时代新人”主题征文活动	优秀指导教师

（续表）

<table>
<tr><th>姓　名</th><th>单位名称</th><th>项目名称</th><th>获奖等次（名称）</th></tr>
<tr><td>林龙威</td><td rowspan="20">深圳市第一职业技术学校</td><td>广东省第二届职业技能大赛智能安防职业技能竞赛</td><td>一等奖</td></tr>
<tr><td>肖　喆</td><td>2020—2021学年度“广东省优秀学生”评选</td><td>广东省优秀学生</td></tr>
<tr><td>庄若雄</td><td>2021广东省宋庆龄奖学金</td><td>奖学金</td></tr>
<tr><td>陈晓敏　高　婕</td><td>广东省“少年工匠心向党　青春奋进新时代”主题教育暨2021年文明风采活动案例</td><td>二等奖</td></tr>
<tr><td>钟　可</td><td>广东省“少年工匠心向党 青春奋进新时代”主题教育暨2021年文明风采活动“铸魂”主题演讲</td><td>一等奖</td></tr>
<tr><td>黄嘉宜</td><td rowspan="2">广东省“少年工匠心向党 青春奋进新时代”主题教育暨2021年文明风采活动“铸魂”主题演讲</td><td>一等奖</td></tr>
<tr><td rowspan="2">韩嘉旺</td><td>一等奖</td></tr>
<tr><td>广东省“少年工匠心向党 青春奋进新时代”主题教育暨2021年文明风采活动“出彩”主题才艺展示</td><td>二等奖</td></tr>
<tr><td>叶乐怡</td><td>广东省“少年工匠心向党 青春奋进新时代”主题教育暨2021年文明风采活动“筑梦”主题职业生涯规划</td><td>一等奖</td></tr>
<tr><td>吕文畅</td><td>广东省“少年工匠心向党 青春奋进新时代”主题教育暨2021年文明风采活动“匠心”主题摄影及微视频</td><td>一等奖</td></tr>
<tr><td>黄嘉宜</td><td rowspan="5">广东省“少年工匠心向党 青春奋进新时代”主题教育暨2021年文明风采活动“出彩”主题才艺展示</td><td rowspan="5">一等奖</td></tr>
<tr><td>陈晓敏　高　婕　陈　好
庄佳颖　韩艾琳　吴　旖
王　妍　刘　迎</td></tr>
<tr><td>陈晓敏　朱雯茵　刘思晴
黎小薇　陈欢琴　蔡芸菲
李嘉洵　李振瑜</td></tr>
<tr><td>李明君　谢烨榕　朱映霖
彭筱鸾　李　烨　郭怡萱
辛智民　古晨钰</td></tr>
<tr><td>颜语欣　周　轩　林婷婷</td></tr>
<tr><td>卢晓彤</td><td>广东省“少年工匠心向党 青春奋进新时代”主题教育暨2021年文明风采活动“写给2035年的我”寄语</td><td>二等奖</td></tr>
<tr><td>叶之宥</td><td rowspan="3">广东省“少年工匠心向党 青春奋进新时代”主题教育暨2021年文明风采活动“铸魂”主题演讲</td><td rowspan="3">二等奖</td></tr>
<tr><td>刘梦蕾</td></tr>
<tr><td>徐冰曼</td></tr>
<tr><td>崔　坤</td><td>广东省中小学“学百年党史，做时代新人”主题征文活动</td><td>三等奖</td></tr>
</table>

（续表）

姓　名	单位名称	项目名称	获奖等次（名称）
胡　佳	深圳市第一职业技术学校	广东省“少年工匠心向党 青春奋进新时代”主题教育暨2021年文明风采活动“筑梦”主题职业生涯规划	二等奖
何佩琪			
胡曜麟			
詹佳琪			
梁雯惠			
金喜悦　郭泳欣　王子诚　李雄波　李雄波　孙鸿程　包梓欣　陈洁伶　葛明扬　田燚玉		广东省“少年工匠心向党 青春奋进新时代”主题教育暨2021年文明风采活动“出彩”主题才艺展示	二等奖
郭昊昕　黄逸翔　杨　妞　林依莹　黎兆霖　何晓鹏　曾泽钰　黄丽婷　洪泽敏　李佳琪			
俞一凡　朱周伟　江　鹏　郑铭杰　李沁儒　杨易乾　曹嘉慧　麦梓滢　张观贵　黄泽丽			
刘万炜		广东省“少年工匠心向党 青春奋进新时代”主题教育暨2021年文明风采活动“写给2035年的我”寄语	三等奖
黄　川			
谭鸿震			
李一淇			
林哲莹		广东省“少年工匠心向党 青春奋进新时代”主题教育暨2021年文明风采活动“筑梦”主题职业生涯规划	三等奖
徐冰曼			
郑浩璇			
张志源		广东省“少年工匠心向党 青春奋进新时代”主题教育暨2021年文明风采活动“匠心”主题摄影及微视频	
高晨曦		广东省“少年工匠心向党 青春奋进新时代”主题教育暨2021年文明风采活动“出彩”主题才艺展示	
光　磊	深圳市高级中学	“南粤优秀教师奖”评选	广东省南粤优秀教师
李齐玲			
朱华伟	深圳中学	“广东省五一劳动奖章”评选	广东省五一劳动奖章
张文涛　张上伟　林　健　黄文辉　张建强		广东省教育教学成果奖（基础教育类）	特等奖（“基于核心素养的高中数学建模与数学探究课程构建与实践”项目）
王新红　肖永斌		“南粤优秀教师”评选	南粤优秀教师

（续表）

姓　名	单位名称	项目名称	获奖等次（名称）
杨亦心	深圳中学	广东省中小学“学百年党史，做时代新人”主题教育征文活动	作品《忠魂葬异乡，血肉筑长城》获高中组省级一等奖
燕玺宇		广东省首届美育教师教学基本功大赛	全省一等奖
谢伟瀚		广东省第七届中小学生艺术展演活动	书法作品一等奖
杨素宁	深圳外国语学校（集团）	“南粤优秀教师”评选	南粤优秀教师
林子枫		广东省第七届中小学艺术展演	三等奖
丁思瑶		第十九届“叶圣陶杯”全国中学生新作文大赛	优秀指导教师
贺皓悦			优秀指导教师
李梦菲			优秀指导教师
孙晓曼			优秀指导教师
崔宇贺			优秀指导教师
谢　亮			优秀指导教师
陈亚丹			优秀指导教师
张钰婉		中国少年儿童造型艺术学会主办的全国青少年造型艺术作品大赛	优秀指导教师
林子枫		广东省第七届中小学生艺术展演	三等奖
莫淇淇		第十九届“叶圣陶杯”全国中学生新作文大赛	省级一等奖
邓宝怡			省级三等奖
董玉婷			省级三等奖
刘梦祺			省级一等奖
赵家愉			省级一等奖
沈睿畅			省级三等奖
刘子熙			省级一等奖
朱贞臻			省级二等奖
何煜培			省级二等奖
秦艺珊		第十九届“叶圣陶杯”全国中学生新作文大赛	省级二等奖
陈天丽			省级二等奖
袁煊琳			省级三等奖
许诗雅			省级三等奖
陈　旖			省级三等奖
杨　琳			省级三等奖
杨晓婧		广东省青少年艺术体操锦标赛青年二级集体圈	第二名
邓开源		第十四届全国中学生创新作文大赛综合赛区	三等奖

（续表）

姓　名	单位名称	项目名称	获奖等次（名称）
彭依琳　刘星杰　肖　燕	深圳外国语学校（集团）	全国青少年造型艺术作品大赛	一等奖
梁学通　刘欣慧　陈天阳 李渊妍　汪雨荷　林子枫 李瀚霖　顺奕文　黄子琪			二等奖
蔡婉庭　陈滢帆　黄恺承 肖　扬　张珊绮　赵家愉 陈　旖　王荟然　黄明玉 许琳曼　陆安琪　卢　杨 刁美琪　马璐瑶　黄　鼎 孙乙丁　王彦诺　姚祎琛 马　赫　张陈炫岱			三等奖
王庆华	深圳科学高中	“南粤优秀教师”评选	南粤优秀教师
李姝瓅		广东省中小学生艺术展演绘画	优秀指导教师奖
李小锋		广东省教育教学成果奖（基础教育类）	二等奖
蒋诗昂		广东省宋庆龄奖学金评选活动	宋庆龄奖学金获选学生
刘英琦	深圳第二外国语学校	广东省省基础教育教学成果	特等奖
郑　颖		“南粤优秀教师”评选	南粤优秀教师
何玉琳		广东省中小学“最美图书馆馆长”评选	广东省中小学“最美图书馆馆长”
王军洁		2021年广东省中学生游泳锦标赛团体项目	优秀教练员
骆　坤		2021年全国信息技术创新大赛（广东赛区）	优秀指导教师
丘文东			
宋　莹			
林灿林			
陆丽霞	深圳市第二高级中学	2021年广东省武术套路锦标赛	女子甲组扑刀第一名
孙立志	深圳市第二实验学校	“南粤优秀教师”评选	南粤优秀教师
彭盛卉	深圳市第三高级中学	深圳市第七届中小学艺术展演器乐组	优秀指导教师
庞　聪			
旺　彤			
彭盛卉	深圳市第三高级中学	深圳市第七届中小学艺术展演舞蹈组	优秀指导教师
庞　聪			
旺　彤			
陈宪友		2021年广东省中、小学生春季羽毛球锦标赛高中组	优秀教练员
吴佳津		2021年广东省中学生羽毛球锦标赛	优秀教练员
杨文锐		2021年广东省中、小学生春季羽毛球锦标赛高中组	混合双打B组第一名
许雅雯			

（续表）

姓　名	单位名称	项目名称	获奖等次（名称）
邓景秀	深圳元平特殊教育学校	“南粤优秀教师”评选	南粤优秀教师
李　洋	深圳元平特殊教育学校	广东省首届美育教师教学基本功大赛特殊教育音乐组	一等奖、个人单项奖
王梦艺	深圳元平特殊教育学校	广东省首届美育教师教学基本功大赛特殊教育舞蹈组	一等奖、技能展示单项奖
李晓芹	深圳元平特殊教育学校	广东省首届美育教师教学基本功大赛特殊教育美术组	二等奖
张德生	深圳元平特殊教育学校	广东省首届美育教师教学基本功大赛特殊教育书法组	二等奖
于　磊	深圳元平特殊教育学校	第三届广东省中小学青年教师教学能力大赛特殊教育组决赛	三等奖
沈晴琛	深圳元平特殊教育学校	2021年广东省校园摄影大赛	省级三等奖
谷和北	深圳市第二幼儿园	广东省首届美育教师教学基本功大赛幼儿组（音乐类）	一等奖
邓　卉	深圳市梅林一村幼儿园	广东省首届美育教师教学基本功比赛幼儿园组（舞蹈类）	一等奖
刘　震	南外（集团）高级中学	广东省班主任专业能力大赛	单项一等奖、综合二等奖
刘　震	南外（集团）高级中学	广东省班主任基本功大赛	二等奖
何敏儿	育才二小	第三届广东省中小学青年教师能力大赛小学英语学科	一等奖第一名
戚馨匀	龙苑学校	广东省首届美育教师教学基本功比赛特教组音乐	一等奖
何野绚	南头小学	“广东省优秀少先队员”评选	广东省优秀少先队员
李林熹	南头小学	第36届广东省青少年科技创新大赛	二等奖
雷美婷	海德学校	广东省首届美育教师教学基本功比赛	一等奖
申存博　陈　昊　曾旭勇　李旻倩　邓舒月	北大附中南山分校	“建行杯”第七届中国国际“互联网+”大学生创新创业大赛广东省分赛萌芽赛道决赛	优胜奖
杨　奕	深圳湾学校	2021广东省“中国体育彩票”青少年艺术体操锦标赛普及推广小学3级规定套路（徒手）	二等奖
靳子云	深圳湾学校	2021年广东省“中国体育彩票”青少年花样游泳锦标赛	乙组自由组合第三名
孙子衿	深圳湾学校	广东省花样游泳大赛团体	第五名
孙子衿	深圳湾学校	广东省花样游泳大赛	国家三级运动员
王弋安	园丁学校	广东省第八届中小学班主任专业能力大赛	一等奖
郑伟强	海滨实验小学	广东省第三届中小学青年教师教学能力大赛音乐学科决赛	一等奖
郑伟强	海滨实验小学	广东省首届“美育”教师基本功比赛音乐学科小学组	一等奖
欧妙芳	育才中学	广东省中小学青年教师教学能力大赛综合实践活动	第二名

（续表）

姓　名	单位名称	项目名称	获奖等次（名称）
陈　凯	大磡小学	广东省优秀少先队辅导员	广东省优秀少先队辅导员
孙立春	深中南山创新学校	广东省五一劳动奖章	广东省五一劳动奖章
张华文	深中南山创新学校	广东省首届美育大赛	一等奖第一名
唐晓勇　梁　勇　王思思　陈晓粧　王玉佳　武雅娟	南科大教育集团第二实验学校	2021年广东省教育教学成果奖（基础教育类）	二等奖
张清蕊　张婉沁	麒麟中学	2021年广东省中学生乒乓球锦标赛	初中组女子双打银牌
			团体总分二等奖
熊筱浠	前海时代第二幼儿园	广东省首届美育教师教学基本功比赛	省级一等奖
罗晗萌	育才学校	“广东省优秀少先队员”评选	广东省优秀少先队员
金星灿	前海港湾学校	第八届广东省班主任能力大赛	一等奖
张　佳	南海玫瑰幼儿园	广东省首届美育教师教学基本功比赛	一等奖
王　鑫	蓓蕾幼儿园	广东省教师教学能力大赛	一等奖
陈毅晖	深圳大学城图书馆	CALIS联合目录优秀认证中文编目员	优秀
汪立洋	深圳大学城图书馆	2021广东省高校图书馆知识产权信息服务案例分享会	优秀案例

2021年深圳市年度教师

单位名称	姓　名
深圳市育新学校	杨宏英
福田区景莲小学	文国锋
罗湖区翠竹外国语实验学校	韩　青
南山外国语学校（集团）高级中学	刘　倩
盐田区外国语学校	杨　艳
宝安中学（集团）高中部	郑良凯
龙岗区天成学校	卢天宇
坪山高级中学	王焱坤
龙华区龙腾学校	廖紫微
光明区高级中学	余晶晶
大鹏新区葵涌中学	徐丹丹

深圳特区报

全市教育工作会议举行

今年新改扩建公办中小学学位10.37万个

昨日，2021年全市教育工作会议以视频会议形式召开。会议深入学习贯彻习近平新时代中国特色社会主义思想，传达学习全国、全省教育工作会议精神，总结部署2021年教育工作。市委常委、宣传部部长王强，副市长聂新平出席会议并讲话。

王强充分肯定了我市教育发展取得的各项成就，他提出，要推动教育进一步发展，一要举旗铸魂，从学懂弄通做实习近平新时代中国特色社会主义思想的政治高度加强党对教育事业的全面领导；二要牢记嘱托，从领会把握党的十九届五中全会战略大计的全局高度推动深圳教育新跨越；三要培根固本，从培养社会主义建设者和接班人的历史高度开创立德树人新局面；四要综合施策，从破解超大城市社会治理难题的战略高度维护安全稳定的教育大环境。他强调，全市教育系统必须以先行示范为标准，以更高远的历史站位、更宽广的国际视野、更强烈的使命担当推动深圳教育改革发展，聚焦难点、强化攻坚，奋力率先实现“幼有善育、学有优教”。

聂新平表示，未来深圳要加强统筹教育发展的速度和质量，结合改革发展和稳定大局，协同市区力量，更好地推动深圳教育工作向纵深迈进，努力打造一批教育的“深圳标准”“深圳标杆”。

据介绍，新一年深圳将打响思政教育改革创新、基础教育学位保障、民办教育规范提质“三大攻坚战”，切实解决市民群众关心关切的热点难点问题，全年计划新改扩建公办中小学学位10.37万个，新增幼儿园学位2.5万个；将启动实施学生综合素质提升工程、未来教育探路工程、教育评价深化改革工程等“十大工程”，大力推动教育高质量发展。

（《深圳特区报》2021年02月04日第A02版，记者：韩文嘉）

南方日报

教育多维度加速跑
奋力铸就城市美好未来

距离2021年正式翻页，只剩一天。

你会如何回忆即将逝去的这一年？

若将聚光灯打向这座城市的教育，哪些片段或关键词会在脑海浮现？

是对学位建设大提速的赞许？

是家门口多了好学校的欣喜？

是孩子作业重担减去的笑脸？

还是官方帮带娃解忧的欣慰？

……

无论你的关键词是什么，背后都穿插着一条主线，那就是教育在加速奔跑，跑出速度、深度、力度、温度、高度、厚度，奋力铸就城市美好未来。

速度

几天前，深圳坪山高中园建设传来好消息，其首栋教学楼主体结构已全面封顶，1个月内将实现三个校区主体结构全面封顶。随着项目进入“封顶月”，将为明年秋季如期开学打下坚实基础，有力缓解深圳公办普高学位供需矛盾。

与不少地区生源下降、学校数量减少趋势不同，深圳在一线城市中人口流入增速最快，近年来每年人口净流入达40万—50万人，常住人口出生率维持在15‰的高位。虽然近几年深圳学位建设力度空前，但高供给仍难以满足入学高需求。

“千好万好，学位不够就很难说好。”一位深圳市领导曾如此直言。

为化解人口规模急剧增长带来的学位短缺问题，2021年，深圳举全市之力，各部门联合、专班推进、特事特办、市区联动，努力形成开工一批、推进一批、建成一批的良好态势，持续增大基础学位供给，学位建设跑出“深圳速度”。

数据显示，深圳今年新开工建设中小学90所、幼儿园60所。全年建成学校146所，新增各类基础教育学位约13万个。截至今年10月，全市共有130所学校建成投入使用，新增各类基础教育学位约12万个。其中，公办普高9所，公办义务教育学校60所，幼儿园61所。新增学位数量和增速均居全国首位。

随着学位建设的提速，明年秋季位于光明、龙岗、坪山的三个高中园将投入使用，一大波优质普高学位“在路上”。

到2025年，深圳将新增公办义务教育学位74万个，新增幼儿园学位14.5万个，加上此前规划新建公办高中阶段学位9.7万个，深圳共将新增基础教育学位近百万个。建成以后全市公办义务教育总规模将接近翻一番，预计能够有效缓解学位供需矛盾。

超常规学位攻坚的背后，是深圳力补短板并未雨绸缪高位谋划的决心和魄力，更是深圳加快打造民生幸福标杆、提升先行示范区厚重的迫切需求与必然选择。

超常规学位攻坚战仍在进行中，全面缓解深圳学位紧张，实现教育高质量发展，人们充满期待。面对城市高速运转、高质量发展，教育如何与城市同频共振，如何更好地支撑与服务城市发展，是深圳教育人面临的考验。

深度

12月25日，深圳市学校规划与建设专家咨询委员会成立，聘任丁烈云、孟建民、崔愷、梅洪元4位中国工程院院士作为名誉委员，以及17位公务委员、50位非公务委员，其中既有与学校规划建设相关的政府单位相关负责人，也有建筑规划设计专家、校长等人士。目标是推进深圳学校工程建设决策科学化、民主化，实现设计更优、质量更好、效率更高。

时间再往前推移，11月16日，深圳市教育局宣布，位于深汕合作区、坪山区、光明区和龙岗区的高中园建成后，将分别交由深圳中学、深圳实验学校、深圳外国语学校、深圳市高级中学市直属学校四大集团办学。四大高中园与上述市直属学校将在课程、师资以及活动等多方面实现资源共享，这意味着更多学生有机会享受到优质教育资源。

广东实验中学深圳学校、东北师范大学附属中学深圳学校两所老牌名校今年也正式落地深圳办学……

学位建设要速度更要质量。“新建校要成为深圳基础教育先行示范的新生力量，这就要求新建校要跨越艰难摸索的起步阶段，开门就是好学校。”深圳市教育局局长陈秋明说，在他看来，深圳教育要实现优质均衡发展，要做到“四个优”，即硬件设施要优、师资队伍要优、课程内容要优、教育教学形式要优。

2021 年，深圳以更大力度推进基础教育优质均衡发展。

深圳不仅坚持高起点、高标准打造每一所新建校，确保每一所学校拥有高颜值和高内涵。同时，充分发挥市内名校优质教育资源的辐射引领作用，通过“优质校（核心校）+ 新建校（加盟校）”、跨校跨学段组建教育集团等办学管理模式，推进优质教育资源的共享共创，推广先进教育管理模式，带动新建校和普通学校快速发展。目前全市已建成 28 个中小学教育集团。此外还积极探索校长教师轮岗交流和大学区制改革，推动义务教育优质均衡发展。

教师水平决定了学校的办学水平。目前，全市教师队伍整体呈年轻化、学历高、职称高、来源广等特点，全市高中教师 35% 具有研究生以上学历，比例全国最高。今年校招，深圳教育人才流入情况持续向好，优秀人才加入深圳教师队伍的背后，凸显了这座城市以及教育的魅力和吸引力，也显示出人们对于这座城市以及教育未来前景的看好。在引进的同时，深圳还加大教师培养力度，进一步锻造高素质专业化创新型教师队伍，为确保“办一所、优一所”提供坚实人才保障。

特03
教育深改革 双减圳示范
教育多维度加速跑
奋力铸就城市美好未来

随着生活水平等提高，人们对教育的需求已从“有学上”到“上好学”转变，家长和学生对更均衡、更优质教育的需要前所未有的强烈。如何更深度地做到教育均衡优质发展，如何更好地实现“幼有善育、学有优教”，是深圳教育人面临的考验。

力度

盘点 2021 年的教育，“双减”一定是重要关键词。

今年 7 月，中共中央办公厅、国务院办公厅印发《关于进一步减轻义务教育阶段学生作业负担和校外培训负担的意见》，此后。一系列配套政策措施相继出台，从校内到校外、从家长学生到校长老师，无不随着政策实施做出或多或少的调整和改变。

减轻学生过重的作业负担是国家“双减”工作的重要内容，也是落实立德树人根本任务的重要抓手。“双减”政策下达后，深圳教育工作者亦积极响应，迅速探索和建构一套对标“双减”要求、减轻学生和家长负担、提质减负的教育教学体系和作业设计管理体系。

9 月 1 日，深圳市教育局下发《关于加强义务教育学校作业管理的通知》，要求注重作业管理的系统设计，通过系列举措不折不扣落实“确保小学三年级以上学生每天书面作业完成时间平均不超过 60 分钟，初中学生每天书面作业完成时间平均不超过 90 分钟”的要求，进一步减轻深圳义务教育学校学生过重的作业负担。

针对“双减”要求，布置作业的时间、难度、内容、能力培养方向等都需要有科学、精确的设计。为此，深圳市教育科学研究院组织市区教研员及骨干教师，研制出《深圳市义务教育学校学科书面作业设计指引（试用）》，并制定了义务教育阶段 12 个学科的作业样例，让深圳校园在“双减”时代下的作业改革，有了专业性强的执行规范，有了可操作性的方向和路径，也更满足学生差异化学习需求。

同时，深圳强化作业管理主体责任，全面强化督导检查。以作业样例为指引，以作业改革为杠杆，更多学校深入变革教与学方式，提升教育教学质量。深圳校园呈现出新面貌、新气象、新变化。

“书面作业在学校就完成了，回家就是阅读、体育锻炼，以及跟生活密切相关的探究性作业。孩子很喜欢，做作业的主动性、积极性非常高，收获、成长也很大。”深圳实验学校小学部六年级学生家长说。罗湖区布心小学的一位三年级学生家长也表示，“现在孩子作业少了很多，布置下来的多数也是培养各方面综合能力的作业，感受到学校的用心和孩子的成长。家里也不用像以前那样因为作业闹不愉快了。”

深圳还全面规范校外培训机构培训行为，并提出通过大力压减学科类校外培训机构规模、整顿违法违规培训行为等措施，确保学生过重作业负担和校外培训负担、家庭教育支出和家长相应精力负担1年内有效减轻，2年内成效显著，全市教育生态明显好转，人民群众教育满意度明显提升。

在教育专家看来，“双减”是一项全方位的教育改革，随着其不断深入，教育生态将发生变化并实现重构。课程改革、教育教学改革等一直走在前列的深圳，如何在“双减”背景下更有力度地推进教育教学改革，践行立德树人初心与使命，实现深圳教育高质量发展、先行示范，是深圳教育人面临的考验。

温度

如今，深圳的上班族父母不用再为来不及接孩子而担忧，因为通过学校提供的课后服务，既解决了孩子放学、家长下班时间不同步的难题，同时丰富的课程也更好地助力学生个性化发展。

早在2015年，深圳就开始试点“四点半课堂”，为学生提供课后服务。今年4月，课后服务在全市义务教育阶段公办中小学全面开展；9月，全市义务教育阶段民办中小学也全面开展课后服务。目前，深圳已实现公、民办义务教育学校全覆盖、有需求的学生全覆盖，全市学生参与率达93.34%。

按照“一校一案”“一生一表”“一师一表”的原则，深圳课后服务致力于落实“双减”政策，以丰富多样的课程，指向性学生综合素养提升，助力学生多元发展。作业辅导、劳动种植、烹饪茶艺、发明制作、诗词吟诵、体育运动、艺术教育、编程……多彩课程趣味无穷，既丰富了学生的课后活动，又促进了学生多元化个性化发展。

为解决学生暑期“看护难”问题，今年暑假，深圳在全市优选了一批学校开展小学生暑期托管服务试点工作，以丰富多彩的趣味课程解锁了孩子们暑期生活新方式，让孩子们度过了一个安全、快乐、有意义的假期，让工作繁忙的家长们省心、放心、更安心。

为解决学生午餐午休难题，目前，深圳市825个义务教育阶段学校（校区）提供校内午餐午休服务，共接纳学生约78.8万人，基本满足全市有需求的学生在校内午餐午休。深圳在全省率先实现学校食堂“互联网＋明厨亮灶”全覆盖，实现智能化监管，并规范学生营养餐制作及配送，全方位守护学生“舌尖上的安全”；还鼓励学校配备午休相关设施、改善午休条件等。

这座城市的温度，在教育上还有更多的彰显。

目前，深圳义务教育阶段58.7%的学位提供给了随迁子女，规模和占比均为全国一线城市最高，有力保障了适龄人口入学需求。深圳提出按“全覆盖、零拒绝”的要求，各区至少建设1所特殊学校，确保残疾儿童少年义务教育入学（安置）率达95%以上，持续加大残疾学生资助力度……

一个让人有幸福感的城市，不仅体现在有充足的学位保障、有高质量的教育水平，更在于对于各种人士、各种需求的考虑，在于细节、温度。作为超大型城市的深圳，如何更好地解决群众“急难愁盼”问题，如何更有温度与担当，更好地呵护每个孩子的成长与绽放，是深圳教育人面临的考验。

高度

中国科学院和中国工程院11月18日公布了2021年两院院士增选结果，深圳共有4位科学家当选，其中南方科技大学力学与航空航天工程系讲席教授夏克青当选中国科学院院士，南方科技大学数学系杰出访问教授、杰曼诺夫数学中心主任杰曼诺夫当选中国科学院外籍院士。南方科技大学工学院院长、讲席教授徐政和，香港中文大学（深圳）副校长罗智泉教授当选中国工程院外籍院士。

深圳此次新增的两院院士均来自高校。数据显示，深圳高校共有全职两院院士45人，占全市的62.5%，高校市级及以上高层次人才约5700人，占全市的27%；目前深圳有 11 家诺奖实验室，其中 9 家都依托高校开展工作；深圳建设我国第四个综合性国家科学中心过程中，被寄予厚望的两大创新引擎都与高校密不可分，西丽湖国际科教城、光明科学城高校云集，高水平科研机构、平台。

这些数据的背后，是深圳这座城市向创新跃升、高等教育跨越式发展的生动注脚。

近年来，在市委、市政府的高度重视和大力推动下，深圳坚持自主办学和引进办学并举，扩大规模与提高质量并重，高起点、高标准建设一批高水平大学。

截至目前，深圳有 15 所高校，其中深圳大学、南方科技大学、香港中文大学（深圳）、深圳北理莫斯科大学、清华大学深圳国际研究生院、北京大学深圳研究生院等高校入选广东省高水平大学建设计划；深圳技术大学入选广东省特色高校提升计划；深圳职业技术学院、深圳信息职业技术学院两所高职院校入选国家“双高”建设计划。南方科技大学、深圳大学等高校在国际国内权威大学排行榜上综合排名迅速攀升，在 2022 年泰晤士高等教育世界大学排名中分别位居内地高校第 9 位、第 17 位。今年，深圳高校新增 10 个博士点，数量位居各城市市属高校首位。

“培养创新人才是大学的使命所在，我们希望通过全球聚才、留才，最后高质量用才，让杰出人才为培养更多的杰出人才服务，更好助力城市发展。”陈秋明说。同时，随着高水平人才的集聚，深圳的高校正在为深圳增强源头创新力、融入全球创新体系提供重要的推动和支撑。

深圳提出，争取到 2025 年，高校在校生达到 20 万人左右，力争 3 所高校综合排名进入全国前 50 名，打造开放式创新型一流高等教育高地。目前，深圳已启动筹建中国科学院深圳理工大学（暂定名）、海洋大学、创新创意设计学院、音乐学院等新高校，推进全新机制的创新创业学院建设，探索与香港大学在深圳合作办学。

高等教育对一座城市，尤其像深圳这样的创新之城，其意义不言而喻。在中国高等教育改革创新版图上有其特殊贡献的深圳，未来如何做优做强高等教育，为深圳创新发展、为“双区”建设提供澎湃动力，支撑城市的发展高度，是深圳教育人面临的考验。

厚度

41 岁的深圳，教育将驶向何方？

在“十四五”开局之年，这样的问题被高频提及。

一流的城市渴求一流的教育，也必须要有一流的教育。

面对城市高速运转、高质量发展，教育如何与城市同频共振？

如何更深度地做到教育均衡优质发展，回应家长、学生期待？

如何在“双减”背景下更有力度地推进教育教学改革，实现深圳教育高质量发展、先行示范？

如何更好地解决群众“急难愁盼”问题，如何更有温度与担当，更好地呵护每个孩子的成长与绽放？

如何做优做强高等教育，为深圳创新发展、“双区”建设提供澎湃动力，支撑城市的发展高度？

创造了无数辉煌的深圳教育，被国家赋予基础教育综合改革实验区等诸多改革重担的深圳，未来如何先行示范，如何更好地实现“幼有善育、学有优教”，如何对标一流，以高质量发展成就民生幸福标杆？

……

这些问题，是新时期深圳教育的新考验、新机遇、新期待，也可谓新使命、新重担、新征程。做好答卷，需要担当、智慧，更需要魄力与实干，只有保持教育的“速度”“深度”“力度”“温度”“高度”，这座城市的可持续、高质量发展才能有“厚度”。

谋教育就是谋发展，抓教育就是抓未来。深圳市委、市政府印发的《关于推进教育高质量发展的意见》提出，深圳要紧紧围绕培养德智体美劳全面发展的社会主义建设者和接班人根本任务，在教育体制改革方面先行先试，大力推进教育高质量发展，实现幼有善育、学有优教，打造与城市地位相匹配、中国一流、世界先进的现代教育，充分发挥教育基础性、先导性、全局性的作用，为深圳朝着建设中国特色社会主义先行示范区的方向前行，努力创建社会主义现代化强国的城市范例提供有力支撑。

我们期待深圳教育的新辉煌，也相信这座活力之城，因为有了教育，会拥有更美好的未来。

（《南方日报》2021 年 12 月 30 日，记者：孙　颖）

南方日报

深圳教育发展要从“中国前列”走向“世界前列”

深圳，一座从改革创新中崛起的城市，教育是根基更是其创新精神的载体。改革开放40多年来，深圳教育的发展始终与城市同频共振。

提到深圳教育的改革创新，哪些事件令人印象深刻？新时期，深圳教育被国家赋予多项改革重任，外界如何看待其新时期的使命？未来，深圳教育如何在高位发展中再创高峰？日前，南方日报采访了来自国家、省、市的多位专家学者，倾听他们对深圳教育的洞察与建言。

谈及深圳教育的发展与成就，专家们纷纷点赞予以肯定。在华南师范大学教育科学学院院长李盛兵看来，深圳抓住了教育高质量发展的两个要素：一是高水平的校长，二是高水平的老师。抓住了这两个要素，就抓住了教育的“牛鼻子”，深圳教育因而能在短时间内提升质量。

对于教育部国培计划专家、广东省教育厅原教研室主任吴惟粤来说，南山区实行课程改革、深圳中学推出“走班制”教学、初中“科学”课程整合等给他留下了深刻印象，在特区建设41年的过程中，深圳积累了不少宝贵经验，也为全国教育事业的发展贡献了积极的力量。

21世纪教育研究院南方中心主任臧敦建认为，深圳教育过去40多年在改革创新领域有着非常好的传统，一些教育改革案例备受全国瞩目，如上个世纪被誉为高等教育改革典范的深圳大学，进入新世纪后实行办学体制改革的明德实验学校等。

面向未来，专家对深圳教育的发展有何建议？在广东省人民政府督学、南山区教育局原局长刘根平看来，当前，深圳教育迎来新的历史机遇，不仅面对上级“指挥棒”要迫切落地顶层设计，同时也要尊重历史特征，积极寻找各区各领域教育发展的动力源，建立良好的“教育责任众筹”，发展优质教育新生态。

深圳市教育科学研究院原院长、深圳大学教授叶文梓建言，深圳教育在改革创新路上必须下更大的决心、采取更大力度的措施，争取取得更大的突破。要勇敢地“走出去”，探索一条中国教育走向世界的新路径，为中国成为世界教育强国做出深圳贡献。

广东省人民政府督学、深圳市教育局直属学校责任督学吴希福同样认为，深圳教育的发展要与城市的发展趋势相适应，和深圳这座城市一样，教育领域也要涌现出如华为、腾讯、大疆、中兴等这样的国际知名品牌，不断创新和超越。

深圳要探索中国特色社会主义教育体系

深圳是一座改革创新之城，其创新精神在教育领域同样彰显。提到深圳教育的改革创新，华南师范大学教育科学学院院长李盛兵表示，深圳教育正如它的经济发展一样，成就很突出，主要表现在：深圳教育发展速度非常快，教育质量不断提升。无论是职业教育、高等教育还是基础教育，在广东乃至全国都处于领先位置。

深圳抓住了教育高质量发展“牛鼻子”

“深圳高校数量不多，但是每一所都建出了高质量，回应了教育部提出的‘一校一优’。”李盛兵认为，在高等教育，深圳原先在综合大学方面只有深圳大学，职业教育方面只有深圳职业技术学院，而深圳却能采用超常规方法，引进了清华大学、北京大学、哈尔滨工业大学、香港中文大学、中山大学等名校来深合作办学，并在后期建设了深圳技术大学、深圳信息职业技术学院等本土院校，使得其作为一座新型城市也达到了高质量的教育水平。

深圳的基础教育在全国同样很受瞩目，尤其在教育人才上，深圳面向全国聘请了很多名校长，用以提升学校办学水平，并在全国掀起了海内外优秀毕业生的“教师热”，提升了教师队伍的质量。对此，他评价，深圳抓住了教育高质量发展两样最重要的东西：一是高水平的校长，二是高水平的老师。正是因为抓住了教育的“牛鼻子”，深圳教育质量的提高才如此之快。

此外，深圳特色高中的发展、教育经费足也令他印象十分深刻。他认为，深圳教育偏向“多元智力说”，该学说认为每个孩子都有自己的发展潜力，要为孩子提供教育的多样性选择，而非局限在一条赛道上。在他印象中，深圳培养出来的学生往往思想开放、思维活跃，富含深圳特区精神特质。而由于市委、市政府对教育的投入力度大、重视程度高，深圳有充足的教育经费，使得其能办更多的学校、进行各种各样的改革——这既是发展教育所必需的，也是深圳的优势。

深圳肩负成为“减负标兵”等多重使命

“深圳在先行示范区建设中，我觉得肩负着一个重要使命，就是探索中国特色社会主义教育体系。”李盛兵认为，深圳教育经费充足、发展水平高、创新改革能力强，理应在全国范围内探索中国特色社会主义教育体系，比如党的教育方针落实、义务教育、高中教育、职业教育、高等教育、终身教育应该怎么体现社会主义作为社会高级阶段的特征，为其他省市提供示范。

此外，深圳教育的发展还承担着教育优质均衡、多样化教育、创新人才培养、小班制教学以及成为“减负标兵”的多重使命。针对“减负”，他提出期许：深圳市要在实践中积极探索减负的办法，拿出一个解决学生负担的科学方案，供其他省市学习借鉴。他认为，减负之外，还要为学生提供多样化的发展。减负不是一个简单的“减法”，还要做“加法”，让学生在减负后能实现多样化的发展。

深圳教育改革创新要从执行者变为探索者

“2001 年，教育部经国务院同意印发《基础教育课程改革纲要（试行）》后，深圳作为我国第一批课程改革实验区，率先进行课改实验，持续至今已整整 20 年……”作为教育部国培计划专家、广东省教育系统关心下一代工作委员会常务副主任、广东省教育厅原教研室主任，吴惟粤一直关注深圳教育的发展，说起深圳教育改革创新的历程，他娓娓道来。在他看来，深圳是从一张白纸开始勾勒的城市，承担着新时代探索前行的历史责任，其教育发展也应该有许多改革创新。在特区建设 41 年的探索过程中，深圳积累了不少宝贵经验，也对全国教育事业的发展有着积极的影响和贡献。

2001 年在南山区启动课程改革、2003 年深圳中学推出“走班制”教学、全市初中阶段理化生综合为“科学”课程、深圳实验学校和育才学校开展集团化办学……谈及深圳的教育改革创新，吴惟粤对这些富有创新性又有全国性影响的“大事”印象十分深刻。他表示，40 多年来，深圳的教育一直在改革中前行，成为走在时代前列的创新尖兵。

在新时期，深圳教育被国家赋予了许多改革重任，对此，外界如何解读？在吴惟粤看来，首先，深圳有必要也有责任承担好教育改革的使命。深圳不仅是经济特区，同时也处于粤港澳大湾区核心地位，又是先行示范区，其教育的发展应当有前瞻性，做到比其他地区“快一步，高一层，国际化”。

深圳也有基础、有条件成为教育改革的排头兵。深圳经济实力雄厚，教育人才充足，尤其面向全国招聘的校长、老师，教育人才起点很高。深圳的中小学大多数为新学校，完全可以根据特区发展的理想来规划和建设。“深圳教育改革不缺乏基础条件，需要的是主政者的统筹谋划。”他指出，城市的主政者需要从根本上认识到教育改革的重要性和迫切性，尤其是深圳教育改革的时代担当，应前瞻数十年进

特08-09
专家解读改革创新成就并建言先行示范
深圳教育发展要从“中国前列”走向“世界前列”
“双减”如何“减”
专家来支招

行规划，使之适应特区建设的发展需求，更为国家明天的教育发展探路。

"深圳基础教育'高一层'，对全国的积极影响是肯定的，但这种贡献还不能够称得上深圳'特'区的责任担当。"吴惟粤建议，在先行先试方面，深圳不能满足于作为教育部实验方案的先行区，而更应根据深圳发展实际自主设计教育改革方案，从上级实验方案的执行者变为改革创新的设计者、现代教育的探索者。此前，深圳虽然做了很多改革，但基本上都是在做教育部方案的验证性实验，充当的是执行者角色。他建议，深圳可以借鉴上海经验，自己设计教育改革的图纸。"当年的上海和如今的深圳人口及中小学校规模相仿，中小学课程、高校招考方案均是自主设计，教育部备案，施行已30多年，成绩斐然，在国际上都有很大影响。"他表示深圳完全有能力、有条件实现这个担当，关键是要敢于拿出更大的勇气和魄力去描绘改革的路线图。

探索新时代方法论实现教育综合改革新突破

"教育综合改革是一套方法论，不是搞一百条措施就是综合改革，而是要在关键领域、关键环节上有所突破。"21世纪教育研究院南方中心主任臧敦建在不断探索中，对深圳教育改革发展有了更深层次的认识。

他表示，近年来，深圳许多教育改革案例让人印象深刻，如诞生了一批以明德实验学校为代表的办学体制改革的学校。在这类改革中，政府委托大学和公益机构办学，保持公办学校性质不变，赋予学校较大的自主权，集公、民办学校所长，避公、民办学校之短，极大地激发了学校的办学活力。

此外，深圳根据社会实际需求和高考现状等实际情况，探索普职融合综合高中的实践也可圈可点。该项改革取消在中考阶段进行人为分流，在高中阶段把选择的自主权交给学生，他认为这不仅是办学模式的重大突破，也是教育观上的重大转变。

他还对高等教育领域实行人事制度改革、建立起一批新型大学印象十分深刻。"目前南科大的人事制度改革已经基本完成，深圳大学的人事制度改革也在稳步推进，现代大学人事制度改革已在深圳成为一种常态，深圳高校的人事制度改革走在全国前列。"

针对未来深圳教育的改革创新，臧敦建建议，深圳应全面认真贯彻落实国家的一系列"双减"政策，尤其是提供优质、均衡、充分的教育公共服务，从根本上抑制教育焦虑产生的根源，同时提供多样性的选择。

首先，让基础教育回归政府公共服务的定位。一是让公共服务的提供尽量满足所有人的需要。二是向困难群体倾斜。他强调，政府提供的公共服务主要是满足基本需要，而不是争优拔尖，要避免政府提供的公共服务成为"负福利"。

其次，加快学位建设，下大力气解决学校规模过大和班额过大的问题。深圳0—3岁的幼儿人数居全国第一，且人口持续流入，必须进一步加大学位建设。同时降低学校建设标准，允许建设小规模学校，设法解决大班大校教学质量低下的问题。

第三，加快推进民办学校分类管理，推进民办学校管理体制建设。把非营利学校纳入政府资助或者购买服务的范围，推动营利性学校收费备案制改革。深圳的民办学校管理体制相对滞后，需要向江浙沪学习，加速推进改革。

第四，吸取深圳高校人事制度改革、中小学办学体制改革和公办园建设的经验，进一步推进中小学办学体制改革，充分激发办学活力。他指出，面对到2025年新增100万学位，将新增5—6万新老师的现实情况，需要推动师资多元化，吸纳社会各界尤其是有其他行业经验的人员进入教师队伍，避免出现从学校到学校、梯队出现断层的情况。

深圳要实现"教育责任众筹"发展优质教育新生态

"与深圳这座城市同生同长，始终以跨越式、超越式的加速度姿态在奔跑。"这是刘根平对深圳教育40多年来发展的印象。在刘根平看来，当前，深圳教育迎来新的历史机遇，不仅面对上级"指挥棒"要迫切落地顶层设计，同时也要尊重历史特征，积极寻找各区各领域教育发展的动力源，建立良好的"教育责任众筹"，发展优质教育新生态。

不等不靠教育大花园"百花齐放"

谈及深圳教育的发展成果，刘根平认为改革创新是其大发展的精神内核。刘根平介绍，一方面深圳学校从300多所增长至如今的2000多所；另一方面，无论是义务教育质量监测，还是中考、高考等成绩都十分亮眼，量质双提升就是推进改革创新后最显著的特征，“与北上广发展更久的老城市相比，深圳教育不仅没有落后，还为城市现代化发展提供了强大支撑。”

在教育纵向发展上，刘根平表示深圳教育与深圳拥有的市场经济特征一脉相承，“深圳市场经济是充满活力的，反观深圳教育大花园，我们同样可以看到百花齐放。”刘根平说，过去40多年来，深圳每个区积极地自下而上寻求个性化发展，课程改革、教育信息化、教育评价、科创教育、人文教育等方面都拥有属于自己的独特特征，大家齐齐发力、不等不靠、力争上游的精神面貌足，而这也得益于深圳改革创新基因的涌动。

立足实际分区分领域寻找动力源

“不久前，教育部决定设立教育部基础教育综合改革实验区，深圳榜上有名，成为广东唯一和计划单列市唯一，这说明国家对深圳教育是有期待的。”刘根平表示，新时代新阶段深圳教育担负重大使命，一定要强化顶层设计，在这其中要合理地总结过去、关注当下、展望未来。

对于综合改革实验区的落实，刘根平提出深圳要尊重历史特征，立足实际发挥优势，分区分类分领域进行设计，目前，深圳各区教育发展不尽相同，要找到各区动力源，实现高质量发展。

“当然，综合改革不是一蹴而就能够完成的，它也是一个协同的过程。”在刘根平看来，未来“教育责任众筹”值得关注。“教育责任众筹”即社会各界都要共同承担教育发展的责任。刘根平表示，在深圳，教育的责任众筹在科创教育上已经有好的苗头，这与深圳科技之城、创新之城的特质非常契合，如深圳有不少科技创新企业主动拥抱教育，开放实验室、联合办学等近年来也逐渐兴起。刘根平认为，在科创教育上，深圳有得天独厚的人力资源、实验室资源，未来科技公司也将与教育有更加深度的融合。

深圳教育改革创新须下更大决心和力度

“深圳教育整体上充满活力和生机，正面临‘双区’驱动发展的历史性机遇，同时也面临多方面的深刻挑战。”深圳市教育科学研究院原院长、深圳大学教授叶文梓认为，深圳教育在改革创新路上必须下更大的决心，采取更大力度的措施，争取取得更大的突破，“深圳教育要勇敢地‘走出去’，探索一条中国教育走向世界的新路径，为中国成为世界教育强国做出深圳贡献。”

要推动深圳教育实现“变道超车”

叶文梓说，深圳教育改革创新一直走在全国前列，不但在推动深圳教育高质量发展方面发挥出积极作用，而且对推动全国教育改革创新具有重要的引领和辐射带动作用。比如，高等教育中，南科大的“631”招生改革、深圳大学的人事制度改革；职业教育中，深圳职业技术学院与华为校企合作技能人才培养模式探索；基础教育阶段，深圳中小学教师职称评审改革、中小学校长职级制改革、中小学生小课题研究、中小学生创客教育等。总体来说，深圳教育改革创新呈现出全学段推进、全方位展开、不断深化的良好局面，也取得了突出成绩。

新时期，深圳教育被国家赋予很多改革和示范区建设重任。叶文梓认为，深圳建设中国特色社会主义先行示范区，自然包括教育在内。在他看来，深圳教育要先行示范，一方面要以改革创新促进深圳教育高质量发展，扩大优质教育资源供给，努力办人民满意的教育。另一方面，深圳要主动担当，承担起国家赋予的各项教育改革创新的责任和使命，不断创造出可复制、可推广的经验，为我国建设教育强国做出新贡献。

在叶文梓看来，新时期深圳教育改革创新，需要在几个重要方面着力。即在全面落实“立德树人”根本任务上要走出深圳路径，尤其在加强党对教育的全面领导方面和青少年理想信念教育引导年轻一代感党恩、听党话、跟党走方面形成“深圳经验”；在深化育人方式变革方面，要在课程、教学、师资、评价、空间等各个要素方面深化改革，推进育人方式的全面变革和深度变革，全面增强创新人才培养能力，为智能时代创新人才培养提供“深圳方案”；努力形成并优化智能时代教育发展新生态，充分发挥现代信息技术对教育高质量发展的革命性作用，实现深圳教育发展的“变道超车”；在深圳教育与世界教育的交流中走向共同发展方面，形成新理念，提出新举措，开创新局面。

推动粤港澳大湾区高等教育集聚发展

“深圳教育发展，既不能以成绩掩盖问题，也不能以问题否认成绩，深圳教育发展必须实事求是。”叶文梓认为，深圳教育要寻求突破，从整体上看，深圳要着力培养各种各样的创新人才，推动深圳教育实现“变道超车”。深圳教育要先行示范，要从“中国前列”走向“世界前列”，应当充分利用深圳信息技术产业优势、城市创新优势和国际化优势，全力推进未来学校建设，最大限度地发挥现代信息技术对教育改革创新的“革命性”作用，走出一条以未来教育构建教育发展全新生态的新路径，开创深圳教育发展新局面，从而实现“变道超车”。

叶文梓建议，在高等教育方面，要加大力度推动“粤港澳大湾区高等教育集聚发展”，三地发挥各自的优势，深化合作，形成合力，把粤港澳大湾区建设成为未来世界高等教育发展高地；在职业教育方面，在深化“官产学研”合作的同时，要大力推进“产城合作”，把职业教育真正融入城市各行各业的发展之中；在基础教育方面，要着力推进普通高中从分层发展走向分类发展，要以普通高中的分类发展促进中小幼的高质量发展。

深圳要涌现教育领域的“华为”“腾讯”

吴希福认为，深圳教育改革创新要与这座城市相匹配，过去几十年来，深圳实现了公办教育、民办教育、国际教育、私立学校、中外合作办学、引进国际国内名校、特殊教育、幼儿教育、职业教育等多元化发展的格局，呈现出全链条教育生态，这种教育生态适合深圳这座创新型、多元化、国际化、信息化的移民城市发展需求，为国家培养了大批创新拔尖人才，促进了深圳这座城市的跨越式发展和高质量发展。

另外，吴希福表示，深圳采取了“不拘一格降人才”的人才战略工程。特区建设初期，深圳就在国内外招聘各类教育人才，这些人才带来了新思想、新方法、新动力和新挑战，实现了“人的能力、性格、品格和知识的跨界与融合”，实现百花齐放、百家争鸣、适合的就是最好的“深派”教育特色。此外，深圳一直以来都在全面推进教育改革，特别是1999年新一轮课程改革以来，在综合性学习、研究性学习、信息技术背景下深度融合、新中考、办学水平评估、百校扶百校、集团化办学、特色学校创办等教育评价改革方面，做出了积极探索，在全国树立了一面旗帜。

“深圳教育一定要和这座城市的发展趋势相适应，和深圳这座城市一样，教育领域也要涌现出如华为、腾讯、大疆、中兴等这样的国际知名品牌。”对深圳下一步的教育改革，吴希福建议，继续扩大深圳改革开放40余年来的教育成果，在此基础上不断创新和超越，继续加大改革开放力度，防止被束缚、被禁锢、被动接受现实。在人才引进与培养、教育制度改革、教育经费投入等方面，吴希福建议继续加大力度，尤其是在办学体制多元化方面要有新的突破。

吴希福表示，在打造深圳教育品牌上，要做出新的设计和探索，对40余年来深圳教育进行阶段性总结，推出一批有影响力的教育成果、教育专家和优质名校等，讲好深圳教育故事。另一方面，对深圳教育的未来有更加清晰的规划，包括教育发展目标、教育发展措施、教育发展预期、教育人才培养、教师教育培训、学生素质定位、家校合作策略、社会力量办学、教育资源共享、教育思想开放、国际教育合作、人工智能赋能教育等方面，要进行更加积极、大胆深入高效的探索。

“双减”如何“减”专家来支招

自中共中央办公厅、国务院办公厅印发《关于进一步减轻义务教育阶段学生作业负担和校外培训负担的意见》以来，“双减”成为教育领域最受关注议题。“双减”落地数月，深圳迄今表现如何？在实际操作过程中，应当如何看待“双减”背后的深层次含义？如何“减”，才能回归育人本位？对此，教育界专家纷纷给出思考与建议。

叶文梓：建议打好“组合拳”

“双减”背景下，深圳教育如何做好改革创新，实现高质量发展？叶文梓说，自“双减”政策出台以来，全国各地出台了很多具体措施，在“双减”减什么、怎么减、谁来减、减了之后怎么办等系列问题上都取得了显著成效。深圳在落实国家“双减”政策方面非常及时，也很有力度和创新性，不但加大了校外培训机构，尤其是学科类培训机构的整顿力度，而且出台了优化作业的各类指导意见，尤其是提出基础作业、拓展作业、选择性作业等，既有极强的针对性，也有良好的实效性，被教育部选为向全国推广的案例。

在叶文梓看来，深化“双减”，

深圳还有很多工作要做。首先，“双减”贵在坚持，“双减”不是一场运动，不是一阵风，其根本在于优化中小学生成长的生态环境，在于转变人才培养方式，切实培养智能时代的各类创新人才。因此，“双减”还不能松劲，必须要久久为功。

其次，“双减”政策全面实施后，必须高度重视和充分理解家长的新焦虑，做好家长的思想工作，引导家长成为“双减”的同盟军，而不是成为“双减”的阻力。

第三，“双减”必须加大资源支持力度。叶文梓说，“双减”是为了减少学生机械的、重复性的训练，但必须做到“保质减负”，应当力争“增质减负”。因此，“双减”在优质资源上必须加大支持力度，比如要大力提升教师专业水平，唯有教师水平上去了，学生的负担才能真正减下来。再如要加大对学校课程的支持力度，让学生有更大的选择空间。

第四，必须做好“双减”的配套工作，形成“双减”的长效机制。不能就“双减”谈“双减”。“双减”应当与教育改革创新的其他举措一并统筹考虑，要打好“组合拳”。叶文梓建议深圳要加快出台相关配套政策，比如“减下来”之后，孩子们空余出来的时间用来做什么，学校、教师在“双减”之后应当发挥出什么样的作用，这些问题都需要配套政策支持，需要形成长效机制。

吴惟粤：实现减负，根本在于教育改革和制度创新

“双减”落地后，如何才能实现学生真正意义上的减负，避免既有问题的反弹？在吴惟粤看来，要真正实现减负，根本出路在于教育改革和制度创新。

关于减负，他提出两点建议：第一，在义务教育阶段，要推广九年制学校，落实好九年统筹安排的义务教育课程，让初中、小学课程实现无缝衔接，避免学段之间不必要的教学干扰与考试负担，提高课程实施效率。第二，在高中教育阶段，取消普通高中和职业高中分类办学，兴办综合高中，实行“二一分段，高三分流”，将学生的普、职分流推迟至高三，与“文理分流”并行，还可根据不同分流类别设置二至三年的不同年限高中学制。

针对前者，他指出，当前尽管小升初已经实行就近入学，但仍潜在各类选拔，导致小学高年级为了应对选拔而早早结束课程，进入集中复习与备考状态，“这种赶场式的学习就像煮成一锅夹生饭，再怎么煮都煮不好了”。他坦言，假如实行九年一贯制办学，统筹设计安排九年课程与教学，将可以大大减少学生无谓的应试负担。减去升学压力后，从小学一年级到初三，学生至少有八年正常学习的时间，才有利于开展素质教育，使每一个学生都得到充分发展。

针对后者，吴惟粤认为，初三后就进行普、职分流，对于正是心理发展敏感期的初中学生而言，除带来不胜负荷的竞争压力外，也不符合人才成长的规律。目前初三后学生有三个发展去向：普通高中、职业高中和技师学院。他建议，应将普通高中与职业高中并轨为“综合高中”，高二完成必修课及会考后，像“文理分科”一样，让学生根据自己的兴趣特长和学业基础选择发展方向：普通高校或高等职校。

“此时进行分流选择，更符合他们对自己的认知，职业方向也会更加清晰且实际。”选择普通高校发展方向的学生将继续完成一年的学习参加高考；选择高职方向的学生，可以直接报读专科高职，或再学一年后报考本科高职。此外，还可以办一些供初中后报读的五年制高职学校，现有职业中学中条件具备的也可转为高职，并将技师学院与之并轨。“高中阶段教育其实可以更加科学地设计，办学、学制、课程、考试都迫切需要改革。《国家中长期教育改革和发展规划纲要》早已提出‘要推动普通高中多样化发展……探索综合高中发展模式’，国际上许多国家也有成熟经验，深圳完全可以先行先试。”吴惟粤表示，像深圳中学类别的普通高中，全市保留10所左右即可，不必也不可能将全市高中都办成重点普通高中。

刘根平：读懂政策，“双减”下家校要有新选择

“双减”之下深圳教育可以在哪些方向上改革创新？刘根平提出首先要深刻领会国家文件精神，全面领会“双减”真正内涵与实质。

“‘双减’到底减什么？它不是一减了之，而是涉及每个学科、每个老师。”刘根平指出，如今各个国家都有制定出自己清晰的核心素养框架，我们的教育者也要更明晰“双减”下核心素养的真正内核。

刘根平指出，未来是一个海量信息的时代，不仅要教学生会选择，也要教老师、家长会选择，今年的“双减”正是这样的契机，要认识到“双减”是给家长、学校一次新的选择，学校选择效率、质量，家长则不能留恋于培训班，而是要了解孩子的能力特征，选择适合他们发展的方向。

另一方面，刘根平也表示，教师不仅要读懂“双减”，也要读懂自己，在他看来，未来教师的功能是有变化的，教师要更多地引领学生，调动其主动性，如南山区近几年就要求老师从 Teacher 转变成 Leader，“特别是当下教师队伍的组建有了变化，越来越多的非师范生成为教师。”所以未来，深圳不仅要继续把好师资“入口关”，也要把好教师培训的“进口关”，要在市级层面上有更系统性的教师队伍优化措施。

吴希福：“双减”本质是“减负提质”

“‘双减’工作是一项全方位的教育改革，是从制度层面上进行设计的根本性改革。关系到民生福祉、社会发展和国家未来。”吴希福表示，随着改革的不断深入，教育生态也将发生变化，并实现重构，包括教育去资本化、人才趋多元化、重构学校管理、重构学校服务质量、重构课堂教学、重构教师责任、重构学生学习方式、重构高质量发展、重构作业设计、重构“五育”并举、重构现代技术赋能、重构教育公平、重构家庭教育、重构选人用人制度、重构社会教育资源等，最终实现共同富裕，办人民满意的教育。

“双减”实施时间还比较短，很多方面需要不断熟悉、适应、调整、完善和改进。吴希福建议，对“双减”的评价与督导，要按照“三个坚持”。坚持“上不封顶，下要保底”。国家规定的要求要严格贯彻落实，不打折扣，在教育教学组织安排和实施方面，可以灵活机动，防止教条主义。坚持“扎实、真实、朴实”。他认为，教育来不得浮躁，“双减”的本质是“减负提质”，如果没有做到这点，形式再多，内容再多，时间再多，效果不好，影响师生员工和家长的身心健康和学校高质量发展的“双减”则不符合国家政策和社会期待。防止形式主义，坚持“尊重教育发展规律、尊重人的成长规律、尊重客观事实”。教育是科学，是真理，是民生。任何形式的急功近利和不切实际的要求，都可能适得其反，都可能对教育产生深层次的负面影响。

（《南方日报》2021 年 12 月 30 日，记者：蔡敏玲、孙颖、徐峰、刘倩、陈熊海）

南方日報

深圳市教育科学研究院：扎根一线当好“智库”助力深圳教育先行示范

12 月 21 日，一场题为“大湾区基础教育创新发展”的论坛在深圳举行，全国基础教育知名专家，大湾区基础教育的研究者、实践者们通过“线上 + 线下”的方式展开对话交流，共同探讨大湾区基础教育协同创新发展，也为深圳基础教育创新发展凝练本土经验、打造广东样本、争创全国示范提供智力支持。

这场教育高端论坛由深圳市教育科学研究院（下称“市教科院”）主办，作为深圳市教育局直属的集教育教学研究、教育科研管理、师资力量培训于一体的专业研究和指导机构，如何发挥好智库作用，助力深圳教育高质量发展，是市教科院的重要使命。

参与制定《深圳教育先行示范规划纲要（2021—2035 年）》《深圳市“教育部基础教育综合改革实验区”行动方案（2021—2025 年）》等一系列重大教育规划及政策的研制；研究发布《深圳市义务教育学校学科书面作业设计指引（试用）》及作业样例，让作业“减负”更科学、精准、高效，并以此推动以素养导向、能力立意为核心的教育教学大变革；优化教研体系，加强专业指导，助力深圳“普通高中新课程新教材实施国家级示范区”建设，高质量打造普高育人模式改革深圳样本；擦亮深圳科创教育品牌，盘活资源、创新机制，更好培育创新英才；美育铸魂，为学生厚植爱国情怀，赓续红色血脉；创新教研体系及成果培育机制，推动一批教育教学成果脱颖而出；加大教师队伍专业能力建设，为深圳教育先行示范储能……即将过去的 2021 年，市教科院工作可谓亮点频出。

“这些都是我们的本职工作。”市教科院院长李桂娟说。

市教科院的“本分”就是扎根深圳教育土壤，做好教育教学研究、教育科研管理及服务、师资培训等工作，助力教师专业发展，助力学生核心素养提升，进而推动深圳教育高质量发展、先行示范。

为更好地做好上述工作，市教科院注重自身发展，打造了一支高水平、高质量的教研队伍，目前在编在岗人员 75 人，其中取得博士学历 16 人，取得硕士学历 32 人，正高级职称 12 人，副高职称 47 人，享受国务院津贴 1 人，市政府津贴 4 名，高层次人才 10 人，广东省特级教师 3 人、省名师 2 人，市科研专家 7 人，市级名师 8 人。在李桂娟看来，正是因为这支教研队伍“讲奉献、勤钻研、有操守、肯奋斗、能创新”，才能够出业绩。

新时期教育面临诸多机遇与挑战，李桂娟表示，市教科院将紧抓“双区”叠加优势，坚持改革创新，不折不扣贯彻国家、省、市相关要求，发挥好智库作用，聚焦“双新”“双减”“五育”并举、教师专业能力提升、教育质量评价等重点开展工作，为深圳教育高质量发展、先行示范贡献力量。

作业“减负”：创新推出“作业样例”，让“双减”落地有声

“双减”是今年教育的重点工作。减轻学生过重的作业负担是国家“双减”工作的重要内容，也是落实立德树人根本任务的重要抓手。

近年来，深圳一直在推进作业的形式及内涵变革。“双减”政策下达后，深圳教育工作者亦积极响应，迅速探索和建构一套对标“双减”要求，真正减轻学生和家长负担，提质减负的教育教学体系和作业设计体系。

市教科院撰写《关于加强义务教育学校作业管理的通知》等作业配套管理文件，并于 9 月研究发布《深圳市义务教育学校学科书面作业设计指引（试用）》（下称《指引》），完善了作业统筹管理机制，并对作业设计做了细致、全面的指导和规范，制定了义务教育阶段 12 个学科的作业样例。这份集结市、区教研员、骨干教师集体智慧的结晶，让深圳校园在“双减”下的作业改革，有了专业性强的执行规范，有了可操作性的方向和路径，也更满足学生差异化学习需求。

诸多一线教师对上述作业指引及样例给予高度评价。“一些设计考查知识点的同时也训练了思维，与深圳新中考更加贴近，非常实用。”深中南山创新学校初中教学管理中心副主任戴芝兰说。作业设计样例除了作为作业单、学习单外，还可作为预习单及整体单元复习参照，更重要的是，可以启发教师们思考，如何更好地促进教育教学方式转变。

在坚持编写作业样例的同时，市教科院还指导各区各学校加强综合性、项目式、主题式、大单元作业设计，以及科学探究、体育锻炼、艺术欣赏、社会与劳动实践等非书面作业设计；组织开展优秀作业设计交流与研讨活动，加强优质作业资源共建共享。

此外，市教科院还组织学科专家和名师为全市中小学老师开发 4382 个在线教学资源包，涵盖小、初、高共 45 个学科，引导教师因材施教、减负增效。探索建立“教学 + 作业 + 期末考试 + 中考”有机衔接的联动机制，研究“双减”背景下的中考改革新路径，以评价改革为牵引，深化育人方式变革。

教研引领下的深圳校园正迎来提质增效的作业大变革，呈现出新面貌、新气象、新变化，作业减负落地有声。

更为重要的是，更多的学校认识到作业的育人功能，并以此为重要抓手，深入变革教与学方式、提升教育教学质量，为学生终身幸福奠基。

“双新”示范区建设：优化教研体系，打造普高育人改革深圳样本

今年 11 月 24 日、25 日，广东省教育厅在深圳举办“2021 年广东省普通高中新课程新教材实施示范区示范校建设”交流研讨活动。作为教育部首批普通高中新课程新教材实施国家级示范区（下称“双新”示范区），也是广东省唯一的示范区，深圳“双新”示范建设情况备受关注，也取得阶段性成果。

在推进“双新”示范区建设中，深圳科学谋划顶层设计，行政领导与业务指导协同推进，科研与教研协同配合以及与学校或学科组共同研讨，以10所示范校及16个首批学科示范基地为抓手，立足学科教学改革，深入推进学校整体改革，培养学生核心素养及关键能力，全面提高育人质量。

为帮助教师快速适应新课程新教材的基本要求，市教科院高中教研中心组织工作团队，根据教学进度分模块编写深圳市普通高中《新课程新教材学科教学指南》，对每个学科新课程新教材实施提出了整体性的要求，还从主要内容、目标定位以及教学建议等维度对每个章节的教育教学进行了详细说明。

特10

教育深改革 双减圳示范

深圳市教育科学研究院

扎根一线当好“智库” 助力深圳教育先行示范

作业“减负” 创新推出“作业样例” 让“双减”落地有声

美育“铸魂” 艺术与党史学习教育融合 厚植爱国情怀

“双新”示范区建设 优化教研体系 打造普高育人改革深圳样本

教学成果获奖 注重实践孵化 创新示范推广机制

科创教育纵深发展 盘活科教资源 机制创新培育创新人才

师资赋能 加强教师队伍能力建设 为先行示范赋能

值得一提的是，深圳全面优化升级普通高中教研体系，优先配齐配强普通高中15个学科教研员，组建普通高中学科教育教学指导委员会，加强对新课程新教材实施的专业指导，分期、分批组织全市普通高中校长、副校长、学科组长、任课教师等相关群体参加新课程新教材相关培训或研讨，提升管理人员及教师的课程教学领导力、实施力。

为了推进课程教学实现根本性改变，市区教研员通过集体视导等方式，调研普通高中课程、教学、评价、资源建设及管理现状，指导各普通高中学校发现问题、分析原因、积极创新，探索解决教与学过程中的关键问题。此外，市教科院还组织了系列学术研讨活动，为“双新”示范区建设工作提供了坚实的理论基础。

“改革真正深入到课堂中，学习方式、教学方式都在发生深刻变化，看到学生们更喜欢课堂，有收获，有成长，作为老师的我也非常有成就感，每天感觉动力满满。”从事教育工作20余年的福田中学地理教师黄琼说，此前面对课程改革，她有时会不知所措，如今有了系统指引和支撑，她“更有方向，也做得更好、更实”。

更多老师关于探索新课程、新教材实施的积极性、热情被激发，专业能力也实现大提升。在11月25日举行的上述交流研讨活动中，来自深圳多所高中14个学科的老师的教学展示，得到专家的高度认可。

科创教育纵深发展：盘活科教资源，机制创新培育创新人才

10月中旬传来好消息，在第七届中国国际“互联网+”大学生创新创业大赛总决赛萌芽赛道中，深圳高中生表现出色，深圳市第三高级中学、深圳市第二实验学校的参赛项目分别荣获萌芽赛道最高奖项——创新潜力奖。同时，深圳市第三高级中学的参赛项目还获“最具人气奖”。

深圳在今年1月便启动萌芽赛道项目培育工作，并先后举办了5期培育活动，选拔出19个项目参与省赛，最终有9个项目进入前16名，4个项目获得了省赛萌芽赛道创新潜力奖，并代表广东省参加全国总决赛。

从2019年萌芽赛道项目创办以来，深圳累计获得金奖6个、单项奖“最具人气奖”2个，成为累计获得全国萌芽赛道金奖数最多的城市。这从侧面显示出深圳科创教育的深厚积淀。

如何进一步擦亮深圳科创教育名片，在科创教育方面先行示范？市教科院今年与中国科学技术馆、深圳市科学馆深入合作，授予深圳50所学校为“馆校结合科技教育基地学校”，促进校内外优质教资源整合，拓宽创新人才培训渠道；授牌8所“深圳市中学生科技创新教育基地学校”，期望培育一批拥有创新精神和实践能力的学生；与腾讯公司签署协议，在中小学人工智能素养培养方面展开深入合作；在光明启动深圳市中小学科普教育学分制试点工作，从小培养学生对科学的兴趣；此外，还增强辐射力，助力中西部经济欠发达地区中小学人工智能教育发展。

值得一提的是，深圳从今年开始推出了中小学“明日科创之星”认定，并建立英才库，为认定的每一名学生建立档案编号，希望通过机制创新，促进中小学创新型人才脱颖而出，做好中小学拔尖创新人才的选培工作，并为后期引导式培养和定期分流奠定基础。

在为期一个多月的深圳学生创客节中，深圳相继举行了第五届全国青少年人工智能创新挑战赛三维程序创意设计专项赛深圳选拔赛、宋庆龄少年儿童发明奖人工智能作品赛深圳选拔赛、2021 世界机器人大赛—青少年机器人设计大赛 Robo Genius—火星智造赛深圳选拔赛、深圳市教师创客马拉松竞赛活动、深圳市青少年创意编程大赛等活动，以及第 37 届深圳市青少年科技创新大赛等系列活动，吸引超过 10 万名中小学生参加。

在今年的学生创客节主场活动开幕式中，深圳还提出了“深小创”的概念，意指深圳有一群孩子以“深小创”的方式长大，探究、创造已成为这群孩子的一种成长、生活方式，在“双减”背景下，这种生活方式的普及更有其特殊意义。

美育“铸魂”：艺术与党史学习教育融合，厚植爱国情怀

红色精神薪火相传，初心使命历久弥新。为庆祝中国共产党成立 100 周年，落实《关于全面加强和改进新时代学校美育工作的意见》，全面贯彻党的教育方针，秉承“以美育人，以文化人”的先进理念，落实立德树人根本任务，培养德智体美全面发展的社会主义建设者和接班人。市教科院积极组织全市中小学围绕建党 100 周年，以歌颂党、歌颂祖国为主题旋律，开展系列艺术献礼活动。

“四个一百”进校园活动备受师生好评。该活动历时 7 个月，采用线上 + 线下的形式，开展阅读百篇经典名著、观看百部经典电影、传唱百首经典歌曲、观摩百幅经典名画等艺术活动 32 场，涉及学校 32 所，惠及师生达 3 万余人次。通过艺术进校园，构建科学的美育课程体系，加强实践活动环节，形成具有深圳特点的学生审美和艺术素养，全面提升学生综合素养。

5 月，市教科院组织全市中小学开展“党在我心中”音乐、美术微视频评比活动，用优秀的艺术作品讲好党的故事，展示中国共产党百年光辉历程、伟大成就和宝贵经验，引导中小学生坚定理想信念、厚植爱国情怀。

音乐活动采用红色经典音乐作品演唱形式，面向全市征集精品演唱视频 180 多个，涌现出一批音乐与党史学习教育深度融合的创意作品，也带动学校采取多种艺术形式深入开展党史学习教育的热潮。这些优秀作品通过深圳市教育局以及市教科院微信公众号进行展播推送，收获社会各方好评。

美术活动通过微视频的形式让师生了解美术经典作品中关于党史艺术作品创作的历史背景、基本内容及蕴含的教育意义和审美价值。本次活动共收到全市中小学校美术教师创作的微视频 150 多个，这些作品内容丰富、形式多样，比如有的视频通过赏析《启航——中共一大会议》绘画作品，再现登船启航的历史瞬间。

市教科院还组织开展“红心向党　礼赞百年”首届中小学主题班会精品课例评选活动，引领广大青少年知史爱党、知史爱国，坚定理想信念，树立担当意识。

教学成果获奖：注重实践孵化，创新示范推广机制

近日，广东省教育厅公示了 2021 年广东省教育教学成果奖（基础教育），深圳共获得 37 个奖项，其中特等奖 6 项、一等奖 11 项、二等奖 20 项，特等奖获奖比例占全省 40%。

深圳近年来一直是上述奖项的获奖大户，如 2019 年获广东省基础教育成果奖 49 项，其中特等奖 2 项、一等奖 31 项、二等奖 16 项，位列全省之首。除该奖项外，深圳今年还获得第六届全国教育科学研究优秀成果奖 4 项，创历史新高。

教学成果是教育教学改革典型经验的体现。深圳历来高度重视教学成果的培育，加强经费和人员组织保障，注重教育教学改革的整体设计与全面推进。充分发挥项目引领作用，创建了示范校、学科示范基地的成果孵化新机制，创新教育科研工作体系，构建了有针对性的成果打造与辐射推广机制等。

在教育科研工作体系方面，市教科院通过建立分类课题研究服务机制，资助开展重大招标课题、重点课题、成果培育类课题等五类规划课题研究；同时设立以重大教学改革为主题的教育科研专家工作室、教育科研基地学校建设项目，推进重大教学改革研究和科研骨干培养。

深圳获全国及省级教育科学规划课题立项的数量屡创新高。2021年度立项广东省教育科学规划课题达100项；2021年度立项全国教育科学规划课题达6项；教育科研专家工作室和教育科研基地学校的研究成果获省级以上教育教学成果奖比例达40%左右。

在教学成果培育方面，市教科院建立成果对象遴选机制，以教学改革项目、科研专家工作室、成果培育类课题、市级成果奖作为成果培育对象。并构建日常性成果打造机制，制定教育教学研究体系构建的实施方案，创新教研工作方式，强化以学科教学指引、教学改革项目协同研究、教学实践模型培育推广、主题研讨与示范课引领、学业质量监测分析为主的教研方式，强化对学科教学实践成果的日常指导。此外，还聘请国内专家对成果进行专项指导，组建专家团队对成果进行长期跟踪指导，对成果的实践模型和理论框架进行提升和打磨。

市教科院还定期举办国内国际学术会议，推介优秀成果，并建立优秀成果或培育对象定期宣传报道机制，还组织优秀成果到教育帮扶对象地区以及国内部分地区进行成果交流、宣讲和推广，建立教育研究共同体和实践基地……系统化的举措推动一批成果集成落地。

师资赋能：加强教师队伍能力建设，为先行示范储能

教师是教育发展的第一资源，也是深圳教育能否实现先行示范的重要保障。近些年，深圳优化师资引进、储备和培养的全链条管理，完善教师分层分级分类的梯度培养体系等，进一步锻造高素质专业化创新型教师队伍，为确保“办一所、优一所”提供坚实的人才保障。

市教科院发挥其智库优势，立足课堂教育教学改革，聚焦教师队伍建设，以学为训，以研促训，不断拓展教师成长路径。针对不同成长阶段教师实施分类培养方案、提升工程，为深圳教育高质量发展培养优秀师资力量。

近日，第三届广东省中小学青年教师教学能力大赛决赛落下帷幕，深圳市“教师战队”共斩获38项一等奖，获一等奖人数和参加总决赛人数均为全省第一。这些成绩的背后，与市教科院创新教研方式，创立“赛研一体化”教师发展培训模式密不可分。市教科院今年8月就启动了全市性中小学青年教师教学能力大赛，并组织全体教研人员，充分讨论比赛方案，科学设置比赛项目，严格执行比赛流程，整合赛训研评各个环节，全方位提升参赛教师的专业能力和素养。经过比赛选拔的教师凭借优良的整体素质和出色的教学能力在大赛决赛中大放异彩。

市教科院还将高中全体教师参加的教育教学技能比赛、高中青年教师参加的教学基本功比赛、提高高考改革理解的模拟命题比赛等三大赛事作为提升教师专业水平的基本平台，将培训、研修等教研方式融入比赛过程。

信息化可谓新时代教育发展的增长点，也是教育现代化的重要特征。国家赋予深圳“智慧教育示范区”“基础教育综合改革示范区”等重任，探索信息技术如何更好地赋能教育教学是其中的重要内容。为此，市教科院大力推进全市中小学教师信息技术应用能力提升工程2.0建设，全市10个区及23所市直属学校共有10.8万人参与培训。同时抓住“牛鼻子”，启动对市区两级教研员的信息化应用能力培训。期望拥有良好信息技术硬件的深圳，更好地开展教育信息化，助力深圳教育高质量发展。

（《南方日报》2021年12月30日，记者：孙　颖）

南方日报 12个关键词带你读懂深圳教育

即将过去的2021年，身在深圳的你，对教育领域哪件事印象最深刻、最有所触动？深圳教育解决了哪些热点、难点问题，又经历了怎样的发展？南方日报进行梳理分析，用12个关键词带你回顾了解2021年深圳教育那些事儿。

关键词1 常规防疫

有效应对突发疫情，各区各校上好防疫“安全锁”

6月26日上午，深圳中考如期举行，但有一个特殊的考点牵挂着深圳人的心，它就是处于疫情封控区内的中考隔离考点——宝安区下十围小学考点。

因宝安国际机场一名海关人员6月14日确诊新冠，在距离中考开考仅剩4天时，宝安下十围小学被确定为中考隔离考点，虽时间紧任务重，但宝安区仍将下十围小学打造成一个规范、安全的考点，顺利接纳福永街道福围社区封闭区、封控区内107名初三考生中考，以及171名初二学生参加学业水平考试，实现“一个都不少”。

今年是广东省新高考改革和深圳新中考改革落地实施的首年，叠加五、六月新冠疫情风险态势，考试组织和考生安全等各项工作均面临着比往年更大的挑战。市、区教育部门会同各职能部门各司其职，坚持精准施策、联防联控、家校协同，实现中高考如期举行、“应考尽考”。

校园疫情防控不容松懈，深圳通过深化安全防控体系，构建权责明确、高校联动的校园安全工作体系等，提前上好防疫“安全锁”，保证春秋季各超过240万名师生平安如期返校，未发生一起聚集性校园疫情。为进一步构建人群免疫屏障，在省市指导下，深圳还分批开展了学生新冠病毒疫苗接种工作。

而在高校新生报道工作上，深圳更是秉持“一地一策”“一校一策”，实施重点人员“错区域、错层次、错时、错峰”返校；从外省其他低风险地区直接来（返）粤返校的人员，抵粤后48小时以内进行一次核酸检测等措施，进一步确保师生生命安全与身体健康。

关键词2 托班试点

延伸学前教育年龄范围，42所普惠民办园试点2—3岁幼儿托班

随着国家放开三孩政策，低龄幼儿如何托管问题备受关注。在深圳，此类服务多见于社会上兴办的早教等托育机构，且服务质量参差不齐，由于幼儿园有相对较高的社会公信力，开设提供3岁以下幼儿托育服务的托班成为年轻家庭的普遍呼声。

今年5月，深圳市教育局在《2021年中小学及幼儿园招生入学工作指南中指出，全市有富余活动室的民办幼儿园，可适当招收2—3岁托班幼儿。6月，深圳市教育局下发《关于开展2021年普惠性民办幼儿园开设托班试点工作的通知》，经幼儿园自愿报名、区教育行政部门初审推荐和市教育行政部门认定，深圳共选取42所普惠性民办幼儿园作为试点园，面向2—3岁幼儿开设托班。

作为首批试点托管的幼儿园之一，深圳市松岗街道雾岗幼儿园坚持以“爱”为儿童发展之本、多元文化融合、保教并重等为托班课程理念，不仅根据不同月龄段宝宝身心发展特点，把握孩子宝贵的敏感期，根据孩子发展需要进行专业课程设计，还运用专用教具、不同器械感统训练，配套体能游戏、认知游戏、音乐熏陶等，尊重每个孩子的独特性，赢得家长点赞。

为促进深圳2—3岁婴幼儿照护服务发展，规范幼儿园托班日常管理，加强监督指导，11月，深圳紧接着发布了《深圳市幼儿园托班开设与管理指南（试行）》（征求意见稿）（下称《指南》）并公开征求意见，其中对托班设立条件、保教工作、托管监管等方面做出了具体规定。《指南》适用于全市范围内各级各类幼儿园举办的面向2—3岁婴幼儿实施保育教育活动的全日制、半日制托班，并从安全健康、膳食营养、睡眠习惯、生活与卫生习惯、动作发展、语言发展、情感与社会性发展、艺术素养发展等方面对托班保育教育工作做出要求。

此前，深圳市人民政府办公厅印发的《深圳市促进 3 岁以下婴幼儿照护服务发展实施方案（2020—2025 年）》指出，到 2022 年，全市每个街道至少建成 1 家具有示范效应的普惠性托育机构，至少 1 家幼儿园（幼儿中心）开设托班。到 2025 年，每个社区均有提供全日托、半日托、计时托、临时托等婴幼儿托育服务的机构。未来，通过大力发展普惠性托育机构，深圳将进一步改善“3 岁以前孩子归谁管”的问题。

关键词 3　幼教发展

积极推进学区化治理，助力“幼有善育”

公办幼儿园占比少、办学水平参差不齐……深圳学前教育发展不平衡此前饱受诟病。近年来，深圳学前教育不断加大投入，全市财政公共预算学前教育投入从 2018 年初的 20.79 亿元，增至 2020 年初的 72.14 亿元，年均增长率达 86.28%。去年 11 月，深圳公办园在园儿童人数占比已从 2018 年底的不足 4% 跃升到 50.85%，公办园和普惠性民办园在园幼儿人数占比达到 86.4%，普惠性学前教育资源大幅增加。而在 2021 年上半年，深圳全市新增幼儿园 44 所，新增学位 13 320 个，幼儿园招生工作平稳有序开展，有力保障了民生。

在快速增量的同时，如何提高幼儿园办学水平和保教质量？深圳不仅通过不断扩大学前教育优质资源覆盖，向各区输出 15 所市属幼儿园优质管理经验和人才，着力打造高质量幼儿园课程，全面护航幼教高质量发展，还通过集团化办学实现学前教育“组团式”发展。今年 11 月，深圳共有四区相继集中揭牌 26 个新幼教集团，分别为罗湖区 2 个、南山区 9 个、龙岗区 9 个、光明区 6 个。幼教集团大范围集中揭牌，也体现出深圳壮大优质学前教育资源总量、扩大优质资源覆盖面的决心。

“幼儿园集团化发展后，集团核心园统筹集团的总体决策与管理，通过核心园指派法人、骨干职工实地指导与经验分享的方式，能聚合智慧与力量，引领成员园规范办园，提升队伍建设与课程研究能力以及保教质量。”南山区教育幼教集团园长杨丽媛说。

为构建促进学前教育高质量发展的管理机制，实现学前教育优质均衡发展，深圳《关于推进学前教育学区化治理的实施意见（征求意见稿）》（下称《实施意见》）12 月面向社会公开征求意见。《实施意见》显示，深圳下一步拟以学区化治理为抓手，创新学前教育管理体制机制，构建学前教育现代化治理体系。学区由不同类型、不同水平的幼儿园组成，多园协同、共同发展，强力打造优质园，帮扶提升薄弱园，缩小园际差距，实现公办、民办幼儿园优质均衡发展。

事实上，今年 11 月，罗湖区已率先整合资源，将原有 10 个片区升级为 10 个学区进行授牌，10 个学区与 10 个督学责任区完全统一，并将“党建 + 四位一体”管理体系在学区层面推行。罗湖区教育局副局长潘明琴透露，该举措也是近年来罗湖区实现教育治理现代化，全面提升学前教育公益普惠性、推动优质均衡发展的有力尝试。

特04-05

新增基础教育学位12万个，课后服务、午餐午休全覆盖

12个关键词带你　读懂2021年深圳教育

1 有效应对突发疫情 各区各校上好防疫“安全锁”

2 延伸学前教育年龄范围 42所普惠民办园试点2—3岁幼儿托班

3 积极推进学区化治理 助力“幼有善育”

4 加大基础教育学位供给 到2025年增加超百万学位

5 4个高中园交由市直属学校四大集团办学 高效率、高起点、高标准办好高中

6 发挥名校辐射引领作用 坚持办一所优一所

7 做有温度的教育 让随迁子女、特殊教育儿童都“上好学”

8 教师队伍年轻化、学历高、职称高 为教育高质量发展提供坚实保障

9 暑期托管、四点半课堂 解家长之忧助学生成长

10 学校食堂实现智能化监管 有需求学生均可在校午餐午休

11 稳步扩大高等教育规模 加快筹建多所大学

12 启动54项重点任务 争创世界一流

关键词 4　学位上新

加大基础教育学位供给到 2025 年增加超百万学位

近年来，深圳基础教育规模快速扩张，为化解人口规模急剧增长带来的学位短缺问题，深圳今年举全市之力，各部门联合，专班推进，特事特办，市区联动，努力形成开工一批、推进一批、建成一批的良好态势，持续增大基础学位供给。

据介绍，按计划深圳今年新开工建设中小学 90 所、幼儿园 60 所。全年将建成学校 146 所，新增各类

基础教育学位约 13 万座。截至今年 10 月，全市共有 130 所学校建成投入使用，新增各类基础教育学位约 12 万座。其中公办普高 9 所，公办义务教育学校 60 所，幼儿园 61 所。新增学位数量和增速均居全国首位。

未来几年深圳仍将持续加大学位供给，根据 2020 年 12 月出台的《深圳市关于加快学位建设推动基础教育优质发展实施意见》，到 2025 年全市新建基础教育学位超 100 万座，其中，新增公办义务教育学位 74.1 万座；新增幼儿园学位 14.5 万座，新增公办普高学位 11.8 万座，建成之后公办普高学位将翻一番，公办义务教育学位接近翻一番。这标志着深圳基础教育整体规模将迈上一个全新的量级。

在学位供给数量大规模提升的同时，深圳紧抓教育质量。"新建校要成为深圳基础教育先行示范的新生力量，这就要求新建校要跨越艰难摸索的起步阶段，开门就是好学校。"深圳市教育局局长陈秋明强调。

近年来，深圳一方面引入名校优质资源助力新校建设，大力推进集团化办学，打造"名校＋新校"发展模式，实现优质教育资源共享，促进教育均衡优质发展；另一方面，精心谋划，高标准配置教育教学硬件设施设备，高水准选配师资团队，尽力让新建学校颜值、内涵俱佳。

关键词 5　高中扩容提质

4 个高中园交由市直属学校四大集团办学，高效率、高起点、高标准办好高中

近年来，随着"全面二孩"、异地高考政策实施和深圳户籍人口迅速增长等原因，深圳市高中学位需求增长显著。同时由于深圳土地资源紧缺，高中学位十分紧缺。

为着力解决公办普通高中学位供需矛盾突出的问题，深圳高效率、高起点、高标准启动高中建设。近两年来，深圳将高中建设纳入民生重大工程，高中学位建设提速明显。2021 年新开办招生 16 所普通高中，其中新改扩建公办普通高中 9 所。

此外，据市教育局相关负责人介绍，《深圳市高中学校建设方案（2020—2025 年）》中规划的光明、龙岗、坪山、深汕四个高中园建设进展良好，一大波优质普高学位"在路上"。

深圳高中园建设采取"市投区建市管"模式，以期实现优质教育资源的广覆盖，着力将高中园打造成为国内高中教育高质量发展高地。按计划，龙岗、坪山和光明高中园内各 3 所普通高中将确保 2022 年 5 月前基本建成，秋季开学投入使用，各 1 所综合高中将确保 2023 年秋季开学投入使用；深汕特别合作区高中园内 3 所普通高中和 1 所综合高中将确保 2023 年 5 月前基本建成，秋季开学投入使用。届时，深圳公办高中学位供需矛盾将大大得到缓解。

不仅如此，深圳高中园还坚持高起点、高标准办学原则。4 个高中园建成完工后，将分别由市直属学校四大集团办学；位于深汕特别合作区、坪山区、光明区和龙岗区的高中园将依次分别命名为深圳中学高中园、深圳实验学校高中园、深圳外国语学校高中园、深圳市高级中学高中园。这意味着四大高中园与上述市直属学校将在课程、师资以及活动等方方面面实现资源共享，从而充分发挥优质教育资源的辐射和带动引领作用。

关键词 6　优质均衡

发挥名校辐射引领作用，坚持"办一所、优一所"

2021 年，广东实验中学深圳学校、东北师范大学附属中学深圳学校落地深圳。前者是广东省老牌名校，先后培养了七名中国科学院院士和中国工程院院士；后者实力强劲，位列全国高中"十强"行列。为推进普通高中优质特色发展，通过"名校＋新建校""高校＋附属学校"等办学模式，深圳高起点高标准新建一批高品质高中学校，而且布局在原特区外，有力促进特区教育一体化发展。

与此同时，深圳还充分发挥市内名校优质教育资源的辐射引领作用，通过"优质校（核心校）＋新建校（加盟校）"、跨校跨学段组建教育集团等办学管理模式，推进优质教育资源的共享共创，推广先进教育管理模式，带动新建校和普通学校快速发展。

目前，全市已建成 28 个中小学教育集团。深圳外国语学校龙华学校就是这一发展模式的成功案例。学校由深圳外国语学校和龙华区教育局合办，通过深圳外国语学校老牌名校优秀管理经验的输出复制、骨干教师流动、教育教学资源共享等方式，激发了深圳外国语学校龙华学校自身的"造血"功能和发展活力，让学校从新校迅速跻身为优质学校行列，广受市民赞誉。

此外，深圳还坚持高起点、高标准打造每一所新建校，确保每一所学校拥有高颜值和高内涵。在校园设计方面，深圳坚持选择一流规划设计团队，高标准规划建设面向未来、引领发展的一流学校：高度重视智慧校园建设，制定智慧校园专项规划，打造高品质的未来学校；提高学校建设质量标准，以“百年学校、经典品质”为要求，综合考虑建筑标准及全生命周期建设运营成本，精细化建造每所学校。

如龙华区教育科学研究院附属实验学校建筑设计在ICONIC AWARDS（德国标志性设计奖）中摘得最高荣誉Innovative Architecture-Best of Best（创新建筑—至尊奖），成为深圳新校高标准规划建设的典范之一。

关键词7　教育公平

做有温度的教育，让随迁子女、特殊教育儿童都“上好学”

作为全国最大的移民城市，深圳以兼容并包、开放公平精神，吸引了无数人才涌入，非户籍人口占常住人口的66.6%。近年来，通过不断完善入学政策，千方百计增加学位供给，优化教育公共服务，目前，深圳义务教育阶段58.7%的学位提供给了随迁子女，规模和占比均为全国一线城市最高，有力保障了适龄人口入学需求。

深圳市教育局局长陈秋明表示：“为保障随迁子女享受公平优质的公共教育服务，多年以来，深圳都把随迁子女接受义务教育纳入国民经济和社会发展五年规划，把随迁子女接受义务教育纳入城市社会事业发展年度计划，把公办学校在校在籍随迁子女纳入学校教职工编制、办学经费的配置基数。”深圳教育以优质普惠的公共教育服务，为城市开放包容精神做出了最好的注解。

深圳还着力推进特殊教育公平融合发展，做有温度的教育。今年初，深圳市第二特殊教育学校项目取得批复，学校建成后，将开设18个教学班，提供180个学位。为配齐配强领导班子，市教育局任命深圳高中教育“老兵”、深圳第二外国语学校原副校长刘应龙担任该校校长。学校采取“学校教育、医疗康复、职业教育相结合”的办学模式，着力解决深圳特殊教育高中学位缺口的问题。

事实上，这只是深圳着力扩充特殊教育学位、力促教育事业持续发展的“冰山一角”。今年8月，深圳市人民政府办公厅印发《深圳市促进特殊教育公平融合发展行动方案》，提出按照“全覆盖、零拒绝”的要求，各区至少建设1所特殊学校，并通过各类接收方式，落实“一人一案”，做好特殊儿童教育安置，推动深圳持证残疾儿童学前三年入园率达到85%以上，确保残疾儿童少年义务教育入学（安置）率达到95%以上，持续加大残疾学生资助力度……一系列特殊教育发展举措，让教育更有温度，让温暖与爱呵护特殊孩子绽放。

关键词8　师资提升

教师队伍年轻化、学历高、职称高，为教育高质量发展提供坚实保障

哪里有名师，哪里才会有名校，教师水平决定了学校的办学水平。近年来，优秀人才持续流入深圳，为教育高质量发展提供有力的师资保障。

一项数据显示，2020年校招的5000多名教师中研究生及以上学历占81%，“双一流”A类高校毕业生占31.2%。2021年校招，深圳教育人才流入情况持续向好。优秀人才加入深圳教师队伍的背后，凸显了这座城市及其教育的魅力和吸引力，也显出人们对于这座城市及其教育未来前景的看好。目前，全市教师队伍整体呈年轻化、学历高、职称高、来源广等特点，全市35%的高中教师具有研究生以上学历，占比全国最高。

据了解，深圳教育将优化师资引进、储备和培养的全链条管理，继续高质量引进优秀毕业生，出台基础教育高精尖缺人才引进激励政策，加强与知名师范大学“订单式”培养合作，加大紧缺学科教育人才培养力度，同时继续完善教师分层分级分类的梯队培养培训体系，进一步锻造高素质专业化创新型教师队伍，为确保“办一所、优一所”提供坚实的人才保障。

关键词9　官方带娃

暑期托管、四点半课堂解家长之忧助学生成长

为解决学生暑期“看护难”问题，今年暑假，深圳在全市优选了一批学校开展小学生暑期托管服务试点工作，以丰富多彩的趣味课程解锁了孩子们暑期生活新方式，让孩子们度过了一个安全、快乐、有意义的假期，让工作繁忙的家长们省心、放心、更安心。

同样困扰家长的“四点半”接送问题，也在深圳有了解决良方。早在2015年，深圳就开始试点“四点半课堂”，为学生提供课后服务。今年4月，课后服务在全市义务教育阶段公办中小学全面开展；9月，全市义务教育阶段民办中小学也全面开展课后服务。目前，深圳已实现公办、民办义务教育学校全覆盖、有需求的学生全覆盖，全市学生参与率达93.34%。

按照“一校一案”“一生一表”“一师一表”的原则，深圳课后服务致力于落实“双减”政策，以丰富多样的课程，指导学生综合素养提升，助力学生多元发展。作业辅导、劳动种植、烹饪茶艺、发明制作、诗词吟诵、体育运动、艺术教育、编程……多彩课程趣味无穷，既丰富了学生的课后活动，又促进了学生多元化个性化发展。

如莲南小学充分发挥毗邻仙湖植物园的优势，将课后服务课堂搬到了仙湖植物园，以天地为课堂，以万物为教材，并聘请64位博士给孩子开设专题讲座，因地制宜将课后服务办出了学校特色；坪山实验学校基于一校多区的情况，精心准备了“三维度七书院”课程体系，开设了空中菜园、菜园里的数学、果树与蔬菜套种技术模式研究等200多门课程，多样选择丰富学生体验。

今年6月，教育部遴选的首批23个义务教育课后服务典型案例单位中，深圳是全国唯一入选的计划单列市。在保证课后服务时间、提高课后服务质量、强化课后服务保障、加强督导检查四方面，深圳的创新举措和典型经验在全国进行推广。今年7月，教育部举行新闻通气会，介绍义务教育课后服务和暑期托管服务工作有关情况，“深圳经验”作为教育部重点推荐的先进典型之一亮相。

关键词10　吃得好睡得香

学校食堂实现智能化监管，有需求学生均可在校午餐午休

今年初开学季，深圳创新校园食品安全监管方式，在全省率先实现学校食堂“互联网+明厨亮灶”全覆盖，实现智能化监管，全方位守护学生“舌尖上的安全”。不仅如此，通过智能APP点餐系统，家长还能提前远程为孩子点餐，孩子在智能恒温柜前用卡片“滴”一下，就能从自己的柜子里取出家长预订的热腾腾的午餐。

值得一提的是，为了让学生吃得健康，今年3月，市卫健委、市教育局、市市场监管局联合发布了《深圳市规范学生营养餐制作和配送工作实施方案》，试点推行营养健康食堂，对每餐供应的食物种类，盐、油、糖使用量和人均每天或每餐摄入量都有明确规定，且需定期公示。不仅如此，有超重肥胖、营养不良、贫血等营养相关问题的学生还可“定制”营养餐，为不同需求的学生提供个性化的营养餐，切实守护学生健康。

事实上，在让学生吃好这件事情上，深圳一直走在前列，早在2020年，深圳就在全国率先启动青少年“食育”工程，通过研发“食育”课程体系，编写“食育”教材读本，培训讲师队伍，建立多位一体的青少年儿童“食育”教育体系，提升儿童、青少年食品安全、营养健康方面的知识和能力，实现了从粮食到知识全方位健康“喂养”。

吃饭问题解决了，午休问题也是孩子和家长关心期盼的热点话题。深圳鼓励学校积极改善午休条件，推动学校图书馆、阅览室和体育馆等场所在午休时间向学生开放，配备午休相关设施，改善学生午休条件，并优先提供给低年级学生，尤其是一年级学生，确保实现幼小衔接。同时，新建和改扩建义务教育阶段学校尽可能配备相应的午餐午休设施。

目前，深圳市825个义务教育阶段学校（校区）提供校内午餐午休服务，共接纳学生约78.8万人，基本满足全市有需求的学生在校内午餐午休，得到社会高度肯定和市民广泛认可。

关键词11　城市后劲

稳步扩大高等教育规模，加快筹建多所大学

9月6日，深圳市政府与香港大学签订在深合作备忘录，决定在深圳合作共建香港大学（深圳）（暂定名），主要实施本科生和研究生学历教育，先期在理学、医学、法学、工程、建筑、智慧城市、生命科学、数据与智能、先进材料、金融科技等领域设立学科专业或研究机构，促进深圳产业链、创新链、人才链、教育链“四链”深度融合。

这是深港加强创新资源协同配合，助力粤港澳大湾区和深圳中国特色社会主义先行示范区建设，丰富“一国两制”事业发展新实践的又一重大举措。

高水平的高等教育是城市可持续发展的支撑。深圳高等教育从零起步，特别是近10年来，通过加快集聚国内外优质资源，引进办学与自办高校并举，创造了高等教育版本的“深圳速度”。目前深圳共有高校16所，全日制在校生超过11万人。

因为政府重视、办学机制体系创新、大力引才等助力，深圳高等教育发展强劲。2012年以来，深圳大学国际、国内排名每年分别上升超过100名、10名，进入“全球进步最快大学”行列；南科大在今年最新发布的泰晤士高等教育世界大学排名中，首次进入世界排名200强，位列第162位，在中国内地高校排名第9位。近几年深圳高校录取分数线普遍居于高位，也从侧面反映出深圳这座城市以及深圳高校的独特吸引力。

目前，深圳已启动筹建中国科学院深圳理工大学（暂定名）、海洋大学、创新创意设计学院、音乐学院等新高校，推进全新机制的创新创业学院建设。据测算，“十三五”期间深圳高等教育投入超过650亿元，为深圳高校跨越式发展提供了强有力的支持。

深圳提出，争取到2025年，高校在校生达到20万人左右，力争3所高校综合排名进入全国前50名，打造开放式、创新型一流高等教育高地。陈秋明此前接受专访时表示，未来深圳高等教育要紧紧围绕“数量规模适中”“内涵特色至上”两句话做文章。

关键词12　一流职教

启动54项重点任务，争创世界一流

说到深圳职业教育，不得不提今年在网络上“火出圈”的深圳技能少年——来自深圳市第二职业技术学校的古慧晶。

作为深圳市第二职业技术学校2019级汽车运用与维修机电专业学生，从小喜爱汽车的古慧晶，凭着一腔热血和冲劲，在历来女学员人数较少的汽修专业勤学苦练，从汽修“小白”晋级为省赛金牌得主，打破了社会对职业教育的刻板印象，更是一月内三次登上央视，将对职业教育的关注效果“拉满”。

古慧晶备受关注，也反映出近年来深圳对于职业教育的高度重视与职业教育取得的长足发展。

今年4月12日至13日，全国职业教育大会的召开，让“职业教育前途广阔、大有可为”成为热词。紧随其后，4月19日，教育部、广东省人民政府推进深圳职业教育高端发展、争创世界一流新闻发布会的召开，也让全国的目光投向深圳职业教育。

去年年底，教育部会同广东省人民政府将深圳列为国家职业教育改革市域试点，联合印发《教育部广东省人民政府关于推进深圳职业教育高端发展争创世界一流的实施意见》（下称《实施意见》），其中就指出，深圳计划到2022年累计投入100亿元支持职业教育发展，形成中职、高职、本科层次职业教育一体化协同发展机制，到2025年，2至3所职业学校和10至15个专业群进入世界一流行列。为推动《实施意见》落地，深圳市也制定了计划表，细化成100项任务清单。今年，54项重点任务已全部启动，目前26项任务已经完成。

在部省共建世界一流职教之路上如何打破“蓝领”不如“白领”、“高职”不是“大学”的社会偏见？《实施意见》也列出了具体要求，即深圳要清理调整对技术技能人才的歧视政策，建立符合技术技能人才特点的职称评审与职级晋升制度，同层次的高等职业学校毕业生在深圳市落户、就业、参加机关事业单位招聘、职称评审、职级晋升等方面与普通高校毕业生享受同等待遇。

如今在深圳，职业教育与区域产业正共生共长，随着产教融合、校企合作的深化，手拿职教发展“政策大礼包”的深圳，未来也将为国家和世界职业教育事业贡献一份优异的“深圳方案”。

（《南方日报》2021年12月30日，记者：孙　颖　徐　峰）

深圳市教育局关于印发《深圳市义务教育阶段学校课后服务实施意见》的通知

各区（大鹏新区、深汕特别合作区）教育行政部门、市局直属各学校：

为落实立德树人根本任务，促进学生德智体美劳全面发展，推进我市教育先行示范，我局制定了《深圳市义务教育阶段学校课后服务实施意见》，现予印发，请遵照执行。

深圳市教育局

2021 年 2 月 18 日

深圳市义务教育阶段学校课后服务实施意见

为贯彻落实《教育部办公厅关于做好中小学生课后服务工作的指导意见》（教基一厅〔2017〕2 号）和《广东省教育厅关于做好中小学生校内课后服务工作的指导意见》（粤教基〔2018〕9 号）有关要求，现就全市义务教育阶段学校全面开展课后服务（以下简称“学校课后服务”）提出如下实施意见：

一、指导思想

以习近平新时代中国特色社会主义思想为指导，全面贯彻党的十九大和十九届二中、三中、四中、五中全会精神和全国教育大会精神，深入学习贯彻习近平总书记出席深圳经济特区建立四十周年庆祝大会和视察广东、深圳重要讲话和重要指示精神，坚持“五育并举”，落实立德树人根本任务，为全市义务教育阶段中小学生提供安全有序、健康向上、公益普惠、丰富多彩的课后服务，建立健全保障体系和管理机制，为促进学生健康成长、提升学生综合素质提供平台，让广大家长有更多的幸福感和切实的获得感。

二、实施原则

（一）坚持政府主导、学校主责原则。由政府主导，推动全市义务教育阶段学校全面开展课后服务，学校具体落实并承担主体责任，整合各方资源，鼓励校内在职教师和退休教师积极参与，或通过购买社会服务解决校内资源不足问题。

（二）坚持五育并举、因材施教原则。坚持党的教育方针，积极开展有利于提升学生思想品德、学业水平、身心健康、艺术素养和社会实践的各种教育服务活动，因材施教，满足学生成长的多样化需求。

（三）坚持质量第一、公益普惠原则。全市义务教育阶段公、民办学校全面开展课后服务，把好课后服务项目审核关，切实做好质量监管。由学生及家长自愿选择参加，有关经费由政府保障，不得向家长收取费用。

三、服务对象与时间

（一）服务对象：义务教育阶段公、民办学校所有在籍学生。

（二）服务时间：原则上为正常上课日的下午放学后至18：00止，进行1—2课时的课后服务，各学校可根据不同学段具体情况适当调整。

四、服务内容和方式

学校有效整合校内外资源，为有需要的学生提供课后服务。

（一）组织开展有利于学生全面发展与个性发展的社团活动、“校园体育一小时”、体育艺术“2+1”等实践活动。

（二）开展学生自主合作探究、自主作业、自主阅读与教师答疑等学习活动。

（三）整合资源，按规范程序引入社会机构为学生提供课后服务项目。

（四）因地制宜组织学生就近到社区活动中心、少年宫、科技馆、高科技企业、德育教育基地、博物馆、美术馆、音乐厅、文化馆等场馆，开展参观、学习、训练、体验等活动。

五、服务要求

（一）鼓励和支持本校教职工根据自身情况和学校统筹安排，在按质按量完成学校正常职责任务前提下参与课后服务。教职工参与课后服务，不得挂靠社会机构。

（二）学校规划设置课后服务项目，要对参与服务的社会机构和个人进行遴选，要把好入口关、监管关、考核关，按财务相关规定招标并进行公示、接受监督。

学校课后服务项目的遴选对象包括但不限于符合资质条件的社会机构以及具备指导能力的高校教师、退休教师，少年宫、文化馆、科技馆、体育俱乐部等社会机构的教师（指导员），科学家、运动员、教练员、艺术家、能工巧匠、民间艺人等各领域专业人才，其他符合活动需求的公益人士、家长及志愿者等。

（三）学校开展的课后服务项目，不得给学生布置任何形式的作业，不得将课后服务作为学校教学的延伸进行集体教学或统一补课。

（四）学校要加强课后服务项目审核，确保服务质量，确保意识形态安全。

六、经费管理

（一）经费保障。各学校课后服务专项经费预算按每生每年1000元标准作为控制数，科学统筹，实行项目管理编报。公办学校按项目纳入学校年度部门预算；民办学校由本级教育行政部门编制经费预算，纳入年度部门预算，并由教育行政部门拨付至指定的民办学校监管账户。各区教育行政部门可根据本区域发展情况，建立民办学校专项经费审核与管理机制，稳步推进落实本区义务教育阶段民办学校课后服务所需经费。

（二）使用范围。课后服务的实施费用，包括购买社会机构和个人服务、开发或购买项目、低值易耗品购置费、校内教职工参与课后服务劳务报酬及其他必要的交通费、保障费等。

校内教职工参与课后服务劳务报酬，参照《深圳市人民政府办公厅关于进一步加强义务教育阶段学生午餐午休管理的意见》（深府办规〔2018〕8号）执行。

（三）监管要求。各区教育行政部门、各学校要建立健全经费管理使用和年度绩效评价制度，严格执行国家和本市财务管理规定，不得抵顶单位公用经费预算，自觉接受财政、审计及上级主管部门监督。

各学校按照本校实际在籍学生数编报、核算课后服务专项经费，专款专用，明确项目绩效目标。于年度财务封账至下一年3月前，将上年度课后服务经费支出情况进行公示，公办学校结余资金由财政部门收回或转作下一年度使用，民办学校结余资金结转下一年度使用，学校不得截留、挤占和挪用，确保资金有效使用并提高资金使用效益。

七、组织保障

（一）加强组织管理。开展义务教育阶段学校课后服务，是市委市政府实施的一项重要的民生工程，各区教育行政部门、学校要予以高度重视，加强统筹协调，规范日常管理，建立健全公开、公示制度。各区教育行政部门要成立课后服务工作领导机构，制定本区实施方案和细则；各学校要成立由校长担任组长的工作领导小组，明确责任部门，全面负责和落实本校课后服务有关工作。

（二）确保安全第一。学校要加强对课后服务的安全管理；落实疫情防控常态化落实机制，明确学校内部各层级人员的安全管理责任和疫情防控要求，制定工作规范、应急预案和疫情防控措施，用好涉校涉生保险，确保师生身体健康和生命安全。对于校外人员进入学校的，要加强资格审查和背景调查。

（三）强化督导评价。市、区教育行政部门会同财政、审计等部门定期开展课后服务资金使用情况、社会机构服务情况专项检查与评估，检查评估结果作为对学校年度考核的重要内容之一，并作为今后组织课后服务项目的参考依据。各区教育行政部门要加强民办学校收费监管，严格审核民办学校课后服务项目经费，落实好民办学校教师劳务报酬发放。学校要成立专门的课后服务质量监督组织，建立学校课后服务绩效评估、备案制度，定期对课后服务项目开展督导评价。对于违规使用课后服务专项经费、乱收费或进行集体教学、统一补课的，严肃查处并依法依规追究相关人员责任。

（四）加强信息管理。鼓励区教育行政部门、学校创建课后服务管理信息平台，借助信息技术实现课后服务的项目监督管理，实现社会机构的遴选、管理、服务与绩效评价，实现项目资源信息共享。

（五）加大宣传力度。市、区教育行政部门和学校要充分总结课后服务实施过程中的好做法和新亮点，定期对成效好的学校进行案例总结和宣传推广。利用电视、网络、报纸、微博、微信等多种媒体，定期对服务开展情况进行宣传报道，发挥积极正面导向作用，引导全社会和广大家长积极支持、参与并监督课后服务工作。

八、实施日期

本《实施意见》自 2021 年 3 月 5 日起实施，有效期为 5 年。以前规定与本意见不一致的，以本意见为准。

深圳市教育局关于加强义务教育学校作业管理的通知

各区（大鹏新区、深汕特别合作区）教育行政部门，市局直属各学校：

为贯彻落实中共中央办公厅、国务院办公厅《关于进一步减轻义务教育阶段学生作业负担和校外培训负担的意见》、教育部办公厅《关于加强义务教育学校作业管理的通知》等文件精神，现就加强我市义务教育学校作业管理通知如下：

一、正确把握作业育人功能

（一）强化作业育人导向。各区和学校要切实发挥好作业育人功能，强化作业对巩固知识、形成能力、培养习惯的重要作用。强化作业对新型教与学方式变革的支撑作用，有效推动课堂教学提质增效。

（二）发挥作业诊断作用。利用大数据等信息技术，提升作业的教学效果检测、学情精准分析功能，改进教学方法。严控考试频次，考试与日常作业相匹配，充分发挥作业的过程性评价作用，提升作业对学习的诊断与改进作用。

二、提升作业设计质量

（一）编制作业设计指引。市、区教科研部门要系统设计好各学段学科的基础性、拓展性作业，基础性作业为学生必做作业，拓展性作业可由学生根据自身学习情况选做。教师参照教科研部门研制的样例布置作业，确保小学三年级以上学生每天书面作业完成时间平均不超过 60 分钟，初中学生每天书面作业完成时间平均不超过 90 分钟；学校也可根据自身实际，组织教师按照作业设计指引相关要求设计和布置作业。系统化选编、改编和创编新型书面作业范例，编写非书面作业优秀案例，控制非书面作业时长。

（二）构建作业设计研修制度。市、区教科研部门要切实履行好作业设计研究与指导职责，将作业设计纳入教师业务技能比赛，定期组织开展优秀作业设计交流与研讨活动，加强优质作业资源共建共享。鼓励联合高校、科研院所开展新型作业设计研修活动。

（三）创新作业类型方式。各

学校要健全以学科组为单位的作业设计校本教研机制，强化基础性、个性化、分层弹性作业设计，加强综合性、项目式、主题式、大单元作业设计，以及科学探究、体育锻炼、艺术欣赏、社会与劳动实践等非书面作业设计。小学一、二年级不布置家庭书面作业，可在校内适当安排巩固练习，可根据学生特点适当布置非书面作业。双休日、寒暑假、法定节假日以综合性、实践性作业为主。

三、健全作业管理机制

（一）建立作业规划统筹机制。各区教育部门、各学校要按照“一区（校）一案”切实落实作业管理的主体责任。各学校要建立作业校内公示制度和作业统筹管控机制，建立作业总量审核和质量定期评价机制。

（二）建立作业督导评价机制。各区要建立学校作业管理日常检查制度，把作业管理情况纳入学校绩效考核范围。各学校要建立作业实施情况评价机制，把作业设计、批改和反馈情况纳入对教师专业素养和教学实绩的考核评价。教育督导部门要建立督导检查机制，把作业管理列为办学水平评估、规范办学行为检查、责任督学日常监管的重要内容。

四、提升作业完成效率与质量

（一）提升课堂教学质量。严格执行义务教育课程标准和教学计划。健全集体备课制度，认真制定教案。严格按课程标准零起点教学，不得随意增减课时、改变难度、调整进度，不得超标教学。优化教学方式，注重兴趣激发和学科核心素养培养，注重重点难点讲通讲透，提升课堂教学效率。统筹建设高质量的空中课堂，强化优质教学资源共建共享。

（二）加强作业完成指导。充分利用好课堂教学和课后服务时间，指导小学生基本在校内完成书面作业，初中学生在校内完成大部分书面作业。探索建立教师网上作业辅导与答疑机制。建立有学习困难学生个性化辅导机制。

（三）规范和创新作业批改。学校要制定作业批改与反馈规范化流程，指导教师做实做好作业“全批全改”，严禁要求学生自批自改作业，严禁给家长布置或变相布置作业，严禁要求家长检查、批改作业。探索利用新技术实施作业智能批改的途径和方法。鼓励教师采取集体讲评、小组讨论、个别讲解等方式，及时精准反馈，帮助学生及时查漏补缺。

五、强化配套治理

（一）严格教辅管理。提升义务教育阶段教辅目录遴选质量，健全教辅材料遴选和使用管理机制，严格落实教辅“一科一辅”规定，严禁学校、家委会及教师强制或变相强制学生、家长购买义务教育阶段免费教辅政府采购目录之外的教辅材料，切实减轻学生作业负担和家长经济负担。

（二）加强家校共育共管。各学校要切实办好家长学校，加强对时间管理、作业习惯养成等方面育人指导。加强家校沟通合作，引导家长切实履行家庭教育责任，共同防范加重作业负担。指导家长学会安排孩子的家庭生活，鼓励孩子从事力所能及的家务劳动，以及开展体育锻炼、阅读、文艺活动、社会实践和合理使用电子产品。

（三）加强宣传舆论引导。各区和学校要弘扬正确的作业观和教育观，及时总结和挖掘作业管理的好经验好做法，加强宣传推广和示范引领。教育行政部门要积极通过主流媒体，正面宣传作业“减负提质”政策精神，营造良好舆论氛围。

深圳市教育局

2021 年 8 月 31 日

中共深圳市委教育工作领导小组办公室关于印发深圳市校外培训机构规范治理工作方案的通知

各区政府（新区管委会、深汕特别合作区管委会）、各相关部门：

《深圳市校外培训机构规范治理工作方案》已经市委深改委第二十三次会议审议通过，现予印发，请认真遵照执行。

中共深圳市委教育工作领导小组办公室

2021 年 9 月 29 日

深圳市校外培训机构规范治理工作方案

为深入贯彻中共中央办公厅、国务院办公厅《关于进一步减轻义务教育阶段学生作业负担和校外培训负担的意见》《广东省校外培训机构专项治理行动方案》等文件精神，持续深入开展校外培训机构规范治理工作，有效减轻本市义务教育阶段学生校外培训负担，制定本方案。

一、指导思想和主要目标

（一）指导思想。坚持以习近平新时代中国特色社会主义思想为指导，全面贯彻党的十九大和十九届五中全会精神，全面贯彻党的教育方针，落实立德树人根本任务，着眼深圳教育“幼有善育、学有优教”的先行示范目标，按照市委全面深化改革委员会第二十二次、二十三次会议有关要求，严肃查处存在资质不符、管理混乱、借机敛财、虚假宣传、与校方勾连牟利等问题的机构，依法规范培训行为，促进学生全面发展、健康成长。

（二）主要目标。校外培训机构培训行为全面规范。确保学生过重作业负担和校外培训负担、家庭教育支出和家长相应精力负担 1 年内有效减轻，2 年内成效显著。全市教育生态明显好转，人民群众教育满意度明显提升。

二、基本原则

（一）坚持全面治理和重点查处相结合。加强对校外培训机构审批登记、证照办理、营销宣传、合同签订、收费管理、培训内容、教学活动、投诉举报、机构撤并全过程的规范管理。重点针对学科类培训机构无证办学、夸大营销、虚假宣传、诱导销售、不公平格式合同、非法定时段培训以及非学科类培训机构开展学科培训、制造焦虑等违法违规行为开展治理和查处。突出对大型网站、微信公众号、自媒体平台等互联网传播媒介以及直播营销等新型营销渠道违法违规行为的查处。

（二）坚持依法治理和强化监管相结合。严格执行义务教育法、未成年人保护法等法律规定，认真落实国家和省相关规定，坚持校外培训的公益属性，综合运用宣传教育、行政指导、信用惩戒、行政执法、刑事打击等多种手段，全面依法规范校外培训机构。加强源头治理、系统治理、综合治理，从严审批机构，规范培训服务行为，强化常态运营监管，完善教育培训机构长效管理机制。

（三）坚持校外治理和校内提质相结合。坚持政府主导、多方联动，由教育行政部门会同市场监管部门，联合各执法机关和相关职能部门，加大对校外违法违规培训行为的打击治理力度，遏制各类违法违规行为。大力压减学科类校外培训机构，解决过多过滥问题。充分发挥学校育人主渠道作用，强化课堂主阵地，提高课堂教学质量，提升学校课后服务水平，完善家校社协同机制。

三、治理范围

面向中小学生及学龄前儿童举办的学科类及体育、文化艺术、科技等非学科类校外培训机构，具体包括：由教育行政部门审批或备案，由民政或市场监管部门登记的校外培训机构（不含职业技能培训，下同）；其他面向中小学生及学龄前儿童举办的各类证照不全的校外培训机构。

四、治理内容和要求

（一）大力压减学科类校外培训机构规模

1. 从严审批校外培训机构。全市不再审批新的面向义务教育阶段学生、普通高中学生的学科类校外培训机构及面向学龄前儿童的校外培训机构。对非学科类培训机构，区分体育、文化艺术、科技等类别，明确相应主管部门，分类制定标准、严格审批。专项行动期间，全市义务教育阶段学科类校外培训机构数量在现有数量上大幅压减。（责任分工：教育部门牵头，市场监管、文化广电旅游体育、科技、民政等部门参与）

2. 从严监管校外培训机构。现有学科类培训机构统一登记为非营利性机构。统筹做好面向各学龄段学生的校外培训治理工作。校外培训机构不得开展面向学龄前儿童的线上培训，严禁以学前班、幼小衔接班、思维训练班等名义面向学龄前儿童开展线下学科类（含外语类）培训。严格执行未成年人保护法有关规定，校外培训机构（包括线下、线上）不得占用国家法定节假日、休息日及寒暑假期组织开展面向义务教育阶段学生的学科类培训。校外培训时间不得与中小学校教学时间相冲突，严禁中小学生在正常上课时间参加校外培训。线下培训结束时间不得晚于20点30分，线上培训结束时间不得晚于21点。线上培训要注重保护学生视力，每课时不超过30分钟，课程间隔不少于10分钟。（责任分工：教育部门牵头，市场监管、民政等部门参与）

（二）大力整顿违法违规培训行为

1. 查处无证无照经营行为。严格执行“先证后照”，校外培训机构在取得教育部门前置许可（备案）后，依法办理登记注册。依法查处未取得办学许可证或办学备案证的学科类校外线下培训机构、未通过审批的学科类校外线上培训机构、违规开展学科培训的非学科类校外培训机构。依法查处未取得营业执照或者非企业法人登记证书并以机构名义开展校外培训的违法行为。（责任分工：属地街道办牵头，各区教育、市场监管、民政、人力资源保障、公安等部门参与）

2. 查处违法违规校外培训行为。一是坚决纠正校外培训机构学科培训出现的“超纲教学”“提前教学”“强化应试”等违规行为。二是严肃查处校外培训机构以国学堂、私塾等形式替代学生接受全日制义务教育，或者针对初、高中在校生违规进行全日制培训的教育活动，以及面向义务教育阶段学生违规举办语文、数学、外语、物理、化学等与升学或考试相关的学科及其延伸类竞赛、考试活动。三是严肃查处校外培训机构违规（包括违反国家关于授课时间、师资、教材、课程等规定）开展培训的行为。四是严肃查处校外培训机构将校外培训结果与中小学校招生入学挂钩、扰乱招生秩序以及其他违反国家有关规定开展教育教学活动的行为，并依法追究有关学校、培训机构和相关人员责任。五是查处校外培训机构其他违法违规行为。（责任分工：教育部门牵头，市场监管、民政、公安等部门参与）

3. 查处安全隐患问题。对办学场所存在设施设备（包括消防设施器材）不符合安全标准要求、不具备建筑防火和安全疏散等消防安全条件、违规住宿、疫情防控安全隐患等问题的线下校外培训机构，以及教学内容和宣传资料存在意识形态问题、影响政治安全的线下和线上校外培训机构，及时消除安全隐患。对存在重大安全问题的立即停办整改、关停下架。（责任分工：公安、消防救援部门按职责分工牵头，教育、市场监管、网信、通信管理、卫生健康等部门参与）

4. 查处违规收费行为。严肃查处学科类校外培训机构一次性收取时间跨度超过3个月或者单个科目超过60个课时费用的行为，以及收费时段与教学安排不一致、提前收费的行为，全面防范一次性费用收取过高导致的预付费风险。（责任分工：教育部门牵头，市场监管、公安等部门参与）

（三）规范校外培训市场秩序

1. 查处校外培训机构不正当竞争行为。一是严肃查处校外培训机构存在宣传与实际不符或无法证实的内容，通过夸大培训效果、夸大机构实力、虚构师资力量、虚构升学率、虚构考题命中率、虚构教师教育成果、虚构学生成绩等虚假或引人误解的宣传方式欺骗、误导消费者的违法行为。二是严肃查处校外培训机构为招揽生源向学校、老师、主办单位等进行商业贿赂以及存在商业混淆的违法行为。（责任分工：市场监管部门牵头，教育、公安、网信、通信管理等部门参与）

2. 查处校外培训机构价格违法行为。一是严肃查处校外培训机构不执行政府指导价管理的培训收费行为。二是严肃查处校外培训机构虚构原价、虚假折扣等利用虚假的或者使人误解的标价形式或者价格手段，欺骗、诱导消费者或者其他经营者与其进行交易的行为。三是严肃查处校外培训机构提供培训服务时不标明价格、在标价之外加价出售课程、课时包或者收取未标明的费用，以及违

反明码标价规定的其他行为。（责任分工：市场监管部门牵头，发改、教育、公安等部门参与）

3. 查处校外培训机构合同违法行为。全面使用《中小学生校外培训服务合同（示范文本）》。强化对校外培训机构利用合同格式条款侵害消费者权益等违法行为的治理、监管。督促相关涉嫌不公平、不公正合同格式条款提供者限期整改。（责任分工：市场监管部门牵头，教育、公安、消费者委员会等部门参与）

4. 查处校外培训机构广告违法行为。一是严肃查处利用科研单位、学术机构、教育机构等作推荐、证明，以及假扮专家、教授等误导学生的虚假广告，对含有不良导向内容的相关广告依法从重从快严肃查处，集中曝光典型校外培训机构违法广告案例。二是严肃查处主流媒体、新媒体、公共场所、居民区、网络平台等刊登、播发校外培训机构广告的行为。三是严肃查处在中小学校、幼儿园内开展商业广告活动，以及利用中小学教材、教辅材料、练习册、文具、教具、校服、校车等发布或变相发布广告行为。四是严肃查处各种夸大培训效果、误导公众教育观念、制造家长焦虑的校外培训违法违规广告行为。（责任分工：市场监管部门牵头，教育、城管与综合执法、网信、公安、通信管理、消费者委员会等部门参与）

（四）查处校外培训其他违法违规行为

1. 查处校外培训机构违规聘用人员问题。严肃查处聘用中小学在职教师兼职任教、聘用无教师资格证人员从事学科类培训、聘用有违法犯罪记录从业人员、违规聘用外籍人员以及聘用在境外的外籍人员开展培训等违规行为。（责任分工：教育部门牵头，公安、科技部门（外专局）等部门参与）

2. 清理治理校外培训机构违规金融行为。清理治理学科类培训机构资本化运作问题。依法依规清理上市公司通过股票市场融资投资学科类培训机构，或通过发行股份或支付现金等方式购买学科类培训机构资产问题。依法依规清理外资通过兼并收购、受托经营、加盟连锁、利用可变利益实体等方式控股或参股学科类培训机构问题。严肃查处校外培训机构在经营过程中违规开展分期贷款业务，破坏金融市场秩序的行为。（责任分工：银保监、地方金融监管部门按职责分工牵头，教育、公安等部门参与）

（五）强化治理工作风险防控

各区、各部门要严格落实风险防控主体责任，建立各自领域风险防控机制，制定相关工作预案，提供政策支持，妥善安置培训机构教职员工，加快推进义务教育阶段学科类校外培训机构转型发展。妥善处置涉校外培训的舆情、信访投诉及各类矛盾问题。（责任分工：政法、公安、教育部门协同配合，街道综合执法、网信、通信管理、信访、消费者委员会等部门参与）

五、治理步骤

本次规范治理行动持续一年，按下面的重点环节开展治理：

（一）摸底、宣传动员阶段（2021 年 8 月—2021 年 9 月）

市、区规范治理工作专班分别摸清市、区各类校外培训机构底数并进行汇总分类。通过政府网站和媒体平台，及时多渠道发布通知，公布市、区教育部门和市场监管部门的投诉举报电话。利用主流媒体和新媒体渠道，大力宣传减轻校外培训负担工作的重大意义，加强政策法规宣传解读，营造良好社会氛围。

（二）开展集中治理阶段（2021 年 10 月—2022 年 6 月）

开展校外培训机构违法违规行为自查和集中检查。市、区规范治理工作专班通过“四不两直”“双随机、一公开”等方式开展检查。对市属校外培训机构，由市规范治理工作专班牵头，市区联合检查。对区属校外培训机构，由各区规范治理工作专班负责检查。各部门要根据检查内容，结合部门职责，协同开展各项检查，严肃查处校外培训机构的违法违规行为。

（三）巩固提升阶段（2022 年 7 月—2022 年 9 月）

市、区规范治理工作专班要对校外培训机构开展随机跟踪督查，检查问题整改情况、巩固治理成果、防止问题反弹，及时发现、查处新问题。各部门要将校外培训机构规范治理工作作为一项重要的政治任务来推进，确保完成各项治理任务。

六、工作机制

成立市校外培训机构规范治理工作专班。由市政府分管市领导任组长，市政府副秘书长和市教育局局长任副组长，市委宣传部、市委政法委（市网格办）、市委网信办、市委编办、市发展改革委、市教育局、市科技创新委（市外专局）、市公安局、市民政局、市司法局、市财政局、市人力资源保障局、市文化广电旅游体育局、市卫生健康委、市市场监管局、市地方金融监管局、市城管和综合执法局、市信访局、市通信管理局、市消防救援支队、市妇联、市消费者委员会、人民银行深圳中心支行、深圳银保监局、深圳证监局等部门分管负责同志和各区政府分管负责同志为成员，负责组织、统筹、协调推进校外培训机构治理工作，定期研究解决校外培训机构治理过程中的重大问题。各区参照市里相应成立工作专班，组织开展属地校外培训机构治理工作。

七、责任分工

教育部门要抓好统筹协调，会同有关部门加强校外培训机构日常监管，指导学校做好“双减”有关工作。宣传、网信部门要加强舆论宣传引导，网信部门要配合做好线上校外培训机构监管工作。政法部门要做好相关维护和谐稳定工作，网格管理部门要指导社区网格员配合街道综合执法部门对在住宅小区等场所开展有偿私教及其他变相违法违规培训行为进行查处。机构编制部门要研究设立“双减”专门工作机构，及时为中小学校补齐补足教师编制。发展改革部门要会同财政、教育等部门制定学校课后服务性或代收费标准；会同教育等部门制定校外培训机构收费指导政策。科技部门（外专局）要会同有关部门制定科技类校外培训机构设置标准、准入方式，并加强日常管理。公安部门要加强治安管理，联动开展情报信息搜集研判和预警预防，做好相关涉稳事件应急处置工作；协助教育等部门加强校外培训机构外籍教师审核等工作。民政部门要做好非营利性培训机构的依法登记，按照社会组织登记管理相关规定对非营利性培训机构实施监管；做好将现有学科类营利性培训机构统一登记为非营利性机构有关工作。司法部门要对校外培训机构行政执法工作进行指导和监督。财政部门要加强学校课后服务经费保障。人力资源和社会保障部门要做好职业培训机构未经批准面向中小学生开展培训的监管，做好教师绩效工资核定有关工作，引导校外培训机构从业人员再就业。文化广电旅游体育部门要会同有关部门制定文化艺术体育类培训机构设置标准、准入方式，并加强日常管理。卫生健康部门要做好培训机构开展传染病防治、疫情防控的技术指导与应急处置工作。市场监管部门要做好营利性培训机构登记和校外培训机构收费、广告、反垄断等方面监管工作，加大执法检查力度，会同教育、城管等部门严肃查处相关违法违规培训行为。城管和综合执法部门要指导监督各区、各街道开展校外培训综合执法和依法开展非法户外广告设施查处工作。信访部门要依法受理涉校外培训的信访投诉，承办市委市政府和上级机关转办、交办的涉校外培训信访事项。通信管理部门要加强互联网平台增值电信业务许可管理，根据教育、市场监管、网信等部门认定意见，依法处置关停违法违规的校外培训机构相关网站和App。消防救援部门要对校外培训机构遵守消防法律法规的情况依法进行安全监管。妇联要协同引导家长树立科学育儿观念，协助做好假期托管服务。消费者委员会要依法受理消费者投诉，积极协助有关部门开展对校外培训机构交易行为、培训服务质量等问题的检查和监督。人民银行深圳中心支行、银保监部门、证监部门、地方金融监管部门要指导银行等机构做好校外培训机构预收费风险管控工作，清理整顿培训机构融资、上市等行为，依法依规查处辖区内银行业金融机构、小额贷款公司等违规向校外培训机构发放分期贷款，破坏金融市场秩序的行为。各区政府、其他相关部门按各自职责分工抓好落实。

八、工作要求

（一）加强组织领导。市规范治理工作专班统筹校外培训机构规范治理。各区政府及有关职能部门要把校外培训机构规范治理作为重大民生工程，列入重要议事日程，建立工作机制，落实部门职责，形成工作合力，加强人财物条件保障。市、区规范治理工作专班每个季度召开不少于1次专题会议，总结近期工作，研究存在问题，部署下一阶段工作。各区自集中治理阶段开始后，于每月25日前，将本区治理工作进展情况报告及《校外培训机构执法检查及处罚情况统计表》（见附表，电子版）报送至市规范治理工作专班邮箱：pxjg@sz.edu.cn。

（二）压实属地责任。按照《关于进一步减轻义务教育阶段学生作业负担和校外培训负担的意见》（中办发〔2021〕40号）和《国务院办公厅关于规范校外培训机构发展的意见》（国办发〔2018〕80号）的要求，各区政府要强化统筹，落实以区、街道为主的属地管理责任，做到守土有责。要明确各部门责任分工，确保责任到人，落实到位。

（三）强化综合执法。建立健全执法协同机制，全面开展综合执法。

加大执法力度，对校外培训机构的违法违规行为，发现一起，查实一起，严惩一起。市、区开展综合执法检查每个月不少于两次，健全信息共享和线索移交机制，切实提高执法效率，着力实现联合惩戒，积极构建“一处违法、处处受限”的信用监管格局。规范执法流程，切实做到依法执法、文明执法。

（四）建立应急响应。各区要制定校外培训机构专项治理执法应急预案，行动前做好风险分析和预判，最大限度预防和减少执法过程中引发冲突或其他突发事件。要从群众的利益出发，妥善处理好执法中遇到的各种问题，避免激化矛盾，切实防范因执法不公等产生的社会不稳定因素，努力维护社会和谐与稳定。

（五）做好政策宣传。加大宣传力度，积极引导媒体对治理工作进行正面宣传报道，形成正确舆论导向。制定校外培训规范办学和营销宣传告诫书，编制校外培训领域的违法办学案例及注意事项，督促各校外培训机构依法依规经营。

（六）强化考核问责。将校外培训机构治理情况纳入政府履行教育职责考核等考核评比项目，多管齐下推进。开展校外培训机构规范治理专项督导检查，督查结果纳入年度绩效考核。建立问责机制，对责任不落实、措施不到位、人民群众反映特别强烈的地方及相关责任人要进行严肃问责。

深圳市教育局关于印发《深圳市非深户籍就业人员随迁子女接受义务教育后参加高中阶段学校考试招生工作管理办法》的通知

各有关单位：

为进一步做好非深户籍就业人员随迁子女接受义务教育后在我市参加高中阶段学校考试招生工作，我局制定了《深圳市非深户籍就业人员随迁子女接受义务教育后参加高中阶段学校考试招生工作管理办法》。经市政府同意，现予印发，请遵照执行。

深圳市教育局

2021 年 11 月 15 日

深圳市非深户籍就业人员随迁子女接受义务教育后参加高中阶段学校考试招生工作管理办法

第一条　为进一步做好非深户籍就业人员随迁子女（以下简称“随迁子女”）接受义务教育后在我市参加高中阶段学校考试招生（以下简称“中考”）工作，根据国家和广东省关于做好随迁子女接受义务教育后在当地参加升学考试工作的相关要求和《深圳市人民政府关于进一步加强和完善人口服务管理的若干意见》（深府〔2016〕58 号）等文件，制定本办法。

第二条　坚持以人为本、保障民生、推进教育基本公共服务均等化等原则，统筹考虑随迁子女升学考试需求和我市人口、资源、环境和各项公共服务的承载能力，合理确定随迁子女在我市参加中考的准入条件，切实保障随迁子女在我市接受高中阶段教育的权利。

第三条　市教育行政部门统筹随迁子女参加中考的政策制定和组织实施工作。市、区（含新区，下同）各有关部门要把做好随迁子女参加中考工作作为重要的民生实事来抓，切实加强组织领导，落实工作责任，密切协作配合，完善保障措施，确保随迁子女在我市参加中考工作顺利实施。

第四条　市教育行政部门会同有关部门依据随迁子女升学考试人数合理调配资源，做好招生计划编制、考生报名组织、市属学校随迁子女学籍审核、考试组织以及招生录取等工作。各区教育行政部门负责区属学校随迁子女学籍审核，统筹协调做好本区（含辖区内市局直属学校）初中学校的中考报名及考试实施等工作。

市发展改革部门将随迁子女接

受义务教育后在我市参加升学考试工作纳入全市国民经济和社会发展规划。

市规划和自然资源部门加强教育设施布局规划，并在用地上提供保障。

市、区财政部门根据学校属地，按政策做好符合规定条件的随迁子女接受高中教育相关经费保障工作。

市公安部门提供非深户籍人员居住证信息。

市人力资源社会保障、市医保部门提供非深户籍人员社会保险信息。

市政务服务数据管理部门依托城市大数据中心，归集相关部门数据，为随迁子女中考条件的网上核验工作提供支撑。

市、区宣传部门加强对随迁子女参加中考政策的宣传解读，做好舆论引导，营造良好氛围，维护社会和谐稳定。

第五条　具有我市初三学籍的随迁子女（须为应届生），可在我市参加中考，并根据条件报读相应的高中阶段学校：

（一）同时符合下列 5 项条件的随迁子女，可参加高中阶段学校划线录取，按照我市当年高中阶段学校招生计划所列户籍类型报考相应的公办普通高中、民办普通高中和中职类学校（含中职学校、技工学校，下同），也可参加民办普通高中补录或中职类学校注册入学：

1. 考生父亲或母亲在我市具有合法稳定职业；

2. 考生父亲或母亲在我市具有合法稳定住所；

3. 考生父亲或母亲持有我市有效居住证；

4. 考生父亲或母亲在我市缴纳基本养老保险及基本医疗保险，且至少其中一个险种累计缴费满 3 年（缴费年限计算截至考生参加中考当年的 8 月 31 日），社会保险补缴的年限不予计算；

5. 考生在我市具有 3 年完整初中学籍。

（二）不符合上述条件但在我市参加中考的随迁子女，仅限于参加我市民办普通高中补录或中职类学校注册入学。

第六条　报名材料实行联合核验。市公安部门提供非深户籍人员的居住证信息，市人力资源保障、市医保部门提供非深户籍人员的社会保险信息，市政务服务数据管理部门负责联网验核报考资料涉及的政务信息资源共享交换平台的技术支持工作。

各有关部门应当按照管理职责，完善管理信息服务系统，将有关信息纳入全市统一的公共信息资源库进行管理和应用。

第七条　各区相关职能部门按照各自职责分工负责本区初中学校随迁子女中考报名材料的审核工作。各有关初中学校负责做好本校毕业生中考报名组织和网上报名把关工作。各单位要积极创造条件，充分利用信息技术手段提高审核效率。

第八条　对通过弄虚作假取得中考报考资格的，一经发现并查实，将取消其中考报名、考试和录取资格；已经取得高中学籍的，取消其学籍。高中学校不得招收不符合规定条件的学生，对高中学校违规招收的学生，招生部门不予办理录取手续，学籍管理部门不予承认学籍。

第九条　市、区两级教育行政部门将行政区域内随迁子女参加中考工作纳入年度监督检查计划，明确检查的重点内容和标准，并严格按照计划开展督导检查。对工作中存在不认真履行职责、不严格执行政策、滥用职权、失职渎职、徇私舞弊等行为的单位和个人依法依规进行严肃查处。

第十条　父亲或母亲为深圳户籍，其非深户籍子女在我市报名参加中考，参照本办法规定办理。

父母已经死亡或没有监护能力，由其他法定监护人监护的非深户籍人员子女报名参加我市中考，参照本办法规定办理。

在我市工作生活的港澳居民、台胞及外籍人士，其非深户籍子女在我市报名参加中考，参照本办法规定办理。

享受政府优惠政策待遇的人员，其非深户籍子女在我市报名参加中考，按有关规定办理。

第十一条　市教育行政部门应动态评估办法实施效果，并根据我市公共服务空间承载力，在履行提前告知义务的基础上，合理调配资源，做好招生计划编制、考生报名组织、考试实施及招生录取等工作。

第十二条　本办法自 2022 年 1 月 1 日起施行，有效期 5 年。

教育统计

Educational Statistics

表1 各级各类学校基本情况表

学校类别		学校数（所）			毕业生数（人）			招生数（人）			在校学生数（人）						教职工数（人）			专任教师数（人）		
		计	其中：社会力量办学校		计	其中：社会力量办学校		计	其中：社会力量办学校		计	其中：非户籍生		其中：社会力量办学校			计	其中：社会力量办学校		计	其中：社会力量办学校	
			（所）	占比例（%）		（人）	占比例（%）		（人）	占比例（%）		（人）	占比例（%）	（人）	非户籍生	在校生占比例（%）		（人）	占比例（%）		（人）	占比例（%）
各类学校总计		2766	1309	47.32	564886	207845	36.79	693233	229605	33.12	2562113	1240747	48.43	882995	688211	34.46	251874	91741	36.42	166197	55492	33.39
普通教育	普通教育合计	2765	1309	47.34	551906	207732	37.64	680395	228307	33.56	2527555	1240747	49.09	881595	688211	34.88	251498	91741	36.48	165969	55492	33.44
	普通高等学校	14	1	7.14	28512	1354	4.75	43171	2352	5.45	145181			6621		4.56	20850	308	1.48	8426	233	2.77
	中等职业教育	26	11	42.31	22872	8634	37.75	30552	15345	50.23	86053	68567	79.68	37055	31763	43.06	6915	2224	32.16	4771	1544	32.36
	其中：中等职业学校	15	2	13.33	12519	1490	11.90	14144	2690	19.02	40186	29088	72.38	6414	5445	15.96	3985	457	11.47	2886	345	11.95
	技工院校	11	9	81.82	10353	7144	69.00	16408	12655	77.13	45867	39479	86.07	30641	26318	66.80	2930	1767	60.31	1885	1199	63.61
	普通高中	105	49	46.67	44718	10765	24.07	64932	18607	28 66	169533	63478	37.44	47188	28855	27.83	35850	14652	40.87	14344	3954	27.57
	义务教育	713	217	30.43	262598	90586	34.50	348360	103270	29.64	1526682	838463	54.92	500923	453939	32.81	95050	29803	31.36	95166	29273	30.76
	其中：普通初中	370	161	43.51	106840	30660	28.70	143846	39881	27.72	393641	212090	53.88	105727	92782	26.86	61408	25241	41.10	31526	8079	25.63
	小学	343	56	16.33	155758	59926	38.47	204514	63389	30.99	1133041	626373	55.28	395196	361157	34.88	33642	4562	13.56	63640	21194	33.30
	专门学校	1			9			6			39	29	74.36			0	75			26		
	特殊教育学校	10			232			583			2498	53	2.12			0	1002			828		
	学前教育	1896	1031	54.38	192965	96393	49.95	192791	88733	46.03	597569	270157	45.21	289808	173654	48.50	91756	44754	48.78	42408	20488	48.31
成人教育	成人教育合计	1			12980	113	0.87	12838	1298	10.11	34558			1400		4.05	376			228		
	成人高等学校	1			12980	113	0.87	12838	1298	10.11	34558			1400		4.05	376			228		

说明：1. 在教育事业统计报表中普通高校、成人教育没有非户籍生指标

2. 中等职业学校15所，另有2所非独立法人的办学机构

3. 根据全国教育事业统计口径，九年一贯制学校教职工纳入初中阶段学校统计；十二年一贯制学校、完全中学学校教职工纳入普通高中阶段学校统计

4. 根据全国教育事业统计口径，小学专任教师含九年一贯制学校、十二年一贯制学校小学部的专任教师；初中专任教师含九年一贯制学校、十二年一贯制学校初中部专任教师；高中专任教师含十二年一贯制学校、完全中学学校高中部专任教师

表2

各级各类学校数增减变化情况

（单位：所、%）

	2020年			2021年			2021年比2020年		2021年比2020年（公办）		2021年比2020年（民办）	
	小计	公办	民办	小计	公办	民办	增加数	增长率	增加数	增长率	增加数	增长率
各类学校总计	2713	1375	1338	2766	1457	1309	53	1.95	82	5.96	−29	−2.17
一、高等教育	15	14	1	15	14	1	0	0	0	0	0	0
1.普通高等学校	14	13	1	14	13	1	0	0	0	0	0	0
2.成人高等学校	1	1		1	1		0	0	0	0	0	
二、高中阶段教育	114	62	52	131	71	60	17	14.91	9	14.52	8	15.38
1.中等职业教育	26	15	11	26	15	11	0	0	0	0	0	0
中等职业学校	15	13	2	15	13	2	0	0	0	0	0	0
技工院校	11	2	9	11	2	9	0	0	0	0	0	0
2.普通高中	88	47	41	105	56	49	17	19.32	9	19.15	8	19.51
高级中学	23	15	8	36	22	14	13	56.52	7	46.67	6	75.00
完全中学	26	20	6	24	18	6	−2	−7.69	−2	−10.00	0	0
十二年一贯制学校	39	12	27	45	16	29	6	15.38	4	33.33	2	7.41
三、初中	347	186	161	370	209	161	23	6.63	23	12.37	0	0
初级中学	53	51	2	55	53	2	2	3.77	2	3.92	0	0
九年一贯制学校	294	135	159	315	156	159	21	7.14	21	15.56	0	0
四、小学	347	286	61	343	287	56	−4	−1.15	1	0.35	−5	−8.20
五、学前教育	1881	818	1063	1896	865	1031	15	0.80	47	5.75	−32	−3.01
六、特殊教育学校	8	8		10	10		2	25.00	2	25.00	0	
七、专门学校	1	1		1	1		0	0	0	0	0	

说明：中等职业学校15所，另有2所非独立法人的办学机构

表3

各级各类毕业生数增减变化情况

（单位：人、%）

	2020年			2021年			2021年比2020年		2021年比2020年（公办）		2021年比2020年（民办）	
	小计	公办	民办	小计	公办	民办	增加数	增长率	增加数	增长率	增加数	增长率
各类学校总计	544134	330594	213540	564886	357041	207845	20752	3.81	26447	8.00	−5695	−2.67
一、高等教育	39358	37727	1631	41492	40025	1467	2134	5.42	2298	6.09	−164	−10.06
1.普通高等学校	28033	26417	1616	28512	27158	1354	479	1.71	741	2.81	−262	−16.21
研究生及以上	5694	5694		5774	5774		80	1.40	80	1.40		
本科	9100	9100		9841	9841		741	8.14	741	8.14		
专科	13239	11623	1616	12897	11543	1354	−342	−2.58	−80	−0.69	−262	−16.21
2.成人高等学校	11325	11310	15	12980	12867	113	1655	14.61	1557	13.77	98	653.33
本科及以上	2627	2627		4694	4694		2067	78.68	2067	78.68		

（续表）

	2020年			2021年			2021年比2020年		2021年比2020年（公办）		2021年比2020年（民办）	
	小计	公办	民办	小计	公办	民办	增加数	增长率	增加数	增长率	增加数	增长率
专科	8698	8683	15	8286	8173	113	-412	-4.74	-510	-5.87	98	653.33
二、高中阶段教育	62221	46387	15834	67590	48191	19399	5369	8.63	1804	3.89	3565	22.51
1.中等职业教育	19935	14074	5861	22872	14238	8634	2937	14.73	164	1.17	2773	47.31
中等职业学校	12057	10928	1129	12519	11029	1490	462	3.83	101	0.92	361	31.98
技工院校	7878	3146	4732	10353	3209	7144	2475	31.42	63	2.00	2412	50.97
2.普通高中	42286	32313	9973	44718	33953	10765	2432	5.75	1640	5.08	792	7.94
三、初中	99669	69700	29969	106840	76180	30660	7171	7.19	6480	9.30	691	2.31
四、小学	150726	92259	58467	155758	95832	59926	5032	3.34	3573	3.87	1459	2.50
五、学前教育	192007	84368	107639	192965	96572	96393	958	0.50	12204	14.47	-11246	-10.45
六、特殊教育学校	132	132		232	232		100	75.76	100	75.76		
七、专门学校	21	21		9	9		-12	-57.14	-12	-57.14		

表4　各级各类招生数增减变化情况

	2020年			2021年			2021年比2020年		2021年比2020年（公办）		2021年比2020年（民办）	
	小计	公办	民办	小计	公办	民办	增加数	增长率	增加数	增长率	增加数	增长率
各类学校总计	662279	443704	218575	693233	463628	229605	30954	4.67	19924	4.49	11030	5.05
一、高等教育	63496	60644	2852	56009	52359	3650	-7487	-11.79	-8285	-13.66	798	27.98
1.普通高等学校	52394	49636	2758	43171	40819	2352	-9223	-17.60	-8817	-17.76	-406	-14.72
研究生及以上	10789	10789		11115	11115		326	3.02	326	3.02	0	
本科	14701	14701		16596	16596		1895	12.89	1895	12.89	0	
专科	26904	24146	2758	15460	13108	2352	-11444	-42.54	-11038	-45.71	-406	-14.72
2.成人高等学校	11102	11008	94	12838	11540	1298	1736	15.64	532	4.83	1204	1280.85
本科及以上	5129	5129		6070	6070		941	18.35	941	18.35	0	
专科	5973	5879	94	6768	5470	1298	795	13.31	-409	-6.96	1204	1280.85
二、高中阶段教育	83347	54340	29007	95484	61532	33952	12137	14.56	7192	13.24	4945	17.05
1.中等职业教育	27320	13923	13397	30552	15207	15345	3232	11.83	1284	9.22	1948	14.54
中等职业学校	12504	10626	1878	14144	11454	2690	1640	13.12	828	7.79	812	43.24
技工院校	14816	3297	11519	16408	3753	12655	1592	10.75	456	13.83	1136	9.86
2.普通高中	56027	40417	15610	64932	46325	18607	8905	15.89	5908	14.62	2997	19.20
三、初中	137214	98463	38751	143846	103965	39881	6632	4.83	5502	5.59	1130	2.92
四、小学	190742	130368	60374	204514	141125	63389	13772	7.22	10757	8.25	3015	4.99
五、学前教育	187135	99544	87591	192791	104058	88733	5656	3.02	4514	4.53	1142	1.30
六、特殊教育学校	343	343		583	583		240	69.97	240	69.97	0	
七、专门学校	2	2		6	6		4	200	4	200	0	

表5 各级各类在校生数增减变化情况

（单位：人、%）

	2020年			2021年			2021年比2020年		2021年比2020年（公办）		2021年比2020年（民办）	
	小计	公办	民办	小计	公办	民办	增加数	增长率	增加数	增长率	增加数	增长率
各类学校总计	2421574	1556654	864920	2562113	1679118	882995	140539	5.80	122464	7.87	18075	2.09
一、高等教育	136184	130489	5695	145181	138560	6621	8997	6.61	8071	6.19	926	16.26
1.普通高校	26198	26198		28702	28702		2504	9.56	2504	9.56	0	
研究生及以上	51624	51624		56943	56943		5319	10.30	5319	10.30	0	
本科	58362	52667	5695	59536	52915	6621	1174	2.01	248	0.47	926	16.26
专科	33150	32934	216	34558	33158	1400	1408	4.25	224	0.68	1184	548.15
2.成人高校	15031	15031		18182	18182		3151	20.96	3151	20.96	0	
本科及以上	18119	17903	216	16376	14976	1400	−1743	−9.62	−2927	−16.35	1184	548.15
专科	232149	157197	74952	255586	171343	84243	23437	10.10	14146	9.00	9291	12.4
二、高中阶段教育	81860	48183	33677	86053	48998	37055	4193	5.12	815	1.69	3378	10.03
1.中等职业教育	39134	33413	5721	40186	33772	6414	1052	2.69	359	1.07	693	12.11
中等职业学校	42726	14770	27956	45867	15226	30641	3141	7.35	456	3.09	2685	9.60
技工院校	150289	109014	41275	169533	122345	47188	19244	12.8	13331	12.23	5913	14.33
2.普通高中	367341	262639	104702	393641	287914	105727	26300	7.16	25275	9.62	1025	0.98
三、初中	1091179	686754	404425	1133041	737845	395196	41862	3.84	51091	7.44	−9229	−2.28
四、小学	559674	284744	274930	597569	307761	289808	37895	6.77	23017	8.08	14878	5.41
五、学前教育	1873	1873		2498	2498		625	33.37	625	33.37	0	
六、特殊教育学校	24	24		39	39		15	62.50	15	62.50	0	
七、专门学校												

表6 各级各类教职工数增减变化情况

（单位：人、%）

	2020年			2021年			2021年比2020年		2021年比2020年（公办）		2021年比2020年（民办）	
	小计	公办	民办	小计	公办	民办	增加数	增长率	增加数	增长率	增加数	增长率
各类学校总计	232841	144831	88010	251874	160133	91741	19033	8.17	15302	10.57	3731	4.24
一、高等教育	169334	163423	5911	179739	171718	8021	10405	6.14	8295	5.08	2110	35.70
1.普通高校	169334	163423	5911	179739	171718	8021	10405	6.14	8295	5.08	2110	35.70
2.成人高等学校	340	340		376	376		36	10.59	36	10.59	0	
二、中学阶段教育	94137	55330	38807	104173	62056	42117	10036	10.66	6726	12.16	3310	8.53

（续表）

	2020年			2021年			2021年比2020年		2021年比2020年（公办）		2021年比2020年（民办）	
	小计	公办	民办	小计	公办	民办	增加数	增长率	增加数	增长率	增加数	增长率
1.中等职业教育	6379	4537	1842	6915	4691	2224	536	8.40	154	3.39	382	20.74
中等职业学校	3767	3400	367	3985	3528	457	218	5.79	128	3.76	90	24.52
技工院校	2612	1137	1475	2930	1163	1767	318	12.17	26	2.29	292	19.8
2.普通中学	87758	50793	36965	97258	57365	39893	9500	10.83	6572	12.94	2928	7.92
三、小学	33573	28924	4649	33642	29080	4562	69	0.21	156	0.54	−87	−1.87
四、学前教育	86711	42460	44251	91756	47002	44754	5045	5.82	4542	10.70	503	1.14
五、特殊教育学校	729	729		1002	1002		273	37.45	273	37.45	0	
六、专门学校	75	75		75	75		0	0.00	0	0.00	0	

表7　　各级各类学校专任教师数增减变化情况

（单位：人、%）

	2020年			2021年			2021年比2020年		2021年比2020年（公办）		2021年比2020年（民办）	
	小计	公办	民办	小计	公办	民办	增加数	增长率	增加数	增长率	增加数	增长率
各类学校总计	156086	102286	53800	166197	110705	55492	10111	6.48	8419	8.23	1692	3.14
一、高等教育	8248	8015	233	8654	8421	233	406	4.92	406	5.07	0	0
1.普通高等学校	8047	7814	233	8426	8193	233	379	4.71	379	4.85	0	0
其中：正高级	1806	1793	13	1874	1861	13	68	3.77	68	3.79	0	0
副高级	2928	2886	42	2852	2811	41	−76	−2.60	−75	−2.60	−1	−2.38
2.成人高等学校	201	201		228	228		27	13.43	27	13.43	0	
其中：正高级	4	4		4	4		0	0	0	0	0	
副高级	39	39		43	43		4	10.26	4	10.26	0	
二、高中阶段教育	17279	12710	4569	19115	13617	5498	1836	10.63	907	7.14	929	20.33
1.中等职业教育	4488	3307	1181	4771	3227	1544	283	6.31	−80	−2.42	363	30.74
中等职业学校	2888	2593	295	2886	2541	345	−2	−0.07	−52	−2.01	50	16.95
技工院校	1600	714	886	1885	686	1199	285	17.81	−28	−3.92	313	35.33
2.普通高中	12791	9403	3388	14344	10390	3954	1553	12.14	987	10.50	566	16.71
三、初中	28763	21078	7685	31526	23447	8079	2763	9.61	2369	11.24	394	5.13
四、小学	60900	40258	20642	63640	42446	21194	2740	4.50	2188	5.43	552	2.67
五、学前教育	40348	19677	20671	42408	21920	20488	2060	5.11	2243	11.40	−183	−0.89
六、特殊教育学校	522	522		828	828		306	58.62	306	58.62	0	
七、专门学校	26	26		26	26		0	0	0	0	0	

表8　中小学、幼儿园非户籍生变化情况

（单位：人、%）

	2020年	2021年	2021年比2020年	
			增加数	增长率
总计	1241040	1240665	−375	−0.03
幼儿教育	262693	270157	7464	2.84
小学	648179	626373	−21806	−3.36
初中	208358	212090	3732	1.79
普通高中	57490	63478	5988	10.42
中等职业学校（包括技工学校）	64320	68567	4247	6.60

表9　义务教育阶段进城务工人员随迁子女就读人数情况

（单位：人、%）

	2020年	2021年	2021年比2020年	
			增加数	增长率
义务教育阶段学校总计	667083	649627	−17456	−2.62
小学	508156	484772	−23384	−4.60
初中	158927	164855	5928	3.73

表10　高等学校基本情况

（单位：所、人、平方米）

学校名称	学校数	毕业生数					招生数					在校学生数						占地面积	建筑面积
		合计	博士	硕士	本科	专科	合计	博士	硕士	本科	专科	合计	女	博士	硕士	本科	专科		
深圳市普通教育合计	14	28512	314	5460	9841	12897	43171	1372	9743	16596	15460	145181	64476	4351	24351	56943	59536	8513438	5033170
深圳大学	1	8766	57	2310	6399		11063	199	3931	6933		39120	17374	548	9999	28573		2712613	1856809
南方科技大学	1	1088		175	913		2691	368	1169	1154		7908	2029	961	2496	4451		1231259	698408
深圳技术大学	1	0					2971			2971		5330	1656			5330		593791	1067774
香港中文大学（深圳）	1	823			823		1295			1295		5097	2623			5097			
深圳北理莫斯科大学	1	96			96		422			422		1037	455			1037			
中山大学（深圳校区）	1	1145	36	374	735		3250	270	882	2098		9317	3617	791	1898	6628			
哈尔滨工业大学（深圳）	1	1466	77	852	537		2858	258	1228	1372		8878	2014	1107	3259	4512			
深圳职业技术学院	1	6737				6737	8544				8544	33383	18346				33383	3006318	791857
深圳信息职业技术学院	1	4806				4806	4564				4564	19532	10352				19532	924930	584805
清华大学深圳国际研究生院	1	1078	85	993			1568	160	1408			4276	1407	561	3715				
北京大学深圳研究生院	1	780	59	721			1022	117	905			3030	1438	383	2647				
暨南大学深圳校区	1	346		8	338		454		103	351		1445	927		130	1315		44527	33517
天津大学佐治亚理工深圳学院	1	27		27			117		117			207	48		207				
广东新安职业技术学院	1	1354				1354	2352				2352	6621	2190				6621		

（续表）

学校名称	学校数	毕业生数					招生数					在校学生数						占地面积	建筑面积
		合计	博士	硕士	本科	专科	合计	博士	硕士	本科	专科	合计	女	博士	硕士	本科	专科		
深圳市成人教育合计（非全日制/业余）	1	12980		698	3996	8286	12838	59	842	5169	6768	34558	21246	161	2697	15324	16376	6493	18080
深圳开放大学	1	2				2	126				126	168	106				168	6493	18080
深圳大学		7526		444	3996	3086	8160		502	5169	2489	26321	16744		1607	15324	9390		
中山大学（深圳校区）		0					3		3			26	11		26				
深圳职业技术学院		2797				2797	1585				1585	2729	1563				2729		
深圳信息职业技术学院		2288				2288	1270				1270	2689	1507				2689		
清华大学深圳国际研究生院		49		49			149	51	98			401	112	142	259				
北京大学深圳研究生院		184		184			229		229			560	192		560				
哈尔滨工业大学（深圳）		13		13			8	8				223	103	19	204				
暨南大学深圳校区		8		8			10		10			41	27		41				
广东新安职业技术学院		113				113	1298				1298	1400	881				1400		

说明：1. 占地面积及建筑面积不包含学校非产权面积
2. 高教数据由各高校根据高等教育基层统计报表填写报送

表10　高等学校基本情况（续）

（单位：人、万元、万册）

学校名称	教职工数	女教职工	专任教师											固定资产值		学校藏书
			小计	其中：女	学历				职称					合计	其中：教学科研仪器设备	
					博士研究生	硕士研究生	本科	专科及以下	正高级	副高级	中级	初级	无职称			
深圳市普通教育合计	20850	9257	8426	3273	5875	1949	595	7	1874	2852	2988	236	476	3323697	1301522	1154.92
深圳大学	6207	2611	2535	992	2057	374	102	2	569	760	1129	16	61	1300255	369819	440.00
南方科技大学	3972	1636	655	120	615	32	8		394	211	38	12		804670	409115	26.49
深圳技术大学	816	421	409	168	283	100	25	1	80	97	168	19	45	142530	62474	39.84
香港中文大学（深圳）	1286	731	380	130	357	23			96	161	123			67180	26786	15.44
深圳北理莫斯科大学	261	134	138	68	109	27	2		25	62	26	5	20	16074	6010	8.57
中山大学（深圳校区）	998	326	613	161	539	57	17		156	311	116	21	9	40246	14691	136.50
哈尔滨工业大学（深圳）	1136	457	645	180	579	57	9		207	198	204	19	17	127831	113610	
深圳职业技术学院	2519	1188	1457	688	509	706	239	3	172	556	585	113	31	271536	117315	278.33
深圳信息职业技术学院	1495	707	924	498	409	426	89		55	287	333	8	241	364153	85122	156.65
清华大学深圳国际研究生院	890	411	186	32	182	4			45	94	47			77344	70318	1.12
北京大学深圳研究生院	787	338	197	43	193	4			53	54	90			94453	23117	0.22
暨南大学深圳校区	127	68	50	25	34	16			9	19	18	1	3	12055	557	11.98
天津大学佐治亚理工深圳学院	48	23	4	1	4					1	3			895	49	0.07
广东新安职业技术学院	308	206	233	167	5	123	104	1	13	41	108	22	49	4476	2540	39.71
深圳市成人教育合计	376	223	228	151	6	96	126	0	4	43	69	32	80	11125	1245	4.18
深圳开放大学	376	223	228	151	6	96	126		4	43	69	32	80	11125	1245	4.18

说明：固定资产不包含学校非产权部分

表11　　教育部门主管的中等职业教育基本情况（分区）

（单位：所、人）

学校类别	学校数		毕业生数	招生数	在校学生数	预计毕业生数	教职工数	
	独立学校	其他机构					计	其中：专任教师
深圳市	15	2	12519	14144	40186	13536	3985	2886
市本级	7	2	5800	7450	20277	6679	1790	1219
福田区	1		1155	1060	3060	964	252	213
罗湖区	1		197	196	625	216	238	217
南山区	1		977	868	2783	948	255	200
盐田区	1		745	705	2222	814	199	176
宝安区	2		1786	1879	5651	1931	535	410
龙岗区	2		1859	1986	5568	1984	716	451

表12　　教育部门主管的中等职业教育基本情况（分学校）

（单位：人）

学校名称	毕业生数	招生数		在校生数			教职工数		专任教师职称		
		计	应届毕业生	计	女生	非户籍生	计	专任教师	副高级及以上	中级	初级
合计	12519	14144	14077	40186	18117	29088	3985	2886	669	1005	432
全日制小计	12395	14107	14077	40149	18116	29051	3985	2886	669	1005	432
市本级	5676	7413	7399	20240	8540	15747	1790	1219	183	325	181
深圳市第一职业技术学校	845	1008	1008	3087	1461	2291	295	199	49	62	37
深圳市第二职业技术学校	1224	1244	1244	3454	1710	2611	279	204	35	83	51
深圳市新鹏职业高级中学*	166	210	210	576	201	474	127	54	17	15	10
深圳市第三职业技术学校	924	723	723	2481	1131	1843	214	132	12	51	41
深圳市开放职业技术学校*	812	1221	1221	3308	1288	2646	133	126	1	36	29
深圳艺术学校	124	144	132	457	327	75	191	137	64	67	5
深圳市体育运动学校	91	173	173	463	173	362	94	22	3	4	4
深圳市奋达职业技术学校	1087	1663	1661	4234	1337	3550	320	236	1	1	2
深圳市中嘉职业技术学校	403	1027	1027	2180	912	1895	137	109	1	6	2
福田区	1155	1060	1060	3060	1548	2062	252	213	81	101	27
深圳市福田区华强职业技术学校	1155	1060	1060	3060	1548	2062	252	213	81	101	27
罗湖区	197	196	196	625	415	286	238	217	91	62	39
深圳市行知职业技术学校	197	196	196	625	415	286	238	217	91	62	39
南山区	977	868	868	2783	1460	1690	255	200	68	81	23
深圳市博伦职业技术学校	977	868	868	2783	1460	1690	255	200	68	81	23
盐田区	745	705	705	2222	1053	1394	199	176	46	90	31

（续表）

学校名称	毕业生数	招生数		在校生数			教职工数		专任教师职称		
		计	应届毕业生	计	女生	非户籍生	计	专任教师	副高级及以上	中级	初级
深圳市盐港中学	745	705	705	2222	1053	1394	199	176	46	90	31
宝安区	1786	1879	1879	5651	2447	4030	535	410	114	171	84
深圳市宝安职业技术学校	1280	1334	1334	3990	1867	2692	388	285	92	110	54
深圳市沙井职业高级中学	506	545	545	1661	580	1338	147	125	22	61	30
龙岗区	1859	1986	1970	5568	2653	3842	716	451	86	175	47
深圳市龙岗职业技术学校	941	1052	1052	2827	1236	1977	407	252	58	97	22
深圳市龙岗区第二职业技术学校	918	934	918	2741	1417	1865	309	199	28	78	25
非全日制小计	124	37	0	37	1	37	—	—	—	—	—
深圳市第三职业技术学校★	124	37	0	37	1	37	—	—	—	—	—

说明：1. 全市有中等职业学校15所，表中所列的带“★”为不计学校数的办学机构
2. 深圳市奋达职业技术学校、深圳市中嘉职业技术学校为民办中等职业学校

表12　　教育部门主管的中等职业教育基本情况（分学校）（续）

（单位：人、平方米、台）

学校名称	专任教师学历			校舍情况		计算机
	研究生	本科	专科	占地面积	建筑面积	
合计	685	2114	74	1330042	1221731	28896
全日制小计	685	2114	74	1330042	1221731	28896
市本级	266	879	63	776988	742897	13033
深圳市第一职业技术学校	66	129	4	40538	72532	1510
深圳市第二职业技术学校	61	137	4	117371	109543	3459
深圳市新鹏职业高级中学★	9	42	3	155589	52676	1600
深圳市第三职业技术学校	34	98	0	86832	85441	2394
深圳市开放职业技术学校★	42	84	0	16691	56118	711
深圳艺术学校	38	99	0	61474	61673	316
深圳市体育运动学校	2	20	0	150828	141333	277
深圳市奋达职业技术学校	9	203	24	94140	119920	2332
深圳市中嘉职业技术学校	5	67	28	53525	43661	434
福田区	55	158	0	98696	67683	2576
深圳市福田区华强职业技术学校	55	158	0	98696	67683	2576
罗湖区	59	156	2	26527	27631	1289
深圳市行知职业技术学校	59	156	2	26527	27631	1289
南山区	59	140	1	81606	63626	2202
深圳市博伦职业技术学校	59	140	1	81606	63626	2202

（续表）

学校名称	专任教师学历			校舍情况		计算机
	研究生	本科	专科	占地面积	建筑面积	
盐田区	65	111	0	41940	27123	719
深圳市盐港中学	65	111	0	41940	27123	719
宝安区	98	311	1	162849	155732	5264
深圳市宝安职业技术学校	75	210	0	128459	122220	4207
深圳市沙井职业高级中学	23	101	1	34390	33512	1057
龙岗区	83	359	7	141436	137040	3813
深圳市龙岗职业技术学校	38	206	6	77960	74363	1745
深圳市龙岗区第二职业技术学校	45	153	1	63476	62677	2068
非全日制小计	—	—	—	—	—	—
深圳市第三职业技术学校★	—	—	—	—	—	—

说明：1. 全市有中等职业学校15所，表中所列的带“★”为不计学校数的办学机构

2. 深圳市奋达职业技术学校、深圳市中嘉职业技术学校为民办中等职业学校

3. 该表占地面积及建筑面积含非学校产权面积

表13　人社部门主管的技工院校基本情况

（单位：人）

学校名称	毕业生数	招生数		在校生数			教职工数			
		计	应届初中毕业生	计	其中		计	女教职工	专任教师	
					女生	非户籍生			计	女专任教师
深圳市合计	10353	16408	13934	45867	17463	39479	2930	1491	1885	991
公办	3209	3753	2505	15226	6335	13161	1163	551	686	323
深圳技师学院（深圳高级技工学校）	2035	2411	1474	10504	4743	8865	784	364	428	196
深圳鹏城技师学院（深圳第二高级技工学校）	1174	1342	1031	4722	1592	4296	379	187	258	127
民办	7144	12655	11429	30641	11128	26318	1767	940	1199	668
深圳市深德技工学校	1547	2021	1550	5481	1692	4862	248	135	174	81
深圳市宝山技工学校	1654	1802	1425	5429	1438	4560	279	113	177	57
深圳市携创高级技工学校	1387	2730	2352	6321	2397	5343	395	218	310	197
深圳市科迪技工学校	349	472	472	1354	632	1205	84	47	46	31
深圳市宝民技工学校	145	276	276	592	195	531	46	19	19	13
深圳市华夏技工学校	795	1010	1010	2204	1109	2027	112	58	64	31
深圳市智理技工学校	435	1144	1144	2543	1065	2021	133	80	65	40
深圳市深科技工学校	832	2842	2842	5827	2197	4921	398	231	295	189
深圳市中特技工学校	0	358	358	890	403	848	72	39	49	29

表13　人社部门主管的技工院校基本情况（续）

（单位：人、平方米、台）

学校名称	专任教师职称			专任教师学历			校舍情况		计算机
	副高级及以上	中级	初级	研究生	本科	专科及以下	占地面积	建筑面积	
深圳市合计	326	535	371	393	1289	213	935026	1040021	21045
公办	146	267	66	324	323	39	439844	343291	13301
深圳技师学院（深圳高级技工学校）	117	157	35	225	195	8	370522	259264	9103
深圳鹏城技师学院（深圳第二高级技工学校）	29	110	31	99	128	31	69322	84027	4198
民办	180	268	305	69	966	174	495183	696731	7744
深圳市深德技工学校	30	53	80	13	134	27	81000	138500	1524
深圳市宝山技工学校	38	45	14	11	150	16	67067	66588	1500
深圳市携创高级技工学校	39	86	59	15	249	46	106867	114000	1352
深圳市科迪技工学校	1	3	4	2	35	10	35000	20021	450
深圳市宝民技工学校	8	20	0	0	5	23	16000	11000	510
深圳市华夏技工学校	2	8	3	1	51	12	35000	30000	415
深圳市智理技工学校	4	8	6	3	50	12	20198	20136	207
深圳市深科技工学校	58	45	131	23	249	23	104051	114485	1506
深圳市中特技工学校	0	0	8	1	43	5	30000	182000	280

说明：该表占地面积及建筑面积含非学校产权面积

表14　普通中学基本情况

（单位：所、班、人）

	学校数						班数			毕业生数			招生数			毕业班学生数		
	计	初级中学	九年一贯制	高级中学	完全中学	十二年一贯制	计	初中	高中	计	初中	高中	计	初中	高中	计	初中	高中
全　市	475	55	315	36	24	45	12532	8752	3780	151558	106840	44718	208778	143846	64932	165128	116030	49098
市本级	17			7	5	5	1274	353	921	14933	4689	10244	22491	5258	17233	15795	5227	10568
福田区	35	10	16	3	1	5	1215	908	307	14639	10490	4149	18092	13577	4515	16367	12253	4114
罗湖区	35	11	19		5		899	688	211	11769	9148	2621	14315	11460	2855	13024	10047	2977
盐田区	7	3	1	2	1		237	157	80	2618	1702	916	3250	2149	1101	2925	1966	959
南山区	44	5	32	3	1	3	1249	979	270	14771	11414	3357	18421	14631	3790	16554	13067	3487
宝安区	86	4	60	3	5	14	2554	1908	646	32875	24133	8742	42689	32090	10599	34816	25231	9585
龙岗区	122	8	97	6	2	9	2577	1881	696	33216	24597	8619	44370	32119	12251	35638	25302	10336
龙华区	64	5	45	7	2	5	1262	979	283	12573	10502	2071	23277	17377	5900	14512	11917	2595
坪山区	26	3	18	3		2	465	332	133	4812	3666	1146	8007	5729	2278	5545	4102	1443
光明区	31	3	24	1	2	1	619	447	172	7274	5099	2175	11186	7789	3397	7572	5428	2144
大鹏新区	8	3	3	1		1	181	120	61	2078	1400	678	2680	1667	1013	2380	1490	890

说明：按照教育事业统计口径，毕业生数指上学年度具有学籍的学生完成教学计划规定课程，考试合格，取得毕业证书的学生数，下同

表14 普通中学基本情况（续）

（单位：人、平方米、万元、台）

	在校学生数			教职工数	专任教师数			校舍建筑面积			固定资产总值	计算机		
	计	初中	高中		计	初中	高中	计	初中	高中		计	初中	高中
全　市	563174	393641	169533	97258	45870	31526	14344	16668494	9483933	7184561	3005120	299873	189959	109914
市本级	57098	15215	41883	6385	4873	1372	3501	1917985		1917985	561915	25687		25687
福田区	53223	40012	13211	6805	4353	3172	1181	1085879	624795	461084	120568	21017	12487	8530
罗湖区	41777	32832	8945	4765	3222	2449	773	600305	460312	139993	155246	17388	13815	3573
盐田区	9476	6333	3143	999	783	502	281	283601	132887	150715	16948	3159	1977	1182
南山区	53475	42340	11135	9791	4413	3432	981	1698744	1192540	506204	570778	27142	18539	8603
宝安区	116380	86429	29951	22096	9228	6738	2490	3285643	1577162	1708481	390538	53196	26308	26888
龙岗区	119583	86839	32744	23603	9500	6856	2644	3483310	2436967	1046342	651646	91141	68766	22375
龙华区	56492	44546	11946	11972	4637	3563	1074	2059029	1425484	633545	305375	32142	24601	7541
坪山区	20053	14420	5633	4003	1826	1306	520	963685	767016	196669	105769	12624	10690	1934
光明区	27976	19928	8048	5767	2360	1701	659	1070287	768766	301522	107900	14080	11367	2713
大鹏新区	7641	4747	2894	1072	675	435	240	220026	98004	122021	18437	2297	1409	888

说明：1. 九年一贯制学校的校舍建筑面积和计算机台数纳入初中统计；十二年一贯制学校、完全中学的校舍建筑面积和计算机台数纳入高中统计

2. 九年一贯制学校教职工纳入初中阶段学校统计；十二年一贯制学校、完全中学教职工纳入普通高中阶段学校统计

3. 初中专任教师含九年一贯制学校、十二年一贯制学校初中部专任教师；高中专任教师含十二年一贯制学校、完全中学高中部专任教师

表15 小学基本情况

（单位：所、班、人、平方米、万元、台）

	学校数	班数	毕业生数	招生数	在校学生数	毕业班学生数	教职工数	专任教师数	校舍建筑面积	固定资产总值	计算机
全　市	343	24773	155758	204514	1133041	161180	33642	63640	4694202	804735	125178
市本级	2	227	1030	1975	9525	1416	247	626	24815	9439	760
福田区	53	2601	15429	20701	113813	16187	5610	6761	901787	91262	17392
罗湖区	46	1871	12989	14916	86241	12729	4399	4884	479282	146904	19062
盐田区	10	332	2002	2655	14767	2165	746	794	131877	9484	2536
南山区	35	2839	15999	20658	116806	16275	3423	6867	549316	127992	9885
宝安区	62	5580	37836	45539	260124	38488	6458	14405	887571	115123	18431
龙岗区	71	5626	36573	48941	267881	37968	6371	14565	760062	157192	36158
龙华区	27	3098	18607	28058	147319	19403	2695	7918	385595	56691	9302
坪山区	18	1014	5671	7803	44433	6436	1707	2501	317547	33438	5982
光明区	13	1338	8111	11559	61836	8563	1423	3601	198548	37946	4072
大鹏新区	6	247	1511	1709	10296	1550	563	718	57799	19265	1598

说明：1. 教职工数不含九年一贯制、十二年一贯制小学部的教职工数，专任教师含九年一贯制学校、十二年一贯制学校小学部的专任教师

2. 九年一贯制、十二年一贯制学校的校舍建筑面积、固定资产、计算机纳入初中及高中统计

表16 幼儿园、特殊教育基本情况

（单位：所、班、人）

	幼儿园							特殊教育（含特教、专门学校）			
	园数	班数	毕业生数	招生数	在园幼儿数	教职工数	专任教师数	校数	在校学生数	教职工数	
										计	专任教师
全　市	1896	19034	192965	192791	597569	91756	42408	10	5018	1077	854
市本级	22	247	2263	2539	8148	1656	881	2	828	445	324
福田区	146	1626	16116	14228	45250	7647	3646	1	451	64	59
罗湖区	140	1218	12460	11686	35754	6234	2878	1	362	27	25
盐田区	34	247	2441	2900	7604	1273	551	0	96	0	0
南山区	229	2049	21096	17273	59966	10367	4972	1	424	120	112
宝安区	385	4347	43130	35967	136625	19598	9154	1	921	204	157
龙岗区	497	4723	49375	56581	155676	23601	10283	1	1020	83	68
龙华区	256	2626	26509	31715	87009	12237	5818	1	486	68	73
坪山区	79	718	7027	7551	23166	3352	1492	1	95	32	13
光明区	89	1068	10888	10223	32867	4927	2351	1	310	34	23
大鹏新区	19	165	1660	2128	5504	864	382	0	25	0	0

说明：特殊教育包括在普通学校随班就读及送教上门学生

表17 基础教育学生户籍调查情况

（单位：人）

	学前教育					小　学							
	小计	托班	小班	中班	大班	混合班	小计	一年级	二年级	三年级	四年级	五年级	六年级
合计：在校学生	597569	507	158333	210778	223931	4020	1133041	204514	192014	203002	200022	172309	161180
1.深圳户籍	327412	318	97391	118367	108171	3165	506668	109439	99340	95405	83223	63230	56031
2.非深圳户籍	270157	189	60942	92411	115760	855	626373	95075	92674	107597	116799	109079	105149
其中：省外户籍	153403	124	35509	53243	64047	480	346076	51825	50796	57847	65231	61916	58461
公办：在校学生	307761	0	94166	108417	102953	2225	737845	141125	131363	132538	124768	107498	100553
1.深圳户籍	211258	0	68472	76212	64767	1807	472629	103317	93518	89318	77377	58236	50863
2.非深圳户籍	96503	0	25694	32205	38186	418	265216	37808	37845	43220	47391	49262	49690
其中：省外户籍	57833	0	15556	19377	22700	200	140827	19795	19814	22323	25591	26998	26306
民办：在校学生	289808	507	64167	102361	120978	1795	395196	63389	60651	70464	75254	64811	60627
1.深圳户籍	116154	318	28919	42155	43404	1358	34039	6122	5822	6087	5846	4994	5168
2.非深圳户籍	173654	189	35248	60206	77574	437	361157	57267	54829	64377	69408	59817	55459
其中：省外户籍	95570	124	19953	33866	41347	280	205249	32030	30982	35524	39640	34918	32155

表17 基础教育学生户籍调查情况（续）

（单位：人）

	初中				普通高中			
	小计	初一	初二	初三	小计	高一	高二	高三
合计：在校学生	393641	143856	133755	116030	169533	64950	55485	49098
1.深圳户籍	181551	65310	62699	53542	106055	40322	35554	30179
2.非深圳户籍	212090	78546	71056	62488	63478	24628	19931	18919
其中：省外户籍	106778	40212	35539	31027	34507	13537	10788	10182
公办：在校学生	287914	103975	97874	86065	122345	46341	40800	35204
1.深圳户籍	168606	60886	58282	49438	87722	33433	29534	24755
2.非深圳户籍	119308	43089	39592	36627	34623	12908	11266	10449
其中：省外户籍	57398	21118	18929	7351	17653	6754	5686	5213
民办：在校学生	105727	39881	35881	29965	47188	18609	14685	13894
1.深圳户籍	12945	4424	4417	4104	18333	6889	6020	5424
2.非深圳户籍	92782	35457	31464	25861	28855	11720	8665	8470
其中：省外户籍	49380	19094	16610	13676	16854	6783	5102	4969

表18 公办普通中小学基本情况

（单位：所、人）

	中小学合计					小学					普通中学										
	学校数	在校学生		教职工		学校数	在校学生		教职工		学校数	在校学生						教职工	
												计		初中		高中			
		计	其中：非深户籍	计	专任教师		计	其中：非深户籍	计	专任教师		计	其中：非深户籍	计	其中：非深户籍	计	其中：非深户籍	计	专任教师
深圳市	552	1148104	419147	86445	76283	287	737845	265216	29080	42446	265	410259	153931	287914	119308	122345	34623	57365	33837
市本级	18	65540	14062	6534	5433	1	8442	1622	149	560	17	57098	12440	15215	2168	41883	10272	6385	4873
福田区	74	149802	56063	10376	9627	51	103165	38914	5386	5891	23	46637	17149	36572	14739	10065	2410	4990	3736
罗湖区	59	106910	45021	7047	6647	39	70168	29387	3928	3903	20	36742	15634	29240	13147	7502	2487	3119	2744
盐田区	15	23701	12105	1533	1466	10	14767	7942	746	794	5	8934	4163	6101	3413	2833	750	787	672
南山区	66	155822	46766	11318	10088	31	106451	32201	3195	6147	35	49371	14565	39729	12464	9642	2101	8123	3941
宝安区	84	190806	68573	14080	12876	51	129504	46364	5439	7741	33	61302	22209	46267	16583	15035	5626	8641	5135
龙岗区	112	217704	70527	17741	14527	52	146689	41271	4861	8459	60	71015	29256	54682	24393	16333	4863	12880	6068
龙华区	58	119091	35764	7835	7279	21	83028	22156	2136	4365	37	36063	13608	29484	11562	6579	2046	5699	2914
坪山区	25	44417	25239	3881	3029	13	30047	16524	1364	1721	12	14370	8715	11402	7585	2968	1130	2517	1308
光明区	31	60109	36934	4871	4218	12	37577	23696	1313	2299	19	22532	13238	15902	11094	6630	2144	3558	1919
大鹏新区	10	14202	8093	1229	1093	6	8007	5139	563	566	4	6195	2954	3320	2160	2875	794	666	527

说明：1. 九年一贯制学校教职工纳入初中阶段学校统计；十二年一贯制学校、完全中学学校教职工纳入普通高中阶段学校统计

2. 小学专任教师含九年一贯制学校、十二年一贯制学校小学部的专任教师；初中专任教师含九年一贯制学校、十二年一贯制学校初中部专任教师；高中专任教师含十二年一贯制学校、完全中学学校高中部专任教师

表19 民办普通中小学基本情况

（单位：所、人）

	中小学合计					小学					普通中学								
	学校数	在校学生		教职工		学校数	在校学生		教职工		学校数	在校学生						教职工	
												计		初中		高中			
		计	其中：非深户籍	计	专任教师		计	其中：非深户籍	计	专任教师		计	其中：非深户籍	计	其中：非深户籍	计	其中：非深户籍	计	专任教师
深圳市	266	548111	482794	44455	33227	56	395196	361157	4562	21194	210	152915	121637	105727	92782	47188	28855	39893	12033
市本级	1	1083	252	98	66	1	1083	252	98	66	0	0	0	0	0	0	0	0	0
福田区	14	17234	11907	2039	1487	2	10648	7754	224	870	12	6586	4153	3440	2540	3146	1613	1815	617
罗湖区	22	21108	17126	2117	1459	7	16073	12978	471	981	15	5035	4148	3592	3170	1443	978	1646	478
盐田区	2	542	130	212	111	0	0	0	0	0	2	542	130	232	73	310	57	212	111
南山区	13	14459	9201	1896	1192	4	10355	7194	228	720	9	4104	2007	2611	1349	1493	658	1668	472
宝安区	64	185698	168231	14474	10757	11	130620	121063	1019	6664	53	55078	47168	40162	36254	14916	10914	13455	4093
龙岗区	81	169760	147866	12233	9538	19	121192	110905	1510	6106	62	48568	36961	32157	27547	16411	9414	10723	3432
龙华区	33	84720	79360	6832	5276	6	64291	61726	559	3553	27	20429	17634	15062	14613	5367	3021	6273	1723
坪山区	19	20069	17969	1829	1298	5	14386	13843	343	780	14	5683	4126	3018	2780	2665	1346	1486	518
光明区	13	29703	28693	2319	1743	1	24259	23883	110	1302	12	5444	4810	4026	3956	1418	854	2209	441
大鹏新区	4	3735	2059	406	300	0	2289	1559		152	4	1446	500	1427	500	19	0	406	148

说明：1. 盐田区无民办小学

2. 九年一贯制学校教职工纳入初中阶段学校统计；十二年一贯制学校、完全中学学校教职工纳入普通高中阶段学校统计

3. 小学专任教师含九年一贯制学校、十二年一贯制学校小学部的专任教师；初中专任教师含九年一贯制学校、十二年一贯制学校初中部专任教师；高中专任教师含十二年一贯制学校、完全中学学校高中部专任教师

表20 中小学学生与教职工、专任教师比

（单位：%）

	学生与教职工比		学生与专任教师比			
	普通中小学	幼儿园	小学	初中	普通高中	幼儿园
深圳市	12.96	6.51	17.80	12.49	11.82	14.09
市本级	10.05	4.92	15.22	11.09	11.96	9.25
福田区	13.45	5.92	16.83	12.61	11.19	12.41
罗湖区	13.97	5.74	17.66	13.41	11.57	12.42
盐田区	13.89	5.97	18.60	12.62	11.19	13.80
南山区	12.89	5.78	17.01	12.34	11.35	12.06
宝安区	13.19	6.97	18.06	12.83	12.03	14.93
龙岗区	12.93	6.60	18.39	12.67	12.38	15.14
龙华区	13.90	7.11	18.61	12.50	11.12	14.96
坪山区	11.29	6.91	17.77	11.04	10.83	15.53
光明区	12.49	6.67	17.17	11.72	12.21	13.98
大鹏新区	10.97	6.37	14.34	10.91	12.06	14.41

表21　普通中小学专任教师学历情况

（单位：%）

	专任教师学历合格率				小学教师专科学历达到率	初中教师本科学历达到率	普通高中教师研究生学历达到率
	幼儿园	小学	初中	普通高中			
深圳市	99.91	100.00	99.99	99.75	99.96	98.79	39.03
市本级	100.00	100.00	100.00	99.94	100.00	99.27	57.64
福田区	100.00	100.00	100.00	99.41	99.94	98.39	25.83
罗湖区	100.00	100.00	100.00	99.61	100.00	99.10	31.69
盐田区	100.00	100.00	100.00	98.22	100.00	99.20	44.84
南山区	100.00	100.00	100.00	100.00	99.96	99.62	42.00
宝安区	99.85	100.00	100.00	99.72	99.99	99.09	28.88
龙岗区	99.86	100.00	99.96	99.70	99.99	98.85	30.64
龙华区	99.83	100.00	100.00	99.91	99.94	99.07	38.55
坪山区	100.00	100.00	100.00	99.62	99.80	98.24	27.50
光明区	100.00	100.00	100.00	99.85	99.81	95.47	37.48
大鹏新区	100.00	100.00	100.00	100.00	99.86	97.93	66.67

说明：高中专任教师学历在本科以上（含本科）为合格；初中专任教师学历在大专以上（含大专）为合格；小学和幼儿园专任教师学历在高中以上（含高中、中专、中师）为合格

表22　市本级中、小、职、特、专门学校基本情况

（单位：班、人、%、平方米）

学校名称	班数			毕业生数			招生数			在校学生数			教职工数				教师学历合格率	
													合计	专任教师数				
	合计	初中	高中	计	初中	高中	计	初中	高中	合计	初中	高中		计	初中	高中	初中	高中
中学	1274	353	921	14933	4689	10244	22491	5258	17233	57098	15215	41883	6385	4873	1372	3501	100	99.94
深圳中学	151	45	106	1479	707	772	2645	615	2030	7058	2078	4980	692	554	166	388	100	99.74
深圳实验学校	156	72	84	1856	987	869	2540	1038	1502	7075	3197	3878	1088	615	288	327	100	100
深圳外国语学校	170	42	128	1835	450	1385	2368	687	1681	6518	1587	4931	661	591	173	418	100	100
深圳市高级中学	193	79	114	2829	1102	1727	3218	1280	1938	9427	3698	5729	960	782	315	467	100	100
深圳市第三高级中学	90	30	60	1273	337	936	1401	375	1026	3968	1127	2841	423	332	119	213	100	100
深圳大学附属中学	75	36	39	1056	467	589	1144	544	600	3384	1641	1743	383	277	123	154	100	99.35
深圳市第二实验学校	55	22	33	808	401	407	728	280	448	2315	959	1356	369	301	114	187	100	100
深圳科学高中	92	6	86	857	0	857	2012	267	1745	4082	267	3815	443	349	37	312	100	100
深圳外国语湾区学校	3	3		0	0		21	21		35	35		51	2	2		100	100
深圳市第二高级中学	61		61	920		920	996		996	2929		2929	271	224		224		100

（续表）

学校名称	班数			毕业生数			招生数			在校学生数			教职工数				教师学历合格率	
	合计	初中	高中	计	初中	高中	计	初中	高中	合计	初中	高中	合计	专任教师数			初中	高中
														计	初中	高中		
深圳第二外国语学校	60		60	830		830	896		896	2645		2645	302	242		242		100
深圳市第七高级中学	58		58	854		854	997		997	2775		2775	270	206		206		100
南方科技大学附属中学	30		30	0		0	794		794	1483		1483	160	136		136		100
深圳大学附属实验中学	12		12	0		0	593		593	593		593	104	46		46		100
广东实验中学深圳学校	14		14	0		0	693		693	693		693	67	54		54		100
东北师范大学附属中学深圳学校	12		12	0		0	595		595	595		595	68	45		45		100
深圳技术大学附属中学	12		12	0		0	599		599	599		599	73	43		43		100
深圳艺术学校（附设班）	10	10		108	108		72	72		294	294			17	17		100	—
深圳市体育运动学校（附设班）	8	8		130	130		79	79										
深圳市第一职业技术学校（附设班）	12		12	98		98	100		100	298		298		39		39	—	100
小学	227			1030			1975			9525			247	626			100	
深圳小学	45			307			408			2250			149	141			100	
深圳实验学校（小学）	77			516			644			3399			—	236			100	
深圳市高级中学（小学）	52			0			589			2356			—	118			100	
深圳科学高中（小学）	3			0			115			115			—	6			100	
深圳外国语湾区学校（小学）	13			0			46			179			—	17			100	
深圳外国语小学	27			145			164			1083			98	66			100	
深圳市体育运动学校（附设班）	7			45			2			108			—	25			100	
深圳艺术学校（附设班）	3			17			7			35			—	17			100	
中等职业学校	163			2235			2462			7117			701	457			96.50	
深圳市第一职业技术学校	64			845			1008			3087			295	199			97.99	
深圳市第二职业技术学校	84			1224			1244			3454			279	204			97.06	
深圳市新鹏职业高级学校	15			166			210			576			127	54			100	
特殊教育、专门子校	90			133			58			810			409	302			100	
深圳市元平特殊教育学校	85			124			52			771			334	277			100	
深圳市第二特殊教育学校	2			0			8			8			36	21			100	
深圳市育新学校	3			9			6			39			75	26			100	

说明：1. 深圳实验学校（小学）、深圳高级中学（小学）、深圳科学高中（小学）、深圳外国语湾区学校（小学）的教职工数包含在初中、高中合计中

2. 中等职业学校的教师学历合格率为学历本科以上（含本科）教师所占比例；特殊教育学校的教师学历合格率为学历高中阶段以上（含高中、中专、中师）教师所占比例

3. 中等职业学校仅列出市教育局直属学校

表23 市本级幼儿园基本情况

（单位：班、人、%）

幼儿园名称	学校等级	班数	毕业生数	招生数	在园幼儿数	教职工数		教师学历合格率
						合计	专任教师	
合计		247	2263	2539	8148	1656	881	100
深圳市第一幼儿园	省一级	11	0	111	347	67	36	100
深圳市第二幼儿园	省一级	13	0	164	426	76	43	100
深圳市第三幼儿园	省一级	18	251	182	642	121	71	100
深圳市第四幼儿园	省一级	11	102	105	392	61	30	100
深圳市第五幼儿园	省一级	10	0	120	282	68	35	100
深圳市第六幼儿园	省一级	12	133	110	393	69	32	100
深圳市第七幼儿园	省一级	12	128	111	352	63	30	100
深圳市第八幼儿园	省一级	12	163	133	422	83	41	100
深圳市第九幼儿园	省一级	11	128	100	383	61	35	100
深圳市第十幼儿园	省一级	0	0	0	0	62	33	100
深圳市第十一幼儿园	省一级	9	114	96	274	63	34	100
深圳市第十二幼儿园	省一级	10	118	111	353	64	33	100
深圳幼儿园	省一级	10	173	108	268	80	44	100
深圳实验幼儿园	省一级	26	306	258	968	161	84	100
深圳市梅林一村幼儿园	省一级	13	164	169	518	86	51	100
深圳市莲花二村幼儿园	省一级	10	0	98	226	65	36	100
深圳市彩田幼儿园	省一级	12	172	132	466	82	37	100
深圳市华富幼儿园	省一级	9	104	86	289	58	28	100
深圳市莲花北幼儿园	省一级	10	105	99	333	63	36	100
深圳市教育幼儿园	省一级	28	102	246	814	124	69	100
深圳市滨苑幼儿园	省一级	0	0	0	0	47	24	100
深圳市南华幼儿园	省一级	0	0	0	0	32	19	100

表24 深汕特别合作区各级各类学校基本情况表

学校类别	学校数（所）			毕业生数（人）			招生数（人）			在校学生数（人）						教职工数（人）			专任教师数（人）		
	计	其中：社会力量办学校		计	其中：社会力量办学校		计	其中：社会力量办学校		计	其中：非深汕特别合作区户籍生		其中：社会力量办学校			计	其中：社会力量办学校		计	其中：社会力量办学校	
		（所）	占比例（%）		（人）	占比例（%）		（人）	占比例（%）		（人）	占比例（%）	（人）	非深汕特别合作区户籍生	在校生占比例（%）		（人）	占比例（%）		（人）	占比例（%）
各类学校总计	39	10	25.64	2575	771	29.94	2528	651	25.75	11183	3180	28.44	1589	536	14.21	1036	315	30.41	767	170	22.16
义务教育	25	1	4.00	1642	386	23.51	2009	375	18.67	8655	2777	32.09	235	235	2.72	729	108	14.81	624	73	11.70
其中：普通初中	6	1	18.67	687	195	28.38	870	199	22.87	2237	829	37.06	79	79	3.53	271	49	18.08	233	32	13.73

（续表）

学校类别	学校数（所）			毕业生数（人）			招生数（人）			在校学生数（人）						教职工数（人）			专任教师数（人）		
	计	其中：社会力量办学校		计	其中：社会力量办学校		计	其中：社会力量办学校		计	其中：非深汕特别合作区户籍生		其中：社会力量办学校			计	其中：社会力量办学校		计	其中：社会力量办学校	
		（所）	占比例（%）		（人）	占比例（%）		（人）	占比例（%）		（人）	占比例（%）	（人）	非深汕特别合作区户籍生	在校生占比例（%）		（人）	占比例（%）		（人）	占比例（%）
小学	19		0.00	955	191	20.00	1139	176	15.45	6418	1948	30.35	156	156	2.43	458	59	12.88	391	41	10.49
学前教育	14	9	64.29	933	385	41.26	519	276	53.18	2528	403	15.94	1354	301	53.56	307	207	67.43	143	97	67.83

说明：1. 深汕特别合作区无高等教育学校、高中、特殊教育学校及专门学校

2. 校数中初级中学4所，九年一贯制学校2所

3. 根据全国教育事业统计口径，九年一贯制学校教职工纳入初中阶段学校统计；十二年一贯制学校、完全中学学校教职工纳入普通高中阶段学校统计

4. 根据全国教育事业统计口径，小学专任教师含九年一贯制学校、十二年一贯制学校小学部的专任教师；初中专任教师含九年一贯制学校、十二年一贯制学校初中部专任教师； 高中专任教师含十二年一贯制学校、完全中学学校高中部专任教师

主题索引

Index

说　明

一、本索引采用主题分类法，款目按汉语拼音字母（同音字按声调）顺序排列。

二、文中的类目题、分目题、子分目题用黑体字标明，其余用宋体字排印。

三、索引款目后的数字表示内容所在的页码，数字后的拉丁字母（a、b、c）表示该页自左至右的栏别。

四、同一主题的内容在文中多处出现的，在其款目后用不同的页码标明。

五、本索引对特载、年度报告、大事记、媒体聚“教”、文件选编、教育统计等不作索引。

B

C

D

E

F

G

H

J

M

N

O

P

T

W

X

Y

Z

图书在版编目(CIP)数据

深圳教育年鉴. 2022 / 深圳市教育局编. — 北京 :
商务印书馆, 2023
ISBN 978-7-100-22047-7

Ⅰ. ①深… Ⅱ. ①深… Ⅲ. ①教育事业—深圳—
2022—年鉴 Ⅳ. ①G527.653-54

中国国家版本馆CIP数据核字(2023)第036722号

深圳教育年鉴2022
深圳市教育局 编

商 务 印 书 馆 出 版
（北京王府井大街36号 邮政编码100710）
商 务 印 书 馆 发 行
艺堂印刷（天津）有限公司印刷
ISBN 978-7-100-22047-7

2023年4月第1版　　开本 889×1194 1/16
2023年4月第1次印刷　　印张 33 3/4
定价：220.00元